눌린 자에게 자유를

: 영등포산업선교회 선교활동 문서집

눌린 자에게 자유를
: 영등포산업선교회 선교 활동 문서집

2020년 11월 1일 초판 1쇄 인쇄
2020년 11월 5일 초판 1쇄 발행

발간인 손은정
엮은이 양명득
발간처 영등포산업선교회
펴낸곳 도서출판 동연
등 록 제1-1383(1992. 6. 12)
주 소 (우) 03962 서울시 마포구 월드컵로 163-3
전 화 (02)335-2630
전 송 (02)335-2640
이메일 yh4321@gmail.com

Collection of Mission Documents-Yeong Deung Po Urban Industrial Mission
Editor: Myong Duk Yang
Korean Publication
Yeong Deung Po Urban Industrial Mission
Copy Right: Yeong Deung Po Urban Industrial Mission

ISBN 978-89-6447-621-5 03200

눌린 자에게 자유를

영등포산업선교회 선교활동 문서집

Collection of Mission Documents
Yeong Deung Po Urban Industrial Mission

동연

인사의 글

정명철

(영등포산업선교회위원회 위원장, 영등포노회 노회장, 도림교회 담임목사)

영등포산업선교회는 1968년 영등포 지역에서 시작되어 올해로 62주년을 맞았습니다. 대한예수교장로회 통합 총회 전도부의 선교 70주년 기념사업으로 산업전도위원회가 결의되었고, 동년 9월에 열린 42회 총회에 '전도부 사업계획 및 보고서'가 보고되었습니다.

이때부터 영등포 지역의 노회와 교회에서 위원들을 추천하였고, 인준된 위원회가 영등포산업선교회의 선교 활동을 지도하며 지원하였습니다. 계효언 위원장을 시작으로 2대에 방지일 목사 등 그동안 셀 수 없이 많은 목사님과 장로님 위원들이 영등포산업선교회를 위하여 물심양면으로 헌신하였습니다.

뿐만아니라 위원회는 영등포산업선교회의 총무와 실무자 그리고 선교동역자들을 격려하고 지지하여 왔습니다. 조지송 목사와 인명진 목사 등 부당하게 탄압을 받고 어려움에 빠졌을 때, 위원회는 적극적으로 그들을 보호하며 돌보았고, 선교회가 재정적으로 어려움에 처하였을 때는 후원 활동을 통하여 힘이 되었습니다.

이번에 영등포산업선교회 선교활동 문서집에 초기 사업보고서가 처음으로 디지털화되어 출간되므로 그 생생한 과정을 접할 수 있게 되었습니다. 뿐만아니라 그 이후부터 현재까지 실무자와 봉사자들의 활동과 고민, 그리고 희망이 담긴 글이 엄선되어 포함되므로 영등포산업선교회의 사역과 신학을 한 눈으로 볼 수 있게 되었습니다.

본 문서집을 위하여 수고한 모든 실무자께 감사를 드리며, 그동안 위원회의 위원으로 수고한 모든 분들께 진심으로 감사를 드립니다. 영등포산업선교회가 그동안 하나님의 선교 한 부분을 감당해 왔다면, 그 모든 영광은 하나님께 있습니다.

헌정의 글

손은실

(장로회신학대학교 역사신학 교수)

이번 추석 가족 모임에서 동생으로부터 문서집의 출판 소식을 들은 여섯 남매는 작년에 소천하신 어머니 이름으로 출판비를 지원하기로 마음을 모았다.

영등포산업선교회의 귀중한 역사자료집 발간에 조금이나마 도움이 될 기회를 얻어 평생 겸손하게 교회를 섬기고 어려운 이웃에게 후덕하셨던 어머니 최성례 권사의 사랑과 뜻을 기릴 수 있게 되어 참으로 감사하다.

누구라도 고통받는 사람이 있다는 얘기를 한마디만 들으셔도 언제나 뜨거운 눈물을 쏟으시던 어머니의 얼굴이 떠오른다.

새로운 선교의 길을 밝히는 망원경과 현미경

손은정
(영등포산업선교회 총무)

영등포산업선교회의 60년의 역사를 새로운 각도에서 만나게 해주는 이 문서집이 세상에 나온 것을 기뻐하며 하나님께 영광을 돌립니다. 이 책은 영등포산업선교회 60주년 기획으로 준비되다가, 2년이 지난 올해에 빛을 보게 되었습니다. 이 책은 현대사의 그늘진 현장에서 정의와 평화를 소망하며 달려온 노동자들의 삶과 선교의 역사를 엿보게 하고 그 애통함과 분노와 숨소리를 느끼게 합니다. 저는 이 책을 발행하면서 세 가지 깨달음을 여러분과 나누고 싶습니다.

첫째는 이 책에 실린 초기 선교보고서와 관련된 것입니다.

초대 총무를 지내신 조지송 목사님을 처음 만났을 때 들은 말입니다. "내 인생의 90%는 산업선교였어!" 이 말씀을 하신 조지송 목사님께서는 1964년부터 이곳에서 일을 시작하셨고, 매월 정기적으로 사업보고서를 쓰셨습니다. 이 보고서에는 그저 관례적으로, 관용적으로 쓰인 단어가 하나도 없습니다. 지금 산업선교에서 무슨 일이 일어나고 있는지, 누가 몇 명이 왜 방문했고 무슨 교육이 이뤄졌는가가 눈에 보듯 그려지고 있습니다. 그런데 이상한 것은 이 보고서가 2~3장을 넘지 않고 있다는 것입니다. 사역하신 지 불과 4년 만에 복음전도에서 산업선교로의 패러다임 전환을 이뤄내면서도 보고서는 장황하지 않았습니다. 목표와 활동이 분명하면 그것을 설명하는데 미사여구나 선전이 없어도 된다는 것을 새삼 배웠습니다. 초기 보고서는 독자들에게도 꼭 일독을 권합니다. 오늘도 유효한 복음선교의 첫 마음과 본질이 간명하게 담겨 있기 때문입니다.

두 번째는 선교 전략에 관한 것입니다.

2대 총무를 지낸 인명진 목사님은 사역을 시작하시고 산업선교에 10년간 온전히 집중하셨습니다. 그 10년간은 여성노동자들과 소그룹모임에 들어가 계시든지, 아니면 유신정권의 표적이 되어 감옥에 갇혀서 고난을 몸으로 사는 시간이었다고 고 이 책은 증언하고 있습니다.

인 목사님과 관련된 보고서 내용이나 쓰신 글을 통해서 유추해보면, 선교는 우리의 마음을 뜨겁게 하는 말씀과 함께 우리가 처한 현실, 상황, 조건을 냉철하게 파악하고 매우 전략적으로 판단해야 한다는 것을 알려주고 있습니다. 선교는 그저 순수하고 순진한 마음만 가지고는 안 되며, 섬세하고 대담한 판단과 기획이 있어야 한다는 것을 배우게 됩니다. '너는 전략으로 싸워라. 승리는 지략이 많음에 있느니라'(잠 24:6). 선교전략을 습득하고 싶은 분들은 이 책을 꼭 읽어보시길 권합니다.

세 번째, 이 책에서는 역대 실무자들과 노동자 선배들의 사역에 대한 자부심과 증언을 통해 팀 미션을 만날 수 있습니다. 이 책에는 하나님이 부르신 일꾼들의 의지, 생각, 도전, 기도, 소망이 모여져 있습니다. 산업선교회의 원동력이 되었던 노동자 선배들의 소그룹. 협동조합의 공동체 운동, 홈리스 운동 등을 읽어가노라면, 새삼 자세가 가다듬어지고 새로운 아이디어가 퐁퐁 튀어 오르는 것을 느낍니다.

이 책이 새 길을 찾는 누군가에는 망원경이 되고 또 누군가에는 현미경이 될 거라는 기대를 가져 봅니다. 이 책이 나오기까지 기획과 글 모음 그리고 편집 일체의 수고를 맡아 감당해 주신 양명득 목사님과 타이핑 작업과 교정을 도운 실무진들에게 감사드립니다.

엮은이의 글

양명득
(국제연대부, 호주선교동역자)

지난 60여 년 동안 영등포산업선교회에 수많은 노동자, 실무자, 자원봉사자 등이 일하여 왔다. 그동안 이들이 생산한 문서와 자료를 다 모은다면 방대한 양이 될 것임은 쉽게 상상할 수 있다. 그 중에서도 현재 본 선교회가 소장하고 있는 1964년~1974년의 사업보고서는 가장 소중한 자료 중 하나로 꼽을 수 있다. 초기 산업선교의 역사적 배경과 동기, 실무자들의 고민, 그리고 앞날의 희망 등이 잘 드러나 있는 원본이다. 이번에 이 원본이 디지털 작업을 거쳐 본 문서집을 통하여 처음으로 세상에 공개되게 되었다.

동시에 영등포산업선교회의 사료 정리 작업은 앞으로도 할 일이 많다. 그 중 몇 가지만 제안한다면, ① 초창기 1958년부터 1963년까지의 사업보고서를 찾고, ② 현재 보관 중인 1960년대부터 1980년대의 원본들을 탈산 작업하여 복사본을 제작하고, ③ 그 내용들을 디지털화하고, ④ 영문으로 번역하여 아시아의 단체들과 공유하고 그리고 ⑤ 그동안 발행한 정기/비정기 간행물들을 모두 찾아 단행본으로 엮는 일 등이다.

한 가지 중요한 사실은 최소한 두 번에 거쳐 본 선교회의 주요 문서와 사진들이 민주화운동 기념사업회에 기증이 되었다는 것이다. 기념사업회의 홈페이지에서 본 선교회의 일부 자료를 누구나 접할 수 있어 참 다행스런 일이다. 그러나 기증된 문서의 목록이나 원본이 본 선교회에는 남아있지 않으므로, 그 자료들을 복제하여 본 선교회도 소장하는 작업이 시급하다.

현재 영등포산업선교회의 회관이 재건축되면서 역사전시관 조성이 계획되어 있다. 전시관이 내년에 개관되면 여러 주제의 사료들이 정기적으로 전시되어 후세대들과 기억과 미래의 꿈을 나눌 것이다. 그 일을 위해서도 몇 가지 과제가 있는바, 본 선교회와 관련된 ① 노동투쟁 사업장 이야기 모음, ② 소그룹 교육과 활동 이야기 모음, ③ 영등포 거리 노숙인과 노느매기 이야기 모음 등의 작업이다. '조지송 평전'은 진작 나왔어야 했지만, 올해 말에는 출판된다고 하니 그 기대가 크다.

    본 문서집 출간을 적극적으로 지원하신 손은정 총무와 팀장들의 협력과 사랑에 감사를 드린다. 또한 본 선교회의 도서출판을 위해 많은 배려를 하신 동연출판사의 김영호 대표와 직원들께도 깊은 감사의 말씀을 전한다.

차례

1장

산업전도에 관한
총회의 기록

1. 총회 전도부 산업전도위원회 인준

1957년 4월 12일, 대한예수교장로회 총회 전도부 안에 선교 70주년 기념사업으로 산업전도위원회를 결의하였고, 동년 9월에 열린 42회 총회에 '전도부 사업계획 및 보고서'가 보고되었다.

이것은 같은 해 3월 동남아시아 기독교협의회 산업전도부 총무인 미국장로교회 헨리 존스 목사가 내한하여 산업전도에 대한 관심을 환기시킨 것이 계기가 된 것이다.

『영등포산업선교회 40년사』
1998년

2. 총회 산업전도위원회 규칙

제1조 본회는 대한 예수교 장로회 총회 전도부 산업전도위원회라 칭한다.

제2조 본회는 공장, 광산, 항만, 교통, 통신 등 산업인들에게 복음을 전하는 것을 목적으로 한다.

제3조 본회는 총회 전도부원 중 한국인 4인과 선교사 3인으로 구성한다.

제4조 본회는 총회 전도부 사무실에 둔다.

제5조 본회의 임원은 위원장 1인, 총무 1인, 회계 1인으로 한다.

제6조 본회의 목적을 달성하기 위하여 2개 이상 기업체가 있는 지구마다 지구위원회를 둔다.

제7조 지구위원회는 그 지구 내의 교역자들과 각 기업체에서 파송하는 총대로서 구성한다.

제8조 각 기업체에서 파송하는 총대 수는 다음과 같다.

> 신자 30명 있는 기업체에서는 2명
>
> 신자 50명 있는 기업체에서는 3명
>
> 신자 80명 있는 기업체에서는 4명
>
> 신자 100명 있는 기업체에서는 5명
>
> 신자 200명 있는 기업체에서는 10명 그 이상은 50명 단위 1명 비례로 추가한다.

제9조 지구위원회의 임원은 위원장, 총무, 회계 등 각각 1인씩 둔다.

제10조 본회의 목적을 달성하기 위하여 2개 이상의 지구위원회가 있는 노회구역마다 노회 위원회를 둔다.

제11조 노회위원회는 지구위원회에서 추천하는 총대(각 기업체에서 1인과 각 지구위원회 임원을 총대로 한다)로써 구성한다.

제12조 노회위원회의 임원은 위원장, 총무, 회계 등 각 1인씩으로 한다.

제13조 상기 각 기관의 총회는 1년 1차로 하며 각 임원회와 임시회의는 각 위원장이 수시로 소집할 수 있다.

제14조 각급 위원회의 임원의 임기는 1년으로 하며 총회 때에 개선한다.

제15조 본 위원회 전도 계획 및 보급품은 노회 위원회를 거쳐 각 지구위원회에 전달하

며 노회 위원회의 건의를 본 위원회에서는 접수하여 실시한다.

제16조 본 규칙의 변경을 본 위원회 회원 3분의 2 이상의 가표로서 할 수 있다.

대한예수교장로회 43회 총회

1958년

3. 총회 산업전도 사업보고 및 계획

내용

1. 산업전도 사업에 관한 보고
2. 1960년도 산업전도 사업계획
3. 산업전도 사업 예산
4. 산업전도를 위한 총회에서의 청원 건
   1957년 4월 12일부터 1959년 9월 29일까지

주후 1959년 9월 29일
대한예수교장로회 총회 전도부 산업전도위원회
간사 오철호

산업전도 사업에 관한 보고

총회장 귀하

1. 산업전도 사업보고, 계획, 예산 및 청원권 제출에 관하여: 하나님의 은혜 중 역사적인 선교 제72주년을 의의 있게 기념하는 이때를 당하여 총회에서 본 위원회에 하명하신 이래 과거 2년 반 동안의 산업전도의 실적을 아래와 같이 보고하오며 장래를 위한 계획, 예산과 산업전도를 위한 총회에의 청원을 제출하오니 허락하여 주시기를 바랍니다.

2. 산업전도에 관한 보고서: 1957년 4월 12일 미 북장로회 선교협의회의 위촉을 받아 총회가 임명한 산업전도위원 5명은 총회 본부 회의실에서 회집하여 산업전도에 관한 안건을

토의함으로써 역사적인 산업전도의 첫 출발을 하게 되었으니 선교 제70주년 기념사업의 또 하나가 시작되었다. 따라서 본 위원회는 1957년 5월에 산업전도 연구를 위하여 국내에는 총무 황금찬 목사, 국외(일본)에는 회계 어라복 선교사를 각기 파송하였다.

1957년 7월 산업전도의 방안을 검토한 결과 우선 시급히 문서운동을 시작하는 것이 중요함을 결정하여 아래와 같은 문서를 기성교인이 있어 활동하고 있는 공장과 일부 타 공장에도 배부키로 하여 실천한 결과 저들이 영적으로 생산 면에도 많은 도움을 주었다.

— 산업전도용 찬송가   9,000부
— 쪽 복음   20,000부
— 성구 포스터   30,000부
— 전도지   50,000부

3. 한편 1957년 9월 제1회 기독학생 노동문제 연구회를 경북 문경에서 어라복 목사와 오철호 전도사의 지도 밑에 전국 5개 도시의 단과대학에서 선출한 기독대학생 14명을 중심으로 개최하여 장래를 위한 기초적 교육훈련을 하고 새 신자의 포섭과 낙심자의 격려 또는 지도자의 양성을 위하여 많은 결실을 보았다. 한편 위원 전원은 산업전도에 전력을 기울여 왔으나 사업의 강력 추진을 위해 산업전도의 계몽과 실무를 담당할 여전도사 3명을 채용하기로 가결하다.

4. 1958년 3월부터 영등포지구 2명, 안양지구 1명을 파송하여 많은 새 신자를 얻었고, 특히 낙심했던 많은 신자를 다시 교회로 이끄는데 큰 성과를 거두었다.

5. 1958년 3월에는 일본 오사카 주재 아세아지구 산업전도 총무 헨리 디 존스 목사를 초청하여 1개월간의 순행을 통하여 산업전도의 획기적인 발전을 기하였으니 서울, 인천, 대전, 부산, 광주, 전주, 문경 등지에서 교역자, 평신도, 노동자 지도자들을 중심으로 하여 산업전도 연구회를 개척하였고 각 처에서 산업전도에 대한 관심을 환기했다.

6. 1958년 6월 마닐라에서 열린 제1회 아세아 산업전도대회에 본 위원회에서는 대표 4명을 파송하여 약진하는 공업 한국의 산업전도 전망을 대외에 널리 알렸을 뿐 아니라 특히 일

본을 위시로 한 몇 개국의 원자무기 제조금지에 관한 성명서 운동을 저지하기에 동 대표들은 전력을 다했고, 최후에는 퇴장 전술로써 이 용공적인 관계를 완전 저지하여 반공 한국교회의 기세를 온 세계만방에 떨치고 귀국하였다.

7. 1958년 7월에는 산업전도 시각 교육을 위한 교재를 제작하기 위하여 필요한 기구를 준비하고 시청각 교육 전도에 최선을 다하고 있어 그 활동은 아래와 같다.
  — 시청각교육 집회 수: 23회
  — 참관 인원 수: 6,900명
  — 산업전도 실황 슬라이드: 600매
특히 미국 공보원과 이전 오·이·씨(현 USOM) 시청각 교육처에서 산업전도에 적합한 필름을 빌려 뉴스, 문화영화 등을 각 산업 부분에서 상영함.

8. 1958년 9월 제43회 총회에서 본 위원회 규칙을 인준받았다.

9. 1958년 11월부터 본 위원회의 강력 추진과 조직 활동을 위하여 간사 1명을 채용하였다.

10. 1958년 11월부터 1959년 3월까지는 미국연합장로교 선교회의 특별파송으로 내한한 존 지 램지 장로(미국노동조합 조직부장, 워싱톤 내쇼날 장로교회 장로)와 본 위원회의 간사 오철호 전도사의 활동으로 인천, 영등포, 대전, 광주, 대구, 부산, 마산, 제주도 등지에서 교역자 평신도를 위한 산업전도 연구회를 개최하고, 동 지역에 지구위원회 혹은 준비위원회를 조직하므로 지방의 조직을 강화하였다.

11. 1959년 4월 계몽운동에 중점을 두고 인건비를 감소함에 이르러 여전도사 3인의 계속 파송은 해당 지방 교회와 여전도대회에 위촉하여 그 허락을 받았다.

12. 1959년 7월 영등포지구에서 제2회 기독청년 대학생 노동문제 연구회를 개최하여 전국 7개 도시의 14개 단과대학 대표 남 13명, 여 4명, 계 17명을 한 달 동안 영등포 새마을교회 교육관에서 합숙케 하며 기독교인 실업가 수명의 후원으로 영등포구의 5개 공장에 출근하여

노동을 체험케 하고, 산업전도의 실제 면을 연구케 하여 장래의 많은 지도자를 양성하였고, 새 신자 수명과 낙심자를 회개케 하는 큰 성과를 거두었다. 우리의 모든 사업은 위원회의 결의에 따라 총무, 간사의 활동의 결과이다.

1960년도 산업전도 사업계획

1. 지구위원회 조직사업
1) 미조직 산업도시 및 지구에 위원회 조직을 조속히 완료한다.
2) 지구위원회 연합 대표대회 및 강습회

2. 교육사업
1) 교역자, 평신도, 기독학생, 산업전도 연구회 개최

　나주(7월 중), 대구(1월 중), 부산(8월 중)
2) 국제 기독청년 대학생 노동문제 연구회 개최 조건이 허락되면 10개국의 외국 청년을 초대하여 한국 학생 10명과 합숙하며 7월 중에 나주 혹은 군산에서 산업전도 연구회를 한다.
3) 월간 산업전도 뉴스 인쇄

3. 번역사업
1) 산업전도 팸플릿 번역 출간
2) 산업전도지 번역 출간

4. 산업전도 계몽 선전 사업
1) 성구 삽입 산업전도 포스터 현상모집(1월 중)

　우수 작품은 인쇄하여 각 공장에 배포할 예정임.
2) 이동 성가합창 계몽조직 파견(8월 중)

　인천, 영등포, 대전, 광주, 대구, 부산, 문경, 충주, 철암, 상릉, 제주도 순행
3) 노동절 기념 특별행사(8월 10일)

4) 크리스마스 기념행사(노동자를 위한)

산업전도 예산(생략)

1960년도 산업전도를 위한 총회에의 청원의 건

비약적으로 공업화하고 있는 한국 산업사회의 기독교화를 목적하여 산업전도에의 많은 관심과 기도가 있기를 바랍니다.

3월 10일 노동절 앞 주일을 '노동주일'로 제정하고 전국적으로 통일된 '노동주일' 예배와 행사를 갖고, '노동주일'의 헌금은 산업전도 사업을 위하여 본 위원회로 상납하도록 결의 시달하여 주시기 바라오며,

각종 전도사업을 수행하기 위하여 산업전도 과정을 전공하고 귀국한 어라복 선교사를 본 위원회 전임 선교사로 임명하여 주도록 협동사업부에 명하여 주심을 청원하오며,

시대의 요구에 따라 있어야만 하는 산업전도 사업을 경제적으로 선교부에만 의존할 것이 아니라 이미 조직된 각 지구 산업전도위원회에서는 각 공장과 노동자 간의 조직적 전도활동을 위한 산업전도사 1명 내지 2명을 파송하는 일체의 경제적 부담을 지도록 하명 하실 것을 청원하오며,

우방 몇 개 신학교에서 하는 바와 같이 '총회 신학교'에 산업전도에 관한 과목, 과정을 두어 신학생에게 관심을 일으킬 뿐만 아니라 필수과목으로 저명한 교수, 강사를 해외서 초청할 것을 이에 청원하나이다.

총회 전도부 산업전도위원회
1959년 9월 29일

4. 도시산업선교의 기본자세에 대해

최근 우리 사회와 교회에서 도시 산업선교에 대한 관심과 논의가 날로 높아지고 있는 사실에 대해 우리 대한예수교장로회 도시 산업선교 중앙위원회는 깊은 관심을 가지는 바이다.

현대도시 산업사회는 과거 우리 교회가 성장해온 시대적 배경과는 많은 발전적 변화를 이룩했으며 반면 온갖 사회적 역기능도 위험선에 다다르고 있음을 인정치 않을 수 없다. 경제 발전과 빈부 격차, 고층 빌딩과 판자촌, 기계 문명과 인간 소외, 공업화와 공해문제… 등등 수많은 부조리 현상이 각계각층에 만연하여 사회와 교회를 질식시키고 있다.

교회는 이런 상황 속에서 예수 그리스도의 복음으로 고난 당하는 백성들을 향해 해방을 선포함으로 구원의 역사를 감당해야 할 것이다.

이에 우리 도시산업선교 중앙위원회는 예수 그리스도께서 명하신 선교적 사명을 수행키 위해 도시 산업사회에서 발생하는 제반 문제에 대해 다음과 같은 기본자세를 밝힌다.

1. 우리는 산업사회에서 일어나는 모든 노사 문제에 관심을 가지고 그 해결을 위해 능동적으로 참여해야 함을 믿는다.

1. 우리는 노사 분규가 일어났을 때 근로자의 입장을 중요시하며 기업가들의 어떤 부당한 처사로부터 근로자를 보호해야 한다고 믿는다.

1. 우리는 노동조합 운동에 깊은 관심을 가지며 노동조합이 근로자의 권익을 대변하기 위해 정치나 기업주로부터 절대적인 자주성을 갖도록 노력해야 한다고 믿는다.

1. 우리는 도시 산업사회에서 발생하는 제반 인권 유린 사실에 대하여 깊은 관심을 가지며 이의 시정을 위해 노력해야 한다고 믿는다.

1. 우리는 이것이 복음선교는 물론이려니와 반공과 민주주의 국가를 건설하는 유일한 길임을 믿는다.

1. 우리의 이러한 행동은 사회 운동이나 정치 운동이 아니라 복음선교 운동으로서 그리스도의 몸된 교회를 기반으로 하고 있다고 믿는다.

1. 우리 교회는 교회 예산의 상당 부분을 도시 산업선교 사업을 위해 사용해야 한다고 믿는다.

대한예수교장로회 총회

1975년 3월 31일

5. 도시산업선교 원리 및 지침

대한예수교장로회는 산업사회에 대한 선교 활동을 둘러싸고 일어나는 교회 간의 의견 차이, 그리고 산업선교를 헐뜯는 문서의 유포 등으로 기업주의 거부 반응이 산업선교의 적신호가 되고 있으며 나아가서는 한국 복음화 운동에 차질이 있을 것을 예감하고 다음과 같이 원리와 지침을 마련하고 이를 내외에 공개하고 총회 산하 각 지구위원회 및 실무자에 하달한다.

산업선교의 원리 및 지침

본 원리는 제60회 총회(1975년)에서 보고 채택한 "도시산업선교정책수립"(제60회 총회록 95-96)과 제61회 총회(1976년)에서 보고 채택한 "총회선교정책보고" 제3항(제61회 총회록 139)을 참작하고 성경과 헌법 제1편 교리(신조, 요리문답, 신앙고백)를 토대로 하여 우리의 상황에 맞도록 제정한다.

1) 우리는 지금까지의 산업선교가 복음을 선포하는 기구로서 그리스도의 정신으로 실시해 왔음을 재천명한다.
2) 산업선교의 신학이 제55회에서 채택한 헌법 제1편 교리의 테두리 안에서 정립되어야 한다.
3) 산업선교 사업은 국내 교회의 협력으로 이루어져야 함을 원칙으로 한다.
4) 어느 사회의 인간이라도 그리스도의 구속의 공로없이는 구원받을 수 없다.
5) 그리스도의 구원의 복음이 기업주나 근로자 모두에게 평등하게 전해져야 한다.
6) 그리스도의 구속의 공로로 구속받은 개인들이 모인 사회가 구원받은 사회이다.
7) 가난하고 억눌리고 소외당한 사람을 돌아보는 것은 그리스도인과 교회의 선교적 사명이다.
8) 전항의 사명을 수행하기 위해서 평화적인 방법으로 수행하는 것을 원칙으로 한다.

9) 기업주들은 하나님의 공의에 입각하여 모든 근로자들의 권익을 최대한으로 보장해 줄 것을 촉구한다.

10) 본 원리와 지침에 의해 활동하는 산업선교를 외부에서 방해하는 일에 대하여 총회는 이를 배격한다.

산업선교인의 활동지침

1) 총회 산하 각 지구 산업선교위원회는 그 조직을 총회 전도부 산업선교위원회에 보고하여 인준을 받아야 한다.

2) 산업선교인(위원 및 실무자)은 위에 제정한 산업선교 원리를 정당한 것으로 인정하는 자로서 해당 지구 위원회가 임명하되 노회 전도부가 총회 산업선교 위원회에 보고한다.

3) 산업선교의 주된 임무는 예배, 성경 교육, 전도, 상담, 근로자 교육 등 교회적인 것이어야 한다.

4) 야기된 노사 문제에 대해서는 법의 테두리 안에서 지도하되 해당지역 위원회에 보고하여 해결 방안을 모색케 한다.

5) 산업선교인이 발송하는 일체의 해외로 보내는 청원 건은 사전에 지역 위원회 경유 총회 전도부의 허락을 받아야 한다.

6) 산업선교인들은 같은 분야에서 활동하는 선교자에게 예장 총회 헌법에 위배되지 않도록 지도해야 한다.

7) 산업선교인(위원 및 실무자)의 인사 및 훈련 교육 규정은 총회 전도부 산업선교위원회가 별도로 정한다.

이상 산업선교의 원리와 지침은 1978년 7월 21일 총회 전도부 산업선교지도위원들의 지도하에 산업선교위원회가 이를 제정하였고 전도부 실행위원회에서 결의하여 제63회 총회가 이를 확정한 것이다.

대한예수교장로회 제63회 총회(1978년)

6. 1979년 총회 성명서

대한예수교장로회 총회는 최근 사회적으로 커다란 물의를 일으킨 사건과 관련하여 도시산업선교에 대해 정부가 취한 태도에 대하여 경악을 금치 못하는 동시에 비상한 관심을 가지고 예의주시하면서 본 교단은 그 진로에 대하여 다음과 같은 우리들의 기본적인 입장을 밝히는 바이다.

도시산업선교는 성서에 근거하여 가난하고, 힘없고, 소외당한 자들을 도우며 복음으로 희망을 안겨주는 선교의 행위로서 세계 교회와 더불어 그 일을 추진해 왔다. 우리는 이 선교가 하나님의 명령으로 믿으며 앞으로도 역사 속에서 계속 본 교단의 산업선교의 원리 및 지침에 의하여 추진할 것을 고백한다.

YH 여공사건과 영등포도시산업선교회는 직접 어떤 관계가 없음에도 불구하고 마치 그 산업선교회가 배후에서 조종한 것처럼 인상을 주는 것은 도저히 납득할 수가 없다.

관계 당국이 일방적인 보도를 통해서 산업선교가 기독교를 가장한 용공적인 불순세력인 양 보도하는 일에는 분노를 금할 수가 없다. 우리는 이 중대한 시점에서 국민 앞에 우리가 하고 있는 도시산업선교는 결코 용공적인 불순단체가 아님을 분명하게 선언한다.

YH 여공사건이 야기된 전후 저변에 흐르고 있는 사회적인 부조리 현상을 방치한 정부 감독기관의 태만에 대하여 엄격히 문책하는 동시에 유감과 깊은 우려를 표명하는 바이다.

하루 속히 일방적인 왜곡된 보도를 중지하고 구속인사를 즉각 석방함으로 새 희망을 향해 함께 전진할 수 있기를 기대하는 바이다.

대한예수교장로회 총회장 김두봉
1979년 8월 15일

7. 산업선교 활동에 대한 총회의 입장

본 총회는 과거 몇 년 동안 우리 교회 산업선교 활동이 몇몇 지각없는 사람들에 의하여 중상모략을 받아 왔다. 우리는 이러한 행위가 다시는 되풀이 되지 않기 위하여 1980년대를 맞으면서 산업선교 활동에 대한 총회의 입장을 다시 한번 밝혀 둘 필요가 있다고 생각한다.

산업선교의 필연성

교회 선교 역사에서 산업선교가 대두된 것은 제2차 세계대전 이후 서구라파의 여러 나라들이 공업화되면서부터이다. 과거 우리 교회는 농경사회를 배경으로 선교활동을 해 왔으나 산업의 발달로 도처에 공장들이 건설되고 수천 또는 수만 명의 근로자들이 집단적으로 고용되면서 필연적으로 노사문제가 대두되었으며 교회는 산업사회의 인간 관리가 기독교 복음에 입각한 인간존엄의 입장에서 이루어지도록 관심을 가져왔으며 특히 기업주에 의한 근로자의 비인간적 처우와 부당한 경제적 대우에 대하여 기독교 경제윤리를 강조하면서 근로자의 권익을 옹호하기에 이르렀다. 교회가 기업인과 근로자들에게 하나님의 복음의 질서 속에서 살아가도록 하기 위해서는 산업선교라는 전문목회분야를 개발하지 않을 수 없었다. 군목선교, 농어민선교, 학원선교, 맹인선교, 교도소선교, 병원선교 등 기타 여러 특수 분야의 새로운 선교형태가 필요했던 것처럼 교회의 산업선교를 위해서는 산업선교가 불가피한 것이다.

한국 산업선교의 역사

기독교가 한국에 처음 들어온 것은 서구의 선교사들에 의해서였다. 산업선교도 이와 마찬가지로 산업이 먼저 발전한 미국교회로부터 시작되어 한국에 들어왔다. 미국 북장로교회의 파송을 받아 동남아시아 산업선교를 개발할 책임을 맡고 일본에 주재한 헨리 존스 목사가 한국에 처음 온 것은 1957년이다. 그는 본 대한예수교장로회총회 전도부와 한국의 산업발전에 대한 의견을 나누고 산업선교의 필연성을 이야기한 결과 우리 총회는 한국에서도 산업선교가 필요하다고 판단하여 총회 전도부 내에 산업선교위원회를 조직하게 되었다. 그 후 각 공장지대 노회 안에 산업전도위원회를 조직하고 근로자를 대상으로 선교활동을 시작했다. 1958년 영등포에 경기노회에서 산업선교 활동을 시작한 이래 본 교단뿐만 아니라 60년대 초에 기독교장로회와 감리회에서도 산업선교 활동을 착수했으며 1958년에는 천주교회에서도 산업선교(가톨릭노동청년회) 사업을 착수했다. 본 교단총회에서는 초대 산업선교 전임 선교사로 어라복 선교사(미국북장로교 파송)가 활동을 했고, 그 후 호주장로교회에서 우택인 선교사와 나병도 선교사를 파송하여 산업선교 활동을 해왔다. 이제는 한국교회 자체에서 산업선교 전임실무자(목사, 전도사, 평신도)를 양성하여 현지에서 일하고 있는 바 1957년 이래 23년 동안 본 총회의 여러 선교 분야 중 가장 중요한 선교사업의 하나로 오늘까지 복음을 전파하면서 근로자들의 권익옹호에 관심을 기울여 왔다.

본 총회 산업선교의 발전과정

초기 산업선교는 산업사회 변천에 따라 몇 단계로 선교방법을 발전시켜 왔다. 처음에는 전통적인 목회방법으로 예배와 선교를 중심한 선교를 해 왔으며 다음 단계로 평신도 근로자들을 발굴하여 이들을 통해 복음을 전파하기 위한 교육훈련활동을 해 왔으며 한국 경제 규모가 확장되고 노동조합이 발전하면서부터 우리 교회는 노동조합을 통한 복음 선교의 길을 모색하면서 기업인들에 대하여 근로자들의 인간 존엄성을 강조하고 노사가 대등한 입장에서 서로의 권익을 보장하므로 산업사회의 정의와 평화를 이룩하도록 힘써 왔다. 1970년대 초 근로자의 노동삼권(단결권, 단체교섭권, 단체행동권)이 법적으로 제한되면서 노동조합활동이 약화됨에 따라 우리 교회는 복음 선교의 방법을 근로자들의 기본 권리와 인간 존엄을 강조하면서 일부 기업인들의 불법적인 근로자 대우에 대하여 합법적인 대우를 요청하는 한편 이에 불응할 경우 그 시정을 사회양심에 호소하게 되었다. 이 과정에서 과거 일부 기업인들과 기업을 옹호하는 몇몇 사람들이 본 총회의 산업선교 기구를 불순단체 또는 용공단체라고 중상모략한 것은 우리 교회 역사상 가장 참을 수 없는 분노의 원인이 되었다. 사실상 정부의 근로감독 기능과 노동삼권을 위한 정의로운 노력이 있었던들 본 총회의 산업선교는 노사문제에 개입할 아무런 이유도 없었을 것이다.

본 총회 산업선교의 목표

산업선교의 궁극적인 목표는 그리스도의 복음을 산업사회에 선포함으로 근로자나 기업인 모두가 그리스도의 정신으로 살아갈 수 있는 정의로운 사회를 건설하고 산업사회의 구성원 개개인이 그리스도를 믿어 구원의 체험을 갖고 살아가도록 하는 것이며 정의가 있고 평화가 있는 인간존중의 질서가 확립되는 것을 목표로 하고 있다. 우리는 하나님의 공의를 외면하고 인간존중을 묵살하는 그 어떠한 행위도 용납하지 않을 뿐 아니라 이를 반사회적이고 비애국적인 것으로 단정할 것이며 하나님의 공의로운 뜻이 산업사회에 이루어지기 위해 모든 노력을 기울일 것이다.

산업선교의 방법

사회는 변천하나 복음의 진리는 영원불변이다. 따라서 본 총회는 변천하는 산업사회의 현실에 적응할 수 있는 선교방법을 찾아 나아갈 것이다. 오늘 우리의 선교방법이 결코 절대적인 것이 아닌 만큼 근로자에 대한 정부의 배려와 기업인들의 자세 그리고 노동조합 운동의 상황에 따라 이를 바탕으로 복음선교의 최선의 방법을 모색할 것이다. 우리는 과거 몇 년간 산업선교 활동에 있어서 받은 원치 않는 고난이 오히려 하나님의 복음을 위해 당한 고난이었다고 확신하는 동시에 앞으로 모든 교회는 산업인구에게 복음을 전하는 선업선교를 위하여 깊은 관심을 갖고 하나님께 기도하고 협력하므로 총회 산업선교 사업에 모두 동참할 수 있게 되기를 바란다.

대한예수교장로회 제65회 총회

1980년

2장

영등포산업선교회 사업보고서
(1964년~1975년)

영등포지구 산업전도 보고서
(1964년 3월 4일)

조지송 목사

1. 1964년도 사업목표

1) 영등포 지역 내에 있는 443개 기업체(종업원 5명 이상) 중 71개 기업체(종업원 50명이상)
에서 종사하고 있는 신도를 조사 파악하고 공장실정에 따라 신도들의 신앙적인 조직을
만들어 힘을 규합하고 예배를 비롯한 직접, 간접전도에 임한다. 직접이라 함은 각 공장
에서 일하고 있는 신도종업원들이 같이 일하는 친구에게 직접 교회로 나오게 권하든지
인간적인 교제를 통하여 교회를 스스로 나오도록 함을 의미하는 것이며 간접이라 함은
신도들의 그룹 활동에 불신 종업원을 가담시키는 일이나, 각종 행사나, 문서 등으로 전
도함을 의미한다.
2) 지교회 교역자나, 일반 신도들에게 산업전도 사업이 시대적인 요구임을 재강조하고
전교회가 이 일에 적극적인 태도를 가지도록 노력한다. 한편 산업전도 사업이 직접적
으로 교회를 협조한다는 것을 보여줄 것이며 기업주들에게도, 또는 산업신도들에게도
신앙적이며 건설적임을 보여준다.

2. 사업내용

1) 3월~4월: 사무실 문제를 해결한다. 사무실 한 칸을 전세로 얻어서 모든 사무를 그곳에
서 보기 위하여 우선은 책상 3개, 의자 5개, 서류함 1개를 구입한다. 우선은 이 사무실
에서 도서, 상담, 회의, 좌담 등을 겸하여 사용한다.
2) 3월~5월: 각 기업체별 산업신도 분포 상황을 조사한다(우선 종업원 50명이 상기 업체). 노
동주일 행사를 기해서 신도 실태조사서를 각 종업원들에게 분배하여 예배 참석 시에 제출

하게 하고 이 기회에 빠진 자는 이미 알고 있는 그 공장 신도를 동원하여 조사한다.

3) 각 기업체 내의 기업주나 공장 간부들을 조사하여(신도종업원이나, 교역자를 통하여) 전도사업에 가담시킨다(5월~6월).

4) 3월~4월: 이 기간에 각 공장신도 대표자 회의를 마련하고 개 공장 내에서의 실제적인 전도 활동과 그 방법을 연구 토의한다.

5) 3월~8월: 공장 종업원들로 구성하는 연합성가대를 조직하여 모든 예배나 각종 행사에서 자치적인 성가를 할 수 있게 한다.

6) 4월: 무료숙박소를 만들고 곤경에 빠진 여성들을 구제한다. 이 사업을 위한 기금이 3만 원은 될 것 같다. (어떤 간호원이 한영교회 문 목사님을 통해서 제공하겠다는 약속이 있었음.)

7) 4월: 음악회. 아직 교회에 대한 이해가 없는 기업체 내 종업원들을 상대로 하여 어린이 합창단을 초청 공연하게 함으로 교회와 그들의 간격을 축소시킨다.

8) 4월: 산업신도들의 전도 활동을 개 공장별로 소개하고 신앙생활에 지침이 될 만한 비용들을 소개하여 영적인 양식이 되게 한다.

9) 5월~6월: 직장대항 배구시합. 기업별로 배구시합. (혹 다른 경기하여 산업전도에 대한 인식을 기업주, 종업원, 교회, 선전하고 상호친목을 도모한다.)

10) 4월~5월: 영등포지구산업전도위원회 배지를 만든다. (종업원들을 통하여 모집한다.) 영등포지구 산업전도회 노래를 만든다. (종업원들을 통하여 가사를 현상모집하고 곡은 저명한 종교 작곡가에게 의뢰한다.)

11) "근로자의 집"을 건립하기 위하여 건립위원을 구성하고(8인~12인) 산업전도를 위한 선전 및 모금운동에 착수한다(5월부터).

12) 5월: 도서준비, 산업 신도들에게 적합한 문서를 구입하고 비치한다(각 교회를 통하여 1권씩 기증을 받는 형식으로).

13) 8월: 직장대항 경기. 음악 콩쿠르나, 성경 상식(신도 중심일 경우에만), 만담(오락) 등을 발표할 수 있는 기회를 만들어서 정서생활을 높인다.

14) 10월: 문예발표회, 신도들이 중심이 되어서 음악, 문학, 취미 등을 발표하도록 하여 정서생활을 하도록 한다.

15) 11월: 연구회. 교역자산업전도연구회, 산업신도산업전도연구회 등을 가지고 이 사업에 대한 이론적이며, 실제적인(현실에 맞는) 문제를 연구하여 보다 신앙적이며, 과학적

인 전도방법을 찾는다.

16) 11월: 신도기업인들과의 좌담회

17) 3월~12월: 각 공장 내 서클에서 자치적인 모임을 가진다(예배, 강좌, 좌담, 오락, 전도문
    제 연구, 구제 등).

18) 3월~12월: 매월 1회씩 연합예배.

19) 문서전도: 각 공장에서 필요로 하는 전도문서를 구입(종교잡지)하여 분배한다.

20) 12월: 크리스마스 연합음악예배.

이상의 사업계획은 완전한 것은 못 된다. 앞으로 일이 진행됨에 따라서 가감되는 것이 있
을 것으로 믿는 바이다.

영등포지구 산업전도 사업보고서
(1964년 2월~3월)

영산선위 제4-6호

위원장 계효언

_____ 귀하

　근대화를 서두르고 있는 우리의 산업사회는 교회의 손이 미치지 못한 채 제멋대로 강행군을 하고 있는 실정입니다. 그 결과 산업사회는 교회가 원치 않은 세속화에로 전환된 지 이미 오래입니다. 그러기에 우리 신도들이 여기에 들어서면 그 탁류 속에 휩쓸리고 마는 경향이 많습니다. 도시화, 산업화로 인하여 많은 인구가 농업으로부터 이동되어가는 현실을 직시하면서 우리 교회가 산업인구를 포섭할만한 준비를 해야만 합니다. 모든 산업계를 하나님 앞으로 인도하는 데 있어서 문제가 되는 것은 사회가 속화한 것이 아니고 교회가 너무나 동떨어진 곳에 있다는 인상을 주는 것이 아닌가 합니다. 우리는 정치, 경제, 사회, 문화 전반에 걸친 제 문제들이 교회와 관계없이 자기네들의 의사만으로 진행되는 것을 방관해서는 안 될 것입니다. 공업화 한국에 있어 우리 교회의 적극적이며 지도적인 사회참여를 통하여 민족적 민주주의보다는 기독교적인 민주주의를 형성해야 할 것입니다. 이로써 크게 기울어지기 전에 우리 한국을 기독교화하는 데 결정적인 결과를 가져올 것입니다.

　귀 교회와 여러분들의 번영과 발전을 하나님께 빌면서 아래와 같이 사업보고를 드리며 사업전도를 위한 여러분의 적극적인 성원을 청원하는 바입니다.

시일	장소	사업내용
1964년 2월 18일	영등포교회	산업전도 중앙위원회의 연구원과 실무 간사로 시무하던 조지송 목사가 영락교회의 후원으로 본 지구 산업전도 전임 목사로 취임하였음.
1964년 2월 20일	대동모방	대동모방 공업주식회사 내 신도써클인 "협신회" 예배인도 종업원 약 150명.

시일	장소	사업내용
1964년 2월 현재까지	대동모방	여자 기숙사에 입사해 있는 종업원 약 100여 명이 매주 일요일 아침에 드리는 예배를 본 위원회 실무자들이 전담하여 예배를 인도하고 있음.
1964년 2월 23일	영서교회	매월 마지막 주일 저녁을 영등포지구 각 공장 신도연합 예배일로 정하고 여러 교회를 순회하는 바 영서교회에서 예배를 드렸고 조지송 목사의 설교가 있었다.
1964년 2월 23일	영서교회	정기월례회를 모이고 각 공장의 전도활동을 청취하고 당면문제와 앞으로 해야 할 문제들을 결정함.
1964년 3월 8일	영서교회	본 지구 산업신도연합회에서 새로 취임한 조목사와 김성혜 전도사의 환영회를 베풀고 간담회를 가짐.
1964년 3월 15일	영등포교회	산업신도 약 600여 명이 모여서 음악예배를 드리는바 설교에 영락교회 홍동근 목사 성가에 대동모방 성가대, 그리고 특별음악순서를 필그림합창단이 출현함으로 대성황을 이루었음.
1964년 3월 15일	영등포교회	영락교회 대표 3인과 중앙회 대표 1인, 그리고 본 대표 3인과 실무자 2인이 동석하고 앞으로의 사업계획과 방법을 실무 목사로부터 청취하고 사무실 문제를 토의하고 서로 힘을 합해서 추진키로 함.
1964년 3월 22일	도림동교회	20개 공장 신도들의 연합예배를 드렸으며 설교는 조 목사가 하였음.
1964년 3월 22일	도림동교회	50여 명의 여러 공장 대표자들이 간담회를 가지고 산업신도들의 써클조직 운동에 대한 것을 토의함. 간담회의 경비일체를 도림동교회에서 제공함.
1964년 3월 7일 ~15일	영등포 전역	각 교회로 노동주일 포스터와 노동주일 통지서와 음악예배 초대권을 발송했으며 42개 공장에도 초대권과 신도 실태조사서를 각각 800여 매를 배부했음.
1964년 3월 31일	영등포동 8가 56번지	산업전도회관으로 사용할 건물을 전세 1십만 원에 계약함(여기에 대한 경제문제는 차기 보고에 상세히 보고할 것임).

사업계획 및 예산서

(단위: 원)

조직사업		26,500
	1. 직장신도서클조직 종업원 50명 이상 되는 기업체 내에 우선 신도들의 서클을 조직하고 신도들의 조 직활동을 통하여 직접 간접전도를 한다.	25,000
	2. 신도 기업주 좌담회 본 지역 내의 신도기업인들을 초청하고 전도사업을 연구 토의한다.	1,500
전도, 계몽 및 연합행사		76,000
	1. 기업체 대항 친선운동경기.	10,000
	2. 음악회, 문예발표회, 친목회, 교양과 신앙강좌 .	15,000
	3. 산업전도 월간지.	16,000
	4. 도서실(도서준비)	20,000
	5. 방송과 문서운동	15,000
교육사업		18,000
	1. 평신도산업전도연구회	3,000
	2. 교역자산업전도연구회	3,000
	3. 실무자양성	12,000
산업전도회관		100,000
	총계	220,500

영등포지구 산업전도위원회 사업보고서
(1964년 4월~5월)

1964년 6월 1일

조지송 목사

영락교회 전도부 귀하

존경하는 여러분께,

그동안의 산업전도 사업을 보고 드리며 아울러 인사를 드리게 됨을 기쁘게 생각하는 바입니다.

그동안 우리 산업전도 사업은 여러분들의 기도와 물심양면의 성원과 적극적인 관심 속에서 장족의 발전을 보게 되었음을 하나님과 여러분들께 심심한 감사를 드리는 바입니다. 멀리 있는 관계도 자주 대하지 못한 가운데서 사업을 추진해야 하는 것이 유감입니다마는 별 대과 없이 지나옴을 기쁘게 여기고 있습니다. 앞으로도 적극적인 성원을 기대하면서 아래와 같이 사업보고를 드립니다.

시일	장소	사업내용
1964년 4월 6일	인천 제3교회	한남노회 시 전도부 주최 "전도강연"시 강사로 부름을 받아 "교회와 산업전도 문제"를 강연함.
1964년 4월 21일	장로회신학교	장로회신학교에 나가서 "산업전도의 필요성"에 대하여 한 시간 특강.
1964년 4월 18일	대동모방	연세대 신과대학생 8명과 교목 김득렬 박사를 안내하여 공장을 견학케 한 후 기업경영자와 좌담회를 가짐.
1964년 4월 26일	불암산	대동모방 산업신도 써클(협신회)과 같이 야외예배를 드리기 위하여 불암산으로 가서 하루를 지내며 예배, 등산, 오락 등으로 성도의 교제를 함.
1964년 4월 27일	신대방교회	한남노회 영흥시찰 교역자회에 강사로 부름 받아 "산업사회와 교회"에 대한 설교를 함.

시일	장소	사업내용
1964년 5월 2일	회관, 대동모방	동남아세아 산업전도 총무로 일본에 주재하는 헨리 디. 존스 목사가 내한하여 방문하고 협신회 임원들과 좌담회를 가짐.
1964년 5월 3일	회관	"신봉회"(산업신도 써클로서 10개 공장 종업원 40여 명이 회원임) 임원회로 모이고 신봉회 명칭 개칭에 대한 것을 논의하고 결정을 봄.
1964년 4월 12일	양평동교회	한남노회 고등성경학교에서 산업전도에 대한 특강을 함.
1964년 5월 13일	영등포	대동모방에서 근무하는 안동식 선생이 회관의 간판과 거울을 증정함(간판 재료는 대동모방 제공).
1964년 5월 15일	영등포	전세 10만 원에 계약한 위원회 회관은 영락교회 1만 원, 대동모방 1만 원, 동아염직 1만 원, 대한모직 1만 원, 중앙위원회 1만 원. 이상 여러 곳의 후원을 얻었고 나머지 금액은 입체하여 전액을 지불함.
1964년 5월 31일	회관(15시) 영서교회(21시)	"영등포지구평신도산업전도 연합회"를 구성하고 14개 공장의 산업신도들이 회원으로 되었으며 회칙도 제정하고 내 6월 7일에 대표자 회의에서 임원과 각 부장을 선정하기로 함.
1964년 5월 31일	영서교회	연합회 헌신예배를 모이고 김남순 목사의 "목수의 아들이 아니냐?"라는 제목의 설교가 있었다(참가회원 40여 명, 교인 약 70명).
1964년 2월 ~현재까지	대동모방	공주회(대동모방 기숙사생) 정기예배(매 주일아침)를 인도함.

연락처: 서울특별시 영등포구 영등포동 8가 80번지. 조지송 목사

영등포지구 산업전도 사업보고서
(1964년 6월)

1964년 7월 2일

조지송 목사

_____귀하

무더운 여름, 존경하는 여러분들의 건강을 빕니다.

지난 6월 한 달 동안의 사업을 여러분들께 보고를 드리고 계속적인 기도의 원조를 청하여 부족한 능력의 빛으로 삼고자 하는 바입니다.

1. 집회소식

한영방직: 매주 토요일 오후 1시~2시 사이에 공장 내에 있는 한영교회에서 종업원들 약 20명이 모여서 예배와 친교를 하고 있다(인도: 문학선 목사).

해태제과: 매일 오후 8시~10시 사이에 종업원들 약 30여 명이 양평동 교회에 모여서 (숙녀반) 성경, 영어, 한문, 가사 등을 공부한다(인도: 이정학 목사).

조선피혁: 매월 첫 월요일과 셋째 월요일 12시 20분~55분까지 종업원 약 17명이 회집하고 예배와 친교를 가진다(인도: 조 목사).

대동모방:

1) 매주 목요일 저녁 7시 30분에 협신회원(산업신도들의 조직) 약 130명이 모여서 예배를 드린다(인도: 방지일 목사).

2) 매주 일요일 아침 7시 30분에 공주회원(기숙사생)들 약 100여 명이 모여서 예배를 드린다(인도: 조 목사, 사감선생, 강 전도사).

3) 매월 1회씩 여자기독교청년회의 후원으로 교양강좌를 실시한다.

(시사영화, 미용법, 요리법, 예의 등등)

동아염직: 매주 첫 금요일과 둘째 금요일 저녁 8시에 기숙사생 약 70명이 모여서 성경 상식을 비롯한 교양강좌를 하고 있다(인도: 박조준 목사).

대한모직: 매주 첫 금요일과 둘째 금요일 8시에 기숙사생 약 15명 회집하고 교양강좌를 가진다(인도: 영은교회 여전도사).

3사예배: 대동모방, 동아염직, 대한모직 세 회사는 매월 1회씩 전 종업원과 중역 전원이 작업을 중단하고 예배를 드린다.

상담: 매주 화요일 저녁 8시~10시 사이를 대동모방 전 종업원들의 상담시간으로 정하고 강 전도사가 상담에 응하고 있다.

2. 사업추진 내용과 방법

내용: 평신도 산업전도연합회를 강화하는 것과 확장하는 것을 목표로 하고 개체 공장 내에 아직 조직을 하고 있지 못한 곳을 중점적으로 접촉하여 신도들의 써클운동을 하고 있다.

방법: 우선 공장에서 일하고 있는 신도를 탐색하고 적합한 기회에 방문하여 산업전도 문제를 토의하고 계속 접촉하여 연합회와 유기적인 관계를 맺도록 한다(연합회와 직접 관련을 가지고 있는 공장은 15개 처이며 개인적으로 관계가 된 공장은 40여 처이다).

시일	장소	사업내용
1964년 6월 1일	회관	산업전도위원회 회관 개관 예배를 드리고 계속해서 전도문제를 토의 참석 대표자: 위원장(노회장), 시찰장(김시원 목사), 노기원 목사, 위원회 총무 이정학 목사, 영도중학교 교장, 영등포교회 남전도사 외 산선 실무자.
6월 1일~12일	-	그동안 산업전도 사업에 헌신하시던 김성혜 전도사는 영락교회의 후원으로 세브란스 병원 전도사로 이임하고 그 대신 대동모방에서 일하던 민영선 선생이 새로 오셨다. (12일에 취임)
6월 1일	회관	영등포교회에서 회관을 위하여 의자 2개를 기증
6월 15~17일	덕수교회	기독교 연합회가 주최하는 전도문제연구회에 참석.
6월 21일	회관	연합회 임원선거: 고문(교역자) 방지일 목사 　　　　　　　　 고문(기업주) 미정

시일	장소	사업내용	
		회　장: 김동혁(대동모방)	부회장: 이명집(대한모직)
		부회장: 이남주(동아염직)	총　무: 김용백(미왕산업)
		회　계: 정-김찬규(대한모직)	부-심정근(판본방적)
		서　기: 정-정해룡(대동모방)	부-조용찬(해태제과)
		종교부: 전광일(고려와사)	음악부: 이원경(대동모방)
		문예부: 최봉엽(조선피혁)	사교부: 오명자(동아염직)
		체육부: 차성학(조선피혁)	
6월 2~30일	15개 공장	문서전도로서 "기독교란 무엇인가?"라는 소책자 100부와 기타전도지 750매를 15개 기업체에 배부함.	
6월	5개 공장	성가와 우리 민요합창, 그리고 미국민요 등을 녹음하여 공장을 방문 시에 (점심시간을 이용함) 이용하고, 지원을 통해서 산업전도를 선전함.	

서울특별시 영등포구 영등포동 8가 80번지. 조지송 목사

영등포산업전도 사업보고서
(1964년 7월)

1964년 8월 1일

조지송 목사

＿＿＿＿＿귀하

　여러분의 관심과 시대적인 요구에서 이룩된 산업전도 사업이 오늘도 복음전파의 일선에서 일하고 있음을 만족하게 생각합니다. 공사에 얼마나 분주하십니까? 하나님의 도우심이 여러분의 "일" 위에 같이 하시기를 기원하면서 지난 1개월간의 사업을 전해드려서 고문을 삼고 아울러 같은 기도의 제목을 가지고자 하는 바입니다.

시일	장소	사업내용
7월 5일	대동모방	산업신도들의 토론회를 개최하고 "자녀에게는 아버지가 더 중하냐? 어머니가 더 중하냐?"라는 연제 하에 남녀가 열전을 벌였다.
7월 7일	회관	여전도대회에서 "캐비닛" 1대를 기증하였음(가격 5,800원)
7월 7일	회관	영락교회 전도부에서 의자 10개를 기증해 줌(가격 2,330원)
7월 10일	동아염직	동아염직 산업신도들의 음악감상회 (100여 명)
7월 12일	양평동교회	해태제과에 근무하는 산업신도 8명이 모여서 친목과 간담회를 가짐.
7월 19일	도림교회	도림동교회 산업인들 12인이 모여서 교회 내에 산업전도회를 조직하기로 합의함. (발기회는 8월 9일로)
7월 22일	회관	영등도산업전도연합회 임시임원회를 소집하고 사업계획에 대한 토의를 함(각 부 사업계획 심의).
7월 26일	한영교회	정기 임원회를 소집하고 각부 부장의 구체적인 사업방안을 들음(임원 18명, 21개 공장 대표).
7월 26일	회관	임원회 후에 임원 및 공장 대표 친목을 위한 모임을 가짐(경비는 회장이 전담함).
7월 26일	영남교회	산업신도연합 헌신예배를 김순일 목사를 강사로 모시고 200여 명이 모인 가운데서 드렸고, 예배 후에 각 공장대표들의 환영이 있었다.

시일	장소	사업내용
7월 29일	동신화학	영문교회를 통해서 전도지와(200매) 소책자(10권)을 동신화학에 배부하도록 위탁함.
7월 30일	대동모방	임시위원회를 소집하고 위안음악회 개최의 건과 중앙에서 개최하는 산업전도연구회에 파송할 대표를 선정함.
7월 31일	조선피혁	장로회신학교 졸업반에 있는 김용한 선생을 산업전도연구생으로 정하고(중앙위원회 위촉을 받음) 1개월간 기한으로 공장에 들어가서 노동자들과 같이 일하며 체험을 얻도록 함.
매주 화요일에 저녁에 실시하는 "상담"은 대개가 신체적인 어려움을 가지고 나와서 문의하는 경우이고 간혹 가정적인 분화를 해결해 보려는 분도 있다. (상담은 강경구 전도사가 전담)		
산업전도회와 직접 관계한 기업체는 30일 현재 21개 처이며 산업전도지회 조직수는 5개 처이다.		
6월분 사업보고서 1면에 기록된 각종 집회를 다시 보시고 여러 모임을 위하여 많은 기도를 해주시면 감사하겠습니다.		

서울특별시 영등포구 영등포동 8가 80번지. 영등포산업전도회

영등포산업전도 사업보고서
(1964년 8월)

1964년 8월 11일

조지송 목사

영락교회 전도부 귀하

서늘한 바람과 함께 싹트는 초가을의 감촉이 한결 마음을 가볍게 해줍니다. 무엇보다도 34.5도의 고열에서 일해야만 했던 많은 산업인들이 이제는 그 더위에서 풀리게 되었다고 생각하니 시원한 감이 듭니다.

다가오는 가을과 함께 귀 회와 귀하에게 하나님의 은혜가 같이 하시기를 기원하면서 아래와 같이 사업보고를 드리는 바입니다.

시일	장소	사업내용
8월 4일	대동모방	25개 기업체에서 종사하고 있는 종업원 526명이 모인 가운데 음악회를 개최하였으며 이 기회를 통하여 산업전도 사업에 대하여 효과적으로 인식을 주려는 기회를 만들었다. 영남교회 성가대와 서울, 이대 음악대 학생들의 출연과 종업원 중에서 특순이 있었다.
8월 24일	회관	과거 오탄선 산업전도사를 위하여 대동모방에서 제공한 바 있는 (주택비) 1만 원은 전도사님이 산업전도를 그만둠에 따라 반환할 것이 있으나 산업전도회관에 전화를 신청하기 위하여 사용하도록 정 상무님의 허락을 얻어 전화신청에 사용하였다.
8월 25일	회관	산업신도들의 상호소식을 교환하고 따라서 산업전도 사업을 넘어 선전하는 데 크게 도움이 될 산업전도 회지를 발행하게 되었다. 반액을 영등포산업전도연합회 임원들이 부담하고 나머지를 영락교회 전도부가 부담하여 창간호를 낸 이 회지는 앞으로 월간지로 발행할 예정이다.
8월 24일 ~29일	장로회 신학대학	중앙위원회가 개최한 전국 실무자 산업전도연구회에는 전국에서 모인 25명(공장 대표와 교역자 대표) 중 영등포에서도 연합회 임원 3명과 교역자 4명이 참석하여 산업전도 사업에 대한 많은 지식과 소명의식을 받아가지고 돌아왔다.
8월 29일	미왕산업	미왕산업주식회사의 산업신도들은 직장에서의 신앙활동을 보다 활발하

시일	장소	사업내용
		게 하기 위하여 산업전도회를 조직하였다.
8월 30일	영등포교회	산업전도연합회 정기 임원 및 공장 대표자회의가 소집되어 3시간에 걸친 사업보고와 계획이 토의되었다.
8월 30일	중앙교회	산업신도 연합예배를 이대 교목 마경일 목사를 강사로 모시고 드렸다. 25개 기업에서 3백여 명이 참가하였다.
8월 현재 산업전도 관계 기업체는 34개 처임.		
같이 기도할 문제 : 산업전도를 위한 모든 모임을 위하여		

영등포산업전도 사업보고서
(1964년 9월)

1964년 10월 1일

조지송 목사

전도부 임원 제위께,

존경하는 임원 여러분들께 하나님의 넘치는 축복이 있으시기를 기원하오며 귀 회에 무한한 발전을 바랍니다. 여러분들의 적극적인 성원 속에서 부족한 사람이지만 오늘까지 대과 없이 지나옴을 감사하오며 적으나마 사업의 발전을 보게 됨을 하나님과 여러분들께 심심한 감사를 드리는 바입니다.

오늘도 지난 9월에 실행된 사업 중 중요한 몇 가지를 여러분께 보고하며 같이 기도의 제목을 삼고자 합니다.

1) 미왕산업전도 창립총회: 지난 8월에 17명이 모여서 발기인회를 가진 바 있는 미왕산업주식회사 내 산업신도들은 9월 5일 창립총회를 소집하고 33명이 모여서 완전한 조직을 보게 되었습니다. 이날 동회 고문으로 추대를 받은 박주영 여사는 성경, 찬송 40권을 전 회원에게 나누어 주어 회원들을 격려해 주었습니다.

2) 대한모직에서도 등대회 창립총회: 9월 6일 오후 3시에 신도들은 두 번째의 모임을 통해서 완전한 임원조직을 보았습니다. 공장 전무이신 정세민 장로님은 앞으로 전도사업에 많은 도움이 되어주신 것으로 기대가 크며 특히 임원들의 신앙적인 활동은 많은 사람들에게 감명을 주고 있습니다.

3) 신진완구 라디오부에도 산업전도회: 신진완구공장과 라디오공장 산업신도들을 지난 9월 7일에 첫 모임을 가지고 친교의 시간을 가졌는데 앞으로 매월 2회씩 정기적으로 모여서 성경, 교양, 친교 등의 시간을 가질 것입니다.

4) 미풍산업주식회사에서도: 산업신도 12인은 지난 9월 14일 첫 친목회를 가지고 서로 교제하

는 시간을 마련했습니다. 이 자리에서 그들은 지금까지 서로 인사는 교환하지 못하고 지내온 것을 스스로 뉘우치고 앞으로 서로 협력하여 전도할 것을 결심했습니다.

5) 산업전도지 제2호 발행: 지난 25일을 기해서 회지 2호를 내놓았습니다. 이번 호는 특별히 40여 명의 산업인들의 요청에 따라 3천 부를 인쇄하여 아직 산업전도에 대하여 이해가 부족한 공장에 대량 투입시켰습니다(1,710원을 별도로 후원해왔음).

6) 도림동교회 산업전도회 간친회: 60여 명의 회원을 가진 이 회에서는 지난 26일 낮 예배 후에 간친회를 가졌는데 40여 명이 참석하고 처음 믿기로 작정한 신도들의 신앙 간증을 들었습니다.

7) 임원 및 공장 대표자회: 매월 정기적으로 모이는 회로서 26일 오후 3시에 영등포교회에서 모였습니다. 40개 공장 대표들이 모일 예정이었으나 작업 관계로 그 절반밖에는 참석하지 못했습니다. 이번 회에서는 각 공장에 산업전도회를 조직할 것을 결정했습니다.

8) 공장대표자를 위한 교육강좌: 임원회가 끝난 즉시, 계속해서 방지일 목사님의 강좌가 있었는데 이 일은 각 회에 지도가 될 사람을 위해서 마련한 시간입니다. 우선 기독교의 본질에 대한 강의를 실시했습니다. 앞으로 좀 더 적극적으로 교육을 실시해야 할 줄로 믿습니다.

9) 연합예배: 매월 정기적으로 모이는 이 예배는 각 교파를 순회하고 있는데 26일 저녁예배는 영등포 성결교회에서 드렸으며 설교는 성결교 총회 총무이신 한영우 목사님이 수고하셨습니다. 회집 수는 약 150여 명이었습니다.

10) 특별강연회: 지난 9월 28일 저녁에 양평동교회에서 실시했는데 김영환 목사님이 덴마크에 대한 강연을 했습니다. 종업원들에게 교양이나 지식을 높여주기도 하지만 특별히 산업전도를 인식시켜주려는 시간을 더 중요시했습니다. 회집 수는 약 260여 명이었습니다.

새로 신청한 전화가 당첨되어 20일까지는 가설될 예정입니다. 현재 전세로 들어있는 회관 대지가 매매되어서 불가피 회관을 딴 곳으로 이전할 수밖에 없게 되었습니다.

영등포산업전도 사업보고서
(1964년 10월~11월)

1964년 12월 3일

조지송 목사

_____귀하

주님의 몸된 교회를 위하여 영육을 바쳐 전력하시는 여러분들께 문안과 함께 사업보고를 드리게 됨을 감사합니다. 산업전도 사업에 대한 여러분들의 지대한 관심 위에 하나님의 은총이 같이 하시기 빕니다.

지난 2월, 영등포에서 사업을 시작한 이래 제1차 년도 사업목표로 이 사업에 대한 선전, 계몽 그리고 조직에 치중해 왔는데 그 결과 적은 수확이나마 얻을 수 있어서 12월 2일 현재 49개 기업체 내에서 이 운동이 추진되고 있습니다.

제2차 년도 사업목표는 산업전도의 내용을 충실히 해야 하겠다는 절실한 느낌이 있어서 교육적인 면에 중점적인 노력을 하려고 생각합니다. 이하 10월과 11월, 두 달 동안에 있었던 사업들을 보고 드립니다.

〈10월〉

1) 영화감상(1일): 대한모직에서 전 종업원들에게 전도영화를 상영했는데 2백여 명이 참석하여 감상을 했습니다.

2) 천우사 산업전도회발족(10일): 산업신도 52명이 산업전도의 뜻을 같이하여 산업전도회를 조직하여 현재 매주 화요일마다 모여서 전도운동에 노력하고 있습니다.

3) 해태제과 산업전도회발족(15일): 지금까지 구체적인 조직을 가지지 못하고 산발적인 전도를 해왔으나 이제 이 회의 발족을 계기로 100여 명이 힘을 몰아서 일을 하게 되었습니다.

4) 영화감상(17일): 한영방직 산업인들을 위하여 영화감상의 시간을 마련했는데 60여 명이

모여서 감상을 했습니다.

5) 산업신도연합예배(18일) : 매월 정기적으로 가져온 이번 예배는 새마을 교회로 장소를 정하고 유동식 교수를 강사로 모셨는데 300여 명이 모여 예배를 드렸습니다.

6) 회관이전(23일) : 영등포 8가 80번지에 전세로 얻었던 회관은 주인이 가옥을 매매하게 됨에 따라서 양평동 2가 29번지로 이사를 했습니다.

7) 연구회참석(24~25일) : 온양에서 있는 "평신도운동협의회"에 참석하여 세계교회들의 평신도운동에 대한 것과 특히 가톨릭 평신도신학에 대하여 연구할 기회를 가졌습니다 (주최. 산업전도회와 기독교연합회 공동).

〈11월〉

1) 정기총회(1일): 산업전도연합회 제2회 정기총회를 가졌는 바 37개 기업체에서 공장대표 43명이 모였으며 그 밖에 고문 되시는 분들과 실무자들을 합하여 53명이 모였습니다.

2) 자전차 기증(1일) : 산업전도회 고문으로 계시는 정세빈 장로님(대한모직 전무)이 산업전도 사업을 후원하는 의미로 자전차를 기증해주셨습니다.

3) 전체 공장 방문(2일~28일): 지금까지 관련을 가지고 있는 공장의 대표자들을 방문하고 그들이 일하고 있는 일터의 환경을 보고 그들이 하고있는 일이 어떤 것이며, 어떻게 일하는가를 보았습니다. 그들의 일터를 이해하는 것은 대단히 중요한 문제입니다.

4) 전화개통(24일): 지난여름에 신청한 전화가 이제 개통을 보았습니다. (6-3972)

5) 산업인의 감사예배(29일): 공업세계에 살고 있는 사람들에게는 추수감사 예배가 실감이 날 수 없습니다. 공인들의 감사예배는 자기들이 땀 흘려 만든 생산품을 생각할 수 있는 감사예배가 필요합니다. 이번 예배에는 20개 기업체의 생산품을 제단에 드리며 노동의 봉사가 하나님의 세계에 얼마나 유익한 것임을 느끼게 했습니다. 600여 명의 산업신도들이 모인 이 예배는 한경직 목사님이 설교를 해주셨으며 2부 음악순서도 있었습니다.

영등포구 양평동 2가 29번지. 전화 6 - 3972

영등포산업전도 사업보고서
(1965년 1월)

1965년 1월 30일

조지송 목사

1965년의 해를 교육의 해로 맞으면서 우선 산업전도교육에 참고가 될 만한 것을 찾기 위하여 평신도를 대상으로 조사를 실시했습니다. "문으로 된 설문을 작성하여 직업에 대한 것, 성수주일 문제, 노동문제, 노동자가 현재 가지고 있는 난문제, 산업전도를 위한 교육문제 등 기타 여러 가지 문제"를 제시했습니다. 11가지 중 가장 중요하다고 생각되는 것 중에서 5가지만을 옮겨봅니다.

이 조사는 산업전도회나 소속한 평신도 100명을 대상으로 하여 조사한 것입니다.

1) 당신이 현재 가지고 있는 직업에 대하여 만족하게 생각합니까?

예	아니오	보통입니다
26%	23%	51%

2) 주일에도 출근하게 되는 것을 어떻게 생각합니까?

불가피하다	해서는 안 된다	해야 한다
56%	39%	5%

3) 신자가 노동조합에 적극 참여하는 것을 어떻게 생각하십니까?

좋다	나쁘다	중립이 좋다	대답 않음
48%	11%	37%	4%

4) 현재 가지고 있는 어려운 문제는 어떤 것입니까?

신앙문제	경제문제	교육문제	가정문제	기타	없음
29%	28%	19%	13%	4%	7%

5) 산업전도를 위한 교육을 하려면 어떤 문제부터 해야 할까요? (아래의 7가지 문제 중 제일 중요한 것부터 차례로 숫자를 쓰도록 하였다. 여기에는 제일 우선적으로 취급해야 한다는 것만 기록하였다.)

① 성경을 우선적으로　　　42%

② 경제문제를 우선적으로　18%

③ 노동문제를 우선적으로　7%

④ 산업회사를 우선적으로　7%

⑤ 취미오락을 우선적으로　6%

⑥ 일반상식을 우선적으로　5%

⑦ 기업경영을 우선적으로　3%

⑧ 기록 않음　　　　　　　12%

그 밖에도 여러 곳에서 산업전도를 위한 모임이 있었습니다.

1. 판본방적 갑반 좌담회			
시일	1월 1일 오후 7시	장소	문래동 감리교회
인원	남녀 21명		
내용	지금까지 한 반에서 일했지만 서로 알지도 못하고 지냈다. 그러나 이제부터는 정기적인 모임을 가지고 신앙생활 향상과 친교 그리고 전도에 힘쓰자(3주 후에 다시 모이기로 약속)		
2. 판본방적 을반 친목회			
시일	1월 8일 오후 7시	장소	문래동 감리교회
인원	22명		
내용	1부 예배 2부 친목회		
3. 판본방적 갑, 을, 병반 연합집회			
시일	1월 13일	장소	중앙감리교회
인원	종업원 약 60명과 교인 100여 명		
내용	설교: 조 목사, 제목: 새 술은 새 부대에(마 9:16-17)		
4. 천우사(조선피혁, 완구부, 라디오부) 예배 및 임원회			
시일	1월 22일	장소	조선피혁 식당
인원	11명		
내용	1월 정기예배와 임원회로 모이다. 결정내용 : 금년부터는 각 부서별로 그룹 활동을 통하여 전도 활동에 힘쓸 것.		
5. 미풍산업 전도회 좌담회			
시일	1월 24일 오후 3시~5시	장소	당산여관
인원	6명		
내용	산업전도를 효과적으로 실천하기 위해서는 조직에 치중하기보다는 숨은 사업에 노력하자. 소수가 모여 기도하고 말없이 행동하며 그리스도를 보여 주자. 결정한 것: 2월 초순에 해태제과와 공동으로 전 종업원들에게 전도영화를 상영하기로 하다.		
6. 연합회 회장단회			
시일	1월 2일 오후 7시 30분~10시	장소	영등포교회
내용	①평신도 교육대상자에 대하여 ②연합성가대 조직에 대하여 ③정기 임원회는 내 2월 7일로 ④노동주일 준비문제		

영등포산업전도회 임원명단

직책	이름	공장명	교회명
회장	김동혁	대동모방	영락교회
부회장	이명집	대한모직	영은
부회장	조혜자	한국모방	신대방교회
총무	김용백	미왕산업	동림
서기	정해룡	대동모방	새문안
부서기	조용찬	해태제과	양평동
회계	김찬규	대한모직	영은
부회계	신정균	판본방적	문래동감리교회
종교부장	전광일	산소협회	영서교회
종교부차장	임명자	천우사 라디오부	새마을
교육부장	한상출	동양미싱	도림
교육부차장	유호제	대한리화공업	고척
문예부장	최봉엽	조선피혁	벧엘
문예부차장	박석지	천우사완구부	
음악부장	강성일	대동모방	영은
음악부차장	김려성	고려압축	양평동
봉사부장	방순원	대한잉크	도림
봉사부차장	황순득	한영방직	한영
사교부장	조승래	한국타이어	영일
사교부차장	오명자	동아염직	영은
국제부장	고성훈	연세당약국	도림
국제부차장	서기호	미왕산업	도림
체육부장	강종후	삼성공작소	한영
체육부차장	박우식	미풍산업	구일
직업보도부장	조병산	광일생산	영문
직업보도차장	이승만	판본방적	중앙감리교회
회지편집위원	고성훈	연세당약국	도림교회
회지편집위원	이만진	제1물산	영동교회

각 공장 대표자 명단

No	이름	공장명	No	이름	공장명
1	김판용	고려와사주식회사	26	김려성	고려압출용기공장
2	김건태	기아산업주식회사	27	김정민	태광화학주식회사
3	한상출	동양미싱제조주식회사	28	이덕근	이화산업주식회사
4	임범섭	조선피혁주식회사	29	이승만	판본방적주식회사
5	심혁준	대한유리공장	30	조병산	광일생산기술연구소
6	이호증	천우사 조화공장	31	고양주	동광스텐공업사
7	황삼순	신우 제과회사	32	김세민	서광섬유주식회사
8	박서지	천우사완구공장	33	김동혁	대동모방공업주식회사
9	김옥희	서울약품주식회사	34	김찬규	대한모직주식회사
10	신응덕	한~엔진공장	35	조용찬	해태제과주식회사
11	이등국	풍광유지공업주식회사	36	임동백	미왕산업주식회사
12	김종윤	제일모터스주식회사	37	김성경	건설부 중기공장
13	이기봉	한국특수공구주식회사	38	조승래	한국타이어주식회사
14	석종칠	삼광초자	39	박완영	대한치혁공업사
15	김운학	영등포공작창	40	박종률	동신화학
16	김덕자	경성방직주식회사	41	강종후	삼성공작소
17	김태형	일진산업주식회사	42	유재윤	동양미싱제공장
18	유호제	대한리화공업사	43	전광일	산소협회
19	유성렬	제1미싱제조주식회사	44	이만진	주식회사 제1물산양행
20	조혜자	한국모방주식회사	45	방순윤	대한잉크제조주식회사
21	노원명	한영공업사	46	황순득	한영방직주식회사
22	김남형	북성화학주식회사	47	이봉춘	동양모직주식회사
23	박구식	미풍산업주식회사	48	오명자	동아염직주식회사
24	임명자	천우사라디오공장	49	김병기	세광알미늄 공업사
25	고성훈	연세당 약국			

영등포산업전도 사업보고서
(1965년 2월)

1965년 2월 27일

조지송 목사

_____귀하

1.미풍산업전도집회			
시일	2월 4일 오후 4시~6시	장소	강경구 전도사님 댁
인원	6명		
내용	1) 아직 산업전도에 대하여 이해가 없는 기업주에 대하여 신앙적인 생활로 신도의 본을 보이자. 2) 공장 내 산업인들에게 산업전도를 이해시키기 위하여 계몽사업으로 전도영화를 상영하고 후에 좌담회를 가지다. 3) 믿는 신자들의 단합을 위해 노력하자.		
2.한국모방 신도집회			
시일	2월 5일 오후 8시~10시	장소	구청 앞 음식점에서
인원	4명		
내용	1) 우선 믿는 신도들의 단합을 위해 기도하자. 2) 계속적인 모임을 가지자.		
3. 판본방적 집회			
시일	2월 5일 오후 7시	장소	문래동 감리교회
인원	12명		
내용	1부 예배만 보고(강 전도사 인도) 혹한 때문에 산회하다.		
4. 연합회 정기 임원회			
시일	2월 7일	장소	영등포교회
인원	26명		
내용	1) 1부 예배 조 목사 인도 2) 2부 회의 ① 교육대상자 확정 ② 수강료 매월 100원씩 확정 ③ 연합성가대 조직.		

	④ 회지대 정기납부.		

5. 천우사 내 산업전도회 집회

시일	2월 8일 오후 5시 30분	장소	조선피혁 식당
인원	18명		
내용	정기예배 조 목사 인도		

6. 영화감상 (해태제과와 미풍산업의 공동주최)

시일	2월 11일	장소	양평동교회 교육관
인원	종업원 약 200명(어린이 약 150명)		
내용	시청각 교육부에서 제공한 "우연이냐? 창조냐?" 영화 후에 해태제과 산업전도회 임원 전원과 미풍산업전도회에서 온 13명과 연합회 임원 약간 명과 좌담회를 가지고 산업전도의 실제적인 문제들을 토의함.		

7. 판본방적 갑반 집회

시일	2월 11일 오후 7시	장소	문래동 감리교회
인원	15명		
내용	1) 강 전도사의 예배인도 2) 지금까지는 갑, 을, 병반이 각각 독립적으로 전도활동을 했으나 앞으로는 한 조직을 가지고 일하기로 추진하자. 3) 같은 공장 내에서 어려움을 당하는 동료들을 구제하는 사업을 하자.		

8. 천우사 산업전도회 친목회

시일	2월 17일 오후 5시 30분~9시	장소	조선피혁 식당
인원	26명 (조선피혁, 완구공장, 라디오공장 3사 합동)		
내용	단체 및 개인전 윷놀이		

9. 제 1회 평신도 산업전도 지도자 훈련 제 1차 소집

시일	2월 22일 오후 8시	장소	산업전도회관
인원	21명		
내용	1) 신청서 제출 2) 전(全)기간 중 1/5 결석자는 자동 제명된다. 3) 3회의 지각은 1회의 결석으로 한다. 4) 지정된 숙제(매 주 있음)을 반드시 해야 한다. 5) 수료 시에는 소논문을 작성해야 한다.		

10. 판본방적 내 산업전도회 조직

시일	2월 25일 오후 6시	장소	문래동 감리교회
인원	42명		
내용	1) 1부 예배 (조 목사 설교)		

2) 2부 회의
① 회칙 초안통과
② 임원총선거
③ 실제로 갑을병반이 통합하여 전도사업을 시작하다.

임원들의 명단은 아래와 같음

회장	이규환	(공무과)	
부회장	신정균	(정방)	
총무	김정용	(식당 책임자)	
	갑반	을반	병반
서기	남정희	박경자	임병숙
회계	서미자	이문헌	손옥화
전도부장	이승만	박명자	임정빈
문화부장	김승자	김원자	최종원
봉사부장	심소자	윤충자	신안순
음악부장	오순자	이갑수	장미순
종교부장	천홍필	이영자	이희미

* 판본방적은 종업원 수(약 4,000여 명)가 많은 관계상 이상과 같은 특이한 임원선출을 보임.

이상

1965년 2월 27일

영등포산업전도 사업보고서
(1965년 3월)

1965년 3월 30일
영등포산업전도

_____귀하

귀 교회와 귀하에게 하나님의 은혜가 있으시기 빌면서 아래와 같이 지난 3월에 진행된 사업을 보고 드려서 같은 기도의 제목을 삼고자 하는 바입니다. 한국에 있어서 3월은 노동자의 달입니다. 3월 10일은 노동절이며 14일은 노동주일이었으며 그 후 일주일간은 산업전도 주간으로 지냈습니다. 이와 같은 시기적인 계기를 통해서 산업전도를 고창한 보람이 있어 한남노회 소속교회들이 산업전도에 대하며 많은 관심을 가지고 직접 산업전도에 가담하게 된 것은 참으로 다행인 일이라 하겠습니다.

오늘까지 입수된 보고에 의하면(30일 현재) 22교회가 실제로 산업전도를 위한 특별한 예배나 행사를 했으며 그중 9교회는 노동자를 위한 특별 집회를 가진 바 있습니다. 한편 산업전도 사업을 위하여 교회가 보내온 헌금은 6교회에서 도합 2,450원을 보내왔습니다. 이것은 양으로 보아서는 극히 적은 것이지만 질로 볼 때 혁명적인 계기라 할 수 있습니다.

그리고 산업전도를 계속적으로 추진하고 있는 교회는 감리교 2과 장로교 2이 있으며 산업전도를 적극 추진하는 교회가 질, 양으로 부흥하는 것을 모든 교회들이 보고 새로운 각성을 하게 된 것 같습니다. 교회의 움직임을 이만큼 말씀드리고 다음은 산업전도 자체의 사업 현황을 보고하겠습니다.

1. 제1회 평신도 산업전도 지도자 훈련 개강식			
시일	3월 8일 오후 7시 30분	장소	영등포교회
인원	21명		
내용	내용: 1부는 개강예배로 드림(설교: 방지일 목사) 2부는 이권찬 목사와 오철호 간사의 격려사가 있은 후 조 목사의 교과과정에 대한 설명과		

	규칙을 발표함.		
2. 사회정책 교육강좌			
시일	3월 11일 오후 7시 30분	장소	대동모방 강당
인원	약 200명 (16개 공장 참석)		
내용	연제: 사회정책 강사: 백창석 교수 (숭실대학)		
3. 노동절 기념예배			
시일	3월 10일 오후 3시	장소	문래동 감리교회
인원	60여 명 (주로 판본방적 산업신도)		
내용	설교: 오철호 간사 * 예배 후 판본산업전도회가 준비한 음식을 같이 나누며 친목회를 가짐.		
4. 노동주일 축하 예배			
시일	3월 14일 오후 3시	장소	영등포교회
인원	26명		
내용	설교: 성공회 김요한 주교 인원: 500여 명 (절대다수가 노동자임) 노동자들로 구성된 연합성가대의 성가 필그림 합창단의 특별 출연이 있었음		
5. 소창 강습회			
시일	3월 18일 오후 7시 30분	장소	문래동 감리교회
인원	각 공장 대표 44명		
내용	강사: 손동이 선생 내용 : 각 공장 대표들이 직장에서 소창을 지도할 수 있는 소창의 이론을 중심하여 실제 몇 가지를 통하여 지도자가 알아야 할 문제를 교육함.		
6. 교육강좌			
시일	3월 27일 오후 7시 30분	장소	도림동교회
인원	40여 명 (23개 기업체)		
내용	강사: 박창환 교수 (장로회신학교) 연제: 성서의 노동관 (내용은 회지 8호에 기재)		
7. 양평동교회 산업전도회 조직			
시일	3월 28일 저녁예배 후	장소	본 교회
내용	※ 양평동교회에서는 해태제과를(1200평) 비롯하여 수많은 공장이 있는 지대로서 지금 교회 나오는 종업원만 해도 약 40여 명(?)이 있으며 이들은 16개 공장에 분산되어있다.		
8. 영등포 지구 교역자 산업전도 강좌			

시일	3월 29일 오전 11시 30분	장소	새마을교회
인원	남녀 교역자 50여 명		
내용	강사: 김치복 목사 (인천산업전도회) 연제: 개체 교회와 산업전도		

9. 3월 중 환자방문

내용	지난 1개월간 공장에서 일어난 부상환자는 5명(기계에 손을 잘림)이나 된다. 각종 환자 10여 명이 있었는데 그 명단은 아래와 같다. 조선피혁-전계선　　　서울약품-안영자　　　대한모직-이경자 특수공수-송충섭　　　판본방적-김영숙　　　한영공업-유자용 대동모방-황보치장　　　경성방직-임옥자　　　한영방직-김혜경, 조순자

10. 3월 중 독서활동

내용	1. 산업전도 지도자훈련을 교육용 도서 60여 권을 준비하였음. 2. 영락교회에서 희사해준 「새가정」잡지 20부를 12개 공장에 배부함. 판본방적-3부　　　경성방직-2부　　　천 우 사-3부　　　동양모직 -2부 대한모직-2부　　　한국모방-2부　　　해태제과-1부　　　서울약품-1부 한영방직-1부　　　미왕산업-1부　　　동양미싱-1부　　　본회-1부 배치

영등포산업전도 사업보고서
(1965년 4월)

1965년 4월 30일

영등포산업전도

_____귀하

부활의 계절과 함께 귀하와 귀 교회와 가정 그리고 사업 위에 하나님의 은혜가 같이 하시기 빕니다. 이 시간까지 여러분의 깊은 이해와 관심 속에서 산업전도 사업이 대과 없이 지내옴을 하나님과 여러분께 심심한 감사를 드립니다.

오늘 우리가 당면한 시대적인 사명은 무엇보다도 산업사회에 있어서 더욱 막중합니다. 영등포는 57만 명(2월 현재)을 가진 전국에서 제일가는 공업도시입니다. 502개 기업체에 정식 고용된 남녀 노동자가 6만여 명이 넘는 실정이며 이밖에도 수천 명의 임시공과 자유노동자가 있습니다.

한편 공장에서 생계를 유지하는 인구가 영등포 인구의 절대다수라는 것은 누구나 쉽게 알 수 있습니다. 이 많은 노동자들에게 어떻게 복음을 줄 수 있을까? 이 문제는 깊이 있는 연구와 시도가 오랫동안 계속되어야 할 것이라고 생각됩니다.

모든 산업신도들을 일터에서 좋은 그리스도인이 되게 하며 이들을 통해 많은 사람에게 그리스도를 소개하고 보여준다는 일은 참으로 중요한 일인 동시에 가장 어려운 일이기도 합니다.

이 보고서에서 산업전도의 당면 과제를 다 열거할 수는 없는 줄로 알아 지난 4월 1개월 동안 해 나온 일을 보고 함으로 산업전도가 시도하는 사업의 방향을 어느 정도 제시하려는 바입니다.

행사보고

1. 노동자 위안회 (판본방적 산업전도회 중심)			
시일	4월 2일 오후 7시 30분	장소	영등포 중앙감리교회
인원	62명		
내용	1부: 예배(강사: 연세대 김찬국 목사) 2부: 친목회(본 교회에서 다과를 준비), 　　서로 소개하고, 30분간 소창회를 가짐		

2. 노동조합 지부장 좌담회			
시일	4월 9일 오후 7시 30분	장소	산업전도회관
인원	지부장 9명 산업전도회 대표 16명 계 25명		
내용	1) 영등포 교회 실태설명(양평동교회 이정학 목사) 2) 영등포 노동조합 실태설명(영등포노조지역 협의회 사무장) 3) 노동조합 운동의 애로점 4) 노동조합으로서 교회에 하고 싶은 말		

3. 산업신도들의 좌담회			
시일	4월 14일 오후 7시 30분	장소	문래동 감리교회
인원	17명(판본방적 중심)		
내용	1) 산업신도들의 교회에서의 위치 2) 산업신도들의 직장에서의 위치 * 호주에서 온 우택인 목사(산업전도 선교사) 참석.		

4. 한국모방 신도 간담회			
시일	4월 14일 오후 9시~10시	장소	대동모방 강당
인원	26명		
내용	1) 신도들의 친교활동의 중요성 2) 신도들에게 우선적으로 산업전도 사업을 이해시키자.		

5. 판본방적 산업전도회 임원회			
시일	4월 21일 오후 6시	장소	문래동 송죽장 (음식점)
인원	13명		
내용	1) 산업전도와 노동조합과의 대화를 해야 한다. 2) 기업주에게 산업전도를 이해시켜야 한다. 3) 산업전도 조직을 너무 강조하지 말아야한다. 4) 각 부서별로 전도활동을 해야 한다.		

6. 전도문제 강좌 (개인전도 중심)			
시일	4월 23일 오후 7시 30분	장소	영서교회

인원	26명
내용	강사: 노기원 목사 1) 전도에 대한 성서적 근거 2) 개인전도의 정의 3) 개인전도의 가치 4) 개인전도의 효과 5) 개인전도의 실제 방법론

7. 노동위생 강좌

시일	4월 29일 오후 7시 30분	장소	양평동 교회
인원	30여명		
내용	강사: 홍인숙 여사(명지대학 노동 경제학 강사, 　　　미국에서부터 노동위생 전공) 1) 노동 위생 관리(근로기준법 소개) 2) 재해 발생의 원인들 3) 재해를 방지하는 방법 4) 직업의 병에 대한 실례		

* 정기예배

미왕산업: 매주 월요일 12시, 인원: 약 30여 명
대동모방: 매주 목요일 오후 7시 30분, 인원: 약 200여 명
공주회(대동모방 기숙사생): 매주 일요일 오전 7시 30분, 인원: 150여 명
판본방적(갑, 을, 병반): 매주 목요일 오후 7시, 인원: 총 60여 명
도림동교회 산업전도회: 매주 토요일 저녁, 인원: 20여 명

영등포산업전도 사업보고서
(1965년 5월)

1965년 6월 2일
영등포산업전도

_____귀하

영등포산업전도사업에 대하여 다시 여러분들께 보고 드리게 된 것을 기쁘게 생각합니다. 우리 한국의 근로자들은 국가 경제가 마비상태에 있는 것 이상으로 경제적 빈곤으로 신음하고 있습니다. 작업조건의 어려움과 공장의 비기독교적분위기 그리고 생활고 등등 상상할 수 없는 어려움에서 삶을 유지하는 노동자들은 이제 교회나 정보, 그밖에 어떤 사람에게도 자기들의 삶을 도와줄 것이라고 기대하지 않는 것 같습니다.

교회에 출석하는 사람들 중에서 노동자의 수는 극소한 현실이며 가정부, 상인, 공무원, 실업가 등으로 대다수를 겸하고 있는 실정입니다. 교회 주변에는 수십 개의 기업체가 있으나 그 속에서 일하는 사람들중에 교회에 대하여 좋은 감정을 가진 사람 역시 열손가락으로 뽑을 정도라고 생각됩니다. 누가 근로대중과 참 벗이 되어 그들의 사정을 이해하고 같이 굶으며 고생하며 이 곤경에서 헤어나게 해줄 수 있을까? "수고하고 무거운 짐 진 자들아 다 내게로 오라 내가 편히 쉬게 하리라"고 한 성경 말씀을 거짓말이라고 생각하는 사람들에게 교회가 어떤 방법으로 이 말씀을 실증해 줄 수 있을까?

이것이 우리가 해야 할 당면과제라고 생각됩니다.

5월 사업내용

1. 양평동교회 산업전도회 발족	
내용	지난 23일 13명의 산업신도가 모여서 회를 조직하고 매월 2회씩 모여 교회 내 종업원들의 친교와 교양 등을 위해 간담회를 가지기로 했다.
2. 기독교 경제관 강좌	

내용	지난 27일 한국신학대학에 계신 정하운 박사를 초대하여 200여 노동자들이 모인 가운데 특별강좌를 실시했다.
3. 미왕산업전도회	
내용	매주 마다 모이던 공장 내 예배를 변경하고 앞으로는 토의와 좌담회 형식으로 모여 서로의 의견을 발표하기로 했다.
4. 미풍산업	
내용	이곳은 아직 산업전도회가 조직되어 있지 않으나, 그러나 신도 4, 5명이 매월 2회씩 모여서 성경연구회를 가지는 좋은 일을 하고 있다.

영등포산업전도 사업보고서
(1965년 6월)

1965년 7월 1일

영등포산업전도

_____귀하

하나님의 은총이 여러분들과 귀 교회 위에 같이 하시기 빕니다. 오랜 가뭄과 심상치 못한 정국 속에서 뜨거운 여름을 맞았습니다. 6월을 보내면서 지난 1개월을 돌아보니 무엇을 했는지 마음에 잡히는 일은 별로 없고 뜨거운 태양과 앞이 보이지 않을 정도의 먼지를 헤치며 이리저리 다닌 기억뿐입니다.

공장 안에서 산업전도 운동을 시작하기는 어렵지 않습니다. 다만 산업전도가 노동자들에게 어떻게 적절한 내용을 가지고 기술적인 방법으로 프로그램을 진행 시킬 수가 있는가가 문제입니다. 이 일을 위해 하나님의 능력이 같이 할 것을 믿으며 여러분들의 계속적인 관심과 참여를 기대하는 바입니다.

6월 사업내용

1. 판본방적 병반			
시일	3일 오후 8시	장소	문래동감리교회
인원	14명		
내용	예배와 좌담회를 통한 신앙의 생활에 대하여		
2. 대동모방 음악감상			
시일	10일 오후 7시 30분	장소	회원 가정
인원	7명		
내용	음악에 뜻이 있는 동료들끼리 모여서 간친회 겸 음악감상을 하였다.		
3. 판본방적 갑반			
시일	18일 오후 8시	장소	도림동 교회

인원	12명		
내용	바람직한 노동자의 자세에 대하여		

4. 양평동 교회 산업전도회

시일	20일 오후 2시	장소	회원가정
인원	9명		
내용	사귐의 시간으로서 식사를 함께 나누고 대화를 통해 친교를 가지며 앞으로 할 일을 의논		

5. 산업전도회 창립 1주년 기념 자축회

시일	21일 오후 8시	장소	산업전도회관
인원	26명		
내용	1부: 예배 2부: 경과보고와 전망 3부: 친교의 시간으로 각자가 개인적인 대화를 가졌다.		

6. 대동모방 협신회 위생강좌

시일	24일 오후 7시 30분	장소	대동모방 강당
인원	150여 명		
내용	YMCA 후원으로 성동 보건소에서 오우희 산부인과 의사가 와 여성의 위생에 대한 강좌를 했다.		

7. 미풍 산업전도회

시일	13일 오후 4시	장소	양평동 교회 교육관
인원	5명		
내용	교회의 본질과 사명에 대하여 간단한 설교 후 이 문제를 중심한 좌담회를 가졌다		

8. 동양미싱

시일	18일 오후 8시	장소	도림동 교회
인원	23명		
내용	동양미싱으로서는 처음 모이는 모임이다. 각자가 낸 회비로 저녁을 같이 나누고 앞으로의 산업전도운동을 어떻게 할 것인가를 토의했다.		

9. 판본방적 을반

시일	24일 오후 8시	장소	중앙 감리교회
인원	12명		
내용	눅 16:1-13에 있는 악한 청지기에 대한 설교 후 좌담회를 가졌다.		

10. 영남교회 산업전도회 첫 모임

시일	25일 7시 30분	장소	본 교회

인원	25명
내용	여전도회에서 산업신도들을 초대하고 식사를 같이하면서 교회 내 산업전도 운동을 전개하자는 좌담회를 했다.

11. 도림동 교회 산업전도회

시일	26일 오후 8시	장소	본 교회
인원	15명		
내용	산업전도를 위한 개인 기도와 남녀교제에 대한 좌담회를 가졌다.		

12. 미왕 산업전도회

시일	30일 오전 12시	장소	미왕 산업노조실
인원	5명		
내용	각자 기도와 반성 로마서 2장 교독		

* 6월 중 환자 방문

판본방적 기원림 (맹장수술)
대동모방 곽정림 (위장병)
대동모방 계순자 (화상)
동양미싱 강태준 (부상)
세광알미늄 김병기 부인 (자궁수술)
경성방직 김덕자 부친 (다리수술)

영등포산업전도 사업보고서
(1965년 7월)

영등포산업전도

_____귀하

한해와 수해가 교차된 수난의 7월도 이제 우리들 앞을 지나갔습니다. 경제적인 빈곤이 극심한 이 나라에 80억 원의 재화가 생겼다고 해도 시원치 못할 이 현실에서 80억의 손해를 입었다는 것은 참으로 불행한 일이 아닐 수 없습니다. 영등포에서도 예외는 없었습니다. 수많은 공장이 침수되는 바람에 막대한 피해를 입은 공장이 한두 곳이 아닙니다.

한편, 제일 물산의 6명 참사 사건을 비롯해서 그 밖의 많은 노동자들이 재산과 인명의 피해를 입었습니다. 귀 교회와 귀하의 가정과 사업에는 피해가 없었기를 바라면서 아래와 같이 사업을 보고 드립니다. 한 가지 부언하옵는 것은 조 목사의 일본 방문은 아직도 여권 수속이 완료되지 못하여 지연되고 있습니다. 잘되면 8월 중순경이나 떠나게 되지 않을까? 생각되지만 확실한 말씀을 드릴 수가 없는 실정입니다.

7월 사업내용

1. 판본방적 병반			
시일	1일 오후 8시	장소	문래동감리교회
인원	13명		
내용	1. 예배 2. 산업전도문제 좌담회		
2. 평신도교육 정기모임			
시일	5일 오후 8시	장소	영등포교회
인원	11명		
내용	기독교윤리 강좌		
3. 뉴-스지 제1호 발행			

시일	8일		
취지	각 공장대표들이 수시로 산업전도 활동을 알 수 있도록		
방법	앞으로 월 2회 이상 산업전도 뉴스만을 프린트		

4. 산업전도 실무자 협의회 구성

시일	8일 오후 2시 30분	장소	인천 산업전도회
인원	16명		
내용	지난 1월부터 국내에서 산업전도에 종사하는 실무자들이 간담회를 모여왔는데 이날 협의회로 개칭하게 되었다. 참석교파: 장로교(예장과 기장), 감리교, 성공회, 천주교		

5. 회지 제11호 인쇄 발송

시일	10일		
매수	3,000부		
발송처	100여 개 처		

6. 영등포 내 제조업의 생산품 조사

시일	15일~17일		

7. 산업신도들의 친목회

시일	16일 오후 8시	장소	중앙감리교회
인원	17명		
내용	1. 예배 2. 과일파티와 친목회		

8. 영남교회 산업전도회 정식발족

시일	17일 오후 7시 30분	장소	본 교회
인원	종업원 16명, 교회제직 15명, 계 31명		
내용	산업전도회 창립총회를 가지고 회장, 서기, 회계를 선출함. 남전도회가 준비한 많은 대접도 받았다.		

9. 산업신도들의 헌신예배

시일	18일 오후 8시	장소	양평동교회
인원	250명		
내용	강사: 이귀선 목사		

10. 대방모방 공주회 예배

시일	18일 오전 7시 30분	장소	대동모방 강당
인원	130여 명		
내용	강사: 강경구 전도사		

11.산업전도 문제 좌담회

시일	23일 오후 8시	장소	산업전도회관
인원	13명		
내용	제목: 우리가 당면한 산업전도의 두 갈래 길 　　　1. 교회 산업전도의 길 2. 공장 산업전도의 길 참가　1. 연합회 회장단 2. 교회 산업전도회 회장 3. 공장 산업전도회 회장		

12. 양평동교회 산업전도회 모임

시일	25일 오후 1시	장소	회원 최상회 씨 댁
인원	9명		
내용	같이 중식을 나누고 친교의 모임을 가짐.		

13. 음악감상

시일	3일 오후 8시	장소	강경구 전도사 댁
인원	20명		
내용	대동모방에 근무하는 종업원 중 음악에 뜻이 있는 사람들이 모여서 교회음악과 외국 민요를 감상하며 식사를 같이 나누고 친교의 시간을 가졌다.		

14. 미풍산업전도회 모임

시일	11일 오후 3시	장소	전재동 씨 댁
인원	5명		
내용	각자의 신앙 간증		

15. 한울안모임

시일	11일 오후 1시	장소	회장 김려성 씨 댁
인원	-		
내용	식사를 같이 나누며 친교와 간담회		

16. 성경공부

시일	11일 오전 10시 (매주 일요일 아침 10시)	장소	양평동교회
인원	15명 정도		
내용	양평동교회 산업전도회에서 노동자들에게 성경을 가르치기 위하여 성경공부반을 구성함.		

17. 노동법 강의

시일	12일 오후 8시	장소	영등포교회
인원	13명		
내용	노총 교육부차장 나문섭 선생의 노동조합법 강의		

18. 제일물산 6명 참사

시일	18일 오후 10시경	장소	제일물산(문래동)
내용	양수기 고장을 점검하러 지하수(우물)에 내려갔다가 가스중독으로 사망한 것을 모르고 동료들이 이상히 생각하고 따라 내려가서 참변을 당했다. 비가 오는 관계로 우물을 덮어 두었기 때문에 가스가 발산하지 못한 것이다. 6명 중에는 산업전도 회원도 1명 있다.		

19. 기독교 경제관 강의

시일	19일 오후 8시	장소	영등포교회
인원	9명		
내용	조지송 목사		

20. 판본방적모임 (병반)

시일	22일 오후 8시	장소	문래동감리교회
인원	12명		
내용	1. 예배 2. 오락게임		

21.공주회 정기예배

시일	25일 오전 7시 30분	장소	대동모방 강당
인원	100여 명		
내용	설교: 조지송 목사		

22. 경제학 강의

시일	26일 오후 8시	장소	영등포교회
인원	13명		
내용	김영권(경제기획원 근무)		

23. 뉴스지 제2호 발행

시일	28일
내용	100부를 발행하여 각 공장대표에게 분배함.

24. 음악감상 (판본갑반)

시일	29일 오후 8시	장소	도림동교회 소강당
인원	13명		
내용	1. 소비경제 강의 2. 음악감상(성가와 민요 교향곡)		

영등포산업전도 사업보고서
(1965년 8월)

1965년 9월

영등포산업전도

다시 여러분들께 인사를 드립니다. 그리스도를 위한 여러분들의 수고 위에 하나님의 축복이 있으시기 바라면서 지난 1개월간에 있었던 몇 가지 일을 보고 드리며 아울러 많은 기도와 계속적인 관심을 바랍니다.

이달에 특기할 만한 것은 경성방직과 동양미싱 공장에서 각각 산업전도가 조직화된 사실과 지난 3월부터 시작한 제1기 평신도지도자 교육이 지난 8월 30일로 종강한 것과 조 목사가 지난 9일부터 14일까지 전국 전도부장회의와 산업전도 실무자회에 참석한 일 등입니다.

한편 조 목사의 일본 방문 문제는 생각했던 것보다 까다롭게 되는 것 같습니다. 지난 8월 초순경 문교부 심사에서 "불요불급"이라는 이유로 1차 거절하기에 재차 심의를 요구한 결과 이제는 시일이 경과 되었다는 이유로 허락을 거절하고 있는 실정입니다. 그래서 다시 일본에 요청하여 기한 연기를 의뢰하고 있습니다.

8월 사업내용

1. 평신도교육			
시일	2일 오후 8시	장소	영등포교회
인원	12명		
내용	노동조합 총 연맹에 계신 나문섭 선생의 "근로기준법"강의		
2. 판본방적 산업전도회 집회(을반)			
시일	6일 오후 8시	장소	중앙감리교회
인원	16명		
내용	신도들의 음주 문제		
3. 회지 12호 발송			

시일	10일		
부수	3,000부		
발송처	50개 공장과 그 밖에 개인과 기관 50여 개 처		

4. 판본방적 산업전도회 집회(병반)

시일	12일 오후 8시	장소	문래동 감리교회
인원	10명		
내용	여성강좌(제목 : 기독교 가정과 어머니)		

5. 양평동교회 산업전도회 집회

시일	15일 오후 2시	장소	밤섬
인원	14명		
내용	회원들의 친교를 위해 야외로 나가 모임을 가졌음.		

6. 평신도교육

시일	16일 오후 8시	장소	영등포교회
인원	13명		
내용	경제기획원 김영권 선생의 "경제학" 강의		

7. 산업전도 연구회 참석

시일	18일~20일까지	장소	장로회신학대학
인원	약 40여 명		
내용	전국 노회 전도부장과 산업전도 실무자 연석 연구회		

8. 평신도교육

시일	9일 오후8시	장소	영등포교회
인원	14명		
내용	조지송 목사의 "공업사회와 기독교윤리" 강의		

9. 노동조합지도자 교육강좌 참석

시일	9일~14일까지	장소	소공동 노총 본부
인원	42명		
내용	노동조합이론과 실제문제를 총 46시간에 걸쳐 강의를 받음. 이 기간 중 조 목사의 "한국경제와 경영문제"에 대한 강의가 있었음.		

10. 경성방직산업전도회 첫 조직

시일	23일 오전 10시	장소	도림동교회
인원	16명		

내용	1년 동안을 계획해 오던 산업전도가 오늘부터 조직화되었음.		

11. 평신도교육

시일	23일 오후 8시	장소	영등포교회
인원	12명		
내용	노총 나문섭 선생의 "근로기준법"강의		

12. 대동모방 산업전도회 집회

시일	26일 오후 7시 30분	장소	대동모방 강당
인원	160여 명		
내용	기독교윤리강좌(여성과 결혼문제를 중심)		

13. 평신도교육 종강

시일	30일 오후 8시	장소	산업전도회관
인원	12명		
내용	조지송 목사의 "산업전도회 운영"에 대한 강의		

영등포산업전도 사업보고서
(1965년 9월)

1965년 10월 23일
영등포산업전도회

주 안에서 평안하시기 바랍니다. 아침저녁 찬 공기가 한결 겨울을 느끼게 합니다. 지난 9월을 돌이켜 생각해보고 새삼 생각 되어지는 것 몇 가지가 있습니다.

"산업사회 전체 노동자들의 문제를 위해서 교회의 전도 활동은 참다운 의미에서 노동자의 생활을 같이하고 이해하는 교회적 태도가 중요하다는 것"과, "노사가 그리스도의 복음 아래서 화해하고 손을 잡고 일할 수 있는 분위기와 제도적인 여건을 교회가 마련해 주어야 한다는 것", "교회의 속해있는 한 사람의 떳떳한 신도라는 자각이 적은 많은 노동자들에게 회원의식을 주기 위해서 교회의 목회가 좀 더 노동자들에게 관심을 가져주어야 한다는 것" 등입니다.

그리스도 안에서 "일"하시는 여러분들께 하나님의 은혜와 축복 있으시기를 바라며 이하 9월의 일을 보고드려 같이 기도할 수 있기를 바랍니다.

9월 사업내용

시일	시간	장소	인원	내 용
5일	7시 30분	대동모방	120	대동 모방 내 기숙사 여종업원들을 위한 일요아침 정기예배
6일	12시	대동모방	16	대만 산업전도회에서 방문한 4명의 시찰단을 모시고 오전 중에 공장을 견학한 후 정모에는 산업전도를 위한 좌담회를 가짐.
7일	오후 8시	산업전도회관	5	평신도 산업전도 연합회 교육부 관계자들이 모여서 평신도교육 수료식에 대한 문제를 토의.
8일				산업전도지 3,000부 인쇄 분배.
10일	10시	덕수교회	20	대만 산업전도 시찰단과 전국 산업전도 실무자 좌담회를 가짐.

시일	시간	장소	인원	내 용
18일	오후 3시	산업전도회관	6	미풍산업전도회 1주년 기념예배 및 간담회로 모임.
19일	오후 3시	영등포교회	38	평신도 산업전도 지지자 교육 제 1회 수료식 수료자: 남:10 여:2 합계 12명
21일	오후 8시	중앙감리교회	11	판본방적 을반 모임을 갖고 예배와 좌담회를 가짐.
23일	오후 8시	문래동감리교회	13	판본방적 병반모임을 갖고 전도문제 좌담회를 가짐.
24일	10시	산업전도회관	16	미국강철노조에 계시던 램지 장로 내한을 계기로 노사문제협의에 대한 좌담회를 가짐. 참가자: 교회대표, 노동조합 지도자, 노동자, 기술자, 선교사, 산업전도 실무자.
26일	7시 30분	대동모방	100	대동모방 기숙사생 정기 예배 시 미국북장로교 선교사 어라복 목사가 예배 인도.
	오후 1시	도림동교회	14	도림동교회 산업전도회 정기월례회
	오후 5시	양평동교회	11	양평동교회 산업전도회 정기모임에서 저녁 식사 후 간친회를 가짐.
27~30일		세브란스병원	97	전구 특수전도 12개 분야 실무자 수련회 참석.
28일	오후 7시30	대림교회	10	한국모방 산업전도 발기인회로 모여 정식 신도그룹을 조직하고 회장과 서기 선출.

영등포산업전도 사업보고서
(1965년 10월)

1965년 11월 3일

영등포산업전도

_____귀하

다시 여러분들께 인사를 드립니다.

금년도 마지막 고비에 도달한 감이 듭니다. 그간 대과 없이 오늘에 이르게 됨을 하나님과 여러분들께 감사드리며 앞으로 남은 두 달의 계획과 지나온 10월의 사업을 회고해 봅니다.

1. 금년 내에 실시할 일

1) 영등포산업전도연합회(공장노동자들의 회) 제3회 정기총회

 (총대 명단은 회지 15호 4면 참조)

 시일: 1965년 11월 7일 (일) 오후 3시 / 장소 : 영등포교회

2) 노동자들의 감사절 예배

 노동자들이 만든 생산품을 하나님께 드리며 감사예배를 드린다.

 시일: 1965년 11월 21일(일) 오후 3시 / 장소 : 영등포교회

3) 제2회 산업전도 교육

 각 공장에서 일하는 신도종업원(남녀) 30여 명을 선발하여 교육을 실시함.

 시일 : 1965년 11월 1일~12월 11일(매일 저녁 7시 30분부터~9시 30분까지)

 장소: 산업전도회관

2. 일본 방문계획 취소

그동안 추진해오던 일본 방문계획은 여권 수속 관계로(문교부 심사) 뜻대로 되지 못했습니다. 초청해 온 일본 산업전도회에 대하여 미안한 감을 금치 못하며 여러분들께 사과를 드립니다.

3. 10월의 사업내용

각 공장에서 매주 정기적으로 모이는 산업전도 그룹 활동은 전과 같이 계속 진행되고 있음을 말씀드리며 여기에는 새로운 일만을 보고 드리겠습니다.

1) 구호사업
   (1) 세계 기독교 봉사회에서 의류 약 150여 점을 기증받아 각 공장종업원들에게 분배함.
   (2) 세계 기독교봉사회 가정복지부 영등포지부의 후원으로 매월 10~20세대의 어려운 종업원 가정을 경제적 또는 정신적으로 도와주는 일을 함. (선정된 가정은 3~6개월 간 원조)
2) 영등포 교회들의 산업전도 관심
   영등포 교회들이 점차 산업전도에 대하여 관심을 깊이 가지게 되고 있음을 감사합니다. 10월 현재 산업전도에 직접 행동하고 있는 교회는 5교회입니다.
   이 교회들은 매주 노동자들을 위한 모임(주로 노동자들의 성경 연구반)을 가지고 있으며 도림동 교회에서는 매주 "산업전도"라는 작은(주보 2분의 1만하게) 전도지를 300매씩 인쇄하여 배부하기도 합니다.
3) 새로 일어나는 공장의 산업전도
   제2회 교육(11월-1일~12월 11일)을 계기로 많은 공장의 신도들이 이 프로그램에 참석하게 됨에 따라 산업전도가 활발해지는 감이 있습니다. 특히 지금까지 유명무실하게 있던 여러 공장에서 새로운 운동이 일어날 것을 기대하고 있습니다.

4. 어려운 문제들

1) 노사간의 대립에서 산업전도가 가져야 할 태도.

2) 근로자들의 생활이 너무 어렵다. 시간에 매여 있기 때문에 정신운동에 관심을 가질 여유가 없는 것.

3) 영등포 내 700여 공장 중 3, 4 공장을 제외하고는 교회나 신도들의 영향이 전혀 없으며 오히려 반기독교적이라는 것.

4) 교직자나 공장의 신도 중역들 중에 아직도 많은 사람들이 현대적인 산업사회의 신앙 활동에 대하여 지극히 봉건적인 신앙의 태도를 가지고 있는 점. 해야 할 일은 많으나 예산이 부족한 것 등등.

영등포산업전도 사업보고서
(1965년 11월)

1965년 12월 1일

영등포산업전도회

_____귀하

1965년도의 자정을 눈앞에 보면서 지난 1개월의 사업을 새겨보며 하나님과 여러분들께 심심한 감사의 정을 가져봅니다. 오늘도 하나님의 특별하신 은총이 여러분과 교회 위에 같이 하시기 바랍니다.

경제적 후진성으로 인하여 모든 기업과 근로자들이 어려움을 면치 못하고 있는 오늘의 현실에서 산업사회에 복음의 씨앗을 심고 하나님의 공법과 정의를 실현하는 교회의 선교적 사명은 실로 막중한 것입니다. 교회의 성스러운 교훈이 실사회에서 얼마나 권위 있게 실천되는가에 대하여는 자신 있게 대답하기 어렵습니다. 늘어나는 노동대중과 산업사회의 확장은 모든 교회로 하여금 새로운 선교적 사명을 부여하고 있습니다. 이러한 시기에 산업전도가 새 시대의 선교를 위해 최전방에 서게 된 것은 한편으로는 감사한 일이며 또한 무거운 감이 듭니다.

태산과 같은 일들을 눈앞에 놓고 실제로 하고 있는 사업은 너무나도 미약한 것을 생각하면 송구한 생각이 듭니다. 다만 여러분들의 배전의 기도와 관심을 바랍니다.

1. 사업내용

1) 산업전도 교육(11월 1일~12월 11일): 평신도 노동자들에게 산업전도를 위한 훈련을 예정대로 실시하고 있습니다. 매일 저녁 7시 30분부터 9시 반까지 회관에서 교육을 하고 있으며 교육내용은 기독교의 본질, 산업전도의 이론과 실제, 성서의 노동관, 외국의 산업전도, 개인전도 방법, 교회의 선교적 사명, 교회의 사회적 책임, 공업사회의 경제윤리, 노동조합론, 산업구조 연구실태, 기업실태, 임금론, 평신도의 사명, 산업사회학, 청지기

관 등등 여러 과목에 걸쳐 공부하고 있으며 이 일을 위해 12명의 강사가 수고하고 있으며 현재 교육을 받고 있는 사람은 52명입니다.

2) 평신도산업전도연합회 제3회 총회(11월 7일): 50개 공장의 산업신도들로 조직된 이 연합회는 그동안 각 공장별과 연합적인 일 등 많은 전도 활동을 해오고 있습니다. 특히 이 연합회의 임원들의 활동은 참으로 훌륭한 것으로서 이들의 신앙 활동이 크게 주목 되고 있습니다.

이번 모임에서는 신임임원을 선출하는 동시에 약간의 회칙을 수정했으며 사업보고와 사업토의로 진행되었습니다. 영등포산업전도는 이들 평신도들의 활동을 가장 큰 관심으로 여기고 있습니다. 신앙의 실질적인 응용은 이들을 통해야만 가장 효과적이기 때문입니다.

3) 미국연합장로회 선교부 대표방문 (11월 9일): 세 개의 해외선교부 통합예식을 위해 내한한 선교부 대표들이 바쁜 여정에서도 영등포산업전도를 방문한 것은 의의가 큰 것이라 생각됩니다. 아침 7시에 와서 공장에서 예배를 보고 식사 중에 간담회를 통하여 서로 의견을 교환할 수 있었습니다.

4) 산업인들의 감사예배 (11월 21일): 작년부터 시작한 이 감사예배는 노동과 신앙을 연결하고 교회와 산업사회의 거리감을 단축하는 데 정신적인 자본이 된 것으로 확신합니다. 금년에도 노동자들의 "일"을 통한 감사의 넘을 갖게 하기 위하여 이 일을 실시했습니다. 고황경 박사의 설교와 숭의여고 합창단의 합창이 있었으며 특히 14개 공장에서 자기들이 손수 만든 생산품을 제단에 드리는 일도 있었습니다. 이 생산품은 현재 산업전도회관에 전시되어 있습니다.

1965년도 사업보고서
(1965년 12월)

영등포 평신도산업전도연합회

서언

1965년도의 한 해를 보내면서 과거 1년 동안 영등포산업전도를 위해 축복해주신 하나님과 물심으로 후원해주신 여러분께 감사를 드립니다. 미급한 사업이나마 지난 1년간의 여러 가지 일들을 보고 드리고 모든 면에서 배전의 후원을 바랍니다.

목 차

1. 현황

한국 유일의 공업도시인 영등포에는 각종 대소 기업체가 700여 개나 되며 100명 이상을 고용하고 있는 기업체만도 70개 업체에 달하고 있다. 한편 이 방대한 지역에는 21개 교파에 속한 104개의 교회가 산재해 있는 실정이다. 그러나 교회들이 흩어져있는 6만여 노동자와 수많은 경영인들의 문제를 신앙적으로 지도하기란 극히 어려운 현실이며 오히려 교회에 출석하는 노동자와 경영인의 문제만도 힘에 겨운 실정이다.

산업전도회에서는 산업사회에 기독교적 선양을 주기 위한 방법으로서 우선 공장 내에서 일하고 있는 평신도들을 기반으로 하여 일하고 있는 실정이다. 50개 공장이 관계된 평신도 산업전도연합회에는 각 공장마다 1명 내지 3명 이상의 산업신도들이 활동하고 있으며 그중에는 12개의 산업전도를 위한 그룹이 있고 5개 교회 내에도 자치 활동을 하는 산업전도회가 있다. 이 일을 뒤에서 돕는 실무자로서는 목사 1인과 여전도사 1인 그리고 사무와 연락관계를 위한 직원 1명이 있다. 산업전도 연합회를 뒤에서 후원하는 고문과 지구위원회와 중앙위원회 그리고 영락교회가 있어 정신적 또는 경제적으로 후원해주고 있다.

2. 교육사업

산업사회에 대한 정확한 이해와 지식이 없이는 복음을 적절하게 전하기 어렵다. 지난 1년 동안 여러 가지 방면으로 교육에 치중해 왔는데 그중에서도 공장에서 일하고 있는 평신도들을 위한 교육을 중점적으로 실시해왔다. 그밖에 각종 대중 집회를 통해 일반교육 및 교양에 해당하는 강좌를 실시하여 산업전도를 계몽 선전하는 데 노력했다.

1) 제1회 평신도교육

시일: 1965년 3월~8월

장소: 영등포교회

과목: 성경, 경제학, 산업사회학, 노동조합론

강사: 정도용(한국생산성본부), 김영군(경제기획원)

　　　나문섭(노동조합총련맹), 조지송(실무자)

수료식: 1965년 9월 19일

수료자: 김동학, 김용백, 한상출, 조해자, 조용찬, 석종칠, 강종후, 강인수,

　　　정해용, 성은경, 김정숙, 서기호 (12인)

이 교육은 6개월간 실시했는데 매주 월요일 저녁 8시에서 9시 50분까지 총시간 32시간 30분에 걸려 되었다.

2) 제2회 평신도교육

시일: 1965년 11월 1일~12월 11일(6주간)

장소: 산업전도회관

과목: 기독교의 본질(방지일), 산업전도의 이론과 실제(조지송), 성서의 노동관(오철호), 외국의 산업전도(어라복), 개인전도의 방법(노기원), 교회의 사회적 책임(김치복), 교회의 선교적사명(박조준), 공업사회의 경제윤리(조지송), 산업전도와 노동운동(조승혁), 한국경제와 산업구조(김동혁), 성서의 경제관(이정학), 그룹좌담회(김용백) 이상 여러 과목 이외에도 전국인구실태, 기업실태, 임금론, 노동조합론, 평신도의 본질, 산업사회, 청지기관 등을 교육했다.

이상의 교육은 매일 저녁 7시 30분부터 9시 15분까지 실시했으며 공장 작업형편을 고려하여 갑을병의 3반으로 나누어서 실시하고 각자가 12일간씩 수강하게 했다. 수강을 자원해온 사람이 60명이 넘었으며 그중 2회 이상 결석으로 자격이 상실된 10인 이외에는 전원 수료하였다.

3. 교육강좌 및 좌담회

각종 대중을 위한 교양강좌와 교육강좌를 실시하여 교회와 사회를 이해하는 데 노력했다. 사회정책 노동위생, 개인전도, 기독교경제관, 교역자 산업전도 강좌, 소창 등 수차에 걸친 강좌를 실시했고 그 밖에 좌담회로서는 노동조합지부장 좌담회, 연합회창립 1주년 기념 좌담회, 산업전도 교육문제 좌담회, 노사협의 문제 좌담회, 대만 산업전도단과의 좌담회, 등등을 통하여 산업전도의 당면 과제를 연구할 뿐만 아니라 산업전도의 필요성을 널리 계몽시키는 데 노력했다.

이상의 각종 강좌에 참석한 연인원은 638명에 달하고 있으며 이들의 대부분이 공장의 평신도들이고 약간의 교회지도자와 공장 중역 그리고 불신자가 들어있다.

4. 문서사업

1) 산업전도지: 수많은 공장에 산재한 산업인들을 일일이 방문한다는 것은 현재로서는 거의 불가능한 일이다. 이러한 문제를 다소나마 해소하기 위하여 기관지를 발행하고 모든 근로자와 경영인들이 기독교 신앙에 입각한 노동과 경영을 하는 데 양식이 되기 위해 노력하였다. 한편 산업사회에서의 신앙적이며 성서적인 정당한 주장을 내세움으로 기독교적 입장을 표명하기도 했다. 매월 1회씩 발행하는 이 회지는 각각 3,000부를 인쇄하고 있으며 50여 공장과 그밖에 각 교회와 유지를 포함해서 총 120여 곳에 발송하고 있다.

2) 산업전도 뉴스지: 한편 각 공장에서 추진되고 있는 산업전도 그룹 활동과 여러 가지 프로그램을 모든 공장대표와 연합회 임원들에게 소개하여 프로그램을 교환할 목적으로 "뉴스"지만 따로 편집하여 소개하는 일을 한다. 매월마다 2회 이상 발행하는 이 뉴스지는 100부씩 프린트하고 있다.

3) 연구도서: 산업전도에 필요한 각종 서적을 구입하고 실무자는 물론 각 공장 산업전도회원들이 연구할 수 있도록 하고 있는데 소형 팸플릿을 포함하여 종교 서적을 비롯한 경제, 사회, 노동관계법, 일반교양에 관한 서적 125종을 마련했다.

4) 교양잡지 및 전도지: 매월마다 「새 가정」 잡지 20권을 영락교회 여전도회로부터 받아 각

공장에 배부하여 여성들의 교양과 지식을 높이는 데 노력하고 있으며 그 밖에 전도용 소책자 750여 권과 9개 종류의 전도지 3,000여 매를 구입하여 배부하고 그중 일부를 비치하고 있다.

5. 예배

산업전도회에서 연합적으로 드리는 예배는 대표적인 것이 2회가 있다. 즉 3월 노동주일 예배와 11월 감사절 예배이다. 금년에도 두 차례의 연합예배를 드렸는데 3월 노동주일예배에 500여 명과 11월 감사예배에 400여 명 도합 900여 명이 모여 예배를 드렸다.

<노동주일예배>	
시일: 1965년 3월 14일	장소: 영등포교회
강사: 김요한 주교(성공회)	특별합창: 필그림합창단

현실사회와 교회로부터 소외된 감이 있는 근로자들을 위하여 예배를 마련하고 하나님께 경배하는 동시에 근로자들 자신의 참다운 의미를 발견하고 신앙적인 입장에서 그들을 이해하는 것은 대단히 중요하다. 교회는 근로자들의 사회적 지위를 향상 시키고 자신과 노동의 가치를 성서적 입장에서 발견하게 하는 일을 시급히 해야 한다.

<감사절예배>	
시일: 1965년 11월 21일	장소: 영등포교회
강사: 고황경 박사	특별합창: 숭의여고 합창단

생산에 종사하는 근로대중이 좋지 못한 사회적인 여건으로 인하여 노동을 천시하는 열등 감 속에서 생산품에 대한 보람을 느끼지 못하고 있는 것이 사실이다.

내가 만든 생산제품이 사회와 국가경제에 원동력이 되고 하나님의 계속적인 창조사업에 동역하는 것이라는 올바른 성서적 이해 없이는 신앙인격을 소유하기 어렵다. 노동을 통한 모든 생산 활동을 감사하고 청지기적 사명으로 이웃에 봉사한다는 감사의식을 실천하기 위하여 스스로 만든 생산품을 하나님께 바치며 예배를 드렸다.

이 예배에는 14개 공장에서 생산품을 헌납했었으며 그 명단은 아래와 같다.

제1물산(이스트), 강남공업(피혁), 동신화학(고무신), 풍광유지(유지), 미왕산업(조미료),

삼풍스텐리스(주발), 해태제과(과자), 특수공구(뻰찌), 대한리화(빠다), 삼광초자(화병), 대한모방(모사) 대한유리(유리병), 세광알미늄(양은솥), 기아산업(자전차)

6. 공장 산업전도 활동

현재까지 50여 공장과 관련을 가지고 일하고 있으나 구체적인 신앙활동을 하고 있는 공장은 극소한 형편이다. 그동안 산업전도회가 정식으로 조직된 곳은 불과 12개 그룹에 지나지 못하며 이외의 공장에서는 산업전도를 위한 준비작업도 끝내지 못한 실정이다. 실제로 신앙활동을 하는 데 있어서는 경영주들의 몰이해와 고의적인 반대가 가장 큰 문제이며 한편 신도들의 자각 의식의 결여와 엄격한 시간제한 등이 애로가 된다. 활동할 수 있는 여건이 되어있다고 하더라도 그룹 다이나믹에 대한 조직적인 운영의 기술부족으로 인하여 많은 물의를 일으키는 경우도 있다. 그러한 공장산업전도회는 점차 발전하여 각 공장사정을 따라 활동하고 있는데 현재는 매월 총 집회 수가 21회 정도이고 월 총인원이 1,000여 명에 달하고 있다. 프로그램의 내용은 예배, 좌담회, 교양강좌, 친목회, 음악감상, 기도회, 강습회, 각종회의 등등 여러 가지 내용들이 있다.

이 모임에는 과거에 교회에 나가다가 현재 못 나가는 사람들이 많이 참석하고 있으며 친구를 따라 교인들의 모임에 참석하는 사람도 많다. 이밖에도 시내 5개 교회에서도 산업전도회를 조직하고 신앙지도와 친교의 모임을 가지는 교회들이 있는데 독립적인 프로그램을 시도하고 있다.

7. 회의

모든 사업은 적시에 적당한 방법으로 실시하기 위해서는 많은 회합이 필요했다. 그중 대표적인 모임으로는 평신도 산업전도 연합회를 위한 회의였고, 여기에 속한 회장단회의와 임원 및 공장대표들의 모임은 중요한 비중을 차지하고 있다. 이 밖에 각 공장별로 모이는 각종 회의는 매월 수차씩 있는 실정이며 임원회가 연 6회, 회장단회가 9회, 그 밖에 지구위원회와 연합 회고문을 위한 회합이 몇 차례 있었다.

연합회 총회를 비롯한 각종 회합에 참석한 대표인원만 해도 연인원 200여 명에 달한다.

8. 전망

오늘의 시대가 교회로 하여금 산업전도라는 새로운 선교를 요구하고 있다는 사실을 많은 교회들이 알고 있다는 사실은 무엇보다도 다행인 일이다. 지난 1월 영등포공장지대에서 일하고 있는 65명 교역자들을 상대로 산업전도에 대한 조사를 실시한 바 있다. 여기에 나타난 것을 보면 "산업전도 교육이 필요한가?"라는 질문에서 "필요하다"고 대답한 분이 49명으로서 75.3%에 달하고 있다. 이것은 물론 만족스러운 것은 못 된다 해도 다른 도시에 비해 높은 비율이라는 것이 각 교파 실무자들의 말이다.

한편 공장 내에 있는 산업 신도들의 산업전도에 대한 이해가 날로 늘어가고 있으며 신앙의 생활화를 위해 노력하고 있음을 볼 수가 있다.

공장단위의 산업 전도그룹이 현재로는 만족하지 못하나 이미 교육을 받은 평신도들의 활동이 크게 주목되고 있으며 계속적인 교육을 통해 산업전도와 그 방법을 연구하고 실천하게 될 것으로 기대된다.

각 공장에서 산업전도를 구체화하고 과학적인 기반에서 복음의 내용을 실천해야 한다는 생각이 일어나고 있다. 66년도부터는 선교사 한 분이 이 일을 협조할 예정이며(우택인 목사) 지구위원회와 중앙위원회의 후원과 산업전도후원회 조직에 많은 기대를 가지고 있으며 영락교회의 계속적인 후원과 각 공장자체의 보다 효과적인 활동을 기대한다.

1965년도 재정보고서

수입부   (1965년 12월 7일 현재)

항목	내역	금액(원)	항목	내역	금액(원)
64년도	이월금	1,357	찬조금	강경구	5,500
				김동혁	2,100
영락교회	교육추진비	35,000		김찬규	600
	사업추진비	20,000		안동식	200
	회지보조금	18,000		서울여자대학	4,000
노동주일헌금	21개 교회	9,633	수료식후원금	정세빈	1,500
	예배헌금	2,542			
성가대후원금	윤건섭	1,500	수재의연금	협신회	500

항목	내역	금액(원)	항목	내역	금액(원)
	김창경	1,000		심혁준	100
	한득권	1,000	간담회비	21명분	630
	김섭인	500			
교육회비	17명 수강생	1,700	한글타자기	영락여전도회	10,000
중앙위원회	사업보조비	8,000		우택인	5,000
	교역자강좌	2,000	감사절헌금	대한모방	5,000
	회지 보조	2,200		예배헌금	3,068
공장산업전도회	회지 후원	14,935		무명	90
대한모방1,2	회지 후원	10,600	합 계 168,555원		
도림동교회	회지 후원	300			

지출부   (1965년 12월 7일 현재)

항목	내역	금액	항목	내역	금액
교육사업	강사사례	12,500	사례비	사무원인건비	13,500
	강사접대	1,501		필그림합창단	5,000
	연구도서	12,439		숭의여고합창단	5,000
	좌담회	4,958		유집사 (영등포교회)	200
	영화상영	500			
	노동교육강좌	200	접대비	외빈 접대 및 식비	2,360
	연구교재	4,935			
산업전도지	인쇄	38,250	예물	고황경	500
사무비	문방구	6,188		전광일	180
통신비	우편료	5,684		강성일	180
	전화료	5,940		정세빈	202
	교통비	4,672		한상출	150
비품비	사무비품	3,445		신정균	150
	회관비품및연료	4,915	성가대 식비	노동주일	1,940
	한국타자기	17,000	구독료	산업경제	680
회관 차입금	조 목 사	10,000	잡비	-	547
수재의연금	최 상 희	400	합계 164,316원		
	이 용 후	200			

총수입(168,555원) — 총지출(164,316원)=잔고(4,239원)

1966년도 사업계획서

1. 서언

산업사회의 조직이 날로 확대되는 동시에 급격히 발전하며 변모하는 현실에서 어떤 방법으로 그리스도를 소개해야 하느냐는 문제는 마땅히 연구되어야 합니다. 교회는 전도의 대상인 사회의 구조적 모순과 사상적 배경을 먼저 이해하고 사회가 지향하는 목적이며 그 목적 달성을 위하여 어떤 수단을 이용하는가를 깊이 연구하는 동시에 사회구성원으로서의 각 개인들의 문제가 무엇인가를 정확히 진단하는 것은 교회의 선교적 사명을 다하는 데 많은 도움이 될 것입니다.

66년도의 사업은 모든 공장 현실을 정확히 파악하는 데 주력하는 동시에 각 공장 내 산업전도 활동을 체계화하여 효과적인 신도들의 신앙그룹 활동을 전개할 예정입니다. 이 일을 위하여 이미 산업전도 훈련을 받은 평신도들을 최대한으로 후원하여 구체적인 사업을 시도할 예정입니다.

평신도들을 위한 교육훈련을 계속할 것이며 매월마다 1회 이상 일반 대중을 위한 교육 및 교양강좌 등 실시하고 노동조합지도자훈련과 기술자들의 특별한 연구그룹을 통하여 산업사회를 신앙화하는 데 노력할 것이며 또 교역자들을 위한 산업전도연구회와 공장견학을 통해 현실적인 목회방법을 연구할 것입니다.

연중 연합행사로서는 예년과 같이 3월 노동주일과 11월 감사예배를 연합적으로 드릴 것입니다.

[이후 페이지 유실됨]

6. 기술자들의 산업전도 연구

생산과정이 기계화된 오늘의 기업조직은 "기술"을 생명으로 삼고 있다. 인간의 과학적 기술이 하나님을 위해서 사용되어야 한다는 자각과 함께 어떻게 기술을 통해서 신앙을 생활에 옮길 수 있는가를 같은 기술자들이 모여 공동의 과제를 연구하고 기술을 통한 복음전파를 시도하게 할 것이다.

7. 예배

1) 노동주일예배: 예년과 같이 3월 노동주일에는 산업인들이 연합예배를 드리고 신앙과 노동을 연결하고 노동대중의 집단적인 간증을 통해 스스로의 사회적 지위 향상을 높이는 데 노력할 것이다.

2) 감사절예배: 전원적인 농경시대의 추수감사예배를 재고하여 새로운 공업시대의 생산제품을 드리며 하나님께 감사한 예배를 드릴 것이다. 노동을 하나님께 바치고 노동의 고귀성을 시각적으로 교훈하기 위하여 각 공장의 생산품을 강단에 진열할 것이며 일반시민과 모든 교회에 노동이 신성함을 재인식시키는 데 노력할 것이다.

8. 문서전도

1) 산업전도지: 산업전도지를 매월마다 3,000부씩 인쇄하여 각 공장 근로자를 비롯한 교회 그리고 유지와 관계 기관에 발송할 것이다. 이 회지에는 산업사회의 신앙적, 또는 정신적 자본이 되는 기사를 취급함으로 산업사회에서의 기독교의 입장과 주장을 밝힐 것이며 산업전도의 이론과 실제 방향을 제시하는 데 노력할 것이다. 한편 "산업전도뉴스"지를 월 2회 정도 발행하여 각 공장 대표들에게 전달함으로 서로의 프로그램을 교환하고 전체사업과 방향을 통일성 있게 하는 데 노력할 것이다.

2) 연구도서: 산업전도에 필요한 도서를 구입하고 실무자가 연구하는 것은 물론 각 공장 근로자들이 언제나 자유롭게 읽어 정신적인 양식이 되게 한다. 각종 교육에 따른 교재를 준비하여 연구에 참고가 되게 하고 대중적인 교양과 개인의 취미를 키워서 건전한 신앙 인격형성에 도움을 줄 것이다.

9. 산업전도후원회

산업전도를 위한 사업비 확보를 위해 모든 교회와 산업신도 그리고 경영인과 유지들로 구성되는 후원회의 발전이 기대되고 있는 바 1965년 12월에 이미 발족한 본 회가 이상의 모든 사람들에 의하여 크게 발전할 것으로 믿는다.

산업전도 사업보고서
(1966년 1월)

1966년 2월 1일

하나님의 은혜가 귀하와 귀 교회와 귀하의 "일" 위에 같이 하시기 빕니다. 지난 1개월간의 일을 보고 드리면서 아울러 여러분들의 배전의 기도와 후원을 바라는 바입니다.

오늘의 산업사회는 기독교 신앙보다는 유물론적 사상으로 지배되고 있는 것이 사실입니다. 인간의 인격보다 자본과 기술이 더 중요하게 취급되는 것이 오늘의 현실이며 자유노동자가 대학교수나 성직자보다 낮은 계급이라는 생각은 일반적인 상식으로 되어버린 감이 없지 않습니다. 하나의 생명이 천하보다 귀하다는 그리스도의 말씀이 우리 사회 속에서 실증되지 못하는 한 교회의 외침은 아무 효과도 기대할 수 없을 것입니다. 교회목회가 믿는 신자들만의 집단적인 신앙생활을 지도하는 것이라면 산업전도는 절대다수의 불신자들을 대상으로 한 목회입니다.

그런고로 모든 활동 내용에 있어서도 실천하는 방법상 새로운 일을 시도해보게 되는 것입니다. 앞으로 1년간 추진되는 모든 사업을 관심 있게 보시고 많은 기도와 후원을 해주시기 거듭 부탁드리면서 아래와 같이 이달의 사업을 보고 드립니다.

1. 사업내용

1) 강경구 전도사 사임: 1958년 이래 65년 12월까지 산업전도를 위해 헌신해온 강경구 전도사는 12월 31일 현재로 사임하고 일본에 있는 가족을 만나기 위해 여권을 준비하고 있다.

2) 손풍자 선생 취임: 강경구 전도사의 후임으로 여전도회 경기연합회가 파송한 손풍자 씨가 지난 2월 1일부터 취임한다.

3) 공장 내의 활동: 각 공장 내의 산업 전도활동은 정기적인 집회를 중심하여 진행되고 있는 바 대한모방, 서울 미원, 미풍산업, 한국모방, 양평동교회, 도림동 교회 등 공장과 교회

가 독립된 신앙활동을 하고 있으며 그 밖의 많은 공장 내에서 불규칙적인 집회를 가지고 각종 집회와 대담을 하고 있다.

4) 산업전도 연합활동: 지난 1월 3일 신년 첫 모임을 갖고 강 전도사 환송 겸 각 공장대표 간담회를 가짐으로 상호 신앙적인 유대와 친교를 도모했으며 25일에는 한철하 박사를 초대로 평신도의 사명에 대한 교육강좌를 실시했다.

5) 개인상담: 매일 평균 2명의 개인을 만나고 있는 실정인 바 그 반은 공장에 찾아가고 반은 찾아오는 2분의 1비율이다. 한편 산업전도연합사업과 개체 공장사업의 방법 모색을 위해 토의, 대담하는 시간의 비중이 대단히 길고 어떤 경우는 하루의 일과가 되기도 한다.

산업전도 사업보고서
(1966년 2월)

1966년 3월 4일

다시 문안드립니다. 교회와 가정과 일터 위에 하나님의 은혜가 있으시기 바라면서 지난 2월에 있었던 몇 가지 사업을 보고드리고 보다 많은 기도와 협조를 부탁드립니다.

금년 들면서 각 공장의 산업전도 대표들이 많이 이동되었습니다. 그래서 책임자들을 대신 세우는 문제에 대하여 많은 노력을 하고 있습니다. 한편 그동안 대표로 일한 사람일지라도 능력이 아주 부족하다고 인정되는 사람도 대체하는 방향으로 노력하여 모든 관계공장의 인적자원을 정리하려고 합니다.

강경구 전도사 대신으로 파송된 손풍자 씨는 2월 1일부터 집무하고 있습니다. 우선 지난 1개월간은 산업전도에 관계된 서적 일부를 읽었으며 영등포 내 지리파악과 기업체 및 교회 현황을 연구하는 일을 했으며 3월부터는 실제로 일선에 나가서 일할 예정입니다. 각 교회 내 신도근로자 파악과 아직 개척하지 못한 기업체 내의 신도를 찾는 일을 할 예정입니다.

금년도에 산업전도 대상기업체는 우선 168개 기업체로 정하고 자세한 명단을 작성했습니다. 이상의 공장들은 종업원 50명 이상 되는 업체들이며 약간의 예외가 있습니다. 금년 내로 이 공장에서도 산업전도를 개시할 수 있는 인적요소와 교육 또는 조직 등을 위해 노력할 예정입니다.

조 목사의 대만, 일본 방문은 오는 13일로 예정하고 있습니다. 약 20일간(대만 10일, 일본 10일) 체류하면서 각 지방에서 진행되는 산업전도 프로그램을 견학할 것이며 관계자들과 수차의 회합을 통해서 현대 공업사회와 기독교의 선교문제를 연구하게 될 것입니다.

작년 12월부터 추진하고 있는 산업전도 후원회는 현재로 25명이 참가하고 있습니다. (6개 교회 포함) 현재 가장 크게 문제가 되어있는 것은 사업비 문제입니다. 월평균 3만 원이 필요한 사업 규모에 실제로는 3분지 1로 미달하는 실정입니다.

지난 1개월 동안 산업전도 사업을 위해 접촉한 건수는 101명이며 3회의 공식회합과 10회의 집회를 가진 바 있으며 그중에는 영등포 내 30여 명 노동조합 지도자와 함께 강좌 및 간담회를 가진 일과 노동위생 강좌도 포함되고 있고 기관방문도 13차례 있었습니다.

산업사회에 대한 교회적 사명을 수행하는 데는 미숙한 저희들만으로는 너무나도 부족합니다. 이 엄숙한 사명을 위해 온 교회적인 후원과 간절한 기도가 요망됩니다.

주님의 은혜를 거듭 빌며… 감사합니다.

산업전도 사업보고서
(1966년 3월)

1966년 4월 11일

조지송 목사

_____귀하

주님의 이름으로 다시 문안드립니다. 여러분의 기도의 덕으로 지난 3월을 무사히 지낸 것을 감사드리며 특히 예정대로 대만과 일본의 산업전도를 연구하고 돌아온 것을 감사드립니다. 3월 13일 떠나서 4월 4일 돌아오기까지 두 나라를 방문하고 그곳 실무자와 직접 만나고 사업을 보고 들을 수 있었습니다. 시찰에 대한 자세한 보고는 별도로 자세히 드리기로 하고 3월 중에 진행된 사업만을 보고 드리고자 합니다. 특히 새 공장 접촉과 조사는 165개 공장을 상대로 앞으로도 계속 추진할 사업 중에 하나입니다.

3월 사업내용

시일	장소	내용	강사	인원(명)
3일	대한모방	노동위생강좌	이승순 의사	77
3일	대한모방	산업전도연합회 회장단회		7
13일	영등포교회	노동주일 연합예배	김치복 목사	358
13~4.4일	대만, 일본	산업전도연구시찰		
15일	대림동	한국모방산업전도정기집회	김용백	8
22일	영남교회	산업전도 그룹 성경공부	오윤섭	11
26일	50개 공장	산업전도 뉴스지 발행		
29일	산업전도회관	산업전도연합회 회장단회		4
30일	서울미원회사	미원산업전도회 정기집회	신상길	38
찾아온 사람	10개 공장에서 15명 내방하다. 2개 교회에서 3명 찾아 오다.			
찾아간 사람	34개 공장에서 45회에 48명 만나보다. 18개 교회에서 42회, 그 외 기관-18회			

새로 관계하게 된 공장 (20개)			
1. 고려피혁	2. 유신화학	3. 반도상공	4. 동국제강
5. 대한중기	6. 삼일제약	7. 삼양전기	8. 금강스쿼트
9. 일신산업	10. 한국지공	11. 태양모직	12. 기아합성
13. 한국전기야금	14. 태평산업	15. 대한제철	16. 조선중공업
17. 동양석판	18. 풍국제약	19. 신흥제지	20. 조흥화학

산업전도 사업보고서
(1966년 4월)

1966년 4월 29일

영등포산업전도회

시일	장소	내용	강사	인원(명)
10	대한모방(1)	기숙사생 정기집회	조지송 목사	약 60
11	김동혁씨댁	조 목사 귀국 환영 간담회		32
12	대 림 동	한국모방 산업전도회 정기집회	조지송 목사	11
17	대한모방(1)	기숙사생 정기집회	조지송 목사	약 50
19	산업전도회관	산업전도연합회 회장단 회의		5
19	대한모방(2)	정기 월례 예배	박조준 목사	약 500
15 17 18 24	산업전도회관	새로 관계된 공장회원들과 산업전도 좌담	조지송 목사	26
16	산업전도회관	선교사와 산업전도노동회관 건립에 대하여 화합을 가짐		3
24	대한모방(1)	기숙사생 정기집회	조지송 목사	약 80
28	감리교신학	감리교신학대학에서 산업전도를 위한 공개좌담	유동식 교수 조승혁 목사 조지송 목사	약 200
29	150개 관계 공장 및 개인	산업전도회지(19호) 3,000부를 인쇄 배부		

4월중 공장 방문   31개 공장
4월중 교회 방문   12개 교회
4월중 내방자   12개 공장에서 32명
4월중 새로 관계된 공장

신광기업	제일어망	하동환자동차	백광약품
우일화학	대한중석	부천소다	한일제지
한국총업	제일특수공업	삼공공작	한일공업

산업전도 사업보고서
(1966년 5월)

1966년 6월 3일

영등포산업전도회

_____귀하

주님의 은총이 귀하와 귀 교회 위에 같이 하심을 기원하면서 다시 문안드립니다. 발전하는 공업사회와 그 속의 노동자들에 대한 교회의 사명이 날로 더해지고 있습니다. 과학기술과 기계문명이 하나님을 대신하고 금력이 하나님의 능력보다 더 강하다고 생각하는 사람들이 점점 많아지고 있는 실정이기 때문입니다. 노사 간의 불신과 반복으로 인한 사회의 불안정이 날로 심각해지고 있으며 정치 및 사회적 여건이 선량한 경영주들에게 올바른 경영을 할 수 없도록 만드는 일들이 많으며 기업의 공기성을 망각한 경영주들에 의해서 선량한 노동자들이 고통을 당하는 일도 많습니다. 하나님의 구원이 각 개인에게 필요한 것처럼 이 사회에도 절실히 요망됩니다. 교회는 산업사회 속에서 일하고 계시는 하나님의 모습을 실증할 수 있어야 하며 하나님이 이 사회의 주인이라는 것을 보여주기 위해 노력해야 합니다.

주님의 은혜가 같이 하시기 거듭 빌며 산업전도를 위한 계속적인 기도와 후원을 부탁드리는 바입니다.

5월 사업내용

시일	장소	사업내용	강사	인원(명)
1	영등포교회	대만, 일본산업전도 연구시찰 보고	조지송 목사	57
1	도림동교회	산업전도 특별 집회		200
1, 8, 15, 22	대한모방	기숙사생 정기예배		150
3	대한모방	정기월례회	박조준 목사	500
5	대한모방	각 공장 연합노동강좌	조지 타드	200

5	산업전도회관	교역자 산업전도 간담회		22
8	고척교회	우일화학 산업전도회 모임	조지송 목사	12
8	신일교회	산업전도 특별집회		60
12	한국모방	정기월례회		10
15	영서교회	산업전도 특별집회		80
20	산업전도회관	제3회 교육을 위한 회장단 회의		5
22	중앙감리교	산업신도 헌신예배	조지송 목사	100
24	산업전도회관	제1회 신도노동조합간부회의		6
25	서울미원	정기집회	유병관 목사	30
28	대전제1교회	각 교파 산업전도 실무자회의	러풀라 박사	20
30	영락교회	산업전도실무자 특별강좌	포-틱 목사	9
31	장로회신학대학	산업전도 특강	조지송, 김동혁, 조용한	
기타	○ 세계기독교협의회 산업전도 총무 러풀라 박사 내한 대담 ○ 비율빈 산업전도회 간사(선교사) 포-틱 목사 내한 대담 ○ 미국연합장로회총회 산업전도회 총무 타드 목사 내방 대담 ○ 서신: 198종 회관방문: 26명 공장방문: 18명			

제3회 산업전도 교육내용 및 강사

시일   1966년 6월 13일~27일

장소   산업전도회관

제1주

과목	강사	직책
개강예배	계효언 목사	산업전도영등포지구 위원장
기독교의 본질	방지일 목사	영등포교회 시무목사
외국의 산업전도	어라복 목사	산업전도중앙위원회 총무(선교사)
산업전도의 이론과 실제	조지송 목사	영등포산업전도회 실무목사
한국교회사	임의주 간사	산업전도중앙위원회 간사
청지기관	조지송 목사	영등포산업전도회 실무목사
교회의 사회적 책임	김치복 목사	인천산업전도회 실무목사
개인전도의 실제방법	김용백 총무	영등포평신도산업전도회 총무
성서의 노동관	배창민 목사	기독교장로회 산업전도 목사

제2주

한국경제와 산업구조	김동혁 회장	영등포평신도산업전도회 회장
한국의 인구실태	조지송 목사	영등포산업전도회 실무목사
한국의 노동운동	조지송 목사	영등포산업전도회 실무목사
기독교와 노동운동	조승혁 목사	인천산업전회 실무목사
임금론	나문섭 선생	대한노총 교육부차장
노사협의	나문섭 선생	대한노총 교육부차장
과학시대와 인간	조지송 목사	영등포산업전도회 실무목사
사회보장 제도	이승순 의사	영등포시민의원 원장
산업사회학	조지송 목사	영등포산업전도회 실무목사
그룹활동	조지송 목사	영등포산업전도회 실무목사
종강예배	조지송 목사	영등포산업전도회 실무목사
산업전도 활동(일본지역전도)	임의주 간사	산업전도중앙위원회 간사
간담회		수료생 일동

산업전도 사업보고서
(1966년 6월)

1966년 7월 2일
영등포산업전도회

_____귀하

　　주님의 축복이 귀하와 그리고 귀 교회 위에 같이 하심을 기원하면서 다시 6월의 사업을 보고 드립니다. 지난 6월 중에는 세 가지 중요한 일이 있었습니다. 첫째는 노동자들을 위한 제3회 산업전도 교육인 바 13일부터 27일까지 실시했으며 그 결과 9명의 수료생 (2회 결석자는 자동적으로 자격상실)을 내게 되었습니다. 둘째로는 우리 산업전도회원들 가운데서 노동조합지도자들만으로 구성된 그룹을 만들고 매월 2회 정도 회집하여 기독교적인 노동운동을 위해 교육과 상호의견 및 체험을 교환하기로 한 일이며, 셋째는 산업전도를 위한 초교파적인 연합기구를 만드는 일입니다. 산업전도에 대한 교회들의 인식이 높아짐에 따라서 기장과 성공회에서 영등포에서 이 일을 시작할 준비를 하고 있어 각 교파가 각각 일을 하게 되면 교파의 분열이 심해질 우려가 많게 되어 연합적으로 일할 수 없을까 연구 중입니다. 그 밖에 사업활동을 소개하면 아래와 같습니다.

6월 사업내용

시일	장소	내용	인도	인원(명)
6월 3일	회관	제2회 기독교노동조합지도자회		7
4일	송죽관	판본산업전도회 집회	조지송	21
5, 12, 19	대한모방	기숙사생 정기예배	조지송	100
10일	회관	태국산업전도회 간사 "웡상" 씨 방문대담 및 공장견학	김동혁	
11일	도림동교회	산업전도회 월례회	김용백	20
12일	고척교회	우일화학 산업전도 집회	조지송	12

13~27일	회관	제3회 산업전도 교육	조지송	9
14일	동아염직	정기 월례회	박조준	300
27일	회관	─ 제3회 교육 종강식 및 산업전도 활동 (일본지역 전도)	임의주	9
28일	회관	─ 제3회 기독교노동조합지도자 교육강좌 및 간담회	서예근	9
30일	영등포교회	교파연합 산업전도 연구를 위한 지구위원회	계효언	7
방문	45명	새로 관계된 공장명:		
내방	14명	신흥공업사　　남도공작화　　금성기기　　경담통신		
기관방문	8개처	국정교과서　　오류변전소　　공군교재창　　롯데제과		
교회방문	7개처	한성기업　　동아경금속　　동양강철　　재동직물		

산업전도 사업보고서
(1966년 7월)

영등포산업전도회

주님의 이름으로 다시 문안드리게 됨을 감사드립니다.

인간의 생산수단이 극도로 기계화하고 고용형태가 대 집단화함으로 일어나는 인간성의 상실이나 대립적인 노사관계는 우리 사회를 크게 위협하고 있으며 자본 만능의 미신이 사람들로 하여금 하나님 무용론을 주장하게 하고 있는 실정입니다. 한편 노동의 강도는 높고 임금은 낮은 경제 현실에 사는 노동자 대중은 모든 문제를 원망의 눈초리로 보게 되는 것이 현실입니다.

교회는 어떻게, 무엇으로 그들의 짐을 나누어지고 그리스도의 종으로서 섬기는 자가 될 수 있겠는가 하는 문제입니다. 교회가 늘 말하는 사랑이 구체적으로 표현되고 모든 사람을 위한 고난의 십자가를 지지 않는 한 "복음"의 내용을 설명하기란 어려울 것 같습니다. 산업사회 속에 있는 모든 신도를 동원하여 섬기는 교회, 정의에 사는 교회, 사귀는 교회와 모습을 나타내어 복음 속에 사는 산업인(노동자, 경영인, 자본주)이 되도록 신앙적인 노력을 하고 있으나 이 일은 전 교회적인 사업이 되지 않아서는 안 되며 성령의 능력이 없이는 불가능합니다. 여러분의 배전의 기도와 성원을 바라면서 귀하와 귀 교회 위에 하나님의 축복이 함께 하시기를 빕니다.

7월 사업내용

시일	장소	내용	강사 1	인원(명)
1일	영등포교회	산업전도 교파 연합사업을 위해 기장 관계자와 예장, 성공회 그리고 평신도연합회 간부 등이 모여 의논하고 연합적으로 일할 것을 합의.		9
3, 10,	대한모방	대한모방 기숙사생들을 위한 일요일 아침	조지송 목사	매회

시일	장소	내용	강사 1	인원(명)
17, 24일		정기예배		100여 명
7월 4일 8월 15일	선교사 해외 연구시찰중	7월부터 영등포산업전도를 위해 같이 일하는 호주 선교사 우택인 목사는 일본, 중국, 호주, 홍콩, 비율빈 등을 방문 중에 있음.		
5일	김영희 집사 댁 (대림동)	한국모방 산업 신도들은 매월 1회씩 모여 예배와 친교 그리고 신앙과 교양을 위한 집회를 갖는다.	조지송 목사	10
8일	도림교회	산업전도연합회 창립 2주년 기념 특별강좌 및 간담회로 모였는데 24개 공장에서 대표 52명이 참석했으며 "경제발전을 위한 개교인의 책임"에 대한 강좌와 환등과 간담회가 있었음.	조승혁 목사	52
10일	고척교회	우일화학(오케이치약)에서는 매월 1회씩 산업 신도들의 모임을 갖고 신앙과 직업에 대한 강좌를 갖는다.	조지송 목사	5
12일 23일	양평동교회 영도제과	기독교노동조합 간부들의 모임(씨.엠)을 갖고 월 2회씩 각자가 자기공장에서 겪고 있는 문제와 경험을 교환하고 기독교신앙에 입각한 노동운동을 위해 기도하고 연구한다.		8
26일 30일	강원도 장성탄광	장로교 산업전도중앙위원과 전국실무자 및 광산지대 목회자 연석연구회를 가짐.		16
23일	영도 문화센타	영등포 지역 내 노동조합간부들의 교육강좌 시 강사로 가서 특강. 노동조합에서 교회 목사를 청한 일은 이번이 처음이다.	조지송 목사	
31일	182개처	산업전도지 22호(7월) 3,000부 인쇄배부		
월 정기집회 수: 25회 공장 방문: 39개 처	참가인원 — 1,486명 회관방문 — 18명			

산업전도 사업보고서
(1966년 8월)

1966년 9월 1일

영등포산업전도회

_____귀하

하나님의 은혜가 귀하와 귀 교회와 귀하의 "일" 위에 같이 하심을 기원하면서 다시 8월의 일을 살펴보면서 몇 가지 사업을 전해드리고자 합니다. 먼저 무더운 여름을 큰 지장 없이 지낼 수 있던 것을 하나님과 여러분께 감사를 드립니다. 그러나 혹서로 인해서 8월의 사업이 만족할만하게 추진되지 못한 것을 여러분 앞에 고백하지 않을 수 없습니다. 9월과 같이 오는 새로운 계절에는 보다 보람찬 일을 하게 되기를 기대합니다. 아래의 중요 사업을 보고하오니 배전의 기도와 후원을 바랍니다.

1) 기독교장로회에서 산업전도 실무자를 영등포에 파송하려는 문제는 이제 거의 성숙되어서 인선을 완료한 것 같습니다. 이제 영등포산업전도 관계 기관과 협의되는 대로 9월 초순부터 실무하게 될 것이 아닌가 합니다. 이미 영등포지구 위원회나(노회) 평신도 산업전도회(공장)에서는 원칙적인 합의를 본 바 있습니다.

2) 평신도 산업전도회에서 수고하던 김동혁 회장은 개인 사정상 부산으로 전직했기 때문에 불가불 회장직을 사임하게 되었습니다. 공장 안에 있는 평신도로서 실력 있는 신앙의 형제를 잃게 된 것이 섭섭한 것은 물론 앞으로의 사업이 염려됩니다.

3) 조 목사는 비율빈에 있는 아세아 지구 노동교육 센터에서 실시하는 제15회 노동조합 간부 훈련에 참가하도록 초청을 받았습니다. 일체의 비용을 미국연합장로회선교부에서 부담하기로 약속된 이 모임을 오는 10월 3일부터 12월까지 3개월 동안 계속하게 됩니다. 이번 모임에는 동남아의 노조 간부 약 50명이 모여 연구할 예정인데 우리 관계 여러 기관과 의논 후 수속을 할 예정입니다.

4) 제3회 평신도 산업전도 교육 수료식을 지난 14일 오후 3시에 양평동 교회에서 거행했습니다. 이번 수료생 9명 중에는 일하다가 심한 척추 부상을 입은(약 1년의 치료를 요함) 분도 있어 그 동생이 대신 수료장을 받은 일도 있었습니다. 한편 이날 모임은 공장대표 연석회의와 김동혁 회장의 송별회를 겸해서 가졌습니다.

5) 전국 산업전도 실무자회의가 지난 18일 서울문리대 앞 성공회 회관에서 있었습니다. 이 모임에는 기장, 예장, 감리교, 성공회 등 각 교파 실무자들이 영등포, 대전, 인천, 강원도 등지에서 모여왔습니다. 여기서는 각 지구의(특히 탄광지대) 산업전도 활동을 연구 토의하고 탁희준 교수의 한국 노동운동의 문제점이라는 강의도 들었습니다. 이 모임은 매월 1회씩 각 지구를 순회하면서 모이는데 9월에는 대구에서 모일 예정입니다.

6) 재미 한국인 교회인 나성교회에서 모국을 방문 중 지난 29일에는 영등포산업전도회를 방문했습니다. 나성교회는 지난 수년 동안 산업전도를 위해 매년 500불의 후원금을 보내온 바 있었으며 사정상 당분간 중단되었으나 다시 계속할 것을 기대하고 있습니다. 이번 방문해온 분은 이화목 장로님 외 3명과 여전도회 회장과 총무님이었습니다.

7) 지난 1개월간의 각종 정기집회는 전과 같이 계속되었으며 그 밖에 산업전도 그룹활동을 보면 여덟 번의 집회 중 연인원 280명이 참석하였습니다. 그리고 공장방문이 38회, 회관으로 내방한 노동자가 10명이었으며 그 외에 병원위문 등 심방이 몇 차례 있었습니다.

8) 지난 4월 이래 지금까지 진행 중인 사업 중에 " 영등포산업전도 현황"을 소개하기 위한 환등 제작이 있었습니다. 이 일은 9월 중순까지는 완성할 예정인데 천연색 필름으로 촬영 중입니다.

산업전도 사업보고서
(1966년 9월)

1966년 10월 11일

전도사 손풍자

여전도경기연합회 귀중

하나님의 은혜가 귀 연합회 위에 항상 같이하시기를 바랍니다.

항상 아껴주시고 물심양면으로 도와주심으로 인하여 9월 한 달도 무사히 지날 수 있게 됨을 감사드립니다. 그동안 지낸 보고와 아울러 산업 전도의 문제점이라고 생각하는 것을 몇 가지 말씀드리고자 합니다.

1. 사업보고

1) 9월 1일부터 기독교장로회 파송 한국신학대학 졸업하신 고재식 선생과 호주 선교사 우택인 목사가 실무하게 되었습니다.

2) 영등포 평신도산업전도연합회 회장으로 계시던 김동혁 씨가 부산으로 전직하셨기에 자동적으로 회장사임이 되었습니다.

3) 본회 조지송 목사님은 지난 7일 비율빈 노동대학에 연구차 가셨습니다. 여정은 3개월 간입니다.

4) 영등포산업전도 현황 활동 작성을 지난 4월부터 시작하여 9월에 완성을 보았습니다. 전부 59장으로 편집하여 1부는 비율빈으로 가지고 갔으며 1부는 본회에 비치해 두었습니다.

5) 도림동교회 산업전도 2주년 기념예배가 4일 저녁 8시에 도양술 목사를 모시고 신도 120명이 모인 가운데 있었으며 그동안 지난 보고가 있었습니다.

6) 각 회사 정기적인 모임이 계속되었으며 특히 판본 산업전도회에서는 주일저녁마다 영

등포 지역 내 교회를 순회하면서 특송을 하고 있었습니다.

7) 지난 26일에는 본회 회관을 영등포동 7가 36번지로 이전하였습니다. 이는 산업신도들로 하여금 편리를 주기 위함입니다.

2. 산업 신도의 문제점 몇 가지

1) 오늘의 노동자는 가난이 제일 큰 문제입니다. 가난으로 인한 모든 고통을 겪어야 합니다. 하루 45원의 돈을 받고 일하는 사람들에게 산업전도하는 이로서 말문이 막히지 않을 수 없었습니다. 이러한 문제를 우리는 어떻게 해야 할지 교회가 어떻게 해야 될지 깊이 생각할 문제입니다.

2) 공장 속에 있는 신도들은 남모르는 고통을 겪어야 합니다. 신자로서 힘 있게 그리스도와 복음을 전하기에는 우리가 상상할 수 없을 만큼 공장사회는 어렵고 복잡합니다. 그러므로 아직은 평신도들이 자발적으로 산업전도를 할 수 없는 형편이 대부분이므로 교회와 산업전도 실무자들의 희생적 봉사가 요구됩니다. 좀 더 많은 실무자가 있었으면 하는 아쉬움을 가져봅니다.

3) 공장사회는 교회를 떠나게 만들기 쉬운 곳입니다. 굳세고 뿌리 깊은 신앙자만이 이길 수 있는 곳이라고 해도 과언은 아닐 것입니다. 여러 공장을 접촉하면서 뼈저리게 느낀 것은 교회가 좀 더 철저하게 그리스도의 교리를 가르치고 젊은이들(특히 주일학교 교사부터)의 신앙을 길러주어야 하겠다는 것이었습니다. 여기에는 부모들의 철저한 기독교교육이 필요하지 않을까? 하고 생각했습니다. 그리하여 맥 빠진 신도나 악한 세파 속에 휘말려들지 않는 신도가 될 수 있었으면 하는 욕망입니다.

4) 산업전도 실무자들은 공장 속에 있는 산업 신도들을 계속 접촉하면서 그들과 같이 문제의 해결을 해보려고 노력하며 산업신도로서의 위치를 밝히고 알아 우리의 할 일을, 해야 할 일을 의논합니다(산업사회 속에서). 아울러 내가 속한 공장 속에 복음을 전하도록 노력하고 있습니다.

깊이 오랫동안 느껴온 몇 가지만 말씀드렸습니다.

<복음을 들고 들어가자.>

1967년도 영등포 평신도 산업전도연합회 사업계획

월	번호	내용
2월	1	산업전도지 상설편집 위원회 조직(문예부)
	2	삼광초자 교육문제 계획완성(교육부)
	3	노동주일 연합예배준비(종교부, 음악부)
	4	각 공장 회원 간의 서신연락(교환) 안내 및 주선(사교부, 문예부)
	5	국제부 활동을 위한 제반자료 수집, 정리(국제부)
	6	직업보도부 활동을 위한 제반자료 수집, 정리(직업보도부)
3월	1	노동주일 연합예배 모범회원표창, 노동절에 대한 인식발표(종교부)
	2	연합예배 시 연합성가 및 제반음악순서 담당(음악부)
	3	노동주간 기념 각 공장 (교회) 대항 배구대회(체육부)
	4	삼광초자공장 교육실시 시작(교육부)
	5	공개강좌(종교부)
4월	1	부활절 기념 양노원 방문(종교부, 봉사부)
	2	헌신예배(종교부)
	3	제 5회 평신도교육(교육부)
	4	공개강좌(체육부)
5월	1	특별 종교집회(종교부)
	2	공개강좌(교육부)
6월	1	제 6회 평신도교육(교육부)
	2	공개강좌(종교부)
7월	1	회원성경 퀴즈대회(종교부)
	2	공개강좌(음악부)
8월	1	산업전도 발전에 관한 토론대회(문예부)
9월	1	제1회 평신도 재교육(교육부)
	2	공개강좌(사교부)
10월	1	헌신예배(종교부)
	2	회원 야유회(사교부, 체육부)
	3	공개강좌(종교부)
11월	1	추수감사절 연합예배(종교부)
	2	연합예배 시 성가 및 제 음악순서(음악부)
	3	추수감사절 기념 회원 친목회(사교부)
	4	공개강좌(교육부)
	5	정기총회

1967년도 영등포산업전도 사업계획서

단위(원)

사업			예산
산업전도 회지			84,000
	인쇄비	월 5,000	
	잡비	월 2,000	
공장활동			60,000
조사활동			18,000
교회산업전도활동			24,000
상담 및 여성문제			18,000
노조 및 경영문제			24,000
실무자 양성			180,000
경영, 공장목회, 조사분야			
현실무자재교육			15,000
교육			146,000
	매월 공개강좌	24,000	
	평신도교육(2회)	30,000	
	재교육(1회)	20,000	
	교역자연구회(1회)	30,000	
	삼광초자연소자교육	12,000	
	도서비	30,000	
사무실비용			120,000
	사무직원	60,000	
	사무실비	30,000	
	예비비	30,000	
합계			689,000

1967년도 사업보고서

1. 1967년도 사업계획

    1월 중에 가장 중요하게 취급된 일은 금년도의 사업계획이었습니다. 여러 차례에 걸쳐서 사업을 계획했으나 현재까지도 안정된 계획을 못하고 있음을 솔직하게 말씀드립니다. 그 원인은 예산 때문입니다. 원래 사업을 계획할 때에는 중앙위원회와 선교사, 그리고 영락교회를 생각했지만 현재 교회와 선교사 두 곳 모두 그렇게 뜻한 대로 되지 못해서 사업을 전면적으로 재검토해야 할 형편에 있습니다.

    여기에 참고삼아 사업 예산안을 소개합니다.

공장산업전도회사업	60,000
공장신도실태조사	18,000
교회산업전도사업추진	24,000
상담	18,000
회지	84,000
노동조합간부훈련(신도)	24,000
실무자양성(3인)	180,000
매월산업전도강좌	24,000
평신도훈련	50,000
교역자연구회	30,000
도서비	30,000
사무직원인건비	60,000
사무실운영비	30,000
예비비	30,000
합계	662,000

2. 산업전도 지도자훈련

이미 기회 있을 때마다 말씀드린 바 있습니다만 산업전도는 경제, 경영, 노동조합, 상담, 사회조사 통계, 공장목회 등등 각 분야에 걸친 전문지식을 소유한 일꾼이 필요합니다. 그래서 금년 2월 1일부터 한 사람을 선택하여 공장에 보냈는데 그는 앞으로 1년간 노동자와 똑같은 일을 통해 그들의 생활을 체험할 예정으로 있습니다. 공장에서 받은 것 외에(약 2,800원~3,000원 정도) 매월 5,000원을 보조하고 있는데 이 예산은 한국에 있는 미국인 교회에서 후원하고 있습니다.

3. 기술자 그룹토의

광일 기술생산연구소에는 20여 명의 기술자들만이 종사하고 있는 특수한 기업입니다. 이들을 대상으로 매 월요일 오전 11시에 공장 사무실을 빌려서 모임을 가지는데 약 30명 정도씩 모입니다. 여기에서는 주로 기독교윤리를 취급하며 특히 기술을 어떻게 활용하는 것이 올바른 것인가를 대담식으로 토의하고 있습니다.

4. 판본방적 산업전도회 집회실 마련

약 6,000여 명이 종사하고 있는 판본방적에는 산업전도 회원 100여 명이 있습니다. 그간 오랫동안 매주 목요일 저녁마다 회집해 왔는데 지난 1월 문래동에 있는 중앙감리교회 의사 한 분이 자기 병원건물에 있는 약 5평짜리 방을 산업전도회를 위한 방으로 제공해주었습니다. 회관 거리가 멀어서 모이기 어려운 실정이었는데 매우 편리하게 되었습니다.

5. 양평동교회 산업전도회 집회

양평동교회에 속해있는 종업원들은 지난 2월 13일-15일까지 3일간 특별집회를 가졌는데 매회 30여 명의 회원이 참석했으며 이 시간 인도는 우택인 선교사가 했습니다.

6. 전국산업전도 실무자회의(연구회)

전국 각처에서 여러 가지 형태로 산업전도에 종사하고 있는 실무자들이 한데 모여(40여 명) 산업전도의 이론과(신학적인) 실제 프로그램 등을 토의 검토하고 종합적인 사업추진의 길을 모색했으며 특히 전국산업전도 실무자협회를 조직하고 회장에 성공회 데일리 주교를 선정했습니다.

7. 각종 회의 및 집회

이미 오래전부터 정기적인 모임을 가지고 있는 집회는 계속하고 있는데 그중에는 집회 수를 변경한 경우도 있습니다. 지난 2개월 동안에 있는 각종 모임을 보면(실무자가 참석한 회 합만) 집회 수: 21회. 참가인원: 828명.

8. 서신 및 간행물

발신: 335통, 수신: 58통, 회지: 3,000부

9. 개인 방문

찾아온 사람: 65명, 찾아간 사람: 15명

산업전도 사업보고서
(1966. 11~1967. 10)

1967년 10월 31일

	집회 명칭	집회 수	집회 인원	비고
집회상황	예배	22	2,109	
	성경연구	23	292	
	강좌	57	1,486	
	좌담회	33	374	
	친목회	22	356	
	회의	42	502	
	기타	28	439	
계		227회	5,558명	

찾아간 곳			찾아온 사람		
교회	96회	84명	교회	25회	26명
공장	238회	245명	공장	502회	537명
기관	87회	92명	기관	102회	121명
기타	— 회	— 명	기타	18회	46명
합계	421회	421명	합계	647회	730명

결신자		새신자	낙심자	새회원	총수
		21명	11명	67명	99명

서신 및 간행물	발신	수신	간행물수신	간행물발신	총부수
	10,686부	159부	608부	12,654부	41,579부

재정	수입	지출	잔고
	–	–	–

도서구입	일반서적	월간잡지	합계
	–	–	69

새로 관계된 공장	공장	총관계공장	총산전그룹
	— 처	101처	28처

이달의 문제점	
다음달 계획	
비고	

산업전도 사업보고서
(1967년 1~2월)

1967년 2월 28일
영등포산업전도회

    산업전도를 위해 물심양면으로 참조하며 이 사업을 후원하고 계신 여러분들께 하나님의 은혜가 함께하시기를 기원합니다. 벌써 자세한 보고를 드렸어야 했을 것이오나 그간 얼마 동안 자리를 비웠던 조 목사가 새해 사업계획과 또 신병으로 인해서(3주간) 이제야 문안드리게 됨을 널리 용서하시기 바랍니다. 사업보고를 드리기 전에 먼저 지난해 말에 있었던 조 목사의 비율빈 연구회 참석을 잠깐 말씀드리는 것이 좋을 것으로 생각됩니다. 작년 10월 비율빈에 있는 아시아 노동교육원의 초청을 받은 조 목사는 10월 7일 한국을 떠나 아시아의 노동자와 경제문제를 약 10주간 동안 연구하고 홍콩에 있는 성목수교회 그리고 이본 광산지대 산업전도 현황을 연구할 수 있는 기회를 얻은 바 있습니다. 아시아 노동교육원은 전적으로 아시아 각국의 노동조합지도자훈련을 하고 있는 교육기관인데 금번에는 아시아 11개국으로부터 31명의 지도자가 참석했었습니다. 그동안 그들과 같이 생활하며 연구하면서 첫째는 아시아인들이 백인들에 대한 감정이 극히 나쁘다는 것이며 교회에 대해서도 무관심이나 더 나가서는 반감을 가지고 있다는 점입니다. 처음 그들을 만나서 들은 이야기는 "목사가 왜 여기에 왔느냐?"는 질문이었습니다. 즉 교회도 노동자들과 이야기하며, 또 관심을 갖고 있었느냐는 태도였습니다.

    홍콩 목수교회에 와서는 교회가 노동자들을 위해 운영하고 있는 각종 기술학교, 병원, 기숙사, 식당, 탁아소, 목공 기술 등등 그 밖에도 10종의 사업들이었습니다. 일본 큐슈에 와서는 광산지대에서 광부들과 함께 일하며 직업전도에 전념하는 선교사와 일본 목사를 방문할 수 있었습니다. 이 기간 동안의 일체의 경비는 미국 산업전도회에서 부담해주었는데 약 천불을 사용했습니다. 귀국 일자는 12월 22일입니다. 두 일에 좋은 기회가 있으면 자세한 보고를 드리기로 하고 이만 말씀드리고 금년 들어 있었던 중요내용을 보고하겠습니다.

산업전도 3월 보고서

1967년 3월 31일

집회상황	집회 명칭	집회 수	집회 인원	비고	
	예배	5	660		
	성경연구	10	90	그룹토의	
	강좌	1	58	교역자 산업전도 강좌 및 공장 견학	
	좌담회	2	15		
	친목회	-	-		
	회의	1	15		
	기타	5	110		
계		24회	948명		

찾아간 곳			찾아온 사람		
교회	13회	— 명	교회	11회	11명
공장	15회	19명	공장	24회	23명
기관	5회	5명	기관	5회	5명
기타	— 회	— 명	기타	— 회	— 명
합계	33회	24명	합계	40회	39명

결신자	새신자	낙심자	새회원	총수
	5명	— 명	24명	29명

서신 및 간행물	발신	수신	간행물수신	간행물발신	총부수
	415부	49부	41부	3,000부	3,465부

재정	수입	지출	잔고
	33,520원	38,573원	49,633원

도서구입	일반서적	월간잡지	합계
	1	1	2

새로 관계된 공장	공장	총관계공장	총산전그룹
	2처	102처	22처

이달의 문제점	사무와 기타 회관정리 및 공장 연락 전임자가 없어서 실무자들이 시간을 빼앗기는 점
다음달 계획	1) 과거 훈련받은 평신도 재훈련 2) 새 공장 접촉과 그룹 지도 3) 사무 전담사 채용
비고	

산업전도 4월 보고서

1967년 4월 30일

	집회 명칭	집회 수	집회 인원	비고	
집회상황	예배	1	100		
	성경연구	25	52		
	강좌	3	85		
	좌담회	7	59		
	친목회	-	-		
	회의	2	26		
	기타	1	7		
계		39회	329명		

찾아간 곳			찾아온 사람		
교회	11회	14명	교회	3회	3명
공장	38회	46명	공장	23회	23명
기관	9회	— 명	기관	21회	31명
기타	— 회	— 명	기타	3회	3명
합계	58회	60명	합계	50회	60명

결신자	새신자	낙심자	새회원	총수
	6명	— 명	3명	9명

서신 및 간행물	발신	수신	간행물수신	간행물발신	총부수
	732부	26부	47부	3,036부	62,026부

재정	수입	지출	잔고
	36,560원	24,167원	62,026원

도서구입	일반서적	월간잡지	합계
	9	2	11

새로 관계된 공장	공장	총관계공장	총산전그룹
	1처	103처	23처

이달의 문제점	새로 결심하는 신자를 어떻게 교회에 소개할까? 노동자를 받을만한 교회 프로그램은 없는지?
다음달 계획	제5회 평신도 훈련을 실시하고 2주간 교육을 하되 참가인원은 30명 내외로
비고	

산업전도 5월 보고서

1967년 5월 31일

	집회 명칭	집회 수	집회 인원	비고	
집회상황	예배	1	38		
	성경연구	-	-		
	강좌	26	797		
	좌담회	4	49		
	친목회	2	59		
	회의	2	17		
	기타	4	21		
계		39회	981명		
찾아간 곳			찾아온 사람		
교회	14회	24명	교회	2회	2명
공장	19회	27명	공장	65회	73명
기관	11회	5명	기관	10회	19명
기타	1회	1명	기타	2회	2명
합계	45회	57명	합계	79회	96명
결신자		새신자	낙심자	새회원	총수
		4명	2명	5명	11명
서신 및 간행물	발신	수신	간행물수신	간행물발신	총부수
	670부	21부	129부	47부	867부
재정		수입	지출		잔고
		32,468원	73,077원		21,409원
도서구입		일반서적	월간잡지		합계
		6	1		7
새로 관계된 공장		공장	총관계공장		총산전그룹
		— 처	96처		23처
이달의 문제점		사업비 확보 문제			
다음달 계획		공장 산전 그룹 확장			
비고		공장이동(3) 및 산업신도 이동(4)으로 관계가 끊어진 곳 7곳			

산업전도 6월 보고서

1967년 6월 30일

	집회 명칭	집회 수	집회 인원	비고	
집회상황	예배	1	54		
	성경연구	1	6		
	강좌	5	66		
	좌담회	-	-		
	친목회	6	113		
	회의	4	67		
	기타	6	109		
계		23회	415명		
찾아간 곳			찾아온 사람		
교회	14회	— 명	교회	1회	1명
공장	29회	38명	공장	57회	61명
기관	13회	— 명	기관	11회	17명
기타	— 회	— 명	기타	1회	2명
합계	56회	38명	합계	70회	81명
결신자		새신자	낙심자	새회원	총수
		1명	— 명	12명	13명
서신 및 간행물	발신	수신	간행물수신	간행물발신	총부수
	1,995부	22부	110부	71부	2,198부
재정			수입	지출	잔고
			26,648원	23,225원	22,832원
도서구입			일반서적	월간잡지	합계
			4	-	4
새로 관계된 공장			공장	총관계공장	총산전그룹
			— 처	96처	25처
이달의 문제점					
다음달 계획		공장 산전 그룹 확장			
비고		새 산전그룹: 문래동 지역, 해태제과			

산업전도 7월 보고서

1967년 7월 31일

집회상황	집회 명칭	집회 수	집회 인원	비고	
	예배	5	154		
	성경연구	4	66		
	강좌	-	-		
	좌담회	3	44		
	친목회	2	22		
	회의	5	44		
	기타	7	83		
계		26회	413명		

찾아간 곳			찾아온 사람		
교회	6회	5명	교회	5회	5명
공장	27회	23명	공장	60회	71명
기관	6회	15명	기관	5회	6명
기타	— 회	— 명	기타	5회	30명
합계	39회	43명	합계	75회	112명

결신자		새신자	낙심자	새회원	총수
		3명	— 명	11명	14명

서신 및 간행물	발신	수신	간행물수신	간행물발신	총부수
	1,622부	12부	44부	3,690부	5,368부

재정		수입	지출	잔고
		17,665원	20,722원	19,775원

도서구입		일반서적	월간잡지	합계
		22	2	24

새로 관계된 공장		공장	총관계공장	총산전그룹
		5처	101처	28처

이달의 문제점	실무자 부족
다음달 계획	공장 산전 그룹 확장
비고	사회국

산업전도 8월 보고서

집회상황	집회 명칭	집회 수	집회 인원	비고	
	예배	2	70		
	성경연구	2	18		
	강좌	1	12		
	좌담회	2	32		
	친목회	5	71		
	회의	2	18		
	기타	2	29		
계		16회	250명		

찾아간 곳			찾아온 사람		
교회	3회	16명	교회	1회	1명
공장	10회	10명	공장	74회	86명
기관	6회	— 명	기관	5회	7명
기타	— 회	— 명	기타	4회	5명
합계	19회	26명	합계	84회	99명

결신자		새신자	낙심자	새회원	총수
		— 명	— 명	— 명	— 명

서신 및 간행물	발신	수신	간행물수신	간행물발신	총부수
	1.004부	7부	43부	3.179부	4,233부

재정		수입	지출	잔고
		12,972원	22,221원	10,526원

도서구입		일반서적	월간잡지	합계
		—	1	1

새로 관계된 공장		공장	총관계공장	총산전그룹
		— 처	101처	28처

이달의 문제점	
다음달 계획	제6회 교육
비고	

산업전도 9월 보고서

1967년 9월 30일

집회상황	집회 명칭	집회 수	집회 인원	비고
	예배	2	53	
	성경연구	3	18	
	강좌	1	11	
	좌담회	5	60	
	친목회	4	56	
	회의	3	35	
	기타	2	30	
계		20회	263명	

찾아간 곳			찾아온 사람		
교회	17회	15명	교회	5회	6명
공장	15회	15명	공장	72회	80명
기관	8회	7명	기관	6회	8명
기타	— 회	— 명	기타	— 회	— 명
합계	40회	37명	합계	83회	94명

결신자	새신자	낙심자	새회원	총수
	1명	9명	— 명	10명

서신 및 간행물	발신	수신	간행물수신	간행물발신	총부수
	1,112부	18부	37부	— 부	1,167부

재정	수입	지출	잔고
	17,500원	13,864원	14,162원

도서구입	일반서적	월간잡지	합계
	—	—	—

새로 관계된 공장	공장	총관계공장	총산전그룹
	— 처	101처	28처

이달의 문제점	
다음달 계획	제6회 교육
비고	새 신 자: 김월수 재결신자: 최영자, 이선자, 김학순, 이근보, 　　　　　 전기안, 손선숙, 문명숙, 안옥희, 　　　　　 강정순

산업전도 10월 보고서

1967년 10월 31일

집회상황	집회 명칭	집회 수	집회 인원	비고
	예배	1	20	
	성경연구	2	14	
	강좌	10	174	
	좌담회	3	38	
	친목회	4	55	
	회의	9	70	
	기타	1	22	
계		30회	393명	

찾아간 곳			찾아온 사람		
교회	14회	4명	교회	2회	2명
공장	21회	23명	공장	52회	78명
기관	6회	2명	기관	15회	18명
기타	— 회	— 명	기타	1회	2명
합계	41회	29명	합계	70회	100명

결신자	새신자	낙심자	새회원	총수
	— 명	— 명	— 명	— 명

서신 및 간행물	발신	수신	간행물수신	간행물발신	총부수
	1,639부	21부	40부	— 부	1,700부

재정	수입	지출	잔고
	31,750원	30,340원	15,572원

도서구입	일반서적	월간잡지	합계
	2	2	4

새로 관계된 공장	공장	총관계공장	총산전그룹
	— 처	101처	28처

이달의 문제점	제6회 교육
다음달 계획	총회와 감사절 예배
비고	

130 눌린 자에게 자유를: 영등포산업선교회 선교활동 문서집

산업전도 11월 보고서

1967년 11월 30일

집회상황	집회 명칭	집회 수	집회 인원	비고	
	예배	5	988		
	성경연구	3	13		
	강좌	3	219		
	좌담회	-	-		
	친목회	2	23		
	회의	5	206		
	기타	3	55		
계		21회	1,404명		

찾아간 곳			찾아온 사람		
교회	5회	5명	교회	2회	2명
공장	16회	17명	공장	49회	71명
기관	8회	9명	기관	19회	12명
기타	— 회	— 명	기타	1회	2명
합계	29회	31명	합계	61회	87명

결신자	새신자	낙심자	새회원	총수
	— 명	— 명	— 명	— 명

서신 및 간행물	발신	수신	간행물수신	간행물발신	총부수
	1,987부	7부	31부	28부	1,453부

재정	수입	지출	잔고
	52,597원	52,999원	15,150원

도서구입	일반서적	월간잡지	합계
	1	1	2

새로 관계된 공장	공장	총관계공장	총산전그룹
	— 처	101처	28처

이달의 문제점	산업인 감사예배 준비
다음달 계획	68년도 사업계획 준비
비고	

산업전도 12월 보고서

1967년 12월 31일

	집회 명칭	집회 수	집회 인원	비고	
집회상황	예배	4	391		
	성경연구	3	17		
	강좌	4	287		
	좌담회	–	–		
	친목회	1	4		
	회의	1	13		
	기타	5	70		
계		18회	782명		
찾아간 곳				**찾아온 사람**	
교회	8회	7명	교회	1회	1명
공장	8회	10명	공장	44회	68명
기관	3회	6명	기관	6회	7명
기타	2회	2명	기타	1회	1명
합계	21회	25명	합계	52회	77명
결신자		새신자	낙심자	새회원	총수
		— 명	— 명	— 명	— 명
서신 및 간행물	발신	수신	간행물수신	간행물발신	총부수
	506부	33부	19부	— 부	558부
재정			수입	지출	잔고
			171,020원	36,280원	149,900원
도서구입			일반서적	월간잡지	합계
			-	5	5
새로 관계된 공장			공장	총관계공장	총산전그룹
			— 처	101처	28처
이달의 문제점					
다음달 계획					
비고			67년 사업평가 및 신년도 사업설계		

영등포산업선교회

산업전도 1월 보고서

1968년 1월

집회상황	집회 명칭	집회 수	집회 인원	비고	
	예배	4	335		
	성경연구	1	4		
	강좌	3	222		
	좌담회	1	11		
	친목회	-	-		
	회의	3	30		
	기타	1	5		
계		13회	607명		

찾아간 곳			찾아온 사람		
교회	1회	1명	교회	— 회	— 명
공장	12회	15명	공장	36회	53명
기관	6회	7명	기관	8회	9명
기타	— 회	— 명	기타	4회	5명
합계	19회	23명	합계	48회	67명

결신자	새신자	낙심자	새회원	총수
	— 명	— 명	— 명	— 명

서신 및 간행물	발신	수신	간행물수신	간행물발신	총부수
	199부	20부	26부	30부	275부

재정	수입	지출	잔고
	19,700원	28,225원	141,375원

도서구입	일반서적	월간잡지	합계
	-	-	-

새로 관계된 공장	공장	총관계공장	총산전그룹
	— 처	101처	28처

이달의 문제점	실무자들이 공장접촉 기회를 많이 갖지 못한 점
다음달 계획	
비고	

산업전도 2월 보고서

1968년 2월 29일

	집회 명칭	집회 수	집회 인원	비고	
집회상황	예배	3	27		
	성경연구	9	90		
	강좌	7	384		
	좌담회	4	38		
	친목회	1	17		
	회의	3	26		
	기타	2	8		
계		29회	590명		
찾아간 곳			찾아온 사람		
교회	8회	8명	교회	— 회	— 명
공장	28회	45명	공장	33회	50명
기관	7회	17명	기관	7회	13명
기타	— 회	— 명	기타	1회	1명
합계	43회	70명	합계	41회	64명
결신자		새신자	낙심자	새회원	총수
		— 명	— 명	— 명	— 명
서신 및 간행물	발신	수신	간행물수신	간행물발신	총부수
	487부	4부	39부	111부	641부
재정		수입	지출	잔고	
		32.105원	33.166원	140.314원	
도서구입		일반서적	월간잡지	합계	
		-	-	-	
새로 관계된 공장		공장	총관계공장	총산전그룹	
		1처	102처	29처	
이달의 문제점					
다음달 계획		노동주일 연합예배			
비고					

산업전도 3월 보고서

1968년 3월 31일

	집회 명칭	집회 수	집회 인원	비고	
집회상황	예배	5	483		
	성경연구	7	74		
	강좌	10	193		
	좌담회	3	20		
	친목회	1	8		
	회의	2	21		
	기타	3	23		
계		31회	822명		
찾아간 곳			찾아온 사람		
교회	8회	8명	교회	3회	3명
공장	14회	17명	공장	38회	45명
기관	12회	2명	기관	4회	5명
기타	— 회	— 명	기타	2회	2명
합계	34회	47명	합계	47회	5명
결신자		새신자	낙심자	새회원	총수
		— 명	— 명	— 명	— 명
서신 및 간행물	발신	수신	간행물수신	간행물발신	총부수
	4,332부	10부	151부	— 부	4,493부
재정			수입	지출	잔고
			49,911원	61,144원	129,781원
도서구입			일반서적	월간잡지	합계
			10	-	10
새로 관계된 공장			공장	총관계공장	총산전그룹
			1처	103처	29처
이달의 문제점			실무자 부족		
다음달 계획			회관기금 모금		
비고					

산업전도 4월 보고서

집회상황	집회 명칭	집회 수	집회 인원	비고	
	예배	4	91		
	성경연구	4	27		
	강좌	6	86		
	좌담회	3	45		
	친목회	-	-		
	회의	2	33		
	기타	-	-		
계		19회	262명		

찾아간 곳			찾아온 사람		
교회	6회	7명	교회	- 회	- 명
공장	10회	10명	공장	38회	49명
기관	6회	6명	기관	9회	11명
기타	1회	1명	기타	3회	5명
합계	23회	24명	합계	50회	65명

결신자	새신자	낙심자	새회원	총수
	— 명	— 명	— 명	— 명

서신 및 간행물	발신	수신	간행물수신	간행물발신	총부수
	911부	18부	38부	30부	897부

재정	수입	지출	잔고
	62,999원	42,107원	149,973원

도서구입	일반서적	월간잡지	합계
	-	2	1

새로 관계된 공장	공장	총관계공장	총산전그룹
	— 처	103처	29처

이달의 문제점	
다음달 계획	회관 건립기금 모금
비고	

산업전도 5월 보고서

	집회 명칭	집회 수	집회 인원	비고	
집회상황	예배	9	434		
	성경연구	12	95		
	강좌	11	281		
	좌담회	1	13		
	친목회	-	-		
	회의	2	11		
	기타	-	-		
계		35회	834명		
찾아간 곳				찾아온 사람	
교회	5회	5명	교회	5회	6명
공장	19회	23명	공장	34회	39명
기관	10회	12명	기관	14회	15명
기타	1회	— 명	기타	4회	4명
합계	34회	40명	합계	58회	64명
결신자		새신자	낙심자	새회원	총수
		— 명	— 명	— 명	— 명
서신 및 간행물	발신	수신	간행물수신	간행물발신	총부수
	380부	13부	29부	— 부	422부
재정			수입	지출	잔고
			11,580원	71,534원	90,019원
도서구입			일반서적	월간잡지	합계
			2	2	4
새로 관계된 공장			공장	총관계공장	총산전그룹
			— 처	103처	29처
이달의 문제점			실무자 채용 문제		
다음달 계획					
비고					

산업전도 6월 보고서

집회상황	집회 명칭	집회 수	집회 인원	비고	
	예배	9	337		
	성경연구	8	83		
	강좌	5	91		
	좌담회	4	64		
	친목회	3	14		
	회의	-	-		
	기타	-	-		
계		30회	603명		

찾아간 곳			찾아온 사람		
교회	11회	11명	교회	5회	7명
공장	20회	22명	공장	21회	23명
기관	24회	25명	기관	3회	3명
기타	4회	5명	기타	— 회	- 명
합계	25회	63명	합계	29회	33명

결신자	새신자	낙심자	새회원	총수
	— 명	— 명	— 명	— 명

서신 및 간행물	발신	수신	간행물수신	간행물발신	총부수
	244부	6부	26부	2,971부	3,247부

재정	수입	지출	잔고
	14,709원	55,731원	48,977원

도서구입	일반서적	월간잡지	합계
	1	-	-

새로 관계된 공장	공장	총관계공장	총산전그룹
	1처	103처	29처

이달의 문제점	
다음달 계획	산업전도회관 이전 (영등포동 7가 70)
비고	실무자부임: 임의주, 황태주

영등포산업선교회

산업전도 7월 보고서

1968년 7월 31일

	집회 명칭	집회 수	집회 인원	비고	
집회상황	예배	10	-		
	성경연구	4	-		
	강좌	3	-		
	좌담회	6	-		
	친목회	3	-		
	회의	1	-		
	기타	-	-		
계		27회	968명		
찾아간 곳				찾아온 사람	
교회	3회	6명	교회	— 회	— 명
공장	18회	18명	공장	28회	32명
기관	4회	4명	기관	6회	6명
기타	— 회	— 명	기타	— 회	- 명
합계	25회	28명	합계	34회	38명
결신자		새신자	낙심자	새회원	총수
		— 명	— 명	— 명	— 명
서신 및 간행물		발신	수신	간행물수신	간행물발신	총부수
		503부	10부	57부	224부	794부
재정		수입	지출	잔고
		11,800원	58,119원	2,678원
도서구입		일반서적	월간잡지	합계
		-	-	-
새로 관계된 공장		공장	총관계공장	총산전그룹
		-	103처	31처
이달의 문제점		관계공장 대표들의 이동
다음달 계획		실무자 보충교육과 평신도 수련회 개최의 건
비고		

1968년 7월 31일
영등포산업선교회

산업전도 8월 보고서

1968년 8월 31일

	집회 명칭	집회 수	집회 인원	비고	
집회상황	예배	18	512		
	성경연구	8	63		
	강좌	–	26		
	좌담회	3	154		
	친목회	8	18		
	회의	2	–		
	기타	–	–		
계		39회	778		
찾아간 곳			찾아온 사람		
교회	10회	42명	교회	4회	4명
공장	29회	35명	공장	15회	25명
기관	10회	23명	기관	7회	52명
기타	— 회	15명	기타	10회	30명
합계	51회	28명	합계	36회	111명
결신자	새신자	낙심자	새회원	총수	
	— 명	— 명	— 명	— 명	
서신 및 간행물	발신	수신	간행물수신	간행물발신	총부수
	7부	13부	18부	81부	119부
재정		수입	지출	잔고	
		63,228원	41,231원	21,997원	
도서구입		일반서적	월간잡지	합계	
		3	1	4	
새로 관계된 공장		공장	총관계공장	총산전그룹	
		1처	104처	32처	
이달의 문제점		더위로 활동부진			
다음달 계획		1) 집중적인 공장접촉의 대외활동 강화 2) 근무시간 변경: 일상 근무시간은 9시-6시까지로 하되, (수) 오후 2시부터, (주일)은 오후 3시부터 각각 오후 10시까지로 한다.			
비고		전국여전도대회 시 산업전도 위한 바자회. 8월26일~30일.			

영등포산업선교회

산업전도 9월 보고서

1968년 9월 30일

집회상황	집회 명칭	집회 수	집회 인원	비고	
	예배	13	145		
	성경연구	4	32		
	강좌	-	-		
	좌담회	1	6		
	친목회	5	134		
	회의	2	19		
	기타	3	47		
계		28회	383명		

찾아간 곳			찾아온 사람		
교회	10회	14명	교회	3회	4명
공장	101회	254명	공장	40회	134명
기관	5회	6명	기관	2회	5명
기타	4회	14명	기타	— 회	— 명
합계	120회	288명	합계	45회	143명

결신자		새신자	낙심자	새회원	총수
		— 명	— 명	— 명	— 명

서신 및 간행물	발신	수신	간행물수신	간행물발신	총부수
	277부	6부	— 부	52부	— 부

재정		수입	지출	잔고	
		71,702원	38,901원	32,111원	

도서구입		일반서적	월간잡지	합계	

새로 관계된 공장		공장	총관계공장	총산전그룹	

이달의 문제점	
내월 계획	제8회 평신도 훈련
비고	

영등포산업선교회

산업전도 사업보고서
(1968년 10월~11월)

1968년 12월 5일

그동안 산업전도 사업을 위해 물심으로 기도와 후원을 아끼지 않으신 여러 믿음의 식구들에게 심심한 감사를 드립니다. 매월 활동보고서를 통계적인 숫자를 통해 전해드렸으나 지난 2개월 동안 충분한 집계가 되지 못해서 서면형식으로 보고 드리려 합니다.

1. 활동상황

1) 공장 그룹활동: 지난 2개월간의 각 공장 활동은 전과 같이 진행되고 있는데 두 달 동안 70여 회에 걸쳐 2,565명이 모여서 신앙과 생활에 대한 강좌, 좌담, 예배 등등의 각종 모임이 있었습니다. 이런 모임을 통해 산업신도로서 일터에서 일어나는 문제를 바르게 관찰하고 판단할 수 있는 능력을 길러주어 그리스도의 대리자로서 행동할 수 있게 하려는 것입니다.

2) 제8회 평신도 산업전도 교육: 지난 10월 28일부터 11월 2일까지 실시한 이번 교육에는 정규등록자 14명과 그 외에도 청강자 10여 명이 참석하여 수강했습니다.
교육내용과 강사는 아래와 같습니다.

윤리적 입장에서 본 생산자와 소비자	이규선
노동조합 입장에서 본 근로기준법	표응삼
사회적 입장에서 본 개인과 집단	김중기
기독교 입장에서 본 노동조합 운동	오명걸
성서적 입장에서 본 노동과 보수	박창환
소비자 입장에서 본 협동조합	박희섭

금번 정규 수료생 14명을 포함해서 총 수료자는 141명이 된 셈입니다.

3) 산업인의 감사예배: 이미 알려드린 바와 같이 지난 11월 24일 오후 3시에 영등포교회에서 산업인의 감사예배를 드렸는바 그 어느 해보다 성황을 이룬 것을 기쁘게 생각합니다. 26개 기업에서 생산되는 각종 물품이 강단 위에 화려하게 진열되었고 700여 근로자들이 참석한 가운데 김정준 박사의 열 띤 설교가 있은 후 아카페 합창단의 위안연주가 있었습니다. 다만 한 가지 유감스러운 것은 미8군에서 오려던 군악대가 오지 못한 일입니다.

이와 같은 감사예배는 일시적인 예배로 끝나는 것이 아니라 산업사회 안에 있는 생산자와 소비자가 다 같이 공업생산품에 대해 하나님께 감사한 생각을 불러일으키는 데 의의가 있습니다.

4) 교역자 산업선교 연구집회: 연 3회의 계획 중 마지막 모임인 이 모임은 지난 11월 25일에 있었는데 50여 명이 모여 "현대도시에서의 교회의 할 일"이라는 제목 하에 도시선교문제를 연구했습니다. 강사로는 현재 연세대학에 와 계신 화이트 목사를 청했었습니다. 이러한 일을 통해 산업사회 속에 있는 교회가 어떤 선교방법을 취해야 하는가를 찾게 하려는 것입니다.

5) 선교타이어 공장: 사적으로 여러분들에게 말씀드린 바 있거니와 산업전도 관계자들 가운데 기술들이 중심한 그룹에서 적은 자금을 모아 타이어재생공장을 설립한 바 있습니다. 1년여 동안 여러 가지 어려움이 있었지만 오늘까지 운영을 계속하면서 기업을 키워왔습니다. 그러던 중 미국의 기독교인 실업인과 합자하여 운영하려는 계획이 구체화해서 이미 그 작업을 착수했습니다. 앞으로 몇 달 동안은 대지와 시설을 새롭게 준비하고 소기업으로부터 발전시킬 예정입니다. 총 자본금은 약 1천만 원 정도입니다.

6) 여성생활관: 지방에서 올라와, 공장에 취직은 되었지만 갑자기 숙소를 얻지 못해 고민하는 여성들을 보호하기 위한 수단으로 산업전도회가 적은 방을 얻어 그들을 임시 유숙할 수 있도록 하고 있습니다. 얼마 전까지는 2개의 방에 8명이 합숙했지만 현재는 한 방에 4명만이 남아있습니다. 산업전도회는 이것으로 만족하게 생각지는 않습니다. 완전한 여성생활관을 만들어 많은 여성들을 수용하고 단순한 자선이 아니라 신앙과 생활

그리고 적당한 기술을 연마시켜서 보다 더 높은 가치를 창조하는 인간으로 육성하고자 하는 것입니다.

2. 요망하는 일

영등포는 1천 개가 더 되는 기업이 가동하고 있는 공업도시입니다. 교회가 여러 모양의 건물을 가지고 있지만 근로자들을 위한 시설은 전혀 마련하지 못하고 있습니다. 이제 교회는 교회 자체를 위한 시설투자를 약간이라도 나누어서 사회 저류에 눌려있는 노동자에게 성의를 표시할 때가 온 것입니다. 여러분의 적극적인 후원을 간곡히 부탁드리는 바입니다. 우선 대지 마련을 위한 300만 원 모금이 이룩되도록 해주시기 바랍니다.

영등포산업전도회 실무자 일동

1968년도 수입 지출 내역

(단위: 원)

수입		지출	
67년도 이월금	149,900	교육훈련 및 연구회	68,680
영락교회전도부	353,000	사무 및 소모품비	29,036
나성교회	150,000	회의 및 간담회	13,605
총회전도부	120,000	노동절 및 감사절예배	36,350
서울여전도회	73,500	연합집회 및 강좌	9,800
경기여전도회	20,000	문서, 인쇄	20,100
여전도회 사회국	26,000	비품	68,117
유니온교회	54,900	인건비	540,500
영락여전도회	8,700	운동경기	7,345
경기노회전도부	6,000	전화료	34,472
영등포교회	7,200	구강진료	4,775
노량진교회	6,000	접대비	11,000
송학대교회	6,000	도서구입	14,218
상도남현교회	6,000	사례 및 상조비	6,140
상도동교회	3,000	구독료	2,880
감사주일헌금	23,272	전기, 수도	5,573
노동주일헌금	3,563	집세	4,300
교육신청금	3,800	통신비	9,981
실무자헌금	37,800	연료비	9,688
구강진료	4,510	야경비	1,250
은행이자	12,154	실무자 출장비(식비)	6,523
김정기	500	슬라이드, 사진	3,565
천영희	420	교통비	12,952
김동혁	300	잡비	4,177
이만진	3,600	수입총액	1,096,022
심혁준	400	지출총액	925,027
김갑준	2,200	잔고	170,995
김살례	150		
김운학	400		
이한동	700		
이한상	4,400		
이봉춘	500		
기타(바자수입포함)	7,153		

1969년 1월 사업보고서

1969년 2월 26일

구분/내용	활동내용		요약
특기사항	1. 각 교단의 산업전도관심이 높아짐에 따라 장, 감, 성공회, 3개 교단이 상호협조해서 할 수 있는 연합기구 설치 추진 2. 평신도산업전도회를 "평신도산업전도연구위원"으로 개편 3. 산업전도회관을 위한 교파 연합운동 추진.		
집회	1. 평신도산업전도회 정기총회에서 기구 개편 2. 평신도연구위원 12명 대표구성(주로 중간경영자) 3. 신년도 사업을 위한 지구위원회 4. 각 공장 및 교회 산업전도회 정기모임		집회 수 36 인원 수 567
심방	1. 공장활동을 위한 근로자 방문 2. 후원기관 및 교회방문 3. 공장정기집회 인도차 방문 4. 평신도연구위원 방문		교회 14 공장 86 기관 7 기타 2 계 109
내방	1. 공장산업전도회 간부 내방 2. 개인상담자 3. 산업전도 교재 준비 4. 기타 특별한 목적 없이		교회 8 공장 42 기관 10 기타 1 계 51
문서	1. 각종 집회 안내 공문 2. 교재 프린트 3. 도서대출, 간행물		도서구입 4 문서발신 542 문서수신 136
재정	수입 8,500원	지출 56,950원	잔고 88,045원

영등포지구산업전도위원회

1969년 2월 사업보고서

1969년 2월 26일

구분/내용	활동내용	요 약
특기사항	1. 새 실무자 선정(강행림 — 한일신학졸업) 2. 산업전도 후원자 모집(월 500원 균일) 17명 3. 회관 건립추진(감리교, 성공회와 교섭 중)	
집회	1. 평신도 산업전도 연구위원 모임(12명) 2. 공장 산업전도회 정기집회 3. 교파협력을 위한 실무자 모임 4. 교회 산업전도회 간담회	집회 수 34 인원수 34
심방	1. 각 공장 간부 방문 면담 2. 지구위원방문실무자 선정 건 토의 3. 공장집회 인도차 방문	교회 16 공장 52 기관 10 기타 4 계 82
내방	1. 미국도시 산업선교회 총무 내방(타드 목사) 2. 각 공장산업전도회 간부 내방 3. 연구위원 내방 4. 기타기관 관계자 내방	교회 5 공장 29 기관 17 기타 12 계 63
문서	1. 기독교란 무엇인가 100부 2. 쪽 복음 450부 3. 집회공문 및 교재 문서작성	도서구입 2 문서발신 836 문서수신 121
재정	수입 204,153원 지출 85,636원	잔고 206,562원

영등포지구산업전도위원회

1969년 3월 사업보고서

전도부 부원 제위께,

주님의 은혜가 전도부 위에 같이 하심을 기원합니다.

아래와 같이 지난 3월 산업전도 활동을 요약 보고하오니 보다 더한 기도와 성원을 바라나이다.

구분	내용		요약
특기사항	1. 노동주일 근로자 연합예배 　강사: 이종성 목사, 연주: 공군본부 군악대		인원 500명
집회	1. 공장 내 산업전도 그룹모임: 매주 정기모임 ― 11회 2. 교회 내 산업전도모임: 매주 정기모임 ― 5회 3. 공장대표들의 간담회, 연구회, 강좌, 기타모임이 공장별 또는 지역별, 산업별로 모여 신앙과 직업 활동에 대한 연구 활동을 한다. 4. 산업선교협회 실무자들의 (전국) 연구회가 동남아세아 도시산업선교회 총무를 모시고 실시됨. 5. 도림동교회, 중앙교회에서 근로자들을 위한 신앙강좌를 실시		집회 수 76회 인원수 824명
심방	1. 공장방문은 주로 산업 전도활동을 하고 있지 않은 곳을 중점적으로 방문함. 2. 교회방문은 교회 자체가 근로자들의 프로그램을 갖도록 하기 위함.		교회 23 공장 2 기관 14 기타 7
내방	1. 연세대 도시문제 연구소 부소장 화이트목사 　(교역자모임준비) 2. 미국 경제협조기관에서 아담스 내방(선교타이어 관계) 3. 비율빈 산업전도 관계자 내방(시찰차) 4. 각 공장 및 기관에서 내방		교회 17 공장 33 기관 12 기타 23
문서	1. 영등포산업전도 월간지 "산업선교" 2. 쪽 복음 7종 3. 전도지 4. 도서 5. 지회 공문발송 및 간행물 수신	1,000부 발행 3,000부 구입 1,000부 구입 6권 구입	도서구입 6 문서발신 326 수신 98
재정	수입 89,113원	지출 86,977원	잔고 200,268원

영등포산업전도

영등포산업전도 사업보고서
(1969년 4월 24일)

서울여전도연합회 귀하

"공장 속에도 그리스도가 있다"는 사실을 전체 근로자와 사용주들에게 알려주어야 할 책임이 교회와 모든 크리스천들에게 있다는 것은 부인할 수 없는 사실입니다. 그런고로 산업전도는 사회적인 요구에서가 아니라 우리 주님의 분부이기 때문에 해야 한다는 신학적인 근거를 갖는 것입니다.

하나님께서는 현대기술과 과학이 당신의 뜻을 이 땅 위에 펴는 데 도구로 사용할 것을 원하고 계시며 한편 모든 인간이 올바른 경제 질서 안에서 인간답게 살기를 원하고 계십니다. 이러한 우리의 믿음은 우리가 산업사회의 건전한 성장을 위한 정신적인 지주가 되어야 한다는 책임감을 갖게 합니다. 교회의 본적은 천국이지만 "현주소"는 이 세상입니다. 그런고로 내세를 바라보고만 있을 것이 아니라 현실 안에서 내세를 위한 충성된 종으로서의 실천이 있어야 할 것입니다.

귀 서울여전도연합회가 산업전도를 위해 오늘까지 일해 온 업적은 실로 현대 속에 살아 있는 교회의 이미지를 모든 사람들에게 알려주는 결정적인 역할을 했다고 믿는 바입니다. 아래와 같이 산업전도에 대한 간략한 보고를 드리는 것으로 지난날의 후원에 감사함과 동시에 내일의 복음전파를 위한 배전의 기도와 후원을 바라는 바입니다.

1. 영등포지역사회 현황

영등포는 208평방킬로미터라는 방대한 지역의 스페이스를 가지고 있는 공업도시로서 현재 900,000명의 인구를 포용하고 있는 생산도시입니다. 이 안에는 우리가 삶을 위해 필요한 모든 것을 생산하는 각종 기업이 1,033개가 있으며(1968년도 기업체 총람 참조) 정부 행정관청과 공공복지시설과 문화시설, 각종 학교 등이 850여 개나 있습니다(1968년도 영등포 상공안내 참조). 이것이 218개 교회가 밀집되어있는(1968년도 기독교연감 참조) 우리의 선교지입니다. 많은 교회가 있다고는 하지만 아직도 극소수의 교회를 제외한 대다수의 교회는 산업사회와 근로자 그리고 산업기관에 대한 이해가 부족한 것이 사실입니다.

교회가 가지는 공장사회에 대한 미온적인 반응과 사회가 가지는 교회에 대한 무관심 내지는 불신감 속에서 교회와 공장을 번갈아 드나들며 교회에 가서는 사회를 말하고 공장에 가서는 복음을 증거해야 하는 산업전도 실무자들의 일상은 실로 낙심할만한 일들이 한두 가지가 아닙니다. "눈물을 흘리며 씨를 뿌리는 자는 기쁨으로 거두리로다. 울며 씨를 뿌리러 나가는 자는 정녕 기쁨으로 그 단을 가지고 돌아오리라"(시편 12편 5절). 이 말씀의 격려가 없었던들 날마다의 힘을 얻을 수 없었을 것입니다.

2. 산업전도의 목적

산업전도의 목적은 ① 산업사회 모든 크리스천들의 증거활동을 협력하고 복음을 전파케 하는 일과, ② 크리스천들의 상호협력을 통해 산업사회에 봉사하는 일과, ③ 노동자와 기업주간의 분쟁 속에서 화해자적인 역할을 다하여 분쟁을 제거하고, ④ 보다 나은 생산을 통해 기업과 경제를 발전시키고, ⑤ 우리 사회에서 가난과 불의를 없이 하는 데 이바지하는 것 등등입니다.

물론 이런 일들을 구체적으로 실현하는 데는 상당한 사회적인 이해와 기술이 필요하며 전 교회적인 협조가 있어야 합니다. 이보다 더 중요한 것은 "공장 안에 있는 기업주와 노동자 신도들의 자기 문제 해결을 위한 사명감과 책임의식과 실천입니다."

3. 실무자들의 활동내용

지난 68년도의 활동내용을 추려보면 공장 내에서 실시한 예배가 222회에 참석인원 4,592명이고 성경연구를 위한 근로자 모임이 76회에 673명이 참석했으며 일반교양강좌가 47회에 1,640명이 참석했고 좌담회가 34회에 428명 참석했고 친목회가 26회에 411명 참석했으며 각종 회의가 19회에 190명 참석했고 기타 모임이 10여 회에 90명이 참석하여 총집회가 434회에 8,034명 참석했습니다. 그밖에도 특별집회로서 공장 평신도들을 위한 교육이 2회에 걸쳐 실시되었는데 연 8회에 걸쳐 교육을 받은 자는 140여 명입니다. 한편 3월 노동주일과 11

월 감사절에는 근로자 연합예배가 있었는데 약 1,100명이 모여 예배와 음악회를 가졌습니다.

4. 문서를 통한 활동

1년 동안 공문 발송 수는 무려 9,788통에 달하며 간행물은 6,954통 발송했습니다. 공장방문을 통해 활동한 것은 650회의 공장방문을 통해 1,117명을 만났고 교회방문은 141회에 걸쳐 304명을 만났으며 기타 기관방문은 249회에 444명을 만나서 산업전도를 위해 의논한 셈입니다.

우리는 1년 동안 여러 모양의 활동을 통해서 360명의 불신자를 새로 접촉했으며 그중 약 50%가 교회에 나가게 되었음을 확인했습니다. 그러나 얼마 나가다가 다시 세상으로 떨어지는 현상이 왕왕 일어나고 있습니다. 그 이유는 개체 교회들이 연구해야 할 과제로 남아있습니다.

5. 조직현황

현재 우리 위원회는 경기노회 산하에 있는 위원회(6명)가 있고 공장 평신도 지도자로서 연구위원 12명(전원 공장 관계자)이 있으며 전임 실무자로서 조지송 목사, 임의주 선생, 강행님 선생 그리고 선교사로 함부만 목사가 일하고 있습니다.

6. 재정현황

산업전도 사업비는 영락교회 전도부, 나성교회, 총회 산업전도회, 경기여전도회, 여전도회 사회국, 유니온교회(외국인), 영등포의 10여 개 교회, 10여 명의 개인 후원금 등등에 의존해 왔습니다. 특히 인건비후원을 통해 실무자를 파송한 곳은 영락교회와 나성교회 그리고 귀연합회입니다. 작년도 사업비 현황을 보면 총수입 1,096,022원. 총지출 925,027원. 잔고 170,995원이었습니다. 한편 금년도 예산은 약 60%를 증액해서 1,600,000원으로 책정했는데 미국 남장로회의 280,000원과 500원 후원자 20명(평신도)의 새로운 재원과 종래의 후원기관에 적극적인 후원을 바라기로 했습니다.

7. 추진하고 있는 특별사업

공도 영등포에 우리 교회의 이름으로 산업전도회관을 만들어야 한다는 필요성은 이미 오래전부터 있는 일입니다. 2천만 원 이상의 금액이 필요한 이 사업은 일개 기관이나 교단이 하기에는 너무 벅찬 감이 있어서 근차에 와서는 감리교회와 성공회와 공동으로 추진할 것을 모색 중입니다. 그런데 이미 대지는 확보했고 1차 공사로 저희는 300만 원이 필요한 실정입니다.

8. 맺는 말씀

산업전도가 한국에서(장로교가 처음 시작) 시작되면서 귀 회를 통해 일해오신 강경구 전도사님이 뿌린 씨는 그때 크게 나타나지 않았으나 오늘 많은 공을 세운 것을 아무도 부인할 수 없었습니다. 이 선구적인 선교사업이 오늘도 계속되고 있음을 감사드립니다. 근대화, 공업화되어가는 한국 사회에서 귀 연합회의 사업이 계속 발전하여 말세에서 주님의 영광을 힘 있게 드러내는 여종들의 모임이 되기를 기원합니다. 감사합니다.

영등포산업전도회

4월 사업보고서

1969년 5월 2일

영등포산업전도회

주님의 은총이 온 교회와 귀하에 모든 "일" 위에 함께하시기 기원하면서 아래와 같이 4월 활동에 대하여 보고 드리오며 배전에 기도와 후원을 바랍니다.

1. 특별사업

1) 제9회 평신도교육훈련

　— 시일 : 1969년 4월 21일~25일

　— 장소 : 산업전도 회관

　— 강사 및 제목

　　　장규철 박사 — 경제발전에서 본 산업보건

　　　이호주 선생 — 근로자의 가정위생

　　　이연호 목사 — 가난뱅이도 멋있게 사는 비결

　　　최병인 목사 — 크리스천이 본 과학과 종교

　　　김희수 선생 — 공업도시 영등포 지역사회개발

　　　김경락 목사 — 산업사회 크리스천

　　　신인현 교수 — 빈곤에 도전하는 기독교

　　　김중기 교수 — 도시화 과정 속의 성숙한 인간상

　　　김치복 목사 — 기독교가 본 노동조합 운동

　　　고재식 간사 — 산업시찰과 활동(인도)

　— 연 참가인원: 169명. 수료인 수: 25명. 총 수료자 누계: 166명

2) 도시산업지구 목회자연구회

  — 시일: 1969년 4월 29일~30일

  — 장소: 한국대학 봉사회관(묵정동)

  — 강사 및 제목

    주요한 선생(한국경제성장에 있어서 이익분배의 문제점)

    윤진우 선생(도시계획 및 지역 개발책)

    김현상 선생(현대도시와 새로운 목회의 자세)

    브라이덴쉬타인 박사(지역사회공동체 안에서의 교회의 역할)

  — 참가인원: 23명

  — 참가교단: 장로교, 감리교, 침례교, 순복음 교회

2. 집회
— 공장 내 산업전도 그룹

— 교회 내 산업전도 그룹

— 제9회 평신도교육

— 실무자 수난주일 연구회

— 평신도 산업전도 연구위원 모임

총 집회 수: 61회, 참가인원: 1,083명

3. 회의
— 회관건립준비 회의(감리교, 성공회, 장로교)

— 산업전도 회지 발행 준비(인천산업선교, 가정문서선교회, 영등포산업전도회)

— 미 남장로선교부 대표회담(영등포산업선교에 대한 좌담)

— 지구위원(실무자 채용 건 토의)

4. 방문 및 내방
— 방문: 공장(26회) 교회(10회) 기관(25회) 기타(3회)

— 내방: 교회(9명) 공장(37명) 기관(27명) 기타(4명)

5. 문서 및 간행물
— 발신: 727부, 수신: 113부

6. 재정
— 4월 총 수입: 91,470원

— 4월 총 지출: 134,372원

— 현 잔고: 157,366원

5월 사업보고서

신록의 계절과 함께 온 교회와 여러분 위에 주님의 은혜가 같이 하시기를 기원합니다. 아래와 같이 지난 5월의 중요활동보고를 드리면서 배전의 기도와 후원을 바라마지않는 바입니다.

1. 특별활동

1) 연합적인 산업선교를 위한 조직: 산업선교 활동이 각 공장과 개체 교회에서 활발하게 추진되어 온 결과 이제 영등포 내의 모든 교회들의 산업전도 활동이 교단적인 범위로 확대되어 이미 감리교와 성공회 그리고 장로회가 일을 착수한 바 있습니다. 산업선교의 특수성에 비추어 초교파적인 활동이 요구되기 때문에 각 위원회가 오래전에 합의한 일을 지금에 실현을 본 것입니다.

   — 시일: 1969년 5월 19일(오전 10시)

   — 장소: 산업전도회관

   — 위원장: 유병관 목사(장로교), 총무: 김경락 목사(감리교)

   — 회관관리 위원장: 이현활 주교(성공회)

   — 위원: 각 교단에서 대표 5인씩(15명)으로 구성

   — 회관관리위원: 각 교단에서 3인씩(9명)으로 구성(미정)

   그러나 사업활동과 제정문제는 아직 교단별로 하기로 했습니다.

2) 협동조합 교육강좌: 근로자들의 소비생활의 합리화를 위한 경제문제연구모임을 가진바 3일에 걸쳐 146명이 모여 특히 신용조합에 대한 강좌를 가졌습니다.

   — 시일: 1969년 5월 26일~29일(28일 제외)

   — 장소: 중앙교회

   — 강사: 박성호(중앙협동교육원 협동조합부장)

156 눌린 자에게 자유를: 영등포산업선교회 선교활동 문서집

2. 집회

— 공장내 산업전도 그룹모임. 교회내 산업전도 그룹 — 49회

— 산업전도연구위원모임. 실무자연구모임 1,883명

3. 회의

— 산업전도회지 연합제작 준비모임

　(장로교, 감리교, 가정문서 외 교역자산업전도연구회 평가모임)

— 산업전도연합기구 창립총회.

4. 내방 및 방문

— 5월 중 산업전도회를 내방해 온 분: 교회(12), 공장(43), 기관(18), 기타

— 실무자들이 찾아간 경우: 교회(15), 공장(23), 기관(24), 기타

5. 문서

— 서신 및 간행물: 발신(5,546). 수신(90)

6. 재정

— 수입: 102,420원, 지출: 169,490원, 잔고: 90,249원

6월 영등포산업선교 사업 보고서

1969년 7월 5일
영등포산업선교회

산업선교를 위한 정신적, 물질적 후원을 감사드리며 신앙의 동역자들께 6월 중 영등포산업선교 활동을 보고 드리므로 기도의 제목을 삼고자 하는 바입니다.

1. 특별집회

1) 교역자와 평신도 연합세미나

— 시일: 1969년 6월 12~13일(2일간)

— 장소: 산업선교회관

— 강사: 브라이덴슈타인 박사(연합신학대학 사회윤리학교수)

— 제목: 산업평화를 위한 교회의 역할

— 연 참가자 수: 62명

2) 노사문제 세미나

— 시일: 1969년 6월 19~20일(2일간)

— 장소: 영등포 노동회관

— 강사: 오명걸 목사(인천도시산업선교위원회 노사문제연구원)

　　　 박영기 교수(서강대학 노사문제연구소 소장)

— 제목: 기업발전과 노사협의

— 연 참가자 수: 120명

3) 제10회 평신도 산업선교 교육

— 시일: 1969년 6월 23-29일(1주간)

— 장소: 산업선교회관

— 강사 및 제목: 노기원 목사(근로자에 대한 교회의 관심)

조지송 목사(직업윤리)

김경락 목사(직장생활과 노동조합)

조화순 목사(직장에서의 교우관계)

윤순녀 선생(직장에서의 생활태도)

— 연 참가자 수(16명), 수료자 수(23명), 수료자 누계(13명)

2. 정기집회

1) 공장 내 산업선교모임: 총 집회 수(48회)

　— 교회 내 산업선교모임

　— 실무자회의 및 연구모임

　— 평신도산업선교 연구위원모임: 참가인원(1,626명)

2) — 찾아간 일: 교회(7회), 공장(29회), 기관(10회), 기타(3회)

　— 찾아온 일: 교회(2회), 공장(30회), 기관(8회)

　— 문서 활동: 서신, 간행물, 소책자, 27,025, 수신 57

3. 재정

6월 중 수입 94,740원, 지출 103,581원, 6월 말 현재 잔고 81,373원.

영등포산업선교회

7월 영등포산업선교 사업보고서

1969년 8월 2일

　　놀라운 속도로 공업사회 성장이 이룩되고 있는 현실에서 우리 교회가 노동자를 향해야 하는 선교의 책임은 비례적으로 증대되고 있습니다. 이러한 시대적인 필요성에 따라 우리가 산업선도를 추진하고 있음을 먼저 주님께 감사드리며 따라서 이 사업을 적극 후원하고 있는 여러분께 감사를 드리지 않을 수 없습니다.

　　해야 할 일은 너무나 많고 힘은 자라지 못하는 것이 항상 실무하는 사람으로서 안타까울 뿐입니다. 주야 구별 없이 동분서주하지만 그러나 못할 일이 너무 많아서 무거운 마음에 눌려있는 것이 실무하는 사람의 솔직한 고백입니다. 다만 능력 있는 주의 손이 같이 하시고 여러분들의 물심양면의 기도와 관심을 믿을 뿐입니다.

　　아래의 7월 활동을 보고 드리며 배전의 기도를 바랍니다.

1. 특별활동

1) 경인지구 산업전도 실무자 연구회: 감리교(인천) 도시산업선교 실무자와 영등포 실무자 11명이 2일간 자리를 같이하여 각 실무자들이 하고 있는 일을 토의 평가하고 앞으로 계속해야 할 가치있는 사업과 별 가치가 인정되지 못한 사업을 평가해 보았으며 성찬에 같이 참여했습니다.
   시일: 1969년 7월 19~20일, 장소: 인천 도시산업선교회

2) 신용조합 조직추진: 서민 노동자들의 경제생활 향상을 위한 신용조합 조직을 위해 각 공장 내 평신도 리더들의 역할을 통해 참가지원자 100여 명을 확보하고 8월 발족을 위해 3일간(12시간) 교육을 위해 준비를 갖추고 있으며 준비위원 20여 명이 수차 회합을 갖고 경제행위를 통한 그리스도의 사랑의 실천을 모색하고 있습니다.

3) 전국산업전도 실무자 모임: 전국 각 교파에 소속되어 있는 실무자는 약 30여 명 됩니다(천

주교 포함). 이들은 격월로 회합하고 여러 지역에서 하고 있는 사업토의와 특별한 강의를 청취합니다. 이번에는 아세아 지역 산업선교회장인 일본 다케나카 교수가 참석했습니다. 시일: 1969년 7월 7일, 장소: 협동교육연구원

4) 전도문제연구회: 총회 전도부 주최로 전국 32노회 전도부장과 전국 실무자들 약 40여 명이 4일간 회합하고 총회 산하의 전도문제를 보고 받고 토의했습니다.

2. 집회현황

1) 공장 노동자 정기모임: 공장 내에서 실시하는 노동자 평신도 써클활동은 계속 진행되고 있는 바 신앙과 노동에 따라 사회생활을 중심하여 토의하는 바입니다. 이 모임은 신자들에 일반 노동자들이 같이 참석하고 있으며 토의 내용도 다양합니다.

집회 수: 30회, 참가자 수: 786명

2) 실무자 모임: 실무자들이 모여서 그때그때의 사업계획과 평가를 하는 모임입니다.

집회 수: 5회, 연인원(인천 실무자 포함): 60명

3) 연구위원 및 기타 모임: 공장 내 평신도 리더 12명의 연구위원들의 모임을 통해서 실무자들이 어떤 일을 어떻게 그리고 언제, 누구에 의해서 할 것인가를 연구합니다. 이것은 실무자가 노동자들의 소리를 듣는 기구입니다. 그밖에 특별한 모임으로 신용조합 집회가 있었습니다.

집회 수 18회, 참가자 수: 489명

(1) 접촉활동

어떤 일이 먼저 접촉으로부터 시작되고 진행되어져야 한다는 원칙이 적용되어져야 합니다. 실무자들이 공장과 접촉하는 활동은 매일의 일과 중 가장 중심입니다. 방문 접촉 건수 : 59건, 내방 접촉 건수 : 60건

(2) 문서활동

매월 발행하는 "산업선교"지와 영문지를 포함한 전도지 등을 371개 처에 발송하는 것을 주로 해서 모든 집회 안내서와 기타문서를 발송하고 있습니다.

발송 건수(2,112통), 수신 건수(85통)

3. 재정

금년 1월부터 6월 말까지의 수입지출 현황은 수입: 583,396원, 지출: 647,006원으로서 63,610원의 적자이며, 이것은 작년 이월금으로 충당되고 있는 실정입니다.

7월 수입: 108,280원, 지출: 152,152원, 잔고: 43,772원

4. 8월 중요사업

— 평신도 하기 연수회를 처음 시도해 보려고 합니다. 8월 중순경 2박 3일 정도로 덕적도에서 실시하고 참가자는 평신도 연구위원 중심으로 할 예정입니다.

— 전국 실무자연구회를 부산이나 울산 공업지에 가서 실시하고 아시아 산업전도 방향에 대해 연구할 예정입니다(8월 하순 경).

— 신용조합원 100여 명에게 3일간 12시간 교육을 8월 7~9일에 실시할 예정입니다.

감사합니다.

영등포산업전도회

8월 영등포산업선교 사업보고서

1969년 8월 30일
영등포산업선교회

가난을 탈피해야 한다는 국가적 명제 하에 있는 우리는 이 가난과의 도전이 성서적 기반 위에서 성숙해질 수 있도록 하기 위한 촉진제의 역할을 하는 것이 그리스도로부터 받은 사명이라고 믿고 있습니다. 한편 이 일은 한두 사람만의 힘으로 될 것이 아니라 전 교회적인 노력을 통해 정력과 자본이 투자되어야 한다고 확신합니다. 산업사회 안에, 복음이 복음 되게 하기 위한 우리들의 노력은 성령의 함께하심을 통해 이룩되고야 말 것입니다.

활동내용

1) 전국 산업선교 실무자 20명이 덕적도에서 19일~22일에 모여 아세아 산업선교 문제를 검토 연구함.

2) 지금까지 40만 원에 들어있던 회관 전세비가 주인의 요구에 따라 50만 원으로 증액됨.

3) 강행님 선생이 1개월간 신용조합교육을 받은 후 각 공장산업전도 그룹이 연합해서 신용조합을 조직했는데 현재 80명의 회원이 5만 원의 자금이 모였는데 이 돈은 어려운 형제에게 월 2부로 대부해주며 10월에 나누어 갚게 된다.

4) 계속적으로 모임을 갖고 있는 각 공장별 산업선교그룹은 42회에 1,495명이 모였다. 특히 방림방적 회원 60명은 400원 회비로 팔당에 가서 광복절을 즐겼다.

5) 실무자들이 방문하는 일은 8월은 중단했는데 각 실무자는 1주일간씩의 휴가를 통해 연구회에 참석함.

6) 매월 발행하는 회지는 전과 같이 1,500부를 발행, 275개 처에 발송했을 때 각종 서신 공문 연락 등 도합(전도지 포함) 3,055통에 달했음.

7) 전 교회에 산업선교를 홍보하기 위한 방송을 11일 아침에 기독교방송을 통해 실시함.

8) 8월 중에 수입금 131,074원, 지출금 88,385원, 잔고 62,469원.

2장_ 영등포산업선교회 사업보고서(1964년~1975년) 163

9월 영등포산업선교 사업보고서

1969년 10월 4일

영등포산업선교회

이제 영등포 공도의 인구는 946,724명으로 증가되었습니다(1969년 8월 31일 현재). 1964년 조 목사가 이 일을 착수할 때의 인구인 557,156명에 비하면 무려 389,568명이 증가한 셈입니다. 이것은 연평균 77,914명씩 증가했다는 것을 나타내는 것이며 또한 매년 의정부시만한 인구가 늘어난다고 해석되는 것입니다. 하기야 1년에 40만 명씩이나 농촌에서 이민을 받아야 하는 서울 전체를 생각한다면 영등포가 그만큼 증가하는 것이 당연한 일일 것입니다.

문제는 많은 사람이 모이는 원인에 대한 교회의 대책이 필요하며 그들의 실생활에 기독교적 행동방향을 지시하고 참다운 선이 개인과 집단 속에서 실현되도록 하는 것이 교회의 사명이라고 생각됩니다.

특히 생산과정에서 일어나는 경제적 분배에 따른 인간관계의 긴장을 여하히 해결하는 가의 문제는 고용한 사람과 고용을 당한 양자만의 문제가 아니며 사회문제요 종교의 문제로 취급되어야 합니다.

이상과 같은 정황 속에서 우리들의 활동은 어떤 것이었는가를 보고 드리며 아울러 적극적인 기도와 후원을 부탁드리는 바입니다.

1. 제1회 평신도교육
— 시일: 15일~19일(오후에 2시간씩)
— 장소: 산업전도회관
— 내용: 현대사회와 평신도, 현대사회와 인간성, 산업사회의 인간관계, 산업전도란?,
　　　　노사분규사례에서 본 노사 간의 책임(조선공사건)
— 수료자: 11명

2. 후원기관 대표자 모임

— 시일: 15일 오전 10시~오후 1시

— 장소: 회관

— 참석: 22명

— 내용: 그동안의 활동상 환등, 보고, 서류관람, 토의

3. 기타집회(공장그룹, 연구위원, 신용조합)

— 집회 수 59회, 인원 1,725명

4. 개인접촉 활동

— 교회 22회, 공장 39회, 기관 28회, 기타 1회

5. 문서 활동

— 각종 서신 접수 55건, 인쇄물 접수 429건, 각종 서신, 공문발송 81건, 인쇄물 발송 1,485건

6. 재정

— 9월 중 수입: 46,590원, 9월 중 지출: 129,062원 9월 말 현재 잔고: 86,788원.

7. 10월 중 활동 계획

— 6일　　　　신용조합 월례회, 경기노회

— 7일　　　　산업선교연구위원회

— 11~12일　　신용조합교육

— 13일　　　　임원회

— 17일　　　　연합야외소풍

— 20~21일　　교역자연구회

— 22~23일　　노사문제연구회

— 27일　　　　임원회, 교역자회

— 31일　　　　평신도교육수료자 180명 대상 간담회 및 11회 교육 수료식

산업전도 사업보고서
(1969년 1월~9월)

1969년 10월 6일
위원장 유병관

경기노회 회원 여러분께

주님의 은혜가 노회와 여러 회원에게 함께하심을 기도드립니다. 이제 영등포 공업도시는 인구 100만에 가까운(8월 말 현재 946,724명) 대도시로 등장하고 있습니다. 1964년 12월 현재 447,156명에서 389,568명이 만 5년도 채 못 되는 사이에 증가한 셈입니다. 이것은 매년마다 77,914명이 늘어난 것이며 의정부시와 맞먹은 인구가 매년 농촌에서 이민해오고 있는 실정입니다. 하기야 1년에 40만 명(398,310명)씩 농촌인구를 받아야 하는 전 서울의 경우를 생각한다면 영등포가 공도로서 그만큼 증가한다는 것은 당연한 일입니다.

문제는 이러한 현상을 단순한 사회학적 입장에서 관찰하는 것이 아니라 교회의 선교적 측면에서 이해하려는 데 있습니다. 공업사회는 강력한 관료조직 체제로 집단화되어 있으며 이 집단은 교회가 상상하는 것 이상으로 노사 간의 팽팽한 긴장이 내재되어 있습니다. 기업이 만들어낸 부가가치를 노사가 여하히 분배하는가의 문제는 경제적인 문제이기에 앞서 종교적 또는 윤리적인 면에서 취급되는 것이 타당할 것입니다. 현대 산업사회 속의 교회가 당연하게 가져야 할 관심은 개인이 집단 속에서 어떤 대우를 받고 있는가의 문제이며 따라서 약자를 위한 법이 어느 정도 현실적으로 적용되는 가의 문제입니다. 교회는 사람들이 가지고 있는 현실의 문제를 관찰하고 판단할 뿐 아니라 행동할 수 있어야 내세의 문제, 영원의 문제를 이해시킬 수 있습니다.

우리 노회는 영등포, 인천, 안양, 부평, 시흥 등등 많은 공장이 있는 한국 제일의 공장지대를 포함하고 있습니다. 따라서 전래의 농촌 개척 중심의 전도가 그 반이라도 공장으로 향해야 하겠다는 것이 산업전도를 하는 저희들의 욕심이라면 책망하시겠습니까? 인천과 영등포에 있는 감리교회가 교회마다(모든 교회) 산업선교 예산을 세우고 8명의 실무자를 통해 연

500만 원의 예산 규모로 활동을 하는 것을 생각하면 대교단인 저희로서는 다급한 감이 없지 않습니다. 전 노회적인 그리고 적극적인 사업이 속히 나타나서 하나님의 역사하심이 모든 산업인들에게 선명하게 드러나기를 바랍니다.

1월~9월까지의 활동내역

1) 평신도 근로자 산업전도 훈련: 3월, 6월, 9월에 각각 1주일간씩 산업사회문제와 신앙의 문제를 연구함. 참가인원은 각 공장 대표 57명임.

2) 노동절, 노동주일 행사: 3월 노동절을 기해 노동주일로 지키고(16일) 500명 근로자가 모여 연합예배를 드림. 강사: 이종성 목사. 연주: 공군 군악대.

3) 교역자산업전도연구회: 4월에 세계대학봉사회관에서 교역자 25명을 모시고 산업전도에 관한 연구를 함. 이 프로그램은 연세대 도시문제연구소와 공동으로 실시함.

4) 산업전도 연합사업 추진: 지금까지 장로교만이 하고 있던 영등포산업전도가 성공회와 감리교가 일을 시작함에 따라 연합으로 해야 할 필요를 느껴 수차 접촉하고 원칙적인 합의가 끝나 금번 노회에 연합사업 허락 청원을 제출중임(5월).

5) 교역자와 평신도연합세미나: 6월 중에는 연세대 사회윤리학 교수 부마이덴 스타인 박사를 모시고 산업평화를 위한 교회의 역할에 대해 연구함(2일간).

6) 전국 실무자 30여 명이 서울에 모여 숭대 안병욱 교수와 같이 산업사회의 사상적 기반에 대한 연구. 아세아 산업선교 회장 다케나카 씨 참석.

7) 신용조합조직: 가난한 근로자들의 금융기관(저축과 대부 실시)인 신용협동조합을 조직. 연 회원 120명. 저축금 125,101원

8) 공장회합: 월 평균 40여 회 1,000여 명 참가.

9) 문서활동: 매월 1,500부의 "산업선교"발행 배부.

10월 영등포산업선교 보고서

1969년 10월 31일

영등포산업선교회

결실의 계절, 가을과 함께 주님의 축복이 귀하와 같이 하심을 기원하면서 아래와 같이 지난 한 달 동안의 산업선교 활동을 보고 드리면서 배전의 기도와 후원을 바라나이다.

1) 노동문제 대강연회: 지난 10월 24일 한국교회(신, 구교) 단체 11개가 연합해서 대강연회를 갖고 근로자들의 인간적인 대우를 촉구하는 추기경 김수환과 강원용 박사, 주요한 씨 그리고 유홍렬 씨의 강연이 있었는데 5,000여 명이 회집했습니다. 가난한 자에게 복음을 전하고 눌린 자를 자유케 하려는 주님의 뜻을 계승하려는 현대 교회의 발언이었다고 생각됩니다.

2) 제2회 노사문제 연구회: 공업의 급진적인 발전은 노사 간의 심각한 이해관계의 긴장이 있음을 분명히 볼 수 있습니다. 금번 산업선교회는 기업주대표와 노동자대표를 한자리에 모이도록 준비하고 산업평화를 위한 대화의 기회를 찾아보았습니다. 30명의 노사대표들은 22일~23일 양일간에 8시간 동안 강의와 토론을 들었습니다.

　―강사: 장원찬 검사(서울지방 검찰청), (제목: 한국노동법의 실행력과 그 문제점)

　　　　변호규 감독계장(노동청), (제목: 최저임금제도가 노사 간에 주는 영향)

　―토의내용: 노사 간의 공동이익에 상반되는 문제들

　　　　공동이익을 위해 어떤 방법으로 상호 노력할 것인가?

　　　　노사 간의 분쟁의 원인들은 어떤 것들인가?

　　　　노사 간의 평화를 위한 쌍방의 책임은?

3) 신용조합 활동: 지난 8월에 발족한 산업전도 회원들 간에 조직한 신용조합은 그간 동전을 꾸준하게 모아서 현재 25만 원을 모았는데 어려움을 당하는 회원들이 월 2부 이자로 대부를 받아쓰고 10개월에 나누어 갚도록 하고 있습니다. 대개의 경우 셋방을 얻는 데

쓰이고 있습니다.

4) 각종 공장 집회 활동: 지금까지 실무자들이 각 공장 그룹모임을 인도하는 일을 해오고 있는데 지난달에는 총 48회 모임에 4,800명이 모여서 집회를 가졌습니다. 누차 말씀드린 바 있지만 모든 모임에서는 크리스천의 사회생활을 강조해서 취급하고 있으며 설교가 아닌 좌담과 토론의 형식입니다.

5) 문서, 서신활동: 각 회사의 연락은 개인적인 접촉으로 되지만, 그러나 문서로 하는 경우가 많습니다. 특히 쪽 복음. 기독교란 무엇인가. 주간 전도지(도림산업전도회 발행) 등은 많은 영향을 줍니다.

총 발송 건수: 317, 외신수신: 62

6) 회관에 내방해 오신 분들: 여러 공장에서 내방하지만 특히 지난달에는 제일물산 노동조합 간부들의 내방이 많았습니다. 그 이유는 노동자대표 2인이 해고를 당한 것을 노조가 조직 운동을 하기 위해 주로 만나는 장소를 회관으로 정했기 때문입니다.

내방자수: 78명

7) 재정: 수입: 138,665원, 지출: 200,188원(잔고 25,275)

8) 특히 어려운 점: 여러 가지 형태의 모임이 많이 있는데 항상 문제 되는 것은 집회 장소입니다. 장소가 좁고 시설이 미비해서 어려움이 많습니다. 최소한 100여 명이 불편없이 모일 수 있는 시설이 아쉽습니다.

1970년 1월 영등포산업선교 활동현황

내역	집회 수	인원수
경성방직 종업원훈련(회사 안에서 인사과 요구로)	6	240
경성방직 산업선교그룹 토의	7	28
한국모방 산업선교그룹 토의	4	4
미원산업선교 수요기도회	4	80
공장장 산업선교모임	4	120
방림방적 산업선교 그룹모임	4	48
평신도연구위원모임	1	8
영등포지구 산업전도위원회(70년사업계획 심의)(장로교, 감리교)	2	20
산업선교후원회(감리교)	1	40
각 교회 순회집회	2	270
대구지구산업선교연구회(교역자 및 기관 간부)	1	40
청주지구 산업선교 교역자연구회	1	50
한국도시산업선교연구회(2일간)	1	45
영등포, 인천산업선교 실무자연구모임	1	8
산업선교 협력문제로 아카데미와 연석모임	2	12
영등포, 인천(경인지구)지구 산업선교 공동 활동을 위한 모임	3	24
69년도 회계감사(장, 감)	2	7
YMCA와 산업선교 연합활동을 위한 모임	2	8
가톨릭 노동청년회와 공동활동을 위한 모임	2	10
산업전도 중앙위원회 모임	1	12
연세대학교 도시문제 연구소와 협력 프로그램을 위한 모임	2	8
미국장로교 선교부 산업선교 담당 실무자와 회담	2	9
산업선교 전국 실무자 총회	1	34
계	56	1,185

아래와 같이 몇 가지 활동에 대하여 설명을 드리고 2월 중 활동을 말씀드립니다.

1) 산업선교를 위한 회관기금은 현재 100만 원을 확보하고 있습니다. 감리교산업선교위원회에서 또 2월 15일부터 2년 계획으로 100만 원을 만들기 위해 20명이 정기적금(1인당 월 2,000원 이상)을 시작했습니다.

2) 산업선교를 후원하시는 분들에 대해 심심한 감사를 드립니다. 중앙교회 여선교회(회장 정정자)가 10만 원을 모금해서 제공해주도록 결정을 했고 기타 개인 유지들의 100원 이상 5,000원(월)까지의 후원이 있습니다. 이러한 후원을 통해 매월 40,000원이 수입되어야 할 실정입니다.

3) 1969년도 보고서와 1970년도 사업계획서를 250부 발행했습니다. 자세히 보시고 배전의 지도와 협조를 해주시기 바랍니다.

4) 지난 5일 청주에서 그 지방 교역자 50여 명이 모여서 산업선교연구회를 가진 바 있습니다. 조 목사가 강사로 가서 이야기를 했는데 곧 실무자를 세워서 사업에 착수하도록 준비를 했습니다.

5) 대구에서 모인 산업선교연구회에는 대구시장을 비롯한 각계인사 40여 명이 모여서 교회가 사회개발을 위해 해야 할 일이 무엇인가에 대해 토의했습니다.

6) 전국 산업선교실무자들의 모임이 지난 30일에 있었는데 특히 초청 강사로 미국 산업선교회에서 타드 목사가 와서 강의를 해주었습니다. 한편 임원개선에서는 회장 조지송, 총무 조승혁, 서기 임의주, 회계 이규상이 선출되었습니다.

2월 중 중요활동 계획
1) 경인지구 노동조합간부 20명 연회
2) 회사사원 40명 친목회
3) 후원기관장 초대 간담회
4) 각 공장 그룹모임

재정
— 1월 중 재정 현황: 1월 수입 146,010원, 지출 108,570원, 잔고 47,557원.
— 12월 이월 10,117원.

1970년 2월 영등포산업선교 활동보고서

주님의 은총을 기원하면서 귀하와 귀 기관 위의 발전을 아울러 빕니다.

아래와 같이 2월의 활동을 보고 드리며 배전의 기도와 후원을 바랍니다.

활동내용

아래와 같은 각종 사업을 위해 저희들 실무자(조지송, 김경락, 강행님, 함부만) 4명은 지난 2월 중에 총 76회의 대소집회를 통해 1,293명과 접촉하며 회합을 가졌습니다.

1) 각 공장별 근로자그룹집회: 공장 단위로 매주 1회씩 정기모임

2) 산업선교 선전, 계동, 모금을 위한 교회방문 설교

3) 노동조합 간부들과의 연구회

4) 근로자 친교 활동: Y.M.C.A와 공동으로

5) 경인지구 산업선교를 위한 인천산업선교회와의 협의회

6) 신용조합 활동을 위한 임원회, 여신위원회, 월례회

7) 노사분규사건을 조정하기 위한 대담

8) 3월 노동절 행사를 위한 준비모임

9) 외국 산업선교 관계자 내방 간담회

10) 후원기관 및 공동프로그램 추진기관 방문, 회의참석

특기할 사업

1) 경인지구 협의회를 갖고 한강 이남 도시화, 공업화 정책에 따른 산업선교 장기계획 검토

2) 경인지구 노조간부 20명과 노동청, 노총, 생산성 본부대표를 70년대를 향한 노동정책과 노동운동을 연구.

3) 제2회 산업인 친교모임을 종로 YMCA에서 갖고 12개 공장 사원급 종업원이 친목을 도모.

이상과 같은 활동을 위해 219,225원의 수입이 있었고 그중 114,137원을 인건비와 사업비로 지출하고 80,000원을 회관기금으로 적립했습니다(잔고 25,088원).

3월 중 사업예정: 노동조합원 교육 4일간. 노동절 산업인 대 잔치(카니발), 산업선교를 위한 평신도지도자훈련, 후원기관장 간담회.

1970년 3월 영등포산업선교 활동보고서

날로 발전하는 산업사회를 향한 우리들의 책임이 점점 무거워짐을 느끼면서 다시 4월을 하루 앞두고 3월의 일들을 적어봅니다. 일이 고달프게 여겨질 때마다 우리를 필요로 하는 많은 근로자들이 있다는 자부심과 함께 뒤에서 우리의 힘이 되어 주시는 여러분들의 관심을 생각하곤 다시 일어납니다. 아래의 활동을 보고 드리면서 보다 많은 기도를 부탁드리는 바입니다.

3월 10일은 300만 노동자의 명절이었습니다. 실무자들은 장충체육관에서 있던 기념행사에 참석했습니다.

노동의 달인 3월을 기해 노동자를 위한 대 카니발을 지냈습니다. 1,000명의 근로자들이 영등포노동회관에서 하루를 즐기며 각종 오락을 즐기고 영화를 감상하며 친교를 가졌습니다.

가난한 노동자들끼리 푼돈을 모아 어려운 친구가 빌려 쓸 수 있는 제도인 신용조합은 작년 8월 창립 이래 290명의 회원이 되었으며 3월 말 현재 100만 원에 달했습니다.

한국기독교연합회 시청각교육국 연극부의 후원으로 근로자를 위한 연극의 밤을 가졌습니다(에베소서 2장: 14-16절을 소재로 한 '끝없는 아리아').

보다 능률적인 실무자들의 활동을 위해 실무자 내규를 만들었습니다. 현재 잠정적으로 사용하고 있지만 위원회에 정식인준을 받을 예정입니다.

감리교 중부연회는 지난 12일, 경인지구 산업선교 사업비로 1,737,000원을 지출할 것을 결의했습니다.

산업사회와 인간관계를 알아보기 위한 조사를 착수하는데 오는 5월 15일까지 끝낼 예정입니다.

영등포 철도공작창 내 교회에서는 부활절 예배를 드렸는데 36명이 참석했습니다.

원래 3월에 할 예정이던 노동조합원훈련, 평신도훈련, 후원기관장 간담회는 카니발 관계로 4월로 연기했습니다.

각종 공장 그룹 집회는 총 50회에 연인원 2,229명이 모였습니다.

3월 중 수입 지출은 수입 389,860원, 지출 335,239원, 잔고 79,709원(이월금 포함).

1970년 4월 영등포산업선교 활동보고

일	활동내용	집회 수	인원수
1일	영등포와 인천의 산업선교 실무자들이 모여서 그리스도의 부활이 갖는 현대의 의미와 서민사회와 교회의 선교를 연구.		20
4일	전국각지에서 산업선교 실무자들이 대전에 모여서 의견을 나누고 선교문제를 위한 특강을 들음.		21
6일	경기노회 시에 산업선교문제에 대해 하루 저녁을 특별집회로 정하고 산업사회 속에서의 목회방법을 전 노회원이 연구함.		180
9일~11일	노동조합원을 위한 교육을 실시하고 노동조합의 법적인 보호, 노동조합의 역할, 노동조합의 조직과 운영 등을 연구함.		27
27일~5.1	제12회 평신도를 위한 산업선교교육을 실시하고 성서의 노동관 크리스천과 노동운동, 현대사회와 평신도의 기능, 경제윤리, 구체적 선교방법 등을 연구 토의함.		22
	신용조합모임 6회를 통해 임원회, 월례회, 여신위원회를 하고 총 저축금 1,130,520원을 했고 회원 290명을 가입시켰음.		72
	실무자들의 각종 집회와 공장방문 빛 개인접촉 현황.	59	2,236
	산업선교를 위한 타 기관과의 협의— YMCA, YWCA, 천주교 돈보스코, 동광기업노조, 전국섬유노조.		
	산업선교를 위해 헌금한 교회: 　　영등포중앙(9,680원), 흑석동(2,000원) 앞으로 헌금할 교회: 　　신풍, 목동, 노량진 중앙, 시흥(이상 5월과 6월 중 예정)		
	본회 실무자 김경락 목사는 주택 사정으로 종암동으로 이사함(4일).		
	영등포산업선교회관건축을 위해 국내에서 모금하고 독일교회에 청원하는 일을 준비 중에 있음.		
재정: 4월 수입 269,995, 지출 169,875, 잔고 159,829			

1970년 7월 산업선교 활동보고서

1970년 8월 1일

한여름에 임하여 그동안 영등포산업선교를 위해 마음으로 염려해주시고 믿음으로 기도해주시고 물질로 후원해주신 여러분께 심심한 감사를 드립니다. 여기 저희 실무자들의 활동모습을 간추려 보고 하오니 더욱더 관심을 기울여주시기 바랍니다.

1) 공장 대표자 모임: 지금까지 실무자가 공장으로 방문하여 집회를 인도해왔지만 조 목사의 미국여행을 앞두고 공장 대표들로 하여금 직접 활동하도록 위촉하고 한 달에 한 번씩 전원이 모여 각자가 한 일을 서로 보고하고 상의하도록 했습니다. 7월 16일~27명.

2) 삼공기계 공장 임금문제: 이미 서면으로 호소한 바 있는 삼공기계 종업원은 244명의 5개월분 임금체불 건은 그간 김경락 목사가 노동단체와 정치인 그리고 법조계, 학계 인사와 접촉을 거듭하고 있습니다. 300여 곳(교회와 교회유지, 기독교인 기업주)에 후원을 요청했던 바 영동교회, 설린교회, 도림교회 산업선교회가 약간의 금액을(10,000원) 헌금해주셨습니다. 감사합니다.

3) 실무자 수양회: 지난 20일~23일까지는 장로회신학대학에서 장로교 각 교회전도부장과 산업전도 실무자(35명)들이 모여서 수양회를 가졌습니다. 특히 이 모임에서는 모든 교회가 산업전도를 해야 한다는 것이 강조되었습니다. 그리고 전국 실무자를 위한 모임이 지난 28일~31일까지 인천 송도에서 모였습니다. "산업사회정의를 위한 산업선교 실무자들의 과제"라는 주제로 모여 사회정의를 위해 교회가 많은 사람들을 대신해서 고난을 당해야 한다고 의견을 모았습니다.

4) 신용조합 활동: 회원이 370명을 헤아리는 신용조합은 170만 원의 저축금을 가지고 빈곤에 허덕이는 종업원들에게 많은 도움을 주고 있습니다. 신용조합연합회의 말에 의하면 너무 빨리 성장하니 그 속도를 완화하는 것이 좋다고 충고를 받았습니다.

5) 신학생 실습: 장로회 신학교 학생 3명이 여름방학을 이용해서 영등포에 나와 산업선교

훈련을 받고 있습니다. 산업선교의 사업내용을 공부하고 공장을 찾아가서 현실을 견학하고 산업선교신학에 대해 연구하고 토론하는 일을 하고 있습니다.

6) 회관건립 준비: 이미 여러 달 전부터 산업선교회관을 마련하는 준비 작업을 해오고 있는데 현재는 독일교회에 제출할 청원서가 거의 완성단계에 이르고 있습니다. 총공사비 약 9,000만 원이 예상되는 이 공사는 제2한강교 근처에 있는 양평동 교회가 대지 200평을 조건 없이 무상으로 제공하겠다는 승낙으로 많은 진전을 보게 했습니다. 이제 남은 일은 약 1,000만 원 정도를 더 마련하는 일이고 그 후에 20만 불 정도(6,000만 원)를 독일에 청원하여 승낙을 받는 일입니다. 이 청원서는 많은 사회단체의 추천을 얻어야 하며 한국교회협의회, 세계교회협의회, 독일대사관, 한국정부 의견서 등등 많은 과정을 통해야 합니다. 그러나 우리가 할 수 있는 모든 작업은 거의 완성되었기 때문에 8월 15일 전에 제출하게 될 것으로 예상됩니다.

7) 재정: 지난 반년간은 영락교회, 미국 북장로교 산업선교회, 남장로교 선교회, 서울(3노회)여전도연합회, 경기여전도연합회, 등 주로 기관에서 후원하는 돈을 써왔고 개인후원과 교회후원(영등포지역)은 수금하지 못한 실정입니다. 실무자들의 일이 정리되는 대로 9월에는 함부만 선교사와 강 선생이 방문할 예정입니다. 적극 협조해 주시기 바랍니다. 7월 총수입: 128,100원, 총지출: 122,304원, 잔고: 18,665원

영등포 도시산업 선교연합회 활동보고
(1970년 7월 1일~10월 31일)

1970년 11월 30일

영등포 도시 산업선교연합회 실무자 일동

1. 훈련과 교육 활동

1) 제13회 평신도 교육: 10월 12~16일 5일간 산업인 평신도 교육으로 22명이 수료(총 242명 수료).

2) 제3회 노동조합원 교육: 9월 8~11일 4일간 노동회관에서 31명 수료(총 82명).

3) 1970년도 노동조합 지도자 재교육: 본 회에서 노동조합 교육을 마친 1, 2, 3기 수료생을 대상으로 노동조합 지도자 재훈련을 10월 31일 노동회관에서 실시 80명 참가.

4) 산업인 평신도 지도자 수련회(PIONEER 수련회): 10월 25일 가나안 농장에서 40명의 파이오니어 훈련, 여의도 공군기지에서 버스 지원.

5) 제3회 도시산업지구 목회자 세미나: 11월 2~3일: 1박 2일 종로 YMCA회관에서 20명.

6) 매월 정기적인 파이오니어 훈련회: 40개 공장 평신도 지도자들이 모여 활동보고, 활동 계획, 선교정책 등 훈련회를 가짐.

7) 신학생 훈련

　　○ 감리교 신학생 3년생 3명 1학기

　　○ 장로회 신학대학 2, 3년생 7~8개월 2개월

8) 노동조합 단위조합 조합원 교육 1회: 제일 물산 노조.

2. 실무자

1) 본회 실무자 조지송 목사가 9월 14일 미국에서 훈련차 6개월간의 기간으로 출국했습니다(현재 시카고에서 도시선교 훈련 중에 있음).

2) 새 실무자: 감리교 중부연회에서 본회에 파송된 안광수 목사를 방문하고 10월 19일 본

회 위원회에서 실무자로 받기로 인준하고, 공장에 있습니다(안 목사는 영등포 내 2개 공장에서 1년간 노동훈련을 마침).

3) 함부만 목사가 지난 7월 일본에서 개최된 아시아 개발을 위한 지도자 회의에 참석하고 돌아왔습니다.

3. 공장 관계 활동
방문한 공장(64), 만난 사람 수(882명)

4. 집회 수와 인원
총 82회에 1,965명
공장집회, 신용조합, 연합위원회, 연구위원회, 전국실무자연구회,
실무자회의, 파이오니어 모임

5. 노사문제 관계 활동
1) 삼공기계(농기구)문제: 종업원 임금은 5개월분 체불건과 회사의 운영문제로 본회에 탄원서를 노동조합에서 제출. 교회와 크리스천 경영자들 418개 처에 호소문을 발송한 결과 4개 교회에서 일금 15,000원이 들어온 것을 전달하고 법조계 및 농림부장관등과 타개책을 협의함.
2) 노동조합 조직활동: 구로동 공업단지에 있는 동광통상(세라보세 종업원 500명)에 7명에 대한 부당해고와 해고수당 및 퇴직금 지불거부를 계기로 구로중앙 감리교회에서 노동조합을 조직(현재 400명의 조합원이 가입).
3) 퇴직금 및 해고수당 문제: 3개 회사에서 퇴직금 및 해고수당 지불거부로 인한 근로자의 청원에 의해 교섭하여 지불토록 협조함.
4) 종업원에 대한 관리자의 집단 구타문제: 구타당한 근로자의 탄원으로 회사 측과 협의, 보상하고 화해토록 협조함.

6. 후원 및 사업비 모금활동
1) 장로교 후원 개체 교회, 개인후원에서 현재까지 들어온 69,600원

(총 300,000원 중): 주로 함부만, 강행님 실무자가 활동

2) 감리교 서울남지방 부담금 15,000원(안광수 목사 활동)

3) 감리교 한남지방에 87,500원, 서지방이 12,600원(김경락 실무자 활동)

7. 회관기금

장로교회 130만 원, 감리교회에서 100만 원 기금 적립 중(산업선교 회관건립 추진 활동)

1) 양평동교회 대지 200평을 (시가 700만 원) 본회 회관 건립을 위해 희사

2) 독일에 회관건립을 위해 7,300만 원을 청원했음

3) Mr. Holtze 서독대사, 마사오 다케나카 박사, 강원용, ILO의 Mr. Lowy 등과 만나 협의하다.

4) 신용조합 현황: 10월 달 현재 총 조합원 420명에 총자산 240만 원이며 강행님 선생이 계속적인 교육활동을 통해 조합원을 확장시키고 있음.

8. 개척활동

1) 영어성경연구 그룹 활동 개척: 본회 실무자 함부만 목사가 인도하는 여의도 공군기지에 군종실에서 영어 성경반이 매주 2회 마련되었고 동양기계에서 영어회화반이 매주 3회 저녁으로 모이고 있습니다.

2) 영등포 지역 편직 기술인 그룹모임: 영등포 지역 편직회사 기술인들이 본회 회관에서 월 2회 김경락 목사 지도로 모임을 갖게 되었습니다.

3) 구로동 지역 산업인 모임: 매주 금요일 저녁 구로반석 감리교회에서 산업인모임을 갖고, 생활 및 신앙 고양문제를 상호 토의, 연구하고 있습니다(안광수 목사 지도).

9. 상담활동(12건)

인권문제, 결혼, 산업경영, 노동조합문제 등 상담.

10. 대외활동

1) 산업선교 활동에 대한 강의: 김경락 목사가 침례회 전국산업목회 세미나에서 2일, 수원동지방 교역자 회의에서 1회, 한남지방 사경회에서 1회 등 산업선교신학을 중심한

강의.

2) 신학교에서 산업선교. 신학 강의: 함부만 목사가 장로회 야간 신학교에서 70년도 1, 2 학기 간 2, 3학년에 대해 강의하고 있음.

3) 삼공기계 사례 연구: 한국노사문제 연구협회에서 삼공기계 근로자 5개월분 노임체불 에 대해 노사관계 권위자들을 통해 사례연구회를 가짐.

11. 기타

1) 존 로쓰 엘토 독창회 후원: 영등포 산업인들의 정서 및 선교활동의 일환으로 독창회 후 원 개최 1,000여 명 참석.

2) 내방한 이들 74명: 주로 노사관계에서 일어나는 문제, 일반생활 신용조합관계로 방문함.

3) 외국에서 내방한 이들

Rev. Robert M. Fukuda (일본 니시진사회관 관장)

Mr. James Lee (말레이시아)

Dr. Reymond Fung (홍콩)

Dr. Masao Takenaka (동남아시아 도시산업위원장)

Dr. & Mrs. Williams (미국 감리교, 장로회 고문)

주로 이들은 본회의 산업시찰과 견학차 왔으며 특별히 Masao Takenaka 박사는 영등포산 업선교 회관문제와 10만 불 사업비 문제협의차 11월 5일 방문하였습니다.

이외에도 본회 실무자들은 여러 방면에서 개척활동을 전개하고 있으며 여러 공장에서 근로 자들은 많은 문제를 가지고 찾아오는 수가 많아지고 있습니다. 적은 수의 실무자들이 감당하 기에 어려우나 하나님의 도우심과 후원하시는 여러분의 협력으로 열성껏 일하고 있습니다. 호주 선교부에서 사업비 보조: 파이오니어 수련회와 도시산업지구 목회자 세미나를 위해 호 주선교부에서 173,160원을 보조하였습니다.

재정 10월 중 수입 324,566원(이월금포함), 지출 203,062원, 잔고 120,704원.

영등포산업선교회
어제와 오늘

1971년 11월 7일
영등포산업선교회

경기노회 여러분께.

1,200개의 기업체와 160,000 근로자를 대상으로 산업선교가 사업을 시작한 지 13년의 시간이 경과했습니다(1958년 4월 강경구 전도사 취임). 총회 여전도연합회가 미국 나성교회의 후원으로 강 전도사를 산업전도 실무자로 파송한 후 신봉회라는 이름 밑에서 여성 근로자들의 활동이 진행되어온 산업전도가 1964년 2월 조지송 목사가 영락교회의 파송으로 취임하면서 공장 단위로 평신도회를 조직하고 산업전도 연합회로 발전하여 평신도훈련에 치중했습니다. 1966년 조 목사의 대만과 일본 및 비율빈 노동교육원을 다녀온 후부터 산업선교는 노사문제에 관심을 기울이기 시작했습니다. 이로부터 모든 프로그램은 노사문제에 관한 제목이 삽입되었고 따라서 산업선교 사업은 노사 간에서 화해적 역할을 해야 한다고 강조해왔습니다. 노동의 신성성을 강조하여 생산적 향상을 도모하고 노동을 하나님이 준 천직으로 받아들이도록 설득하려는 노력을 기울여 왔습니다.

1968년 1월 아시아 모든 국가의 산업선교실무자들이 태국 방콕에서 자리를 같이 했을 때 모든 실무자들은 벌써 이상과 같은 경험을 갖고 있었으며 아울러 이러한 사고가 참다운 산업선교가 될 수 없는 것이라는 의문을 품고 있었습니다. 이들 여러 실무자들이 얻은 결론은 회의 후 동남아시아 기독교협의회가 발행한 보고서에 자세히 나타나 있습니다. 어느 것이 바람직한 산업선교이고 어느 것이 잘못된 선교라는 것을 설명한 것을 살펴보면,

Industrial Mission is concerned with the proper development of industry and community.

Industrial Mission is NOT preaching at the factory gate.

그 후 모든 나라들의 산업선교는 누가복음 4장 18절을 근거로 하여 산업선교는 자본에 눌려 비인간적인 삶에 시달리는 노동자를 이로부터 구원해야 한다는 입장을 세우게 되었습니다.

주의 성령이 내게 임하셨으니 이는 가난한 자에게 복음을 전하게 하시려고 내게 기름을 부으시고 나를 보내사 포로된 자에게 자유를, 눈먼 자에게 다시 보게함을 전파하며 눌린자를 자유케 하고 주의 은혜의 해를 전파하게 하려 하심이라 하였더라.

산업선교의 필요성이 높아지자 1967년 11월 미국 남장로교회가 함부만 선교동역자를 파송하여 산업선교를 물심으로 후원하고 있으며 1968년 3월 감리교에서 김경락 목사를 파송하여 노사문제를 전담케 하므로 산업사회 속에서 발생되는 근로자들의 문제를 연구하는 세미나를 수차 마련하기에 이르렀습니다. 1969년 3월 서울여전도연합회의 파송을 받은 강행님 선생이 새로 취임하여 근로여성들의 가정방문을 통한 개인상담과 신용협동조합 활동을 위해 일하고 있으며 같은 해 4월에 다시 감리교회에서 안광수 목사를 파송하여 각 공장 산업선교 그룹활동 지도와 근로자들이 당하고 있는 실제적인 피해를 방지하는 일에 투신하게 함으로 영등포산업선교는 5명의 일꾼을 갖게 되었습니다(현재 함부만 목사는 안식년으로 미국에 있음).

1969년 이후 아시아 여러 지역의 산업선교는 근로자의 권익옹호를 위해 구체적 행동을 착수함으로 경영주들과 노골적인 마찰을 나타내기 시작했고 과거 취급해온 "노사문제"는 "노동문제"로 전환했고 교육프로그램에서도 산업평화니, 생산성 향상이니 하는 어구보다 노동조합 조직과 운영에 대한 말이 많이 사용되어왔습니다. 이러한 움직임은 이미 1968년에 미국 북장로교로부터 파송을 받은 화이트 목사가 연세대학 내에 도시문제 연구소에서 소외된 도시 주변 시민들을 위한 인권투쟁을 시도하는 것과 때를 같이하여 가열하기 시작했습니다.

이상과 같은 산업선교의 움직임은 한국교회의 몇 가지 반응을 나타내고 있습니다. 첫째는 산업선교가 순수한 복음 전도를 떠나서 사회문제에 치중하는 것을 기독교 신앙에서 탈선된 것이라 하는 주장이고, 둘째는 산업선교가 하고 있는 산업사회 정의를 위한 행동이나 노동문제에 깊이 관여하는 것은 오늘의 교회가 마땅히 해야 할 일이라고 하는 태도와, 셋째는 산업선교가 하고 있는 일은 해야 하는 일이기는 하지만 전 교회적인 관심이 아직 미치지 못한 현실이니 서서히 추진해야 한다는 것입니다.

다년간 추진되어온 산업선교 사업이 그동안 변화되어온 과정으로 보아 앞으로도 많은 변화가 있으리라 예상되지만 그 변화는 맹목적으로 시대에 아부하는 것이 되어서는 안 되며 교회가 시대 속에서 그리스도의 말씀을 실천하는 구체적 사건이 되어야 할 것입니다. 이것이 곧 주님의 나라와 의를 지상 위에 세우는 길일 것입니다.

하나님의 은혜가 여러분과 함께하심을 빕니다.

1972년 1월 영등포산업선교 보고서
(1972년 1월 31일)

높은 빌딩이 있는 곳에 깊은 골목이 있고 두려운 그늘이 지는 것과 같이 찬란한 경제발전 과정에서 소외당하는 서민들이 있음을 알고 이들을 위한 사회정책적인 고려가 있도록 발언하고 대언하는 교회의 자세가 절실히 요망되고 있습니다. 경제발전이라는 전체국민적인 행진에 밟히는 연약한 노동자는 없는가고 되새겨보는 것이 국가장래는 물론, 종교적 입장에서도 당연한 의무라고 생각됩니다. 교회의 보냄을 받아 산업사회 노동자 속에서 일하도록 세움을 받은 저희 산업선교실무자들은 매일의 일과를 근로자와 만나서 이야기하는 것으로 시간을 사용하고 있습니다. 1월 중에 있었던 중요한 일들을 보면 아래와 같습니다.

1) 각종 산업선교 그룹모임: 적게는 5명에서부터 많으면 150명까지의 여러 형태의 산업선교 그룹모임이 상당히 많은 편입니다. 총 모임 회수 65회에 참가인원이 1,032명이었습니다. 이 모임에서는 주로 자기들의 일터에서 일어나는 문제를 토의하고 연구하며 가치 있는 해결책을 강구하는 일들을 합니다.

2) 산업선교 훈련: 연세대학교 신학대학생 1명과 가톨릭 신학생 2명이 1개월 동안 산업선교 훈련을 받기 위해 출근했습니다. 이들은 산업선교를 어떻게 하는가에 대한 실제적인 방법들을 실무자의 활동을 통해 배우게 됩니다.

3) 파이오니어 모임: 여러 회사에 있는 산업선교회 그룹 대표들을 의미합니다. 매월 1회씩 같이 모여 그달에 있던 경험들을 교환하고 또 다음 달 일을 토의합니다. 27일 저녁 7시~9시까지 모였는데 40명이 모였습니다.

4) 전국실무자모임: 한국에서 산업선교에 종사하는 각 교파의 실무자들의 모임이 있습니다 (한국도시산업선교연합회). 지난 21일~22일, 양 일간 25명이 모여서(전체 40명) 각 지역에서 금년에 할 사업들에 대해 의견을 나누었습니다(장소: 영등포 오류동 소재 성공회 신학원).

5) 노동정책 토론회: 영등포 내에 있는 노동조합 간부(실무자)들 30여 명이 모여 현행노동관계법을 연구하며 법이 갖고 있는 약점과 법 시행상 모순점을 검토하고 입법부에 가신 분에게 건의하여 시정을 요구하기도 합니다. 지난 25일에 있던 이 모임은 국회의원 박한상 씨가 강사로 오셨습니다.

6) 심방지, 그룹지도서: 매주 심방지를 만들어 회사 종업원들에게 주어 읽게 하고 있는데 약 500매씩 프린트합니다.

7) 재정: 수입 129,950원, 지출 122,597원, 잔고 7,353원.

1972년 2월 영등포산업선교 보고서
(1972년 2월 29일)

"이기는 사람이 역사를 지배한다"는 말이 있습니다. 그런데 우리는 여기에 부언하고 싶은 말이 있습니다. 즉. "이기는 사람은 선한 사람이었으면 좋겠다"는 말입니다. 돈이 이기고, 권력이 이기는 것은 좋지만 여기에 "공의"가 얼마나 내포되어 있는가가 문제입니다. 경제제일주의 사상을 엄격히 배격하고 인간제일주의, 더 나아가서는 하나님 제일주의 사상을 산업사회 조직구조 속에 깊이 침투시키는 것이 교회의 긴급한 사업이 아닐까요. 극소수의 일부 부유한 사람들을 위해 많은 사람들이 노동해야 한다면 우리는 마땅히 거부하고 근로자들이 창조한 경제적 부가가치를 적정선에서 분배토록 하는 데 모든 노력을 바쳐야 할 것입니다.

1) 산업선교 그룹모임: 실무자들의 활동의 대부분은 개인적으로나, 집단적으로 근로자들과 만나는 일입니다. 2월에도 여러 가지 모임이 많았습니다. 총 모임 회수가 68회였고 여기에 참가한 사람은 1,528명이었습니다.

2) 구로동공업단지 크라운 전자회사 노사문제: 이 회사에는 700명의 노동자가 있는데 일본자본주가 투자한 회사입니다. 여기에서 노동조합을 조직했는데 회사 측의 온갖 방해로 인해 많은 고난을 당하고 있으며 대표 2명도 해고를 당했고 노동청에서도 외자업체이기 때문에 곤란하니 노조에서 손을 떼라고 하는 형편입니다. 우리 산업선교회와 가톨릭에서 근로자들의 조직은 합법적인 것으로, 조직을 방해하는 것은 불법이라고 항의하고 있습니다.

3) 평신도교육: 제17회 평신도 교육을 지난 21일-25일까지 했습니다. 매일 저녁 7시부터 9시까지 회관에서 실시한 이 모임에는 15명이 신청해서 13명이 수료했습니다(1일 이상 결석자는 제외). 교육과정은 근로자 입장에서 본 예수님의 탄생, 생활, 고난, 죽음, 부활의 의미를 연구하고 마지막 날에는 영화를 보고(뉴딜정책, 벽 없는 교회) 토의했습니다.

4) 파이오니어 모임: 이 모임은 각 회사 산업선교그룹 대표들의 모임입니다. 28일 저녁에 산업선교회관에서 모여 한 달간의 경험교환과 그룹사업을 위한 예산 15만 원 사용방안을 토의하고 저녁 식사를 같이 나누었습니다.

5) 사업비 보조 허락: 종로, 안국동에 있는 안동교회가 산업선교 사업을 위해 16만 원을 허락해 주셨습니다. 영락교회 전도부도 사업비로 12만 원을 추가 승인해주셨습니다. 감사합니다.

6) 재정: 수입 281,903원, 지출 264,455원, 잔고 17,448원.

1972년 3월 영등포산업선교 보고서
(1972년 4월 1일)

하나님의 도우심이 함께하심을 빌면서 여러분께 문안을 드립니다. 여러분들의 기도와 지대한 관심 속에서 자라고 있는 우리 산업선교 사업은 지난 3월에도 특별한 어려움 없이 선교에 열중하게 된 것을 하나님 앞과 여러분께 감사를 드리는 바입니다.

3월 중에도 여러 가지 분야의 사업들이 추진되었지만 그중 몇 가지만은 말씀드리고 싶습니다.

1) 산업선교를 각 공장 내에서 하는 일에 중추가 될 평신도교육을 실시하고(제18회) 다시 13명의 수료자를 탄생시켰습니다. 19회 교육은 5월 중에 실시할 예정입니다.

2) 지난달에도 역시 각 기업체 별로 활동하고 있는 산업선교 그룹사업이 제일 많은 비중을 갖고 있습니다. 80여 차례의 모임을 통해 연인원 700여 명과 만나서 신앙생활을 비롯한 사회, 경제, 문화면에서 노동자들의 세계와 관련 있는 문제들을 연구토의 했습니다. 이 모임에는 불신자들이 반수 이상 참석하고 있는데 이들이 교회에 대한 새로운 이해를 갖게 되는 것은 참으로 반가운 일입니다.

3) 각 기업 내 산업선교회 대표들의 모임인 "파이오니어" 모임이 지난 28일 저녁에 36명이 모였었는데 이날은 "근로자들의 지위 향상을 위해 파이오니어들이 해야 할 일"에 대한 이야기를 듣고 같이 대담했습니다.

4) 구로동 공업단지에 있는 "크라운 전자주식회사"에서 일어난 노사분규사건은 산업선교회에 노동자들로부터 탄원서가 들어옴으로부터 관계한 이래 노동조합과 회사 간부들 그리고 노동자들을 계속 접촉하면서 평화적으로 해결하는 길을 만들 수 있어서 이제 수습이 잘 되었습니다. 이 일을 위해 천주교와 서울지구 내 산업선교관계자들의 수고가 많았습니다.

5) 신용조합사업은 3월부터 교육을 적극적으로 추진해서 회원을 늘이는 작업을 시작했

습니다. 3월 중에는 새로 가입한 회원은 45명이며(총 회원 430명) 3월 한 달 동안 새로 저축한 금액은 28만 원 정도입니다. 그리고 공동구매 사업을 시험적으로 시작했는데 비누, 치약, 양말 등 10여 가지를 공장에서 사다 놓고 사가는 회원에게는 이익금을 자기 앞으로 저축하도록 하고 있습니다.

6) 32호까지 발행하고 얼마 동안 중단되어있던 산업선교 소식을 3월부터 다시 시작했습니다. 매월 2회씩 프린트할 예정입니다.

7) 3월 중 재정 면은 다음과 같습니다. 이월금을 포함한 3월 수입 – 378,055원, 지출 – 283,436원, 잔고 – 94,617원. (이 잔고는 구강위생과 치과진료기구 등을 위해 사용할 금액입니다.)

1972년 4월 영등포산업선교 보고서
(1972년 5월 6일)

안녕하십니까? 주님의 은혜가 함께하심을 빌면서 아래와 같이 4월 보고서를 드리오니 많은 기도와 후원을 해주시기 바랍니다. 지난 4월은 보통 때에 비해서 여러 가지로 분주한 달이었다고 생각됩니다.

1) 4월 중 총 산업선교 관계 집회: 집회 수 122회, 참가인원수 2,179명

2) 외국인투자업체관계 모임: 영등포에는 7개의 미국인 투자 기업체가 있는데 많은 회사가 전자부속품제조업체입니다. 종업원들이 작업으로 인해 시력이 나빠지는 경향이 많다는 여론에 따라 서울에 살고 있는 몇몇 외국인들과 함께 이들의 시력을 조사하기 위해 준비모임으로 지난 12일과 28일 두 번 모였습니다. 5월 중에는 전문의사의 도움을 받아 진찰에 착수할 예정입니다.

3) 산업선교 및 신용조합 야외예배: 지난 23일 80명의 산업인들과 함께 행주산업에 가서 예배와 친교의 시간을 보내고 왔습니다. 여러 공장 내 그룹들이 상호 사귀는 데 많은 도움이 되었습니다.

4) 노사분규문제: 구로동에 있는 동광통산 회사, 신대방동에 있는 한국모방회사, 구로동에 있는 크라운 전자회사 등 3회사에서 종업원들이 억울한 사정을 진정해왔습니다(부당해고, 퇴직금 요구, 노동조합조직에 관한 일). 산업선교회는 진정에 따라 사실을 밝히려고 노력하고 있습니다.

5) 산업선교 훈련 실시: 장로교 목사(정진동) 한 분과 금년 졸업자(인명진) 한 분 그리고 이화여대 학생 3명이 산업선교에 관한 연구를 하고 있습니다.

6) 야후강 강습: 여성 근로자를 위한 뜨개질 강습을 4~8일까지 했습니다.

7) 신용조합: 조합원 수 400명, 총금액 4,077,370원

8) 재정: 잔고 306,878원(구강진료기구 구입을 위한 특별예산)

1972년 5월 영등포산업선교 사업보고서
(1972년 5월 31일)

일간신문 사회면을 가득히 채우는 사회악이 범람한 이 시점에서 권력 없고 금력 없는 노동자와 같이 살아간다는 것, 그 자체가 쉬운 일이 아닌 상 싶습니다. 지난 5월도 우리 실무자들은 안간힘을 써가며 산업선교에 투신해 왔습니다. 후방에서 물심으로 후원해주신 여러 교회와 기관 그리고 유지들께 심심한 감사를 드리면서 간략한 보고를 드립니다.

1) 파이오니어 모임: 5월 1일, 35명의 각 회사 그룹 대표들이 모여 그룹 활동을 토의하고 14주년 기념행사문제를 의론했습니다.
2) 창립 14주년 기념행사: 14일, 영등포산업선교회가 창립된 지 열네 돌이 되었습니다. 경원극장에서 기념예배를 드렸는데 참석한 근로자는 1,200명이었습니다.
3) 제19회 평신도산업선교교육: 23일~27일, 14명의 근로자가 평신도교육에 참가했습니다. 이들은 앞으로 각 회사 안에서 산업선교의 역군이 될 사람들입니다.
4) 문서활동: '심방지' 매주 600매씩 프린트해서 회사로 보내는데 그 내용은 근로자들의 생활과 직접 관계된 이야기를 기재합니다.
5) 노사문제: 한국모방에서 퇴사하는 여성들의 퇴직금 지불요청을 회사가 거부하기 때문에 이들은 산업선교회에 진정해왔습니다. 산업선교회는 가톨릭 노동청년회를 비롯한 사회단체들과 함께 근로자들의 입장을 돕기로 하고 퇴직금 받아주기 운동에 참여하고 있습니다.
6) 신용조합: 조합원 수   총 저축금
7) 재정: 이월 306,878원, 수입 344,890원, 지출 850,868원, 잔금 900원(구강진료기구 구입 비포함)
8) 집회: 집회 수 135회, 참가인원 3374명

1972년 6월 산업선교 활동보고서
(1972년 6월 30일)

불경기라고 아우성치는 가운데서 뛰어다니다 보니 어느덧 6월이 지났습니다. 금년들어 소비자 물가는 7%나 올랐다고 하지만 수입은 0.9%밖에 오르지 못한 모양이니 죽는다는 말들을 할 법도 같습니다. 그러나 밝은 내일을 향한 신앙인들의 노력은 좌절할 수 없습니다. 역경을 극복하고 광명을 창조하는 데 주님의 능력이 함께 할 것을 믿으며 여러분들의 배전의 기도와 협조를 바라는 바입니다.

1) 평신도 교육: 제 20회 평신도 산업선교 훈련 프로그램이 27일~7월 1일까지 실시되었습니다. 전보다는 적은 인원이 참석했는데(6명) 그러나 전 과정을 무사히 끝냈습니다. 이분들은 각 회사에서 산업선교를 위한 선교사적 사명을 가지게 됩니다.

2) 한국모방 퇴직금에 관한 진정건: 노동청은 한국모방이 퇴직금을 지불하지 않기 때문에 회사를 고발했고 여성 퇴직 근로자 71명은 퇴직금 5,600,000원 청구소송을 했습니다. 산업선교회와 여러 종교단체 그리고 사회단체들은 이들이 합법적인 절차를 받도록 후원했습니다.

3) 임금체불 진정서: 구로동 제3수출 공업단지에 있는 "만도 마네킹 주식회사" 종업원 40명은 9개월분 임금을 지불해 주도록 협조해달라는 진정을 저희 산업선교회에 해왔습니다. 산업선교회에서 경찰, 노동청 그리고 회사 측과 공동 노력하여 7월 15일 내로 전액 지불토록 합의하고, 극한투쟁을 위한 농성을 해제했습니다.

4) 의료사업: 그동안 치과기구를 마련하는 데 노력해온 산업선교회는 25만 원 상당의 기구를 준비하고 진료에 착수했습니다. 기독교인 치과전문 의사가 무료봉사할 것을 약속해 주어서 매주 월요일 오후 6시서 9시까지 무료진료를 하고 있습니다(산업선교 회원에 한해서).

5) 조화강습: 지난 13일에서~17일까지 여성 근로자 24명이 모여 조화 만들기 강습을 실시

했습니다. 가게 앞에서 일하며 무디기 쉬운 정서를 살리고 여성의 소양을 기르는데 뜻이 있는 프로그램입니다.

6) 신용조합: 신용 조합원 수는 현재 430명이고 총재산도 430만 원입니다. 물론 이 돈은 조합원들의 경제적 곤경을 돕는 데 쓰입니다.

7) 재정: 약 10만 원 정도 적자가 났습니다.

8) 그룹모임: 집회 수 148회, 참가인원 2,093명.

영등포 도시산업선교 사업보고서
(1972년 1월~5월)

1972년 6월 6일

조지송

주님의 은혜가 귀 위원회 위에 함께하시기 빌면서 아래와 같이 지난 5개월간 (1월~5월)의 사업을 보고 드립니다.

1) 신용조합사업: 영등포산업선교회 산하 신용협동조합은 현재 403명과 총자산 4,429,172원의 자금이 형성되어 월평균 회전금액이 수입 1,765,000원과 지출 1,677,000원(5월 기준)이라는 많은 금액이 가난한 근로자들 사이를 회전하며 경제적 혜택을 주고 있습니다.

현재 대부를 받고있는 회원 수만도 131명(4월)이며 이들이 사용하고 있는 총액은 2,749,798원입니다. 대부금 이자는 월 2부이며 50,000원 이하는 10월에 상환하고 50,000원 이상은 15개월에 상환하도록 규정하고 있습니다. 이자로 늘어난 재산은 매년 1월에 다시 전 조합원들에게 출자금에 따라 배당해주고 있습니다.

400명의 조합원을 유지하기 위해서는 자연 탈퇴하는(퇴사로 인해) 회원을 보충하기 위해 항상 새로운 회원을 가입시켜야 하는데 금년에도 13회에 걸쳐 128명을 교육 시켜 새로 가입시켰습니다.

신용조합운영을 위해 이사회가 조직되어 있는데(7명) 이사회는 매월 1회씩 모이고 있으며 임원회와 각 회사별 회계보조원들의 모임이 매월 1회씩 모이며 여신위원(대부 심사위원 5명)들은 매주 1회씩 모여 대부 심사를 하고 있으며 전체 조합원들의 모임인 월례회도 매월 1회씩 모이고 있습니다.

조합원들이 매일매일 푼돈을 모으는 금액은 월평균 229,054원(5월 기준) 정도이며 대부금이자는 경비를 제하고 50,000원 정도입니다.

가정봉사위원회에서 보조해주는(3개월마다 25,000원) 금액은 신용조합 실무자의 인건비로(월 15,000원) 충당하고 있습니다. 부족액은 자체에서 부담합니다.

2) 산업선교 그룹활동: 산업선교 그룹 활동 중 실무자들이 가장 많은 시간과 정력을 들이는 것이 그룹 활동입니다. 지난 1월부터 5월 말일까지의 활동 현황을 보면 총 모임수가 470회이고 여기에 참가한 연 인원이 8,814명입니다. 이 그룹들은 5-10명 정도의 소규모 그룹이며 대다수의 그룹이 동성으로 되어있고 같은 회사 같은 부서에 근무하는 근로자로 조직되어 있습니다. 각 그룹은 매월 2회 내지 4회씩 모이며 그룹마다 독립된 회칙이 있고 회비(100원-300원)를 걷고 자체로 운영하되 각 그룹의 연합행사나 교육프로그램 그리고 특수한 사업은 가정봉사 위원회의 보조비로 충당하게 됩니다. 그룹에서 하는 사업내용은 1) 노동관계법 연구토의, 2) 신문읽기, 3) 요리강습, 4) 꽃꽂이, 5) 독서, 6) 교양강좌(경제문제, 결혼문제, 윤리문제 등등), 7) 노사 문제 등등 다양하게 그 그룹이 필요로 하는 문제들을 취급하고 있습니다. 결국 산업선교회로서 의도하는 바는 근로자들의 "의식개발"입니다. 웃을 줄 알고 화낼 줄 알고 협동해야 할 일과 투쟁해야 할 일들을 분간할 줄 알게 하려는 데 뜻을 두고 있습니다. 매월 200여 회 가까운 모임을 실시하려던 실무자 각자들의 활동이 많아야 하는데 각 실무자들이 매일 2, 3회의 모임을 인도해야 합니다. 이 일을 돕기 위해 이화 대학이나 기타 신학생들이 협조해주고 있습니다.

50개의 그룹에는 회장과 서기가 있어 자체운영을 하고 있지만 매월 1회씩 간부들이 모여 경험교환을 하고 있으며 리더십에 관한 연구활동을 시도하고 있습니다.

매월 1회씩(5일간) 회원들이 모여 편물 강습과 조화만들기를 배우고 있으며 이 모임은 그때그때 회원들의 요구에 응하고 있습니다. 금년 내로 1백 개의 그룹을 조직하기 위한 노력을 계속 하고 있는데 실무자들의 일손이 부족한 것이 문제입니다.

가정봉사위원회의 보조금은 새로 조직을 확장하기 위한 조직비와 각 그룹의 연합행사와 모임을 위한 강사비, 교재준비비 등으로 활동하고 있습니다.

3) 구강진료사업: 그간 치과의사(이관영)와 많은 시간 동안 협의를 거듭했는데 결국 재정의 부족으로 기구를 마련하지 못하고 있다가 6월 5일 자에야 일부를 구입하기에 이르렀

습니다. 원래의 계획은 370,000원 분의 기구를 구입할 예정으로 재료상점에 주문했지만 야전용 의자와 기타 기구를 구입 하는 데 어려움이 많아 결국 중고품으로 200,000원 정도로 기구를 마련하고 "봉"해 넣는 부분을 치중하기로 했습니다.

늦어도 6월 15일까지는 시설을 완비하고 진료에 착수할 예정이며 무료진료에 봉사할 의사와 의학도를 결정하고 의료봉사를 통한 산업선교에 임할 것입니다.

영등포산업선교 72년 6월 말
― 재 정 보 고 ―

수입(원)		지출(원)	
71년도 이월금	38,490	그룹조직활	20,190
여전도연합회	126,000	노동교육	5,140
경기여전도회	30,000	노사분쟁 조정	35,300
감리교회	445,120	노동문제정책토론회	10,228
협동위원회	171,000	평신도교육	45,451
교육참가금	46,900	파이오니어 훈련	19,713
가정봉사위원회	300,000	직업훈련	29,828
잡수입	26,770	문서활동	17,780
총회전도부(71년도)	5,000	신용조합보조	50,000
영락교회	424,200	학생훈련	2,850
영락교회여전도회	30,000	연합행사	207,030
연합행상	50,100	의료활동	271,670
외국인 단체후원	33,250	실무자 훈련	14,850
안동교회	90,000	사무용품	46,805
차입금	59,000	유지비	30,533
개인후원	87,900	통신비	20,810
		활동비	35,430
		회의비	20,965
		인건비	1,025,000
		전화료	22,060
		비품비	200
		접대비	10,934
		잡비	4,300
		차입금상환	9,000
		현금	7,663
합계	1,963,730	합계	1,963,730

1972년 7월 산업선교 활동보고서
(1972년 8월 3일)

영등포산업선교회

복더위를 극복해가며 내일의 비전을 향해 달리고 있는 수백만 시민들의 땀에 젖은 모습들이 교회의 문 앞을 물결처럼 스쳐가고 있습니다. 이들에게 삶의 의미를 보여주고 삶의 방향을 제시하고 삶의 내용을 채워주어야 한다는 것이 교회가 지닌 선교적 사명이라고 생각됩니다. 우리 실무진들의 활동이 이와 같은 원칙에 부합되기를 바라면서 활동해왔으나 열매가 있었다면 모두가 주님의 것으로 삼아야겠고 물심으로 후원하신 여러분께 감사를 드려야 마땅합니다.

1. 그룹모임	7월 중에서 그룹모임은 활발했습니다. 153회에 걸쳐 2,164명의 연인원이 참석했습니다. 물론 근로자들의 관심사에 대한 대담을 나누었습니다.
2. 위원회	지난 1월에 연합위원회가 있은 후 처음으로 24일 저녁에 모였습니다.
3. 산업선교 훈련	현재 산업선교 훈련을 받고 있는 분들이 여러분입니다. 가톨릭 – 2명, 연세대학교 – 2명, 이화대학교 – 2명, 장로교 – 2명, 서울대학교 — 1명.
4. 노동교육협의회 창설	한국도시산업선교연합회와 가톨릭 노동청년회는 공동으로 노동교육협의회를 창설하고 근로자 교육에 임할 준비를 갖추었습니다.
5. 신용조합	현재 인원 – 419명, 총 자산 — 470만원.
6. 의료사업	치과 진료시설을 갖추고 기독의사 1명과 간호원 1명이 무료봉사하고 있어 매주 월요일 저녁마다 약 5명 정도씩 치료하고 있습니다.
7. 여성편물강습	30명이 5일간(저녁시간) 모여서 여름 모자와 핸드백 뜨기 강습을 받았습니다.
8. 심방지	매주 1회씩 500매를 프린트해서 회사 내에서 받아 읽을 수 있도록 하고 있습니다.
9. 노사문제	만도마네킹의 9개월 임금 체불 진정건은 90% 해결을 보았지만 한국모방 퇴직금 및 예수금 체불 진정건은 회사 측의 완강한 거부로 해결되지 못하고 있습니다. 종업원들은 10여 일간 계속 농성을 하고 있습니다.
10. 재정	7월 말 현재 잔고 58,093원

산업선교연합회 회순

시 — 1972년 7월 24일 오후 8시

곳 – 산업선교 회관

묵 도	---	일동
찬 송	-------------------- 219장 -----------------------	일동
성 경	---	회장
기 도	---	

"회의"

1. 회원점명

2. 전 회의록 낭독

3. 실무자 활동보고

4. 재정보고

5. 감리교 실무자(안광수) 인사 처리 보고 및 구로동 산업선교 설립문제

6. 산업선교 회관건립 문제

7. 기타 안건

8. 폐회

"사업보고"

1. 그룹활동: 그룹 수 50개 그룹. 그룹 모임 1월 65회 1,032명.
   2월 68회 1,528명, 3월 80회 701명, 4월 122회 2,179명.
   5월 135회 3,374명, 6월 148회 2,093명.

2. 파이오니어 모임: 매월 1회 20~30명 정도(그룹 리더들의 활동 보고회)

3. 평신도 교육: 매월 1회씩 15~20명 5일간씩 "주제-그리스도를 따르자"

4. 노동정책 토론회: 1월 25일. 노조 간부 30명 참가. 노동관계법개정문제 토의.

5. '심방지': 매주 1회씩 500매 작성 주로 공작창에 배부

6. 신용조합: 400명 450만 원

7. 노사분규: 동광통산, 크라운전자, 만도마네킹, 한국모방퇴직자와 조합원

8. 여성강좌: 뜨개질, 꽃꽂이, 의상, 월 5일간씩

9. 14주년 기념행사: 1,200명 참석 예배와 영화감상

10. 의료사업: 구강 진료 매주 월요일 저녁마다

1972년 8월 영등포산업선교 보고서
선교와 정의

무더운 8월이었습니다. 여러 교회와 기관 그리고 귀하 위에 하나님의 은총이 함께하심을 빌며 9월을 맞으며 8월의 실무자 활동을 보고 드립니다.

1) 8월 9일~12일: 장로교 총회 전도부가 주최한 전도부장 및 산업선교 실무자 수련회에는 40여 명의 전도부장과 10명의 실무자가 장로회 신학대학에 자리를 같이 했었습니다.

2) 8월 13일: 만도마네킹회사 종업원 40명이 산업선교회에 진정해온 9개월간의 임금 체불 건은 산업선교회의 주선으로 57일 만에 전액 1,002,560원을 해결하고 해산하면서 산업선교회로 조직을 대체했습니다.

3) 8월 15일: 각 공장 산업선교그룹 대표들(33명)이 한강상류 덕풍리로 수양회를 가서 하루를 즐기며 친교의 시간을 가졌습니다.

4) 8월 16일: 방림방적 임시공(운반공) 96명이 회사가 부당하게 근로기준법을 지키지 않는데 항의하고 선업선교회에 진정해왔습니다.

5) 8월 17일~19일: 한국도시산업선교연합회(실무자 모임)가 주최한 이 수련회에는 전국에서 20여 명이 참석했으며 강사 신상조 씨와(중앙일보 논설위원) 마사히모 도무라 목사(이.에이.씨.씨 산업선교 극동책임)를 모시고 "남북 통일과정에 있어서의 노동사회선교"라는 주제를 연구토의하였습니다.

6) 8월 28~29일: 장로교 부산노회가 주최한 부산지구산업선교연구회에는 목사 장로가 40명 참석했으며 조지송 목사의 특강이 있었습니다.

7) 8월 29일: 한국도시산업선교연합회에서 주최한 실무자들을 위한 1일 연구회에는 세계교회협의회 산업선교 담당 다니엘 신부가 특강을 했습니다. (주제 — 급변하는 국제정세와 도시산업선교)

8) 8월 29일: 산업선교 "꿀벌" 그룹에서는 대학생(이대, 연대, 서울대, 신학대) 5명과 같이

"현대직장여성의 진로"라는 제목으로 좌담회를 가졌습니다. "현대직장여성의 진로"라는 제목으로 좌담회를 가졌습니다. 여기서는 저임금, 장시간노동 등에 대처할 노동자들의 실력육성을 논의했습니다.

9) 그룹활동 : 집회수 59회, 참가인원 427명

10) 신용조합 : 420명 회원, 총자산 510만원

11) 재정 : 잔고 72,625원

1972년 9월 영등포산업선교 활동보고서
(1972년 9월 30일)

정의 없이 평화 없다

결실의 계절 가을입니다. 산업선교 후방에서 물심으로 후원하시며 기도해주시는 귀하에게 심심한 감사를 드립니다. 9월 중에 있었던 일 중 중요한 일만을 간추려 보고 드리겠습니다.

1) 산업선교 각 공장 그룹모임: 집회 수 – 125회, 참가인원 – 2,732명. 50개 그룹에서 평균 2회 또는 3회에 걸쳐 모임을 갖고 직장생활, 교회생활, 사회생활 등에 대한 강의와 토론을 갖는 모임입니다.

2) 노동조합 간부들 모임(근로교우회): 산업선교 주최 노동조합간부교육을 수료한 사람들로 조직된 모임인데 9월 중에는 지난 6일에 모여 민족통일과정에 있어서의 노동운동의 방향에 대해 고려대학교 노동문제 연구소 김준호 교수의 주제 강연으로 토의했고(50명) 30일에는 압력단체로서의 노동조합이라는 주제로 조지송 목사의 주제를 듣고 토론을 했습니다(30명).

3) 여성교양강좌: 여성들을 위한 아후강 강습이 있었던 바 20명이 모여 강행님 선생의 지도를 받아 5일간 매일 저녁을 통해 강습했습니다.

4) 노사분규 조정완료: 그동안 한국모방 퇴직금 관계 진정인 90명의 600만 원 임금 청구건과 노동조합탄압에 대한 항의 건은 노동자들의 단결력을 행사하여 모두 시정 했고 임금도 모두 해결했습니다.

5) 새로운 노사분규 사건 진정접수: 영등포 방림방적 임시공 96명이 회사로 하여금 근로기준법을 지키도록 해달라는 진정을 받고 현재 김경락 목사가 이 일을 위해 활약하고 있습니다. 요구조건은 원공 발령, 야간수당 지급, 잔업수당 지급, 공휴일 근무수당, 도급제 폐지 등입니다.

6) 눈 검사 완료: 외국기업체(전자부속품생산업체)에서 일하는 8,000여 명의 여성근로자들

이 현미경 작업으로 인해 시력이 악화되는 중대한 일이 있어 그 해결책을 찾기 위해 선교사들과 같이 조사를 실시했는데 곧 결과가 나타나 기업인에게 건의할 단계입니다.

7) 신용조합 현황: 총자산 5,432,181원, 조합원 수 460명, 9월 중 증가 232,792원

8) 함부만 선교사 귀국: 안식년으로 미국에 갔던 함 목사가 9월 1일 귀국했습니다.

9) 재정: 잔고 4,026원.

영등포 도시산업선교위원회 보고
(1972년 1월~9월)

조직: 위원장: 유병관   총무 · 서기: 이정학,

위원: 방지일, 차관영, 이성의, 이정규   실무자: 조지송, 함부만, 강행님

활동: 노동자 그룹활동

1) 60개 그룹, 500명 회원, 955회 집회, 16,229명 참가

2) 파이오니어훈련: 매월 1회씩 각 그룹 대표모임, 20~40명 참가

3) 평신도훈련: 4회 48명 수료

4) 노사분규조정:

　　크라운전자 주식회사(노동조합조직에 따른 회사의 부당노동행위)

　　만도마네킹 주식회사(3개월 이상 9개월분 임금 체불건)

　　한국모방 주식회사(퇴직금 및 예수금 체불건)

　　방림방적 주식회사(장기 임시공 고용문제)

　　외국인투자 전자업체(현미경 작업으로 시력 약화 문제)

5) 실무자훈련:

　　정진동 목사(청주산업선교를 위해서)

　　인명진 목사(대구산업선교를 위해서)

6) 신용조합운동: 500명 회원, 5,700,000원 출자금

7) 의료사업: 매주 화요일마다 구강진료(회원에 한해서 무료)

8) 여성강좌: 매월 5일간 가사실습 (뜨개질, 양재 등등)

9) '심방지' 발행: 매주 500매

1972년 10월 산업선교 활동보고서
(1972년 11월 2일)

실무자 일동

주의 성령이 내게 임하셨으니 이는 가난한 자에게 복음을 전하게 하시려고 내게 기름을 부으시고 나를 보내사 포로된 자에게 자유를, 눈먼 자에게 다시 보게 함을 전파하며 눌린 자를 자유케 하고 주의 은혜의 해를 전파하게 하려 하심이라 하였더라(눅 4:18-19).

1) 10월 2일: 경기노회 교역자의 회원 중 27명의 목사, 전도사님들이 산업선교 산하 신용 조합에서 교육을 받고 조합원으로 가입했다.

2) 10월 7일: 산업선교각공장그룹 대표들의 모임의 있었다(파이오니어).

   조지송 목사의 "산업선교 그룹과 회사의 관계" 강의.

   김경락 목사의 "산업선교 그룹 강화책" 특강.

3) 10월 11일: 한국 모방주식회사의 노동자 90명이 산업선교회에 진정해온 퇴직금 받는 문제는 지난 11일 산업선교회가 600만 원을 회사로부터 받아 전액 지불했다.

4) 10월 14일: 산업선교회 근로자그룹 관계자와 가톨릭 노동청년회 관계자 60명이 모여 하룻밤을 같이 숙식하면서 노동사회 문제에 대한 연구회를 가졌다.

5) 10월 17일: 서울지구 각 교단 산업선교회 실무자들의 모임이 매2개월마다 모이는데 이번에는 동서울(감리교)산업선교회에서 모여 태광산업의 노사분규문제를 토의하고 근로자들의 진정에 대한 검토를 했다.

6) 10월 30일: 산업선교에서 실시하는 노동교육 제10기생들의 모임인 근로 교우회(회원 23명)가 모여 노동운동의 참신한 자세를 다짐하고 식사를 같이 했다. 이 모임은 전원 노동조합 간부들이다.

7) 구강진료: 매주 화요일 저녁마다 실시하는 치과진료 사업은 계속 중이며 매회 6명씩 치료하고 있으며 의사의 무료봉사로 무료진료를 한다.

8) 신용조합: 매일매일 산업선교 회원들이 푼돈을 저축하고 있는데 현재는 550명 회원에 610만 원을 저축했다. 이 돈은 회원들이 목돈이 필요할 때 월 2부 이자로 빌려 쓰고 10개월이나 15개월로 나누어 갚는다.

9) 그룹활동: 현재 산업선교그룹은 62개인데 10월 중에는 129회 모임에 2,097명이 참가했다(실무자 3명이 인도).

10) 재정: 10월 말 현재 잔고: 209,199원.

1972년 11월 산업선교 활동보고서
(1972년 11월 30일)

고층빌딩이 올라가면 그 밑에 그늘도 따라서 커지는 것과 같이 사회발전과 경제발전과정에서도 우리가 바람직하지 못한 역기능이 나타난다고 하는 것이 학자들의 일반적인 견해입니다. 발전과정에서 낙오되거나 소외된 계층이 없도록 교회가 많은 관심을 갖고 정부나 기업 그리고 모든 조직과 개인에게 꾸준하게 발언해야 할 것으로 믿습니다. 그동안 여러분께서 기도와 물질로 많은 관심을 기울여주심에 대해 감사를 드리면서 11월 중에 된 몇 가지 일에 대한 보고를 드립니다.

1) 산업선교 그룹모임: 실무자들의 하루 생활 중 가장 많은 시간을 소비하는 시간이 그룹모임 지도입니다. 대개 7~10명 정도의 종업원들이 모이는데 여기서는 직장생활, 사회생활, 가정생활, 종교생활, 경제생활 등등 이들의 관심사를 위해 매회 약 90분 정도를 사용합니다.
   총집회 수: 248, 참가인원: 2,501.

2) 신용조합활동: 지난 27일 현재 조합원 601명이며, 이들이 매일매일 저축한 푼돈은 7,030,000원으로 증가되어 목돈이 필요한 근로자들의 경제생활에 크게 도움이 되고 있습니다. 이 돈들은 모두가 각자의 주머니에 있는 동전이 모여진 것입니다.

3) 여성강좌: 지난달 중에도 역시 여성들을 위한 특별모임을 통해서 야후강강습을 실시했는데 32명이 참석해서 1주일간 스웨터를 떴습니다.

4) 근로자의 진정사건: 방림방적에서 부당한 방법으로 임시공으로 일해오며 근로기준법의 혜택을 받지 못하고 있던 근로자들의 진정을 받은 산업선교회는 회사와 노동청, 그리고 경찰관계자와 교섭한 결과 많은 곡절을 거친 후 44명이 원공으로 발령을 받게 되었습니다.

5) 심방지: 산업선교회는 매주 1회씩 약 500매 정도의 심방지를 만들어 실무자들이 일일

이 찾아가지 못하는 근로자들에게 배부하고 있습니다. 이것은 주로 영등포 철도공작창을 대상으로 하고 있는데 매주 수요일 공장예배와 동시에 실시합니다.

6) 구강진료: 매주 화요일 오후 6시~10시에는 근로자를 위한 무료 구강진료를 하여 약 4~5명 정도씩 10,000원 가치의 진료를 하고 있습니다. 이것은 미국 남장로교 여전도회가 마련해 준 것이며 기독교 치과의사 이관영 선생과 이홍렬 선생의 무료봉사로 이루어지고 있습니다.

7) 재정: 잔고 111,206원.

1972년 영등포산업선교 활동보고서
(1972년 12월 18일)

영등포산업선교연합회

조지송

수신: 장로교 가정봉사위원회 귀중

하나님의 은혜로 72년도를 무사히 지낼 수 있는 것을 감사드리며 귀 봉사회의 정신적, 물질적 후원에 대해 감사를 드리는 바입니다. 저희 영등포산업선교회는 귀 봉사회로부터 600,000원의 보조를 받아 아래와 같은 사업에 사용했음을 보고 드리면서 배전의 기도와 후원을 바랍니다.

1) 신용협동조합운동: 72년도 조합원 증가계획은 500명으로 되어있으나 72년 12월 18일 현재 608명으로 증가되었으며 저축목표액 500만 원도 710만 원으로 증가되었습니다. 금년 신용조합에서 사용한 전체 경비는 320,000원인데 그중 100,000원은 귀 봉사회에서 보조받은 금액으로 충당했고 특히 이 10만 원은 신용조합 전임사무원 봉급 210,000원 중에 포함되어 있습니다. 상세한 보고서는 73년 1월 중에 있는 신용조합 총회가 경과한 후 서면으로 보고 드리겠습니다.

2) 산업선교 그룹조직 활동: 실로 수많은 여성근로자들이 지방으로부터 공장을 이주해오고 있습니다. 산업선교회는 이를 여성근로자들 대상으로 산업선교그룹을 조직하고 그룹지도에 나서기로 하고 72년도 그룹조직 목표를 100개 조직으로 정했었습니다. 그 결과 72년 12월 10일 현재 120개 그룹을 조직하기에 이르렀습니다. 그러나 그중 여기 있는 그룹이 부진한 상태이며 100개 조직이 활발하게 움직이고 있는 실정입니다.

12월 말일 현재 활동상황으로 보면 총 집회 수가 1,722회이고 여기에 참가한 연인원은 22,994명입니다. 모든 그룹은 10명 이내의 회원을 갖고 있으며 재정과 활동 내용이 각

각 독립되어있습니다. 모임 내용은 경제활동, 가정생활, 종교생활, 직장생활, 취미와 오락 등등 다양하며 노동조합관계법에 대한 토의는 뺄 수 없는 것으로 되어있습니다. 그룹활동의 중요한 목적 중 하나는 근로자들의 의식개발입니다. 근로자들을 괴롭히고 억압하는 부조리한 회사 풍토에 항거하고 서로 협동할 수 있도록 훈련하는 것이 저희 산업선교의 의도입니다. 이 일을 위해 12월 28일 현재 231,037원의 사업비를 썼으며 그 중 15만 원 이 귀 봉사회에서 보조하는 금액을 사용했고 그 부족액은 의료비 중에서 인용하고 있습니다.

3) 의료사업(구강진료): 매주 화요일 저녁 7시 30분~9시 30분에 실시하는 구강진료는 매주 5명씩 예약을 받아 실시하고 있습니다. 금년도 진료자는 총 81명입니다(12월 18일 현재). 원래 계획은 "발치"만을 하려고 했지만 전문의사의 권고로 발치보다는 "봉"을 하는 것이 더 예방 의료적이라는 것을 감안하여 "봉"을 하는 것으로 했습니다.

의료기구 마련을 위해 274,675원을 사용했으며 약간의 약품비가 들었으며 의사의 접대비와 교통비 그리고 사례비는 의사의 사양으로 인해 지출되지 않았습니다. 아직도 더 구입해야 할 기구는 "믹서기"와 "흡수기"인데 각각 5만 원 정도씩 들여야 합니다. 현재 우리에게 적합한 기계를 찾고 있는 중입니다. 지금까지 수고하시는 이관영 선생이 며 지난달부터는 세브란스 병원에서 이홍렬 선생이 한 분 더 나와 수고하고 있습니다.

	예산액	지출액
신용조합	100,000원	100,000원
그룹조직 및 운영	150,000원	231,037원
의료사업	350,000원	274,675원
합계	600,000원	605,712원

1972년 11월 영등포산업선교 보고서

수신 장로교 가정봉사 위원회 귀중

날로 집단화되어 가고 조직화되어가는 산업사회에서의 선교는 교회의 선교분야 중 가장 중요한 분야라고 생각합니다. 특히 헌신적으로 우리 사회에서 소외되어있는 노동자들에 대한 교회의 관심은 매우 중요한 일입니다. 기업이윤만을 추구하는 일부 기업인들이 일방적으로 정해놓은 임금과 온갖 작업 환경에서 장시간 노동(12~18시간)과 기아 임금에서 시달리는 노동문제에 대한 교회의 관심은 시급합니다. 복음선교라는 입장에서도 그렇고 공산주의와의 대결이라는 현실에서도 노동자 보호는 주요한 사회적 문제로 삼아야 합니다. 영등포산업선교회는 1972년도에도 근로자들을 위한 각종 활동을 해왔습니다. 활동내용은 대략 아래와 같습니다.

1) 산업선교 그룹활동: 매월 평균 150여 회에 2,000여 명의 근로자들이 그룹별 집회를 갖고 근로자들과 직접 관계되는 문제를 해결하는 의식 개발훈련을 합니다(노사문제, 노동법, 신용조합, 교양강좌, 가정, 결혼, 조화, 요리, 종교, 친교, 독서 등등). 각 그룹은 10명 내외의 회원들로 구성됩니다.

2) 파이오니어 모임: 파이오니어 모임은 100여 개 그룹의 회장들이 매월 1회씩 모여 그룹활동에 대한 경험 교환과 그룹운영 방법에 대해 토의하는 모임입니다.

3) 신용조합 운동: 1969년 8월에 근로자 40여 명이 14,000원을 가지고 시작한 신용조합 운동은 현재 조합원 600명에 700만 원의 목돈을 만들어 조합원들이 경제적 곤경에 빠질 때 도와주는 일을 하고 있습니다.

4) 의료사업: 매주 화요일 저녁마다 산업선교 회원에 한해서 무료로 진료를 해주고 있는데 금년에는 기구를 구입하는 데 주력하고 80여 명 근로자를 치료했습니다.

5) 노사문제: 노동자들의 억울한 진정을 받는 산업선교회는 근로자를 부당하게 괴롭히는

기업이나 노동조합에 대해 시정을 요구하고 이에 불응하면 근로자를 조직화하여 집단적인 항의를 해왔습니다.

6) 여성강좌: 매월 1회씩(1주간씩) 여성들을 위한 특별강좌를 갖고 아후강, 조화, 양재, 기타 취미와 교양에 대한 교육을 실시하여 여성으로서 갖추어야 할 조건들에 대해 돈이 없고 시간이 없어 기회를 얻지 못하는 여성들에게 기회를 마련해줍니다.

7) 평신도 훈련: 산업사회에서 일하는 크리스천 근로자를 대상으로 매 2개월마다 1회씩(1주간) 훈련을 실시하여 그리스도인으로서 살아가는 정신을 갖도록 권장하고 있었습니다.

8) 교역자 산업선교연구회: 교회지도자를 대상으로 교회로서 근로자 문제에 관심을 갖게 하기 위한 연구회를 실시합니다. 금년에는 1회만을 실시했습니다(1박 2일).

9) 문서활동: 매주 1회씩 약 500여 매의 심방지를 인쇄하여 근로자들이 일터에서 읽을 수 있도록 합니다.

10) 재정: 11월말 현재: 수입 3,252,770원, 지출 3,141,564원, 잔고 111,206원.

1972년 12월 영등포산업선교 활동보고서

한해를 마지막 보내면서 산업선교에 관심을 갖고 물심으로 후원해주신 여러분께 심심한 감사를 드리면서 아울러 12월 중에 있었던 일들에 대해 보고를 드리는 바입니다.

1) 산업선교 그룹모임 현황: 그룹모임 총 수 241회, 참가인원 2,169명, 총 그룹 수 88개(122개 그룹 중 정상 활동되는 그룹)

2) 교회지도자 산업선교연구회: 14일과 15일 양일간 수원 사회교육원에서 목사 전도사 장로 산업선교실무자 도합 16명이 참가하여 "교회의 장래와 노동자 선교"에 대한 연구회를 갖고 결의문을 채택하여 교회가 노동자 문제에 관심을 가질 것을 강조했습니다.

3) 노동조합 간부교육: 매년 실시해 온 노동조합 간부 교육은 계엄사령부의 집회허가를 얻지 못해 실시하지 못했습니다.

4) 경찰의 강제수색: 시경 수사과는 영등포산업선교회에 대해 강제 수색을 했습니다. 지난 11월 28일과 29일 양일간 형사 4명이 강제로 들어와 수색했는데 그 이유를 밝히지 않았습니다.

5) 평신도훈련: 18일부터 23일까지 제21회 산업선교교육을 실시했는데 이번에는 16명이 참가하여 그중 13명이 수료했습니다. 지금까지의 수료생 연인원은 357명입니다.

6) 파이오니어모임: 지난 2일 산업선교 관계그룹 대표 40여 명이 모여 각 회사 내에서의 산업선교 활동에 대한 의견교환을 하고 친교의 시간을 가졌습니다.

7) 신용조합운동: 조합원 총 수 673명, 총자산 747만 원(31일 현재)

8) 조화 강습: 11일서 16일까지 여성들을 위한 조화강습을 실시했는데 예정보다 적은 인원이 참가하여 8명이 강습을 받았습니다.

9) 체불노임 진정 접수: 중앙유리주식회사 종업원 24명이 215만 원의 임금을 받지 못하고 산업선교회에 진정해왔습니다. 산업선교회는 이들 근로자와 함께 노력하여 30일에 55만 원을 받았고 1월 25일과 2월 28일 양일에 걸쳐 전액을 받도록 약속받았습니다.

10) 구강진료: 매주 화요일 저녁마다 실시하는 구강진료는 그동안 86명을 진료했습니다.

11) 재정: 38,454원 잔고.

1972년도 사업보고서

먼저 드리는 말씀:

실로 다난했던 1972년의 해였다. 노동자들의 고통을 이해하는 일도 쉬운 일은 아니지만 이보다 더 어려운 것은 그들의 고통을 나누어지는 일이라 믿어진다. 교회가 노동자들을 현대의 그리스도로 알고 노동자를 존경하며 섬겨야 한다는 말은 신학적으로 쉽게 할 수 있는 말일지는 모르나 행동으로 보이는 일은 매우 어려운 것임을 새삼 느끼지 않을 수 없었다.

경제발전이다, 수출증대다 하는 큰일들이 노동자들의 일방적인 희생으로 이루어져서는 안 되며 노사가 공동으로 극복해야 할 일이다.

그럼에도 불구하고 우리는 지난 한 해 동안에 기업주들이 노동자에게 강요하는 여러 가지 형태의 부당한 일들에 대한 진정을 받았다. 여러 달 동안 노임체불과 퇴직금 및 저축문제, 노동조합 조직과정에서 발생되는 기업주들의 부당노동행위, 여성노동자들의 12시간 내지 18시간의 철야노동, 법정휴일과 휴식시간 요구, 부당한 임시공 제도개선, 작업과정에서 발생한 상해에 대한 보상요구, 어용노동조합에 대한 불신임 등등 실로 많은 문제들이 제기되었다. 이때마다 산업선교회는 근로자편을 들어줄 수밖에 없었고 기업주로부터는 좋지 못한 말을 들어야 했다. 기업주나 노동조합이나 정부기관에서는 노사문제가 발생했을 때마다 우리가 있는데 왜 교회기관에서 노사문제에 관여하여 시끄럽게 하느냐고 나무란다. 그렇다. 교회기관에서 노사문제에 깊이 관여하는 것은 확실히 어딘가 잘못된 데서 생기는 일이라 할 수 있다.

왜 노동자들이 자기들의 문제를 노동조합에 가지고 가지 않는가?

왜 노동자들이 자기들의 문제를 정부기관인 노동청이나 근로감독관에게 가지고 가지 않는가? 이 문제는 정부기관이나 노동조합이 대답해야 좋을 것이다. 교계에서도 일부 사람들은 산업선교회가 본래의 선교적 임무를 벗어나 사회운동 또는 노동운동을 하고 있다고 한다. 이렇게 말하는 분들에게 묻고 싶다. 노동자들이 답하는 현실적인 고통을 외면하고 참다운 선교가 가능한가? 또 교회가 노사문제에 관계하지 않았을 때 누가 이익을 보고 누가 손해를 보겠는가? 기업주와 노동자 중 누가 더 교회의 도움을 필요로 하겠는가? 이상의 이야기는 너무나도 분명한 물음들이지만 실상 산업선교회에서 노사문제에 개입하고 나면 필시 산업선교회가 교회선교에서 벗어났다는 말이 나오곤 한다. 이런 말들은 교회를 위해 하는 말일지는 몰라도 노동자를 위한 말이라고 생각되지 않는다. 교회와 정부 그리고 노동단체들이 노동자를 주인으로 섬기는 일이 실제로 산업사회에서 제도화되어야 할 필요가 있다. 이 길만이 참교회를 위하고 기업을 위하고 국가를 위하는 길이라고 확신하기 때문이다.

산업선교 활동내역

1) 산업선교 그룹활동: 1972년도 총 모임회수 1,722회, 총 참가인원수 22,545명. 실로 수많은 근로자들이 각 지방으로 부터 공장지대로 이주해오고 있다. 산업선교회는 이들 근로자들 대상으로 산업선교그룹을 조직하고 각종 모임을 갖고 있다. 72년도의 조직목표를 100그룹으로 정하고 사업을 추진한 바 현재 105그룹은 조직 운영하기에 이르렀다. 이들 모임에서 주로 하고 있는 활동은 노동자로서 알아야 할 노동관계에 관한 상식과 일반사회문제와 여성문제 그리고 종교문제를 취급하고 있으며 대다수 회원은 여성으로 되어있고 각 그룹마다 10명 이내의 회원을 갖고 있다.

2) 파이오니어 모임: 이 모임은 산업선교그룹 회장들의 모임으로서 매월 1회씩 모여 각 그룹활동의 보고를 듣고 경험을 교환하며 앞으로 할 일들에 대하여 의견을 나누는 모임이다. 이 모임은 근로자들이 자신을 키우는 데 도움이 될 뿐 아니라 교회가 근로자들을 배우는 데 많은 도움이 되고 있다.

3) 노사문제: 한국에 있어서의 노사문제는 이익분배 문제에 깊이 들어가지 못하고 있는 실정이며 다만 체불임금, 부당해고, 수당지불요구, 상해보상 등에 관한 근로기준법에 미달되는 문제에 대한 준법투쟁이 가장 많은 형편이다. 산업선교회는 10여 개의 회사의 근로자들로부터 진정을 받았고 이때마다 근로자들의 입장을 대변해 보려고 노력하며 노동자들과 같이 쓰고 단 일을 모두 겪었다.

4) 구강진료: 장로교가정봉사위원회(미국남장로교 후원재단)의 후원으로 구강진료시설을 갖추고 매주 1회씩 진료사업을 실시한 바 88명의 환자를 진료했다. 이 일을 위해서

봉사하시는 분은 3.1치과의 이관영 선생과 세브란스 병원의 이홍렬 선생이시다.

5) 신용조합: 1969년 8월에 발족한 신용조합은 이제 700명 조합원에 800만 원 출자금을 만들었다. 이 돈은 전액을 조합원들만이 사용할 수 있는 것이며 푼돈 모아 목돈 쓰는 서민들의 협동운동이다.

6) 교회지도자 연구회: 아직도 교회 안에는 산업사회에 대한 이해가 적은 사람들이 많다고 볼 수 있다. 교회 내에서의 산업선교 이해와 특히 근로자 이해를 위해 교회 목사, 장로, 전도사 등 지도자를 대상으로 연구회를 실시하고 노사문제, 노동문제, 경제문제, 선교 문제 등 각 방면의 강의를 듣고 대담을 나눈다(연 2회 40명 참가).

7) 노동자 교육: 노동자 교육은 세 가지 분야로 나누어 실시한다.

(1) 산업인평신도훈련을 통해 산업선교 일선에서 활동할 일꾼을 양성하고, (2) 일반 노동자 훈련을 통해 근로자들의 의식을 발전시키고 자기를 발견케 하는 데 도움을 주고, (3) 노동조합간부훈련을 통해 근로자들이 노동조합을 통해 스스로의 권익을 보장받고 정당한 대우를 위해 조직적인 노동운동을 하는 데 도움을 주기위해 협력하고 있다(평신도훈련 5회 2명, 노조간부훈련1회 53명, 일반근로자훈련 수시로 실시).

8) 여성강좌: 이 모임은 여성근로자들만을 위한 모임으로서 매회 5일간씩 저녁마다 실시하는데 여성교양에 관계된 강좌, 아후강, 조화, 양재, 가사 등에 관해 훈련을 받는다. 연 회에 걸쳐 152명에게 실시했다.

9) 심방지: 매주 약 500매의 심방지(전도지)를 발행하여 공장에 보내서 근로자들로 하여 금 마음의 양식을 살도록 노력하고 있다.

10) 산업선교 기구조직: 영등포산업선교회는 장로교와 감리교가 연합하여 조직했다. 장로교 위원장 유병관 목사, 감리교 위원장 황을성 목사, 장로교와 감리교 연합회 회장 방성은 목사.

11) 실무자: 장로교: 조지송, 함부만, 강행님, 감리교: 김경락, 신용조합: 박영혜

1972년도 재정보고서

수입(원)		지출(원)	
이월금	38,490	산업선교 그룹활동	39,710
서울여전도연합회	140,000	노동교육	5,140
동서울여전도연합회	42,000	노사문제	79,045
서서울여전도연합회	70,000	노동정책토론회	10,228
경기여전도연합회	60,000	교회지도자연구회	71,700
개인유지후원	108,950	평신도훈련	61,701
장로교 협동위원회	350,325	파이오니어훈련	51,448
경기노회 개체교회	37,000	여성교양강좌	50,668
유니온교회	20,000	문서 및 도서	28,830
교육참가 회비	93,750	신용조합	100,000
장로교 가정봉사위	600,000	의료사업	275,475
총회전도부	5,000	실무자재훈련	22,500
영락교회 전도부	848,5000	사무용품	100,150
영락교회여전도회	30,000	유지비	60,940
감리교	787,320	통신비	36,970
연합행사특별보조	50,100	실무자 활동비	64,410
외국교회보조	230,051	회의비	35,845
차입금	59,000	인건비(장로교)	1,260,000
안동교회	170,000	인건비(감리교)	786,400
잡수입	73,183	행사(14주년기념,기타)	208,030
		전화료	39,711
		비품비(프린트기 등)	187,680
		접대비	23,244
		잡비	7,300
		차입금 상환	59,000
		차입금 이자	1,000
		퇴직금 적립	100,000
		잔고	46,454
총계	3,813,669	총계	3,813,669

1973년 1월 영등포산업선교 활동보고서
(1973년 1월 31일)

영등포도시산업선교연합회

주님의 은혜가 믿음의 가정 여러분 위에 함께 하심을 빌면서 아래와 같이 지난 1월 중에 있었던 일들을 보고 드림으로 산업선교 사업을 위한 여러분들의 기도와 성원을 거듭 구하고 하는 바입니다.

1. 산업선교 그룹 활동 상황	1월 중 그룹 활동이 산업선교 사업 이래로 가장 많았습니다. 총 그룹 수: 105개 회원수: 835명 1월 중 집회 수: 284회 1월 중 연 참석 인원수: 2,923명
2. 노동교육 상황	지난 72년 10월 중에 있은 한국모방 퇴직금 수령자 90명은 산업선교회의 수고에 대한 감사헌금으로 7만 원을 헌금한 바 있습니다. 이 돈은 노동조합 간부교육에 써 달라는 부탁에 따라 지난 23일부터 27일까지 5일간 교육을 실시했습니다(잔고 30,000원). 시일: 1월 23일~27일(5일간) 인원: 53명
3. 파이오니어 모임	매월 1회씩 모이는 산업선교그룹 대표자들의 모임이 지난 20일(토요일)에 50여명이 참석한 가운데 모였습니다. 이 자리에서는 각 그룹의 새해 활동과 특히 근로자들의 권익을 위한 공동노력에 대한 문제가 주제로 다루어졌습니다.
4. 근로자들의 진정서 접수	경성방직 종업원 469명의 진정 진정내용 1) 잔업수당 지급요구 2) 매주 1일 휴일제 실시요구 3) 정시에 출근하고 정시에 퇴근토록 할 것을 요구
	대한모방 종업원 266명의 진정 진정내용 1) 토요일 밤과 일요일 오전에 걸쳐 일하는 18시간 노동제를 시정해 줄 것을 요구 2) 일요일 휴일제를 요구 3) 잔업은 근로자 개인의 자유로운 의사에 의할 것을 요구
	동아염직 종업원 169명의 진정 진정내용 1)예배를 강제로 드리지 말고 자유롭게 드리도록 요구

	2) 회사의 일이 다 끝난 후 노동자들이 밖에서 활동하는 일에 간섭하지 말 것을 요구(산업선교회에 나가는 것에 관여하지 말 것)
	중앙유리 종업원 24명의 진정 진정내용 1) 체불 임금 요구 215만 원(1월 25일 현재 95만 원은 받았고 나머지는 2월 말일까지 해결하기로 합의했음)
5. 풍금 구입	"여전도회 전국연합회"의 기증으로 소형 풍금을 마련했습니다. 근로자들의 예배와 기타 모임에 긴요하게 사용되겠습니다. 감사합니다.
6. 구강진료 1월 중 휴무	매주 화요일마다 실시하던 구강진료사업은 의사의 사정으로 1월 중에 쉬고 2월 중순 경부터 다시 실시할 예정입니다.
7. 신용조합 현황	지금까지 법적 근거가 없이 해오던 신용조합 사업이 재무부장관의 정식인가를 얻음으로서 은행과 같은 금융기관으로 인정되었습니다. 우리 신용조합은 제1호로 인가되었습니다. 조합원수: 712명, 총 금액 799만원
8. 산업선교 훈련	그동안 영등포에서 산업선교를 연구해온 정진동 목사와 인명진 목사는 얼마간 청주와 대구에 가서 활동하다가 다시 와서 산업선교 이론 분야의 연구를 계속하게 됩니다.

1973년도 영등포산업선교 사업비 보조청원서

영등포 도시산업선교연합회

조지송

수신 장로교가정봉사위원회 귀중

주님의 은혜를 기원하면서 아래와 같이 영등포산업선교 사업비를 청원하오니 허락해주
심을 바라나이다.

1) 신용조합 운동비: 73년도 신용조합계획이 아직 구체화되어 있지 못합니다. 1월 총회에
   서 결정될 예정이지만 73년도에도 조직 확장과 출자금 확대를 위해 적극 노력할 계획
   입니다(1월중 자세한 보고서와 계획서 제출).

   청원금액　　　　　`　　　　　　　　　　　　140,000원

   신용조합 사무원 봉급 연 280,000원 중 반액(월 20,000원 14개월)

2) 산업선교 그룹조직 강화비:

   청원금액　　　　　　　　　　　　　　　　　300,000원

   　　파이오니어훈련비　　　　　　100,000원

   　　그룹모임교재비　　　　　　　50,000원

   　　실무자활동비　　　　　　　　50,000원

   　　그룹활동 지원비　　　　　　100,000원

3) 의료 사업비:

   청원금액　　　　　　　　　　　　　　　　　200,000원

기계구입	100,000원
약품구입	50,000원
의사접대 및 교통비	50,000원

4) 여성 생활관: 100개의 여성근로자 그룹들이 자유로이 모여 그룹활동을 하기 위한 시설을 마련하는 데 필요한 경비.

청원금액	400,000원
전세방 1개 마련(약 3평정도)	300,000원
간단한 요리 강습 기구 마련	50,000원
기타 취미활동을 위한 시설 마련	50,000원

총 금액	1,040,000원

1972년 12월 18일

영산선 제450호

영등포산업선교회

조지송

수신: 장로교 가정봉사위원회 귀중

제목: 영등포산업선교 사업비 보조청원의 일

주님의 은혜가 귀 위원회 위에 함께하심을 기원하면서 아래와 같이 저희 산업선교 활동 현황 보고와 1973년도 사업비 보조청원을 드리오니 숙의하시고 허락해주시기 바랍니다.

1. 영등포산업선교회 활동내역

1) 여성근로자들의 활동: 1972년도 총 모임수 1,722회, 총 인원 수 22,545명.

   활동내용: 여성교양강좌, 가사실습, 직업훈련, 여성 건강

2) 파이오니어모임: 여성활동 각 회사 대표자들의 매월 모임으로서 근로여성의 지위향상을 위한 연구토의를 실시함.

3) 구강진료 활동: 근로여성을 위해 매주 1회씩 치과진료를 실시함. 총 진료자 수 88명.

4) 노사문제: 근로여성들이 회사로부터 당하는 부당한 문제를 해결하기 위해 1972년도에도 10개 기업체와 교섭을 실시했음(내용: 근로여성들의 시력보호, 노동조합조직, 부당해고, 임금체불요구, 잔업수당 요구, 퇴직금 요구, 18시간 노동 반대, 임시공에 대한 원공 발령 요구, 종교 자유 등등).

5) 신용조합 활동: 조합원 수 712명, 총자산 800만 원.

6) 교회지도자 산업선교연구회: 산업사회와 노동자에 대한 교회의 이해를 높이기 위해 연 2회 연구회를 실시함.

7) 노동교육:

   (1) 산업선교를 위한 평신도근로자 훈련을 위해 연 5회 교육을 통해 62명을 새로 훈련함.

(2) 근로자들의 조직적인 권리 주장을 위한 노동조합 간부교육프로그램을 5일간 53명에게 실시함.

8) 여성강좌: 연 6회(5일간씩)에 걸쳐 152명에게 여성 교양과 가사문제에 대한 훈련함.

9) 심방지: 매주 500매의 전도지를 발행하여 회사 종업원에게 배부함.

10) 실무자현황: 조지송(장로교) 김경락(감리교) 함부만(미국남장로교)
   강행님(장로교) 박영혜(신용조합)

11) 조직: 경기로회 산하 산업선교위원회 (위원장 유병관 목사)
   감리교산하 산업선교위원회 (위원장 박성은 목사)
   장, 감 연합위원회 (회장 방성은 목사)

12) 재정: 72년도 총수입 3,813,669원, 총지출 3,667,215원, 잔고 146,454원

2. 1973년도 사업비 보조청원

신용조합 사업보조비: 73년도 신용조합 육성비는 사무비와 인건비를 포함해서 40만 원의 예산이 필요한 중 그중 사무원 인건비가 280,000원인데 그 반액에 해당하는 "140,000원"을 귀 회에 청원드립니다.

여성근로자 교육 및 기술훈련비: 근로여성을 위한 교양강좌, 가사훈련, 건강교육, 기술훈련, 요리강습 등을 위해 연 500,000만 원의 예산 중 "300,000원"을 귀 회에 청원 드립니다.

의료사업비: 의료기계보완, 약품 구입, 의사 접대비 등을 위한 "200,000원"을 귀 회에 청원 드립니다(기구-100,000원, 약품-50,000원, 접대·교통-50,000원).

여성생활관: 100개의 여성 그룹들의 각종 활동을 위해 약 3평 정도의 방을 마련하고 약간의 실습도구(요리기구, 교양과 취미 활동 기구)를 마련하기 위한 "400,000원"을 귀 회에 청원드립니다.

총 청원금액: 1,040,000원

1973년도 사업계획 및 예산서

먼저 드리는 말씀:

    1964년도에 인구 50만이던 영등포가 8년이 경과한 오늘에는 140만으로 증가하고 있다. 5명 이상 근로자를 고용한 업체가 2천여 개, 여기에 종사하는 인구는 16만 명, 이들이 관계한 가족 수까지 합하면 놀라운 수의 산업인구를 계산할 수 있다. 영등포에 산개한 218개의 각종 교단소속 교회들은 과연 노동자들을 받아들일 만한 준비를 갖추고 있을까? 교회는 노동자들이 겪고 있는 아픔을 알고 있는가? 노동자들은 자기들이 수고한 만큼의 대우를 받고 있는가? 기업주들이 갖고 있는 부가 과연 개인만의 노력으로 얻어진 것일까? 무수한 물음을 안고 산업 전역에 뛰어든 산업선교가 노동자구원을 위해 산업사회를 향해 작은 돌을 던져보았다. 많은 사람들이 놀라는 눈치다. 노동자들은 잠에서 깨야 하고 기업주들은 놀라야 한다.

    노동자들이 기업주들에게 돌을 던지기 전에 교회가 먼저 돌을 던져서 노사의 싸움을 막고 나라의 혼란을 예방하는 데 공헌해야 한다. 이 일을 감당하지 못한다면 노동자들의 돌이 교회 위에 떨어질 위험이 있음을 예언자적 입장에서 보아야 한다. 교회에 떨어진 돌을 산업선교회가 중간에서 맞음으로 교회를 보존하는 데 공헌할 수 있다면 얼마나 영광이겠는가.

    금년에도 그 기분으로 일할 수 있었으면 좋겠다.

1) 산업선교 그룹활동(300,000원)

    72년도에 조직된 각 공장 산업선교그룹들 중심의 활동을 계속하고 작년의 조직에 치중했던 것을 금년에는 훈련에 더 치중한다. 모든 프로그램의 주목적은 근로자들의 의식개발에 두고 개인발전을 통해 자기를 발견하고 다음 단계로 근로자를 보고 사회를 보고 국가를 보게 하는 데 협력한다. 100개의 그룹들은 매월 정기적으로 2-4회 정도의 모임을 갖고 경제, 사회, 노사관계, 노동문제, 종교와 신앙문제, 여성문제, 교양문제 등 다양하게 진행한다.

2) 파이오니어 훈련 (120,000원)

산업선교그룹회장들의 리더십 훈련을 위한 모임으로 매월 1회 내지 2회 정도씩 갖고 친교회 경험교환, 산업선교 활동방안 모색 등을 통해 다이나믹하고 스피드한 활동을 훈련함으로 근로자들의 연대의식과 협조정신을 기르게 한다.

3) 노사문제(100,000원)

날로 심도를 더해가고 있는 산업사회에서의 노사 간의 갈등을 해소하는 방법으로 노사 문제의 원인적 치료에 주인을 두고 분쟁요인을 치료하는 데 노력한다. 기업 내에서의 자본의 인간 위에 올라서는 일을 막고 봉건적이고 전근대적인 기업경영에서 오는 근로 자들의 비인간적 대우를 견지하는 일에 근로자와 협력한다. 정의로운 노사관계만이 사회와 국가의 건전한 발전을 기대할 수 있기 때문이다.

4) 노동교육(100,000원)

공장노동자 중 평신도에게 산업사회선교를 분담케 하기 위한 훈련을 실시하고 노동조 합간부들을 위한 조직자훈련을 실시하여 건전한 노동운동 지도자를 돕고 일반 노동자 훈련을 통해 근로자의식개발을 도모한다. 이로써 노동자가 안심하고 생산에 전념할 수 있게 하고 기업인들의 이익과 노동자들의 이익을 동시에 보장하여 경제발전을 위한 교 회적 봉사에 일한다.

5) 교회지도자 산업선교연구회(100,000원)

영등포 내 교회지도자를 대상으로 한 산업선교회 세미나를 실시하여 노동자에 대한 교 회의 관심도를 높이고 개체 교회 내의 목회 프로그램 중에서 구체적인 산업선교를 시 도하여 노동자에게 복음을 전하고 실제적 열매를 얻게 하는 데 협력한다. 한편 지역사 회에서의 교회의 발언을 통해 노동자를 대면하고 그들의 어려움에 참여하는 교회가 되 도록 협력한다.

6) 신용조합(140,000원)

72년 말 현재 700명 조합원에 800만 원 자금을 73년에는 1,000명 1,200만 원 자금으로 만들 목표를 세웠다. 이 자금은 조합원들이 목돈이 필요할 때 월2부로 대부해주며 대 부한 돈은 15개월에 나누고 갚을 수 있고 이자로 늘어난 돈은 매년 말마다 전액을 조합 원 각자의 저축금 비율로 배당한다.

7) 의료사업(950,000원)

매주 화요일 저녁 7시~10시 사이에 실시하는 의료사업은 현재 치과만을 하고 있는데 매회 4-6명 정도씩 진료하고 있으며 진찰권 100원만을 받고 치료는 무료이다. 이 일을 위해 무료로 봉사하고 계신 분은 3.1 치과의 이관영 선생과 세브란스의 이홍렬 선생이시다.

8) 문서활동(50,000원)

근로자들이 필요로 하는 문서와 실무자들에게 필요한 도서를 구입하고 매주 약 500매 정도의 전도지(심방지)를 만들어 근로자들이 일터에서 읽을 수 있도록 한다.

9) 실무자 재훈련(30,000원)

실무자들의 자질향상을 위한 자체연구회와 외부연구회에 참석하여 산업선교의 실제와 이론을 연구한다.

10) 인건비(1,260,000원)

조지송 65,000원(14개월 910,000원), 강행님 25,000원(14개월 350,000원)

11) 위원회, 실무자회(50,000원)

12) 실무자 활동비(50,000원)

13) 접대비(30,000원)

14) 사무용품비(120,000원)

15) 유지비(50,000원)

16) 통신비(50,000원)

17) 전화료(40,000원)

18) 비품비(100,000원)

19) 예비비 및 잡비(44,054원)

20) 퇴직금적립(150,000원)

21) 특별예산(400,000원) - 산업선교그룹모임을 위해 전세방 1개를 마련하기 위한 것임.

총액: 3,534,054원

특별기금	신탁은행적금	490,000원
	회관전세금	700,000원
	퇴직금적립	247,000원
	현금	151원
합계		1,437,151원

장로교 1973년도 수입 안

(단위: 원)

이월금	4,454
경기노회	100,000
서울여전도연합회	140,000
경기여전도연합회	60,000
서서울여전도연합회	70,000
동서울여전도연합회	50,000
영락교회전도부	917,600
총회협동위원회	360,000
외국교회후원	400,000
가정봉사위원회	1,040,000
교육참가회비	100,000
기관 및 개인유지후원	200,000
기타 수입	50,000
합계	3,534,054

감리교 1973년도 예산 계획서

수입부(원)		지출부(원)		
전년도미수금(부담금)	126,000	선교사업비		120,000
산업선교 지방분담금	360,000	활동비		120,000
한남지방여선교회	12,000	연구비		20,000
기관 및 개인후원	180,000	회의비	위원회	20,000
			실무자	10,000
한남지방청장년연합회	24,000	사무관리비		60,000
영등포산업선교 기금수입	180,000	실무자인건비		840,000
감리교선교부 보조	304,000	도서비		24,000
감리교중부연회		공과비		12,000
산업선교 기금수입	120,000	퇴직금적립		60,000
		예비비		20,000
합계	1,306,000	합계		1,306,000

영등포도시산업선교연합회 사업보고서
(1972년 9월~1973년 9월)

1) 조직: 영등포산업선교연합회는 장로교와 감리교가 연합하여 조직되었습니다.

   연합회 회장: 차관영 목사

   장로교 위원장: 유병관 목사

   실무자: 조지송, 인명진, 함부만, 지신영

2) 산업선교 그룹활동:

   총모임수: 1,958회, 참가인원수: 23,490명

   현재 각 공장에 10명 이내로 조직된 100여 개 그룹이 있는데 이들은 한 달에 2회 정도 실무목사와 만나 신앙문제, 노동자로서 알아야 할 노동관계에 관한 상식과 일반사회문제와 여성 문제 등을 취급하고 있습니다.

3) 파이오니어 모임: 이 모임은 산업선교 그룹회장들의 모임으로서 각 그룹활동의 보고를 듣고 경험을 교환하며 앞으로 할 일 등에 대하여 의견을 나누는데 6회에 298명이 모였었습니다.

4) 노사문제: 지난 한 해 동안 기업주들이 노동자에게 강요하는 여러 가지 형태의 부당한 일들(퇴직금 근로조건 개선 부당해고 등)에 대하여 8개 회사에서 9차에 걸쳐 연 1,542명의 진정을 받았고 이때마다 산업선교회는 근로자들의 입장을 대변하여 그들을 돕기 위해 최선을 노력을 해왔습니다.

5) 여성강좌: 여성근로자들이 교양에 관계된 아후강(뜨개질), 조화, 양재, 가사 등에 관한 훈련을 5일간 실시했는데 지난해에는 3회에 걸쳐 105명을 교육했습니다.

6) 노동자 교육: 평신도 근로자들을 훈련 시켜 공장 안에서 평신도 사도직을 감당 하게 하는 평신도훈련과 일반노동자와 노조간부를 훈련시켜 스스로의 권익을 보장받고 정당한 대우를 위해 조직적인 노동운동을 하는 데 도움을 주기 위한 교육을 5회에 걸쳐 172명에게 실시했습니다.

7) 교회지도자 연구회: 교회지도자에게 산업선교와 근로자를 좀 더 이해토록 하기 위한 연구모임을 2회 실시했는데 76명의 교회지도자들이 참석했습니다.

8) 구강진료: 장로교가정봉사위원회의 후원으로 매우 1회씩 진료 사업을 실시한 바 30회에 166명을 치료했습니다.

9) 문서전도활동: 매주 약 500매의 전도지를 발행하여 근로자들로 하여금 공장 안에서 마음의 양식을 삼도록 노력하고 있습니다.

10) 신용조합: 1969년 8월에 발족한 신용조합은 이제 680명 조합원에 1,120만 원 출자금을 만들어 근로자들이 서로 도와가며 살아가는 데 큰 보탬이 되고 있습니다.

영등포산업선교 보고서
(1973년 1월~10월을 중심하여)

경기노회원 귀하

주님의 이름으로 문안드립니다. 가정과 교회와 선교터전에서 몸 바쳐 일하시는 여러분들께 주님의 은혜가 함께하심을 빌면서 그동안 우리 영등포산업선교회가 활동해온 몇 가지 일에 대한 보고를 드림으로 배전의 기도와 성원을 부탁드리고자 하는 바입니다.

산업선교에 대한 구체적인 활동을 말씀드리기 전에 먼저 "산업선교는 왜 하는가?"라는 문제부터 말씀드리고 싶습니다. (새삼스럽기는 하지만) 지난 10월 19일자 동아일보 사설과 10월 18일자 조선일보 사설에서 논평한 것을 보면 우리나라 기업체 중 96퍼센트의 기업주들이 노동법을 위반하고 있어 수많은 근로자들이 불법 아래서 헤매고 있다고 했습니다. 이러한 산업사회의 오늘의 현실을 교회가 그대로 외면할 수 있다면 교회는 근로자들에게 중대한 죄를 범하는 결과를 초래할 것입니다. 근로자들은 저임금으로 인해 경제적으로 소외되어 있고, 기업인들의 불법으로 인해 법으로부터 소외되어 있으며, 이로 인한 사회, 문화 각 방면에서 소외를 당하고 있습니다. 국가경제는 고도성장을 하고 있지만 근로자들은 생산성에 미달하는 임금을 받아 왔으며 또 물가의 상승으로 인해 실질임금의 성장을 가져오지 못하고 있습니다. 이러한 현실을 종교양심과 사회 양심이 그대로 보고만 있다면 복음선교는 고사하고 지상에서 유물주의자들은 공산당과 대결하기에도 문제점이 있는 것입니다.

강단이나 교단에서 사회정의를 말하고 있는 동안에도 근로자들은 불법 아래서 분노를 삼키며 일하고 있으며 수모를 당하며 고난을 지고 갑니다. 우리 교회는 많은 분야의 선교사업을 하고 있습니다. 다른 분야의 선교가 중요한 것처럼 산업선교도 한시라도 방심할 수 없는 선교터전입니다. 교회는 근로자들의 고통에 무관하지 않다는 것을 보여주어야 합니다. 이 사명이 산업선교 일선에 있는 주의 종들이 감당할 과제입니다. 산업선교 실무자들이 있는 자들로부터 반발을 받으면서도 평안할 길을 택하지 못하고 수모의 길을 가기로 결심한 이유는 무

엇이겠습니까? 그것은,

○○교회가 근로자들을 섬기고(불법을 행하고 있는 기업주들에겐 아니꼬운 일일지 모르지만) 그들의 고통을 나누어지기 위해서입니다.

○○근로자들의 구원을 위해서입니다. 물론 내세적인 구원뿐만 아니라 현실에서의 구원도 포함한 구원을 의미합니다.

○○산업사회에서 금력을 이용하여 불의를 자행함으로 선량한 근로자를 괴롭히는 기업주들에게 사회정의를 촉구하고 하나님의 "의"를 선포하기 위해서입니다.

○○교회가 교회 자체의 부를 위하기보다는 사회 속에서 가난한 자들과 함께 가난하게 살며 근로자 세계와 교회가 하나가 되도록 다리를 놓고자 하는 것입니다.

현재 활동

1) 예배와 성경연구모임: 매주 토요일 저녁마다 모이며 우리들의 일터에서 일어난 사건과 성서의 교훈을 연구하고 같이 신앙고백을 하고 헌신하는 의미의 예배를 드리고 있습니다. 이 모임은 지난 10월 19일부터 시작한 새로운 사업으로서 앞으로 일요일에 교회에 출석치 못하는 근로자와 불신자들의 참석을 위해 힘쓸 예정입니다.

2) 근로자 그룹활동: 이미 여러 차례 보고 드려서 다 알고 있는 일이지만 이 그룹모임은 지난 7, 8월 하기 휴식이 끝난 9월부터 모임을 시작했습니다. 근로자 개인의 의식 개발과 전체 근로자들의 노동자의식을 개발하기 위해 노력하고 있으며 각 그룹은 매월 2-4회 정기모임을 갖고 있습니다.

3) 노사문제: 이 문제야말로 정부기관과 일부 교회부유층과 마찰을 가져오는 분야의 일입니다. 산업선교 실무목사들은 근로자들의 억울한 진정이 있을 때마다 능동적이며 적극적인 반응을 보였고 구체적으로 법과 사회양심에 호소하는 일을 도와왔습니다. 임금을 주지 않거나, 퇴직금을 주지 않거나, 부당하게 장시간 노동을 강요당하는 여러 형태의 비인도적인 일들을 보고 그대로 지나칠 수 없는 성질을 가진 산업선교 목사들이 있다는 사실이 문제일까요? 근로자들의 인간기본권을 무시하고 재산을 치부하는 기업주를 고발하기 위해 교회는(산업선교) 때로는 빨갱이로 욕을 먹고 때로는 목사의 자격이 없는 놈으로 간주되고, 때로는 싸움꾼으로 인정을 받기도 합니다. 그러나 산업선교 실

무자들이 당하는 수모는 근로자들이 당하고 있는 고난에 비하면 극히 보잘것없는 일입니다. 이러한 험악한 분위기 속에서도 근로자를 위해 산업선교에 지원을 아끼지 않은 분들께 심심한 감사를 드립니다.

4) 신용협동조합운동: 현재 700여 명의 조합원을 통해 13,000,000원 정도의 저축금을 보유하고 있으며 요새는 근로자들의 주택건립을 위한 "주택조합"을 조직하여 활발히 추진하고 있습니다. 1인당 300,000원씩 불입하면 1,200,000원씩을 15년간 상환하는 융자(미국)를 얻도록 알선하고 있습니다.

5) 의료사업: 종전과 같이 매주 1회(저녁시간)씩 세브란스와 3.1병원 치과의사의 봉사로 진행하고 있습니다. 1회마다 4, 5명밖에 취급치 못하는 약점이 있지만 현재로는 개선책이 없는 실정입니다.

6) 산업선교 후원기관 연구회: 연 2회 정도 산업선교를 위한 연구회를 갖도록 계획되어 있는데 지난 10월 1~2일에는 산업선교를 후원하는 기관대표들이 모여 산업선교 평가 겸 정책연구회를 가졌습니다. 금년 중 또 한 차례의 모임을 마련할 예정입니다.

7) 1973년 1월~10월 중요활동:

1월~2월	그룹모임 284회 2,923명 참가 각종 노사문제 진정접수. 근로자지원
3월~6월	그룹모임 868회 8,992명 참가 각종 노사분규확대. 대부분의 근로조건 개선 달성.
7월~8월	그룹모임하기 휴식. 실무자 대외 수련회 참가 대한모방 노사분규 종식.
9월~	그룹모임 63회 748명 참가 그룹회원 수련회 참가 96명(1박 2일) / 장소— 남이섬 여성근로자 완구강습 3일~7일 전국 실무자연구회 장소:청주(13일~15일)
10월~	그룹모임 128회 1,380명 참가 예배 및 성경연구 매주 토요일 저녁(20명 내외 참가) 여성근로자 완구강습(15일~19일) 장로교산업선교평가 및 정책 연구회(1~2일) 20명 참가

8) 특별히 말씀드리고 싶은 일:

(1) 지난 4월부로 인명진 목사 총회 전도부와 호주 선교부의 후원으로 새 실무자로 옴.

(2) 지난 7월부터 지신영 선생이 서울, 동서울, 서서울 여전도연합회의 후원으로 새 실무자로 옴(강행님 선생 후임으로).

(3) 독일교회 후원으로 산업선교회관건립이 적극 추진되고 있음(총 공사비 7,000여만 원. 건평 250평 정도).

(4) 무주택자를 위한 주택건립을 위한 주택조합을 조직(64명).

9) 재정: 노사문제를 위한 국내외에서의 보조 654,505원, 잔고 101,168원.

1973년 2월 영등포산업선교 활동보고서

하나님의 은혜가 귀화와 귀 교회 위에 함께 하심을 기원하면서, 아래와 같이 2월 중 산업선교 활동을 보고하오니 배전의 기도와 후원을 바라나이다.

산업선교 그룹활동: 전과 같이 100여 개의 근로자들 그룹이 많은 모임을 갖고 기독교신앙과 산업사회문제들을 연구 토의했습니다.

총집회 수: 151회, 연 참가인원 수: 1,572명

산업선교 훈련: 전국 여러 도시에서 산업선교에 종사하는 실무자는 각 교단을 합하면 40여 명이며 20개 지역이나 됩니다. 이들은 매년 여름과 가을, 두 차례에 걸쳐 연구회를 갖고 산업선교 문제를 공통으로 해결하고 있습니다.

시일: 15일~16일, 장소: 선명회 수양관, 참가인원: 30여 명

철도공작창 예배: 매주 수요일 낮 12시에서 1시까지 공작창 내 기독교인들의 예배를 드리고 있으며(참가 15~20여 명) 매회 전도지 500매를 만들어 전체 종업원들에게 배부하고 있습니다.

신용조합: 1969년 8월 근로자 45명이서 14,000원으로 발족한 신용조합은 이제 720명 조합원에 840만 원 저축금이 되었습니다. 이 돈은 조합원들만이 사용 가능하며 일체 다른 곳에는 사용할 수 없습니다. 지난 26일에 총회를 열고 배당금 연 16프로를 분배했습니다.

노사문제: 대한모방 근로자들은 아래와 같은 문제를 진정해왔습니다. ① 일요일 18시간 노동 폐지, ② 일요일 휴일제 실시요구, ③ 점심시간 1시간제 실시(과거는 30분만 주었음), ④ 강제예배를 지양하고 자유롭게 예배 볼 것, ⑤ 기숙사 사감 교체 요구. 이상 5가지 문제가 해결되었지만 주동한 근로자 4명이 해고를 당하고 있어 사건이 매듭되지 못하고 있습니다.

재정: 잔고: 197,871원 (미국 교회에서 비품(의자)구입비로 후원)

※ 강행님 선생은 장로회신학대학 입학 관계로 2월 28일자로 사임했습니다.

영등포산업선교 활동보고서
(1973년 1월~11월)

1973년 12월 18일

장로교 영등포산업선교위원회

수신: 장로교 가정봉사 위원회

내용: 장로교 가정봉사 위원회로부터 보조받은 100,000원에 대한 사업 현황 보고

하나님의 은혜가 귀 위원회 위에 함께 하심을 빌면서 아울러 위원회로부터의 정신적, 물질적 후원에 감사를 드리는 바입니다.

내역

1) 설명 및 목적:

영등포산업선교회는 가정봉사 위원회가 보조해 주고 있는 사업 분야 외에도 노사문제를 비롯한 여러 가지 활동을 하고 있습니다.

산업사회에서는 근로자들의 인권을 보호하고 권력과 금력의 압제에서 구출하려는 노력을 다각적으로 추진하고 있으며 이로서 교회의 선교적 사명을 감당하고 있습니다.

금년이야말로 영등포산업선교회가 최대의 수난을 겪은 해라고 생각됩니다. 관권이 불법 침입하여 사찰하고 금권이 일부 교회 인사들과 합세하여 우리의 활동을 방해하는 일들이 있었다는 사실은 모두가 아는 사실로 되어있습니다.

그러나 우리는 근로자들과 친구가 되고 그들과 같이 고난의 길을 가는 일에 주저하지 않으며 오히려 보람을 느끼며 지내왔습니다.

2) 조직:

영등포산업선교회는 경기노회 전도부 산하에 조직되어 있으며 7명의 위원 목사와 실무자 4명으로 조직되어 있습니다. 근로자들의 조직으로는 각 회사별로 소그룹이 조직되어 있으며(10명 이내) 금년 여름에 120여 그룹이 활동했지만 노사분규로 인해서 약

238 눌린 자에게 자유를: 영등포산업선교회 선교활동 문서집

화되어(기업주들의 탄압으로) 현재는 60개의 그룹이 활동 중에 있으며 74년 봄까지는 다시 100개의 그룹으로 조직이 확대 될 것으로 예상합니다. 그룹대표들로 구성한 "파이오니어" 모임이 있어 매월 정기모임을 갖고 있습니다.

3) 사업실적:

(1) 그룹활동: 모든 그룹은 매월 2회 이상씩 정기적인 모임을 갖고 의식개발을 위한 훈련과 교양에 관계된 활동을 하고 있습니다. 금년에 모임 가진 수는 총 420회를 통해 연인원 10,566명의 근로자들 모임이 있었습니다(11월 현재).

(2) 신용협동조합활동: 1969년 8월에 창설한 신용조합은 그동안 성장을 거듭하여 현재는 700명 조합원들이 1,500만 원의 출자금을 갖게 되었습니다. 사무와 회계를 전담한 직원 1명이 상근하고 있으며 매주 평균 120여 명이 90여만 원의 돈을 이용하고 있습니다. 금년 초에 총 출자금 800만 원이 1,500만 원으로 성장했고 조합원은 너무 확대하는 것을 막기 위해 늘이지 않고 있다가 연말경부터 새 회원을 받기위한 교육을 강화했습니다.

(3) 의료활동: 구강진료는 발치와 의치는 하지 않고 예방적인 "봉"만을 위주로 진료하고 상담과 진찰을 겸하고 있습니다. 매주 월요일 저녁마다 약 5명 정도씩 진료하고 있으며 중요환자는 타 병원으로 소개하고 있습니다. 진료는 그룹회원과 신용조합원에 한해서 하고 진료 시에는 1개 치료당 100원의 회비를 받습니다.

(4) 파이오니어 모임: 각 공장그룹의 회장과 서기만이 참석하는 이 모임은 매월 1회씩 갖고 있으며 오후 3시서부터 7시 정도까지 강의와 토론 그리고 회의, 식사 등의 시간을 갖습니다. 이 모임은 근로자들의 상호유대를 강화하거나 친교활동을 통한 상호이해를 증진하는 데 많은 도움이 됨은 물론 조직을 강화하는 데도 유익한 모임입니다.

4) 재정:

영등포산업선교회는 금년 들어(11월 현재) 총 370만 원을 사업비로 지출해야만 했습니다. 그중 40만 원이 귀 가정봉사위원회의 보조금으로 충당했습니다. 그 밖에도 근로자들 자신이 부담한 자체활동비는 138만 원에 달하고 있습니다(회원 1인당 월 300원). 한편 신용협동조합의 경우는 독립된 예산집행을 하고 있는 바 금년 11월 현재로 150만 원의 순이익금을 얻을 수 있었고 그 중 50만 원은 자체경비로 충당하고 나머지 100만

원은 74년 1월 중에 전 조합원에게 출자금에 따라 전액 배당하도록 되어있습니다.

5) 문제점:

(1) 근로자 그룹 활동이 노사분규로 인해 기업주들로부터 많은 방해를 받고 있어 음성 적인 활동을 해야 하는 것.

(2) 노사분규로 인해 산업선교 활동이 관의 지나친 간섭을 받는 것.

(3) 의료사업에 있어 의사의 제한된 시간 때문에 많은 사람을 진료할 수 없었던 것.

(4) 산업선교 회관 장소와 시설 부족.

영등포산업선교 활동보고서
(1973년 11월~12월)

1974년 1월 5일

영등포산업선교회

1. 산업선교 　 근로자그룹모임	모임회수 449회, 연 참가인원 수 4,808명.
2. 파이오니오 모임 　 (그룹대표)	2회 70명(강사: 가톨릭노동청년회 이창복 회장)
3. 노동교육 　 (노동조합간부중심)	3일간 연인원 120명 참가. 강사: 오명걸 박사, 박청산 회장, 김동길 박사, 박한상 의원.
4. 노사분제 　 (진정접수)	2개 회사 근로자로부터 퇴직금에 관한 진정을 받고 해결해 줌. 1개 회사로부터 강제 노동 진정을 받고 법적수속을 해줌. 1개 회사 근로자(800명) 노동조합결성에 협조함.
5. 정기모임	월요일: 근로자 그룹 노래지도(매주 30여 명) 수요일: 구강진료 매주 7명 정도 무료진료 토요일: 성경연구, 예배 20여 명 참석(산업사회 속에서의 신앙이란?)
6. 주택조합	산업선교회의 신용조합원 중심으로 100명이 조직하고 1인당 30만원씩 준비한 후 1인당 120만 원을 미국으로부터 장기융자 얻기로 함.
7. 신용조합	714명 총출자금 15,984,677원(12월 31일 현재)
8. 산업선교회관	독일교회로부터 약 60,000,000원 정도의 원조가 확정됨
9. 근로자 송년 간담회	12월 31일 오후 3시부터 10시까지 50명이 참가한 적은 모임을 가짐(정초에 시골집에 가지 못하는 사람들 중심).
10. 장로교 실무자 모임	장로교 내 산업선교와 도시선교 실무자들이 11월 26일-27일, 양일간 선명회 수양관에 모여 두 선교 분야가 상호 협력할 것에 대한 세미나를 가짐.

11. 인간관계훈련	민병길 목사의 도움을 받아 근로자들에게(45명) 인간관계훈련을 함. 이 훈련은 완만한 인간개발과 그룹에서의 상호 협동을 목적으로 함.

타 지역 산업선교 소식

○○○대전산업선교회에서 15년간 수고해온 김홍환 전도사님이 지난 12월 11일에 결혼했습니다.

○○○청주산업선교회에서는 청주시 청소부들의 임금인상, 유급 휴일제, 퇴직금 등 여러 문제를 위해 계속 노력 중에 있으며 교계인사를 중심한 "근로기준법수호위원회"를 조직 중에 있습니다.

새해에 많은 복 받으시고 더 많은 일 하시기 바랍니다.

1973년도 영등포 도시 산업선교위원회 보고서

주님의 축복이 노회 위에 함께 하심을 기원하면서 아래와 같이 산업선교 활동을 드리나이다.

1. 근로자 그룹모임	모임: 1,648회, 참가: 11,536명
2. 노사문제 (10개 업체)	1) 체불임금 2) 퇴직금 지급요구 3) 법정노동시간 실시요구 4) 유급 휴일제 실시요구 5) 부당해고 철회요구 6) 노동조합조직 협조
3. 의료활동	구강진료 활동을 무료로 실시하고 있으며 의사 2분의 도움을 받고 있음.
4. 노동교육활동	노동관계법교육, 근로자의식개발 교육실시 연 5회. 240명 참가.
5. 신용조합 활동	조합원 700명, 총금액 1,700만 원 운영.
6. 예배와 성경연구	주 1회 참가인원 20명 내외.
7. 산업선교회관	독일교회로부터 6,000만 원 보조 확정.
8. 주택조합	대지 1,400평 구입(3,400만 원 상당. 독산동) 미국 종교단체로부터 4,500만 원 장기저리융자 교섭 중(50가구분).
9. 조직	위원장　　유병관　　서기　　이성의 위원　　방지일, 차관영, 이정학, 이정규, 오원식 실무자　　조지송, 인명진, 지신영, 함부만
10. 재정	총수입 5,952,304원, 지출 5,760,637원, 잔고 191,667원

1974년 5월 영등포산업선교 활동보고서
(1974년 5월 31일)

영등포산업선교회

여러분 안녕하십니까? 주안에서 평안하심을 빕니다.

오늘 우리 산업선교는 심각한 도전을 받고 있습니다. 종교사업만 하고 사회문제는 관계하지 말아야 한다는 사고방식을 갖고 있는 분들에 의해 기독교 선교는 도전을 받고 있습니다.

기독교는 결코 예배당 안에서 예배를 드리는 원초적인 종교행위에만 만족해서는 안 됩니다. 가난하고, 배고프고, 병들고, 억압받는 모든 사람들의 문제를 교회 자체의 고통으로 받아들이는 체험을 갖는 것이 참 선교하는 교회의 모습이라 할 수 있을 것입니다. 교회도 다른 어떤 사회단체나 국민들처럼 사회의 부조리와 인간소외현상에 대해 항거하고 개혁할 의무와 권리가 있습니다.

영등포산업선교회는 과거 수년 동안 산업사회에서 일어나는 부조리 현상에 대해 시정을 촉구하고 근로자들의 아픔을 교회와 사회에 호소해왔습니다.

사건이 있을 때마다 열렬한 박수를 보내주시는 분들이 있는가 하면 다른 한편에서는 "복음만 전하라"고 하며 핀잔을 주시는 분들도 있었습니다. 기업주들이나 이들을 동조하는 분들이 못마땅하게 여기는 것쯤은 충분히 이해가 되지만 그러나 교회에서마저(극히 일부이긴 하지만) 산업선교를 이해하지 못하는 것을 볼 때는 진정 마음이 아팠습니다. 하여간 한국의 산업선교 사업은 현 시대를 이해하고 오늘의 구원은 무엇인가를 믿고 있는 신앙인들에 의해 오늘까지 발전해온 사실을 누구나 부인할 수 없으며 하나님의 역사하심을 인정치 않을 수 없을 것입니다. 산업선교는 교회가 갖는 근로자들에 대한 관심을 계속 전달할 것이며 우리의 시대적 사명인 선교적 사명을 성실하게 수행하는 것이 주님을 섬기고, 나라를 섬기며, 반공하는 길인 것으로 믿습니다.

지난 1월, 저희 산업선교회의 두 분 목사가(김경락, 인명진) 구속된 이래 오늘까지 저희 산업선교회 위원들과 실무자들은 심한 아픔을 참고 외면할 수 없는 고귀한 선교적 사명을 다하기 위한 노력을 기울이고 있습니다. 여러분들의 도움이 필요합니다.

여러분들의 기도가 필요합니다.

여러분들의 다함없는 사랑이 필요합니다.

선교는 죽을지언정 굴할 수 없고, 끝까지 갈 수 없을지언정 도중에서 중단할 수 없습니다. 그 어느 날 우리를 저주하던 사람들과 손을 잡고 기쁨을 나눌 수 있는 날이 오기를 바라며 오늘을 살아가야 하는 것이 우리의 선교적 현실이라 믿습니다.

현재의 산업선교 현황은 이러합니다. 실무자로는 조지송 목사와 지신영 선생이 있고 신용조합을 위해 박영혜 양이 수고하고 있으며 함부만 목사(선교사)는 총회 전도부로 가셨습니다(총회 초청에 의해).

구속된 인명진 목사의 인건비는 호주장로교에서 부담하고 있으며(월 60,000원) 김경락 목사 인건비는 감리교 중부연회와 영등포 감리교회에서 부담하고 있습니다. 회관 건립 관계는 아직 대지를 구입하지 못했고 독일교회에는 형편상 좀 연기하도록 요청했습니다.

근로자를 위한 주택건립사업은 현재 대지 1,400평을 시흥 근처(독산동)에 3,300만 원을 주고 매입했고(37세대 분) 미국교회 단체에 건축비 융자를 교섭 중에 있는데 오는 9월경에 착공하게 될 것 같습니다. 신용조합 사업은 현재 740명의 회원이 약 4,000만 원(주택조합 3,360만 원 포함)을 운영하고 있습니다.

근로자들의 각종 모임으로서는 매주 토요일마다 성경연구와 예배가 있고 수요일에는 무료진료(치과)가 있으며 근로자들의 집회는 5월 중에 40여 회가 있었는데 이것은 상당히 감소된 것입니다. 조 목사가 산업선교회관에 전적으로 매달리지 못하고 여러 가지 일로 외부에 나가기 때문에 집회 활동이 저조해졌다고 할 수 있습니다.

노사문제로는 몇 가지가 있었는데 S회사 노조결성지원은 성공적이었지만 J회사의 경우는 실패했으며 퇴직금 청구 건이 2건 있었는데 모두 받았습니다. 현재 문제가 있는 D회사 문제는 앞으로도 계속 노력할 예정입니다. 모회사에서는 산업선교회에 관계된 근로자를 설득하여 선업선교회에 나오지 못하도록 하고 있는데 좀 관망하고 있는 중입니다. (관계 근로자들의 안전을 위해 자세히 기록하지 못함을 용서하시기 바랍니다.)

영등포 밖에서 된 산업선교현황으로서는 엔씨씨에서 지난 23일~24일 양일간 선교정책연구회를 갖고 산업선교를 다시 강조하고 교회협의회 안에 산업선교 기구를 설치할 것에 의견을 모았고(신학자, 교단 선교부 책임자, 실무자) 충북노회가 청주산업선교를 재정난을 이유로 폐쇄한 불행한 일이 있었는데 청주산업선교회 정진동 목사와 청소부 170명은 작년과 금년에 걸쳐 근로조건 개선을 위해 청주시장을 상대로 강력한 투쟁을 한 바 있으며 모든 요구조건을 관철한 바 있습니다.

교회가 산업선교를 중단하자 청소부들은 자신들이 위원회를 구성하고 계속할 것을 결의한 바 있습니다.

== 누가복음 4장 18절 ‒19절 ==

주님의 성령이 내게 내리셨다.
주께서 나에게 기름을 부으시어
가난한 이들에게 기쁜 소식을 전하게 하셨다.
주께서 나를 보내시어
묶인 사람들에게 해방을 알려주고
눈먼 사람들에게 시력을 주고
억눌린 사람들을 놓아주며
주님의 은총의 해를 선포하게 하셨다.

영등포산업선교 활동보고서
(1974년 6월~8월)

1974년 8월 31일

영등포산업선교회

먼저 드리는 글 : 지난 1월, 우리 산업선교 실무자 김경락 목사와 인명진 목사, 그리고 다른 지역의 실무자들이 여러 명 구속되는 사건이 있은 후 오늘까지 우리 영등포산업선교회 실무자들은 남은 일을 계속하려고 안간힘을 기울여 왔습니다. 동역자를 잃은 아픔과 외부로부터의 방해를 극복하면서 계속 일할 수 있도록 적극적으로 후원해준 교회의 여러분과 근로자 여러분 그리고 외국의 신앙의 형제들에게 심심한 감사를 드리는 바이며 특히 영락교회와 서울, 동서울, 서서울 여전도연합회가 물심으로 도와주신 데 대하여 감사를 드립니다.

김경락·인명진 목사 대법원서 최종공판: 지난 8월 20일 오후 1시, 대법원 131호 법정에서 있는 두 분 목사님의 최종재판이 있었는데 이때 우리는 목사님의 건강한 모습을 보았으며 자신 있는 신앙의 태도를 보았습니다. 결과는 "상고기각"으로 김 목사님 15년, 인 목사님 10년으로 확정된 셈입니다. 우리는 두 분의 석방이 하루속히 되도록 매일 기도하고 있습니다.

월요일 예배: 매 월요일에 모이는 예배와 성경연구모임은 10-15명이 참가합니다. 이 모임은 "엑소더스"(출애굽)이라는 명칭을 갖고 있으며 각자가 회비를 정하여 선교 활동을 하기로 했습니다(예배시간 저녁 8시).

파이오니오 모임: 그룹 대표들의 모임으로 매월 한 번씩 모입니다. 조직 강화, 조직 확장, 사업보고, 친교를 목적으로 하는 이 모임에는 20, 30명 정도 참가하며 작업 관계로 전원 참가하지 못하는 어려움이 있습니다.

인간관계훈련: 지난 월 15일~16일 양일간 근로자 54명이 우국기도원에서 인간관계수련회를 가졌습니다. 강사로는 민병길 목사, 배창민 목사, 이우정 교수, 반피득 목사께서 수고해주셨습니다. 참가 회사는 7개 회사입니다.

교역자연구회: 산업선교에 대한 교회의 이해가 부족하다는 소리가 높아가고 있습니다. 공장 지역에서 목회하는 교역자들이 산업사회와 근로자들의 처지를 이해할 수 있도록 협조하기 위한 모임입니다. 아침에 시작하고 저녁 5시에 마치는 1일 세미나로서 현영학 교수(이대 문리대 학장)와 황일청 박사(서강대 경상대학 교수)가 오셔서 수고해주셨고, 참가한 목사님은 18명이었습니다(장소: 다락방).

구강진료: 주 1회씩 실시하는 구강진료는 세브란스병원(연대 치과대학)에서 이흥렬 선생과 오천석 선생 두 분이 무보수로 봉사해 주고 있습니다. 8월 한 달은 하기휴가를 하고 9월 11일부터 재개할 예정입니다.

그룹활동: 실무자들이 관심은 많이 갖고 또 시간을 많이 쓰는 활동은 근로자들의 그룹활동과 노사분규사건입니다. 지난 3개월 동안 그룹모임은 135회이며 연 참가 근로자는 1,080명입니다. 이 숫자는 두 분 목사님이 활동할 때에 비하면 약 3분지 1로 감소된 것입니다.

노사문제 협력: 긴급조치 이후 대규모 노사분규는 감소된 경향이 있지만 아직 기업주들에 의한 부당한 일들은 상당히 많이 있습니다. 지난 3개월 동안에 산업선교회로 협조요청이 있는 근로자는 7개 업체 근로자이며 7개 회사에 근로자수는 77,000명입니다. 내용별로 보면 노동조합 조직 방해, 퇴직금 문제, 잔업수당 문제, 그룹활동 방해 문제, 등등입니다. 이러한 근로자들의 호소를 전할 때마다 아직 우리나라의 기업풍토가 비윤리적이며 비양심적인 모습이 많이 남아있음을 통분하게 됩니다.

신용조합활동: 신용조합은 이제 780명 회원과 2,000만 원의 자금으로 운영되기까지 자랐습니다. 근로자들은 매일매일의 저축하기 위해 찾아오고 있는데 월평균 780여 명의 인원이 와서 저축을 합니다. 회원들의 저축금은 월평균 200만 원이 대부로 나가는데 그 용도는 전세금, 의료비, 학비, 생활비, 의복비, 가구 구입비, 상업자금 등등으로 나가고 있으며 매월 대부를 받는 사람은 133명 정도입니다.

지난 8월 11일은 창립 5주년 기념행사로 "일영" 유원지로 가서 하루를 즐겼습니다.

주택조합: 지난봄에 조직된 주택 조합은 회원 39명으로서 3,500만 원을 모아서 1,400평의 대지를 마련해놓고 현재 미국 교회기관과 건축비 융자교섭을 진행 중에 있습니다. 모든 일이 순조롭게 되어 올 가을 중에 건축할 수 있기를 바라고 있습니다.

옥중에 있는 두 분 목사님을 위하여: 산업선교 그룹 회원들의 성금으로 매주, 또는 격주로 두 분에게 각각 5,000원씩을 안양 교도소에 입금시키고 있습니다. 두 분의 식사를 돕기 위해 돈을 넣고 싶으신 분들이나 서적을 넣고 싶으신 분은 언제라도 산업선교회로 전해주시기 바랍니다.

재정: 8월 31일 저희 산업선교회 사업비는 33,006원이 적자로 나타나 있습니다. 여러분들의 재정적 후원을 바랍니다.

전국실무자연구회: 한국 도시산업선교연합회(회장 조지송)에서는 지난 8월 26-29일까지 수원 천주교 말씀의 집에서 연구회를 가졌습니다. 실무자 24명이 참가했고 13개 지역에서 참가했습니다.

전화번호 변경: 영등포산업선교회 전화번호가 62국에서 "63"국으로 변경되었습니다. 번호는 7972 그대로입니다.

오늘의 찬송 : 368장

뜻 없이 무릎 꿇는 그 복종 아니요
운명에 맡겨 사는 그 생활 아니라
우리의 믿음 치솟아 독수리 날듯이
주 뜻이 이루어지이다 외치며 사나니

약한 자 힘주시고 강한 자 바르게
추한 자 정케 함이 주님의 뜻이라
해 아래 압박 있는 곳 주 거기 계셔서
그 팔로 막아주시어 정의가 사나니

영등포산업선교 활동보고서
(1974년 1월~4월)

1974년 4월 30일

이 암흑의 시간, 자유도 없고 인권도 없는 비정의 정치가 우리 산업선교 실무자 두 분을 앗아갔습니다.

산업선교회는 온통 들끓었고, 관계하던 근로자들이 동요했으며 상당수는 노조간부들과 근로자들이 관의 눈치 때문에 마음 놓고 찾아오지 못하는 실정입니다. 산업선교회는 흥분했지만 거센 강권 앞에서 실의를 갖지 않을 수 없는 현실임을 고백하지 않을 수 없습니다.

지난 1월 17일 김경락 목사와 인명진 목사는 다른 동료들과 같이 긴급조치반대, 유신헌법반대, 개헌논의허용을 주장하고 기도한 후 구속되었습니다. 그 후 산업선교는 말할 수 없는 역경 속에서 하루하루 지탱해 오고 있는 실정입니다. 모든 활동이 둔화되고 조 목사의 외부활동이 필연적으로 늘어났기 때문에 내부의 일이 거의 방치된 상태에서 몇 달을 지내왔습니다. 그러나 감사한 것은 평소에 산업선교 활동에 많은 관심을 가져오던 교회 젊은 일꾼들이 우리 일을 도우려고 찾아준 것입니다. 이분들의 후원을 받아 활동을 계속해왔습니다. 도와주신 분들은 아래와 같습니다.

노명선, 윤성호, 이경자, 최종남, 김신희, 조 향,

홍길복, 조경희, 고애신, 이종국, 이홍열, 오천석

활동내용		
	예배와 성경연구	매주 토요일
	무료구강진료	매주 수요일
	음악과 친교	매주 월요일
	신용조합교육	7회(1~4월)
	파이오니오(그룹대표)모임	2월 3일, 3월 17일, 4월 30일,
	야외예배	4월 21일

신용조합: 조합원 수 740명. 총금액 1,930만 원(4월 말 현재)

주택조합: 38세대 분 1,400평 3,300만 원 3월 매입

재정　　　　　4월말 현재 잔고 296,415원

그룹모임 현황　　1월 225회 2,404명
　　　　　　　　2월 156회 1,092명
　　　　　　　　3월 71회 852명
　　　　　　　　4월 73회 877명

영등포산업선교 활동보고서
(1974년 9월)

주님의 은혜를 빌며…

물가는 깜짝 놀랄 만큼 빠르게 뛰어오르고 있는데 노동자들의 임금은 거북이걸음을 하고 있어 가난한 노동자를 울리고 있다. 게다가 경제침체로 인해 많은 회사들이 근로자를 집단감원하고 있으며 또 직접 감원은 하지 않는다 해도 자연 퇴직자의 자리를 채우지 않는 형식으로 사실상 감원이 된 근로자는 금년 들어 전체 근로자의 20-30퍼센트(섬유의 경우)에 달하고 있어 더욱 심각한 문제를 일으키고 있다. 이때야말로 양심있는 기업인이라면 경기가 좋았을 때 치부한 재산을 근로자들에게 좀 풀어주어야 할 것 같다. 그럼에도 불구하고 아직도 근로기준법을 외면하고 긴급조치법 3호를 외면한 몰지각한 기업인이 없지 않은 것이 사실이다.

9월 중에 근로자들이 산업선교회에 호소해온 사례만 보아도 한국모방 2,000여 명 근로자들의 체불 퇴직금, 퇴직금 문제가 있었고 콘트롤 데이터 노동조합에서 제기한 인권유린 사례가 있었으며 동일주공소의 노동자가 제기한 퇴직금청구 사례가 있었으며 화랑금고에서 발생한 적금 체불 사례 등 많은 문제들이 있었다. 이외에도 노동시간 외에 노동을 시키면서도 청소라는 명목으로 이에 따른 임금을 계산해 주지 않고 있는 대기업도 있다.

이 난국에 처한 우리 교회는 가난하고 억눌려 소외당한 많은 사람들과 같은 심정으로 고난을 이겨나가는 성의를 보여주어야 할 것이며 이 길만이 교회가 대중 속에서 성장할 수 있는 교회가 될 것이라고 확신한다.

아울러 산업선교에 많은 관심을 갖고 계신 분들께 구속되어 자유와 인권을 박탈당하고 있는 김경락 목사와 인명진 목사의 조속한 석방을 위해 기도해주시길 바라며 산업선교 발전에 동참해주시기 바란다.

9월 주요활동

근로자대표 모임	14일
예배와 성경연구	매주 월요일
무료 구강진료	매주 수요일
신용조합교육	3회
근로자 모임	46회 322명
신용조합 조합원	780명, 5,399만원
노사문제	4개 기업체
재정 적자	40,689원(9월 말일)

영등포산업선교의 어제와 오늘
(1974년 10월 17일)

창립년월일	1958년 4월 19일
설립자	계효언 목사, 강경구 전도사(경기노회 산하)
역대 실무자	강경구 전도사　　　1958년 4월 19일~1965년 12월 31일 조지송 목 사　　　1964년 2월 18일~현재 손풍자 전도사　　　1965년 2월 1일~1968년 3월 25일 강행님 전도사　　　1969년 3월 1일~1972년 2월 28일 함부만 선교사　　　1967년 11월 1일~1974년 4월 22일 인명진 목 사　　　1973년 4월 19일~현재 지신영 전도사　　　1973년 7월 1일`현재
창립 당시 지역사회현황	인구 50만 명의 공업도시. 경공업도시로서 방직공장지대. 한국에서 가장 규모가 큰 공업도시였음.
창립 당시 선교방법	교회목회의 방법. 그대로를 사용하고 노동자를 교회로 끌어들이는 데 치중하고 근로자의 권익을 위한 일을 하지 못했음. 흔히 생각하는 "전도"에 치중하고 예배, 심방, 구호 등을 치중해서 실시함.
현재의 지역사회 현황	인구 150만 명. 기업체 2,000업체 160,000만 근로자. 구로공단(3공단)건으로 현대기업이 대폭 증가함.
과거 수년 간의 산업선교 활동	1) 노동자 권익보장사업　　　5) 평신도훈련 2) 노동자 의식 개발사업　　　6) 신용조합사업 3) 그룹활동　　　　　　　　7) 노동조합지원 4) 노동교육　　　　　　　　8) 예배 및 성경연구 지도
전망	1) 노사문제 개입 전문화 2) 교회의 조직적인 산업사회 개입

	3) 노동자들의 정치의식 개발로 근로자들의 교회경원
	4) 기업주들과의 계속적인 불화예상
	5) 노동자들의 경제수준 향상으로 산업선교 지원
	6) 전문적인 실무자부족
요망사항	1) 전도부에 산업선교 전임부서 선치
	2) 실무자 양성
	3) 노동자를 위한 산업사회 정책발표
	4) 산업선교를 위한 재정개발(국내)

산업선교 활동보고서
(1974년 1월~9월)

실무목사 구속사건	1월 17일 대통령 긴급조치반대 성명을 발표하고 구속되어 김경락 목사 15년, 인명진 목사 10년형을 각각 받고 안양교도소와 영등포 고척동구치소(인 목사)에 수감되어 있음. 가족에 한해서만 면회가 되며 월 2회만 허용되고 있는 실정임.
노사분규관계	14개 업체 근로자들로부터 기업주의 부당한 대우를 시정하도록 협조해달라는 요청을 받고 적극 노력한 결과 좋은 열매를 얻을 수 있었음.
예배와 성경연구	주 1회 크리스천 근로자들의 모임을 갖고 예배를 드리고 있음.
의료활동	주 1회 무료진료(구강)를 실시함. 연세대학교 치과대학 의사 2분의 무보수 봉사로 실시하고 있음.
신용조합 활동	회원 780명, 총 출자금 5,399만 원
교역자연구회	장소: 이대 다락방 시일: 6월 29일 강사: 황일청 박사, 현영학 학장 참석: 18명
근로자 수련회	시일: 6월 15~16일 장소: 우국기도원 참석: 50명
임원 및 위원개선 74년 11월 노회에 청원키로 함.	위원장: 이정학, 서기: 오원식 위 원: 차관영, 이정규, 장기택, 이성의, 유의웅

영등포산업선교 활동보고
(1974년 10월~12월)

1975년 1월 6일

	김경락 목사님과 인명진 목사님이 구속되어 있다는 사실은 우리 산업선교 활동에 물량면에서 많은 손실을 주고 있는 것이 사실입니다. 온갖 고난을 헤치면서 부족한 일손을 모아 선교활동에 안간힘을 기울여 왔지만 그 결과에 대해 불만스러운 것이 우리 실무자들의 솔직한 고백입니다.
근로자 그룹활동	지난 1년간의 보고서는 보아 아시겠지만 그룹 활동면에서 많은 감축이 있었습니다. 　10월 43회 모임 301명 참가 　11월 46회 모임 322명 참가 　12월 55회 모임 385명 참가 　144회, 1,008명
노사문제	•모 회사 노동조합 단체협약서 작성 및 단체교섭 지원. 　근로자 1,000명 대상. •모회사 노동조합 노동교육지원 및 노사관계개선 지원. 　노조 자체 내분 조정지원. 1,500명 대상. •모회사 근로자의 진정접수, 및 상담(미결 중) •인천산업선교(대성목재) 공장목사 이국선 목사 해직사건에 　따른 문제 해결 협조(크리스마스선교 내용을 좋지 못하게 본 　회사측이 목사를 해임한 일이 있었으나 다시 복직함) •모회사 노동조합교육지원. 200명.
각종행사 및 모임	10월 1~3일　교회협의회 인권문제세미나(아카데미하우스) 10월 17일　총회산업선교위원회(전도부 회의실) 11월 25일　노동법개정반대 심포지엄(기독교회관강당) 11월 26일　전국 산업선교실무자 모임(기독교회관) 12월 3일　산업선교 그룹대표자 모임(파이오니오) 　산업선교회관 12월 9일　인권회복을 위한 집회(기독교회관 강당)

	12월 16일 ~21일	김·인 두 분 목사님 영치금을 위한 근로자들의 바자회. 35,000원 수입. (산업선교 회관)
	12월 31일	산업선교 회원 친목회(산업선교 회관)
예배와 성경연구	매주 1회 근로자들의 모임을 통해 성서연구와 예배를 드림. 15명 전도.	
의료활동	매주 1회 구강 진료사업은 계속돼 지난 12월~2월까지 임시중단하고 개학과 동시에 재개키로 함.	
산업선교위원회	10월 15일 위원회에서 유병관 목사(위원장)님의 미국 이민에 따른 사임을 받고 이정학 목사님을 위원장으로 선출함.	

산업선교 위원 선출	위원장: 이정학 서기:오원식
	위 원:차관영, 이정규, 이성의, 장기택, 유의웅
	실무자: 조지송, 인명진, 지신영
	       감리교 실무자:김경락
	       신용조합 실무자:박영혜	

신용조합활동	조합원: 813명. 총자산: 22,667,743원 주택조합자산: 35,650,000원(총계: 58,317,743원)	

재정	12월 31일 현재 은행부채 300,000원
	         임금부족액 150,000원
	         현금잔고 35,437원	

산업선교회관	독일교회가 허락한 회관건립은 대지구입이 지연됨으로 착수치 못하고 있으며 독일교회에 통고하여 두 분 목사님이 석방된 후 추진키로 양해를 얻고 있음(감리교 자금조달이 어렵기 때문에). 영락교회 회관 대지구입 기금으로 100만 원을 허락했음. 이로서 장로교가 부담해야 할 350만 원을 확보함.	
오글 목사 추방사건	감리교산업선교뿐만 아니라 한국산업선교를 위해 10여 년간 일해 온 선교사 오글 목사가 지난 12월 14일에 반정부활동이라는 이유로 추방되었습니다. 산업선교를 위해 매우 서글픈 일입니다.	
청원하는 말씀	산업선교를 하다가 구속된 김경락 목사와 인명진 목사, 두 분의 석방을 위해 기도해주시기 바라며 영치금이나 도서비를 영등포산업선교회로 전해주시기 바랍니다. 성의껏 전달하겠습니다.	

실무자 드림

옥중에서 고통받고 있는 목사님을 방문합시다.
(1974년 11월 18일)

영등포산업선교회

주님의 축복이 온 교회와 목사님 가정에 항상 함께하시기 기원합니다. 이제 각 교회의 대심방이 끝났을 것으로 믿고 삼가 말씀을 드립니다. 저희 영등포산업선교회 산하에서 근로자들의 권익을 위해 교회적인 헌신을 해온 김경락 목사와 인명진 목사가 지난 1월 17일, 긴급조치위반이라는 죄명으로 15년(김 목사)과 10년(인 목사)라는 어처구니없는 형을 받고 현재 자유를 빼앗긴 채 옥중에서 추위에 떨고 있습니다.

온 교회들이 지금까지 많은 기도와 헌금으로 도와주신 것을 진심으로 감사드리며 앞으로도 더 많은 기도를 부탁드리는 바입니다. 특히 금번 부탁드리옵는 것은 김 목사와 인 목사를 여러분들 교회의 한 식구로 생각하시고 온 교회가 한 번씩 심방해주시기 바랍니다. 찾아가셔도 물론 만날 수 없을 것입니다. 그러나 왔다가 돌아간 흔적만이라도 남기고 오시면 외롭게 떨고 있는 목사님들에게 말로 할 수 없는 위로와 용기가 될 것입니다. 간곡한 부탁이오니 대심방 마지막 날로 옥중에 계신 두 분 목사님을 방문해주십시오.

찾아왔었다는 사실을 알리는 방법으로 약간의 "영치금"이나 또는 서적을 넣어주시면 됩니다. 영치금은 최고 한도액이 5,000원이기 때문에 이 금액보다 적은 금액이어야 하며 서적은 시사성이 없는 것이어야 합니다.

알아야 할 사항

1) 김경락 목사 54번. 안양 교도소(군포소재)
   영등포-수원간 시외버스를 이용하시고 "군포"에서 하차하십시오.
2) 인명진 목사 97번 영등포 고척동 구치소(고척동 교도소가 아님)
   영등포에서 인천행 시외버스나 개봉여객 100번(좌석)이나 오류동행 시내버스 어떤 것

이나 이용하시고 "고척동 구치소 입구"에서 하차 하십시오

3) 주민등록증을 꼭 지참하심시오

4) 여러분이 동일한 날짜에 가시는 것을 피하기 위해서 가급적 산업선교회에 문의하시고 가시기 바랍니다(63-7972. 63-4984).

5) 사정상 직접 가실 수 없는 교회는 산업선교회로 연락해주시면 대신 심부름을 해드리겠습니다.

먼저 드리는 말씀: 1974년도

1974년 12월

　　최근에 이르러 우리 사회와 교회지도층에서 근로자에 대한 관심이 높아지고 있는 사실은 근로자에게는 물론, 국가와 교회에 많은 유익될 것이 확실합니다.

　　산업사회는 과거 우리 교회가 성장해온 시대적 배경과는 크게 발전적 변화를 이룩했으며 반면 온갖 사회적 역기능도 위험 선에 달하고 있음을 인정치 않을 수 없습니다. 경제 발전과 빈부격차, 고층빌딩과 판자촌, 기계문명과 인간의 기계화, 공업발전과 공해문제, 기능과 능률로 평가되는 노동자 인격, 돈이면 다라는 유물주의 사상, 등등 수많은 부조리 현상이 교회 주변을 온통 둘러싸고 있는 것은 물론, 교회 내에도 같은 현상이 일어나고 있는 실정입니다. 구원해야 할 교회가 구원받아야 할 교회로 전락하는 비극을 막고 "현실" 속에서 고난당하는 백성들과 함께 구원의 역사를 해나가야 할 것입니다.

　　구원되어야 할 인권, 구원되어야 할 불의한 사회, 구원되어야 할 경제적 부패, 구원되어야 할 근로조건, 구원되어야 할 억압당하는 인간들, 구원 되어야 할 억압하는 권력들, 이런 모든 분야에서 교회는 "기쁜 소식"을 전하는 "구체적" 사실에 민감해야 할 것입니다. 저임금에 시달리는 근로자 , 물가고에 시달리는 근로자, 인건적인 대우를 받지 못해 고민하는 근로자에게 교회는 "구원의 복된 소식"을 전파해야 할 것입니다. 물론 이런 일을 하는 데는 예수께서 받았던 여러 가지 고통이 있을 것입니다. 그러나 교회는 고난의 종으로 십자가를 져야 하는 것을 본래의 사명으로 삼고 있지 않습니까.

　　우리 영등포산업선교회가 처음 근로자 선교에 착수한 것은 1958년부터입니다. 총회 전도부 산업전도위원회가 경기로회 산업전도위원회에 산업전도 사업을 시작하도록 했고 여기에 호응한 전국여전도연합회가 미국 나성교회의 경제적 후원을 받아 강경구 전도사(현 새문안교회 전도사)를 파송하면서부터 선교활동이 착수된 것입니다. 처음 시작될 때 계효언 목사님과 방지일 목사님 등 몇 분들이 노고가 많았음도 아울러 말씀드려야 하겠습니다. 초창기에는 전통적인 "전도"에 치중하면서 심방하고 돌보는 형태로 일을 해서 많은 결과를 얻었습니다.

　그 후 60년대에는 평신도 근로자를 중심한 선교활동이 위주가 되고 60년대 후반부터는 노동조합 문제에 관심을 갖기 시작했으며 노사문제 전반에 관심을 갖고 근로자 권익옹호에 힘써온 결과 과거 전통적인 전도에서 볼수 없었던 기업주들의 반발과 관의 주목을 받아오기도 했습니다. 이렇게 선교방법이 변해온 것은 결코 우연이 아니며 어떤 필연에서 되어졌다고 생각됩니다. 즉 복음은 불변하나 시대는 변천하기 때문에 선교는 불가불 적응해야 한다는 원리를 따라야만 했던 것입니다.

　우리 산업선교회 실무자들은 여러분들로부터 많은 격려의 말씀을 받아 왔으며 한편으로는 기업인들과 여기에 속한 사람들로부터 많은 비난도 받아 왔습니다. 어쨌든 간에 분명하게 눌림을 당하고 있는 근로자들에게 기쁜 소식을 전한다는 벅찬 감격 때문에 오늘까지 이 일을 계속 해 왔습니다.

　지난 1974년은 매우 어려운 해였습니다. 년 초에 있은 김경락 목사와 인명진 목사의 구속사건은 우리 산업선교회에 많은 충격을 준 것이 사실입니다. 때문에 74년도에 했어야 할 많은 일들을 하지 못한 채 75년을 맞았습니다. 그러나 "하나님께서는 일을 천천히 하시지만 완전하게 자기 일을 하실 것"이라는 믿음이 우리를 희망으로 이끌어주셨습니다. 새해에는 사람들의 간절한 염원인 두 분의 석방이 속히 달성되어 하나님의 선교에 더 많은 공헌을 하게 되기를 바랍니다. 두 분 목사가 산업선교회에 없다는 사실은 교회의 아픔보다는 두 분과 함께 일하던 근로자들에게 더 많은 손실일 것입니다.

　그동안 산업선교를 위해 많은 관심을 가져주신 많은 분들께 심심한 감사를 드립니다. 특히 재정적으로 도와주신 영락교회, 서울, 동서울, 서서울 여전도연합회, 호주교회, 몇몇 개체교회와 유지들께 감사를 드립니다. 앞으로도 어려운 여정이 남아 있을 것이오니 배전의 기도와 후원을 주시기 바랍니다.

　감사합니다.

1975년 1월 산업선교 활동보고서

1975년 2월 1일

영등포산업선교회

새해 첫 달을 보내면서 산업선교 사업을 물심으로 돕고 기도해주시는 믿음의 선배님들께 문안을 드립니다. 해는 바뀌었지만 구속된 분들은 석방되지 않은 채 2월을 맞았습니다. 속한 시일 안에 자유의 소식이 전해지기를 기원하면서 아래와 같이 활동 상황을 적어봅니다.

1. 예배와 성서연구 모임	매주 월요일은 종교의 시간입니다. 근로자들이 자리를 같이 하고 성경을 상고하고 산업사회에서 그리스도에게 복종하는 생활을 연마하고 있습니다.
2. 근로자들의 모임	1월중에는 각종 근로자들의 모임이 41회가 있었습니다. 노동생활, 경제생활, 가정생활, 친교생활, 여성교양 등등 제반 사회생활에 대한 강의와 대담을 합니다.
3. 근로자권익문제	1월 중에도 네 개 기업의 근로자가 협조를 요구해왔습니다. 세 개 회사는 퇴직금 관계이고 한 개 회사는 노동조합결성입니다. 아직 해결된 사건은 없으며 2월 중에 모두 해결될 것으로 전망합니다.
4. 김경락, 인명진 목사를 위한 성금	지난 크리스마스와 연말을 기해 두 분 목사님을 위해 성금을 보내주신 교회에 감사를 드립니다. 총액 100,000여 원이 접수되어 가정에게 전달되었습니다.
5. 실무자 지신영 선생 사임	지난 73년 7월에 서울, 동서울, 서서울 3연합회의 후원으로 취임한 지 선생은 1월 말일로 사임했습니다. 앞으로 후원단체인 여전도전합회와 영등포산업선교회가 협의한 후 실무자를 선정할 예정입니다.
6. 구강진료사업	방학기간 동안 중단하고 있는데 3월부터 재개할 예정입니다.
7. 신용조합현황	조합원 816명 2,200만 원 저축금이 활용됩니다.
8. 재정:	74년도 적자 45만 원과 1월 분 적자 70,000원. 도합 52만 원을 은행과 신용조합에서 입체하여 쓰고 있습니다(월 1.5부 이자).

영등포산업선교 활동
(1975년 2월~3월)

1975년 3월 31일

1. 먼저 드리는 말	성숙한 봄은 왔지만 우리 경제는 녹을 줄을 모르고 얼어만 가고 있습니다. 불경기라는 이름으로 많은 근로자들이 감원당하는 실정이고 물가는 막 오르는데 임금은 오르지 않으면 어떻게 사느냐는 근로자들의 소리가 가슴 아프게 들리고 있습니다. 지난 2월 15일 수감 중이던 두 실무자의 석방은 많은 근로자에게 기쁨을 안겨주었으며 산업선교 활동에 크게 도움이 되어 침체되었던 선교사업이 다시 활기를 찾게 되었습니다. 그동안 염려해주시고 기도해주신 여러분께 심심한 감사를 드립니다.
2. 예배와 성경연구	매주 월요일에 모이는 이 모임에는 근로자들의 15명 정도가 모여 신앙과 노동생활에 대한 문제를 중심한 대화를 나누고 있습니다.
3. 근로자그룹모임	2월 중 37회. 261명 참가, 3월중 62회. 1,076명 참가
4. 신용조합총회	2월 6일: 신용조합 정기총회에서 새로운 임원을 선출했습니다. 조합원 820명, 총자산 2,400만 원
5. 환영간담회	2월 24일. 김경락, 인명진 두 목사님의 석방을 축하하는 근로자들의 환영회에는 150여 명의 그룹회원들이 참석했습니다.
6. 노사문제 진정사항	2월과 3월 중에 근로자들이 산업선교회에 진정해온 노사문제는 3개 기업이 있습니다. (천우사-노조탄압 및 부당해고, 주식회사 대협 — 임금인상 외 7가지 조건 개선요구, 승한봉재: 퇴직금)
7. 근로자 그룹대표 모임(파이오니오)	3월 8일, 35명 대표참가
8. 근로자 친교 등산대회	3월 10일. 참가인원 34명.
9. 장로교산업 선교연구회	3월 21일~22일. 장소: 선명회 수양관. 참석자: 각 지역 위원과 실무자들. 23명.
10. 전국 산업선교 실무자회의	3월 19일. 인천 산업선교회에서. 20여 명

11. 영등포 산업 선교위원회	3월 31일 아침 8시, 장로교산업선교위원회, 10시, 장, 감 연합위원회
12. 주택조합	4월 초순에 대지 50평씩을 각자 앞으로 분할 등기 이전하고 계속해서 은행융자를 갖고 건축공사를 착공 예정(미국으로부터의 융자 포기).
13. 손님 내방	세계교회 산업선교 총무 조지 이 타드 목사. 세계 각국 산업선교 전문가 16명 내방.
14. 산업선교 회관 이전	영등포동 7가 70번지에 소재했던 회관을 당산동 121번지 당산동 시범아파트 13동 6호로 이전했으며 전화는 63-7972 종전과 같습니다.

영등포산업선교 활동보고서
(1975년 4월)

월 15,000원 봉급을 받는 근로자가 12,000원을 적금하고 나머지 3,000원으로 한 달 생활비를 꾸려나가고 있는 근로자들의 절박하고 검소한 생활을 아십니까? 교회는 봄을 맞아 푸른 동산 만들기의 일환으로 몇 만 원짜리 관상목을 수없이 심고 있는 계절입니다. 교회가 진정 교회를 아끼고 나라를 지켜야 한다면 교회 밖에 있는 많은 가난한 사람들에게 눈을 돌려야 할 때가 아닐까요? 산업선교에 대한 여러분들의 보다 더 많은 기도와 지원을 간곡히 요청하면서 아래와 같이 4월 중 산업선교 활동을 보고 드립니다.

그룹활동	그동안 많은 침체현상을 보여 온 그룹활동이 구속 중이던 두 분 목사님의 석방을 계기로 크게 활발해졌습니다.
예배와 성경연구	매주 월요일 15명 정도의 근로자들의 모임인 바 5월부터는 교회지도자와 청년들과 같이 모임을 갖고 교회와 노동사회가 문제를 연구할 예정입니다.
의료활동	지난겨울 동안 중단했던 구강진료 활동을 4월부터 재개했으며 서울대 기독학생 중 4명과 세브란스에서 1명이 수고해주십니다.
노사문제	주식회사 대협의 노사분규 문제는 예상외로 속한 시일 내에 끝나 근로자들의 8가지 요구가 모두 달성되었고 다만 100퍼센트 임금인상 요구에서 30퍼센트만을 인상했습니다.
주택조합	미국으로부터 융자를 받아 주택을 건립하려던 계획은 성공하지 못하고 38명 각자에게 50평 또는 25평씩을 대지로 분양한 후 한국주택은행 융자를 통해 자유로 주택을 건립토록 했습니다.
산업선교 계몽방송	월요일마다 모이는 예배와 성경연구회원들은 그동안 모아온 성금으로 기독교방송 광고를 이용 1주일간 전국교회가 산업선교 사업에 적극 참여할 것을 호소했습니다.

회관구입	독일교회의 원조를 받아 산업선교회관을 건축하려는 계획이 감리교 측의 대지구입비 지연으로 인해 단시일 내에 건축이 어렵게 되어 장로교로서는 이미 마련해 놓은 기금의 인플레를 고려하여 임시로 회관을 마련했습니다. - 21평 아파트, 350만 원.
신용조합	지난 69년 이래 크게 발전해온 신용조합은 회원 861명과 24,484,996원으로 증가되어 가난한 근로자들에게 경제적 혜택을 주고 있습니다.
산업선교 연합회의	지난 4월 28일 산업선교연합회(장로교·감리회)를 갖고 회장 안행래 목사(감)와 총무 조지송 목사를 선출했으며 회관건축 위원장으로 차관영 목사(장)를 선출했습니다. 한편 지금까지 장·감이 한 사무실을 사용해온 것을 장·감이 지역을 나누어 두 개의 회관을 두고 활동하도록 했습니다.
장로교산업선교 실무자모임	4월 24일 장로교산업선교 실무자모임을 갖고 청주산업선교회 지원문제와 선교동역자의 산업선교 참여문제를 논의했습니다.
재정	382,246원의 재정적자 현상을 내고 있어 은행 융자를 사용하고 있습니다.

산업선교 활동보고
(1974년 5월~1975년 4월)

63-7972

노회원 귀하

400만의 신도를 소유한 한국교회는 400만의 노동자가 산업사회에 존재한다는 사실에도 깊은 관심을 가져야 할 때입니다.

따라서 높은 경제성장에 따른 공정한 이익분배가 정직하게 이행되고 있는가에 대한 깊은 관심을 갖는 일도 교회선교에 중요한 부분으로 받아들여야 할 때입니다. 우리는 근세사에서 교회가 수많은 백성을 무신론 공산주의자들에게 빼앗기고 그들의 노예화를 볼 수 있었습니다. 그 이유가 정치적, 경제적, 사회적인 것으로 간주될 수도 있겠지만 교회로서는 교회의 사회적 책임을 다하지 못한데도 원인된다고 볼 수 있을 것입니다.

산업선교회는 그동안 많은 수난을 당해왔습니다 교회 안에서와 교회 밖에서 산업선교에 대한 의식적인 왜곡이 많았고 모함도 있었습니다.

그러나 음으로 양으로 산업선교를 옹호하고 지지해준 많은 사람들이 있음을 잊을 수 없습니다. 많은 분들의 성원 때문에 산업선교는 오늘까지 활발한 선교활동을 할 수 있었습니다. 특히 근로자들의 적극적인 참여는 결정적으로도 산업선교 자세에 대하여 확신을 갖게 해주었습니다.

존경하는 노회원 여러분 산업선교 사업에 대해 좀 더 관심을 기울여주십시오. 목회하는 일도 어려운 일이지만 노동자사회에서 교회활동을 하는 일도 매우 어려운 일입니다. 여러분들은 근로자를 도와야 할 중요한 위치에 계신 분들이며 또 근로자를 도와줄 수 있는 분들이십니다. 기회 있는 대로 산업선교를 위해 기도해주십시오. 그리고 각 교회에서 산업선교 사업을 위해 예산을 책정해주십시오. 액수야 많아도 좋고 적어도 좋습니다.

그 많은 교회재정 항목 중에 '산업선교비' 항목을 창설해주시기 바랍니다.

산업선교 사업에 대한 보고를 드려 여러분들의 적극적인 참여와 후원을 요청 드리고자 합니다.

영등포 도시산업선교위원회 드림
당산동 121번지 시범아파트 13동

중요 활동내용

1) 근로자들의 모임: 근로자들은 많은 소그룹을 갖고 있습니다. 매월 2회 이상씩 정기모임을 갖고 의식개발을 위한 교육을 하고 있으며 근로자들에게 필요한 교양과 신앙프로그램을 실시하고 있습니다. 총 모임회 수 624회, 연 참가인원 5,651명

2) 노사분규지원: 우리나라는 매우 훌륭한 노동법을 갖고 있습니다. 그러나 아직도 기업인들에 의해 법이 무시당하는 경우가 허다합니다. 산업선교회는 근로자들의 정당한 요구를 외면하려는 기업인들에게 교회적 입장에서 인간의 존엄성을 주장하고 근로자들의 정당한 노력을 지원해왔습니다. 내용은 근로조건 개선과 관련된 퇴직금, 임금, 산재, 노동조합결성, 강제노동, 구타 등등에 관한 사례들입니다. 총 건수 26건

3) 엑소더스모임: 매주 월요일 저녁마다 근로자 약 15-20명 정도가 모임을 갖고 예배와 성서 연구를 통해 산업사회와 기독교 신앙에 대해 대화를 나누고 있습니다. 이들은 약간씩의 회비를 내서 교회가 근로자에게 관심을 갖도록 하는 사업을 하고 있습니다. 실례로는 교회신문에 광고기재, 기독교방송을 통한 산업선교 계몽 등으로 지난 한 해 동안 약 13만 원을 사용했습니다.

4) 교역자 산업선교연구모임: 작년 6월 19일 영등포 시내의 목사님 18명이 모여 이대 다락방에서 선교문제와 한국 기업의 문제성에 대한 특강과 대화를 가졌습니다.

5) 인간관계훈련: 근로자 54명이 모여 6월 15일~16일 양일간 이우정 교수, 반피득 목사, 배창민 목사, 민병길 목사를 강사로 모시고 건전한 인간관계를 위한 훈련모임을 가졌습니다.

6) 신용조합활동: 69년도에 14,000원으로 시작한 신용조합은 현재는 861명과 약 2,400만

원의 자금이 형성되었고 많은 근로자들이 경제적 도움을 받고 있습니다.

7) 구강진료사업: 서울대 치과대학생 5명과 세브란스 치과의사 1명이 지원 무료구강진료를 매주 화요일 저녁마다 실시하고 있습니다.

8) 회관 이전: 영등포동 7가 70번지에 소재했던 산업선교회관이 3월 15일 차로 당산동 121번지 당산동 시범아파트 13동 6호로 이전했습니다(63-7972).

9) 산업선교회 조직:

위원장:	이정학
서기:	오원식
위원:	이정규, 이성의, 장기택, 유의웅
실무자:	조지송, 인명진, 명노선
신용조합:	박영혜, 장애신

영등포산업선교 활동 보고서
(1975년 5월)

63-7972

우리는 경제 발전 뒤에 가려져 있는 산업사회 부조리에 대해 심각한 우려를 갖고 있습니다. 지난 6월 4일자 경향신문에 보도된 것을 보면(기타 일간지에도 보도되었음) 신 씨라는 모 회사 사장님의 3억 5천만 원짜리 호화주택과 18만 불(86,400,000원 상당)의 미국 돈에 대한 기사가 나와 있습니다. 사장님은 한 달 생활비를 100만 원 정도씩 썼다고 하며 300평의 정원에다 풀장까지 있다고 했습니다. 그런데 한편 그늘진 곳에 살고 있는 근로자들의 생활은 어떠한가요? 뒤에 첨부한 근로자들의 소리를 꼭 읽어주십시오. 그리고 우리 교회가 국가장래와 교회의 장래를 위해 무엇을 해야 할 것인가에 대해 다시 한번 다짐해주시기 바랍니다. 산업선교는 산업선교 일선에서 일하는 몇몇 사람들의 일만은 아닙니다. 교회의 일이요, 여러분의 일이요, 산업선교회의 일입니다.

아래와 같이 지난 5월 중에 있었던 일들을 간추려 보고 드립니다. 근로자를 위해 기도해주시고 산업선교를 위해 더욱 기도해 주시기 바랍니다.

활동내용	총 근로자 모임회수 192회, 총 참가인수 1,836명
특별행사	인간관계훈련 11명(2일간)
	근로자대표연석회의(30명)
	야유회(60명)
	교양강좌(3회, 100명)
정기모임	예배와 성서연구 (매주 월요일)
	구강진료(매주 화요일)
노사문제협조	삼화왕관(퇴직금 관계)

	승한봉제(퇴직금, 해고수당 관계)
야학	시흥교회 중심(12명)
	문래동성공회 중심(22명) (새문안교회 학생회 지원)
신용조합	총 저축금 26,270,000원, 조합원수 863명
위원회	30일 위원회 시 호주장로교 선교부총무 변조은 목사 내방 대담

6월 영등포산업선교 활동보고서

1975년 7월 4일

영등포산업선교회

마리아의 노래(눅 1:46~55)

주님을 두려워하는 이들에게는 세세대대로 자비를 베푸십니다.

주님은 전능하신 팔을 펼치시어 교만한 자들의 꾸민 일을 흩으셨습니다.

권세 있는 자들은 그 자리에서 내치시고 보잘것없는 이들을 높이셨으며

배고픈 사람은 좋은 것으로 배불리시고 부요한 사람은 빈손으로 돌려보내셨습니다.

주님은 약속하신 자비를 기억하셔서 당신의 종 이스라엘을 도우셨습니다.

근로자들의 모임:	187회 연인원 1,824명
노동교육:	노조 간부 13명, 7일~8일(2일간)
	강사-박청산, 김성해.
인간관계훈련:	11명(콘트롤회사) 21~23일(3일간)
	강사-민병길 목사
구강위생 강좌:	32명(10일) 의사-서울대 치대 허석규
근로자그룹 대표자모임:	43명(14일), 강사-이영숙(동일방직 지부장)
구강진료:	매주 화요일(서울대 치대 기독학생회 지원)
노래부르기:	매주 금요일 저녁(강사-최근숙, 서태석)
예배와 성서연구:	매주 월요일 저녁(강사-조지송, 인명진)
야학(한문교육):	시흥교회, 문래동 성공회(25명), 강사-새문안교회 학생회
신용조합운동:	조합원-873명, 출자금-26,892,710원.
노사문제:	승한봉제주식회사 근로기준법 위반문제 고소사건 협력.
전국산업선교 실무자회의:	26~27일 동인천산업선교 센터(25명 참석).

7월 영등포산업선교 활동보고
(1975년 8월 6일)

1975년 7월	근로자 그룹모임	근로자들의 의식개발을 위한 훈련모임으로서 한 그룹의 회원은 7~8명 정도이고 스스로의 문제를 해결하기 위해 노력한다. 집회 수 117회, 참가인원 1,075명
7월 13일	파이오니오모임	산업선교그룹회원들의 대표자 모임으로 매월 1회씩 모여 활동보고와 경험을 교환하며 때로는 강의를 듣고 친목도 한다. 7월에는 8명이 헌인릉에 가서 회합을 가졌다.
7월 14일	산업선교연구회	매년 두 번씩 실시하는 목회자를 위한 산업선교 세미나 산업선교회관에서 실시한 바 17명이 참가했으며 "교회의 선교형태"에 대하여 강의를 듣고 장시간 토의했다.
7월 22 ~24일	전국산업선교 실무자 연구회	예장, 기장, 감리교 등 각 교단 실무자 산업선교모임이 있었고 새로운 임원도 선출했다. 회장 이국선 목사, 총무 유흥식 선생, 서기 인명진 목사.
7월 26일	근로자 야학수료식	근로자 25명이 10주간(주5일)동안 새문안교회 학생회의 후원으로 "한문"공부를 하고 양평동교회에서 수료식을 갖고 다과회도 가졌다.
7월 26일	여성위생강좌	3.1병원(산부인과)의 장영자 선생의 특강이 있었다. 참가인원 45명.
7월 7일	산업선교위원회	예장산업선교위원회와 연합위원회(장·감)를 모이고 연합사업에 대한 의논과 총무를 인명진 목사로 개선했다.
매 월요일	성경연구, 예배	크리스천 근로자나 그 외에 원하는 사람이 같이 모여 기도하고 성서를 연구하며 예배를 드린다(참석 10~15명 정도).
매주 화,	구강진료사업	서울대학교 치과대학생(12명)들의 봉사로 무료진료를

토요일		하고 있는데 발치와 보철을 실시한다.
7월 중	노사문제	주식회사 세림 회사와 승한봉제주식회사 근로자는 회사의 장시간노동(아침 8시-다음날 아침 3시까지)과 기타 근로기준법 위반에 대한 사정을 요구하는 진정을 산업선교회에 해왔는데 산업선교회는 관계된 관에 진정하여 시정을 요구하고 있다.
7월 중	신용조합활동	저축 성적이 좋지 못한 회원 다수를 탈퇴 요청하고 조합원 명단에서 제명했다. 조합원수 693명, 총자산 25,251,109원
7월 28일부터	실무자 노동체험	인명진 목사는 청주에서 "넝마주이"를 1개월 예정으로 시작했다. 사회 저변에서 소외당하며 고달픈 생을 살아가는 형제들의 고통을 이해하고 올바른 선교 자세를 갖기 위한 자기훈련의 일환으로 망태를 메고 거리로 나섰다. 이 일은 청주 산업선교회 정진동 목사와 같이 하고 있다.
7월 16일부터	근로자정기모임 8월 말까지 중단	매년 여름 무더위 때는 산업선교 그룹모임을 중단하고 토요일마다 전체 모임을 갖는다.

조지송 목사는 8월부터 총회 산업선교 사업을 영등포사업과 겸직하게 된다.

1975년 8월 영등포산업선교 활동 보고서

　　물가상승에 비해 근로자들의 임금이 떨어지고 있다는 신문보도와 산업지에서의 근로자들이 여론은 여론으로 끝나는 것이 아니라 피부로 느끼게 되었습니다. 그럼에도 불구하고 근로자들에게 가해지는 노동 강도는 더욱 무거워지는 실정인 것 같습니다. 현재도 우리 산업선교회에는 하루 12시간만 일할 수 있도록 한달에 하루만이라도 쉴 수 있도록 해달라는 진정이 들어와 있는 실정입니다. 우리는 근로자들의 영혼을 사랑하기 때문에 또한 그들의 육체적 고통에도 관심을 가져야만 했습니다. 온 교회가 근로자들을 위해 깊은 관심을 갖고 그들의 영, 육을 위해 기도하고 "복음"을 주기 위해 힘써야 하겠습니다.

중요활동 내용

1) 상담 및 대화의 모임: 8월 중 매 토요일 밤을 상담 및 대화의 시간으로 정하고 근로자들의 당면한 제반문제를 해결하는데 협력함: 내방 근로자 30명
2) 근로자 여름수련회
　　장소: 대천 해수욕장, 참가: 35명, 시일: 9일~10일
3) 근로자그룹대표 모임(파이오니어)
　　시일: 23일 저녁, 장소: 산업선교회관, 참가: 48명
4) 산업인 대화의 모임
　　시일: 31일, 장소: 천주교 청년센터, 참석: 152명. 강사: 윤누가 신부, 이매연 선생
5) 신용협동조합운동
　　조합원: 693명(성적이 좋지 못한 조합원 대폭정리), 자산: 26,418,845원
6) 실무자 동정
　　조지송 목사 총회산업선교 겸무 개시, 인명진 목사 노동체험(넝마주이) 1개월 완료
7) 산업선교 세미나:

시일: 25일~27일, 참가: 45명, 장소: 장로회신학대학

참가대상: 전국노회 전도부장, 각 지구 산업선교 위원 및 도시산업선교실무자전원, 총회 전도부원, 산업선교중앙위원, 후원단체 대표

9월 영등포산업선교 활동보고서

1975년 10월 1일

결실의 계절, 가을입니다. 주님의 축복이 여러분들과 함께 하심을 빌면서 아래와 같이 지난 9월 중 산업선교 활동을 보고 드립니다.

1) 근로자 그룹활동: 노동자들의 정신생활, 경제생활, 신앙생활, 삶 전체를 향상시키기 위한 모임이 지난달에도 계속 진행되었습니다.

   모임 횟수 152회, 참가인원 1,566명

2) 노사문제: 근로자들이 정당한 법적, 사회적 대우를 받지 못하고 인권을 유린당하는 사례가 아직도 많음은 매우 유감입니다. 이달에도 3건의 노사문제 진정이 있었습니다.

   세림주식회사 – 부당해고

   버스안내원 – 산재관계

   모 주식회사 – 강제노동

3) 파이오니어모임: 산업선교회 소속 근로자들 모임의 대표들의 모임입니다. 월 1회씩 모여 스스로의 문제들을 토의 결정합니다. 이달에는 서울여전도연합회 임원 여러분들이 방문해주셨습니다.

   시일 9월 13일, 참가인원 47명

4) 새벽의 집 방문: 크리스천의 새 공동체를 형성하고 모든 인류를 한 가족 삼고 함께 살아가려는 신념으로 5가족이 공동생활을 하고 있는 수유리 새벽의 집을 방문했습니다.

   시일 9월 14일, 참가인원 17명

5) 엑소더스 모임: 매주 월요일에 모여 예배와 성경연구를 해 오던 이 모임을 조직을 개편하고 비 신도들도 회원이 되도록 했습니다.

   9월 29일 – 조직개편, 참가인원 28명

6) 야학: 지난 10주간 동안 야학을 실시하여 수료생을 내보내고 다시 새롭게 시작했습니

다. 9월 29일부터 10주간 계속할 것이며 교육과목은 시사와 관련 있는 한문을 가르칩니다. 지도 선생은 새문안교회 학생회원들입니다.

시흥교회(15명), 문래동교회(15명)

7) 노래 부르기: 매주 금요일은 함께 모여 즐거운 노래를 부르는 시간입니다. 지도 선생은 실무자인 명노선 선생과 염천교회 학생 그리고 새문안교회 학생이 각각 두 반을 나누어 합니다.

6~7시 20분(산울림반), 7시 30분~9시(메아리반)

8) 치과진료: 매 화요일 저녁은 의료 진료의 날입니다. 서울치대 기독학생회 회원들의 지원을 받고 있습니다.

9) 신용조합: 신용조합 전체 회원들의 자질 향상을 위해 재교육을 실시키로 했습니다. 매년 2회씩 의무적으로 재교육을 받게 하고 교육을 받은 조합원에게만 대부 특혜를 주기로 했습니다.

10) 재정: 우리 장로교 산업선교는 극히 소수의 교회와 교회기관에서 재정적 지원을 하고 있어 항상 외국 달러에 의존하여 산업선교를 하고 있는 실정입니다. 영등포산업선교회는 76년도 산업선교 사업비를 국내교회에서 충당하기 위해 교회에 재정청원을 할 예정입니다. 특히 영등포에 있는 예장 교회들의 참가를 바랍니다.

제 60회 장로교총회에서 총회장 이상근 박사가 한 설교의 한 토막

"군목전도, 학원전도, 산업전도 등 신 개척 분야에서 바른 규도를 세우면서 그 분야 발전의 정신적 원동력이 되어야 하겠습니다."

"교회는 정신적으로, 또 실제적으로 주는 교회로 공인되어야 하겠습니다."

영등포산업선교회

영등포 도시산업선교위원회 활동보고서
(1975년 1월~10월)

1) 사업

(1) 예배와 성서연구모임(엑소더스): 매주 월요일 약 30명 회원출석 예배와 성서연구토론.

(2) 근로자 그룹활동: 그룹 수 7~10명으로 조직된 그룹 약 60여 개.

연 모임 수 1,145회, 연 참가자 11,754명.

(3) 노사문제협력: 11개 회사에서 근로자들이 진정.

진정내용: 부당해고, 산재관계, 강제노동, 퇴직금, 임금인상 근로조건 개선문제, 노조결성문제 등.

(4) 의료활동: 서울치대 기독학생회의 지원을 받아 매주 1회 5~7명의 근로자에게 진료 실시.

(5) 그룹대표자모임(파이오니어모임): 월 1회 약 40명~60명의 그룹 대표자들이 한자리에 모여 스스로의 문제를 토의결정.

(6) 신용조합 활동: 조합원 약 700명, 출자금 약 2,600만 원.

(7) 교역자산업선교연구회: 영등포지구 목회자들 18명이 참석하여 산업선교 연구.

(8) 근로자 연합활동: 연합수련회(45명 참석), 대화의 모임(152명 참석),

경인지역 산업선교 연합체육대회(200여 명 참석).

(9) 노동조합 간부 교육: 4개 회사의 노조 간부 13명을 교육

(10) 근로자 야학: 새문안교회 대학생회와 협력하여 10주간 한문 공부. 1회 25명을 수료하고 현재 2회 30명 공부 중.

(11) 연합사업: 그동안 장·감이 같이 하던 사업을 분리하여 실시(연합회는 존속)

(12) 기타: 사무실 이전(당산동 121 당산시범아파트 13동 106호)

조지송 목사 중앙간사 겸임

인명진 목사 석방(2월 15일)

실무자 교체 (명노선 선생 부임)

2) 재정

　총수입 5,933,231원, 총지출 5,883,301원, 잔액 49,930원

3) 조직

　위원장: 이정학 목사(경기)

　서　기: 오원식 목사(경기)

　위　원: 차관영 목사(서울남), 이정규 목사(서울남), 이성의 목사(경기),

　　　　　장기택 목사(서울남), 유의웅 목사(경기)

　실무자: 조지송 목사, 인명진 목사, 명노선 선생, 박영혜 선생(신용조합),

　　　　　장애신 (신용조합)

4) 76년도 중요사업계획

　(1) 근로자 그룹 조직 확대 (100개 그룹 목표)

　(2) 성경연구모임 회원 강좌

　(3) 노사문제 지원

　(4) 의료활동

　(5) 그룹대표자 모임

　(6) 노동교육

　(7) 신용조합활동

　(8) 소비조합활동 개시

　(9) 목회자 산업선교연구모임

　(10) 회관건립 추진

　(11) 실무자보강 및 훈련 (선교동역자 1인 초청)

영등포산업선교 활동보고서
(1975년 1월~10월)

1975년 11월 3일
영등포 도시산업선교위원회

주의 성령이 내게 임하셨으니 이는 가난한 자에게 복음을 전하게 하시려고 내게 기름을 부으시고 나를 보내사 포로 된 자에게 자유를, 눈먼자를 자유케 하고 주의 은혜의 해를 전파하게 하려 하심이라(눅 4:18-19).

수신: 경기로회, 서울남로회 회원께:

빵, 자유, 평화. 이 구호는 국제 노동기구에 소속한 노동자들이 즐겨 사용하는 말입니다. 한편 세계 산업선교회가 즐겨 사용하는 성구는 위에서 기록한 누가복음 4장 18절에서 19절 입니다.

교회가 대상으로 해야 할 선교 영역은 어디나 다라고(땅 끝까지) 할 수 있겠지만 그러나 "가난한 자" "눌린 자" "자유가 없는 자"에 대하여 관심을 더 가져야 한다는 것이 우리 교회가 가진 기본입장임에는 틀림이 없다고 확신합니다. 교회 안에서나 사회에서 돈 없고 세력 없고 발언권 없는 가난한 사람들 편을 든다는 일이 그리 쉬운 일이 아니라는 것을 우리 산업선교회는 과거 몇 년 동안 뼈에 사무치게 경험했습니다. 이 경험은 주님을 따라 보려는 불충한 우리들에게 값비싼 대가를 주었으며 보다 더 확신을 갖고 가난한 사람들 편에 있도록 격려해 주었습니다. 이런 체험은 비단 산업선교에 직접 몸담고 있는 우리들 뿐 아니라 경건하게 신앙을 따라 살고 계신 여러 노회원들께서도 함께 얻은 산 교훈이 되었을 것으로 확신하는 바입니다.

산업선교 활동은 지나온 길을 후회하지 않으며 가려고 하던 가시밭길을 피하지 않을 것입니다. 다만 여러분들의 힘 있는 기도와 협조와 격려를 부탁드리겠습니다.

근로자모임:	총 집회 수 1,145회, 참가인원수 11,759명
예배와 성서 연구활동:	매주 월요일 저녁 30명 내외 참석 매시간 강사초청
노사문제:	11개 기업 근로자들의 진정을 협력함. 진정내용 –부당해고, 산업재해, 강제연장근로, 퇴직금, 임금 인상, 시간외 근무, 노동조합 결성
의료활동:	매주 화요일마다 구강진료 실시, 후원: 서울대학교 치과대학 기독학생회
그룹대표자모임 (파이오니오)	매월 셋째 토요일 오후와 저녁, 참가인원 -60명 내외 (근로자들의 조직 60개 중에 회장들이 참여함)
신용 조합활동:	조합원 700명, 운영금액 2,600만 원
교역자산업선교연구모임:	회수 1회. 참가인원 18명
근로자연합활동:	수련회, 영등포 · 인천연합 운동회, 대화의 모임
노동조합간부교육:	1회 13명 참가.
근로자야학:	회수 2회. 장소:시흥교회, 문래동 성공회. 참가근로자: 1회 25명 수료, 2회 30명 수업 중. 기간: 매 회마다 10주간(밤마다 실시). 후원: 새문안교회 학생회 회원 12명.
조직:	위원장: 이정학, 서기: 오원식 위 원: 차관영, 이정규, 이성의, 장기택, 유의웅 실무자: 조지송, 인명진, 명노선 　　　　박영혜(신용조합), 장애신(신용조합)
청원건:	경기노회와 서울남노회가 각각 5교회 이상에 대해 매월 5,000원씩의 산업선교 보조비를 책정하도록 해주실 일.

10월 영등포산업선교 활동보고

1975년 10월 31일

연중 가장 분주한 한 달을 보낸 것 같습니다. 여러 면에서 활동이 활발해진 것을 하나님께 감사드립니다. 10월 중 활동 상황을 보고 드립니다. 계속 기도해주시고 물심으로 적극 후원해주시기 바랍니다.

1) 예배와 성서연구모임: 매 월요일마다 모이는 이 모임은 10월부터 회원을 확장하여 30여 명이 모이고 있으며 이달에는 이문영 박사와 문혜림 여사와 이직형 선생이 오셔서 말씀해주셨습니다.

2) 근로자 그룹모임: 근로자들에게 각종 교육과 훈련을 하고 있는 이 모임은 우리 산업선교 활동 중 중심 사업입니다. 10월에는 모두 231회에 연인원 2,186명의 근로자가 참석했습니다.

3) 노사문제 진정: 계속 노사문제에 관계된 진정이 있습니다. 이달에도 퇴직금과 부당해고에 관한 진정이 있어 법적인 수속을 도와주고 있습니다.

4) 파이오니어 모임: 근로자들의 그룹 대표자들이 한 달에 한 번씩 모이는 회합입니다. 두 번(밤과 낮)에 걸쳐 63명이 모였으며 이번에는 영락교회 전도부에서 전도부장님을 비롯한 두 분이 오셨었습니다.

5) 근로자 체육대회: 영등포산업선교회와 인천산업선교회가 연합하여 체육대회를 했습니다. 300여 명이 모여 예배를 드리고(조화순 목사 설교) 배구, 축구, 줄다리기, 가장행렬 등 즐거운 경기를 가졌습니다.

6) 신용조합활동: 700명 조합원이 2,600만 원을 가지고 경제적으로 어려움에 처한 동료들을 돕고 있습니다. 특히 10월부터 전 조합원에게 신용조합 재교육을 실시하고 있습니다.

7) 구강진료활동: 서울대학교 치과대학 기독학생회의 후원으로 계속 진료활동을 하고 있습니다. 산업선교회는 30여만 원에 달하는 기구를 구입해 놓았습니다. 진료종목은 발치

와 봉(아말감), 두 종목입니다.

8) 회의: 산업선교 위원회가 6일에 모여 76년도 산업선교 예산문제를 논의했고 예장 소속 실무자 회의가 27일에 모였습니다.

11월 영등포산업선교 활동보고서

1975년 12월 2일

　　주님의 평안이 귀하와 귀 교회 위에 함께 하심을 빌면서 아래와 같이 11월 활동을 보고 드립니다.

　　지난 일 년 동안에도 모든 물가가 50프로 이상 올랐다고 합니다. 그러나 근로자들의 임금은 겨우 23.2프로 밖에 못 올랐다는 통계입니다. 74년도 노동생산성은 11.2프로 향상했고 75년도 산업생산지수는 12.3프로 향상했지만 전체 근로자의 53.9프로가 월 3만 원 이하의 임금을 받고 있는 실정입니다. 물가파동이라는 전 국민적 소용돌이 속에서도 대개의 기업들은 작년 일 년 동안 많은 이익금을 냈습니다(서비스, 오락 59.7프로. 시멘트, 유리, 금속 133.3프로). 기업들이 자기자본을 확대한 폭은 작년에 비해 67프로라고 하니 근로자들의 고달픈 생활과는 관계없이 많은 기업들은 고도성장을 하고 있는 셈입니다.

　　이제 그리스도의 복음을 선포하고 하나님의 사랑과 정의를 강조해야 하는 교회가 산업사회에서 해야 할 일이 무엇인가에 대하여 분명한 태도를 가질 때입니다. 한국 경제는 지나치게 근로자의 저임금을 바탕으로 성장하고 있습니다. 인건비가 싼 나라로 통하는 것은 국제적인 수치일지언정 결코 자랑이 될 수 없습니다. 지금까지 산업선교에 대하여 깊은 관심을 기울여주신 여러분, 산업사회에 하나님의 복음이, 사랑이, 자유와 평등이 풍성하게 되도록 적극 힘써 주시기 바랍니다. 하나님의 구원은 결코 영혼만의 구원을 뜻하는 것이 아닐 것입니다. 영과 육이 함께 구원받는 것을 의미하며 현실과 내세의 구원을 동시에 의미하는 것이라 확신합니다.

　1) 예배와 성서연구모임: 매주 월요일 저녁 7시 30분~9시 30분, 참석 25명~35명

　2) 근로자 그룹모임: 월 232회, 연인원 2,258명 참가

　3) 노사문제: 부당해고자 복직, 산업재해 보상 진정 건 해결

　4) 파이오니어모임(그룹대표자모임): 시일: 15일 오전 11시 오후 7시 30분, 참석 58명

5) 신용조합활동: 조합원 769명. 총 출자금 2,650만 원

전 조합원에 대하여 재교육을 실시하고 있음.

6) 구강진료활동: 매주 화요일 오후 7시~10시, 후원: 서울 치대 기독학생회

7) 회의: 경기, 서울남노회에서 76년도에 60만 원 재정 보조키로 결정.

예장 도시산업선교 실무자 총회-29일 10시 총회 회의실에서.

사회선교협의체 모임 27일~28일 청주에서(청주산업선교 평가회로).

1975년 12월 영등포산업선교 활동보고

1976년 1월 5일

　　한 해를 보내면서 지난 1년간 산업선교 사업에 많은 관심을 기울여주신 국내 외 여러 믿음의 형제들께 심심한 감사를 드리면서 금년 마지막 달인 12월 선교활동을 보고 드리는 바입니다. 76년도에도 더 많은 기도와 후원을 주시기 바랍니다.

1) 예배와 성서연구모임: 매주 월요일 오후 7시 30분~9시 30분

　　참가인원: 15명에서 20명 정도

2) 근로자 그룹모임: 12월 총 모임 횟수 285회, 연 참가인원: 2,532명

　　내용: 노동 법률의 사회경제문제토의

　　취미 및 교양 활동, 노사문제 사례 토의

3) 파이오니오 모임: 근로자그룹 대표들의 모임으로 매월 2회씩(주야) 모여 활동 상황을 보고 토의한다.

　　참가인원 112명. 특히 12월 모임 시에는 서울여전도연합회에서 방문하여 전 회원에게 식사를 제공함.

4) 노동조합 대의원 교육: 5개 회사 노조 간부 15명 참석

　　시일: 12월 14일(1일)

5) 노사문제 지원: (1) 부당해직 문제 (2) 휴가수당 문제

6) 신용조합활동: 조합원 780명 총 출자금 2,700만 원

7) 주택조합: 3,500만 원 자금, 참가인원 48명, 1세대 당 25~50평, 택지로 분할한 후 각자 주택을 건립케 하고(9세대 완공) 나머지는 76년 봄에 건립예정, 12월 말일로 공식 해산.

8) 의료활동: 구강진료 활동은 12월 한 달 휴식한 후 76년 1월 13일부터 재개키로 하다.

9) 크리스마스 카드만들기: 참가인원: 67명, 지도: 홍금희 선생님

10) 음악 감상: 캐럴, 성곡 감상. 지도: 남상인 선생님

11) 산업선교위원회: 시일: 12월 8일 1976년도 선교사업 정책토의

3장

영등포산업선교 평가회
(1973년)

영등포산업선교 평가회

1973년 10월 1일~2일
수원 말씀의 집

영등포산업선교 평가회 및 정책 수립을 위한 협의회

이 모임은 영등포에서 활동하고 있는 장로교 산업선교 사업을 평가하고 앞으로의 사업을 위한 방향정책을 수립하기 위해 장로교단의 산업선교 대표, 후원기관 대표 그리고 영등포산업선교(장로교)위원과 실무자가 참석한 모임이다.

서언:

영등포산업선교 사업을 오늘까지 이끌어온 하나님께 감사를 드리면서 동시에 오늘까지 많은 관심을 가지고 산업선교를 키워온 여러분께 심심한 감사를 드리는 바입니다.

이 보고서는 산업선교 실무자들이 여러분께 드리는 문서로서 가급적 이 문서를 받으신 분 이외의 분에게 제공하는 것을 금해주시기 바랍니다.

이 적은 보고서를 통해 영등포산업선교가 지금까지 걸어온 길을 뒤돌아보고 앞으로 나아가는 방향을 제시하므로 여러분들이 진지하게 과거를 평가하고 앞날을 가르칠 수 있는 데 도움을 삼고자 하는 바입니다.

1) 노동자들은 어떻게 살고 있는가?

영등포는 2000여(5명이상 고용업체) 기업들이 산재하고 있으나 그 대부분이 경공업이며 중소기업들이고 상당수의 섬유업체와 약간의 중공업이 있을 뿐입니다. 16만 명의 대소기업체 종사자들이 있으며 그중 54퍼센트에 해당하는 86,000여 명은 여성으로 알려져 있습니다. 이들 근로자들의 대부분은 전라도를 비롯한 경상도, 강원도, 충청도, 경기도에서 상경한 현직 농민의 자녀들로서 16세이상 25세 미만의 근로자들이고 오랫동안 취업해온 여성 중에는 상당수의 25세 이상자가 있습니다.

친구들로부터 소개를 받아 처음 일자리를 얻으면 하루 8시간~12시간 노동으로 얻을 수 있는 금액은 180~260원을 받는 것이 보통이며 2, 3년 지나서 숙련공이 되면 12,000원~15,000원 정도의 월수입을 얻을 수 있습니다. 남성의 경우는 12,000원에서 20,000원 정도가 일반적으로 지급되고 있는 실정입니다.

여성근로자들의 지출실태를 보면 3,000원~4,000원 정도가 식대로 소비되고 1,000~2,000원이 생활에 필요한 경비로 지출한 후 나머지 금액 중에서 방세로 3,000원 정도 지불하고 난(숙련공의 경우에만 한함) 4, 5천 원 정도는 농촌 부모에게 보내지거나 남동생 학비로 주거나 계나 적금을 하고 있는 실정입니다.

일자리를 가지고 있는 이상 혼식 쌀밥에 고추장, 김치를 먹고 사는 것은 크게 문제가 아니지만 그들은 기업주가 장기 또는 단기적으로 임금을 체불하기 때문에 때때로 곤란한 처지에 놓이는 경우가 많습니다. 이것은 저임금보다 더 악질적인 것이라고 비판받아야 할 일입니다.

한편 이들의 정신생활은 상당수가 문학전집을 구입하기를 원하고 있으며 일반적으로 상식과 교양에 관심을 많이 갖고 있습니다.

많은 아가씨들이 주간지를 즐겨 읽고 있지만 신문을 구독하는 근로자는 약 10퍼센트 정도 미만입니다(산업선교 관계자 중). 이들의 종교생활은 신교와 구교를 제외하고는 거의 외형적인 활동을 볼 수 없고 많은 수의 기독교인들도 소수를 제외하고는 교회 출석을 잘 못 하고 있으며 교회에 열심히 나가는 근로자 중 상당수가 신비주의나 샤머니즘적 신앙 태도를 갖고 있습니다.

사회와 정치에 대한 태도는 있는 사람(금력이나 권력) 에 대해 매우 부정적이며 돌아서서 투덜대는 식으로 만사에 임하고 있습니다. 그러나 일부 근로자들 중에는 매우 도전적이며 노골적인 비판의 소리를 하는 사람도 있습니다. 개인적으로 볼 때 이들 소수의 도전자들은 불행한 사람들이지만 불법을 행하는 기업주들은 이 소수의 눈치를 보아야 하는 괴로움을 당해야 합니다. 근로기준법을 외면하고 불법으로 근로자를 혹사하는 아무런 처벌도 받지 않고 오히려 사소한 잘못(가령 회사 말단 간부에게 기분 나쁘게 했다는 이유로) 때문에 일터를 빼앗겨야 하는 피나는 아픔을 당해야 하는 이 현실, 억울한 사정을 당국에 고발했으나 즉시 시정하기를 거부하는 기업주들의 오만한 태도를 보는 근로자들은 극도의 흥분을 일으키지 않을 수 없는 실정입니다.

2) 산업선교는 어떻게 해왔는가?

　장로교 산업선교는 1957년 총회 전도부에서 시작했고 그 다음해인 58년 4월에 영등포 실무자를 파송하므로(강경구 전도사) 시작되었습니다. 강경구 전도사는 여전도 연합회의 재정보조로 파송되었으나 실제적인 재정은 미국 나성교회에서 연 500불 정도를 여전도 연합회에 송금해주는 것이었습니다.

　이 일을 계기로 경기노회 산하의 산업선교 위원회가 조직되었는데 지금까지 계효언 목사, 방지일 목사, 유병관 목사, 차관영 목사 등이 책임 위치에서 일해 왔고 그 산하에서 여러 실무자들이 교체되어 왔습니다. 1964년 2월 총회 전도부와 영락교회 전도부에서 조지송 목사를 경기노회 산업선교회로 파송하여(재정보조는 영락교회에서 함) 오늘까지 이르고 있으며 서울, 동서울, 서서울연합회가 다년간 여전도사 인건비를 보조해오고 있는데 금년 9월부터 지신영 선생의 인건비 100프로를 부담하고 있는 실정입니다.

　한편 호주장로교 선교부는 지난 4월부터 인명진 목사의 인건비(훈련비) 50프로를 부담하고 있으며 나머지 반액은 산업선교 훈련원(총회 산업선교회 산하)에서 부담하고 있는데 74년부터는 호주선교부가 전액을 부담키로 내락되어 있습니다.

　초기 산업선교 활동은 강경구 전도사를 중심으로 방직공장 종업원 중 크리스천의 친교모임과 예배모임 형식으로 되었고 성도의 교제와 봉사 활동 및 전도활동을 했으며 주로 한영방직 내에 있는 한영교회를 중심으로 되어왔습니다. (강경구 전도사는 한영교회 전도사로 시무하기도 했음.) 그 결과 근로자들로부터는 환영을 받았으나 일부 교회들은 자기 교회에 나오던 근로자들이 한영교회로 옮기는 것을 염려하기도 했고 특히 대한 모방과 동아염직에서 세운 영은교회 관계로 타 교회들의 반발이 매우 심했습니다.

　즉 이상의 두 회사 간부들이 자기 회사 근로자들에게 암암리에, 또는 노골적으로 영은교회에 나갈 것을 강요했으며 또 상당수의 근로자들이 끌려간 것도 사실이었습니다. 이로 인해 많은 교회들은 산업선교가 자기 교회에 피해주고 있다는 감정을 가졌었습니다. 64년에 조 목사가 온 이후 그는 의식적으로 영은교회와 가까이 하는 것을 피했으며 교회보다는 평신도 근로자를 접촉하는 데 치중했습니다.

　그해 5월에는 평신도 근로자를 중심한 산업선교연합회를 조직하여 지금까지의 활동범위를 확대했으며 10여 평짜리 사무실로 전세도 마련했습니다.

　여기서부터의 산업선교는 근로자(신자에 한함)에게 성서의 노동관, 직업관(청지기관) 직업윤리 등을 중점적으로 가르쳐왔는데 몇 년 동안의 경험으로 알게 된 것은 근로자들이 경제적으로나 인간적으로 기업주로부터 정당한 대우를 받지 못하고 있다는 사실이었으며 또 그동안 실무자는 노동자 문제를 신학이나 산업사회학이나 노사문제의 전문적인 입장에서 볼수 있는 소양을 국내외에서 키울 수 있는 기회를 얻었습니다.

이때부터 산업선교교육은 그 교육내용면에서 변화를 가져왔습니다. 즉 노동조합법, 임금론, 근로기준법, 산업사회학, 노사관계론 등이 새로 삽입되었고 따라서 근로자들은 막연한 잠에서 깨어난 것 같았습니다. 산업선교 관계 근로자 중에서 노동조합 간부가 하나, 둘 생기기 시작했고 산업선교가 노동조합과 접근하는 모습을 볼 수 있었습니다. 산업선교회에는 교회신앙과 관련 없이는 근로자와 자주 만났으며 여러 가지 프로그램에 비신자와 노조 간부들이 많이 참석했습니다. 그러던 중 어느 날(1969년) 제일물산에서 노사분규가 발생했습니다. 즉 산업선교회 중요 간부인 근로자 1명이 임금관계로 항의하다가 해고를 당했습니다.

그는 사내 근로자들로부터 많은 신망이 있는 사람이었습니다. 산업선교회는 진상을 자세히 조사했습니다. 억울한 해고였습니다. 모두가 분노를 느꼈습니다. 구제책은 하나뿐이었습니다. 노동조합을 조직해서 합법적으로 싸우는 것이었습니다. 회사의 방해를 피하기 위해 비밀리에 근로자들이 모여 노동조합을 결성하고 등록을 마친 후 복직운동을 벌였습니다. 많은곡절을 겪었지만 결국 복직하고야 말았습니다. 우리는 이때 노동조합의 부패상을 엿볼 수 있었습니다. 그 후 지금까지 노동조합이 근로자들로부터 상당히 많은 잘못을 행하고 있다는 것을 알았습니다.

조 목사는 그동안 외국 여러 나라에 가서 산업선교를 보았고 약한 근로자를 위한 교회의노력을 볼 수 있었습니다. 이제 산업선교회에서는 성서의 노동관, 청지기관은 가르치지 않고있습니다. 그러나 실무자들은 그것을 가르칠 때보다 더 신앙적인 자부심을 갖고 있으며 기독교적이라고 믿고 있습니다. 산업선교회는 그동안 기업주와 많은 충돌을 했습니다. 그것은 모두가 근로자들의 억울한 형편을 대변한다는 뚜렷한 명분과 자부심이 있었고 신앙적인 확신이 있었기 때문입니다.

노사문제에 관계하면서부터 산업선교는 기업주와 경찰과 일부 교회인사들로부터 욕을먹기 시작했습니다. 우리는 이런 사실에 대해 "이제야 해야 할 일을 하는구나"하고 생각했습니다. 우리는 근로자들의 지지를 받을 때나 기업주들이 반대를 받을 때 똑같이 만족을 느꼈습니다.

3) 산업선교를 왜 하는가?

근로자들의 오늘의 현실을 교회가 그대로 외면할 수 있다면 교회는 바야흐로 세기적인 죄악을 짓고 말 것이라 생각합니다. 오늘 한국 사회에서 십자가를 지고 가는 자는 누구입니까? 교회가 정말 십자가를 지고 가는가? 정부는 어떠한가? 기업인 지식인은 어떠한가? 우리들은 십자가를 지고 간다기보다 타고 가는 입장이 아닌가? 근로자들은 저임금만이 십자가가 아닙니다. 권리에서의 소외, 경제에서의 소외, 문화에서의 소외, 교육에서의 소외, 모든 것이 없는 이 버림받은 현실이 어떠한 형편인가를 교회는 알아야 하고 책임져야 합니다. 근로자들에게는 내세의 구원보다 오히려 현실적인 구원이 더 시급합니다. 근로자들도 듣고, 보고, 말하고, 행동하며 모든 문명을 누릴 기회가 주어져야 합니다.

이 나라의 모든 것을 만들어내기 위하여 십자가를 지는 사람은 누구이며 이 만들어진 것들을 소비하는 사람은 어느 계층 사람입니까? 극소수의 부유층이 대다수의 부를 누리는 비리를 교회는 입이 아닌 몸으로 막아야 할 것입니다. 강단이나 교단에서 좋은 이야기를 하고 있는 동안에도 수많은 근로자들이 현실적인 지옥으로 떨어져가고 있음을 알아야 합니다. 모든 것을 상실하고, 모든 것으로부터 소외된 채 묵묵히 멸시와 수모를 씹어가며 살아가는 근로자들의 모습에서 거룩한 예수의 모습을 발견하고 근로자를 예수와 같이 섬기기 위해 고통받는 교회의 모습이 보여져야 할 것입니다.

○ 산업선교는 왜 합니까?

근로자들을 섬기고 그들의 고통을 나누어지기 위해서입니다. 이 고통은 영적인 것뿐만이 아니라 육적인 것도 동시에 포함한 고통을 의미합니다.

○ 산업선교는 왜 합니까?

근로자들의 구원을 위해서입니다. 이 구원은 현실적인 것과 내세적인 것을 동시에 포함한 구원입니다.

○ 산업선교는 왜 합니까?

산업사회에서 금력을 이용하여 불의를 자행함으로 선량한 근로자를 괴롭히는 기업주에게 사회정의를 촉구하기 위해서입니다.

하나님의 사랑은 개인과 개인관계에서뿐만 아니라 집단과 집단 속에서 제도적으로 구현함으로 평등하고 평화로운 하나님의 나라를 건설하기 위한 것입니다.

○ 산업선교는 왜 합니까?

교회는 교회건물이 커지거나 재산이 늘어나거나 교인수가 많아지는 것만으로 만족할 수는 없습니다. 교회의 외형적인 성장과 함께 교회가 사회 속에서 성장하여 모든 집단과 조직과 제도에서 하나님의 뜻을 따라 결정하고 실천할 수 있는 능력을 가져야 합니다. 즉, 교회는 자신이 바르게 서야 할 뿐 아니라 사회 전체와 특히 일반대중과도 간격이 없이 살 수 있어야 합니다.

4) 현재 어떤 활동을 하고 있는가?

(1) 그룹활동

근로자들 그룹을 만들어(10명 이내) 매월 2회 정도 정기모임을 갖고 훈련하는 모임을 갖고 훈련하는 활동으로서 주로 노동자로서의 의식개발을 목적으로 하고 있습니다. 모임의 내용은 교양강좌, 조화 만들기, 뜨개질, 꽃꽂이, 근로기준법, 노동조합법, 기타 근로조건에 관한 문제들, 친교활동(교양강좌에서는 결혼문제, 가족계획, 육아법 시간생활, 경제생활, 종교생활, 음악, 신문읽기, 독서, 인간관계, 예의 등등을 취급함). 이 그룹들은 한 회사에 여럿을 조직하고 있으며 제일 많은 경우는 22개까지 한 회사에 조직된 바 있습니다. 이 그룹들이 상당기간 훈련되면 여러 그룹들이 하나로 조직화하고 그렇게 되면 회사의 부당한 처사에 대해 항의할 수 있는 조직력을 갖는 데까지 이르는 경우가 많습니다. 이 그룹들의 목적은 첫째로 개인 근로자의 인간개발이고 둘째는 조직 및 지역(사회)개발에 목적이 있습니다. 그동안 노사분규는 모두가 이 그룹의 성장에서 발단 되었다고 볼 수 있습니다. 그러기 때문에 기업주들은 이 그룹이 회사 내에서 조직되는 것을 강력히 방해하고 있습니다. 지난봄에는 120개 그룹이 있었지만 많은 노사분규로 절반이나 없어진 형편이기에 9월부터 다시 그룹조직에 임하고 있습니다. 금년 말이나 내년 봄까지는 다시 100개 그룹으로 늘어날 것입니다.

(2) 노사분규개입

우리는 그동안 여러 기업들과 분규를 일으켰습니다. 근로자들이 당하는 억울한 문제에 산업선교는 능동적으로 관계하곤 했습니다. 산업선교는 이때마다 조직을 동원해 정부나 기업주들에게 진정을 내거나 고발하는 데 협력했습니다.

경찰관계자들은 산업선교를 매우 심각하게 주목하고 조사를 했으며 기업주들도 산업선교를 불온한 단체인양 중상하기도 했습니다. 사무실 전체를 수색당하기도 했고 실무자가 경찰에 연행되어 조사를 받기도 했습니다. 근로자들이 당한 억울한 일이란 대략 이런 것들이었습니다. 노동조합 조직방해, 부당해고, 노임체불, 장시간노동, 잔업수당 미지급, 산재보상, 퇴직금, 이런 일들은 대개 한두 사람의 문제가 아니라 근로자 전체에 악영향을 주는 일이며 근로기준법상 분명한 기업주의 잘못으로 나타난 문제들입니다.

그러나 이렇듯 분명한 불법을 시정하기가 얼마나 어려운 것인지는 직접 당사자가 아닌 외부 사람들로는 상상하기 어렵습니다. 법을 무시하고 기업 윤리를 외면하면서 재산을 치부하고 있는 기업인들을 사회에 고발하기 위해서 산업선교회는 때때로 욕을 먹어야 했습니다. 교회 내에서도 일부 사람들은 이러저러한 근사한 이론을 부쳐서 산업선교의 잘못을 평가하고 있지만 산업선교 실무자들은 아직도 그러한 충고를 받아들일 만한 여유가 없는 실정입니다.

(3) 파이오니어 모임

이 모임은 각 그룹의 대표자들이 매월 한 번씩 모이는 모임입니다. 모일 때마다 각 그룹 활동을 보고하고 의견을 나누며 때로는 강사를 초청하여 강의를 듣습니다. 생각하기엔 매우 중요한 모임이지만 직장관계로 다 같이 한자리에 모여 본 일이 없고 약 3분의 1이나 2 이하의 대표들이 모이곤 합니다. 그나마 지난 몇 개월 동안은 모이지 못한 채 지내왔습니다.

산업선교회는 이 모임을 그룹과 함께 강화하고 연대의식을 갖는 조직으로 성장하도록 개발할 필요성을 갖고 있습니다.

(4) 신용조합운동

1969년 8월 근로자 40여 명이 모여 푼돈 모으기 운동을 시작한 이래 오늘까지 계속 회원이 늘어가고 자금도 늘어나서 현재는 1,200만 원과 700명 회원을 갖게 되었습니다. 이 운동은 회원들이 푼돈을 저축했다가 갑자기 목돈이 필요할 때 빌려 쓰고 갚을 때는 푼돈으로 나누어 갚고 연말에는 저축금의 이자를 배당받는 경제 운동입니다. 원칙적인 것은 아니지만 본인 저축금의 2배 정도 대부받을 수 있으며 10-15개월에 나누어 갚고 이자는 월 1.5프로와 2

프로의 두 가지 경우가 있습니다(저축금 이내 1.5프로, 저축금 이상 2프로.) 이 일은 운영상 상당한 분량의 일거리가 있기 때문에 전임 근무자(경리) 1명이 있으며 이사회를 비롯한 예산위원, 감사위원, 교육위원 등 20여 명의 간부들이 무보수로 일하고 있습니다.

(5) 구강진료

이 의료사업은 벌써 5,6년 전부터 서울대 치과대학생들의 도움으로 시작되어왔습니다. 그러나 관계 학생들이 입대하면서 중단되었으며 72년도부터 다시 장로교가정봉사위원회(남장로교부인회 회사기금)의 보조로 치과 진료기구를 구입하고 3.1 치과의사와 세브란스 의사가 무료봉사에 일하고 있습니다. 매주 화요일 저녁마다 실시하는 이 진료는 4~5명씩 치료를 받으며 산업선교와 신용조합 관계자에 한해 진료해주고 있습니다.

진료는 충치를 "봉"하는데 국한되어 있으며 발치, 치석제거, 보정 등은 하지 못하고 있습니다. 진료비는 무료이고 2,000원 상당의 진료를 받는 자에 한해서 100원을 받고 있습니다. 현재로서는 매일 진료할 수 없는 것이 가장 유감된 일이라 생각됩니다.

(6) 교회지도자연구회

매년 2회 정도의 계획으로 세미나를 가져왔습니다. 대상은 영등포 공장지대에 위치한 교회 목사님들 하고 기간을 1박 2일로 하고 장소는 동거할 수 있는 곳을 정하고 내용은 산업선교 활동보고와 산업사회 문제강의(강사초청) 기타 대담 등으로 주로 교회가 근로자를 이해하는 데 협력하는 자세로 준비하곤 합니다.

그러나 모일 때마다 참가자가 광범위하게 되지 못하고 일부에만 국한되어있어 좀 불만이 있습니다. 좀 더 초교파적이며 새로운 인물의 참가를 위해 힘써야 할 것이라 생각합니다.

(7) 노동교육

이 교육에는 세 가지 성질의 교육 프로그램이 있습니다. 첫째는 산업인 평신도 훈련으로서 산업선교 초기에 있는 크리스천 근로자훈련을 목적으로 하고 있습니다. (교육내용은 복음서에 나타난 예수의 탄생과 생활과 십자가의 죽음과 부활 그리고 현존한 교회에 대한 의미를 검토하는 순서로 연구하고 있습니다.)

둘째는 산업인 전체를 대상으로 하고 있는데 이 교육은 노사문제가 발생한 기업 내의 근로자들을 대상으로 하고 회사 근방 교회나 성당에서 노동문제에 한해서 교육하고 조직을 강화하고 뜻을 같이 할 것을 강조하는 조직 강화교육과 같은 성질의 것이며 이때마다 미국의 노동운동에 관한 영화를 보여주기도 합니다.

셋째는 노동조합 간부들을 위한 특수 전문교육 프로그램입니다. 여기서는 조직론을 비롯한 노조운영에 대한 전문적이며 기술적인 문제가 연구되며 기간도 1주 내지 4주씩 계속합니다.

이상의 세 분야의 교육은 매우 중요하게 생각되지만 금년에는 커다란 노사문제 분규가 많았기 때문에 산발적이며 단기적인 교육만 있었을 뿐 계획대로 실천하지 못했습니다. 한편 재정문제로 영향이 있다고 보아야 합니다.

5) 어떤 조직을 갖고 있는가?

경기노회 안에 영등포 도시산업선교위원회라는 공식기구가 있습니다. 여기에는 위원장 유병관 목사님을 비롯한 6명(정원 7명)의 위원이 있습니다.

이 위원회는 총회 전도부 내에 있는 산업선교 중앙위원회가 직접 관계가 됩니다. 그리고 영등포 위원회 안에 실무자 4명(선교사 1명 포함)이 있습니다. 그리고 우리 장로교 위원회는 영등포 지역 내 감리교 산업선교 위원회와 연합회를 구성하고 있으며 두 교단 위원회에서 파송된 실무자들이 같이 일하고 있습니다.

6) 실무자 양성은 어떻게 하고 있는가?

장로교 조직

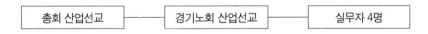

장로교 감리교 연합조직

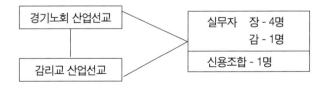

장로교 산업선교 훈련원(총회 산업선교 산하) 규정대로 훈련하는 것을 원칙으로 하되 여성실무자의 경우 예외로 한 것이 현실정입니다. 산업선교에 투신하려는 사람(목사)은 먼저 6개월간의 노동체험과 3개월간의 이론연구(고대 노동문제 연구과정)을 마치는 것을 포함해서 만2년간의 훈련을 마치도록 되어 있습니다. 현재로는 인명진 목사가 이 훈련을 받는 도중이며 9월 현재 1년 7개월이 경과했으며 10월부터는 고대 연구과정을 시작하도록 되어있습니다.

실무자 훈련을 받을 수 있는 자격은 남자의 경우 35세 미만으로 장로회신학대학교를 졸업한 사람이어야 하며 노회와 총회 산업선교의 인정을 받은 사람이어야 합니다. 훈련기간 동안(2년)은 훈련원으로부터 인건비 반액의 보조를 받고 훈련의 필요한 경비 일체를 보조받게 되어 있습니다.

7) 사업비와 인건비는 어떻게 조달하는가?

재정수입은 외국교회(미국장로교, 호주장로교) 영락교회 전도부, 서울, 동서울, 서서울여전도회연합회, 장로교가정봉사위원회, 경기노회 전도부, 기타 유지 개인후원, 이상 여러 곳으로부터 수입되고 있습니다. 참고로 73년도 재정수입안을 적어봅니다.

이월금	46,454	외국교회 후원	400,000
경기노회	100,000	가정봉사위원회	400,000
서울여전도회연합회	140,000	교육 참가금	100,000
서서울여전도연합회	70,000	기관 및 개인유지회원	200,000
동서울여전도회연합회	70,000	기타수입	50,000
영락교회 전도부	917,000	호주장로교 선교부	264,000
총회 협동위원회	360,000	합계	3,098,054

8) 당면한 문제들은 어떤 것들인가?

(1) 노사분규개입으로 정부기관에서 산업선교를 수색하거나 실무자를 연행하여 신변에 위협을 받는 사례가 있고,

(2) 기업주들이 산업선교 그룹활동을 하고 있는 근로자에게 압력을 가하기 때문에 그룹을 양성적으로 하기 어려운 경향이 있고,

(3) 일부 교회 인사들 가운데서 산업선교가 지나치게 과격한 자세라고 말하고 있으며,

(4) 근로자들의 진정사건이 날로 늘어나서 감당하기 힘겨운 형편이고,

(5) 산업선교 재정이 지나치게 외국에 의존되어 있지만,

(6) 국내 개체교회에서 자금을(특히 경기노회) 조달하지 못하고 있는 점들입니다.

(7) 마지막으로의 문제점은 감리교와의 연합사업입니다. 1969년에 감리교와 연합하여 사업을 하기 시작했지만 그동안 감리교는 회관 유지비나 사업비를 전혀 감당하지 못하고 있으면서도 작년(72년)에는 영등포 구역 내에 또 하나의 산업선교를 만들었습니다(경수산업선교 — 구로동). 장로교로서는 감리교에 대해 또 하나의 산업선교를 만든 것에 관해 항의했지만 그것은 영등포 감리교가 만든 것이 아니라 중부연회(상회)가 만든 것이어서 어쩔 수 없으니 좀 시일을 두고 해결하자는 것이었습니다. 얼마 있으면 자체 내에서 해결하겠거니 하고 기다렸지만 2년 동안 경과해도 아무런 해결이 없이 오히려 감리교 실무자 중 한 명은 저희 장로교와 같이 있고 다른 한 명은 구로동 지역 산업선교회에서 단독으로 일하는 실정입니다. 감리교 재정도 상당액이 갈리기 때문에 연합사업에는 전혀 재정을 지출하지 못하고 회관운영과 사무비, 사업비를 모두 장로교만의 재정으로 충당해야 하는 형편입니다.

그러나 재정문제보다 오히려 못마땅한 것은 감리교가 한 지역 내에서 두 개의 산업선교를 하는 것입니다. 중부연회가 지역감리교회의 의사를 무시하고 또 다른 기관을 만들었다고는 하지만 그것은 감리교 입장이고 장로교로서는 이에 따른 대책이 우리 나름대로 있어야 할 것이라 생각되지만 아직 둘로 나누어진 산업선교 활동을 하고 있는 셈입니다. 이로 인해서 한 회사 내에 두 개의 산업선교가 관계하고 있는 경우가 많습니다.

9) 앞으로 산업선교는 어떻게 할 것인가?

산업선교는 금력과 권력으로부터 주목을 받고 특히 기업인들로부터 방해를 받을 것이나 그럴수록 더 많은 교회와 지성인들 그리고 근로자들의 관심의 대상이 될 것이라 생각됩니다. 기업인들의 부정을 보다 조직적으로 폭로하고 근로자들의 정당한 입장을 사회양심에 호소하고 근로자를 탄압하고는 돈을 벌 수 없다는 사실을 실증하기 위해 산업선교는 온 교회와 근로자가 같이 일하도록 노력할 것입니다. 현재의 사정으로 보아서는 74년도쯤에는 회관을

건립할 가능성이 많습니다. 독일교회가 건축비를 보조할 뜻을 보였고 양평동 교회가 대지를 이미 제공했으며 산업선교회는 4, 5백만 원만 준비하면 되도록 유지되어 있습니다(장로교와 감리교가 공동으로). 그렇게 되면 물론 회관 유지라는 부담이 늘기는 하지만 그러나 모든 활동이 더 규모가 커질 것이며 따라서 활발해질 것으로 예상됩니다.

한편 장로교 산하에서 영등포와 동일한 또 다른 산업선교가 중요 공업 도시마다 일어나도록 해야 하며 이들 지역조직이 상호 연대의식을 갖고 일하도록 산업선교 중앙위원회 기능도 강화될 것으로 기대합니다.

4장

영등포산업선교회에
관한 글 모음

1. 산업전도의 원칙적인 문제와 방법

오철호

(총회 전도부 산업전도위원회 간사, 1958~1966)

1958년 6월 마닐라에서 개최된 제1회 아시아산업전도회에서 대회 간사 헨리 디 존스 목사는 그의 인사 가운데에 두 가지 사실을 지적하여 아세아 교회들의 세대적인 사명을 호소하였다.

"현재 아세아는 두 가지 사실에 직면하여 있습니다. 1) 공업이 확장됨에 따라 도시가 비약적으로 자라나고 있는 사실과, 2) 비록 방법은 다르지만 아세아의 모든 교회는 산업노동자들에게도 손을 뻗쳐야 한다고 느끼고 있다는 사실입니다."

"오늘날 아세아의 사회가 급격적인 변천을 가져오게 된 근본 동기는 도시화와 공업(산업)화의 경향입니다. 따라서 우리 기독교인들의 직책은 이러한 사회 현실과 그 중대성을 먼저 이해하고 이 문제 해결을 위하여 기독교인은 어떻게 해야 하는가를 깨달아야 하는 것이 시급합니다."

존스는 이와 같이 강조하여 산업전도 사업 강력추진을 시사하였다. 또한 1959년 말라야의 쿠알라룸프에서 열린 동남아기독교 총회에서 신도위원회는 다음과 같이 성명서를 채택하였다.

"동남아세아 교회의 생명력은 신도들의 증거활동력에 크게 좌우되고 있다. 현재 신도들의 증거활동의 빈약성을 다음 세 가지로 바꾸어 말할 수 있다. 첫째로는 교회의 증거활동은 마치 교직자만이 하는 특수 사명으로 생각된 사실, 둘째로는 교회의 증거활동이 신도들의 일터에서 날마다 이루어지고 있다는 사실에 대한 인식의 결핍, 셋째로는 현대의 세계에 관한 기독교 신앙의 근본적 지식과 신학적인 적절한 통찰력의 결핍으로 인한 상호차이다. 따라서 우리는 신도의 의의를 재확인하여 저들을 속세의 그리스도의 간증자로 무장하게 하여야 할 때가 마땅히 온 것이라고 믿는다."

동 위원회는 그 청원서의 4항에 "동남아기독교협의회는 지역적으로 국가적으로 기독교

직업인회나 혹은 친목회를 조직하도록 권장해야 한다"고 제의했고, 산업전도 사업을 위한 소위원회 조직을 청원하여 이를 허락받았다.

산업전도 사업에 대한 국제적인 의식이 발전함에 따라 한국에서도 1957년에 이르러 본 위원회가 조직되기에 이르렀다. 그러나 이와 같은 움직임의 근본적인 문제를 생각하지 않고서는 방법과 전망에 대하여 말하기는 어렵다.

어느 일에나 원칙문제를 생각하고 그 원칙에 입각하여 사업을 추진할 때 비로소 소기의 목적을 이루고, 또 예기치 못했던 성과도 거둘 수 있다.

원칙 문제

산업전도 사업을 계획하고 추진할 때에 명심하여야 할 원칙문제가 세 가지 있다.

1) 기독교의 복음은 예수를 구주로 믿는 사람들에 의하여 모든 사람에게 미치어야 할 진리이고, 어느 일부 사회인들에게만 유익하게 해석되어서는 안 된다. 다시 말하면 고용인의 어느 한 부분만을 위하여서 또 어느 한 교파단체만을 위하여 산업전도가 이루어져서는 안 된다는 말이다.

어떠한 단체, 교파의 누구를 막론하고 하나님의 말씀 즉 그리스도의 복음을 그의 신앙으로 누구에게나 바로 전하므로 신앙적 기업경영과 신앙적 노동에 대한 원동력을 마련해 주는 것이 곧 산업전도의 첫째 원칙이다.

따라서 앞에서 말한 바와 같이 각 신도는 각자의 신앙과 생활을 동일시하여 그의 삶을 곧 사도적이라고 생각함을 말한다. 그에게 산업사회는 하나님의 축복을 사람들에게 골고루 나누어주는 곳이고, 스스로가 여기의 교회(그리스도를 머리로 한 교회)의 일원으로 참여함이 산업전도 사업을 말함이다.

2) 기독교는 근로의 종교임을 보여주어 추상적이고 관념적인 철학적 종교의 형태를 해탈하여야 한다.

신앙은 날마다의 생활에서 구체화되어야 하며, 신도의 노동은 정신적으로나 육체적으로 소명감에서 실현되는 청지기의 역할을 구현하는 것이며, 이것을 장려하는 것이 산업전도의 둘째 원칙이다.

특히 물질주의 사상의 결과인 공산주의는 산업경제 발전을 추종자들에게 약속하고 있고, 실제로 저들은 물질적 풍족함과 부유함이 인간사회의 궁극적인 목표라고 하고 있다.

실제로 저들은 여러 가지 비극을 철의 장막 안에 가두려고 표면적인 산업경제를 세계에 시위하고 있고, 많은 저개발 국가들의 국민들을 매혹케 하여 자유진영의 세력 약화를 꾀하고 있다.

여기에 참과 사랑의 복음을 전하는 기독교회는 근로의 정신 고취와 시범으로 하나님을 중심으로 하는 신본주의의 물질적 축복과 육체적 평화를 산업계의 경영주인 신도기업가들과 동역봉사자들인 신도종업원들의 생활로 과시해야 한다.

3) 교역자도 교직자도 아닌 오히려 신도 전체가 산업전도의 역군이라는 것은 산업전도의 셋째 원칙이며, 또 가장 중요한 사실이다.

1959년 동남아기독교협의회의 신도위원회는 그의 성명서에서 언급한대로 "...교회의 증거활동이 신도들의 일터에서 날마다 이루어지고 있다"는 사실은 신도 누구나가 명심하고 재검토해야 할 신도의 산업전도에 대한 피할 수 없는 직책을 말하여 주는 것이다.

따라서 교역의 신성불가침의 고루한 사상은 재검토와 재론을 필요로 하고, 넓은 뜻에서의 사도직과 소명감이 분명히 설명되어 교회 전체의 선교활동에 교회 전원이 참여함을 밝혀야 한다.

교회는 한두 교역자의 것이거나 저들을 위하여 회집하는 곳도 아니라 하나님을 중심으로 하여 교역자와 평신도가 생활을 통하여 그리스도의 복음을 전하는 곳임을 시범할 책임이 교역자나 평신도들에게 똑같이 있다고 주장하는 것이 산업전도에서는 특히 강조되어야 한다.

2. 원칙적인 방법(생략)

3. 산업전도의 현재 과정 — 산업전도 사업개요

1957년

1. 3월 동남아세아기독교협의회 산업전도부 총무 헨리 디 존스 씨가 내한하여 산업전도

에 대한 관심을 환기하다.

2. 4월 12일 초대 산업전도위원회 조직하다.

3. 5월 산업전도 연구시찰하다. 국내: 황금찬 목사, 국외(일본과 대만): 어라복 선교사.

4. 7월 산업전도 문서출판하다.

산업전도용 찬송가: 9,000권, 쪽 복음: 20,000권, 성구 포스터: 3,000매, 전도지: 50,000매

5. 7월~8월(33일간) 제1회 기독학생노동문제연구회를 경북 문경에서 개최하다.

1958년

6. 3월 산업전도자 3명 파견하다. 영등포 2명. 안양 1명.

7. 3월 헨리 존스 목사 재차 내한하여 국내 각처에서 산업전도연구회 개최하다.

8. 6월 제1회 아세아산업전도대회(마닐라)에 대표 4명 파견하다.

9. 7월 시청각교육기구 구비 및 사업추진하다. 집회 수: 23회. 참관인원: 6,900명.

10. 9월 총회에서 위원회 규칙 인준받다.

11. 11월 실무 전임간사 오철호를 채용하다.

12. 11월 미국연합장로교회에서 미국강철노조의 간부 존 램지 장로 부부를 파한하여 중요 산업도시에서 산업전도연구회를 인도하고, 산업전도위원회를 조직하다.

1959년

13. 4월 산업전도사 3명의 계속 파송을 지구 교회와 전국 여전도대회에 위촉하다.

14. 7월~8월(34일간) 제2회 기독학생노동문제연구회를 영등포에서 개최하다.

15. 9월 기독학생산업전도회를 조직하다. 제44차 총회에서 위원회 규칙 수정 인증받다.

16. 12월~1월(32일간) 제3회 기독학생노동문제연구회를 대구에서 개최하다.

1960년

17. 3월 산업전도 포스터 3종 인쇄 배포하다.

18. 3월 노동실태 조사 연구회 개최하다.

19. 4월 한국기독교연합회 청년국과 공동으로 현대사회와 기독교평신도운동을 토의하는 연구회를 개최하다(미쓰 에피아니아 카스트로 내한).

20. 5월 다락원서 교역자 산업전도연구회 개최하다.

21. 8월 제1회 이동산업 전도대를 조직하여 남한 전역 15개 지역으로 4,000리 전도 여행을 하다.

22. 9월 총회에서 위원회 규칙 개정 인준받다.

23. 10월 본 위원회 오철호 간사는 한국기독교연합회 대표로 일본 도쿄서 열린 극동지구 협회 산업전도대회에 참석하다.

24. 11월 기독학생산업전도회의 연구회를 임마누엘수도원에서 개최하다.

25. 12월 산업전도에 관심 있거나 관계자들에게 성탄 카드를 보내다.

1961년

26. 1월~2월 협동총무 어라복 목사와 간사 오철호 전도사가 남한 전역을 순행하여 지구 조직을 강화하다.

27. 2월 교직자를 위하여 산업전도에 관한 소책자를 발간하다.

28. 2월 '산업전도 주간'과 '노동주일'을 위한 포스터와 안내서를 인쇄하여 전국 교회에 부송하다.

29. 3월 산업전도에 관계된 인사를 초청하여 산업전도 친목좌담회를 서울에서 개최하다.

30. 4월 전도문서 '이상적 가정' 100부를 대한노총산하 노동조합연합회에 보내다.

31. 4월 『산업전도는 이렇게』라는 소책자를 발간하다.

32. 5월 22일~25일 제2회 각 지구 산업전도회 대표 연석연구회를 영등포에서 개최하다.

33. 6월 제4회 기독청년대학생 노동문제연구회와 제2회 산업전도사연구회를 개최하다.

34. 7월~9월(3회) 기독교방송국과의 협정 하에 '직장 여러분에게 산업전도위원회가 보내는 시간'을 설정하고, 매월 넷째 일요일 밤 9시와 화요일 낮 12시 반 두 차례에 걸쳐 전도를 목적으로 노래, 강연, 드라마를 방송하다.

35. 7월 18일-8월 20일 제1회 산업전도사 연구회를 개최하여 다락원에서 예비연구회를 가지고 영등포, 대전, 대구, 부산, 삼척 등지로 각각 산업전도사를 파송하여 1개월간 전도하게 하고 8월 18일~20일에는 다락원에서 총평회를 가지다.

36. 8월 개인 전도를 위하여 책갈피 꽂이를 인쇄하다.

37. 8월 산업전도의 노래 '주님을 섬기며 그 나라 세우리'와 '나도 일한다'를 인쇄 배부하다.

38. 9월 총회에서 신임위원 10명을 인준받다(서울).

39. 10월 정기위원회를 소집하다(서울).

40. 12월 각 지구위원회를 통하여 산업전도 사업 관계 인사에게 크리스마스 카드를 증정하다(전국).

41. 9월~12월 매월 제2, 4차 월요일과 화요일에 '산업전도위원회가 근로자에게 보내드리는 시간'을 가지고, 방송극, 강연, 노래, 음악 등을 방송하다(서울, 대구, 광주).

1962년

42. 1월~2월 제5회 산업전도연구회, 노동문제연구회와 제6회 산업전도연구회, 전도연구회를 동시에 개최하다(인천).

43. 2월 노동주일행사 '안내서'와 '포스터'를 인쇄하여 전국 교회에 배부하다.

44. 3월 노동주일 기념예배를 영등포제일교회에서 드리다. 권세열 목사 설교. 선명회 어린이합창단 찬양.

45. 3월부터 현재까지 장래 지도자 양성을 목적으로 피택된 조지송 강도사는 기업체 내에서 노동체험과 산업전도 사업계획 및 추진 실무의 실습연구를 하다(서울, 장성, 인천, 도계).

46. 6월 제7회 산업전도연구회 전국대회를 개최하여 헨리 존스 박사, 알프레드 슈밀 박사를 초청하여 연구회를 개최하다(서울).

47. 7월~8월 제8회 산업전도연구회 노동문제연구회를 개최하다(강원도 도계).

48. 7월 산업전도 현황 환등 필름 제작하다(서울).

49. 8월 강동지구 산업전도연구회를 개최하다.

50. 8월 소책자 『성서의 노동관』을 인쇄 배부하다(서울).

51. 9월 정기위원회가 서울에서 모이고, 새 위원 및 임원을 선정함과 동시에 앞으로의 사업추진에 대하여 연구 토의하다.

52. 10월 미군 종군 신도들이 회집하는 교회에서 초청받은 오 간사가 한국 산업전도 사업에 대하여 강의하다.

53. 11월 미국연합장로회 총회장 마샬 스카트 박사가 내한하여 한국의 산업전도 현황을 시찰하고 각 신학교와 대학교에서 설교를 통하여 산업전도 사업의 시대적인 필요성을

역설하였으며, 한편 전국 중요 산업시설을 시찰하여 공장과 교회가 연결하는 일로 한 국교계가 이 사업에 큰 관심을 가지게 하다.

54. 11월 영등포지구 산업전도회를 시내 영은교회에서 개최하고 산업도시의 교회가 당면한 문제들과 일반 신도들이 노동에 대하여 취해야 할 성서적인 의의를 토의하다. 특히 내한 중이던 대남신학교 산업전도 전임 교수인 조지 타드 목사의 특강이 있었다.

55. 12월 본 위원회 협동총무 어라복 목사가 극동지구 산업전도 실무자 회의에 참석하여 사업현황을 토의하고 귀국하다.

56. 12월 한국노동조합 총연맹에서 주최한 여성간부 노동교육강좌(1주일간)에 영등포지구 평신도산업전도 전임인 강경구 전도사를 파송하여 여성들의 노동운동에 대한 문제들을 토의 연구하다.

1963년

57. 1월 제6회 기독청년대학생 노동문제연구회를 강원도 양양 철광에서 신학생 5명과 노동체험, 성경연구, 교회 봉사를 시도하다.

58. 3월 노동주일을 위하여 사진 포스터 2천 매를 인쇄하여 전국 기업체와 각 도시 교회에 발송하다. '기독교 사상'과 '기독공보 특집'을 각각 발행하여 산업전도 사업을 소개하였으며, 영등포교회에서 산업신도 연합예배를 드리다. 설교 박학전 목사.

59. 3월 협동총무 어라복 목사가 3월-7월까지 한 학기 동안 장로회신학교에서 '산업사회에 있어서의 교회'에 대하여 강의하다.

60. 4월 오철호 간사가 서울여자대학에서 '기독교와 산업사회'에 대하여 실제적인 산업전도 문제를 강의하다.

61. 5월 간사와 연구원이 전국 중요 산업지대를 순회 연구하여 공장과의 유기적인 연락을 가지고 평신도를 중심한 전도사업을 지구교직자와 공장종업원들과 연구 토의하다.

62. 5월 간사와 연구원이 대전지구 평신도산업전도회 연합예배에 참석하여 지구평신도 산업전도 상황을 연구하고 사업방침을 청취하다.

63. 5월 산업전도를 위한 학구적인 연구와 경험을 얻고자 오철호 간사가 미국 맥코믹신학교에서 연구하다.

64. 5월 산업전도의 노래 '주신대로 힘써 일해'를 작곡 인쇄 배부하는 한편 녹음하여 한국

의 산업전도를 소개하기 위해 미국에 보냈고, 또한 이 노래를 교회 전체가 부를 수 있도록 하기 위해 한국기독교연합회 찬송가편찬위원회에 의뢰하다.

65. 6월 과학적인 사업추진과 조직을 위하여 신도직업 통계와 기업주들의 종교별 통계조사를 하여 제1차로 신도들을 상대로 하는 것을 경기노회와 한남노회 소속 교회만을 하였고, 기업주들을 상대로 하는 것을 전국적으로 조사표를 수집하다.

66. 6월 협동총무를 서울로 이전토록 협동사업부에 청원했으나 경북지부의 선교사 부족으로 허락되지 않다.

67. 7월 대전지구 산업전도위원회 총회에 연구원이 참석하는 한편, 주요 산업공장을 방문 견학하고 중역들과 접촉하고, 교회와 공장이 연결될 수 있는 가능성에 대하여 연구하게 하다.

68. 8월 임시위원회로 모이고 1964년도를 위한 사업계획과 예산편성을 구체적으로 연구 토의하다.

69. 제48회 총회 시 산업전도 사업현황 사진전시회를 총회원에게 관람시키다.

70. 제48회 총회에 동남아세아지구 산업전도 헨리 존스 목사가 참석하여 동남아세아 산업전도 현황에 대하여 말하다.

71. 9월 진주지구 산업전도위원회를 조직하다.

72. 9월 대구기독교문화회관에서 실무자연구회 및 지구연구회를 개최하다.

73. 10월 대구지구 공장신도 대표들이 협동총무 댁에서 회집하여 당면 문제를 토의하다.

74. 대전지구 산업전도위원회 정기위원회에 간사가 참석하여 임원들의 자치활동과 각부 사업보고 및 앞으로의 사업에 대하여 토의 연구하다.

75. 10월 영등포지구 위원장과 간사가 인천산업전도위원회를 방문하고 감리교 산업전도 사업과 본 위원회의 사업을 설명한 후 사업에 대하여 토의하다.

76. 10월 신도직업 통계와 종교별 통계조사를 집계하다.

77. 11월 영등포지구 교역자 및 평신도산업전도연구회에서 헨리 존스 목사를 초청하여 좌담회를 개최하다.

78. 본 위원회 조지송 강도사는 기관 목사로 안수받고, 영등포지구 산업전도 전임목사로 부임하게 하다(영락교회에서 인건비 부담).

1964년

79. 1월 제7회 기독청년대학생 노동문제연구회를 영등포지구에서 개최하다.

80. 3월 노동절기념대회에 협동총무와 간사가 참석하여 모범조합원 16명 표창식에 성경
책을 증정하여 한국노동조합 총연맹으로부터 감사장을 받다.

81. 3월 노동주일 포스터 1,000매를 인쇄하여 각 노회와 국내외 인사들과 교회에 배부하다.

82. 3월 노동주일에 영등포교회에서 산업신도들을 위하여 홍동근 목사를 모시고 연합예
배를 보았으며, 필그림합창단을 초청 연주하다.

83. 4월~5월 헨리 존스 목사가 내한하여 각 지구위원회를 순회하다.

84. 5월 대전지구 산업전도회 연합예배에 간사가 참석하여 지구강화와 사업에 대하여 토
의하다.

85. 7월 산업전도 연구훈련을 목적으로 장로회 신학생 1명을 영등포 산업공장에 파송하다.

86. 8월 장로회신학대학에서 제2회 실무자 산업전도연구회 전국대회를 개최하다.

87. 12월 헨리 존스 목사의 내한을 계기로 제1회 지도자연구회를 영등포에서 개최하다.

1965년

88. 1월 제8회 기독청년대학생 노동문제연구회를 영등포에서 개최하다.

89. 1월 산업전도 연구를 위한 소책자 『산업전도 수첩』을 발간하다.

90. 본 위원회가 조직된 이래 매년 3월, 6월, 9월, 12월에는 정기위원회로 회집하여 산업
전도 사업에 관한 제반 문제를 토의 결정하고, 또 추진하여 성과를 거두기에 최선을 다
하다.

(『산업전도 수첩』, 1965)

2. 노동자 선교

조지송
(영등포산업선교회 총무, 1964~1982)

노동자 선교는 노동자가 생존하고 있는 현장에서만 가능하다. 노동자의 현실을 외면한 어떠한 교회의 노력도 선교라고 할 수 없다. 노동자의 현실을 이해하고 노동자의 현실에 동참하여 아픔을 함께 나누는 구체적인 행동이 없는 어떠한 교회의 프로그램도 노동자 선교라고 할 수 없다. 그러므로 교회는 (1) 노동자를 찾아가서 만나야 하고, (2) 노동자의 소리를 들어야 하며, (3) 노동자와 함께 행동할 수 있어야 한다. 노동자의 기쁨이 교회의 기쁨이요 노동자의 슬픔이 교회의 슬픔이 될 때 노동자 선교는 가능한 것이다.

예를 들어 교회가 노동자 선교를 하기 위하여 관심을 갖기 시작했다고 생각해보자. 그렇다면 먼저 교회는 노동자들이 일하고 있는 공업지대로 찾아가야 한다. 영등포, 대구, 부산, 마산, 울산, 포항, 구미, 인천, 기타 여러 공장지대를 대상으로 해야 할 것이다. 공장지대의 교회들이 모두 노동자 선교를 한다면 이보다 더 다행인 일이 없을 것이나, 현대 산업사회가 전래적인 평범한 신학 교육만을 받고 재래식 목회에만 익숙해진 교회 지도자들이 쉽게 이해할 만큼 단순하지 못함을 알아야 한다. 때문에 우리 교회는 속히 노동자 선교를 위한 특수목회(산업선교 실무자)자를 양성하여 위에서 지적한 공업지대에 파송할 준비를 갖추어야 한다.

전도와 선교의 다름

노동자 선교는 우리 교회가 전통적으로 생각해온 "전도"의 개념과 다르다. 회사 사장님의 요구에 의하여 전 종업원을 한자리에 모아놓고 작업시간에 설교를 통해 복음을 증거하려는 순박한(?) 노력은 통하지 않는다. 산업사회의 구체적인 모순을 외면하고 개인구원에만 집착하는 일은 결과적으로 노동자 구원에 아무런 영향도 주지 못할 뿐 아니라 뜻 있는 노동자로 하여금 교회에 대하여 근본적인 회의를 품게 하고, 마치 교회가 기업주들 편에서 일하고 있다는 인상을 주게 된다.

노동자 선교는 개인구원이나 종교의식에 치중하는 것보다 오히려 기업이윤의 공정한 분배를 통한 산업사회 정의에 역점을 두어야 한다. 노동임금의 향상, 근로기준법을 비롯한 기타 노동법(노동조합법, 노동쟁의조정법, 산재보상보험법, 노동위원회법)들이 준수되고 있는가를 자세히 조사하고, 누구에 의해서 법질서가 파괴되고 있는가를 사회에 고발하여 노동자들이 법적으로 소외당하는 일이 없도록 힘써야 한다.

오늘과 같이 일할 사람은 많고 일할 자리는 부족한 현실이고 보면 기업주들의 일방적인 독주로 노동자들이 당하는 고통은 말할 수 없이 많다. 금력을 이용하여 노동자를 돈 버는 기계로 전락시키고 경제발전이니 수출이니 하는 명분을 앞세운 기업주들의 폭력행위는 마땅히 저지되어야 한다.

구체적인 예를 들면, 모 제과회사와 같이 19시간 계속 노동 강요와 생산경쟁을 부추기는 행위, 청소시간을 노동시간으로 간주하지 않는 경우, 잔업을 강요하는 경우, 휴일 노동 강요, 생리휴일 노동 강요 등등 수많은 불법이 자행되고 있는 것이다. 우리 교회는 이런 사실들을 얼마나 알고 있는가? 또 알고 있다면 어느 정도 이 아픔에 참여해 왔는가? 이러한 구체적인 상황을 외면하고서는 노동자 선교는 불가능하다. 산업사회문제 해결은 기업주나 노동자 개인의 종교나 윤리가 크게 영향력을 갖지 못한다. 산업사회는 극도로 조직화, 제도화되었으며 기능주의, 능률주의화 했기 때문에 기업주나 노동자의 개인적인 "선"이 별 영향을 주지 못하는 실정이다.

조직과 제도의 선

그런고로 노동자 선교는 개인의 선보다 조직과 제도의 선을 추구하고 있으며 개인구원보다 사회구원에 중점을 두고 있다. 복음선교는 궁극적으로 인간을 죄로부터 해방하는 것이야 하며 파괴된 하나님과 인간의 관계와 인간과 인간의 관계를 회복하는 것이어야 한다. 노동자 선교는 파괴된 관계를 현실에서부터 풀어가는 회개운동이라 할 수 있다. 모든 제도적인 모순과 억압으로부터 노동자를 해방하고 노동자가 생산의 수단이 아니라 생산의 목적이라는 구체적 증거로 노동자의 단결권, 단체교섭권, 단체행동권을 보장하기 위한 교회적 노력이 매우 아쉽다. 단체 행동권은 정부가 제한하고 있으며 단결권은 사실상 기업주들의 방해를 받고 있는 실정이기 때문에 노동자들의 권익을 위한 교섭능력은 말할 수 없이 빈약한 것이 오늘의 현실이다. 이러한 허약한 노동자의 체질 때문에 노동자의 임금은 물가상승을 따르지 못하고 있어 "실질임금"이 떨어지는 비극을 갖고 있다.

지난 10여 년 동안 기업인은 공장을 크게 확장했지만 노동자는 아직 부엌도 없는 단칸셋방에서 한 가정이 살아야 하는 사실이다. 요사이 경제 불황이라는 이유로 많은 노동자를 집단 해고하는 사례가 늘어나고 있다. 이제야말로 기업인들은 과거 축적해놓은 재화를 풀어 가난한 형제와 같이 써야 할 때라고 생각한다. 유감스럽게도 이 난국을 외면하고 사치와 허영으로 들떠있는 일부 부유층 사람들이 행동을 보게 된다. 우리는 이들을 반공의 제일의 적으로 규정하고 싶다.

노동자 선교는 노동자를 인간으로 존경함은 물론 그리스도를 섬기는 자세로 임해야 한다. 값싼 동정이나 자선으로 노동자를 위하고 격려하는 일 따위는 노동자들의 비굴과 열등감에 빠지게 할 우려가 있다. 기업인들의 기업윤리는 한마디도 지적하지 않고 교회가 노동자를 향해 '노동은 신성하다'느니 '노동은 하나님의 창조사업에 동참하는 것'이라느니 하는 말을 한다면 이것은 노동자가 자부심을 갖기는커녕 오히려 저주하는 말로 받아들일 우려가 있다.

교회가 진정으로 노동자 선교를 한다면 기업인들의 부정을 외면한 채 노동자의 성실만을 말할 수는 없을 것이다. 오늘의 산업사회 부조리를 아는 사람이라면 노동자들이 가난하게 사는 것이 게으르거나 못나서가 아니라 공정한 이윤분배의 윤리가 없기 때문인 것을 알게 될 것이다. 노동자들은 열심히 일하고 있다. 철야작업도 하고 특근도 하고 하루 12시간 이상 노동하는 노동자가 많다. 그러나 이들의 임금은 가난을 거부하기에는 너무도 적은 것이다. 노동자가 가난한 것은 노동자에게 그 책임이 있지 않다. 법을 만든 사람, 법을 운영하는 사람, 일을 시키는 사람, 이것을 보고 가만히 있는 사람들에 의해서 노동자는 감당하기 힘든 가난의 멍에를 메고 있는 것이다. 노동자가 가난한 것은 일을 적게 해서가 아니라 일을 적게 하고 많은 것을 취하는 사람들 때문이다.

노동자 선교를 위한 구체적 사업

노동자 선교를 위한 구체적인 사업을 몇 가지 생각해 본다.

1) 노동자 의식개발을 위한 사업: 자유의식, 권리의식, 평등의식을 위한 교육프로그램과 대화의 모임을 갖고 노동현장에서 일어나는 사례를 연구하는 일을 통해 자신들의 문제를 스스로 알고 행동하도록 해야 한다.

2) 노동교육사업: 노동관계법을 연구하고 노동조합운동 이념과 실제를 연구하여 노사문제를 이끌어가는 능력을 배양하고 조직력 행사를 위한 방법을 체득케 한다.

3) 노사분규조정사업: 기업주의 독선을 저지하기 위한 합법적인 집단행동을 통해 구조악의 대항함으로 노동자의 경제적, 사회적 지위를 향상시키고 인간의 존엄성을 지킨다.

4) 종교 및 문화사업: 노동자 선교의 발단은 구체적 현실이고 이 현실에서의 충실을 통해 선을 배우고 사랑을 체험하고 희생과 봉사의 교제를 통해 종교적 인간으로 발전하도록 한다.

5) 재정: 한국교회가 소유한 재원이 노동자를 위해 얼마나 쓰이고 있는가를 반성할 때이다. 또 교회시설은 어느 정도 노동자에게 개방되어있는가? 지금까지 교회가 노동자에게 냉대한 것에 비하면 아직도 노동자는 교회에 대해 너그럽다고 할 수 있다. 노동자를 계속 외면하는 것은 부당할 뿐 아니라 어리석은 일이다. 교회의 지원을 노동자에게 할애하는 구체적 노력이 필요하다.

(1974년 10월 25일)

3. 1970년대 영등포산업선교회 전략

인명진

(영등포산업선교회 총무, 1972~1984)

1970년 대 영등포산업선교회 활동의 기본적 토대와 근간은 소그룹 운동이었다. 이 시기에 이루어진 소그룹 운동은 이후 노동운동에도 큰 영향을 미쳤으며, 이 운동으로 영등포산업선교회는 노동자들 속에 깊이 뿌리를 내렸다. 이것은 한편으로는 '노동자 중심의 활동으로의 전환'이라는 산업선교 활동 방식 자체의 변화에 의해서, 다른 한편으로는 이 시기 억압적인 정치적 상황에 의하여 이루어진 것이었다.

노동운동을 철저히 봉쇄하려는 정치적 상황, 산업선교를 제일의 반정부 세력으로 보고 탄압하여 없애겠다는 어려운 상황 속에서 상대적으로 더 어려워지는 노동자들의 상황과 전태일 사건이 보여주듯이 날로 격렬해가는 노동자들의 저항현상은 영등포산업선교회로 하여금 그 선교전략을 변경하도록 요구하였다. 이것이 1972년 초 시작한 소그룹 활동을 통한 의식화 활동이다.

이는 지금까지 '소수 지도자' 중심의 활동에서 '밑바닥의 노동자'로, '훈련, 교육'이란 방법에서 '의식화 작업'으로의 전략 변경을 의미한다. 또한 당시의 억압적인 상황에서 취할 수 있는 최선의 노동자 조직형태요 활동으로 생각되었다.

그리하여 1980년 5월 17일까지 영등포산업선교회는 100-150개의 소그룹이 활동하였다. 그러면 이 당시 소그룹 활동은 어떻게 전개되었을까?

1. 소그룹은 어떻게 조직하였나?

1) 같은 회사, 같은 부서, 같은 자리의 노동자로 조직하였다. 이렇게 조직된 어떤 그룹이 자기 부서의 문제에 대해 의식화되면 이는 곧 행동으로 옮겨져 변화를 가져올 수 있게 되는 것이다. 다시 말하면 '의식화'가 곧 '운동'(변화의 실천)으로 연결되는 것이다. 이 같은 구체

적 변화를 가져오기 위한 수단이 소그룹이지 교양을 위한 것이나 단순한 의식화를 위한 의식화, 소그룹을 위한 소그룹이 목적이 아닌 것이다. 또 이렇게 같은 일자리—이는 노동의 현장이다—의 노동자들끼리 그룹을 형성하므로 소그룹 활동이 그들의 삶 자체와 깊이 관련되도록 하였다.

2) 한 그룹을 7~9명 단위로 하였다. 이것은 경험적 결론인데 7명 이하는 그룹 필링(그룹 교감)이 생기지도 않을뿐더러 조직이나 행동의 기본단위로는 약한 느낌을 받았고, 9명 이상이 되면 구성원의 동질성이 결여되고 조직 자체를 유지하기 위한 정력 낭비가 되었다. 더 중요한 것은 7~9명 단위가 '의식화', 즉 지식습득이 아닌 삶의 변화 작업에 가장 적절하다는 것이다.

'의식화'란 모르던 지식을 습득하여 알게 되는 '교육'과는 다른 것으로서, 머리로 깨달아 아는 것뿐 아니라 가슴이 변화되는 것을 말한다고 할 수 있겠다. 무엇을 알았다고 혹은 지식이 있다고 그것이 곧 행동으로 연결되는 것은 아니다. 가슴이 바뀌어야 행동을 할 수 있는 것이다. 그러므로 노동자들에게 그들이 모르던 것, 예를 들어 노동법 등을 알게 해 줌으로써 그들이 곧 행동을 시작할 것으로 기대해서는 안 되는 것이다. 오히려 어정쩡하게 '안다는 것'이 행동에 걸림돌이 되는 경험이 있다.

그러므로 의식화란 머리를 포함한 가슴, 즉 전 삶을 변화시키는 작업이다. 삶이 변화된 사람이라야 행동할 수 있고, 또 행동하는 사람이라야 그 행동을 통해서 삶이 변화된다. 의식화 교육이란 바로 '스스로 문제를 보고 스스로 문제를 해결'하여 나갈 수 있도록 하는 것이다.

또 종교적인 면에서 의식화란 하나님의 형상대로 지음 받은 인간이 자신의 위치를 재인식하고 하나님 앞에서 책임과 권리의식을 갖게 함으로써 하나님과의 관계에서뿐 아니라 현세의 구체적인 집단관계에서도 바른 관계를 갖게 하는 데 있다. 그리고 이러한 삶의 변화란 더불어 살아갈 때, 서로의 삶을 나눌 때 그리고 실제로 행동으로 옮길 때 가능한 것이다.

소그룹 운동이란 같이 모여 이야기하고 생각하고 토론하는 것뿐 아니라 '같이 살아가는' 공동체의 단위인데 7~9명의 규모가 적합하다는 말이다.

3) 소그룹 활동을 여성 근로자들을 대상으로 했으며, 한 그룹 내에 남녀 혼성으로 조직하지 않았다. 영등포산업선교회는 70년대 거의 여성근로자와 함께 일하여 왔다. 남녀 혼성으로

그룹을 조직하지 않은 것은 남녀가 섞였을 때 아직은 어색하고 불편한 전통적 관습의 이유도 있었지만, 여성근로자가 남성근로자보다 더 열악한 근로 조건 하에 있었고, 지역적으로 영등포는 남성근로자보다 여성근로자의 수가 많았다.

또한 정부와 회사의 감시와 탄압 속에서 가계의 책임을 져야 하고 노동자가 영구적 직업이어야 하는 남성들의 경우 산업선교에 가담한다는 것은 큰 모험이요 위험스러운 일이었다. 결혼하면 대부분의 경우 노동을 그만 둘, 노동을 임시로 하고 있는, 또 설사 직장을 잃더라도 그런 정도 저임금 수준의 임금을 받을 수 있는 여성 근로자들을 대상으로 일해 왔다.

4) 소그룹 조직의 또 다른 원칙으로는 비슷한 연령, 비슷한 취미, 비슷한 관심을 가진 사람들끼리 한 그룹이 되게 하는 것이었다.

5) 노동자들이 산업선교와 접촉하여 소그룹을 조직하게 되는 것은 여러 경로를 통해서였다. 이미 소그룹을 하는 친구들의 소개로 시작하게 되는 경우가 제일 많았다.

  ○ 노조결성, 노동조건 개선 등 특별한 목적을 가지고 의식화된 노동자가 목표하는 회사 혹은 부서에 그룹을 조직하는 경우.
  ○ 매스컴의 비난이나 회사의 경고 등 산업선교에 대한 소문을 듣고 찾아와 그룹을 조직하는 경우.
  ○ 해고, 임금인상, 체불임금, 휴일, 노조결성, 산업재해 등 당면한 자기들의 문제를 진정해 오면서 그룹을 조직하는 경우 등이었다.

2. 어떻게 모여서 조직을 하였나?

영등포산업선교회는 그룹을 조직하는 데 있어서 이와 같은 기본적인 원칙만을 제시했을 뿐, 그룹 운영에는 일체 간섭하지 않고 그들 스스로 이끌어 가도록 하였다. 우선 각 그룹은 자기들 나름대로의 특별한 이름을 가졌다. 예를 들면, 상록수, 늘벗, 희망, 한울안, 넝쿨, 선구자, 동지 등의 의미 있고 자신들의 특징을 잘 나타내는 것으로 스스로 선택하게 하였는데, 그 그룹의 성격, 그룹 필링의 조성 그리고 그룹회원들의 소속감을 유지하는 데 그룹 이름이 큰 역할을 하였다.

각 그룹은 대표와 총무를 두었는데 이는 전적으로 그룹원들의 민주적 방법에 의해 선출되었으며, 대개의 경우 6개월의 간격으로 바꾸었다. 대표의 역할은 산업선교와의 연락 그리고 다른 그룹과의 관계를, 총무는 그룹 내부의 재정 등 살림을 맡았다.

각 그룹은 자기들 나름대로의 간단한 규칙을 가지고 있었는데 회비 액수, 모임에 관한 규정, 결석, 지각에 대한 벌금규정 등이었다. 이러한 모든 것들은 전적으로 각 그룹의 자치적인 것으로 영등포산업선교회는 전혀 상관하지 않았다. 자생적 조직과 민주적인 운영만이 강력한 조직이라는 산업선교의 신념뿐만 아니라 그런 일에 불필요한 정력을 낭비해서는 안 되겠기 때문이다.

이렇게 조직된 그룹은 정기적인 모임을 가졌다. 우선 자기들 그룹이 다음번에 모일 수 있는 편리한 날짜와 시간을 스스로 정하고 취급할 주제 그리고 만나고 싶은 실무자를 선택하여 산업선교에 문의하면 모임 장소가 가능한지의 여부, 또 그들이 만나고자 하는 실무자가 그 시간에 자유로운지 여부를 확인하여 약속을 하게 된다. 그리고 산업선교는 그 그룹이 그 시간에 모여 그들이 하고 싶은 일을 하도록 준비해주고 도와주는 역할을 하였다. 혹시 그룹 활동에 필요한 준비물이 있는 경우, 또 그들이 원하는 주제, 간단한 발제 그리고 신문 기사, 책 등 필요한 자료를 주선해 준 것이다.

70년대 초 중반기 또 처음 활동을 시작하는 모임들은 주로 취미활동인 꽃 만들기, 결혼문제, 이성교제 문제, 시간과 돈 사용법, 에티켓 등 교양문제를 많이 취급하였다. 그러나 70년대 중반기 이후와 그룹을 시작한 지 3-4개월이 지나면 자기들 회사의 노동문제, 노동법, 정치, 경제 등의 토픽을 스스로 선택하게 됨을 볼 수 있다.

이것은 처음에 산업선교는 노동자들을 위해 무엇을 가르쳐 주는 곳으로 알고 무엇인가 자기들 생활에 보탬이 되는 것을 얻으러 왔다가 ─대부분 노동자들의 학력이 낮으므로 그들에게 있어서 '무엇을 배워야 하겠다'는 욕구가 아주 강렬했다─ 그런 것이 문제가 아니라 자기가 처해있는 열악한 상황이 더 큰 문제라는 것을 발견하고 충격을 받고 이에 대해 분노하는 '노동자 의식'이 생기게 된 결과에서 비롯된 것이다. 그러고서는 산업선교 실무자들에게 '이 문제를 어떻게 했으면 좋겠느냐'고 물어오는 것이다.

어떤 노동자들은 너무 급한 나머지 단김에 혼자서 해치우려고 덤비는 경우도 있었지만, 대부분 노동자들의 경우 노동자 스스로 힘을 만들어 해결해야 함을 깨닫고 같은 회사의 다른 동료 노동자를 조직하여 산업선교에 오게 하는 일을 열심히 하게 되곤 하였다. 어떤 노동자의 경우 저 사람이 돈을 벌려고 공장에 다니나 아니면 그룹 조직하러 공장에 다니나 할 정도로 조직 활동에 열심을 다하는 경우도 있었다. 어떤 그룹은 그룹 확장을 위해 아예 그룹 전원이 흩어져서 각기 한 그룹을 조직하는 일도 있었다.

노동자들과 산업선교는 조심스럽게 그 회사에서 최우선적으로 개선해야 할 노동자들의 문제가 무엇인지를 의논하고 그 문제의 원인 그리고 해결할 수 있는 방안, 해결하려고 할 때 생기게 될 예상되는 문제점, 또 극복할 수 있는 방법이 무엇인지에 대한 토론을 하였다. 물론 이런 과정은 각 그룹별로 진행되었는데 때가 이르렀다고 판단되면 그 회사 안에 있는 전체 그룹이 수련회 등 함께 모여 이 문제를 집중적으로 토의하고 행동에 대한 최종 결정을 하였다.

경험적으로 보통 한 회사 전체 근로자 수의 200분의 1 혹은 300분의 1 정도의 그룹 회원이 있으면 행동에 옮기곤 하였다. 그리고 어느 회사의 노동자들이 구체적인 노동조건 개선 투쟁을 시작하려 할 때 산업선교는 노동자들과 다음의 사항을 확인하였다.

1) 해당회사 그룹을 제외한 다른 회사 소속 그룹이 100개가 넘는가(지원세력 확보 여부).
2) 정치사회적 여건은 어떤가.
3) 노동자들의 싸움을 지원할 바깥 세력(학생, 청년, 교회 등)의 형편은 어떠한가.

이러한 사항들을 면밀히 검토하여 100여 개 정도의 충분한 지원 그룹이 확보되어 있지 않거나, 계엄령 등으로 정치적 정세가 불리하거나, 주력 지원 세력인 학생들이 방학이라던지 교회가 다른 문제로 여유가 없다든지 할 때에는 싸움을 연기했었다.

소그룹활동을 통한 노동자들의 의식화 활동은 이와 같이 필연적으로 곧 근로조건 개선 투쟁으로 연결되었는데, 70년대 영등포산업선교회에서 다룬 굵직한 노사분규만도 20여 건에 달하고 있다.

3. 이런 과정에서 실무자들의 역할은 무엇이었나?

"우리들은 노동자들과 함께 먹고, 같이 살고, 같이 소리치고, 같이 웃고, 같이 화내면서 그들을 깨우치는 데 온 힘을 다 기울였다. 그들에게 무엇을 가르치는 것이 아니라 그들과 삶을 함께 나누는 것이다. 본회퍼의 말대로 '함께 사는 것'이었으며, '민중을 위한 것'이 아니라

'민중 속에서' 그들 삶 속에 같이 있었던 것이다. 그들이 웃으면 같이 웃고, 그들이 울면 같이 울고, 그들이 화내면 같이 화내었다.

얼마 후 우리는 놀라운 사실을 발견하기 시작했다. 즉 우리와 함께 살면서 그들이 변하기 시작했던 것이다. 하나님의 형상대로 지음 받은 한 인간으로서, 노동자로서 그들은 스스로를 자각하고 자기 권리를 주장하기 시작했던 것이다. 그들은 자기들을 억압하고 있는 구조적인 악에 용감하게 도전하기 시작했고, 피나는 싸움을 통하여 끝내 그들에게 고통을 주던 구조적인 악을 변화시키는 데 어느 정도는 성공하게 되었던 것이다."

영등포산업선교회 실무자들은 이런 과정 속에서 예수 그리스도의 남은 고난에 참여하는 특권을 누렸고, 노동자들이 한 인간으로서 피어나고 또 노동자로서 일어나서 하나님 나라의 의의 투쟁에 용감히 나섰고 그래서 사탄의 구조가 무너지고 새로운 질서가 수립되어지는 하나님 나라의 확장을 보면서 그리스도의 부활의 승리를 미리 맛보는 한없는 기쁨을 미리 경험하기도 하였다.

파이오니어 모임

이 같은 소그룹 운동과 함께 꼭 기억해야 할 것은 그룹 대표자 모임 '파이오니어 모임'이다. 이 모임은 매월 1회 이루어졌으며 각 그룹의 강화 방안, 경험 교환, 지도력 개발 등을 위한 다양한 활동이 전개되었다. 그리고 근로조건 개선을 위한 공동대응으로까지 그 활동의 폭과 내용이 발전하였다. 이에 관한 기록을 살펴보자.

〈1973년〉 파이오니어는 산업선교 대표들을 뜻하는 것이다. 이들은 매월 1회 정도 모이는데 주야간 노동하는 근로자들을 위하여 편의상 같은 모임을 오후 3시와 밤 7시로 나누어 두 번 모인다. 이 모임에서는 처음 한 시간은 특강을 듣고 다음 한 시간은 각 그룹들의 활동에 대한 경험을 교환하고 나머지 한 시간은 식사를 하면서 친교시간으로 지낸다.

파이오니어 모임의 주목적은 그룹을 강화하고, 경험을 교환하며, 리더십을 양성하는 것이라 할 수 있다. 지식을 넓히고 경험을 교환하고 서로 대화하는 일을 통하여 자기 일에 대한 재검토와 확신을 얻고 협동의식을 개발하여 '같이' 살아가는 방법을 체득하게 된다.

〈1975년〉근로자 그룹대표들의 연석모임인 파이오니어는 원래 매월 1회씩 모임을 갖게 되어 있다. 그러나 74년도에는 6회밖에 모이지 못하였다. 이 모임에서는 각 그룹의 활동과 경험을 교환하며 각 회사에서 발생한 여러 가지 사건을 연구 검토한다.

참가 근로자: 152명. 연간 집회 수: 9회. 연 참가인원: 436명.

80개의 그룹 대표들이 매월 1회씩 정기모임을 통해 그룹 활동에 대한 경험을 교환하고 식사와 대화의 시간으로 친교활동을 하며, 산업선교 활동 전반에 대하여 보고를 듣고 공동으로 해야 할 사업들을 협의하고 결정한다.

〈1976년〉노동자들이 기업주로부터 당하는 억울한 일을 공동으로 지원하며 침해된 인권 회복을 위해 해야 할 일을 토의하고 결정하고 행동한다. 부당하게 해고를 당하여 가족과 본인의 생계가 어려워진 동료를 위하여 헌금을 하여 회사에서 받아온 임금만큼 매월 지원하는 일을 결정했고, 또 장시간 강제노동(주 72~90시간)을 시키고 있는 기업체 사장님에게 하루 1,000통의 전화와 1,000통의 편지로 강제노동을 중지할 것을 호소하자는 결정을 하기도 했다. 또한 이 모임에서는 그룹활동을 도울 실무자를 근로자 중에서 선정하고, 그를 위해 원하는 그룹만 매월 700원씩 내기도 한다.

연간 집회 수: 36회. 총 참가인원:1,800명.

〈1977년〉연간 집회 수: 1,988회. 총 참가인원: 2만 2,564명

〈1978년〉매월 평균 300-400회 정도의 집회가 있는데 매월 연 참가인원은 4,000~5,000명의 근로자들이다. 여기에서는 근로자들이 노동생활과 관련 있는 많은 문제를 토의하고 일반교양과 상식에 관한 교육도 실시하였다.

〈1979년〉각 그룹이 7~10명으로 조직되어 있으며 각 그룹은 매월 3~4회씩의 정기모임을 갖고, 자기 일터에서 일어나는 여러 가지 문제에 대하여 연구 토론하며 근로자들이 해야 할 문제를 발견하고, 행동하는 일을 하고 있다. 우리는 100여 개의 그룹조직을 가지고 있으며, 1979년 5,200여 회의 모임을 가졌으며, 여기에 참여한 근로자 수는 6만 2,400명에 달한다.

(『영등포산업선교회 40년사』, 1998)

4. 산업선교의 성서적 근거

김용복

(민중신학자)

오늘 산업사회의 한 복판에서 노동자들과 예수 그리스도의 복음을 나눈다는 것이 무엇이 며, 이를 위한 성서적 기반이 무엇인가 하는 것을 묻는 것은 중요한 과제라고 하겠다. 왜냐하 면 지배체제는 기독교 선교활동을 노동현장에서 배제하려고 하여 왔고, 노동운동의 이념은 기독교 신앙의 이념과 실천을 무기력한 것으로 평가하고 있으며, 또한 교회에서도 산업선교 의 방법론에 대한 왈가왈부를 해 왔기에 노동사회에 있어서 '복음을 나눔'에 대한 깊은 성찰 을 필요로 하고 있다.

교회와 산업선교의 실무자들까지도 기독교의 복음과 신앙에 대한 냉소적인 태도에 확고 한 신념과 이론을 가지고 대하지 못하여 고민하고 있다는 사실을 생각하면, 이 문제는 자못 중요한 과제라고 아니할 수 없다.

I

하나님은 그의 백성과 계약을 맺으셨다. 이 계약의 내용은 하나님은 그의 백성을 안전하 게 보호하여 생육하고 번성하게 하시기로 약속하였다. 하나님은 그들의 생명과 사회경제적 안전과 충만한 삶을 약속하신 것이다.

히브리의 노예들을 이집트에서 탈출시키시었다. 노예관계가 하나님의 백성의 공동체에 이루어지지 않도록 계약법(예: 출애굽기 21장 1절-23장 33절)을 설정하시고, 안식년에 노예 를 해방시키시고 희년(레위기 25장)의 장치를 두어 노예관계와 사회경제적 예속관계를 원칙 적으로 금지하도록 배제하신다. 하나님의 이 계약과 약속에 의하여 노예는 해방의 권리를 부 여받게 된 것이다. 주인은 안식년에 노예를 해방시킬 의무가 있다. 이런 노예제도의 근원적 배제에 의하여 하나님과 그들의 사회경제적 안전을 보장하고, 그들의 삶을 충만케 한다.

이 출애굽 사건과 이에 나타난 하나님의 의지가 이 노예해방의 계약법으로 나타나듯이 오늘 현대 산업사회에서 하나님의 뜻은 여러 가지 사회법으로 나타난다. 노동자의 권리를 옹호하는 노동법에 약자(예: 어린이, 노약자, 신체 불구자의 권리에 관한 법)를 보호하고, 그들의 권리를 보장하는 모든 사회법에 출애굽의 하나님의 계약과 뜻이 나타난다. 그러기 때문에 하나님께서는 노동자와 약자의 권리를 옹호하여 그가 창조하시고 섭리하시는 인간공동체의 안전과 생명을 보장하시며, 이 인간 공동체에 정의와 사랑과 평화가 꽃피며 생명과 삶이 충만하게 하신다.

기독교 신앙은 이 하나님을 의로운 하나님, 생사화복을 주장하시는 하나님, 창조주 하나님으로 고백한다. 인간 역사는 하나님과의 관계를 깨뜨리고 거역하여 스스로 강자가 약자를 억압하며, 부자가 가난한 자에게서 탈취하며, 약자와 빈자를 유린하는 사회적, 역사적 악순환에 의하여 좌우되게 되었다. 이런 사실은 이스라엘의 왕 아합이 나봇의 포도원을 탈취한 이야기에서 전형적으로 나타났다. 아합은 이세벨의 흉측한 모사로 전체적 왕권을 이용하여 나봇을 살인하고, 나봇이 조상으로부터 물려받은 즉 하나님이 주신 토지를 탈취한다. 이것이 왕권의 실체다. 이것이 하나님과의 계약관계를 거역하는 것이고, 계약법을 파괴하는 것이며, 약자의 권리를 유린하는 것이다. 여기에는 사회경제적 안전이 있을 수 없고, 이 사회에서는 생명이 파괴된다.

이런 역사적 현실에 대응하고, 하나님과의 계약관계, 즉 계약법을 회복하여 빈자와 약자를 회복하기 위하여 예언자들의 운동이 선지자 엘리야에 의하여 시작된다. 예언자들은 하나님의 허락하신 계약공동체를 회복하고, 그 한복판에서 정의로운 하나님을 고백하는 운동을 전개하였던 것이다.

예언자들의 운동은 왕권체제가 빈자와 약자의 권리를 유린하고, 하나님의 백성의 사회경제적 안전이 파괴되고, 인간의 생명이 파멸되는 역사적 현실 속에서 하나님의 약속을 믿고, 계약공동체를 회복하며, 하나님은 정의로운 하나님이심을 고백하는 운동이다.

II

예수는 하나님의 백성에게 하나님의 의로운 통치를 선포하여 하나님과 하나님의 백성 사이에 새 계약을 매개하였다. 히브리서 8장에 예수 그리스도는 새 계약의 매개자로서 예레미야 선지자가 말한 바로 그 새 계약을 이루었다. 기독교 역사에서 신구약을 대치시켜 예수의 새 계약을 비역사화한 것은 잘못된 해석이다.

예수는 헤롯의 압제와 잔인한 통치 속에서 태어나서, 갈릴리의 사람들이 하나님의 백성 됨을 선언하고, 그들과 하나님과의 새 관계, 즉 새 계약을 선포하였다. 이것이 구원의 의미이다. 그는 땅의 사람들 그리고 버림받고 천대받으며, 억압당하고 빼앗기는 사람들, 병들고 약한 사람들을 무조건적으로 사랑하여 그들의 친구, 그들을 위하여 목숨을 바칠 수 있는 친구가 되었다. 그래서 그들 중에 하나님의 의와 사랑이 실현되고 하나님의 주권과 통치가 이루어져서 새로운 하나님의 백성이 되고 하나님의 새 계약공동체가 된 것이다.

예수를 통한 새 계약은 예수의 민중과의 동반적 삶과 운명을 같이하는 연대에서 이루어졌다. 그는 민중의 친구로서 병든 자를 고쳐주었고, 소외된 자들을 인간공동체를 창조하여 회복시켰고, 굶주린 자가 배부를 수 있도록 오병이어로 삼천 명, 오천 명이 나누어 먹는 기적을 일으켰다. 이 새 계약의 수립으로 지배계급의 통치이데올로기로 화해버린 율법을 타파하고, 법(안식일의 법)이 사람을 위하여 있는 것으로 사람이 법을 위하여 있는 것이 아니라고 법의 횡포에 희생되는 민중의 권리를 옹호하였다.

예수의 새 계약운동은 예수의 십자가에서 그 절정에 달한다. 그는 최후의 만찬에서 떡과 포도주를 나누면서, 그의 십자가의 죽음이 새 계약을 하나님과 하나님의 백성(인간) 사이에 회복하고, 성찬을 그 구체적인 증표로 주었다.

예수를 십자가에 못 박은 세상의 권세는 하나님과 인간 사이의 관계를 완전히 붕괴하는 죽음의 세력이다. 이 세력은 하나님과 인간의 관계를 적대화하고 인간사회를 적대관계의 악순환인 적자생존, 약육강식의 원리가 사회를 지배하게 한다. 이 죽음과 악의 세력을 물리치고, 승리한 사건이 예수의 부활 사건이다. 이것은 하나님은 살아계시고, 죽음의 세력은 심판하신다는 구체적 사건이다. 부활사건은 하나님의 정의에 대한 신뢰의 근거이다. 바꾸어 말하면 부활신앙은 하나님은 정의로우시다. 그러므로 그는 불의와 악이 이기는 죽음의 세력을 이기신다는 신앙고백이다.

이 부활의 사건은 오순절의 하나님과 그리스도의 성령의 사건으로 구현되어 하나님의 백성의 새 계약 공동체가 표출된다. 이 공동체는 사도행전 2장과 4장에 나타나는 대로 모든 것을 나누고, 가난한 사람이 없는 새로운 인간공동체가 된다. 이 공동체는 로마제국의 정치사회경제 질서 그리고 로마의 문화와 상반된다. 로마의 노예사회 경제 질서, 로마의 제국 전체질서는 그리스도를 십자가에 처형하는 불의의 질서요, 생명을 파괴하는 질서이다.

이 초대교회, 즉 하나님 백성의 공동체는 새 계약 공동체로서 거기에는 노예와 주인의 구별, 유대인과 이방인, 남자와 여자의 위계질서가 없는 완전한 정의, 사랑, 평화의 코이노니아였다. 사도 바울은 오히려 어리석은 자가 지혜로운 자를, 약한 자가 강한 자를 바로잡는 공동체라고 하였다. 이것이 새 계약공동체이다.

III

하나님과 그의 백성의 계약관계는 새 계약공동체의 비전인 메시아 왕국으로 나타난다. 이 새 계약공동체는 요한계시록 21장과 이사야 11장에서 뚜렷이 나타난다. 이 비전의 내용은 하나님은 그의 백성의 하나님이 되고, 하나님은 그들의 하나님이 된다는 계약이다. 이 하나님의 약속은 그들로 하여금 새 계약공동체, 새 하늘 아래 그리고 새 땅 위에 있는 새 평화의 도시, 즉 새 예루살렘에 대한 비전을 가지게 한다. 악마와 죽음의 세력이 역사를 흑암과 혼돈으로 만들어버린 때, 에덴의 동산(창세기 1장과 2장)이 이루어지고, 정의와 평화의 메시아 왕국이 나타나 가난한 자를 옹호하는 재판이 이루어지며, 모든 애통과 슬픔이 사라지는 메시아의 통치가 꿈꾸어진다.

이 비전이 새 계약공동체의 실체요, 비전이다. 이 비전은 암담한 현실을 분명히 조명하는 감지력과 시각을 제공한다. 에덴에서 가인과 아벨의 골육상쟁을 뚜렷이 볼 수 있다. 정의와 평화의 메시아 통치의 시각으로 바벨론과 로마의 횡포를 여실히 볼 수 있다.

이 비전은 하나님의 약속의 구현으로서 내일에 대한 희망이 징표이다. 이 비전은 어둠 속에 비치는 소망의 빛이다. 이 비전은 절망의 쇠사슬을 잘라버린다. 그리하여 하나님의 백성을 해방에 대한 감각을 예리하게 한다.

하나님과의 새 계약관계에서 이루어지는 메시아 왕국에 대한 비전은 억압과 가난과 소외의 역사적 정황 속에서 고난당하는 하나님의 백성, 민중이 가진다. 세상 권력에 결탁하여 현실을 만족케 하는 사람들은 이런 비전의 보유자가 될 수 없다. 어디까지나 현실이 지상의 것이기 때문이다. 고난당하는 하나님의 백성은 메시아 왕국의 비전을 보유할 특권이 있다.

이 비전은 하나님에 대한 신뢰에 그 기원이 있다. 하나님은 정의로운 통치자이시다고 믿는 신앙이 "정의가 하수같이 흐르는 세계"에 대한 꿈과 소망을 가지게 된다. 하나님은 악과 죽음의 세력을 정의로 이기시고, 인간의 생명을 보전하신다고 믿는 신앙은 위대한 힘을 가진다.

포로로 끌려간 하나님의 백성 이스라엘은 하나님의 약속에 대한 신뢰를 가졌기에, 에덴과 메시아 왕국의 비전을 가지게 된 것이다. 여기서 포로로 끌려간 하나님의 백성이 곧 고난의 종의 처지에 있었던 것이다.

로마의 학정 밑에서 학살당하고, 핍박당한 초대교회는 새 예루살렘의 비전을 보유한 사람들이었다. 이 비전은 초대교회, 새 계약 공동체로 하여금 로마의 압제와 탈취의 질서를 극복하는 원동력이 되게 하였다.

어떤 사람들은 이러한 메시아 왕국 비전이 유토피아적이라고 간과하는 경향을 가지고 있으나, 사실은 이 비전이야말로 암담한 역사적 현실 속에서 가장 박력 있는 하나님의 정의에 대한 신뢰이며, 가장 구체적인 샬롬의 표현인 것이다.

IV

산업사회에서 교회는 '하나님은 정의로운 하나님이시다'는 증거를 함으로 말미암아 노동자들이 하나님의 정의에 대하여 신뢰를 가지게 하는 것이다. 하나님은 정의롭게 판결하시는 분이시다는 민중의 신앙은 민중으로 하여금 하나님과의 계약관계에 놓이게 하고, 하나님은 그들의 생명과 사회경제적인 안전과 충만한 삶을 보장하신다는 확신을 가지게 될 것이다. 이러한 민중의 신앙, 하나님의 정의로운 통치를 신뢰하는 신앙은 모든 불의의 산이라도 움직일 수 있다.

이 신앙을 가지고 민중은 예수 그리스도를 통하여 하나님과의 새 계약관계에 들어가며, 예수와 함께, 예언자들과 함께, 초대교회와 대항하여 싸우게 될 것이다.

민중의 이런 신앙은 아무리 암담한 상황에서도 소망의 빛을 가질 것이며, 이 소망은 내일의 메시아 통치에 대한 비전을 가지게 될 것이다. 이것이 바로 새 계약 공동체운동으로 전개될 것이다.

(산업선교, 1987)

5. 노동선교의 현황과 전망

박진석

(영등포산업선교회 총무, 1998-2003)

1. 시작하면서

한국교회가 이 땅에 노동선교를 시작한 지 30년이 되었다. 물론 일제 강점기부터 지교회에서 혹은 어느 개인, 단체가 조금씩 여러 형태로 했겠지만 교단이 공식적으로 조직을 하고 시작한 것은 1957년으로 잡고 있다.

그 이후 오늘의 노동선교의 현황은 과거의 역사로 얽혀져 있는 것이고 동시에 미래로 이어져 있는 것이다. 즉 노동선교를 둘러싼 주관적 객관적 조건들 속에서 특히 노동운동의 제반 흐름과 한국 사회 속에서 설정되는 것이다. 이런 기본 인식 속에서 다음 몇 가지로 생각해 보고자 한다.

2. 노동선교의 역사

1) 노동선교의 뿌리

한국교회가 노동선교를 착수하여 시작한 것은 도시산업선교에 있다. 도시산업선교의 틀을 제일 먼저 조직한 교단은 대한예수교장로회(통합) 총회이다. 1957년 총회 전도부 안에 '산업전도위원회'를 조직하여 최초로 공식화한 것이다. 이 조직이 아직도 총회 전도부 안에서 '산업선교위원회'로 남아 계속 지원과 활동을 하고 있다.

다른 교단에서도 1961년 이후 공식 결의를 거쳐 선교를 시작한다. 기독교대한감리회가 1961년 9월 '인천산업전도위원회'를 조직하고 동일방직과 한국기계공업주식회사(현재 대우중공업)에서 일주일에 한 번씩 예배를 드린다. 성공회가 황지 광산에서, 그 외 기독교장로회와 구세군에서도 60년대 초에 공식 결의를 거쳐 노동선교의 활동을 시작하게 된다.

초기 노동선교의 조직과 활동은 한국교회가 가지고 있는 전통적인 선교의 뜨거운 열정으로부터 시작된 것이라고 본다. 즉 공업화 과정에서 노동자 한 사람 한 사람을 그리스도에게 인도한다는 순수한 목회적 관심과 전도의 열정에서 선교활동이 시작된 것이다. 이러한 근거는 철저히 성서적 바탕에 두고 활동했음을 당시 기록을 보면 알 수 있다. 주로 많이 쓰인 성경 본문이 사도행전 1:8-9, 요한 5:21, 누가 4:18-19이다.

2) 발전 단계와 주요 활동을 노동선교의 과정을 크게 3단계로 구분하여 본다면 초기 단계(1958년-1967년), 2단계(1968년-1972년), 3단계(1973년-1979년)로 구분한다(참조: 『도시산업선교의 의식』, 조승혁 저).

초기 1단계에서는 노동선교의 관심을 일으키는 시기로서 공장전도 활동을 중심으로 각종 문서 활동, 방송을 통한 선교활동, 전도프로그램으로 체육대회, 진료봉사, 조사사업 등을 하였다. 대체로 이 시기는 전도와 예배 중심의 활동이었다.

2단계는 산업전도에서 도시산업선교로 명칭뿐 아니라 활동의 중심과 초점이 노동자 한 사람에서 구조적 관심으로 전이하는 단계였다. 즉 교회적 방법을 탈피하면서 노동자 중심의 의식화 교육, 노동자 권익과 인권 보호, 복지 활동, 소모임 그룹 활동 등 조직적 선교활동을 전개하였다. 이런 활동을 지역에 전임 실무자를 두어 활발히 진행하였다. 물론 이런 선교활동들이 70년 이후 본격적으로 전개되면서 70년 말로 이어진다.

3단계는 도시산업선교가 조직적으로 70년대 노동운동에 깊이 동참하면서 고난을 받은 시기다. 유신 상황과 긴급조치 하에서 언론과 정부로부터 집중적 탄압을 받으며 선교활동을 하였다.

이때까지의 특색 중 하나가 교파주의를 탈피하여 에큐메니칼 운동의 일환으로써 도시산업선교 활동을 했다는 점과, 또한 도시 빈민선교로 '수도권 특수지역 선교위원회'를 결성하여 도시빈민조직 운동을 동일한 문제의식의 접근으로서 전개하였던 점이다.

3. 노동선교의 현황

여기서 현황은 80년 이후의 도시산업선교의 새로운 단계와 전개를 말한다. 80년 이후 특히 광주민주항쟁은 우리 전체 사회와 노동운동, 노동선교에 있어서도 새로운 변화를 주었다.

즉 선교의 방향과 내용, 방법 등에 대해 총체적으로 새로운 지평을 여는 계기가 되었다.

70년대 노동선교 활동이 재정자립, 실무자 훈련, 정책 수립 등 몇 가지 차원에서 지속적 운동으로 발전되지 못함에 따라 80년으로 정확히 이어지지 못하고 단절되는 아픔을 겪었다. 물론 여기에는 제반 조건과 상황이 둘러싸여 있지만 기장 중요한 문제는 노동선교자들의 사회과학 인식의 결여, 선교전략과 전술의 부재, 끝으로 노동선교의 자기 정체성에 대한 불신과 비주체적 자세에 있었다고 본다.

대체로 이런 과제를 안고 노동선교는 다음 세 가지 형태와 방향에서 노동운동의 한 부분으로서 전개되고 있다.

1) 산업선교 센터를 중심으로 하는 노동선교

70년대 산업선교는 전국적으로 10개 이상 분포되어 있었지만 80년 이후에는 영등포도시산업선교회(예장), 인천기독교도시산업선교회(기감), 청주도시산업선교회(범 교단), 성수도시산업선교회(기장)로 활동을 하고 있는데, 지역에 따라 각기 특색을 갖고 선교활동을 하고 있다.

주로 초기 노동자 대중 프로그램, 공개 대중집회, 문서 활동, 노동조합에 관한 프로그램, 대중활동가 교육프로그램 등이 있다. 80년대에 있어서 중요한 변화는 노동교회로서 예배와 신앙 선교활동을 자기 일로서 기본 사업들에 충실하고 있다는 점이다. 또 한 가지가 있다면, 지역운동이란 차원에서 선교센터의 위상을 설정하여 연대지원사업들을 하고 있다는 점이다.

2) 민중교회로서 노동선교

1972~3년경, 노동자를 중심으로 약 8개의 교회가 시작되었는데 이것이 현재의 민중교회의 태동이다. 이때 교회는 노동자와 도시빈민을 중심으로 기존교회의 형태에서 탈교회화하면서 교회갱신과 민중신학의 실천으로서 그리고 한국 사회의 모순에 깊은 참여로서 출발과 발전 과정이 있었다.

현재 약 60여 개의 민중교회가 노동자와 도시빈민을 중심으로 자기 역할과 기능을 지역 근거지를 바탕으로 활동하고 있다. 선교 프로그램으로는 신앙고백을 중심으로 한 예배와 신앙공동체, 초기 노동자교육 프로그램(야학, 문화교실, 교양교실 등), 노동문제와 지역생활 상담소, 탁아소, 진료소, 지역 대중사업 등이 있다.

아직 역량은 부족하지만 지역민중의 생활을 근거로 하여 자기 임무와 사업을 선교적 차원에서보다 교회의 정체성을 확립하려고 노력하고 있다. 앞으로 민중교회는 한국 사회 변혁 과정에서 교회의 변혁을 실천적으로 모색할 것이며, 동시에 민중운동에 주체적 참여를 좀 더 확대할 것이다.

그러나 앞으로 과제는 전체적 통전과 실천의 전문성, 제반 역량 강화에 충실해야 할 필요성이 있다.

3) 공개 대중조직운동으로서 기노련

초기 몇 년 기노련은 공개 대중기구로서 요구되는 운동성이 짙었으나 이제 우리 운동이 합법성과 공개성을 획득해 내면서 기노련은 운동의 기반인 기독노동자 대중조직에 역량을 강화하고 있다고 본다. 신앙을 갖고 있는 기독노동자를 기본 대중으로 조직하여 지역단위와 부분 운동으로서 자기 역할과 임무를 다하고 있다.

4. 노동선교의 전망

80년 이후 노동선교는 기구중심의 사업에서 정확한 운동적 방향과 목표, 신학적 내용 및 전체 운동과 상호규정의 부분 운동으로서, 또한 지역 단위의 운동과 자기 운동의 실천 토대인 대중조직 운동으로서 전개되고 있다.

앞으로 노동선교는 합법적 공개운동의 영역을 확대하면서 대중조직(기독노동자) 운동을 가열 차게 추진할 것이다. 이에 따라 노동선교의 내용이 더욱 전문성을 필요로 할 전망이다. 그러므로 기독교운동에 대한 자기 정립이 신학적으로 체계화되어야 하며 자기 실천이 구체적 운동 전술로 검증되어야 할 것이다.

(산업선교, 1988)

6. 영등포산업선교회와 나

한명희

(전 영등포산업선교회 실무자)

콘트롤데이타 노동조합은 어쩌면 영등포산업선교회를 통해 결성되었다고 해도 과언이 아니다. 1973년 12월에 영등포산업선교회에서 금속연맹 영등포지부의 간부가 참석하고, 8명의 선배들이 모여 결성식을 가졌다고 한다.

노동조합 결성의 직접적인 계기는 남자 관리자들보다 임금인상이 조금밖에 되지 않은 사건에 격분한 선배들이 영등포산선을 찾아가 상의한 것이었다고 한다.

노조가 결성되자 회사에서는 "다국적 기업인 미국회사에서 노조를 결성하면 문 닫고 회사가 철수 할 것이다" 라는 위협을 가했지만, 노조 결성 하루만에 600여 명 중 400명 이상이 조합 가입원서에 서명을 하자 회사가 노조를 인정했고, 이후 9년여 동안 민주적인 노동조합 활동을 통해 다른 사업장에 비해 근로조건의 신장 등에서 괄목할 만한 성장을 했다.

나는 1972년 5월에 콘트롤데이타에 일주만 다녀 보겠다고 입사하였는데, 결국 회사가 철수할 때까지 11년 6개월의 공장 생활을 하였다. 처음 5년 동안은 공순이라는 신분(?)을 철저히 감추고 생활하였다. 공장에 다닌다고 하면 누구나 멸시하던 사회 분위기였기 때문에 나는 날라리처럼 옷을 해 입고, 피아노를 배우러 다니고, 테니스를 치러 다니고, 저녁이면 명동으로 쏘다니면서 친구들은 물론 부모님에게까지 공장에 다닌다는 것을 속이며 생활하였다.

그러던 중 5년 정도가 지나면서 나는 무언가 새롭게 변신을 해야겠다는 강한 의지가 생겼고, 우선 반장으로 승진해야겠다는 개인적인 신분 상승이었다. 반장 승진시험을 보고 난 후 공장장에게 찾아가 "반장을 시켜주면 적극적으로 열심히 일을 잘하겠다"고까지 아부를 하고 나서 나는 드디어 반장이 되었다. 그런데 반장 임명장을 받기 이틀 전, 이영순 선배의 제안으로 노조 대의원이 되었다. 사실 나는 당시 현장에서 사사건건 관리자들과 부딪치면서 갈등관계가 있었는데, 그로 인해 '깡패'라는 별명까지 얻고 있었다. 반장이 되어서 나와 부딪치고 무시해 온 관리자들에게 복수해야겠다는 생각조차 있었는데, 이영순 선배의 대의원을 해보지 않겠느냐는 제의에 대해 두말없이 그러마고 했다.

이영순 선배에게는 반장이 된다고 하면 대의원을 맡기지 않을 듯하여 숨겼는데 나는 이틀 사이에 노조 대의원과 반장 직책을 동시에 갖게 되었다. 반장은 작업복 색깔도 다르고 조합원들에게는 원성의 대상이었기 때문에 나는 보다 조합 활동을 더 열심히 해야 했다. 노조의 신임을 얻기 위해 회사의 정보를 미리 알아내어 노조에 알려주고 당시 어용노조로 굳어가던 집행부를 뒤집어 이영순 선배를 중심으로 하는 민주노조를 세우기 위해 정말 열심히 뛰어다녔다. 콘트롤데이타 노동조합은 이영순 선배를 지부장으로 하고 나는 대의원이 된 지 3개월 만에 부지부장으로 선출되었다.

한 사업장에 민주노조를 세운다는 것은 정말 힘든 일이다. 우리는 당시에 지부장만 이영순 선배로 바꾸면 될 것이라고 생각하였는데, 임시총회가 있기 전날, 일부 상집 간부들이 야간조 대의원들까지 동원하여 "박명자 지부장에 대해 불신임을 하면 우리 모두 간부직을 그만두겠다"고 협박하는 것이 아닌가! 그리고 다른 한쪽에서는 몇몇 간부들이 화투를 치면서 우리 대의원들을 몰아세우고 있었다. 이런 간부들을 믿고 노조를 맡겼다간 큰일 나겠다 싶은 생각이 들었고, "그래 좋다. 다 그만두어도 좋다"고 외쳤다.

민주노조로 개편되고 난 후 왕성한 투쟁과 임단협 교섭을 전개하는 데 몰두한 지 8개월 정도가 지났을 때 회사 측 한 임원으로부터 "조직부터 잘 챙기라"는 권고를 받았는데 현장을 돌아보니 상급조직인 연맹의 교육부장과 반조직분자들이 조합원들을 식당 등으로 몰고 다니면서 조직작업을 진행하고 있었다. 그야말로 노조가 1년도 채우지 못하고 또다시 어용으로 뒤집힐 상황이었던 것이다. 그때 이영순 지부장이 나를 영등포산업선교회로 데리고 갔다.

처음 영산에 갔을 때의 일이다. 인명진 목사님(처음 인상은 목사라기보다 형사 같았다)은 이영순 선배와 몇 마디 주고받더니 "아니 이 사람 우선 조직을 잘 건사해야지. 임금인상에만 푹 빠져서 열심히 하면 나중에 어떻게 하려고 하나?" 하시면서 "내가 술 한 잔 받아줄 테니 잠시만 기다려" 하시면서 일어나 나가려고 하는 게 아닌가. 나는 깜짝 놀라 "아니 목사님께서 술을 사러 나가시면 어떻게 해요? 다른 사람들이 어떻게 생각하겠어요?" 그제야 정신이 드시는지 "아 참 목사가 술을 사러 다니면 욕을 먹겠지요?" 해서 웃음바다가 되었었다. 목사님이 우리를 위로하고자 하신 마음이 앞선 것이겠거니 이해가 되면서 모태신앙을 가지고 있는 나로서는 놀라운 일로 생각되었다.

이후 때때로 영등포산선에 들러 시국 이야기를 듣기도 하다가 노조 조직도 정비가 되고 안정을 찾게 되어서는 영등포산선의 노동교회에 작정을 하고 나가기 시작했다. 이영순 선배는 당시 가톨릭에 나가고 있었고, 나는 나중에라도 비빌 언덕으로 영등포산선을 생각하고 교회에 나갔던 것 같다.

80년대 서울의 봄 때, 날마다 시내에서 데모하러 쫓아다니던 일, 여의도 노총회관에서 노총민주화를 요구하며 점거농성을 하던 일, 금속연맹 대의원대회를 산하 몇몇 노조가 모여 어용노조 규탄대회로 뒤집은 일, 이러한 사건들은 거의 어김없이 영산에 모여서 계획하고 추진하기도 하였다.

1982년 봄, 콘트롤 데이터 노조가 가장 어려웠던 시기였다. 3월, 단체교섭 중에 회사 측은 이영순, 유옥순, 박영선 등 노조간부 6명을 해고하였다. 이에 노조는 9일간 파업을 단행하였다. 파업을 시작하자 몇 개의 노조가 지지방문을 했지만 경찰이 몇 겹씩 에워싸고 있어 직접 만나지는 못하고 물품만 경비실에 맡기고 가기도 하였다. 당시 명노선 선생님과 산선의 노동자들이 지원을 와서, "여자들이 파업을 하니"하면서 생리대를 엄청나게 큰 자루에 넣어서 두고 갔는데 한편으로 고맙기도 하고 한편으로는 얼마나 파업을 오래할 것으로 생각하고 있는가 하는 생각에 두렵기도 하였다.

1982년 4월 19일로 기억이 되는데, 늘 산업선교회를 앞장서서 비방하던 책자를 발간하던 중앙정보보부 앞잡이 홍지영이라는 괴물 같은 사람이 회사로 나타나 교육을 3시간이나 했던 적이 있다. 주된 내용은 "한국 사회선교협의회가 WCC라는 용공단체로부터 돈을 받아 산업선교회를 통해 노동자들을 선동하고 있다. 도산이 침투하면 도산한다. 도산에서는 찬송가도 뒤집어 부르고, 기도도 거꾸로 한다"는 식의 영산에 대한 비방교육이었다. 교육 끝에 질문을 하라고 해서 나는 대뜸 "지금 3시간 동안 이야기한 당신의 이야기가 진실이냐?"고 물어 보았다. 이에 "나는 원래 한 10시간은 이야기해야 하는데, 지금 3시간밖에 못했다"면서 얼버무리는 것을 듣자 조합원들은 "야아~" 하며 야유를 퍼부었다.

회사 측은 마이크를 갑자기 꺼버려 소란을 무마하려고 하였는데, 조합원들의 항의로 다시 마이크가 켜지자 "나는 당신이 아까 도산이야기를 많이 하였는데 도산에서 예배를 본 적이 있는가?" 하고 물었더니, "직접 예배를 본 적은 없지만 나는 도산에 대해 잘 안다"고 하여 "조합원 여러분! 지금 회사가 하는 짓은 여러분과 나를 이간질하여 노조를 와해하려는 것입니다. 내가 바로 도산에 다닌다는 것을 안 인사부장이 이 자를 불러 이따위 교육을 시킨 것입니다. 나는 저 사람이 말한 대로 도산에 다닙니다. 여러분이 아현동 성당에 나가고, 신길동교회에 나가는 것처럼 나 역시 도산의 노동교회에 나가는 것입니다. 이번 주에 도산의 노동교회에 나와 보십시오. 정말 찬송가를 거꾸로 부르는지 직접 와서 보십시오."

앞좌석에 앉아있던 회사 간부들은 얼굴빛이 먹빛이 다 되어 도망치듯 빠져나갔다. 노동조합 사무실로 돌아와 있는데 점심 먹으러 가는 조합원이 없기에 현장에 가보니 모두 일을 하고 있었다. 나는 무슨 일인가 하고 알아보니 조합원들 스스로 아까 교육시간이 조금 지연되었기에 회사 측에서 무슨 꼬투리를 잡지 못하도록 20분을 더 일하기로 했다는 것이었다. 지금 다시 생각해 보면 참으로 우리 조합원들의 단결은 무서울 정도로 단단했고, 슬기로웠다.

이 일로 흑색선전은 무용지물이 되고 오히려 공개적으로 우리 조합원들 50여 명이 영산 노동교회에 참석하여 남부경찰서 소속 경찰들의 호위(?) 속에서 함께 예배를 드리게 되었고, 단결력이 더 높아지는 계기가 되었다.

이러한 영산에 대한 흑색선전은 1982년 7월 콘트롤데이터 철수 싸움이 진행될 때 극에 달했다. 1982년 7월 회사에선 일방적으로 공장철수 발표가 있었다. 우리는 그보다 열흘 전쯤 인명진 목사님을 통해 미국 NCC에서 콘트롤 본사 주주들을 통해 철수한다는 정보를 들었는데, 조합에서는 회사 측에서 철수 이야기를 있을 때마다 "한국 공장은 계란 노른자 같아 이윤을 많이 내는 곳이 철수는 위협하기 위한 말뿐이지 절대 철수하지 않을 것이다"라고 해왔기 때문에 고민이 많았다. 철수 계획을 조합원 총회에 붙인 결과 철수 반대의 방향을 결의하고 우리는 결연한 투쟁에 돌입하였다. 이에 회사측은 일부 노동자들을 내세워 구사대를 조직하고 폭력을 가해왔다. 그 과정에서 최혜란 조합원은 임신 5개월 중이었는데도 불구하고 폭력을 당해 태아가 사산되는 일을 겪기도 하였고, 나를 포함한 여러 간부가 병원에 입원하기도 하였다. 병실 앞을 지키는 형사들을 따돌리고 처음으로 간 곳이 영산이었다. 영산은 우리 조합원들이 모이지 못하도록 이미 경찰들이 에워싸고 있었다.

우리들이 한강성당에 모여 농성을 벌이고 있었는데, 7월 21일 공장철수 발표를 들었다. 집에 격리되고 감시당하는 조합원들은 농성장까지 오지 못한 채 퇴직금을 타가는 중이라는 소식이 전해졌다. TV를 통해 "도산의 꼭두각시 한명희는 물러가라!"는 대형 현수막을 들고 공장마당을 행진하는 쇼가 날마다 전해졌다. 공장 입사 때 제출했던 이력서에 붙었던 작은 흑백 증명사진이 TV 화면 가득히 음산한 배경음악과 함께 방송되었다. "도산이 침투하면 도산한다"는 제목의 왜곡보도가 매일 9시 뉴스마다 화면을 채우고 있었다. 조합원들은 오히려 우리가 과격하게 투쟁하면 흑색선전에 휘말릴까봐 피해자처럼, 여자답게 온순하게 대응해 왔던 것을 후회하면서 "언니, 우리가 너무 순해서 당했어!"라며 분노하였다.

KBS와 MBC에서는 50분짜리 특집방송을 3편이나 제작 방영하였고, 15일간 하루도 빠짐 없이 9시 뉴스는 영산과 우리들의 싸움을 매도하기에 여념이 없었다. "도산과 노동자가 만나면 멀쩡한 회사도 망하게 된다"는 말도 안 되는 논리를 확대하고 재생산하면서 원풍모방, 반도상사, YH, 청계피복노동조합 등 모든 민주노조들이 매도당하였다. 산업선교회 때문에 과격하게 투쟁했다는 논리는 산업선교회를 교회 기구 내에서조차 억압하는 기폭제 역할을 하기도 하였다. 또 한편으로는 학생운동이나 여타 운동권에서조차 마치 노동자들은 주제적으로는 아무것도 할 수 없고 지식인들이 배후에서 조종(?)해야만 투쟁을 할 수 있는 것처럼 인식하는 등의 악영향을 끼쳤다. 즉 콘트롤 데이터 철수사건 이후 투쟁사례 발표를 하러 여러 곳에 갔었는데, "도산이 배후조종을 했기에 그만큼 투쟁이 가능했던 게 아닌가" 하는 질문을 받고 곤혹스러웠다. 콘트롤데이터 사건이 격화된 이후 세계교회 기구를 통해 연대를 조직하고 지원해 준 것과 공장 철수 직전 인명진 목사님께서 한국 사장을 우리와 함께 막후교섭을 시도한 일은 있었지만 콘트롤 투쟁의 조직 전 과정에 산업선교회가 배후에서 조종을 하거나 시도한 일조차 없었다. 늘 뜨거운 동지애로 함께 하면서 위로하고 힘을 북돋아 주고 격려한 것이 전부였는데 이를 감히 배후조종이라 할 수 있겠는가?

돌이켜보면 영등포산선 노동교회는 어려운 시절 나에게는 큰 결단을 갖게 해준 귀한 곳이었다. 여러 사업장마다 저마다 겪는 아픔과 투쟁을 안고 온 노동자들이 함께 예배를 보고 기도하는 과정은 모두에게 큰 힘과 위로가 되었다. '앞장서서 싸우다 설령 잘못되면 한 3년 감옥에 갔다 오면 되지' 하는 담대한 마음도 예배를 통해서 생겨났다.

이후 1985년에 한국기독노동자총연맹을 조직하고 이어서 서울기노련이 결성되어 1986년 1년간 13번의 노동자 집회를 개최한 곳도 모두 영산이었다. 당시에는 경찰의 탄압으로 인해 집회가 안정적으로 진행되는 것 자체가 대단히 중요한 일이었는데, 영산은 노동자들에게는 너무나 소중한 공간이었고, 영등포산선은 이렇듯 노동자를 위해 항상 열려있는 공간으로서의 의미와 함께 노동운동의 중요한 근거지로서의 역할을 하였다. 영등포산업선교회가 70년대 민주노조운동에 미친 영향은 물론 이후 80년대 민주노조운동에 지대한 역할을 담당했다고 하겠다. 또한 당시의 노동자 집회는 CA, 서노련, 인노련 등 많은 노동운동조직들이 있어 각자의 주장이 난무했을 때였는데 집회과정에서 검토되고 모두가 환영하는 주장들이 걸러지는 역할을 해왔기에 이후 민주노조운동이 발전하는데 밑거름이 되었다고 자부한다.

인명진 목사님, 손은하 목사님, 신철영 선생님 그리고 영산을 지키던 여러 동지들이 함께 해주었기에 오늘의 내가 있을 수 있었다. 나에게 깊은 신앙의 터전과 영등포산업선교회 40주년을 진심으로 축하하며 앞으로 노동자를 위해 충실한 공간으로, 중요한 역할을 감당하는 곳으로 더욱 발전하길 빌어 마지않는다.

(희망교실, 1998)

7. 노동운동지도자를 위한 노동자학교

조남웅

(전 영등포산업선교회 실무자)

1987년 노동자대투쟁 이후 노동운동은 급속한 성장을 하였다. 그러나 1990년 들어서부터 정권과 자본의 총체적인 탄압과 사회주의권의 붕괴로 대표되는 세계정세의 급속한 변화와 혼란, 노동운동을 힘 있게 받쳐주는 간부 역량의 미약으로 인한 지도력의 미비 등 여러 가지 요인으로 말미암아 노동운동은 전반적인 침체를 벗어나지 못하고 있다.

이러한 현실 속에서 '노동자의 자부심을 높이고 변화하는 세계정세를 올바로 파악함으로써 민주노조를 강화하고 나아가 일하는 사람들의 선두에 서서 다가오는 민주, 통일시대를 이끌어 갈 노동운동의 핵심 일꾼을 육성'하기 위하여 영등포산업선교회는 1992년부터 약 3개월 과정, 20여 강좌로 구성된 노동자학교를 개설하였다.

노동자학교는 서울 지역 중 대규모 사업장의 간부와 핵심조합원들을 대상으로 정치, 경제, 사회, 역사, 철학, 현실 문제, 현장 활동 등 교육을 통해 변화하는 세계 속에서의 한국 사회를 총체적으로 이해함으로써 현실 사회의 모순을 파악하고 이를 극복할 수 있는 힘과 방법을 주체적이고 창조적으로 개발하고 실천하는 것 속에서 사업장의 강화, 노동운동을 강화하고 나아가 민족민주운동을 이끌어 갈 활동가로 성장시키는 데 그 목적이 있다.

노동자학교 교육 내용

노동자학교 강의 내용은 정치, 경제, 사회, 역사, 철학, 현실 문제, 현장 활동 부분으로 구성되어 있다. 각 부분은 2, 3강좌로 구성되어 기초에서 출발하여 현실문제로 접근한다.

1) 정치 사회
— 강의 1: '한국 사회구조의 이해'는 해방 이후 한국 사회구조의 형성과정과 14대 대통

340 눌린 자에게 자유를: 영등포산업선교회 선교활동 문서집

령 선거 이후 한국 사회의 변화 등을 다루면서 한국 사회의 구조와 흐름을 파악하는 데 중점을 두었다.

— 강의 2: 두 번째 강의는 변화하는 사회 속에서 노동자의 현실을 다루게 된다.

2) 역사

갑오농민전쟁에서부터 시작하는 근현대사를 2회에 걸쳐 진행하면서 민중의 투쟁과 사회 역사의 발전을 알아보며, 한국사의 흐름을 파악한 속에서 100여 년에 걸친 선배 노동자들의 투쟁을 통해 90년대 노동운동을 하는 학생들의 마음을 다지고 당면하고 있는 어려운 문제들을 풀어나가는 실마리를 찾는 '노동운동사'를 강의한다.

3) 경제

'자본주의 경제원리' 한국자본주의를 이해하기 위해 자본주의 경제의 일반법칙을 공부하고, 이를 토대로 해방 후 노동자의 수탈을 기본으로 하여 기형적으로 성장한 '한국 자본주의 전개과정'을 살펴보고, '한국 경제의 현황과 정권, 자본의 노동통제 정책'에 대해서 알아본다. 이를 통하여 정권과 자본의 정책에 맞설 수 있는 효과적인 정책을 수립하고 노동운동을 강화할 수 있을 것이다.

4) 철학

세계와 사회를 개조하려는 노동자들이 기본적으로 가져야 할 사상을 공부한다. 사회와 역사의 주인인 노동자가 올바른 사상을 가지고 실천했을 때만 실질적인 주인이 될 수 있을 것이다. 최근 들어 사회주의권의 붕괴, 정권과 자본의 이데올로기 공세 강화로 인하여 적지 않은 사람들이 혼란에 빠져있다. 그러나 일하는 사람들이 세상을 변화 발전시킨다는 사실은 수백만 년의 인류 역사를 통해 검증된 사실이다.

— 강의 1: '세상은 어떻게 변화 발전하는가'는 변화, 발전의 원인, 발전의 경과, 발전의 방향 등을 이해한다.

— 강의 2: '노동의 역사' 노동자의 사상을 어떻게 현실에 적용하여 노동자가 주인이 되는 세상을 건설할 것인가의 문제를 다루는 '노동자와 올바른 사상'을 통해 세계변화의 주체로서 노동자에 대한 신념을 강화한다.

5) 한국 사회 민중의 삶과 문제

한국 사회에서 민중의 삶에 심각하게 제기되는 문제에 대해 알아보고 해결의 실마리를 찾는다.

— 강의 1: '농촌문제와 농민운동.' 대부분의 노동자들에 있어 농촌은 고향이고 부모는 농민이다. 그러나 현재 우리 농촌과 농민은 심각한 병을 앓고 있다. 한국 자본주의 체제의 농민 희생 정책은 말할 것도 없고 90년대 들어 미국을 중심으로 한 '우루과이 라운드 협상 강요' 그 중에서도 특히 외국 농산물 수입문제는 우리 농촌의 존립의 문제로까지 심각한 지경에 이르렀다. 노동자의 부모형제인 농촌, 농민의 문제를 구체적으로 알아보고 농촌현장에 직접 찾아가 농촌의 현실과 농민들의 문제를 함께 고민하고 연대의 방법을 찾는다.

— 강의 2: '통일운동, 어떻게 할 것인가.' 하나의 민족이 외세에 의해 분단된 지 반세기가 되었다. 조국의 분단으로 인해 고통받는 사람들은 누구인가. 민중의 의사와는 관계없이 진행되는 남북관계, 남북의 민중이 함께 잘 살 수 있는 사회로서의 통일된 사회는 어떻게 가능할 것인가. 현재 논의되고 있는 여러 가지 통일 방안을 살펴보고 민중적이며 실현 가능한 통일 방법은 어떤 것일까를 토론한다.

— 강의 3: '노동운동의 현황과 과제.' 노동자학교 개설 취지에도 언급했듯이 현재 노동운동은 어려운 국면에 처해있다. 특히 정권과 자본의 신 노동정책은 체제변혁적인 노동운동의 씨를 말리고, 개량적이고 체제 순응적인 노동조합을 육성하고 나아가 노사의 관계를 개별적 관계로 전환시켜 노동조합의 힘을 급속히 약화시키려는 계획이다. 이전의 탄압 일변도의 정책에서 당근과 채찍이라는 두 가지 방법으로 —노동법 개악(변형근로제, 월차, 생리휴가의 폐지, 노조 전임자 임금지급 중지, 해고자 조합원 자격 불인정), 고용불안, 임금체제의 변화(성과급제 도입), 법외의 개량적 노조 체제 내 유인 등 — 포위해 들어오고 있다. 이러한 상황에서 노동운동의 현재를 진단하고 정권 자본의 노동정책에 대응할 방법을 모색한다.

6) 현장 활동 지도력 강화

현장 활동 강화훈련 부문으로 현장 활동 시에 필요한 내용을 교육과 실습을 통해 훈련함으로서 사업장 조직 강화에 직접적인 도움을 주고자 한 것이다. 첫째, '현장 활동 어떻게 할 것인가'는 일상 활동의 방법, 소모임 구성, 운영, 조합원들의 무한한 잠재력을 조직적인 힘으로 묶어 내는 조직 강화를 위한 교육 훈련이다. 둘째, '선전 홍보교육 실습'은 노보와 대자보 작성, 선전 기법 등의 이론과 실습을 통하여 훈련하는 과정이다. 셋째, '강사 교육실습'은 정권과 자본의 탄압을 뚫고 노동운동이 더욱 힘차게 전진하기 위해서는 교육과 투쟁이 반드시 필요하다. 외부의 전문 강사들도 필요하지만 사업장을 소상히 파악하고 조합원의 상태를 가장 잘 아는 현장 활동가들이 교육을 한다면 대단히 효과적일 것이다. 이를 위해 강사가 갖추어야 할 강의기법, 교안 작성법, 강의 실습을 한다. 넷째 '지도력 훈련'은 간부와 핵심 조합원은 현재 조합원을 이끄는 소단위 지도자이지만 성장할 잠재 역량이다. 간부의 자세와 역할에 대한 강의와 지도력 강화를 위한 여러 가지 훈련이 실시된다.

7) 무엇을 할 것인가

교육과정에서 진행된 내용을 총정리하고 현실 사회의 문제점에 대한 대안과 구체적 실천 지침을 찾는 '무엇을 할 것인가'로 교육 일정을 마무리한다.

2. 학생, 교사, 동문이 하나 되는 학교운영

노동자학교는 매년 3월부터 7월까지, 9월부터 12월까지 2회에 걸쳐 서울지역 300명이상 사업장의 간부, 대의원들을 중심으로 30여 명을 모집하여 약 3개월의 과정으로 진행된다.

노동자학교의 운영은 영등포산업선교회의 실무팀을 중심으로 노동자학교 교사팀과 노동자학교 동문으로 구성된 기획위원회, 그리고 학생회가 전체 과정을 함께 진행한다. 강사진은 영등포산업선교회 실무자팀, 노동자학교 교사, 관련 부문 전문 강사진, 현장 활동가, 노동자학교 동문들로 구성되어 있다.

1) 회의 구조
실무자회의/ 노동자학교 교사회의/ 노동자학교 기획위원회(교사, 동문)/ 학생회

2) 교육방식
— 수요일 교육: 강의 및 질의응답(1시간 30분)/ 분반 토론(1시간 30분)/ 전체토론 및

정리(30분)

— 토요일 교육실습: 강의(1시간)/ 실습(4시간)/ 평가(2시간), 수련회, 현장탐방(토, 일요일)

3) 학생회

학생들이 학생회를 구성하여 교육과정에 적극 참여함으로써 교육의 질을 높이고, 또한 학생회 활동을 통하여 학생들의 민주적 소양을 발양하고 주체적 인간으로 발전하는 좋은 훈련장이 될 것이며 이를 통하여 이후 훌륭한 지도자로 성장할 수 있을 것이다.

4) 학생회 활동

학생회는 학교 운영 및 교육전반에 함께 참여하며 수련회, 현장 탐방, 토론회 등을 주관하여 교육의 질과 참여율을 높이고 사업을 주관해서 수행하면서 실무능력 등 역량을 확대해 간다. 체계는 다음과 같다. 학생회-회장과 총무/ 반별모임-반 대표와 서기/ 운영회의— 회장 1인, 총무 1인, 반 대표 3인.

3. 동문회: 졸업 이후에도 계속되는 관계

1) 동문회

노동자학교 졸업생들이 졸업 후 지속적인 관계 속에서 각 사업장 간의 교류와 부딪치는 문제에 대한 공유, 필요한 사안에 대한 공동의 교육, 토론회 개최, 노동자학교에 대한 참여와 지원, 투쟁하는 동문에 대한 지원 등을 목적으로 결성되었다.

동문회는 학생회와 공동으로 14대 대통령 선거 시 '노동자와 대통령 선거'라는 주제를 가지고 동문, 학생 소속 사업장 조합원들을 조직하여 토론회를 개최하였다. 또한 2기 노동자학교에 참여하여 많은 역할을 하였다. 동문들 중 각 사업장 대표가 '기획위원회'에 참여하여 노동자학교 전체과정을 함께 한다. 태평양화학, 효성중공업 등 동문 사업장의 투쟁도 지원하고 있다. 동문과 노동자학교 학생들과의 일체감 형성을 위해 수련회, 야유회 등도 계획하고 있다. 동문회는 월 1회 정기모임을 통해 여러 사업을 펼치고 있다.

2) 소모임

노동자학교를 졸업한 이후 지속적인 관계 속에서 학습 주제별, 사업장별(동종 산업, 업종), 취미별로 소모임을 구성하여 함께 활동하면서 공동체 의식을 강화하고 발생하는 문제에 대해 함께 대처한다.

3) 역사기행반

매주 화요일 한국 근현대사를 공부하고 1, 2개월에 일회씩 진행되는 역사현장 탐방을 준비하고 안내하면서, 동문들과 함께 현장 답사를 한다. 이를 통하여 민중과 민중의 투쟁 얼이 담긴 국토에 대한 애정을 강화하고 공동체 의식을 강화하며, 실무역량을 쌓아간다.

4) 노래 모임

매주 토요일 노래를 좋아하는 동문끼리 모여 노래를 통해 공동체 의식을 강화하고, 또한 노동자학교에 결합하여 후배들을 지도한다.

4. 지도자 양성: 실천 속에서

노동자학교가 92년 개설된 이래 2기의 졸업생을 배출하였다. 학생들의 분포를 보면 서울 지역 중 대규모 10개 사업장 간부와 대의원들이 약 90%를 차지하고 있다.

원래 노동자학교 1기 교육 내용은 현재의 교육 내용과는 약간의 차이가 있었다. 일반적 (기초적) 인식의 강화에 두기보다는 모집 대상이 노동조합, 간부, 대의원들이기 때문에 이런 일반적인 교육은 어느 정도 이해하고 있으리라는 판단 하에 일반론에서 한 발 나아가 90년대 한국 사회와 노동운동을 둘러싼 여러 문제를 집중적으로 배치했다. 그러나 교육에 참여한 학생들의 편차가 대단히 심했고, 학생들의 상태에 따라서 관심을 갖는 과목이 달랐다. 또 전체 교육과정이 많은 학생들에게는 이해하기 어려운 강의라는 지적이 나타났다.

2기에서는 이러한 학생들의 요구를 반영하여 1기에서 한 부문에 두 강의 정도였던 것을 세 강의 정도로 늘려 기초에서 출발하여 점차적으로 현실문제에 대한 분석으로 나아감으로써 처음 교육을 받는 사람도 이해할 수 있도록 내용을 보강했다.

2기는 참가한 학생들의 상태가 1기와 비슷했으나 교육이 어렵다는 평가는 없었다. 노동자학교는 전담 실무자 1인과 교사 2인으로 구성되어 있다. 이러한 실무역량 부족으로 인해 진행상 어려움이 있었다. 첫째로 깊이 있는 학생들의 관리가 제대로 이루어지지 못한 점이다. 한 사람의 학생, 하나의 사업장에 대한 깊은 관심과 연구가 교육 내용과 더불어 잘 진행될 때 노동자학교는 그 목표를 달성할 수 있을 것이다.

또한 학교 진행과정에서 제기된 문제로는 노래 지도 등 교육 전의 프로그램이 부실하다는 면이다. 여러 가지 아기자기한 면이 있어야 하는데 이런 면이 부족하고 너무 딱딱하다는 것이다. 이후 3기부터는 교사의 보충, 동문회, 노래모임 등 상시적인 지원을 받아 다양하게 진행할 계획이다.

노동자학교는 앞에서 말한 목표 속에서 지난 1년 동안 진행되었다. 93년 당면과제는 3, 4기의 원활한 진행을 위해 새로운 내용을 개발하고, 이를 실행할 수 있는 교사와 강사를 확보하고, 동문회와 소모임의 확대 강화를 통해 노동자학교가 굳건한 토대를 구축하는 것이다. 제3기가 1993년 3월 27일 개강하여 7월 10일까지 약 3개월간 진행될 예정이다.

동문회는 구체적 사업계획을 세우고 실천 속에서 강화를 모색하고 있다. 동문회는 지난해 대통령선거 시기 '대통령선거와 노동자의 대응'이라는 토론회를 개최하여 동문이 속해 있는 사업장 조합원들과 함께 대통령 선거문제를 토론했다. 앞으로도 노동운동이나 정세와 관련된 토론회를 년 4회 정도 지속적으로 개최할 예정이다. 또한 노동자학교 운영에 적극적으로 참여하게 하여 일체감을 형성하고 월 1회의 정기모임을 더욱 내실 있게 진행되도록 지원할 것이다.

졸업생들로 구성된 소모임은 역사기행반과 노래모임이 있다. 이 모임들을 좀 더 내용 있는 모임으로 육성하고 이후 배출되는 졸업생들이 활동할 수 있는 공간이 되도록 노력할 것이다. 또한 현재의 소모임 외에도 몇 개의 소 모임을 또 만들 것이다. 이러한 구체적인 실천 사업 속에서 노동자학교가 지속적으로 발전하여 '민주, 통일 시대를 이끌어가는 노동자학교'의 목표는 그 열매를 거둘 수 있을 것이다.

(산업선교, 1993)

8. 영등포산업선교회의 역사와 선교적 과제

신승원
(영등포산업선교회 총무, 2004~2008)

1. 지나온 길

1.1

영등포산업선교회의 역사는 지난한 한국 현대사와 그 궤를 같이한다. 한국교회의 산업선교는 한국의 공업화가 본격화되기 시작한 1950년대 후반, 공장에서 일하는 노동자들에게 관심을 가지면서 시작되었다. 1950년대 후반 한국전쟁의 폐허 위에서 한국 사회는 산업화를 지향했고 교회 역시 이러한 사회적 요구에 응답하였다. 한국교회는 새롭게 형성된 산업지역에서 노동자들에게 복음을 전파하는 전도활동을 시작하였다. 예장 총회는 1957년 산업전도위원회를 조직하고 각 지역에 산업전도위원회를 결성하였다. 영등포 지역도 가장 큰 수출 공단이 형성되기 시작하면서 산업전도위원회를 조직하여 전통적인 목회자 중심의 전도활동을 시작하였다. 영등포산업선교회의 역사는 영등포지역에서 산업전도가 시작된 1958년부터 시작되었다.

1.2

한국교회 산업선교 역사에 있어서 중요한 전환의 시기는 1968년~1972년이었다. 전통적인 목회로서의 산업전도의 내용과 방식이 전면적으로 검토되었으며 그것은 산업선교로의 전환이었다. 박정희 군사정권에 의한 경제개발정책이 노동자들의 인권을 심각하게 유린하게 된 시대적 상황에서 교회가 제 역할을 다하기 위한 노력의 결과였다. 영등포산업전도위원회는 이러한 변화 속에서 감리교와 연합하여 '영등포산업선교연합회'를 구성, 초교파적인 활동을 전개하였다. 노동조합 지원 등 노동자들의 권익을 옹호하기 위한 활동에 나서기 시작하였으며 신용협동조합 사업을 시작하였다.

이때 산업선교는 그 내용과 방법에서 질적인 전환을 가져오게 되었는데 단지 전도한다는 복음화보다 인간화, 그리스도의 구원의 복음을 전한다는 입장보다 역사 속의 하나님 나라를 건설한다는 Missio Dei의 입장에서 노동선교(민중선교)를 시작한 것이다. 산업전도에서 산업선교라는 용어로 바뀌었다는 면에서 1968년은 한국 산업선교 역사에서 중요한 연대로 기록된다. 이는 산업사회에서 교회의 역할에 대한 관점과 개념에 대한 근본적인 전환이라고 할 수 있다. 이런 활동을 통하여 1971년 예장 56회 총회에서 공식적으로 Industrial Evangelism에서 Urban Industrial Mission으로 바뀌었다. 이 시기 주목할 점은 선교 현장에서는 초교파적인 연합 사업으로 산업선교 활동을 전개함으로 에큐메니칼 활동이 이루어지고 있다는 것이다. 또 하나는 산업선교의 활성화, 노동자에게 경제적 도움과 안정, 이웃 간의 나눔 실천 등을 주목적으로 신용협동조합운동을 시작한 것이다.

본격적인 의미에서의 산업선교 활동이 전개되었던 시기는 1972년 10월~1979년이다. 이 시기에 이루어진 소그룹 운동은 이후 노동운동에도 큰 영향을 미쳤으며 이 운동으로 영등포산업선교회는 노동자들 속에 깊이 뿌리를 내렸다. 영등포산업선교회는 70년대 전반에 걸친 척박한 노동현실에서 헌신적으로 노동자들과 함께했다. 이 시기 이루어진 활동은 영등포산업선교의 기본 틀과 내용을 형성하였다. 노동자 성서연구와 예배, 노동자 그룹 활동, 노동자들의 근로조건 개선을 위한 활동, 협동조합운동과 의료 활동 등의 복지활동이 정부의 탄압과 방해, 교회의 내적인 오해와 불신 등 여러 어려움 속에서도 활발하게 전개되었다. 이 시기의 소그룹 활동이 노동조합을 세우고 민주적인 노동조합 활동으로 발전해 나갔으며 이를 통해서 장시간 노동, 저임금 노동조건 등의 노동현장의 구체적인 문제들을 개선시켜 가는 활동을 전개할 수 있었다.

박정희 정권이 종말을 고하고 5공화국에 들어서는 1978년~1987년의 시기는 우리나라 현대사에 있어서도 큰 시련과 고난의 시기였다. 이 시기에 많은 민주세력들이 말할 수 없는 고통을 받았고 영등포산업선교회 역시 모진 탄압과 박해를 받았다. 정부의 탄압은 영등포산업선교회의 활동을 마비시켰다. 상상을 초월하는 정부와 언론의 공격, 교회 내적인 오해와 도전과 억압 속에서 영등포산업선교회는 진보적인 교회세력과 연대하여 탄압에 대응하는 한편 산업선교신학을 정립해 나가면서 산업선교의 신학적, 역사적 정당성을 확립시켰다. 영등포산업선교회는 정부로부터 탄압에도 불구하고 노동자들의 신뢰와 연대 속에서 산업선교 운동의 새로운 지평을 열어나갔다.

영등포산업선교회는 늘 정부의 감시와 탄압 속에서 활동을 해야만 했다. 이 시기는 교회 내적으로도 많은 시련을 당해야 했다. 산업선교회는 내적인 도전 속에서도 노동자들과의 단절을 극복해내고 변화 발전하기 시작한 노동운동과 함께 하였다. 이 시기에 산업선교회는 성문 밖 공동체 운동을 전개하였다. 노동자들과 만나기 위하여 새로운 접근방법을 모색하였다. 영화상영, 재활용사업, 상담활동, 야학 등을 시작하였다. 산업선교회는 노동자들의 활동공간이 불허되는 사회상황에서 노동자들의 활동공간이 되었다. 이 시기 많은 노동자들이 다양한 교육과 문화 활동에 참여했다. 이렇게 해서 성장한 노동자들은 노동운동의 활동가로 활발하게 활동하며 노동운동의 주체로 나서기 시작했다.

1.3

한국 사회는 87년 민주화대투쟁을 거치면서 사회는 물론 노동운동에도 비약적인 변화와 발전을 가져왔다. 이 변화는 한편 급작스럽게 전개된 것이기도 했으나 오랜 기간 독재정권의 모진 탄압에서도 굴하지 않았던 민중들의 투쟁의 결과로 인한 것이었다. 이러한 변화된 상황 속에서 산업선교회는 활발해진 노동운동을 전문적으로 지원하는 한편, 다양한 교양, 노동교육, 문화 활동을 펼쳤다. 또한 성문 밖 공동체 운동을 더욱 강화하여 노동선교 공동체로서의 정체성을 분명히 하고 기독노동운동과 민중교회운동을 발전시키기 위해 노력하였다.

예장의 민중교회 운동은 영등포산업선교회에서 산업선교 훈련을 받은 목회자들로부터 시작되었다. 전국의 주요공단과 도시에는 40여 개의 예장 민중교회와 사회선교단체들이 활발하게 활동하고 있다. 급격한 사회 변동기였던 1993년부터 2000년의 시기 노동자들의 감성과 인성을 풍부하게 개발하여 삶의 질을 개선하기 위한 교육정책과 그에 입각한 새로운 교육, 미조직노동자들을 위한 교양문화학교, 협동조합 다람쥐회의 활동 등을 펼쳐왔다. 97년 한국의 경제위기 이후 노동시장의 구조조정과 강도 높은 노동유연화 정책으로 실직한 노동자들을 위해 상담과 취업정보제공, 실직노숙인의 문제와 함께 장기파업현장 지원 활동과 노동문제 대책 활동을 꾸준히 전개하며 다가오는 새로운 시대의 과제를 모색해 왔다.

2. 21세기 노동선교의 현실과 나아갈 길 ― 생명·평화 공동체를 향하여

2.1

지구촌은 극심한 변화의 세기를 지나고 있다. 변화의 가장 큰 특징은 '세계화'라고 정의할 수 있다. 세계화는 1980년대 말 동구권의 사회주의 체제의 붕괴 이후부터 가속화되었다. 국경을 넘나드는 금융자본에 의해서 주도되는 하나의 시장을 추구해가는 신자유주의가 그 것이다. 세계화는 지구상의 모든 국가와 국민과 문화와 환경을 시장의 지배 아래 재편하는 과정이다. 금융자본이 주도하는 세계화는 '공공의 책임성'이 없기에 투기자본의 성격을 그 대로 드러내며 그 비용과 손실을 사회화한다. 이런 사회적 충격은 하부계층에게 실질적인 피해를 전가한다.

한국 사회는 신자유주의 시장 질서를 기본으로 재편이 가속화되고 있다. 20 대 80의 사회를 살아가고 있는 것이 한국 민중들의 현실이고 나아가 지구촌의 현실임을 부정하지 못한다. 신자유주의는 부의 집중, 가난의 확산을 의미하고 더 나아가 생태계의 파괴를 의미한다. 한국은 97년 금융 위기를 겪으면서 국경을 넘나드는 초국적 금융자본을 통제할 능력을 이미 상실하였다. IMF가 요구하는 대로 초국적 금융자본이 마음껏 넘나들 수 있도록 모든 것을 충실히 이행했기 때문이다. 이미 금융자본은 국가의 통제 밖에 존재하고 있다. 이는 한국의 정치·경제·사회 정책과 시스템이 금융자본의 이해에 따라 금융자본이 주도하는 방향으로 가고 있다는 것을 의미한다. 시장 논리에 모든 것을 맡기고 있는 현실에서 금융자본을 견제할 장치를 기대한다는 것은 더 이상 무리일지도 모른다. 소수가 누리는 부는 가난한 사람들의 고통의 대가이다. 세계화가 심화되어 갈수록 제삼세계의 가난한 국가, 가난한 자들의 고통은 더 깊어 갈 것이다. 세계화를 주도하는 세력은 미국의 금융자본이다. 사회주의권 몰락 이후 일국주의를 추구하는 미국이 그 대표적인 국가이고 서구의 모든 국가가 시장 확보라는 자국의 이해에 따라 수시로 이합집산을 거듭하고 있는 것이 오늘 지구촌의 현실이다. 짧은 시간에 주어진 변화는 과거와는 전혀 다른 삶의 조건을 우리에게 안겨 주었다. 이는 과거와는 다른 차원의 선교적 과제를 던져주었다.

또 하나 한국 사회의 변화는 탈산업화이다. 이는 한국인들의 삶을 질적으로 변화시켰다. 뿐만 아니라 산업사회에서 탈산업사회로 이행해가는 한국 사회가 안고 있는 문제는 양적 질적으로 다르다. 바로 이런 당면한 문제가 한국교회의 선교적인 과제이다. 우리는 한국 사회와 지구촌의 현실에 주목하면서 새로운 세기가 가져온 선교 과제에 대한 대응을 모색하고 있다. 그것은 과거의 산업선교에서 노동선교로의 변화된 방식으로 선교적 역할과 과제를 수행하는 것이다. 산업화 시대에는 공장안의 노동자들을 주목하였지만 정보화·탈산업화 시대에는 공장 밖의 노동자들이 안고 살아가는 문제까지도 노동선교의 과제가 되는 것이다. 시장의 가치 ―물질적 가치, 경제적 가치―가 인간의 가치, 생명의 가치를 넘어서는 이 시대에 당면한 우선적인 과제는 생명과 평화의 가치, 공동체성 회복이라고 하겠다.

이를 영등포산업선교회의 선교적 역할로 정리해보자면 비정규직 노동자, 여성노동자들이 겪는 차별을 개선하는 활동을 한다. 물질의 가치를 넘어서서 자기를 성찰하고 살림의 영성을 회복하는 생명과 평화 교육활동에 초점을 맞춘다. 협동조합운동을 통해 대안 공동체 운동을 활성화시켜 생명과 평화의 가치를 회복하는 확산시키는 새로운 노동 선교활동을 펼쳐 나가려는 것이다.

2.2

현재 영등포산업선교회가 하고 있는 일은 다음과 같다.

1) 조직교육부는 비정규직 노동 문제 대책사업과 교육활동을 하고 있다. 특히 한국 사회의 노동시장은 한국의 경제위기 이후 강도 높은 노동유연화 정책을 실시하면서 전체노동자 중에 비정규직노동자가 65%(850만 명)에 이르는 심각한 사회 문제가 되었다. 이는 아직 사회안전망이 취약한 현실에서 차별과 고용불안 문제를 불러일으켰다. 이 통계는 한국인들의 삶이 불안정해졌다는 사실을 반증하는 것이다. 한국교회가 이 문제에 대해 관심을 갖도록 하는 비정규직노동자를 위한 기도회와 홍보활동, 노동현장지원과 대책 활동을 계속하고 있다. 생명과 평화에 초점을 맞춘 교육활동을 하고 있다. 비정규직노동자, 여성노동자, 노조활동가, 사회선교 활동가 등을 대상으로 한 인간관계훈련, 갈등중재화해 교육훈련, 애니어그램 등의 자기성찰 프로그램을 시작하였다.

2) 협동운동 사업을 전개하고 있다. 이는 대안적 공동체 운동이다. 과거 저항의 측면을 강조하는 운동에서 대안적인 측면을 동시에 강조하는 대안 운동이다. 노동자, 지역, 더 나아가

도시와 농촌을 연결하는 공동체 운동을 지향하는 것이다. 조합원이 십시일반으로 출자하여 만든 신용협동운동(다람쥐회), 먹거리 생협운동, 의료 생협운동을 펼쳐가고 있다. 현재 세 개의 협동조합 운동에 참여하는 조합원이 약 1400명 정도 된다. 아직은 미약하지만 우리는 이 공동체 운동을 더 확산시켜 갈 것이다.

3) 노동복지 사업을 전개하고 있다. 한국 사회는 경제적으로 많은 발전을 거듭하여 왔다. 한국은 97년 경제위기 이후 강도 높은 구조조정을 진행해 왔다. 그 과정에서 고용시장에서 밀려난 실직자, 거리 노숙인들이 많이 생겼다. 한국 사회에서 가장 취약한 계층의 사람들이다. 우리는 실직 노숙인을 보호하는 대책 활동을 하고 있다. 우리는 영등포역을 중심으로 살아가는 홈리스들을 위해서 햇살보금자리라는 홈리스 시설을 운영하고 있다. 영등포지역의 노숙인 중 동절기에 일일 200명 가까이 이용하며 인권, 응급구호, 취업상담, 문화 활동 등의 프로그램에 참여하고 있다. 이 사업은 정부의 복지예산과 교회의 후원을 통해 운영되고 있다.

4) 국제연대활동을 전개하고 있다. 과거 한국교회는 서구 교회로부터 많은 지원을 받아 왔다. 독재정권하에서 어려웠던 시절 한국의 노동선교, 빈민선교 등의 사회선교를 위해 서구교회(특히 독일교회, 미국교회, 호주교회)는 많은 기도와 지원을 보냈다. 직접 선교사를 파송하여 그 일을 감당하기도 했고 이로 인해 고난을 함께 받기도 했다. 세계 각처의 기도와 후원과 연대에 힘입어 본 선교회를 비롯한 사회선교 그룹은 정부의 탄압에도 굴하지 않고 하나님의 정의와 복음을 선포하고 전할 수 있었다. 이제는 한국교회가 이 일을 감당해야 한다. 우리는 한국교회의 산업선교 활동과 사회선교의 경험을 아시아의 민중들과 나누고 싶다. 이제 산업화가 진행되는 아시아의 민중들과 그 경험을 나누고 함께 연합하여 하나님의 정의가 살아 숨 쉬는 하나님 나라를 확장해 나가기를 원한다. 우리는 2001년부터 CCA와 공동으로 '아시아도시농어촌디아코니아 훈련원'을 설립하여 선교 지도자, 활동가 훈련을 계속해 오고 있다. 지난 10월에도 인도, 태국, 필리핀 등에서 4명의 활동가가 훈련에 참가하고 돌아갔다. 지금까지 이 훈련에 참가한 활동가는 60명이 넘는다. 영등포노회와 이 일에 뜻을 둔 소수의 교회 재정 지원 하에 이 일이 이루어지고 있다. 또 아시아 URM 선교와 평화에 대한 과제와 전망을 모색하는 아시아권의 선교지도자 국제회의를 개최하였으며, 조만간 선교 활동가 국제대회를 계획하고 있다. 현장에 실질적인 지원 방안도 계속하여 모색하고 있다. 그것은 독일교

회가 한국교회를 지원했던 것처럼 한국교회가 이 일에 참여할 수 있도록 하는 일이다. 우리는 이 일을 통해 하나님 나라를 확장시키는 아시아적 연대를 꿈꾸는 것이다.

3. 나가는 말

평화를 위해 일하는 사람들은 평화를 심어서 정의의 열매를 거두어들입니다(야고보3:18).

2년 후면 영등포산업선교회는 50주년을 맞이한다. 희년을 맞이하는 것이다. 이 세월 동안 산업선교를 감당해 오면서 선배활동가들, 선배목회자들은 이루 말로 다할 수 없는 고난을 겪었다. 우리는 선배들의 고난의 시간 위에 현재의 영산이 있다는 사실을 잊을 수가 없다. '하나님의 역사는 고난의 시간대 위에서 이루어져 왔다'고 고백하게 된다. 영등포지역 공단의 한 모퉁이에서 시작된 산업선교 활동은 한국 사회에 많은 문제의식을 던지는 모퉁이 돌이 되었다. '절망과 고통의 시간대에 교회는 무엇을 위해 존재하는 것이며 바닥으로부터 들려오는 탄식 소리에 교회는 어떻게 응답해야 하는가?'라는 신앙고백을 붙들고 주어진 사명을 감당했던 시간들이었다. 수많은 노동자들이 영산의 활동에 참여하면서 연대와 희망을 발견하게 되었으며 삶의 주체로 설 수 있었고 하나님 나라를 건설하는 주체로 살아갔다.

영산이 한국 사회에 끼친 영향을 간단히 서술하자면 다음과 같다.

1) 한국교회의 산업선교 활동은 노동운동의 발전에 상당한 기여를 했다. 많은 노동자들이 산업선교 활동을 통해 교육되었으며 리더가 되어갔고 민주적인 노동운동을 만들어 갈 수 있었다. 현재도 활동 중인 노동운동 활동가들 중 상당수가 산업선교를 통해 훈련되거나 교육받은 사람들이다. 한국의 노동운동은 한계는 있지만 힘을 가진 세력으로 성장하였다. 노동자 정치세력화를 위한 정당인 민주노동당을 건설하여 스스로의 권익 향상을 위해 노력하고 있는 것이다.

2) 산업선교의 활동은 한국 사회 발전을 추동하는 것으로 이어졌다. 한국 사회는 87년 이후부터 가속화된 사회변화를 거쳐 절차적 민주주의를 이루었다. 한국교회의 산업선교는 한국의 민주화에도 많은 기여를 하였다. 교회는 건전한 사회 운동세력이 활동할 수 있는 공간

이 허용되지 않았던 시대에 민주주의에 대한 주장과 인권과 논의의 장을 제공했다. 산업선교 프로그램이 민주적인 방식으로 운영되고 참여자들이 책임지며 만들어 간다는 면에서 민주주의를 훈련하고 경험하는 장으로 활용되었다. 이때 활동했던 사람들 중 다수의 지도자가 배출되어 1990년 이후부터 정부의 요직에도 참여했다.

3) 산업선교는 민족의 존망이 위태로웠던 일제강점기, 고난의 시대에 민족을 위해 기도하고 고난을 감내하며 일했던 한국교회의 사회선교 전통을 계승 발전시켜 왔다. 교회의 사회적 책임을 올바로 감당할 수 있도록 추동하고 견인하는 역할을 해왔다. 한국교회가 역사와 하나님 앞에서 그 책임을 다하는 교회가 될 수 있도록 사회선교의 전통을 이어왔다. 현재 한국교회의 많은 성장과 더불어 성장주의가 여전히 강조되기는 하지만 한편에서는 사회선교의 전통이 자리하고 있다는 것은 한국교회를 위해서도 다행스러운 일이다. '너희는 세상의 빛과 소금이다'(마태복음 5:13~16)는 성경 말씀처럼 교회는 세상의 빛과 소금의 역할을 다해야 하는 것이다. 이것이 세상 속에 존재하는 교회의 본질 중 하나이며 역할이다.

희망과 기대로 새로운 세기를 시작하였지만 우리는 신자유주의와 탈산업화로 인한 사회 양극화 현상이 심각하게 진행되고 있는 현실을 경험하고 있다. 이것은 지구촌의 전반적인 모습이기도 하다. 이런 현상은 국가 간, 계층 간 분쟁과 갈등을 불러일으키며 생명과 평화의 가치를 파괴하고 많은 사람들을 폭력과 고통으로 내몰아간다. 최근 북핵 문제로 한반도에는 긴장이 날로 고조되어가고 있는 현실이다. 미국을 포함한 주변 4대 강국의 이해타산으로 인하여 한반도의 평화, 더 나아가 세계 평화가 위협받고 있다. 한국교회의 역할과 과제가 여기에 있다. 생명과 평화의 가치와 공동체성을 회복하고 사랑과 진실이 입을 맞추고 정의와 평화가 입맞추는(시 85:10) 하나님의 나라를 이루기 위해 실천하는 것이다. 새로운 시대 노동선교를 지향하는 영등포산업선교의 역할과 과제가 바로 여기에 있다.

<참고자료> 영등포산업선교회 40년사, 1998.

9. 영등포산업선교회 협동사업에 대한 에큐메니칼 신학적 해석

김영철

(새민족교회 목사)

들어가는 말

이 글에서는 지난 40여 년간 진행되어 온 영등포산업선교회(이하 영산)의 다양한 협동사업에 대한 신학적 해석과 의미를 모색해 보고자 한다. 사실 영산은 산업선교와 노동운동의 중심역할을 해왔다는 기본적 인식 때문에 "노동자 협동운동"의 시작과 발전에도 기여했음에 대해서는 흔히 간과되고 있는 현실이다. 개인적으로 필자도 오랜 세월 영산에서 산업선교와 노동목회를 배우고 함께 일해 왔지만, 영산의 협동운동 중요성과 성과들에 깊은 관심을 두지는 못했다. 아마도 이것은 개인적 한계이기도 하지만 70~80년대 노동자의 생존권과 인권을 지키고 민주주의에 대한 회복에 초점을 맞추었던 기독교운동이나 나아가 제반 민중운동의 한계와도 깊은 연관이 있을 것이다. 후에 기술한 대로 산업화 이후 정보화시대가 다가오고 지구온난화 등 환경문제가 심각해지면서 생명과 평화가 화두가 되는 오늘날의 시대에 협동운동의 비전과 생태적 시각의 중요성이 제기됨을 볼 때 영산의 협동운동은 새로운 시대의 기독교운동과 민중운동을 위한 맹아적 기초를 제공하고 있다고 할 수 있다. 그런 면에서 영산 협동사업의 신학적 평가는 대단히 중요한 의미가 있다.

이 글에서 영산의 협동사업에 대한 에큐메니칼 신학적 해석의 의미는 협동사업의 역사적 발전이 에큐메니칼 신학의 발전과 거의 맥락을 같이 한다는 점에 기인한다. 한국의 에큐메니칼 신학은 1970년대 초반부터 시작된 상황신학(contextual theology)으로서의 민중신학적 전통으로부터 시작하여, 1997년의 한국 경제 위기 이후 IMF 신자유주의 체제에 깊은 영향을 받으면서 한국의 세계화 신학으로 발전했고, 생태계의 심각한 위기와 평화의 위기 속에서 현재 "생명과 평화의 신학"으로 발전되고 있다고 본다.[1) 그런데 영산 협동운동의 역사를 보면 이러한 에큐메니칼 신학의 고민과 과제들을 함께 공유하고 있음을 알 수 있다.

영산의 협동운동에 대한 역사적 발전은 영등포산업선교회 협동사업부가 발간한 자료집 <노동자 경제공동체에서 지역 생활공동체>라는 자료집에 나오는 "영등포산업선교회 협동운동 40년사"를 보면 10년을 단위로 발전경로를 구분하고 있다. 즉 협동운동의 태동과 성장(1969~1978), 협동운동의 탄압기(1978~1987), 협동운동의 모색기(1987~1997) 그리고 협동운동의 재도약기(1998~2008)로 구분하고 있다. 그런데 이를 에큐메니칼 신학의 발전과 연관시켜보면 태동과 성장 30년 역사에서 민중신학의 발전과 거의 맥락을 같이하고 있으며, 협동운동의 재도약기는 신자유주의 세계화 신학의 모색과 깊은 연관이 있다. 영산 협동운동의 전망과 과제는 "생명과 평화의 신학"에 기초한 생명과 평화의 기독교운동 맥락에서 살펴볼 수 있다.

이러한 영산의 협동사업에 대한 에큐메니칼 신학적 해석과 평가는 한국교회의 개혁과 갱신을 위한 의미도 있을 것이다. 사실 영산의 역사적 업적이나 한국교회에 대한 선교적 기여가 한국교회 안에서나 우리 교단(예장 통합) 내에서 정당한 평가와 자리매김을 하지 못하고 있는 현실이다. 한국교회는 유례없는 교회 성장을 항상 내세우고 있지만 사실 일제강점기하에서 민족 독립운동에 앞장선 역사에서부터 시작하여 고난의 현대사 속에 언제나 민족의 아픔과 고난에 동참해 온 또 다른 자랑스러운 전통이 있는데, 영산은 후자의 대표적인 사례이다. 그런 의미에서 우리 교회들이 영산의 산업선교나 협동사업들을 신학적으로 평가하고 자랑스러운 선교적 자산으로 받아들이게 될 때 한국교회의 갱신과 개혁에 주요한 토대가 될 수 있을 것이다.

민중신학의 역사적 발전과 함께한 영산의 협동사업

영산의 역사가 바로 한국교회의 산업선교(Urban Industrial Mission)와 민중선교의 역사라 할 수 있다. 그런 면에서 70년대 민중운동에 연대하며 태동한 민중신학과 영산 협동운동의 역사는 이후 30년간 깊은 연관 관계를 가진다 하겠다.

---

1) Kim, Young-chul, "Glocalization from Below: Ecclesiastical and Theological Response of the Ecumenical Church and the Korean Church to Globalization" (unpublished dissertation of University of St. Michael's College, Toronto, 2009); 김영철, "생명과 평화의 기독교운동을 위하여" (2010 생명과 평화를 위한 신학 선언 확산대회 발제문, 2010), 624.

1) 민중신학의 등장과 협동운동의 태동 및 성장(1969~1978)

민중신학은 1970년대 한국기독교인들의 민주화와 인권을 위한 투쟁에서 시작되었다. 한반도의 분단으로 질곡과 국가안보 이데올로기에 의한 강압적 통치 그리고 급속한 산업화와 국가주도의 수출주도경제에 의한 고도경제 성장에 대한 강조로 분배보다는 성장을 우선시하였기에 저곡가 저임금 정책으로 인하여 이 땅의 노동자 농민들은 생존권에 시달리게 되었고 이에 대한 절규의 외침이 전태일의 분신 사건으로 나타났다. 1970년 11월의 전태일의 분신 사건은 한국 노동운동의 시작이라는 의미가 있지만 민중신학의 단초가 된 사건이기도 했다. 이 사건에 충격을 받은 신학자들과 목회자들이 당시의 강압적 유신정권에 반대하여 마침내 1973년 남산 부활절에 "한국그리스도인 선언"을 발표하고 민중운동에 연대하기 시작했기 때문이다.

> 우리 주 구세주 예수는 유대 사회에서 눌린 자, 가난한 자 그리고 병든 자들 한가운데 사셨다. 예수는 로마제국의 관리에게 과감히 저항하여 진리의 증언을 하다가 십자가에 못 박히셨다. 그는 죽음에서 다시 살아나 인민을 해방할 회신의 힘을 보이셨다. 우리는 주님의 발자취를 따라 억압받고 가난한 인민들 가운데 살고 정치적 탄압에 저항하여 역사 변혁에 참여할 것을 결의한다. 이것이야말로 메시아 왕국에 갈 수 있는 유일한 길이기 때문이다.
>
> -1973 한국그리스도인 신앙선언 중에서

민중신학의 기초자이기도 한 안병무는 예수가 민중이라고 주장하며 십자가 사건은 민중의 고난의 절정을 보여주는 사건이라고 말했다. 그러므로 말씀이 선포되고 성례전이 행해지는 곳에 그리스도가 현존하는 것이 아니라 민중들의 고난에 참여하는 곳에 그리스도가 현존하는 것이라고 주장했다. 그런 의미에서 당시의 민중신학자들이 유신치하에서 가장 고통받고 있던 노동자들에게 연대하고 지지한 것은 당연한 것이라 하겠다.

주지하다시피 한국산업사회의 태동과 함께 시작한 영산은 시대적 약자인 노동자의 권익을 지키기 위해 노동자들을 교육하고 노동조합을 결성하도록 하였으며, 사회단체와 연대하여 노동자의 편에서 싸워나갔다. 영산은 당시 에큐메니칼 선교의 핵심이던 도시농어촌선교(Urban Rural Mission, URM)의 중심지였다. 그런데 이 시기에 노동자복지사업으로써 협동조합을 만들어 스스로의 재산과 권리를 지켜나가도록 교육하였는데 이러한 협동사업은 노동자들의 절실한 요구와 내부적인 조직력이 합쳐지면서 조합원 1천 명의 신용협동조합과 함께 공동구매조합, 주택조합, 폐타이어재생공장 등을 만들어내게 되었던 것이다. 앞서 지적했지만, 산업선교의 초기에 이러한 협동조합운동을 통한 노동자공동체운동을 시작한 것은 시대를 앞서는 혜안이라 하겠다. 아무튼, 민중신학의 태동과 영산의 산업선교, 그리고 협동운동의 태동은 민중과 연대하는 신앙고백의 결과라는 점에서 기본적인 맥락을 같이하고 있다.

2) 운동의 신학으로서의 민중신학과 협동운동의 탄압기(1978~1987)

이 시기 민중신학은 1980년 광주민주화운동이라는 역사적 사건으로 새로운 변화를 맞이했다. 신군부의 집권에 대항하는 민주화운동에 대한 탄압이 빚은 이 사건은 민중운동의 새로운 변화를 가져왔다. 광주 이후로 민중운동은 더 이상 단순한 반독재운동이 아니라 전 사회의 근본적인 변화 즉 민중이 주도하는 새로운 사회에 대한 비전을 제시하고자 했다. 특별히 노동자들이 주도하는 참된 민중민주주의를 실현하기 위해 많은 학생이 현장으로 진출하고 노동운동에 매진했다. 이런 상황에서 민중신학도 민중운동의 활성화에 복무하는 "운동의 신학"을 모색했고, 사회주의와 기독교 비전에 대한 활발한 논의들이 진행되었다. 한편 이 시기에 민중운동의 지역화와 교회운동을 통한 노동자 빈민선교라는 기치를 내걸고 민중교회운동이 활발하게 전개되기 시작했다.

유신 말기와 신군부의 민주화운동과 노동운동에 대한 탄압은 극심하여 합법적인 노조나 노동단체들이 제 역할을 할 수 없는 상태에서 영산의 산업선교가 노동운동의 주요한 거점이 되었다. 그래서 박정희 유신정권은 "도산(都産)이 오면 도산(倒産)한다"는 흑색선전과 함께 영산에 대한 탄압도 심화하였다. 이와 함께 영산의 협동운동 또한 정권의 대대적인 탄압과 함께 합법적인 협동조합이 해체되고 산업선교회의 실무자와 노동자들에게 직접적인 탄압이 들어오면서 일시적으로 산업선교회 활동이 위축되었고 이로 인해 협동조합도 정체기를 맞이했다. 또한, 탄압에 맞서던 노동자들의 역사적인 각성과 함께 모든 역량이 노동운동으로 집중되면서 협동조합운동은 미처 피어나지 못하고 다만 그 불씨를 유지해 나왔다.

3) 민중신학의 새로운 모색과 협동운동의 모색기(1987~1997)

1989년의 베를린 장벽의 붕괴와 함께 시작된 현존사회주의 정권의 몰락과 1992년의 문민정부의 등장은 한국 사회의 새로운 변화를 초래했다. 민중의 권익을 지키고 민중의 정치적 비전을 실현하기 위한 급진적인 민중운동보다는 점진적이고 구체적인 시민들의 권익을 지키기 위한 정책적인 이슈들을 다루는 시민운동이 대두되었다. "경제정의실천시민운동연합"이나 "환경운동연합" 등의 시민단체들이 활발한 활동을 하기 시작하며 민중운동은 영향력이 쇠퇴하기 시작했다.

민중신학에서도 민중의 개념과 방향에 대한 문제 제기가 되어 활발한 토론이 진행되었는데 이른바 "민중신학의 위기"를 논하며(서경석 목사, 「기독교사상」 1993년 9월호) 80년대 민중을 절대시하며 이상화한 민중신학의 당파성에 대한 문제 제기가 있었고, 제반 사회운동의 변화와 함께 민중신학도 새로운 모색이 필요하다는 문제가 제기되었다. 아울러 민중교회운동에서도 10여 년의 실천을 돌아보며 억압받는 계층으로서의 기층민중(노동자, 농민, 도시빈민)에 집중하는 시각을 벗어나 다양한 민중, 즉 여성, 장애인, 외국인노동자들의 다양한 계층으로 민중의 개념을 생각하게 되었고 목회의 외연을 확대하게 되었다. 따라서 민중신학은 민중운동에 종사하는 "운동의 신학"에서 새로운 시대의 변화에 따른 시민운동의 영향 아래서 운동의 탈 중심성과 분산성을 인정하되 다양한 운동들의 그물망을 구축하려고 시도하게 되었다. 이러한 그물망에서 환경운동, 여성운동, 문화운동, 정치운동, 교회개혁운동 등은 각각의 고유한 과제들을 수행하면서도 서로 연대할 수 있게 된 것이다.

이 시기의 영산의 활동도 1987년 노동자 대투쟁과 1990년의 전국노동조합협의회의 탄생으로 많은 노동자가 산업선교회를 빠져나가면서 새로운 위상에 대한 논의가 있었고, 협동운동 또한 새로운 모색기를 맞이했다. 자연히 협동조합의 활동도 위축되었는데 이러한 와중에서도 영산의 실무자와 운영위원들을 중심으로 협동조합의 발전 방향에 대해 끊임없이 교육받고 논의하고 찾아다니면서 몸부림치듯 새로운 전망을 모색해 나왔다. 이러한 모색 과정과 강화된 교육프로그램을 통해 조금씩 새로운 가능성을 열게 되었다.

신자유주의시대의 대안적 세계화를 위한 에큐메니칼 신학과 영산의 협동운동

1) 신자유주의 세계화에 대한 에큐메니칼 교회의 대응

세계적으로 신자유주의 세계 경제체제의 도입은 1980년대 미국의 레이건 정부와 영국의 대처 정부가 신자유주의 경제정책을 도입하므로 시작되었다. 그래서 지난 30년간 세계의 주도적인 경제체제로 작동했다. 21세기 문턱에서 세계의 정치, 경제, 사회, 문화, 심지어 종교까지도 신자유주의 경제 세계화의 영향권 아래 휘몰리게 되자 에큐메니칼 교회들은 세계교회협의회(WCC)를 중심으로 신자유주의 대해 신앙적 신학적 대응을 적극적으로 펼쳐나갔다.

WCC는 1998년 하라레총회에서 "신자유주의 경제 세계화의 상황 속에서 신앙적 삶을 산다는 것이 무엇을 의미하는가?"를 성찰하는 과정을 전개하기로 결의하였다. 총회는 선언하기를 "세계화의 이면에는 이 땅에 거주하는 모든 인류의 일치를 향한 기독교의 오이쿠메네 정신과 부합하지 않는 내용의 비전이 담겨 있다"고 분석하고, "세계화의 논리는 대안적인 공동체의 삶의 방식에 의해 다양한 방법으로 문제 제기가 이루어져야 한다"며 이 프로그램을 시작하는 방향을 명시했다. 총회는 "그리스도인들과 교회들은 신앙적 관점에서 세계화의 도전을 성찰해야 하며, 따라서 일방적인 경제적 문화적 세계화의 지배형태를 거부해야 한다"고 전제하고 "현 경제 시스템에 대한 대안적 정책을 위하여 연구과제가 시급하고, 세계화 과정과 파생하는 문제들에 대한 효과적인 정치적 규제 및 조정의 실현화가 절실하며, 따라서 이에 따른 행동들이 신속하게 이루어져야 한다"고 강조했다.

세계개혁교회연맹(WARC)도 1997년 데브레천 총회에서 '경제 불의와 생태계 파괴에 대한 인식, 교육, 고백신앙의 과정'(processus confessionis)을 선언하고 2004년 아크라총회에서 신자유주의와 제국에 대한 신앙고백적 저항을 선포하는 '아크라 신앙고백'(The Accra Confession)을 채택한다. WCC는 WARC의 고백신앙의 과정의 활동에 동참할 것도 권장했다.

"세계화의 상황에서 어떠한 신앙을 가지고 살아가야 하는가?"이라는 질문에 대한 종합적인 응답으로서 WCC의 "민중과 지구의 문제를 해결하는 대안적 세계화"(Alternative Globalization Addressing People and Earth, AGAPE)라는 아가페운동을 제시하였다. 이 문서는 세계화의 논리에 대하여 다양성을 가진 공동체의 대안적 삶의 양식으로 도전해 가야 한다고 주장하며, 이러한 대안적 삶의 양식은 에큐메니칼 교회들의 협의회와 문서들을 통하여 다양하게 제시되었다고 한다. 오늘의 교회는 평화와 생태적 균형 그리고 정의에 관련하여 연대성, 공적 참여, 자기 확신에 기초한 새로운 체제를 오늘의 국제체제에 대신하려는 노력을 기울여야 한다. 이 문서에서는 현 경제체제를 "죽음의 경제"라고 규정하고 이에 대한 "생명의 경제"를 제시하고 있다. 아가페문서에 대한 신학적 숙고를 더 해가는 것은 에큐메니칼 교회의 계속된 대안 찾기를 위해 중요하다 하겠다. 이러한 아가페 과정은 한국교회에서도 함께 참가하여 진행되고 있다.

2) 한국경제위기에 대한 교회적 신학적 대응

그런데 한국교회 안에서 신자유주의세계화에 대한 교회적 신학적 대응이 구체적으로 나타난 것은 1997년 아시아통화위기로 시작된 한국경제위기 때이다. 흔히 IMF 사태라 불리는 97년의 한국경제위기에서 대기업들이 수없이 도산하고 실업자가 양산되었으며, 통화가치가 2배 이상 폭락하여 중산층이 몰락되고 사회적 양극화가 심화하였다. 더구나 사회복지체계가 제대로 갖추어지지 않은 상황에서 사회적 빈곤층의 고통과 어려움은 극심하여 홈리스가 서울역을 비롯한 도시 곳곳에 나타나고 가정의 해체와 자살률이 급증하는 등의 심각한 사회적 문제가 제기되었다. IMF에 의한 관리체계가 등장하여 구조조정이라는 이름 아래 신자유주의 경제정책들이 채택되었다.

이러한 경제위기의 영향으로 한편 교회적 차원에서는 세계화에 대한 실제적인 관심과 함께 경제문제에 대한 인식이 높아졌다. 경제위기를 계기로 교회적 차원에서 경제문제에 교단과 신학자들의 입장이 발표되었다. 주목할 만한 신앙선언은 예장 통합총회에서 발표한 "경제위기 극복을 위한 신앙각서"(A Faith Affirmation of the Church for Overcoming the Current Economic Crisis)와 KNCC에서 발표한 경제신앙각서 "시장경제에 있어 민주적 질서: 통일시대를 위한 지속가능한 균형 성장"(Democratic Order in the Market Economy: Sustainable and Balanced Economic Growth for the Reunification Era)이다. 예장 통합 선언서에는 경제문제에 대한 기독교의 관점과 선교적 우선순위를 적시하며 대량실업의 위기에서 실업 문제를 위한 교회의 다양한 대책과 프로그램을 제시하고 있다. NCCK의 문서에는 통일시대를 대비하는 한국의 경제체제를 민주적 시장경제로 규정지으며 다섯 가지 경제적 원칙을 제시했다. 1) 인간성의 원칙, 2) 민주적 원칙, 3) 사회정의의 원칙, 4) 생태적 원칙, 5) 지구적 정의의 원칙 등이다.

민중신학자 김용복은 "하나님의 정치경제학"을 신자유주의시대 대안적 경제로 내걸고 '하나님의 살림살이'와 '민중경제학'으로 이를 설명하고 있다. 성서적인 경제의 개념은 하나님의 소유권과 인간의 청지기 직으로 사람들 특히 가난한 민중들의 삶을 유지해 주는 데 목적이 있다는 것이다. 하나님의 살림살이는 민중경제학으로 표현할 수 있는데 이는 새로운 경제체제가 아니라 사회경제적 정의를 위한 투쟁에 있어 하나님이 민중들과 함께한다는 것이다. 하나님의 정치경제에 있어 가장 중요한 표현은 "가난한 자들과의 계약"이다. 그것은 가난한 자들의 삶을 보장하며 인간공동체의 평화를 또한 보장해 주는 것이다.

한편 세계루터교회나 루터교회의 여신학자 모로비다(Cynthia Moe-Lobeda)는 신자유주의 세계화로 대한 공동체적 대응과 그리스도인의 도덕적 능력의 회복은 성만찬의 신학으로 가능하다고 주장했다. 그런데 신학자 김동선은 한국교회 안에 있는 '주의 만찬'(Lord's Supper)을 축하하는 데 사용되는 "두 가지 식사 전통" 즉 하나는 민중들의 사회역사적 경험에서 전해오는 공동식사와 다른 하나는 교회에서 전해지는 성만찬의 전통을 연결하여 성만찬의 참된 의미를 살릴 수 있다고 주장한다. 민중신학자 박재순이 말한 예수 그리스도의 "식탁공동체운동"을 통하여 경쟁과 양극화의 신자유주의 체제의 신학적 대안을 모색할 수 있다는 것이다.

대안적 세계화를 위한 이러한 교회적 신학적 노력은 사실 다양한 형태의 교회운동과 지역 운동으로 나타나야 할 것이다. 그런 의미에서 영산의 협동운동 재도약기(1998~2008)에 나타난 실례는 이러한 아가페운동의 중요한 실례가 될 수 있다 하겠다.

3) 대안적 세계화운동으로서의 영산의 협동운동(1998~2008)

한국경제위기 속에서 영산 협동운동의 중심인 다람쥐회는 꾸준한 교육과 소모임을 진행함으로써 개인들의 상실감을 공유하고 극복 방안을 논의해 나갔다. 정서적 연대와 소통과 교육을 통해 조합의 안정적 운영을 도모해 나가 IMF 상황에서도 조합원과 자산의 꾸준한 증가 상태를 유지했다.

이 시기 영산의 협동운동에서도 많은 변화가 초래되었다. 더는 노동자들이 중심이 되는 협동사업이 아니라 일반인 특히 주부를 중심으로 한 협동사업이 자리를 잡기 시작했다. 오랜 시간 동안 흔들리지 않고 초기의 정신을 지키며 꿋꿋이 유지해오던 노동자 선배들의 불씨가 협동학교, 주부소모임, 영산소모임(밝은공동체)과 만나면서 새로운 분위기로 타오르는 시기였다. 또한, 한동안 신협의 틀 안에서만 맴돌아오던 협동운동이 또다시 다양한 생활의 방식으로 확산하는 시기였다. 주부가 중심이 되는 교육협동운동, 먹거리 협동운동이 자리를 잡아나가면서 생활 전체의 협동운동이 되었으며 소수 선각자에 의한 운동이 아닌 일반인들이 자연스레 참여에 의한 일반인의 운동이 되었다. 이러한 힘으로 의료소비자 협동운동까지 만들어내었다. 신협도 조합원과 활동이 안정되면서 자산 10억을 넘기게 되었고, 다양한 생활협동사업의 진행 중에서 신협은 자연스럽게 새로운 협동조합운동을 주도하는 노동 금고형태의 전망을 하게 되었다. 또 햇살보금자리 이용자들이 신협을 편하게 이용하게 되면서 가난한 사람들의 연대라는 최초의 의지를 다시 한 번 정립하게 되는 시기이기도 했다. 이 모든 생활사업이 자리를 잡아나가면서 그동안 영산의 협동운동이 추구해 오던 지역사업을 자연스럽게 진행하게 되어 지역주민 중심의 운동으로 전환하는 계기가 되었다.

이러한 협동조합운동의 재도약은 신자유주의 시대 대안적 세계화를 모색하며 교회적 신학적 대응을 해온 에큐메니칼 신학의 아주 중요한 실례가 될 수 있을 것이다. 신학은 구체적 실천현장이 있을 때 그 의미를 발견하게 되는 것이다. 이러한 영산 협동조합운동의 재활성화는 여타 다양한 시민사회의 대안적 세계화운동과 더불어 연대하며 확산되어가야 한다.

"생명과 평화의 기독교운동"을 위하여 ― 협동운동의 새로운 전망

"생명과 평화"는 시대의 화두요 복음의 핵심이다. 이 말은 역설적으로 이 시대에 생명과 평화가 가장 위협받고 있음을 말한다. 21세기의 상황은 생명의 위기, 평화의 위기로 집약된다. 전 세계는 지구온난화로 인한 기후변화로 총체적 생명의 위기 앞에 서 있다. 이제 인류는 동과 서, 남과 북을 떠나 지구와 인류의 생존의 기로에 서 있다. 그런가 하면 냉전시대 종식 이후 전 세계의 곳곳에서 민족 간, 종교 간 갈등으로 인한 국지전이 벌어지고, 9.11사태로 인한 미국이 주도하는 "테러와의 전쟁"은 아프카니스탄, 이라크 전쟁으로 이어져 세계평화는 전면적으로 위협받고 있는 실정이다. 지난 30여 년 동안 진행된 경제적 신자유주의와 정치군사적 패권주의는 세계인의 자유와 인권, 민중의 생존권, 민족의 자결권, 나아가 모든 생명체의 생명권을 억압하고 있는 실정이다.

우리가 사는 한반도도 예외는 아니다. 특히 지난 2년 반 동안의 이명박 정부의 개발정책과 남북대결정책으로 인해, 한반도에서도 생명과 평화를 이루려는 노력은 중대한 위협을 받고 있다. 자본의 이익만을 위해 진행되고 있는 도시재개발사업은 민중들의 삶터와 생활권을 유린하면서 용산 참사와 같은 비극을 일으켰고, "4대강 살리기 사업"이란 미명 아래 이루어지는 거대한 토건사업은 생태 질서와 민중의 생활터전을 파괴하고 있다. 이명박 정부의 대북정책은 남북한의 대립과 갈등을 초래하여 그동안 이루어 온 한반도의 화해와 통일을 향한 성과를 무너뜨리고 있으며, 천안함 사건을 계기로 전쟁을 부추기는 태도까지도 취하고 있다.

따라서 오늘의 이 시대를 생명과 평화가 근본적으로 위협받는 위기의 시대라고 하지 않을 수 없다. 따라서 우리 신앙인들에게는 생명과 평화를 향한 "신앙고백적 선언"(status confessionis)이 절실히 필요한 시기일 것이다. 그런 면에서 새로운 시대의 에큐메니칼 신학은 "생명과 평화의 신학"이 되어야 한다.

이러한 맥락에서 <생명과 평화를 여는 2010 한국그리스도인선언>이 지난 부활절에 발표되었다. 신학자들과 목회자들의 자발적인 활동에 따라 여러 번의 준비모임을 통해 발표된 생명과 평화의 선언은 <1973 한국그리스도인 신앙선언>과 1988년 <민족의 통일과 평화에 대한 한국기독교회선언> 등, 민족의 고난과 희망에 참여하기 위해 예수 그리스도를 따라 악의 세력에 저항하고 투쟁해 온 전통을 이어가려는 노력이다. 나아가 '2010선언'은 이러한 위기의 시대에 무기력하게 자기 확대에만 골몰하는 한국교회의 개혁과 새로운 운동을 위한 선언이다. 선언의 후속 작업을 통해 "생명과 평화의 기독교운동"을 제창하고 생명과 평화의 신학, 교회론과 선교론을 세워나갈 것을 주장했다.

앞으로 영산의 협동운동의 새로운 전망은 바로 이러한 생명과 평화를 위한 기독교운동의 전망과 맥을 같이해 나가야 한다. 역으로 영산의 협동운동이 생명과 평화 기독교운동의 구체적 실례가 되어야 할 것이다. 새로운 시대의 생명평화선교는 타 종교와의 협력, 시민사회운동과 연대, 나아가 세계교회나 세계시민사회운동과의 교류협력이 필요하다. 영산의 협동조합운동은 영등포지역에 모범적인 협동사업체를 운영함으로써 건강한 지역공동체를 만들어가는 것이 목적이 될 것이다. 즉 영산을 거점으로 하여 지역주민들이 스스로 운영하고 이용하고 참여할 수 있는 협동사업체를 지역주민들과 함께 만들어낸다. 인접한 공간에 신용협동조합, 먹거리협동조합, 의료생활협동조합, 교육협동조합을 만들어 유기적인 협력관계를 형성하고, 자산관리, 먹거리, 의료서비스, 교육 등의 일상적인 생활 속에 생명과 평화의 가치를 살림으로써 건강한 지역공동체를 만들어간다. 이러한 지역공동체는 생명과 평화의 사역을 감당하는 영산의 구체적인 노력이 될 것이다.

(산업선교 소식지 응답, 2010년)

10. 햇살 후원자 단상

임준형
(전 영등포산업선교회 노동선교부 실무자)

사랑이라면 채울 수 있습니다.

1997년 겨울, 수많은 사람들이 거리로 쏟아져 나왔습니다. 검고 차가운 아스팔트의 딱딱한 보도블록 곳곳이 사람들의 거처가 되었고 그것을 지켜보던 이들은 당혹감을 감출 수 없었습니다.

사실 거리로 나선 이들 외에도 수많은 사람들의 삶이 파국으로 치달았고, 신문과 TV는 연일 그 소식을 전하고 있었지요. 실직과 파산은 냉혹한 현실로 다가왔습니다. 전쟁의 소식을 들을 때 기분이 그랬을까요? 너무도 많은 사람들이 죽고, 난민이 되어갔습니다. 전쟁과 다를 바 없는 상황이었습니다. 외환위기, 흔히들 IMF(국제통화기금) 경제위기라고 말하는 1997년은 그렇게 한국 사회를 발칵 뒤집어 놓았습니다.

이때 거리로 나선 수많은 이들은 '노숙인'이라는 '사회적 문제'가 되었습니다. 멀쩡하게 삶을 살던 사람들이 실직을 했고, 직장마다 정리해고의 칼바람이 불어오는 통에 재취업도 어렵게 된 상황에서 실직자들의 선택지는 그리 넓지 않았습니다. 거리와 죽음의 사이를 오갈 수밖에 없는 상황이었습니다. 오히려 노숙을 선택하는 것이 삶에 대한 애착이 되는 기묘한 시대였습니다. 일가족 동반자살, 실직을 비관한 자살들이 연일 뉴스에 보도되는 시대였으니까 말입니다. 하지만 살아남기 위해 거리를 선택한 사람들에게도 삶은 녹록치 않았습니다.

거리 생활에는 수많은 위험들이 도사리고 있었습니다. 굶주림과 추위, 각종 질병과 인간관계의 파탄은 예고된 위험이었고, 이로 인해 살아가는 데 필요한 의욕들을 상실해가는 것은 뒤따라오는 것이었습니다. 인과처럼 술이 따라왔고 도박의 유혹은 딱히 즐거울 것 없는 일상을 침탈하기 시작했습니다. 하루 벌이를 위해 새벽 4시부터 인력사무소를 찾아들기 시작했고 그렇게 벌어들인 돈은 힘겨운 거리를 버티기 위해, 잠깐의 즐거움을 위해 탕진하기 시작했지요. 노숙인들이 많이 모이는 서울역과 영등포역 일대는 그런 인생들을 상대로 한 중계를 하는 경마장을 지었고, PC방들은 인터넷 도박게임들을 통해 얻은 게임머니를 현금으로 바꾸어주며 그들을 끌어들였습니다. 삶은 천천히 수렁 속으로 빠져들고 있었습니다. 삶의 안정적 토대가 무너진 삶을 상상해보셨습니까? 그들은 그 자리에서 그렇게 신음하며 남은 삶을 빼앗기고 있었습니다.

햇살보금자리는 이러한 문제들의 시작지점에서 수많은 고민을 안고 태어났습니다. 먼저 '희망사랑방'이라고 하는 곳에서 시작되었습니다. 햇살보금자리의 모태는 영등포산업선교회였지요. 산업선교회는 당시 실직 노숙인들의 삶을 고민하기 시작했습니다. 의도치 않은 실직으로 인해 거리로 나서야 했던 이들의 발걸음을 어떻게 하면 되돌릴수 있을까 하는 것이 그들의 고민의 시작이었습니다. 결론부터 말하자면 쉽지 않은 일이었습니다. 그들을 영등포산업선교회의 건물로 초대하고, 재활을 위한 심리프로그램들을 실시하기도 했지만 이미 돌아갈 집도, 번듯한 직장도 없는 이들에겐 재활이나 자활 같은 말들은 참 멀기도 멀었습니다.

세상은 점점 더 차가워져만 갔습니다. 더 많은 사람이 잘려나가기 시작했고, 한때라고 믿었던 구조조정도 이젠 상시적인 사건이 되었습니다. 회사의 경영이 힘들어졌다고 판단되면 가차 없이 사람들을 정리해고라는 이름으로 회사 밖으로 쫓아냈으니까요. 실직의 한파는 중국집에서 배달하던 이들마저도 거리로 내몰았습니다. 이런 상황을 심리적 변화만으로 이겨낼 수는 없는 노릇이었습니다. 모두가 힘든 시기에 경제적 도움도 기대할 수 없는 것은 당연했습니다. 희망사랑방에 많은 이들이 참여했고, 성과도 적지 않았지만 그렇다고 해도 갑작스럽게 노숙인이 된 그들에게 '희망'이라는 단어는 멀게만 느껴졌습니다.

햇살보금자리의 시작이 되었던 희망사랑방은 이후에도 알코올중독자들의 문제를 해결하기 위한 프로그램이나 자활을 위한 프로그램을 진행하기도 했고, 영등포지역 쪽방을 찾아다니며 상담을 하기도 했습니다. 단기적 프로그램으로 해결될 것이라 믿었고, 노숙의 문제가 금방 사그라질 불씨처럼 보였던 시기였습니다. 그러나 경제만 회복되면 해결 될 것만 같았던 실직의 문제가 지속적인 문제가 되고, 노숙의 문제 역시 장기적인 문제가 되어가고 있었습니다. 정부 역시 노숙인에 대한 대처를 차일피일 미루었던 상황이었습니다. 관련법도 제정되지 않았고 노숙인은 '부랑인'과 같은 부류에 포함시켜 부랑인을 대하듯이 시설로 강제 입소시켜버리는 상황도 일어났습니다. 이 문제가 장기화되고, 지속적인 상황이 되어버리고 난 후에야 '노숙인'이라는 새로운 현실을 직시하게 된 것입니다.

햇살보금자리는 드롭-인 센터라는 다른 이름을 가지고 있습니다. 풍찬노숙을 하는 이들에게 다양한 서비스를 제공하는 일을 하는 것입니다. 목욕, 세면과 잠시 동안의 휴식과 같은 것들을 제공해주는 것입니다. 추운 겨울에는 식사를 제공하기도 했습니다. 햇살보금자리는 이러한 일들을 통해 노숙인들을 그들이 처한 위험상황으로부터 건져내는 응급구호처의 역할을 감당하는 장소입니다. 거리에서 박스를 깔고 신문을 덮고 그 위에 박스로 다시 집을 지어 잠을 청하는 이들에게 좀 더 따뜻하고 아늑한 공간을 제공하는 것입니다.

주간편의시설 햇살보금자리는 노숙인들의 최소생존을 보존하고, 그들을 쉼터로 연결하는 중간다리의 역할을 위해 만들어졌습니다. 장기화된 노숙의 문제는 더 이상 짧은 프로그램이나 개인파산회생 등으로 해결될 수 없는 문제였습니다. 장기적인 관점에서 거리생활자들의 생존을 보존하고, 그들의 삶을 새로운 방향으로 인도할 수 있는 변화의 시작점을 만들어내는 일들이 필요했습니다. '햇살보금자리'는 이 일을 위해 태어나게 되었습니다.

처음엔 너무나도 많은 어려움들이 있었습니다. 2000년도 초반 영등포역 뒤 켠, 한 가정집에서 12명의 노숙인들과 함께 시작했습니다. 목욕, 세탁, 휴식과 대화를 할 수 있는 공간, 거기에 생활필수품을 제공해주고, 찢어지고 상한 옷도 수선할 수 있게 해주는 공간으로서 주간편의시설 햇살보금자리는 탄생되었습니다. 그러나 많은 사람이 드나들고 모이는 공간으로서 적합지 않았던 모양인지 수많은 인원으로 인해 그곳에서의 생활은 그리 길지 못했습니다. 술에 취한 노숙인들이 드나들고, 사람이 많이 모여서 생활하다 보면 일어나는 수많은 다툼들까지도 문제가 되었던 모양입니다. 영등포공원, 예전 오비공원이라고 불렸던 그 공원 근처에 있는 가정집에 다시 터를 잡고 시작했지만 그 역시 7~8개월을 넘지 못했습니다.

다행스럽게도 세 번째 현재의 자리에 터를 잡게 되었지만 여느 셋방살이나 그러하듯 늘 쫓겨날 것 같은 두려움에 떨어야만 했습니다. 하지만 장소의 불안정함에도 불구하고 실무자들의 열정은 식지 않았고, 많은 일들을 이루어내었습니다. 2002년 한일 월드컵을 맞이하기 위해 준비를 하던 정부가 노숙인들을 거리에서마저도 내몰고자 했을 때 그들 앞을 막아서서 노숙인들의 입장을 대변하는 일부터 시작해서, 노숙인들에 대한 이해를 돕기 위한 '영등포 떨꺼둥이 신문'의 창간, 지속적인 아웃리치를 통해 거리의 필요를 파악하고 그들을 위한 서비스를 제공하는 일 그리고 병자들을 병원으로 옮기고 치료를 받게 하는 일, 거리에서 노숙인들의 삶을 이해시키기 위한 문화제나 영화제와 같은 문화행사를 만들기도 했습니다.

그리고 주간편의시설로부터 한 단계 발전한 형태로서 드롭-인 센터, 즉 야간에 잠을 청할 공간을 만드는 일을 준비하는 것까지도 이 시기 2001년부터 2002년 사이에 이루어진 일이었습니다. 장소는 계속 바뀌고 불안하게 옮겨 다녀야만 했지만 말입니다.

주간편의시설에서 상담보호센터(drop-in center)로 변화하게 된 햇살보금자리는 이제 주간뿐 아니라 야간에도 노숙인들의 안전을 보장하는 공간이 되었습니다. 그새 2층만 사용하던 공간이 3층까지 확장되었고, 이용하는 노숙인들의 숫자 역시 많이 늘어나게 되었습니다. 노숙인들을 조직하고 그들 스스로를 움직이려는 노력들도 있었습니다. 햇살보금자리에서 시작되었던 '해보자모임'같은 경우도 노숙인들 스스로의 삶의 의욕을 고취하고자 하는 노력의 일환이었습니다. 저축을 통해 자활을 위한 씨앗이 될 자금들을 모으는 일도 했습니다.

여러 곳을 여행하면서 수련도 하고 삶에 대한 새로운 다짐을 해보는 일들도 늘어나게 되었습니다. 햇살을 통해 쉼터로 들어가게 되어 자활을 시작한 사람들도 생겨났습니다. 여전히 노숙인들은 거리에서 살지만 그래도 심정적으로 안정을 얻을 수 있는 최후의 보루를 갖고 있는 셈이 되었습니다. 언제든 술만 마시지 않으면 들러서 잠을 청할 수 있는 공간, 목욕도 할 수 있고, 필요한 물건들도 얻을 수 있는 공간이 영등포시장 한가운데에 있다는 사실만으로도 이미 큰 위안이 되는 것이지요. 비록 거리에서 무료로 주는 밥을 먹고, 대부분의 시간을 거리를 방황하며 지내는 이들이지만 언제든 찾아가면 TV도 볼 수 있고, 자활을 하고 싶은 마음이 생겨나면 실무자들과 상담을 하고 길을 모색해 볼 수 있는 장소가 바로 거기에 있다는 것은 어디서든 배척받고 따가운 눈총을 받아야만 하는 노숙인들에게 큰 위로가 되었습니다.

게다가 놀랍게도 저축을 통해 스스로 살 집을 구하게 되는 일들도 늘어나게 되었습니다. 일단은 저축부터 시작해보자고 하며 노숙인들을 독려하고 권유해 시작했던 저축이 빛을 발한 것은 바로 임시주거 지원사업으로 부터 시작된 것이었습니다. 거처가 불분명했던 이들이 일정 금액 이상만 저축을 하면 집도 얻고 주민증도 복원이 되는 기적 같은 일들이 일어나게 된 것입니다. 거리의 생활을 청산하게 된 것은 참 중요한 사건이었습니다. 본인들이 애착을 갖고 돌볼 수 있는 집이 생겨난 것은 삶에 새로운 전환기를 가져다주는 사건이었습니다.

사실 이렇게 수많은 도움이 가능했던 것은 많은 분들의 사랑이 이곳에 부어졌기 때문입니다. 노숙인 문제가 장기적인 문제가 되고, 처음엔 동정적인 눈길로 바라보았던 사람들이 자신들이 이내 싫증을 느끼고 외면해버렸습니다. "밑 빠진 독에 물 붓기"라며 노숙인 복지를 지칭하는 사람들도 생겨났습니다. 가난은 나라님도 어찌하지 못하는 것이라는데 몇몇 사람의 한정적인 도움으로 해결되겠느냐는 이야기들도 심심찮게 들립니다. 사실 몇몇의 물질적인 도움이 있다고 해서 해결될 수 있는 문제는 아닐지도 모릅니다. 사회 전체가 이 문제를 함께 고민하고 풀지 않으면 해결할 수 없는 문제일 것입니다. 그러기 위해선 사회가 이들을 바라보는 시선에도 변화가 필요합니다.

산업선교회 총무이신 박진석 목사의 말씀을 빌자면 노숙인 문제는 자본주의 사회가 고도화 과정을 거치는 과정에서 일어나는 당연한 사건이기에 이 문제를 해결하기 위해선 자본주의 사회의 병폐들을 손보아야 하는 것이겠지요. 하지만 너무 크고 어려운 이야기가 되어버렸습니다. 사회가 변하는 속도에 맞추어 일어나는 문제를 해결하는 것만으로도 지치는 상황이지요. 이보다 우선 햇살보금자리가 하고 싶은 것은 '밑 빠진 독에 물 붓기'가 아닌 밑 빠진 독에 '사랑'을 채우는 일입니다.

노숙인, 빈곤이라는 문제에 물 붓듯이 돈을 들이부었다고 해서 그들이 수학공식처럼 자활을 산출하지는 않을 것입니다. 그러나 예전 햇살보금자리 초창기의 실무자 이원기 전도사는 그들을 사랑으로 대하면 변화는 가능하다는 이야기를 우리에게 전합니다. 이원기 전도사는 그 실제 사례로 목욕을 거부하던 어떤 노숙인의 이야기를 들려주었습니다. 목욕을 하지 않겠다던 노숙인이 끈질긴 설득을 통해 곧 바스러질 껍데기 같던 옷을 벗고 온 몸의 때를 벗겨낸 후 눈물로 자신의 고단했던 삶의 여정을 들려주었고, 새로운 삶의 의지를 다짐했었다는 것이지요. 이원기 전도사의 경험 속에서 우리는 새로운 답을 발견할 수 있을 것 같습니다. 바로 돈보다 먼저 필요한 것은 사랑과 관심이고, 그들의 삶을 다시 일으켜 세우고 원래의 자리로 복귀시키는 일의 시작은 사랑이라는 것으로부터 시작한다는 사실을 말입니다.

햇살보금자리는 다시 한 가지 사업을 시작하고자 합니다. 사랑이 눈과 귀를 열어주었기에 생각할 수 있었던 사업입니다. 주방의 크기도 못 미치고, 사람들을 얼마나 모셔야 식사를 대접할 수 있을지는 아직 미지수입니다. 하지만 추운 겨울뿐 아니라 따뜻한 날이라 할지라도 거리에서 행인들의 눈을 피해, 내지는 행인들의 시선을 받아가며 먹는 눈칫밥이 아니라 갓 지은 따뜻한 밥 한 끼를 따뜻한 방바닥에 앉아서 친구들과 함께 드실 수 있도록 다시 애써보려 합니다. 이 일을 위해 여러분들의 사랑을 보태어 주셨으면 좋겠습니다. 햇살보금자리가 다시 한 번 '밑 빠진 독'처럼 구멍나버린 노숙인들의 가슴에 여러분의 사랑으로 채우겠습니다.

(햇살보금자리 후원의 밤, 2012)

11. 든든한 세 끼 식사로

김건호
(전 영등포산업선교회 노느매기 이사장)

I

얼마 전 한 노숙인의 삶의 이야기를 들었습니다. 한때 그분은 자신의 삶을 포기하려고 했습니다. 너무나 힘든 이 삶을 끝내기 위해 열심히 일을 해서, 편안히 죽을 수 있을 만큼의 약을 사 모았습니다. 그 순간 그는 그렇게 기뻤다고 합니다. 이제 이 고통뿐인 세상을 떠날 수 있다는 생각에…. 그러나 그는 죽지 못했습니다. 무엇이 그를 다시 살려놓았을까요? 그는 "계란 프라이"라고 말하더군요. 그가 어릴 때 자신을 학대하던 아버지의 매를 대신 맞아주며 자기를 챙기던 자기의 누나가 생각났다고 합니다. 그 누나가 가출을 하기 전 만들어 주었던 마지막 음식 '계란 프라이.'

그것이 떠올라 그는 다시 살기로 결심을 합니다. 이분에게 계란 프라이는 그냥 하나의 음식이 아니라, 삶을 다시 살게 하는 희망이요, 누나의 사랑입니다. 그 사랑이 그를 다시 일으켜 주었습니다. 이처럼 음식은 단순히 배를 채우는 하나의 수단이 아니라 이 세상을 살아가는 데 있어 필요한 양분이자, 사랑이며, 삶의 의미입니다.

II

예수님과 음식과 관련된 이야기들이 성서에는 많이 있습니다. 그의 첫 기적도 물을 포도주로 변하게 만든 것입니다. 또한 그는 가난한 사람들, 죄인들과 함께 식사하기를 좋아했습니다. 그래서 그분의 별명은 '먹기를 탐하고 세리와 죄인들의 친구'이었습니다. 예수님은 그를 따라온 사람들의 굶주림을 보며 오병이어의 기적으로 함께하셨습니다. 그의 십자가의 길에서 떡을 떼고 잔을 마시며 성찬을 제정하시며, 이 식사를 통해 예수님의 삶과 죽으심 부활의 삶을 기념하라고 말씀하셨습니다.

초대교회는 함께 식사하고 음식을 나누며 공동체 속의 가난한 사람들을 돌보았습니다. 예수님과 교회에게 음식 나눔은 단순히 배를 채우는 시간이 아니라 용서와 돌봄, 사랑이 나누어지는 은혜의 공간이자 시간입니다. 예수님은 식탁공동체를 통해 사람들은 자신의 삶이 회복되고 사랑받는 인생의 새로운 의미를 만들어가는 은혜의 시간을 경험하였습니다.

III

매주 수요일 오후 2시 햇살보금자리 3층에서는 예배가 시작됩니다. 예배가 시작할 때 주보에 적힌 유진 피터슨이 번역한 주기도문을 함께 읽고 기도합니다.

든든한 세 끼 식사로 우리가 살아가게 하소서.

주기도문 중에서 유독 이 대목에 오면 안타까움으로 마음이 찡합니다. 유진 피터슨은 우리에게 일용할 양식이란 표현을 좀 더 구체적으로, "든든한 세 끼 식사"로 표현합니다. 그러나 우리 노숙인들의 현실은 그렇지 못합니다. 저희 센터는 아직 급식시설이 부족한 관계로 아침, 점심, 저녁 대부분의 끼니를 노숙인 선생님들은 역 근처의 무료 급식소를 이용합니다 (햇살에서는 협소한 주방으로 인해 한시적으로 겨울철 저녁만 제공하고 있습니다).

그런데 많은 사람들이 지나가는 역전에서 밥을 먹기 위해서 길게 줄을 서는 것은 많은 수치감을 줍니다. 그래서 대부분 세 끼 식사를 다 챙겨 드시기보다는 배를 채우기 위해 그곳을 이용하십니다. 한 끼를 먹는 것도 마음이 편치 못합니다. 실제 노숙인들의 식사모습을 보면, 빨리 먹고 많이 드십니다. 불규칙한 식생활 습관과 거리급식의 노출로 인해 만들어진 모습입니다.

IV

아직 우리의 주님이 가르쳐주신 기도는 노숙인들에게는 먼 희망일 뿐입니다. 주기도문의 일용할 양식, 든든한 식사는 그저 배만 채우는 것만을 의미하지 않을 것입니다. 그것은 자신의 몸과 영혼이 환대받고, 회복되는 은혜의 식탁으로의 초대를 말합니다. 햇살보금자리가 그냥 배만 채우는 식사가 아니라, 따뜻한 밥상공동체를 만들기 위해 준비하고 있습니다. 가장 편하고 따뜻한 밥 한 끼, 그 속에 하나님의 은혜를 담아서 드리고 싶습니다. 위해서 기도해주시고 함께 해주시기 바랍니다.

(햇살보금자리 후원의 밤, 2012)

12. 우리나라 협동조합운동의 실태와 한계 그리고 과제
― 영등포산업선교회를 중심으로

손은정

(영등포산업선교회 총무, 2009~2014, 2020~현재)

1. 협동조합과 나 그리고 이 글의 얼개

1990년대 초반으로 기억된다. 나는『몬드라곤에서 배우자』라는 책을 읽었다. 소개 글에는 평등성과 효율성이라는, 모순될 것 같은 이 두 가지를 다 가능하게 하는 실험이 '몬드라곤 협동조합'이라고 적혀 있었다.

당시 나는 학내문제로 학업을 중단하고 있었고, 동유럽의 사회주의 체제가 실패하고 있다는 뉴스를 들으면서 모든 사람이 삶의 주인으로서 더불어 사는 세상은 그저 꿈과 이상에 불과한 것인가 하는 회의에 빠져 있을 때였는데, 이 책은 그런 나에게 새로운 가능성을 발견할 수 있도록 해주었다.

그때 나는 친구들과 이 책으로 세미나를 하면서 '돈 호세 마리아 신부'라는 협동조합 지도자의 이름과 모든 사람들이 함께 일하면서 소득격차의 일정한 제한선을 두고 있으면서도 생산성에서 결코 뒤처지지 않는 새로운 경제질서가 가능하다는 것을 또렷이 인식하게 되었다. 그리고 다시 학교에 복적하게 되었고, 공부를 마치는 동안 협동조합과 새로운 사회경제질서에 대한 고민은 잠시 접어두었다.

1999년 대학원 졸업을 하고 처음 일을 하게 된 곳이 영등포산업선교회(이하 산선)였고 현재 지금까지 이곳에서 일을 하고 있다. 이곳에 처음 들어가자마자 대안경제운동을 하는 다람쥐회 실무자가 내게 생협 먹을거리를 소개하면서 1만 원을 출자해 주면 좋겠다고 해서 회원가입을 하였다.

그리고 얼마 지나지 않아 당시 총무로 일하셨던 박진석 목사님과 협동조합 실무자들이 의료생협을 만들기 위해 동분서주하는 것을 보았다. 당시 나는 교회 일과 노숙인교육 프로그램 지원하는 일을 맡고 있던 터라, 뭔가 새로운 사업이 일어나는구나 하는 정도였고 그저 그 언저리에서 의료생협 발기인 명단에 이름을 올리고 행사가 있을 때나 참여하는 정도였다. 하지만 2002년에 창립한 의료생협은 말 그대로 병원이 하나 생기는 큰 사업인데 준비한 지 1-2년 사이에 조합원을 모으고 병원자리를 물색하고 의사를 구하는 과정이 신속하게 이뤄지는 것을 보면서 나는 깜짝 놀라지 않을 수 없었다. 그리고 2년 후인 2004년에는 큰 아파트가 있는 도로변에 임대를 해서 생협매장을 내는 것까지 보면서 산선은 이제 협동조합 선교의 시대를 열어가는구나 하는 느낌을 받았다. 그러나 당시 생협은 매장 임대료와 인건비 부담 때문에 일 년을 못 넘기게 되었고, 그때 실무자들이 의견을 모아서 산선 안으로 매장을 들이게 되었다. 그나마 공사비를 줄이기 위해서 실무자들이 직접 매장을 꾸몄다. 그때 생겨난 매장이 지금까지 이어져 오고 있다. 2006년부터는 협동운동의 모체인 다람쥐회에서 산선 안에 있는 노숙인 선교사업인 햇살보금자리 이용자들이 저축을 할 수 있도록 도왔고, 현재는 노숙인 자활 협동조합 창립을 앞두고 있다.

산선의 역동적인 협동조합운동은 이것을 이끌어가는 실무자와 조합의 운영을 위해 1970-80년대 산선 출신 선배들과 협동조합의 꿈을 가진 활동가들이 그룹으로 형성되어 있었기에 가능한 일이었다. 이 운영위원들은 자주 모여서 회의를 하고 밤늦게까지 서로 싸우기도 하고 마음을 보듬으면서 조합의 발전을 위해 애를 썼다. 그러나 재작년 말부터 작년 사이에 협동조합 운영주체들 안에서는 큰 아픔과 진통이 있었다. 조합과 사업운영에 대한 의견차이가 벌어지면서 일어난 일인데 지금은 일정하게 재정비를 하고 있지만, 여전히 구성원들의 관계회복을 비롯하여 조합운영과 경영에 대한 숙제가 남아 있다.

내가 산선의 협동조합운동의 언저리에 있다가 협동조합운동과 선교에 대해서 본격적으로 참여하고 고민하게 된 것은 2-3년에 불과하다. 협동조합에 대해서 책으로 도전을 받아서 머리로 알았던 20대, 곁에서 지켜보면서 그 역동을 느꼈던 30대의 경험 그리고 조합운영에 대한 의견 차이와 진통의 당사자로 참여한 현재까지 돌아보니 그동안 나는 협동조합을 몰랐던 것도 아니고, 그렇다고 진짜로 알고 있었던 것도 아니었다. 이제 협동조합 운영의 강물에 빠져서 물만 잔뜩 먹고 어서 빨리 도망가고 싶은 마음 한켠과 이제 진짜 수영을 할 수 있을 것 같은데 제대로 배워야 하는 두 마음이 상충하고 있다.

나는 우리나라 협동조합운동의 실태와 한계, 과제에 대한 글을 부탁받았다. 전체적인 흐름을 간단하게 소개하되 산업선교회의 경험을 중심으로 실태를 쓰고, 한계와 과제 부분을 묶어서 다루도록 하겠다. 한계와 과제는 협동조합을 하면서 주요하게 붙들고 가야 할 원칙, 협동조합을 성공적으로 운영할 수 있는 열쇳말들을 제시할 것이다.

2. 영등포산업선교회를 중심으로 본 협동조합운동의 실태

1) 협동조합에 대한 기본적인 이해

국제협동조합연맹(ICA)에서 1995년 작성한 협동조합 정체성 선언문에 따르면 협동조합은 공동으로 소유하고, 민주적으로 운영되는 기업을 통해 공동의 경제적·사회적·문화적 필요와 욕구를 충족하기 위해 자발적으로 모인 사람들의 자율적 단체라고 정의하고 있다.

협동조합은 기업형태 가운데 하나이다. 서비스와 상품을 생산하고 판매하는 기업의 형태는 세 가지가 있다. 개인기업, 주식회사, 협동조합. 이 세 개의 기업형태 가운데 하나가 협동조합이다.

협동조합은 1인 1표제를 통해 사람이 지배하는 경제 모델이다. 그래서 사람과 사람, 즉 인적 네트워크가 기반이 되는 사업분야에서 강점을 가지고 있다. 협동조합의 가장 큰 재산이자 무기는 복지, 환경, 고용, 교육, 돌봄 등에 대한 사회적 가치를 공유하는 조합원들의 민주적 운영이다.

협동조합은 1844년 영국에서 시작되어 이미 170여 년의 역사가 흘렀다. 산선의 초대 목회자이며 산선의 협동조합운동을 시작하는 데 헌신하신 조지송 목사는 협동조합을 다음과 같이 설명하고 있다.

> 모든 것은 힘이 지배한다. 경제도 예외일 수 없다. 우리는 왜 가난한가? 힘이 없기 때문이다. 경제적 부를 생산한 노동자가 그 열매를 온전히 소유하지 못하고 불공정하게 분배받거나, 또는 부를 창조하는 데 아무런 기여도 하지 않은 자들에게 빼앗기기 때문이다. 따라서 노동자들이 생산자로서 노동조합이라는 조직의 힘을 가지고 정당한 분배를 요구하는 것처럼 소비자도 부당한 지출을 강요당하지 않겠다는 결단이 필요하다.

이것이 바로 협동조합운동이다. 노동조합이나 협동조합은 모두가 조직력을 통해 힘을 창조하여 노동자들이 경제적으로나 사회적으로 행복하게 살기 위한 구체적 행동이다. 노동조합이 소득을 높이기 위한 운동이라면 협동조합은 소득을 효율적으로 사용하는 운동이라고 할 수 있다. 경제력이 약한 다수의 사람들이 단결하여 자금을 만들어내고, 그 자금을 회원들의 이익을 위해 사용하는 것이 협동조합운동이다.

19세기 초, 산업혁명 당시에 지극히 열악한 노동조건에서 노예노동에 혹사당하며 살고 있던 영국의 노동자들 몇 사람들이 시작한 이 운동은 노동운동과 함께 꾸준히 성장했다.

버터 12.7킬로그램, 설탕 25.4킬로그램, 밀가루 304.7킬로그램, 오트밀 1포, 양초 몇 자루, 이것이 가난한 노동자들이 자기들의 점포를 만드는 데 진열할 수 있는 전부였다. 이들은 설탕 한 근이라도 자기 상점에서 사고 그 이익을 조합원의 것으로 만들었다. 이 정신은 19세기, 20세기를 거치면서 노동운동과 함께 성장을 거듭했다. 영국에서 독일로, 독일에서 프랑스로 그리고 아메리카, 아시아로 번졌다.

옛날부터 이 땅에도 "계"라는 협동 생활이 있었지만, 근대적 의미의 조합은 1942년 농촌산업조합, 56년 농업은행, 61년 농업협동조합, 62년 수산업협동조합과 신용협동조합이 시작되었다. 그러나 이 운동들 중에는 정치권력의 간섭을 뿌리치지 못했기 때문에 조합원들로부터 많은 지탄을 받기도 하였다.

우리는 가난한 속에서도 은행에 저축을 한다. 은행은 그 돈을 모아서 어디에 쓰는가? 돈 많은 사람들에게 높은 이자를 받고 꾸어준다. 우리가 그 돈을 쓰기란 하늘의 별따기처럼 어렵다. 빌리려고 하는 액수보다 더 많은 재산을 담보로 잡혀야 한다. 또 기한 안에 상환할 수 있는가? 이 모든 일이 가진 자들에게는 쉬운 일이지만, 가난한 사람들에게는 매우 어려운 일이 아닐 수 없다. 우리는 매월 상당한 금액을 생활필수품을 구입하는 데 지불한다. 이러한 경제활동은 결국 가난한 사람들은 언제나 부자들의 이익을 위해서 살아야 하는 결과를 가져오게 된다. 우리들의 은행, 우리들의 백화점을 만들어 모든 이익을 우리들의 것으로 만들어야 한다.

좀 더 발전시켜서 남이 만든 물건을 비싸게 사다 쓰지 말고 우리들이 직접 만들어 쓰는 운동도 필요하다. 이 모든 운동이 협동운동이고 세분해서 말하면 신용협동조합과 소비자협동조합 그리고 생산자협동조합이라고 할 수 있다.

2) 최근 협동조합운동이 급부상하게 된 배경과 새로운 시도들
최근에 1970년대 산선의 최전성기를 이끌었던 선배 목회자와 만났다. 그에게 "신자유주의 경제질서를 극복할 수 있는 길과 대안이 무엇입니까?" 하고 여쭈었더니, 협동경제질서라는 대답이 단번에 돌아왔다. 2008년 미국에서 촉발된 세계 금융위기가 협동조합의 사회적·경제적 역할을 새롭게 조망하게 된 계기가 되었다. 현재도 계속되고 있는 경제위기 한가운데서 국제사회는 새로운 경제모델로 협동조합을 새롭게 평가하기 시작했다.

반기문 유엔 사무총장은 "협동조합은 경제적 지속 가능성과 사회적 책임을 함께 추구할 수 있는 것이 가능하다는 것을 국제사회에 일깨워 줬다"고 말한다. 유엔은 작년 2012년을 '세계협동조합의 해'로 선포해 각국에 필요한 법과 제도를 갖출 것을 권고했다. 국제사회에서는 협동조합의 역사적 역경에서 얻은 교훈과 시대적 사명을 조명하면서 사회적 경제의 원동력으로 협동조합의 발전을 모색하고 있다.

박원순 서울시장은 최근 우리나라에서 협동조합운동이 급부상하게 된 배경으로 불균형 성장으로 인한 부작용을 꼽는다. 재벌대기업이 중소기업과 함께 균형 있게 성장한 게 아니란 점, 그리고 인간의 삶의 질이나 노동의 기본권이 균형 있게 지켜지면서 성장한 게 아니라서 부작용이 심각하게 나타나고 있다는 것이다. 이로 인해 파생된 상처를 치유하면서도 구조를 바꿀 수 있는 방법을 고민하면서 나온 대안이 협동조합 경제질서라고 그는 말한다. 경제적 이익만이 아니라 사회적 가치를 추구하고 승자독식이 아닌 공동체를 기반으로 하고 정부에 의존하는 것이 아니라 시민의 참여와 책임을 근간으로 하는 99%의 세상을 만들어가기 위해서 협동조합이 급부상하게 되었다고 박 시장은 말한다.

『88만원 세대』저자인 우석훈 교수 역시 우리나라 경제가 너무 빨리 오다 보니 소외현상이 깊어졌고, 실패한 사람과 어려운 사람을 다 데려가지 않으면 진정한 의미의 선진국이 될 수 없다고, 이것이 시대의 고민이고 숙제라고 말한다. 그는 과거에는 국가가 발전을 주도하고 기업을 중심으로 생각했다면, 지금은 국가만도 아니고 기업만도 아닌 시민기반의 또 다른 균형자가 필요하다고 덧붙인다. 그것을 사회적 기업, 협동조합이라고 부르기도 하고, 연대의 경제라고 하기도 하고, 공유라고 부르기도 한다는 것이다.

『몬드라곤에서 배우자』의 번역자이고, 최근『몬드라곤의 기적』을 다시 펴낸 김성오 씨는 작년 유엔이 정한 협동조합의 해를 상기하면서, 지구온난화가 심해질수록 그리고 실업률이 높아지고 불안정한 비정규직 고용비중이 높아질수록 협동조합이 점점 더 주목받게 될 것이라고 밝힌다. 3만 5천여 노동자조합원들이 이윤창출이 아니라 고용확대를 기업목표로 하여 5만여 명의 정규직 일자리를 만들어낸 몬드라곤 운동이 새삼 주목받고 있는 것이 이것을 증명한다는 것이다. 세계화의 물결 속에서 양극화가 점점 심해지는 한국에서 중·단기적으로 보다 시급하게 해결해야 할 과제는 실업문제이다. 양극화라는 것이 결국 질 좋은 일자리를 가진 사람들과 그렇지 않은 사람들 사이에서 벌어지는 문제이기 때문에 당분간 협동조합운동에서는 이 문제의 해결을 지상과제로 삼아야 한다고 주장한다. 협동조합의 진정한 성공은 기존 조합원들의 이익에 봉사하는 데 머무르지 않고, 시대의 과제를 해결할 때 얻어지는 것이라고 말하고 있다.

협동조합 분야의 세계적 석학인 스테파노 자마니 교수가 지난해 10월 한국을 방문했다. 그는 한국이 협동조합기본법을 제정하게 된 이유를 물었고, 많은 사람들이 삼성 등 10여 개 대기업이 국내총생산의 80% 이상을 담당해 이에 대한 보완책으로 협동조합을 활성화하려 한다고 답했다고 한다. 이때 자마니 교수는 협동조합을 한다는 것은 경제적 자유를 의미하고 정치적 민주주의를 실현하는 것이라고 강조했다.

협동조합과 같은 사회적 경제는 정치에서 먼저 화두로 끄집어낸 것이 아니라 시민사회에서 먼저 시작한 이야기이다. 현재 협동조합과 같은 사회적 경제를 이야기하는 사람들은 협동조합과 같은 사회적 경제가 사회적 문제를 해결하는 데 유효하다고 본다. 특별히 빈부격차, 정보격차가 심각한 오늘날, 교육과 보육, 의료 등 우리 생활을 둘러싼 영역에서 협동조합과 사회적 경제가 절박하게 요청되고 있다.

사회적 경제의 기운이 전국에서 타오르고 있다. 한 인터넷뉴스 매체는 주식회사를 마감하고 협동조합으로 전환하면서 월 1만 원 이상의 조합비를 내는 조합원 1만 명을 모아서 월 1억 원의 조합비로 운영해보겠노라고 밝혔다. 이를 위해 당장 눈살을 찌푸리게 하는 선정적인 광고부터 털어낼 것이라고 하는데, 아이를 기르는 부모로서 늘 우려가 되었던 부분을 콕 짚어서 말해 주니 쌍수를 들고 환영할 일이다. 광고주와 사주가 가진 권력의 눈치를 보지 않고 언론의 사명을 제대로 감당하고자 하는 취지에 크게 공감이 된다. 하지만 널린 게 무료뉴스인데 조합원들이 월 1만 원씩을 내면서 조합원으로서의 역할을 잘 감당하게 하는 것은 쉽지 않은 숙제이다. 결국 조합원인 독자와 소통하고 가치를 확인해 가는 뉴스 공동체를 만들 수 있느냐가 성공과 실패의 갈림길이 될 것이다.

영화나눔협동조합도 올 4월에 출범했다. 대기업극장은 돈이 되지 않는 영화는 들여오지 않는다. 거대자본과 유통으로부터 소외된 좋은 영화를 볼 수 있게 하기 위해 영화협동조합은 능동적인 소비자를 조직하겠다는 포부를 밝혔다.

최근에 학교매점협동조합도 출범했다. 건강에 좋지 않은 패스트푸드 등을 팔아 학생들의 건강을 경시한다는 비판을 받곤 했던 학교매점을 학생, 교직원, 학부모가 함께 운영하는 것이다. 성남시와 경기도교육청과 한국 사회적기업진흥원이 학교매점운영 협동조합 설립사업을 뒷받침하기 위해 시범사업 협약식을 했다. 성남시는 협동조합 설립과 매점시설 개선을 행정재정적으로 돕고, 경기도교육청은 대상 학교들을 뽑아 학교시설 사용과 학교간 연계를 지원한다. 한국 사회적기업진흥원은 이를 위해 조합교육 프로그램을, 성남산업진흥재단은 조합물류체계구축을 각각 개발할 참이다. 이 외에도 어린이돌봄협동조합, 의류자원순환협동조합, 부엌가구협동조합, 시민사회공익활동가 공제회를 위한 협동조합 등 신규 협동조합들이 추진, 설립되고 있다.

지방자치단체들마다 오래된 가치인 사회적 경제에 돋보기를 들고 길을 찾고 있다. 올해 3월에는 전국의 지방자치단체장 29명이 모여 전국 사회연대 경제지방정부 협의회를 세웠다. 초대회장인 임정엽 완주군수는 "우리는 그동안 경쟁과 효율을 최고의 가치로 삼아왔지만 경쟁은 적자생존으로 치닫고 효율은 약자의 설 땅을 없앴다고 하면서 이제 사회적 경제를 통해 지자체와 주민이 손잡고 모두 이롭게 하는 경제를 함께 만들어가자"고 말했다. 마을이나 읍, 면, 지역 공동체 단위에서 사업을 벌여 보면 의외로 사람들이 잘 해내는데 이것은 우리 속에 계, 향약, 두레와 같은 협동과 공동체의 유전인자가 남아 있어서인 것 같다고 말한다. 그는 사회적 경제 제품을 교차 구매하는 등 여러 협력 프로그램을 실행하고 주민 중심으로 가야 한다고 밝혔다.

4월에는 국회에서 사회적 경제포럼이 발족을 했다. 사회적 경제 분야의 이슈에 대한 입법공청회, 정책토론회, 세미나 및 현장연구 등 사회적 경제의 튼튼한 착근을 위해 법과 제도를 만들어나가는 디딤돌이 되길 기대하고 있다.

3) 영등포산업선교회 협동조합운동의 발자취

작년 협동조합의 해를 기념하여 「살림이야기」라는 잡지에서 우리나라 협동조합운동단체를 취재하였다. 그 기사에서는 원주와 홍성과 영등포산선과 논골신협을 다루었다(2012년 여름호 참조). 이 기사에서 소개된 "협동조합, 산업사회의 눈물을 닦아주다"라는 제목의 글은 우리나라 협동조합운동과 영등포산업선교회의 협동조합운동의 흐름을 파악하기에 좋은 글이므로 소개해 본다.

19세기 서구에 협동조합이 있었다면 우리에게는 두레와 계가 있었다. 그러나 서구의 협동조합은 현대사회로 계승, 발전됐고 우리의 두레와 계는 역사 속으로 사라졌다.

서구에서 시작돼 일본을 거쳐 국내로 유입된 우리나라 협동조합의 발자취는 1960년대 원주와 홍성에서 출발한다. 서울에서는 오갈 데 없는 노동자들과 철거민들이 살기 위해 협동하기 시작했다. 그리고 그들은 서울을 사람이 사는 마을로 되살려내려는 협동운동을 시작했다. 그리고 이제 그곳들은 한국 협동조합운동의 메카로 꼽힌다.

협동조합은 지역에 따라 또는 사업영역, 사람에 따라 다양하게 존재한다. 그 모든 한국협동조합의 어제와 오늘을 보여주는 이 세 지역은 한국협동조합사에 있어 로마로 통하는 길이다.

다람쥐회는 영등포산업선교회에 모인 노동자들이 시작한 모임이다. 1950년대 영등포동과 문래동, 가리봉동은 제철, 방직공장이 즐비했다. 노동자들은 보통 하루 12시간 노동하고, 그 삯으로 하루에 커피 한 잔 값인 60-70원을 받았다. 열악한 노동환경과 저임금 그리고 노동을 천시하는 편견으로 자존감마저 잃게 된 이들은 산선에 모였다. 산선은 이들에게 근로기준법을 가르칠 뿐만 아니라 노동조합 조직을 넘어서 자립할 수 있도록 도왔다.

일터를 스스로 만들고자 폐타이어를 재생타이어로 만드는 생산자협동조합(1968)을 시도하고 가난한 사람이 목돈을 대부할 수 있는 신용협동조합도 꾸렸다. 1969년 8월에 50명의 조합원이 1만 4,000원의 출자금을 모아, 총자산 500여만 원으로 시작한 신용협동조합은 1972년 영등포산업개발협동조합이란 이름으로 신협 1호 정부인가를 받았다.

1974년에는 주택조합 사업으로 무주택근로자와 교회 인사들이 협동하여 공동주택을 건축할 것을 시도하여 실제 1976년에 9세대를 건축하였다. 공동구매조합(1976)도 시작했다. 그러나 다양한 협동조합들의 기반이 되었던 신용협동조합은 1978년 6월 박정희 정권에 의해 강제 해산당했다. 1970년대 말 원풍모방, 해태제과, 롯데제과, 남영나일론, 대일화학 등에서 수백 명의 여성노동자들이 회원으로 참여했고, 100-150개 소모임을 꾸려 활동했다. 한 달 평균 4,000명 이상의 노동자가 산선을 방문했다. 박정희 정권은 산선의 의식화 학습에 주목했고, 이들을 빨갱이로 몰았다. 박정희 정권은 신협에 조합원 명단을 요구하다가 거부당하자 감사불복이라고 탄압했다. 신협은 자진탈퇴 형식으로 해산했다. 그러나 이들은 다시 모여 다람쥐회라는 이름으로 모임을 이어오고 있다. 도토리를 모아 겨우살이를 준비하는 다람쥐처럼 이들은 어려움을 대비하기 시작했다.

1980년대 전두환 정권의 탄압은 더 거셌다. 산선 건물 앞에는 사복경찰들이 진을 쳤고 수시로 드나드는 사람을 검문 검색했다. 다람쥐회는 이 시기에도 꾸준히 출자와 출자 내 대부 사업을 담당했지만 모든 역량이 노동운동에 집중되는 시기여서 자체사업을 다양하게 펼치기가 어려웠다.

1987년 노동자 대투쟁은 노동운동에 지각변동을 가져왔고 이후 노동조합 전국조직이 결성되면서 노동운동에서 산선의 역할은 점차 축소되었다. 이 시기를 기점으로 산선에 모였던 노동자들이 흩어졌고 산선의 정체성에 관한 고민이 깊어졌다. 정체기로 보이는 이 기간 동안 노동자들은 주부가 되었고 영등포도 공장지대에서 아파트 지역으로 바뀌었다. 산선도 노동운동에서 생활을 기반으로 하는 협동에 관심을 기울이게 되었다.

다람쥐회는 1994년 협동경제를 모색하던 대학생들이 만든 '경제공동체 대안'과 통합했다. 1997년에는 협동학교를 시작하여 많은 활동가들을 배출하기도 했다. '부모와 자녀가 함께하는 주말문화학교 밝은 공동체'도 같은 해에 만들어졌다. 주부 협동학교를 수료한 다섯 가정은 1999년부터 생협 설립을 모색하다가 2004년 서로살림생활협동조합을 정식 사업체로 등록하고 매장을 냈다. 서로살림은 상생을 순우리말로 풀어쓴 것이다. 이보다 앞서 2002년에는 노동자들이 많이 거주하는 대림동에 서울의료생협을 만들었다. 그리고 햇살보금자리 노숙인들 저축사업이 2006년부터 시작되었다. 지금은 노숙인 자활협동조합을 준비하며 출범을 앞두고 있다.

2010년 영등포에는 생활협동공동체협의회가 발족된다. 근 40년 동안 활동해온 다람쥐회와 10년을 바라보는 서로살림생활협동조합, 밝은 공동체, 햇살보금자리. 서울의료생활협동조합이 소속단체이다. 산선의 협동조합운동은 적극적으로 지역사회로 눈을 돌렸다. 지역신문 「나란히 걷기」, 지역활동가와 연대해 매월 첫째 주 목요일 저녁 목요밥상을 열고 있다. 영등포도시농업네트워크, 평화를 만드는 여성회, 한국비정규노동센터, 해움터, 서울여성회, 기독여민회, 새시대예술연합 등 영등포 지역에 있는 단체들이 참여하여 돌아가면서 밥상을 준비하고 지역 현안들을 다룬다. 대형 마트에서 어린이가 교통사고를 당했을 때 공동 대응했고 비정규직 노동자 차별에 대한 대응도 함께했다. 지역의 의제를 생산하는 공간을 마련하였고, 2011년부터 지역축제인 영등포 서로살림 마을 축제를 열고 있다. 지역 공동체성을 강화하는 것이 앞으로의 과제이다.

4) 생활협동조합운동과 산선의 서로살림 생협

생활협동조합운동(이하 생협)은 산선의 여러 협동조합 가운데 하나이다. 하지만 필자가 직접 참여하여 경험해본 사업이고 이를 통해 협동조합운동이 생각만큼 그리 수월치 않다는 것과 협동조합운동의 한계와 과제를 도출해내야 할 절박성을 경험하고 있기 때문에 따로 소개하도록 하겠다.

생협은 생산자는 소비자의 생명을 책임지고, 소비자는 생사자의 생활을 책임지는 운동이다. 생협은 도시의 소비자와 농촌의 생산자가 장기적으로 알고 지내는 관계를 맺는 점이 큰 특징이다. 누가 어떻게 생산했는지 모르고, 누가 먹을 것인지 신경 쓰지 않는 공장형 생산과 대량유통방식이 따라오기 어려운 강점이 있다. 생협은 계약농가와 재배품목을 미리 의논하고 안정적인 판로를 약속한다. 가을 수매자금을, 봄 농사자금을 미리 대주기도 한다. 생산자도 내 가족이 먹을 것과 똑같이 정성을 들여 키워서 납품한다. 도시에 사는 조합원들은 산지를 찾아가 수확을 거들기도 한다. 이런 공동체 안에서 믿음이 자란다. 현재 우리나라에서 소비자 생협 회원은 120만 명이 넘었고, 올해 매출이 처음으로 1조 원을 돌파할 것이라고 한다.

<한살림 선언>을 작성하는 데 함께한 윤형근 씨에 의하면 생협의 목표는 싼 가격에 있지 않고, 산업사회의 경쟁과 불신에 얼룩진 도시 삶과 물질적 탐욕에 대한 반성에서 출발했다고 말한다. 생산자들에게 정당한 대가를 지불하고 시장에서는 찾을 수 없는 신뢰를 얻는 것이라고 말한다. 그 신뢰가 담긴 농산물로 가족의 건강을 지키는 것이 생협운동이다. 생활협동조합이란 이름도 생산과 소비를 포괄한다는 의미를 담고 있다.

생협에는 다른 무엇보다도 어머니의 마음으로 사회를 바라보고 바꿔나가려는 특징이 있다. 경쟁으로만 점철돼 병들어 가는 사회와 지구를 치유와 보살핌의 시선으로 연민하며 돌봐 왔다. 제삼세계와 지구를 생각하는 착한 소비, 지역순환농업지원, 밥상 위에서의 지구살림을 슬로건으로 탄소 배출을 줄이는 가까운 먹을거리 운동, 사료자급축산 등의 식량자립과 지속가능한 농업을 보듬고자 하는 노력, 마을 만들기 등의 모든 활동은 바로 생명을 소중히 여기는 세계관이 그 밑바탕이다. 협동은 그것을 실천하는 기본 동력이다.

산선은 2013년 현재 서로살림 생협운동의 활성화에 힘을 쓰고 있다. 2004년 매장 설립 이후 그간 누적되었던 부채를 상환하기 위해 산선의 모든 조직들이 십시일반으로 힘을 모으고 있다. 앞으로 3년 후면 부채의 부담에서 벗어날 수 있을 거라고 전망하고 있다. 나는 지난 2년간 생협 이사장으로서 생협 운영과 활동 전반에 대해 직접적인 경험을 할 수 있었다. 조합원들과 생산지 견학도 하고 어린이협동학교, 협동강좌 운영, 지역 활동가들과의 밥상모임, 협동신문 발행 등을 함께해왔다. 가랑비에 옷 젖듯이 협동의 경험이 참가한 조합원들에게 스며들었으리라 본다. 현재도 서로살림 생협에서는 요가 모임, 인문학 모임, 밝은 공동체와 함께 옥상텃밭 가꾸기 사업 등이 진행되고 있다. 앞으로 조합원들과 함께하는 인형만들기 모임, 갈등해결 평화그룹 형성하기 모임, 명상 모임 등을 계획하고 있다. 소모임 등을 통해서 삶을 나누고 삶의 질을 높여내고 더불어 살아가는 공동체 경험이 진작되리라 기대한다. 그러나 사업체이기 때문에 경영의 문제가 쉽지 않다는 것을 절감하고 있다. 소비가 위축되는 전반적인 상황과 맞물려 생협 이용고가 올라가지 않고 제자리걸음을 하고 있다.

그러나 작년 말 생협연합회에 가입하면서 회계 업무 지원을 받고 있고, 교육 관련 지원을 받을 수 있어서 숨통을 틔우고 있다. 생협이 기본적인 시스템을 갖춰가면서 생협 본래의 정신과 설립취지를 살려갈 수 있도록 하기 위해서 노력할 것이다. 생산자와 소비자가 서로의 생명과 생활을 책임지는 관계, 신뢰할 수 있는 사회로 가는 길이 무엇인지 늘 깨어서 매장을 지켜야 할 일이다. 그렇지 않으면 매장운영에만 연연해서 한숨만 깊어진다. 그러나 매장운영에서 적자가 발생하지 않도록 단단히 운영에 신경을 쓰는 것이 세상을 변화시키려는 큰 뜻을 가진 협동조합운동가들에게는 꼭 필요한 자세라고 본다.

3. 한계와 과제

1) 사회책임조달과 경영지원 방안을 마련하는 것이 절실하다

현재 신규 협동조합들이 생겨나고 있는 것은 매우 반가운 일이다. 하지만 협동조합은 공동으로 소유하고 민주적으로 운영되어야 할 사업체이기에 어떤 사업체를 운영하는 것보다 쉽지 않은 것도 현실이다.

고용노동부 인증 사회적 기업이 800곳이고 2007년 이후 5년 남짓 성과를 보면 내실은 그다지 좋은 편이 아니다. 올해 2월에 발표된 자본시장연구원 자료에선 지난해 11월 말까지 인증 사회적 기업 723곳 가운데 영업이익을 내고 있는 곳은 79개로 16%에 지나지 않는다. 사회적 기업의 이런 저조한 실적은 지금 새롭게 만들어지는 협동조합의 미래이기도 하다는 우려와 지적이 많다. 생협을 운영하면서 늘어나는 부채와 상환의 어려움을 경험한 필자의 경우에도 정부와 지자체에서 협동조합의 판로개척과 경영지원을 돕지 않으면 자생적으로 버티기가 수월치 않다는 것을 지적하고 싶다. 서울시가 사회적 경제의 금융기반을 확충하기 위해 사회투자기금을 만들 계획을 발표했고, 조합 활동가들의 역량을 만들어 주고 제도적 인프라를 만들어내는 일로부터 다양한 지원책을 내겠다고 하니 기대를 해 본다.

또 다른 문제는 협동조합은 모두가 주인이기 때문에 아무도 주인이 아닐 수도 있다는 것이 자칫하면 빠질 수 있는 함정이다. 또한 협동조합 경영능력과 교육의 중요성은 아무리 강조해도 지나치지 않을 만큼 승패를 좌우하는 관건이 된다. 한계와 과제는 다른 말로 하면 협동조합 운영의 어려움과 극복 방안이 될 수 있다.

이것에 대해 일찍이 산선 협동조합운동을 이끈 조지송 목사는 다음과 같은 주요한 원칙과 운영방도를 제시하고 있다. 오늘 꼭 필요한 지침이자 교과서가 되고 있다. 새기고 또 새기면서 가야 할 원칙이다.

2) 민주적이고 합리적인 운영을 해야 한다

조합은 몇몇 열성적인 간부들의 것이 아니라 전체 회원들의 것이다. 그럼에도 불구하고 조합원들의 참여의식이 부진하기 때문에 조합이 발전하는 데 어려움이 생기는 것은 무엇 때문인가? 한마디로 요약해서 말하면 조합원 개개인이 주인의식이 없기 때문이다.

여기서 우리는 조합을 이끄는 간부들이 해야 할 한 가지 일을 발견하게 되었다. 조합의 이상과 목표를 확실하게 전하고 간부들이 하는 일과 조합원 각자가 해야 할 일이 무엇인가를 따뜻한 마음으로 소상하게 알려주는 정성이 있어야 한다. 회의 진행 하나하나가 민주주의를 배우는 과정이고 실천이어야 하며 사업보고서 한 줄 한 줄에서 참여하는 보람을 얻을 수 있어야 한다. 모든 선거와 결의는 진지한 토론을 통해 조합원들이 충분하게 참여할 기회가 주어져야 한다. 회의에 참석하지 못한 회원들에게도 그 내용을 자세히 알려주어야 한다.

조합은 경영이다. 돈을 취급하는 사업이다. 따라서 원칙에 충실해야 하며 예외를 허용해서는 안 된다. 모든 규칙이 공정하게 적용되어야 하고 누구에게나 설명이 가능해야 한다. 재정관리에 대한 규정이 엄격해야 하는 것은 물론, 관리능력이 우수한 직원에 의해 정리되어야 하며, 모든 기록은 지체없이 검증되는 제도적 장치가 있어야 한다.

3) 믿을 수 있는 사람들이 있어야 한다

요즘 우리 사회처럼 돈의 부정이 많은 곳이 또 어디 있겠는가? 돈의 흐름이 정의롭지 못하면 모든 것이 부정해진다. "민나 도로보 데스"(모두가 도둑놈들이다)라는 말이 한 시대의 유행어로 끝나지 않고 오랜 세월을 두고 애용되는 것만 보아도 우리 사회가 어떤 사회인가를 알 수 있다. '모두'라고 했지만 실은 사회 지도층 사람들 '모두'를 지칭하는 말이라는 것을 생각한다면 지금 우리가 이야기하고 있는 협동운동에 있어 신용(믿음)이 얼마나 중요한지를 알게 된다. 특히 이 일에 앞장선 지도자들의 신용은 대단히 중요하다. 우리가 이 운동을 주장하는 이유도 이 운동이 단순히 경제적 이익만을 위한 것이 아니라 믿을 수 있는 신용사회를 건설하는 데 지대한 도움이 된다고 믿기 때문이다.

'믿을 수 없는 세상'이라고 말들 하지만 그 말은 온 세상 사람들이 다 그렇다는 말은 아니다. 우리 주위에는 많은 선량한 이웃이 있다. 다만 서로 가까이서 나누며 살지 못했기 때문에 믿을 수 없게 되었을 뿐이다. 믿음을 기초로 한 경제적 협동이 이루어질 때, 비로소 우리는 잘 사는 것, 바르게 사는 것이 어떤 것인가를 몸으로 체험하게 된다.

4) 한 사람은 만인을 위해, 만인은 한 사람을 위해

철저하게 자기 이익만을 위해 사는 사람들만 가지고는 아무 일도 할 수 없다. 나의 이익이 아니라 우리의 이익을 생각하며 보람을 느끼는 의식이 있어야 한다. 나의 조그마한 이익을 위해서 많은 사람들의 불행을 외면하는 사람들은 협동운동을 할 수 없다. 그러나 한 사람의 고통을 여러 사람이 나누어 줄이는 즐거움을 아는 사람이 있다면 협동운동은 성공할 수 있다. 우리는 이 운동을 통하여 함께 사는 법을 배우고 이웃사랑을 실천하는 보람도 얻게 된다. 점점 조합이 어려움에 처하게 되는 이유도 개인의 이익에만 집착하는 사람이 있기 때문이다. 따라서 조합에서는 계속적이고 반복적인 교육과 훈련을 통해서 조합원들의 생활철학을 높이는 데 많은 시간과 예산을 투자해야 한다. 좋은 조합은 성숙한 인간을 만드는 데에도 많은 도움을 줄 수 있기 때문이다.

최근 <위 캔 두 댓>(We can do that)이란 영화가 화제가 되고 있는데, 이 영화는 협동조합 교과서 10권을 읽는 것보다 낫다는 평가를 받고 있다. 이 영화는 이탈리아 사회적 협동조합인 안티카 협동조합 180의 정신장애인 11명이 마루를 까는 사업에 나서는 이야기로 시작하는데 조합원 600명 규모로 성장한 논첼로 협동조합의 실화가 바탕이 되었다. 이 영화에는 자기희생이 몸에 밴 열정적인 협동조합 지도자 넬로가 조합원들의 마음의 문을 열어 신뢰를 얻어가는 감동적인 장면들이 나온다. 넬로는 독한 약물에 중독된 정신장애인들의 숨은 능력을 찾아내는 비상한 재주를 발휘하고 때로는 친구를 협박하고 애인을 설득해 일감을 구해오는 능력을 행사한다. 이 협동조합에서는 "수입도 똑같이, 실수도 똑같이 나눈다"는 원칙이 나온다. 수입과 성과도 나눌 뿐 아니라 실수와 한계도 똑같이 나누어 짊어지는 자세가 너무나 중요하다는 것이다.

5) 공동유대가 강해야 한다

수유리에 사는 사람과 영등포에 사는 사람이 같은 조합 활동을 하기는 쉽지 않다. 자주, 쉽게 만날 수 있어야 하기 때문이다. 지리적으로 동일한 지역사회 안에 살든지, 또는 같은 조직에 속해서 쉽게 만날 수 있는 사람들이면 좋다. 위의 조건들이 충족되었다고 해도 서로의 생활양식과 가치관이 다르거나 사상과 정치노선이 다르면 조합발전에 큰 지장이 초래된다. 그래서 노동자들의 조합, 농민들의 조합, 어민들의 조합, 도시빈민들의 조합, 상인들의 조합 등등 동료의식과 연대감이 강한 사람들이 같이 모이는 것이 좋다. 지역적으로나 정신적으로 공동유대가 잘 형성된다면 신용조합, 소비자조합, 생산자조합, 주택조합, 의료조합 등등 여러 종류의 조합을 만들 수 있지만 성실한 교육과 원숙한 경영능력이 있어야 한다는 것을 간과해서는 안 된다.

4. 닫는 글

협동조합은 자본주의보다 역사가 깊다. 종교에서 나온 것이기도 하다. 사람들이 서로 도와서 공동체 안에서 배고픈 사람, 힘든 사람이 없게 한다는 생각은 매우 오래되고 깊은 것이다. 협동은 해도 되고 안 해도 되는 것이 아니다.

우리는 협동하도록 만들어진 존재이다. 마치 두 발처럼, 두 손처럼, 두 눈꺼풀처럼, 위아래의 치열처럼. -헨리 조지의 '진보와 빈곤'에서-

구약성서는 지파공동체의 모범을 제시하고 있고, 신약성서는 초기교회의 공동체의 모범을 통해 우리를 일깨우고 있다. 우리는 한 몸이다. 누가 죽든 살든 문 닫고 우리 가족의 안위만 생각하는 현대 문화는 재앙임에 틀림없다. 환경문제로 인해 지구가 종말을 맞이할지도 모른다는 우려가 깊어지고 있는 이때, 관계의 단절과 분열은 더 심각한 문제임에 틀림없다. 협동운동은 자기 안에 갇히지 말고, 자신을 부인하고 자기를 초월하여 온 생명의 근원이시며 생명과 평화의 세계인 하나님 나라를 열어가는 예수 그리스도를 뒤따르는 21세기 운동이다.

작년 2012년 12월 협동조합법이 발효되고 난 뒤 지난 4월까지 1,000여 개의 협동조합이 생겨났고, 올해 3,000여 개가 생겨날 것으로 전망되고 있다. 협동조합은 새로운 사회를 열망하는 사람들, 새로운 변화에 대한 믿음을 가진 사람들, 생존의 새로운 돌파구를 찾는 사람들에 의해서 시작될 것이다. 그러나 그 운영은 매우 역동적이면서도 지루하고 답답하고 때로 복잡한 관계의 갈등이라는 터널을 지나야 한다. 그것은 매우 귀찮고 두려운 일일 수 있다. 그러나 산고의 긴장과 아픔이 있는 줄 알면서 새 생명을 낳고 키우는 것이 생명의 본성인 것처럼, 협동조합은 분명히 새로운 사회를 향해 가는 길, 21세기 오늘 인류사회에 새 생명의 자궁이자 둥지가 되어 줄 것이란 믿음이 있다. 작년 유엔이 제정한 '협동조합의 해' 캐치프레이즈는 다음과 같다.

협동조합은 더 나은 세상을 만들 수 있다.

Cooperation Enterprises build a better world.

5장

35주년 기념
심포지엄 발제문

1. 새로운 전진을 위하여

조지송

(영등포산업선교회 총무, 1964~1982)

긴 세월 산업선교 일을 하면서 느낀 것은 우리 사회에는 반노동자 집단이 적지 않다는 사실이었다. 그 하나는 독재정부였고, 둘째는 돈에 눈 먼 기업인들이었고, 다른 하나는 일부 대형 교회들이었다. 그 밖에도 썩은 정치체제에서 더러운 물을 마시며 즐기던 일부 학자, 정치인, 노동운동가들도 없었던 것은 아니다. 70년대 후반과 80년대 초에는 이들의 흉악한 모습이 더욱 선명하게 드러나 보였다.

노동자들의 한 맺힌 절규가 있을 때마다 이들 세 쌍둥이는 언제나 노동자들을 불순세력으로 몰아가고 공산주의자들의 조종을 받고 있다고 하면서 노동자들을 매도했다. 물론 통틀어 싸잡아 하는 말은 아니다. 온갖 어려운 상황에서도 노동자를 사랑하고 그들의 주장에 동조한 분들이 소수이나마 있었다는 것은 천만 다행한 일이었으며 감사한 일이 아닐 수 없다.

1. 돈을 하나님으로 섬기는 교회

독재자의 품에서 성장해 온 삼형제가 민중의 아픔을 이해하지 못한 것은 너무도 당연한 일이다. 노동자들이 피를 토하며 절규할 때 이들은 성령 충만, 은혜 충만, 재물 충만으로 하나님의 넘치는 축복을 받았다고 하지 않았는가. 독재자가 등장할 때마다 불려가 두 손 들어 축복하고 불의 앞에 침묵하며 권력에 아부한 대가로 누리는 부귀영화가 과연 하나님이 준 축복이란 말인가? 그것이 사실이라면 나는 그들이 섬기는 하나님을 섬길 마음이 없다. 그런 하나님은 참 신이 아니라고 확신하기 때문이다.

세계에서 제일가는 교회를 세우고 수십억짜리 파이프 오르간을 설치하라. 세계에서 제일가는 조명을 하고 세계에서 제일가는 음향시설을 하라. 세계에서 제일가는 성가대를 만들고 그리고 거룩한 음성으로 설교하라. 그리하면 세계에서 제일 많은 헌금이 나올 테니까. 차라리 목사를 사장이라 부르고 당회를 이사회로 하고 제직회를 중역회로 고치라. 백년을 먹어도 남을 재물을 쌓아두고도 머리만 숙이면 "일용할 양식을 달라"고 기도하는 사람들, 도대체 그들은 얼마나 먹어야 배를 채울 수 있는가. 부자가 천 국가는 것은 낙타가 바늘귀로 지나가는 것보다 더 어렵다는 예수님의 말씀이 생각난다. 오늘의 부자, 그들이 아닌가?

구원을 상실한 교회, 살았다 하는 이름은 있으나 실상은 죽은 교회, 나는 이런 교회가 싫다. 입술로는 "오직 예수"라고 하면서 하는 행위로는 돈을 하나님으로 섬기는 교회, 이런 교회는 반 노동자 집단이기에 앞서 반 예수 집단이라고 해야 할 것이다. 부를 자랑하는 대교회를 보라. 그 어느 구석에 맨발로 갈릴리의 버려진 인간들을 찾아다니는 예수와 그 제자들의 모습이 있는가? 헐벗고 굶주리고 매 맞고 옥에 갇히면서 복음을 전하던 사도들의 모습이 어디 있는가?

불빛 찬란한 붉은 십자가 밑에 참된 크리스천이 한사람씩만이라도 있었다면 오늘 우리 사회는 이렇게 썩지 않았을 것이다. 주일마다 홍수처럼 쏟아지는 강단의 설교가 왜 불의한 세상을 바로 세우지 못하는가? 이제 교회는 말의 향연을 그만 그칠 때이다. 파이프 오르간 소리를 그만 멈추고 "있는 것을 다 팔아 가난한 사람들에게 나누어 주고" 알몸으로 예수 앞에 서야 할 때이다. 교회는 세상을 구원하기 전에 먼저 스스로 구원 되어야 한다.

2. 노동조합은 노동자들의 교회

산업선교를 반대하는 세력이 있었다는 것은 지극히 당연한 일이었다. 약자 편에 선다는 일은 예나 지금이나 고난의 길이며 앞으로도 그럴 것이다. 그 수난의 계절, 산업선교와 함께해 온 모든 분께 감사드린다. 함께 풍랑을 헤쳐 온 여러 실무자들이 없었다면 나는 이 일을 감당해 내지 못했을 것이며 특히 많은 노동자들의 용기와 희생이 없었다면 아무 일도 할 수 없었을 것이다. 이제 산업선교를 먼 옛날로 접어두고 시골 산중에 살면서 영등포산업선교 35주년을 맞았다. 원고 부탁을 받고 필을 들었지만 진작 쓰려고 했던 일들은 떠오르지 않고 산업선교를 반대한 세력들과 그 주변 사람들만 떠오른다. 그러나 그런 이야기만으로 글을 쓸 수는 없으니 한두 가지 옛날 일을 끄집어내야 할 것 같다.

나는, 노동조합운동이 노동자의 권익을 지키는 유일한 방법은 아닐지 모르지만 그래도 가장 좋은 방법임에는 틀림없다고 믿는 사람이다. 그런 의미에서 나는 노동조합을 노동자들의 "교회"라고 생각했다. 여기에서 인간의 권리가 무엇인가를 배우고, 민주주의를 배우고, 이웃사랑을 배우고, 희생과 봉사를 배우고, 의를 위하여 고난받는 것이 무엇인지도 배우며 사회정의와 노동자의 권익을 위해 싸우는 것도 실천적으로 배우고, 참 평화가 무엇인지도 배울 수 있기 때문이다.

그럼으로 노동조합은 산업선교 실무자들의 목회의 현장이고 노동자 구원의 도구라고 생각하지 않을 수 없다.

60년대

1961년, 나는 신학을 졸업하면서 산업선교에 투신했다. 그 후 1964년 2월 영등포산업선교회에서 일을 시작하기 전까지 탄광이나 철광 그리고 섬유공장과 중공업 공장에서 노동체험을 할 기회가 있었고 경제문제, 산업문제, 노동문제, 인구문제 등 여러 가지 문제를 이해하기 위해 경제기획원, 상공회의소, 한국노총 등 여러 곳도 드나들며 연구할 수 있는 기회가 있었다. 이런 과정은 총회 전도부 산업전도위원회 연구원직에 있을 때 된 일들이다. 훈련과정을 마치고 영등포에서 일을 시작했지만 공장에 가서 설교하고 기숙사에서 성경공부도 하고 노동자 심방하는 일 외에 다른 일은 엄두도 나지 않았다.

전통적인 공장전도에 열중하며 산업사회에서 전도 대상을 확장하는 데 주력했다. 얼마의 세월이 지나서 많은 평신도 노동자를 만날 수 있게 되었고 평신도 산업전도 연합회라는 기구도 만들었다. 우리는 각종 종교행사를 실시했으며 특히 평신도를 훈련하는 데 힘썼다.

청지기관, 성서의 노동관, 기독교 경제윤리, 평신도의 사명 등 각종 주제의 강의를 준비하고 신학교수들을 초청하여 강의를 듣기도 하였다. 산업과 노동에 관한 내용들이 교육내용에 추가되면서 비기독교인들도 참여하는 현상이 생겼다. 노동법, 산업사회학, 단체교섭 등 소위 세속적인 과목이 추가되면서부터 많은 노동조합원들이 참여하게 되었고 또 이 교육을 받고 나간 사람들 중에서 노조에 적극 참여하는 사람들이 늘어났다. 이제 평신도 기구를 가지고는 전체 노동자를 수용할 수 없을 만큼 성장했다.

1966년 나는 한국노총의 추천으로 필리핀에 있는 아시아 노동조합 교육에 참가할 기회가 있었다. 한국노총 간부 5명과 같이 참석한 이 교육에는 아시아 여러 나라에서 온 50여 명의 노동조합 간부들이 있었다. 10주간의 교육을 마치고 귀국하는 길에 일본 규슈지방 탄광에서 광부들과 함께 사는 젊은 목사가 하는 일도 볼 수 있었다. 68년에는 일본과 대만 교회가 하는 노동자 선교를 볼 기회가 있었고 태국에서 아시아 각국의 산업선교 실무자들과 신학자들도 만날 수 있었다. 이런 몇 가지 기회들은 나로 하여금 노동운동에 더욱 관심을 갖도록 했다. 이때부터 노동조합 교육은 더욱 활발해졌는데 이것을 보고 어떤 사람은 "변절"이라고 했고, 어떤 이는 "발전"이라고 하였다.

1968년 우리는 처음으로 노동조합 결성을 시도했다. 긴 이야기를 줄여서 간단히 이야기한다면 조직은 성공했지만 조직에서 주동역할을 해낸 사람들은 사표를 내고 나와야 했고 노조는 무기력하게 되어버렸다. 그러나 이런 경험은 우리에게 많은 것을 깨우쳐 주었다. 이후부터 노동자들의 조직운동은 한층 활발해졌고 정부(경찰)와 마찰을 시작한 것도 이때부터이다.

70년대

1970년. 나는 미국 장로교회의 후원으로 지역사회조직운동을 견학할 기회가 있었다. 6개월간 체류하면서 많은 조직 전문가와 그들의 조직체를 참관했고 많은 노동운동 지도자들과 같이 지낼 수 있는 기회도 있었다. 영등포 일터로 돌아온 나는 이때부터 "힘의 논리"를 생각하게 되었고 하나님도 결국 '힘'의 존재라고 생각하게 되었다. 결코 힘이 정의일 수는 없다. 그러나 힘없는 정의는 악마의 노리개일 뿐이다.

정의가 승리한다는 말은 거짓말이다. 힘이 승리하는 것이다. 정직하고 부지런한 사람이 잘 살게 된다는 말은 진실이 아니다. 만약 그것이 사실이라면 노동자 농민들이 모두 갑부가 되었을 것이다. 이것이 나의 신념이다.

부지런하면 잘 산다는 허구를 깨야 한다. 우리는 평생 도둑질로 부자가 된 사람을 많이 보아왔다. 노동자에게는 양심도 있고 부지런함도 있다. 힘이 없을 뿐이다. 돈이 힘이 될 수도 있고, 지식이 힘이 될 수도 있고, 권력이 힘이 될 수도 있다. 그러나 노동자들은 그런 것들이 없다. 단지 머리수가 많을 뿐이다. 많은 수의 노동자들이 한 목소리로 외치는 것이 곧 힘이라고 확신하게 되었다.

우리는 많은 노동조합을 조직 했다. 섬유노조를 비롯한 각종 산업체에서 새로운 노조들이 생겨났다. 노동조합간부들을 중심으로 '노우회'를 조직하기도 했다. 막 뜀박질을 시작하려는 단계에 와서 '국가보위에 관한 특별조치법'이 나왔고 숨 쉴 새도 없이 '유신'이라는 귀신과 '긴급조치'라는 괴물들이 날뛰기 시작했다.

노조간부들은 모두 숨어버렸고 한 사람도 만날 수 없었다. 어떤 이는 "기독교 신앙 없이 노동운동을 했기 때문"이라고 했지만 오히려 교회생활을 열심히 하던 사람들이 먼저 도망가는 사람도 있었다.

그러나 우리는 활동을 계속할 수 있었다. 이미 60년대 후반부터 모임을 시작한 소그룹들이 있었기 때문이다. 산업선교회의 모든 역량을 소그룹 조직과 운영에 두었다. 조직수를 늘리고 훈련을 강화했다. 우리가 정한 소그룹 조직의 원칙은 이러했다. 남여가 같이 모이지 않는다. 5명 이상이어야 하고, 10명 이하이어야 한다. 같은 회사이어야 하고 같은 부서에서 같이 일하는 동료이어야 한다.

각 조직마다 회장과 서기가 있고 그룹명은 스스로 자유롭게 정했다. 비둘기, 소나무, 무궁화, 뚝배기, 바보 등등 온갖 이름이 있었다. 회비는 자율적으로 정했다. 대개 300원에서 1천원 이하로 정했으나 보통 500원이 제일 많았다. 회비는 전액을 그룹 자체에서 사용했고 액수의 많고 적음을 막론하고 각 그룹이 독립된 통장을 가지고 있었다. 한 주에 한 번은 각 그룹별 정기모임이 있었고, 한 달에 한 번은 그룹 대표들의 모임이 있었다. 모임 날짜와 시간은 각 그룹이 정하고 모여서 무엇을 할 것인지도 스스로 정했다. 1시간 30분 내지 2시간 정도, 우리는 노동자들의 생활과 직접 관련이 있는 것이라면 무엇이나 이야기했다. 가정문제, 결혼문제, 친구문제, 노동문제, 정치, 경제, 사회, 종교를 비롯해서 꽃꽂이, 요리, 뜨개질 등 등 성숙한 인간이 되는 데 도움이 된다고 생각되는 모든 분야를 두루 취급했다.

모든 실무자들은 아침 일찍부터 밤늦게까지 그룹 활동을 지도하는 데 시간을 소비했다. 항상 100여 개의 그룹을 운영했으며 매월 약400여 회의 모임이 있었고 연합적인 노동자 집회를 포함하면 매월 5,000여 명의 노동자들이 모임에 참가하였다. 노동자들은 이 모임을 통해서 진짜 노동자로 성장했다.

70년대, 그 암울했던 폭력정치 하에서 이들만큼 더 보람된 삶을 산 사람이 있는가? 해고당하고, 매 맞고, 감옥가고… 온갖 위협 속에서도 당당하게 불의에 대항한 사람들이 누구인가. 신학을 전공한 사람도 아니고, 철학을 전공한 사람도 아니고, 법학을 전공한 사람도 아니며, 스스로 성직자라고 자처하는 사람도 아닌 나이 어린 여성노동자였다면 우리는 그 앞에서 무슨 말을 할 수 있는가. 그들은 꺼져가는 노동운동의 불씨를 지킨 사람들이며 독재자와 그 추종세력들 그리고 악덕기업인들의 가슴을 서늘하게 만든 투사들임에 틀림없다. 영등포에 있는 대기업들치고 그들에게 혼쭐이 나지 않은 기업인이 있는가.

왜 그들의 요구에 굴했는가. 노동자를 사랑했기 때문인가? 아니면 양심의 가책 때문이었는가? 아니다. 결코 그런 것이 아니다. 정의의 '힘' 앞에 굴한 것이다. 그들은 우리에게 해방신학을 가르쳤고 민중신학을 가르쳐 주었다. 우리는 그들로부터 십자가의 도리를 배웠고 용기를 배웠다.

1980년, 영등포산업선교회 조직에 관계된 노동자 70명이 계엄사령부 합동수사본부에 잡혀갔었다. 여러 날 동안 수사본부 지하실에서 조사를 받을 때였다. 수사관 한 사람이 "누가 데모를 시켰느냐? 도산 목사가 시키지 않았느냐?"고 추궁했다고 한다. 이때 노동자들은 "아니오. 예수가 시켜서 했습니다"라고 대답했다고 한다.

이 말을 들은 수사관은 "예수 때문에 숱한 사람 망하네" 하며 웃더라고 했다. 참으로 우문현답이다. 예수운동 이래 2천 년 동안 예수 때문에 망한 사람이 얼마인가. 좁은 길을 선택한 사람들, 이들의 희생이 없었다면 오늘의 우리가 없었을 것이다.

나는 산업선교를 하면서 많은 사람들로부터 비난 받은 것을 자랑스럽게 생각한다. 우리를 비난하는 무리가 누군가. 불의한 자들로부터 찬양을 받으며 산업선교를 했다면 우리는 하나님과 민중과 역사의 죄인이 되었을 것이다. 지난 세월 그 역동의 시간들을 회상하면 지금도 그 감격을 억누를 수 없다.

80년대

80년대에 와서 "예수 가지고는 안 된다"는 말이 나오기 시작했다. 전두환 살인정치에 대항하는 산업선교회의 대응이 너무 나약하고 온건하다는 비판이기도 했겠지만 이때부터 운동권에서는 산업선교를 보수적이고 온건한 단체로 보는 경향이 있는 반면에 일반 교회에서는 여전히 진보적인 과격 단체라고 비난했다.

노동자와 학생들의 사상이나 행동을 이해하면서도 몸에 불을 지르고 옥상에서 뛰어내릴 수는 없었던 것이 80년대 산업선교에 종사하는 사람들의 입장이었다고 생각한다. 따라서 교회 안에서는 불순 용공 과격 집단이고, 운동권에서는 온건 보수 개량주의 집단으로 보인 것은 당연하다고 하겠다.

그러나 이런 현상은 산업선교나 민중교회를 주도해 온 사람들의 잘못이었다고 생각지 않는다. 오히려 봉건적이고 전근대적인 사고를 버리지 못한 교회 자체에 문제가 있었다고 보며 다른 한편 사상과 이념을 혁명적 수단으로 쟁취하기 위해 너무 앞서 나간 운동권에도 문제가 있었다고 생각한다.

여섯 가지 제안

영등포산업선교의 나이는 35세이다. 50년대 후반과 90년대 전반을 빼면 30년의 세월이다. 60년대, 70년대, 80년대 이렇게 10년 간격으로 구분하고 그중 한 시대의 선교활동을 90년 선교의 모델로 고른다면 어느 연대를 택하겠는가?

나는 70년대를 택하고 싶다. 물론 70년대와 동일한 산업선교는 할 수도 없고 해서도 안 된다. 다만 여기에서 보다 발전된 프로그램, 발전된 정책과 전략을 도입한다면 좋을 것 같다. 새로운 것은 아닐 테지만 몇 가지 제안을 한다면 이런 말을 하고 싶다.

나는 아직 노동자를 훈련하는 데 소그룹모임만큼 효과적인 방법을 발견하지 못했다. 과거에는 산업선교회가 주동이 되어 이 일을 했지만 지금은 노동조합이 할 수 있을 것이라고 생각된다. 산업선교회가 노조와 협력해서 조합원들을 대상으로 할 수 있지 않겠는가 하고 생각해 본다.

다음으로 교육문제인데, 산업선교회가 독자적으로 하든지 아니면 노조와 공동으로 하던지 어느 것이나 좋다고 생각한다. 일반 조합원교육, 대의원교육, 간부교육, 조합장교육 등을 다양하게 지속적으로 실시해서 민주노조로 발전하는 데 기여해야 한다고 생각한다.

세 번째로 역시 교육과 관련이 있는 문제인데 교육에 필요한 좋은 자료를 많이 제작 배포해야 한다고 생각한다. 현장에서 언제나 쉽게 사용할 수 있는 자료들을 많이 소장하고 있어야 한다.

네 번째로 하고 싶은 이야기는 실무자들의 훈련에 관한 것이다. 새로운 실무자를 훈련할 때 처음부터 분야별로 세분해서 하면 어떨까 생각한다. 민중선교 하는 큰 분야보다 구체적으로 노동선교, 농민선교, 빈민선교, 환경, 의료, 여성 등으로 구별해서 훈련을 시작하는 것이 어떨까 한다.

다섯 번째로 하고 싶은 것은 산업선교는 일부 의식화된 사람들의 운동이 아니라 대중운동이라는 것이다. 많은 수의 노동자를 동원할 수 있는 능력을 키워서 집단의 힘을 보일 수 있어야 한다고 생각한다.

마지막으로 재정문제인데, 이 문제는 확실하게 잡히는 생각이 없다. 실현성이 좀 부족하지만 교단 중앙에 재정만을 담당하는 실무자를 두고 각 지역 실무자 중에서도 재정만을 위해서 일하는 실무자가 있어서 중앙과 지역이 공동으로 모금운동을 하면 어떨까 한다.

이미 오랜 기간 현장을 떠나 있는 사람으로서 이런 저런 의견을 말한다는 것 이 많이 조심스럽기는 하지만 삼류 수준의 참고서 정도로 보아 주기 바란다. 쉬운 말을 어렵게 할 줄 아는 학자가 있고 어려운 말을 쉽게 할 줄 아는 민중이 있지만 나는 학자도 민중도 아닌 사람이어서인지 글도 어정쩡하게 쓸 수밖에 없었다. 이해해 주기 바란다.

2. 산업선교의 미래적 전망

김용복

(한일신학교 총장)

1. 세계질서의 개편과 한국 사회

세계는 하나의 거대한 그리고 경계 없는 시장으로 개편되고 있다. 동구의 시장화, 서구의 공동시장화, 북남미의 자유무역화 등등은 세계시장개편의 외형적 모습이다. 과학기술의 질적 발전과 통신 소통과 교통의 비약적 발전은 세계시장을 질적으로 변혁시키고 있다. 중요한 사실은 한국 사회는 커다란 세계시장에 편입되고 있다는 것이다. 원래부터 한국은 수출주도형 경제개발모형을 선택하였기 때문에 세계시장의 개편에의 충격은 더구나 크다고 하겠다.

정부와 기업은 이것을 국제화라고 부른다. 한국기업이 국제적으로 경쟁력이 생겨야 한국 경제가 잘 될 수 있으며 그래야 한국 민족이 잘 살 수 있다는 논리를 펴고 있다. 이에 따라서 한국시장은 거의 무제한 개방 압력을 받고 있으며 앞으로 한국시장은 전면적으로 개방될 것이다.

이러한 한국시장은 일본과 선진국들에 있는 거대한 초국적 기업에 의하여 직접적으로 개입될 것이다. 강대국들은 그들과 관련된 거대 초국적 기업들의 한국시장에의 직접적 개입을 위하여 온갖 정치적 압력을 다 행사할 것이다. 이러한 세계적 시장개편과 한국시장의 세계시장에의 개편은 한국의 노동자, 빈민, 가난한 농민들 그리고 중산층 소비자와 일반 시민에게 사회경제적인 그리고 문화정치적인 충격을 지대하게 미칠 것이다. 이런 지대한 충격으로 인한 희생의 성격은 아직 그 전모를 파악하기 힘드나 현금까지 경험한 것보다 질적으로나 강도에 있어서 더 비인간적일 것은 분명하다.

우선 세계가 하나의 시장으로 개편되고 거대 초국적 기업들이 무대를 독차지함에 따라 사회정의를 위한 민중운동, 즉 노동운동을 비롯한 사회운동들이 상대적으로 약화되고 사회경제적 안전보장을 위한 정부의 정책들이 약화되거나 전면적으로 해체과정에 돌입하게 되었다.

시장을 장악하고 통제하며 조직하는 세력들을 견제하거나 변혁할 수 있는 힘이 상대적으로 약화되어 가고 있는 것이 현실이며 민족 국가들도 세계적 시장개편에 따라 그들의 주권자인 국민에 대한 책임(Accountability)이 약화되고 있는 것이 오늘의 현실인 듯하다.

이것은 결국 세계 시장 안에서 국가권력의 성격이 탈민족화하는 경향을 보일 것이며 기층민중뿐 아니라 일반 국민이나 시민도 세계시장의 소용돌이와 횡포에 휩싸이게 될 것이며 민주주의 국가에서도 국가기관들의 보호를 받기가 점점 어려워지게 될 것이다.

2. 새로운 기독교 사회운동

만일 우리가 직면한 세계가 위에 서술한 상황으로 진입되는 것이 사실이라면 기독교의 사회정책은 물론 기독교 사회운동과 사회참여는 새로운 길을 모색하지 않으면 안 된다고 생각한다. 우리는 여기서 산업선교를 중심으로 해서 성찰하여 보기로 하자.

우선 일차적으로 사회정의란 가난한 노동자들의 사회경제적 안전을 보장하고 그들의 인간적 필요를 충족하여 인간다운 삶을 지탱하는 것이어야 한다. 그동안 대부분의 노동자 운동은 그동안 일정한 사회철학 내지는 사회과학에 기초하여 사회정의를 구조적 문제로 규정하고 계급 간의 모순으로 규정하여 왔었다. 이러한 흐름은 대안이 없는 한 지속될 전망이다. 그러나 문제는 이러한 문제규정이 새로운 세계시장의 상황에 대한 인식을 분명하게 해주지 못하는 형편에 있다는 데에 있다. 우리는 이 시점에 있어서 새로운 사회과학이나 사회철학의 도래를 기다리고만 있을 수도 없고 이제는 사회과학이나 사회철학의 역사적 기능과 그 한계를 명확히 하여야 할 필요를 느낀다.

지금까지 사회과학이나 사회철학이 서구 계몽주의 철학에 뿌리를 두고 있다는 한계를 안고 있으며, 따라서 사회문제의 분석적 규명은 가능하였으나 종합적 통전적 정책수립에는 부족하였고 생명문제를 소홀히 할 뿐만 아니라 민중의 실질적인 체험과 참여를 진지하게 다루지 못하였으며 과학기술의 역사적 역기능을 과소평가 내지는 간과하였으며 여 타 운동과의 연계성 내지는 연대를 소홀히 하였다는 지적이 불가피하다.

우리는 여기서 몇 가지를 반성하고 새 출발을 시도하여야 할 것이다.

1) 기독교신앙의 정체성과 활력

먼저 우리는 기독교신앙의 개방적이고 포괄적인 정체성과 활력을 회복하여야 한다고 생각한다. 기독교 신앙을 형식적으로 가진 자는 실질적인 신앙의 기반을 형성할 필요가 있으며 기독교 신앙을 가지지 못한 사람은 기독신앙과 유사한 신앙적 신념체계를 자기의 정체성의 기반과 내적 삶의 활력으로 갖추어야 한다고 믿는다. 이것은 철학과 과학이상의 인간주체에 대한 인식을 말한다. 철학적 체계가 미흡하고 과학적 분석이 미완이라고 하더라도 확신과 희망을 가지고 살고 운동에 참여할 수 있는 주체형성이 요청된다.

기독교는 성경연구와 여러 가지 신앙 훈련을 통하여 신앙적 정체성과 삶의 활력을 획득할 수 있다. 어떠한 인간이든지 자기는 주체이므로 철학적 과학적 체계를 초월할 수 있는 존재론적 기반을 가지고 있다. 그럼으로 기독교인과 유사한 주체형성이 가능하여야 한다.

2) 생활주체로서의 노동자

민중의 참여는 보다 더 직접적이어야 하고 보다 더 주체적이어야 한다. 가난한 노동자는 국가나 정당이나 심지어는 노동조합까지도 그들의 사회경제적 안전을 보장하여 주지 못한다는 것을 인식하여야 할 것이다. 이것은 노동자의 참여는 사회적으로는 노동조합과 노동운동을 민주화하여야 하며 정치적으로는 지역민주주의에서부터 직접 참여를 확장하여야 하며 문화적 민주주의를 실현하는 참여자가 되어야 한다는 것이다.

이제는 노동운동이나 노동조합의 힘만으로는 문제의 해결이 불가능하다. 노동자는 직접적이고 포괄적으로 참여하는 주체가 되어야 한다.

노동자의 참여는 단순히 사회적 참여를 말하는 것이 아니라 경제적 경영을 비롯하여 생활주체로서 전 생활영역에 참여하여야 한다. 그리고 노동자의 참여는 간접적으로 정치과정을 통한 참여로서는 지극히 미흡하고 생산과정과 분배 그리고 시장의 교환과정과 소비생활에 있어서 직접적인 개입을 의미한다. 사회의 직접적 참여주체는 무엇보다도 생활 주체이다. 인간의 기본적 필요(의식주, 교육, 건강, 문화)를 충족하는 삶의 주체를 의미한다. 노동자는 모든 생활의 주체와 같이 이런 생활의 주체임을 인식하여야 할 것이다. 노동자는 단순히 노동 시장에서 노동력을 매매하는 인간이 아니다. 노동자의 삶의 통전적 주체이다.

기독교 신앙은 노동자의 역사적 주체성이 생활주체라는 차원으로 구현되기 위하여 민중신학을 발전시켜 왔다. 하나님은 민중의 사회경제적 안전을 비롯하여 그들의 삶이 충만하게 하는 신이다. 하나님은 민중을 그의 백성으로 삼고 민중은 그들을 해방하여 삶의 주체로 삼는 신을 그들의 하나님으로 믿게 되는 것이다. 이러한 종교 신앙적 기반은 기독교인들이 아니더라도 민중이 주체로서 직접 참여할 수 있도록 뒷받침하는 다른 종교 신앙적 또는 세속적 신념체계의 기반이 있어야 할 것이다.

3) 상호연대와 비전공유

오늘의 사회운동은 여러 가지 형태의 분열과 파편화의 현상을 나타내고 있다.

역사와 사회의 모순을 단세포적으로 분석하고 인식하며 구조적 인식도 단면성만 노출시키고 다차원적 구조를 보여주지 못하고 있다, 과학적 분석의 방법은 구조적 분석은 명백히 보여주지만 사회적 실제의 통전적 관계나 시공적 역동성이나 유동성을 보여주지 못할 뿐 아니라 문제들의 상호연관성을 간과하게 하는 경향이 나타내었다.

예를 들면 사회정의의 문제는 인권문제나 평화문제나 생명문제나 남녀차별의 문화적 문제와 별개의 문제로 분리 취급되었다. 이러한 분석적 분리와 파편화는 운동에 있어서 상호연계성이나 상호 연대성을 구축하고 종합적이고 통전적인 운동을 전개하는 데에 커다란 장애요인이 되었던 것이다.

이제는 이런 다양한 문제들의 상호연관성을 전제한 분석적 방법이 필요하고 각 문제에 대한 운동이 상호연대하고 통전적 사회의 비전을 공유하면서 오늘의 커다란 시장의 횡포를 막고 그에 저항하여야 할 것이다.

노동자의 직접적인 참여와 더불어 모든 운동과의 포괄적 연대는 노동운동의 필수적인 조건이라고 하겠다. 이제는 운동의 지도력을 훈련할 때 직접 참여적 주체로서의 노동자 지도력과 각양각색의 운동과 연대할 수 있는 노동자 지도력이 절실히 요청된다. 참여가 직접적이어야 하고 지역적이어야 하며 구체적이어야 하는 것처럼 연대는 시공적을 포괄적이어야 하며 모든 경계선과 장벽을 뛰어넘는 넓어지고 다양화되는 연대의 지평을 형성하여야 한다. 이런 의미에서 오늘의 세계시장에서는 노동자의 국제적 연대는 필수적이라고 하겠다.

3. 새날을 향하여 과감하게 전진

한국교회의 산업선교는 위의 세 가지 과제를 새롭게 정비하여 새로운 운동을 촉매하는 역할을 감당하여야 한다고 본다. 특히 한국기독교의 사회운동은 사회정치 운동적 신앙의 정체성을 구축하여 왔다. 성경의 출애굽운동, 예언자 운동, 예수의 민중운동 그리고 초대교회의 공동체운동에서 역사적 신앙 정체성(Faith Identity)을 확고히 하여왔다. 한국교회 산업선교는 이런 신앙적 유산을 기독교사회운동으로서 오늘 세계화되는 시장 속에서 새로운 운동의 효시와 근거를 마련하여야 한다. 동시에 한국기독교 사회운동은 인간이 아무런 중간 매개 없이 구원에 직접 참여하는 것처럼 직접 참여의 주체를 창출하여야 한다. 하나님의 역사창조는 그의 정의와 평화를 기초로 하는 삶을 위한 부름에 직접적으로 응답하는 주체적 인간을 창조하는 행위이다. 하나님은 그의 역사창조의 동반자로서의 인간들을 일으키는 것이다. 한국교회 산업선교는 직접 민주주의의 지도자들을 육성하여야 한다.

나아가서 한국기독교 사회운동은 포괄적인 연대망을 형성하는 일을 하여야 한다. '그리스도 안에서는 선민도 이방인도, 자유인도 노예도, 남자도, 여자도, 힘 있는 자도 힘없는 자도, 상하도, 귀천도… 없이 모두 하나(One)다'라는 신앙고백은 포괄적인 연대망의 기반을 말하여 준다. 한국교회 산업선교는 노동운동의 포괄적인 연대망을 형성하는 데 촉매적인 역할을 하여야 할 것이다.

마지막으로 한국 산업선교는 오늘의 민중과 시민이 고도의 통치기술을 가진 국가권력과 과학과 기술을 독점하는 거대한 다국적 기업을 거대한 세계시장에서 직면함에 따라 고도로 발달된 고차원의 지도력을 요청한다. 즉 운동의 지도자들은 운동성원의 전문성을 통합하여 고차원의 통전성을 획득하는 것이 필요함을 강조하고 싶다. 이것은 과학기술과 그 조직과 체계를 어떻게 민주화하느냐 하는 중대한 과제를 의미한다.

한국기독교 산업선교 운동은 한편으로는 노동자와 연대하여 공헌하면서 또 한편으로는 교회와 연대하면서 교회에 공헌하는 균형을 되찾아야 할 것이다. 그리고 기독교 사회운동의 핵심으로서 그리스도 안에 있는 희망과 신앙의 활력을 회복하여 노동운동하는 사람들에게 희망을 주는 역할을 하여야 할 것이다. 아직은 미래적 비전이 보이지 않는다. 그러나 우리는 신앙적으로 오늘이 끝나고 내일이 오면 정의와 평화와 생명의 주인이신 우리 하나님께서 우리를 기다리고 계심을 믿고 새날을 향하여 과감하게 전진한다.

3. 1980년대 산업선교를 돌아보며

이근복

(영등포산업선교회 총무, 1984~1990)

1. 되돌아 보니

사실 기록으로 남길 것은 많지 않다. 본인은 1983년부터 1990년까지(총무로는 1984년 6월부터 1990년 10월까지) 일했는데, 빛나는 일도 못했고, 그런 시기도 아니어서 내놓고 할 말이 별로 없다. 본인이 일한 기간은 단지 변화기를 메운 것이라는 생각도 든다. 물론 이 시기는 노동운동에서는 중요한 시기였다. 노동운동의 목표가 확실하게 설정되었고, 노동자들의 주체적인 운동으로 성장하였기 때문이다. 산선은 이러한 변화를 주도하기도 하고 때로는 따라잡기에 급급하기도 했다.

지난날을 돌이켜보면서 마음속에 드는 느낌은 한 마디로 감사함이다. 무엇보다 산업선교회에서의 일을 통하여 노동운동이라는 역사 변화의 도도한 흐름에 끼일 수 있었다는 것과 '성문밖교회'라는 진짜(?) 교회에서 일했다는 자부심 때문이다.

그리고 실무자들과 노동자들로부터 분에 넘치는 도움과 사랑을 받았다는 것과 짧았지만 감옥살이를 한 것도 감사하지 않을 수 없는 일이다. 감옥살이는 좀 쉬며 내 자신을 돌아볼 수 있는 기회였다. 1987년 7-9월 전국적으로 노동자들의 투쟁의 불길이 거세게 타올랐을 때, 정부와 재벌은 매스컴을 동원하여 노동자들을 패륜아 등으로 매도하기에 급급하였다. 이를 막기 위하여 민중교회 목회자 등과 함께 기독교회관에서 며칠간 단식기도를 한 후 전국경제인연합 회관을 항의 방문하여 회장 면담과 사과를 요구했다. 그런데 이 사소한 일을 정치권력이 문제를 삼아 다른 4명의 목회자와 함께 구속됨으로 3개월 동안 영등포구치소에서 잠깐 산 것은, 노동자 선교를 하는 목사가 노동문제로 감옥 맛을 보는 특권을 누린 것이었다.

물론 8년 동안 어려움이 전혀 없었던 것은 아니다. 일반 교회의 인식 부족, 긴장감, 함께 일하던 노동자들의 영등포 산선에 대한 비난 등이 있었지만 산업선교 선배 목사님들에 비하면 아무것도 아니었다. 또 척박한 시대에 일반 교회 목사님들이 끼니조차 거르며 목회한 것에 비하면 아무것도 아니다. 하나님과 여러분에게 감사하며 이 느낌을 길이 간직하고 싶다.

2. 당시의 일들

일은 목사나 실무자만이 한 것이 아니라 노동자들과 함께 한 것이다. 당시는 5공화국 시절의 살벌한 시기여서 정치 국면의 변화에 따라 노동운동과 산업선교의 내용이 수시로 바뀔 수밖에 없었다. 일을 시작한 83년뿐만 아니라 거의 내내 상황이 안 좋았다. 산업선교에 다닌다는 이유만으로 회사에서 불이익을 당하거나 경찰의 추적을 받았다. 그 당시의 상황의 심각성은 당시 노동자들이나 교사들이 가명이나 별명을 많이 사용하였다는 점에서도 드러난다. 노동자나 교사들의 상당수가 별명이나 가명을 가지고 있었는데, 곰이란 별명도 안곰, 흑곰, 백곰으로 여러 종류(?)가 있었고, 개구리, 황소 등 동물이름이 많아서, 누구는 거기가 동물원이냐고 농담을 할 정도였다. 87년 잠시 감옥에 있을 때 교인들과 노동자들을 위하여 기도하려니, 본명이 잘 생각나지 않는 것이었다. 할 수 없이 하나님께서는 아시고 이해하시겠지 하며, 그냥 별명이나 가명을 부르며 기도를 하곤 하였다. 험난한 시대에 상대적으로 약한 노동자들이 자기를 보호하기 위해서 나온 이야기이다.

초기(1983-84년)는 우선 노동자들과 접촉하는 일이 필요한 시기였다. 광주민중항쟁을 총칼로 진압하고 정권을 잡은 군부 세력은 노동운동 지도자들을 현장에서 축출하고 순화 교육을 보내고 민주노조를 하나 없이 파괴하였으며, 산업선교의 활동을 원천적으로 막기 위하여 제삼자 개입금지 조항 등을 신설하여 노동법을 개악하더니, 매스컴을 대대적으로 동원하여 산업선교에 대한 왜곡 선전에 열을 올렸다.

"도산이 들어가면 도산한다"는 표어를 유행시킨 것은 정치권력과 기업주들이었다. 이것은 저들이 박정희 유신 정권에 가장 위협적인 세력은 산업선교, JOC와 노동자들이었다는 것을 누구보다도 잘 알고 있었기 때문이다. 이로써 노동자들은 무섭기도 하고 피해 의식 때문에 당산동 근처에도 얼씬하기 힘든 때였다. 회사의 관리자가 산업선교에 드나드는 자기 회사 노동자가 있는가를 감시하던 시절이었고, 경찰, 기관원들도 수시로 노동자들을 불심검문하였다. 산업선교를 노동자들과 격리시킴으로써 고사시키려는 작전이었다. 교회적으로도 기관에서 공작을 하여서 산업선교의 기능을 마비시키려고 하는 안건이 총회에 상정되기도 하였고, 과격하고 비성서적이라는 비난과 압력이 많았던 어려운 시기였다. H제과의 경우, 노동 문제가 생기면 여의도의 모 목사를 동원하여 "산업선교는 빨갱이다"라는 발언을 하는 집회를 열었으며, 그는 교회 예배에서도 산업선교에 대한 왜곡 발언을 서슴지 않았다고 한다.

하루는 동네에 사는 어느 집사가 사무실에 찾아왔다. 산업선교에 대하여 물어볼 것이 있어서 용기를 내어서 찾아온 것이었다. 이런저런 얘기를 하였는데 처음에 그 사람의 말이 "목사님을 보니 온화하게 생긴 분이어서 도저히 이런 일 을 하실 분 같지 않다"는 것이었다. 산업선교하면, 살벌하게 생긴 사람이 과격하게 투쟁하는 것으로 교회 내에도 각인되어 있었던 것이다.

이런 상황에서 노동자들과의 단절을 타개하기 위하여 부담이 없으며 호기심으로라도 참여할 수 있는 몇 가지 사업을 전개하였다. 중고 옷을 모아다가 상징적인 가격을 받고 파는 '한울안 운동'이나, 매주 금요일마다 있었던 '명화감상' 등의 활동이 그것이었다. 그리고 매주 수요일에는 성경공부를 했었는데, 이것조차 초기에는 방해를 받지 않기 위해 보고했어야 하는 정도였다.

또 직접 방문을 하고 활동을 할 수는 없어도 노동문제를 안고 있는 노동자들에게 도움을 주기 위하여 '희망의 전화'를 개설하여 상담활동을 하였는데 상당한 호응을 받았다. 야간 학교를 본격적으로 하였는데 대학생들의 수고가 많았다. 이러한 일련의 노력으로 새로운 노동자들이 산업선교에 드나들기 시작하였고, 이들을 묶어서 노동자교육을 하게 된다. 또 기타반, 풍물반이 개설되어 저녁마다 노랫소리와 풍물소리가 회관에 진동하였으며, 연극반이 활발하여 노동자들을 상대로 인기리에 공연을 하기도 했다. 이런 활동을 묶어 영등포, 구로 지역의 노동자들을 상대로 노동문화잔치를 열어, 지역 노동자들의 문화, 교육, 집회 공간으로 자리 잡게 된다.

그리고 노동자들의 노동 언론에 관심을 가져 선구적인 역할을 하였다. 격주로 「노동자신문」을 만들었으며, 「노동자」라는 잡지를 발간하여 노동자들의 의식화에 기여했다. 또 교회 주보를 예배용뿐만 아니라 노동자들의 교육용의 성격을 갖도록 하여 지역에 배포하거나 관심 있는 목회자들에게 우송했다. 물론 이 과정에서 담당 실무자들은 기관의 추적 대상이 되기도 하고 어려움을 겪기도 했다.

노동운동은 85년도 구로동맹파업을 계기로 엄청나게 발전한다. 무엇보다 노동자들의 의식이 엄청나게 발전하였고 '서울노동운동연합' 등 노동자들의 주체적인 조직이 탄생한다.

지역노동운동이 활성화되었는데 그 동안 산선에서 새롭게 훈련을 받은 노동자들이 중요한 역할을 하게 된다. 산선은 내부적으로 '영등포노동자평의회'라는 노동자들의 주체적인 조직을 만들어, 내부에 협의 구조와 실무자를 두고 산선 실무자들과 동등한 위치에서 일을 결정하기도 하였다. 실무자 중심을 탈피하기 위한 노력이었다고 본다. 이 시기에는 노동자들의 정치교육이 상당한 수준에 오르게 되고, 노동교육의 모범이 된다. 당시 학생출신 노동자들의 활동이 활발하여서 상당히 영향을 끼쳤는데, 산업선교는 이점에 대하여 다소 비판적인 입장을 갖고 순수 노동자들이 노동운동의 중심이 되어야 함을 주장하였다. 그리고 현장 밖의 노동자 정치조직보다는 공장의 조직과 운동이 더 중심적이어야 함을 강조하였다. 노동운동이 사상적으로도 발전해야 하지만, 노동자 대중과 함께 하는 운동이 되어야 하는 것이기 때문이었다.

이 시기에 기독노동자 조직이 건설되어 일반 노동자 단체가 대중집회를 개최하는 것이 불가능한 상황에서 산선과 협력하여 지역노동자 집회를 여는 일을 많이 하였다.

87년 이후 산업선교는 민주노조를 지원하는 일을 주요 과제로 설정하였다. 노동조합이 노동자 대중조직의 중심으로 굳게 서는 일이 노동자들의 권익확보에 관건이 되는 만큼 이를 지원하는 일은 대단히 중요한 것이었다. 70년대의 산업선교가 노동운동의 최선두에 서서 노동자들을 이끌었다면, 이제는 노동자들이 스스로 주체적으로 일하도록 뒤에서 지원하고 돕는 위치에 서게 된 것이다. 이런 일은 겉으로 드러나는 것도 아니었고, 사건의 중심에 서는 것이 아니기 때문에 산업선교가 이제는 필요 없는 것은 아닌가 하는 오해 아닌 오해가 생기기도 하였다. 또 어용노조의 현장을 민주노조로 바꾸기도 하였고, 노조건설에 열심을 내었다.

3. 몇 가지 생각

우선 지나가고 보니 좀 더 열심히 했을 것을 하는 아쉬움이 든다. 8년여 동안 산업선교에서의 일을 끝내고 90년 11월부터 91년 1월말경까지 가구 공장에서 일을 하였다. 지난 8년간의 일을 돌아보고 정리할 겸 3개월 정도 노동을 한 것이 본인에게 많은 것을 깨우쳐 주었다. 83년 산업선교 훈련을 받으며 5개월 정도 현장 노동을 한 것도 많은 느낌을 주었지만, 본인이 자발적으로 노동을 한 것은 더 많은 것을 가르쳐 주었다. 아침 8시 30분부터 11시까지 일할 때가 많아서 도무지 일하면서는 다른 생각을 할 겨를이 없었다.

가구 일은 나무를 만지고 기술을 조금은 배우는 것이어서 재미도 있었는데, 무늬목을 붙이는 일은 까다로웠다. 종이 같은 얇은 무늬목을 본드로 나무판에 붙이고, 이것이 어느 정도 마르면 다리미로 붙이는 것은 조금만 방심을 하여도 불량이 생기는 것이었다. 다리미로 다리다가 태우기도 하고, 잘못하여 밑의 본드가 위로 삐져나오기도 하고, 이음새가 벌어지기도 하는 것이었다. 나이 많이 먹고도 나이 어린 기술자에게 무시당할까 봐(함께 일하는 노동자들은 잘 도와주었음에도) 온통 신경을 곤두세우며 일을 하곤 하였는데, 그러면서 '아! 내가 전에 산업선교를 할 때 이런 정성으로 일을 하였으면 얼마나 달라졌을까' 하는 생각을 하게 되었다.

한때 산업선교의 주인이 누구인가를 가지고 쓸데없이 논쟁을 한 적이 있다. 교회와 산업선교에 노동자가 없으면 소용이 없는 일이고, 노동자들만 있어서는 울타리가 없는 것이어서 산업선교는 제대로 존재할 수 없는 것이다. 산업선교에서 일하던 초기 어느 주일날 아침, 회관에 들어서는데 한 노동자 선배가 화단에서 휴지를 열심히 줍고 있는 것이었다. 다른 노동자들은 아직 잠을 자고 있을 시간이었다. 묵묵히 휴지를 줍는 모습을 보면서, 바로 저런 노동자들이 있어서 산업선교가 그 어려운 상황을 뚫고 나오게 되었구나 하는 생각을 가지게 되었다.

한때 우리의 교육과 활동이 지나치게 노동자들의 의식의 변화를 중시하던 시기가 있었다. 나중에 교육방식을 바꾸게 되는데 이것은 의식과 사상도 문제이지만, 생활이 바뀌지 않고서는 운동가로서의 수명이 짧다는 것이었다. 생활이 성실하지 않고서는 이론가는 될지언정 현장에서의 조직운동가로는 성공하지 못하다는 사실을 뼈저리게 느끼게 된다.

공장에서 성실히 노동을 하는 것은 자본가와의 관계에서는 갈등이 되는 문제이지만 개인의 성격 형성에도 중요한 요소가 되는 것이다. 공장에서 어영부영 일을 하면 동료들에게 신뢰를 얻지 못할 뿐만 아니라 성격이나 습관도 그렇게 되기 쉬운 것이었다. 현장을 자주 옮기거나 충실하지 않은 노동자는 길게 일하지 못하는 것을 쉽게 볼 수 있었다. 그런 점에서 70년대 노동자들의 생활을 많이 배울 필요가 있었다.

성문밖교회는 상당히 중요한 역할을 감당하였다. 탄압시기에 노동자들이 모일 수 있는 유일한 공간이었고, 고난의 행진에 위로부터 힘을 얻는 곳이었으며, 일반인들이 노동자들과 함께 할 수 있는 통로 역할을 하였다, 많은 이들이 성문밖교회를 찾아왔는데 민중교회라는 고유성을 충분히 살려서 산업선교와 독자적으로 운영하여 확고한 신앙공동체로 발전시키지 못한 아쉬움이 남아있다.

4. 맺으며

본인은 너무나 경험이 부족했던 전도사 시절에 산업선교의 책임을 맡아 일을 하였다. 그 중압감은 이루 말할 수 없었다. 그러나 실무자들의 협력과 노동자들의 사랑에 힘입어서 8년간의 일을 마무리하였다. 말년에 불에 타 죽은 어린이들을 위한 추모식에 장소를 빌려준 것이 노회에서 문제가 되어 밀려난 모양같이 되었지만, 이를 두고 주변의 사람들은 교회의 보수 세력에 의해 쫓겨난 것이라고 하지만 본인은 그렇게 생각지 않는다. 원래 90년 초에 올해까지만 하고 떠난다는 생각을 하였기 때문이다. 과도기적인 시기를 메꾸었으면 미련 없이 떠나야 한다는 생각을 가졌던 것이기에 묘하게 엉켜서 복잡해졌었지만 잘 매듭을 지었다고 본다.

한 가지 일반 노동운동권에 할 말이 있다면 특히 70년 이후 산업선교가 노동운동에 기여한 점을 애써 무시하거나 간과해서는 안 된다는 사실이다. 노동운동의 초기에는 어느 나라나 종교단체나 지식인들의 역할이 클 수밖에 없다. 일부러 무시하거나 빼어버리는 것은 역사의 왜곡에 지나지 않는다. 또한 노동운동에 사회의 선한 세력과 연대하여 문제를 풀어가려면 외곽의 활동에 대한 바른 평가가 필요하다. 그런 점에서 한국 노동운동의 역사는 바로 써져야 한다.

지금도 제대로 먹지도 못하면서, 차디찬 방에 살면서도 열심히 운동을 한 노동자들을 기억하고 있다. 이름도 없이 일한 실무자들, 야학교사들 그리고 자원봉사자들을 기억하고 있다. 모두들 노동자들의 인간다운 삶을 위해 열심히 일했는데, 아직도 요원하기만 하니 안타깝기 그지없다. 그러나 결국은 그런 날은 올 것이다, 우리 모두 희망을 잃지 말자.

마지막으로 어려운 시기에 산업선교의 방패막이가 된 영등포산업선교위원회에 감사드린다. 특히 위원장으로 오랫동안 계시면서 고초를 겪으셨던 이정학 목사님께 경의를 표하는 바이다. 산업선교 선배 목사님들께 감사드리며 영등포산업선교의 무궁한 발전을 기원한다.

4. 격동하는 역사 속의 산업선교와 나

신철영
(전 영등포산업선교회 실무자)

1978년 7월부터 나는 강산도 변한다는 10년을 영등포산업선교회에서 일했다. 이 기간은 대략 몇 개의 소 시기로 나누어 볼 수 있다. 1) 79년 10월 26일까지의 유신 말기, 2) 1980년 5월 17일까지의 소위 서울의 봄, 3) 1983년 말까지의 70년대 민주노조운동 말살기, 4) 1987년 6얼 29일까지의 새로운 노동운동의 태동기, 5) 6.29 이후의 민주노조 개화기 등으로 나누어 볼 수 있다. 여기서는 이렇게 한국의 노동운동이 변하는 상황에서 산업선교회는 어떤 역할을 하였는지를 살펴보려고 한다.

1. 유신말기의 광란적 탄압(1979년 10월 26일)

내가 산업선교회에서 일하게 된 것은 1978년 5월초를 기하여 산업선교에 대한 탄압의 태풍이 휩쓸고 지나간 다음이었다. 인명진 목사님의 구속, 라벤더 호주 선교사의 추방, 신용조합의 해체, 거액의 벌금이 부과, 사업장에서의 노동자들에 대한 탄압 등이 바로 그것이었다. 이런 상황에서 산업선교에 들어왔으므로 다른 실무자들처럼 정상적인 훈련과정을 거치지도 못하였다.

우선 내가 맡았던 일의 하나는 78년 말부터 시작하여 79년 7월초에 준공한 현 산업선교회관의 건축이었다. 공대 기계과를 졸업하고 건축회사에서 8개월 정도 일한 경험이 그나마 도움이 되었을까? 독일의 EZE가 거액을 지원한 이 공사는 곡절을 겪으면서도 79년 여름에는 준공이 되어 1주일여에 걸친 축제를 하며 개관식을 하였다. 당시에 많은 사람들이 "영등포산업선교회가 집을 크게 지었으니 전처럼 노동자들을 위하여 싸우지 못하는 것이 아닌가" 하는 우려를 하기도 하였다. 그러나 준공 직후인 7월 말경부터 산업선교 회원들을 중심으로 해태제과 여성노동자들이 8시간 노동을 주장하는 움직임이 시작되었다. 발단은 한여름에 냉

방기가 가동이 안 되자 이를 계기로 8시간 일한 후에 집단적으로 잔업을 거부하며 퇴근을 한 것이지만 그 이면에는 78년 말부터 시작한 노동자지도자 훈련과 1979년 봄부터 실시한 회사별 교대반별 수련회 등이 있었다. 이런 과정을 통하여 해태, 롯데제과 노동자들은 "근로기준법상으로도 명백하게 불법인 12시간 맞교대 제를 철폐하여야 한다"는 다짐들을 다지고 있었다. 워낙 법적인 근거가 분명하고 노동자들의 세도 있었기에 이 운동은 그리 큰 어려움을 겪지 않을 수 있으리라 기대하였다.

그러나 말기의 유신정권은 8월 11일, YH사건을 계기로 산업선교회와 민주화 운동세력에게 엄청난 탄압을 하였으며 결국은 중앙정보부장에 의한 대통령의 암살(10.26)로 막을 내렸다.

YH 노동자들이 폐업에 항의하여 마포 신민당사에서 농성을 하자 박 정권은 경찰을 투입하여 당사를 부수고, 국회의원, 신문기자들을 폭행하며 농성하던 노동자들을 폭력적으로 해산하였고 이 과정에서 김경숙이라는 어린 노동자가 죽었다. 이 사건의 배후조종자의 하나로 인명진 목사님이 다시 구속되었고 산업선교에 대하여는 2달이 넘는 기간 동안 TV, 라디오, 신문, 잡지 등 모든 매스컴을 동원하여 대대적인 악선전을 하였으며 대통령의 명령에 의하여 특별조사반이 구성되어 산업선교와 가톨릭농민회 등에 대한 광범한 조사가 진행되기도 하였다. 이때 "도산이 침투하면 회사가 도산한다"는 신조어를 퍼트리기도 하였다.

매일같이 진행되는 악선전의 한 가운데에 서 있는 우리들은 처음에는 "아무리 따져 보아도 한줌밖에 안 되는 산업선교하는 세력에 대하여 이런 탄압을 가하는 것은 정말 미친 짓이 아닌가?" 하는 생각을 하며 어이없게 생각하기도 하였다. 그러나 달리 생각하면 정통성을 잃은 정권이 맞은 "소수지만 조직된 노동자들과 양심적인 교회세력, 민주운동세력의 결합"은 정말로 무서운 적이라고 규정 할 수밖에 없었을 것이다.

YH라는 메가톤급 태풍은 급기야 김영삼 신민당 총재에 대한 제명, 부마사태 등을 거치면서 10.26으로 매듭이 되고 말았으며 이 태풍 뒤에 가려진 채 8시간 노동을 쟁취하려는 해태제과 여성노동자들은 회사와 가족으로부터의 폭행, 강제사적, 동료들의 탈락을 거치며 힘겨운 싸움을 계속하여 80년 초에는 8시간 노동을 확보하고 이를 11개 식품업체로 확대 적용하는 결실을 맺었다.

2. 서울의 봄(1979년 10월 26일~1980년 5월 17일)

10.26은 모든 조건을 바꾸어 놓았다. 유신정권의 하수인이 되어 탄압을 가했던 세력들은 쥐구멍을 찾았고, 한국노총으로 대표되는 노동조합 지도부도 전전긍긍하며 산업선교나 민주노조에 추파를 보내기도 하였다. 80년 봄에는 임금 인상 시기와 맞물려서 억눌렸던 노동자들의 분노가 폭발하여 수많은 쟁의가 일어났으며 사북사태와 같이 폭력적인 양상이 나타나기도 하였다. 이 시기의 정치적인 조건을 소위 안개정국이라 하여 극히 불투명하였으나 노동자들, 학생들의 투쟁은 거세게 타올랐다.

YWCA 위장결혼식 사건에 노동자들을 동원하였다 하여 1달가량 사무실 출근도 못하고 밖에서 보낸 후에 비로소 나는 '노동훈련 6개월을 포함한 실무자훈련'을 시작하였다. 불황기라서 취직하기도 쉽지 않아서 구로동, 성수동, 면목동 일대를 돌아다녔고 어떤 새벽에는 신촌 인력시장을 찾아갔다가 허탕을 치기도 하였다. 우여곡절 끝에 면목동에 있는 식품회사에 일당 1,550원을 받고 취직하여 12시간 맞교대근무를 하게 되었고, 나는 부반장으로 승진할 기회가 되었는데 "산업선교의 일이 바쁘니 나오라"는 엄명에 해태제과 노동자들이 애써 싸운 열매인 8시간 근무는 맛보지도 못한 채 노동훈련도 도중하차를 하였다.

3. 민주노조 말살기(1980년 5월 17일~1983년 말)

그러나 이 짧은 서울의 봄은 5.17군사 쿠데타로 막을 내리고 더욱 가혹한 탄압의 시기를 맞았다. 5.17에 이은 광주항쟁과 광주시민의 학살, 민주인사들의 대량구속, 노동자들의 해고, 구속, 삼청교육대 등 탄압의 광풍이 휩쓸었다. 1981년 초에 청계피복 노조가 해체당하고, 82년 콘트롤데이타 노조, 원풍노조에 대한 탄압 등으로 5공 정권은 이 땅에 민주노조의 씨를 말려갔으며 이때마다 산업선교에 대한 악선전을 계속하였다.

이 와중에서 산업선교회원들도 대일화학, 롯데제과, 해태제과, 남영나일론, 콘트롤데이타, 원풍모방에서 똑같은 탄압을 당하였다. 결국 탄압의 칼날은 지금까지 산업선교회원들을 뿌리 채 뽑아버리고 만 셈이었고 이 땅에 민주노조라고 할 수 있는 것은 하나도 남지 않게 되었다. 뿐만 아니라 산업선교회에는 보안사, 안기부, 치안본부, 서울시경, 영등포경찰서 등에서 떼거지로 담당들이 배치되어 감시를 하였으며 끊임없이 프락치를 심어서 정보를 빼내려고 하였다.

4. 민주노동운동의 새로운 모색기(1984년 초~1987년 6월)

우리는 폐허 위에서 다시 일어서기로 결의하고 해고 노동자들의 재취업(블랙리스트에 의해 다시 해고를 경험), 성경공부, 문화반, 연극반, 야학, 노래반, 기타반 등을 통하여 산업선교 운동의 새로운 지평을 열어가기 위하여 적극 노력하였다. 특히 이때에는 자원봉사자들이 헌신적인 협조를 하였으며 이들 중 일부는 현재 목회자가 되기도 하였고 각계에서 전문가가 되어 열심히 활동하고 있다.

1984년 초의 기독노동자연맹의 결성은 영등포, 인천, 성수 등 여러 산업선교회가 힘을 합하고 노동교회들이 협력하여 교회노동자들의 자주적인 조직을 발전시키기 위한 교섭의 결과였다.

산업선교의 노동자소모임은 지속적으로 확장되었으며 1985년부터는 노동자들의 지도력 훈련을 다시 시작하여 그 졸업생들을 중심으로 보다 자주성을 강화한 노동자들의 조직화를 시도하였다. 이런 노동자들의 모임이 1986년에는 영등포노동자평의회(영노평)라는 영등포 산업선교 내 노동자의 자주적인 모임을 형성하게 되었다.

당시는 대학 출신들이 대거 노동현장에 취업하여 노동자들을 조직하기 시작하였고, 1984년 한국노동자 복지협의회의 결성, 청계피복 노동조합의 재건, 1985년 대우자동차 노동자들의 10일간 파업(당시로서는 우리나라 노동자들도 10일간이나 파업을 할 수도 있다는 사실을 확인하며 감격하였다), 대우어패럴 노동자들의 임금인상 투쟁, 구로동맹파업을 거치면서 점차 활기를 띠고 있었다. 대학 출신들에 의한 한탕주의적 싸움, 조그마한 차이로 갈라지는 분파활동, 분파들 간의 알력을 일으킨 분파주의, 이념적 경직성 등 여러 가지 부작용이 따르기도 하였으나 전체적으로는 노동운동이 양적으로나 질적으로 획기적인 발전을 하였으며, 주된 활동의 범위도 서울의 일부에 국한된 것이 아니라 전국적으로 퍼져가고 있었다.

이 기간에는 노동자들의 조직운동을 돕기 위한 잡지 「노동자」를 발간하기도 하였고, 주간에는 「노동자신문」을 만들었다. 전자는 내가, 후자는 송진섭 선생님이 담당하였는데 특히 송선생님이 애를 많이 썼고 안기부에 잡혀가서 조사를 받는 등 수난도 많이 당하였다.

산업선교를 하면서 실무자들이 고심했던 것은 산업선교 회원 노동자들의 자주성을 키우는 문제였다. 이를 위하여 노동자들 중에서 운영위원을 뽑아서 전체 문제를 함께 의논하고 계획을 세우기도 하였고, 기독노동자연맹을 조직하여 독립된 조직화를 시도하였고, 영노평을 조직하기도 하였다. 그러나 교회의 한 기관인 산업선교회의 특성과 노동자들의 자주적인 조직활동은 상호 독립성을 유지하면서 협력하는 것이 바람직하다는 결론에 도달하여 87년 초에는 영노평이 독립된 노동자의 조직으로서는 산업선교에서 분리하고, 성문밖 교인으로서 또는 서로 신뢰하는 사람으로서의 관계를 유지하기로 결정하였으며, 영노평은 서울지역에 흩어져 있는 노동자들의 소그룹, 써클 등을 통합하는 하나의 주체로 역할을 하도록 하였다.

5. 민주노조의 개화기(1987년 6월~)

87년 6월 항쟁 기간 동안 노동자들은 그리 큰 역할을 못하였다. 여러 나라에서의 민주화운동 과정에서 볼 수 있었던 '민주화를 요구하는 파업투쟁' 하나도 없었던 것이 우리 노동운동의 현주소였다. 6월 항쟁 이후에 "요새 주력군(우리는 노동자들이 민주화의 주력군이라고 주장했었다)들 어디 갔어?" 하며 놀림을 받기도 하였다. 그러나 잠잠하던 노동자들이 7월 초, 울산 현대엔진 노동자들의 노조결성을 시작으로 하여 전국을 휩쓰는 파업과 민주노조결성으로 이어지면서 민주노조운동이 꽃피게 되었다.

87년 6.29 직후에 우리는 경인지방의 17개 노동운동단체를 모아서 '민주쟁취국민운동본부 노동자위원회'를 결성하여 헌법 개정을 비롯한 노동법개정과정에서 노동자들의 주장을 반영하려 노력하였으며 많은 노동자들의 투쟁을 지원하였다. 당시 민주적인 노동자들을 대변할 아무런 조직도 없는 상황에서 이 노동자위원회의 활동은 기민하고도 적절한 것이었다.

글을 맺으며

갑자기 원고청탁을 받아 급히 쓰느라 충분히 정리되지 못한 글이 되었다. 그러나 정말 중요한 일들을 가볍게 취급한 것이 있다면 이는 나의 부족함 때문이다. 나는 10년간 산업선교 활동을 하면서 3번 구속을 당하였다. 그러나 한국교회라는 든든한 빽(?)이 있었기에 매번 징역을 오래 살지는 않았다. 이런 구속과 수배 때문에 산업선교에 10년이나 일하게 된 것인지도 모르겠다.

내가 일한 기간은 산업선교가 노동자들의 권리를 회복하기 위한 싸움을 하면서 독재정권과 정면으로 충돌한 시기였다. 이것은 1) 남북 대치상황에서 노동운동세력들이 이념적으로 (그들은 산업선교마저도 공산당이라고 매도하기도 하였으니 다른 경우야 말해서 무엇하랴!) 매도당하고 탄압받는 가운데 일반 노동운동세력이 발전하지 못한 점, 2) 정통성이 약했던 독재정권들이 노동자들과 교회, 민주화운동세력을 연결하는 산업선교에 집중적인 탄압을 가한 것 등이 주요한 원인이라고 생각한다.

아무튼 우리는 독재정권이 최대의 적의 하나로 산업선교를 지목하는 세계적으로도 드문 상황 속에서 일을 하였으며 한국교회의 지원과 노동자들의 적극적인 참여, 조지송·인명진 목사님의 훌륭하신 지도로 어려움 없이 활동할 수 있었던 것이 내게는 정말 큰 행운이었다. 특히 회사와 정부, 심지어는 가족의 극심한 탄압 속에서도 꿋꿋하게 대의를 위해서 일해 갔던 노동자들의 모습을 가장 가까이에서 볼 수 있었던 것은 내 일생의 귀중한 재산이 될 것이다. 이제 노조운동이 정상화되면서 산업선교는 지원세력으로서 또한 외국인 노동자문제 등 일반 노동운동의 손길이 아직 미치지 못하는 영역에서 여전히 그 역할을 훌륭히 수행하고 있으며 앞으로도 그럴 것이다.

이제 산업선교는 노동자들이 시야를 넓게 가질 수 있도록 하여 정말로 집단 이기주의를 넘어서서 국민 전체를 생각하며 이를 앞장서서 실천하는 노동운동이 될 수 있도록 할 책임이 있는 것 같다. 전체의 공공선을 생각하며 활동하지 못하는 집단은 아무리 힘이 강하여도 국민을 선도할 수는 없기 때문이다.

다만, 나 개인으로는 83년 원풍모방 노조와의 결별과정이 원만하게 되지 못한 것이 가장 큰 아쉬움이며 평생 마음의 짐이 될 것이다.

5. 영등포산업선교회와 나

김정근
(서울지역노동조합협의회 조직국장)

먼저 영등포산업선교회 창립 35주년을 맞이한 모든 형제들에게 축하드립니다. 창립 35주년 기념행사를 총괄 준비한 진방주 목사님이 나에게 글을 부탁하시기에 막상 거부하지도 못했지만 일단 정리하려고 하니 마음대로 안 되는 것이 나의 한계인 듯하지만, 최대한 나의 한계를 극복해 보고자 정리하기로 마음먹었다.

요즈음 나는 원진레이온 폐업 투쟁이 일단락 마무리되는 과정에서 많은 고민을 하고 있다. 원진 관계를 본격적으로 한 것은 올 3월부터이다. 나뿐만 아니라 진 목사님이나 이가정 동지도 93년 한여름을 꼬박 원진 투쟁 문제를 가지고 씨름 하였고 지금까지도 이후 대책 방안에 고심하고 있기 때문이다.

이렇듯이 서울 지역에서 억눌린 사람들의 주요 문제에 대해서 함께 하는 것은 영등포산업선교회(이하 산선)가 창립 이래 35년 동안의 가장 중요한 일이라 본다.

내가 산선과의 만남은 그리 길지는 않다. 1985년 봄에 파업투쟁을 앞두고 찾아간 곳이 산선이었고 그 후부터 점차적으로 산선과의 만남이 계속되었다.

그 당시까지도 산선을 일반 회사들에서는 회사를 망치는 도산이라는 인식이 있었는데 나는 과업 투쟁 이후 해고되면서 회사 측 노동자들에게 산선과의 관계를 이야기하였는데 의외로 거리감을 갖는 것을 느꼈었다. 그 당시 나는 보안 문제라든가 조직 문제라던가 산선의 사회적 위치 등을 잘 알지 못하면서 여러 가지 의문점이 많았었다.

그래서 그런지 초기에 산선을 방문해도 사람들이 별로 알아주는 사람도 없었고 그렇다고 어떠한 모임의 성원으로 하고 싶었지만 이것 역시 안 되었다. 따라서 일단은 사람들과의 관계를 갖기 위해 술자리에 자주 끼이게 되었고 그러면서 조금씩 산선의 활동에 대한 것을 알게 되었다. 특히 당시 친목회 친구들과 산선에서 알게 된 동지들과의 관계가 점차 변하기 시작하였다.

내가 처음 산선에 와서 변하게 된 것은 바로 새로운 동지들의 만남이었다. 반면에 친목회 친구들과의 거리가 멀어지게 되었는데 지금에 와서 생각하면 내가 부족함에 대한 후회를 하고 있다. 당시 산선에서 여러 동지들의 만남 속에서 나는 노동운동을 알게 되었고 그때 동지들과의 관계에서 생활과 고민, 전망에 대한 것을 깊게 알게 되었으며 이러한 경험이 내가 지금까지 활동을 하는 데 중요한 자리로 남아 있다.

두 번째로 85년 연말부터 두 달에 걸친 간부교육이 나에게는 중요한 과정이었다. 그때 교육 내용은 요즈음 일반 노조 간부교육보다 더 어려운 내용이었다. 많은 내용을 깊게 이해하지는 못하였지만 이후 노동운동에 대한 나의 자세가 일정 확립되는 계기가 되었고 특히 지금까지 남아있는 것은 당시 이근복 목사님이 가르친 철학 공부가 항상 어려울 때와 판단이 복잡할 때 일수록 나의 판단의 기준이 되고 있다.

세 번째로 올바른 집단 놀이의 흥미와 중요성을 알게 되었고 이를 계기로 조직 운영의 방법을 알게 되었다.

봄, 여름, 가을, 겨울 계절의 바뀜에 따라 산과 강으로, 집단 놀이를 계기로 진정한 노동자들의 놀이 문화를 알게 되었고 당시 가슴 벅찬 경험을 하게 되었고 이러한 경험은 이후 서노협에서도 매년 여름 놀이 한마당을 개최하는 데 많은 도움이 되었다.

네 번째로 나를 투쟁으로 단련시킬 수 있었던 시기였으며 근거지였다.

86년 당시만 해도 서울에서 노동자 대중 집회는 거의가 산선에서 개최되었다. 따라서 경찰들의 집회 봉쇄는 기본이었으며 이를 물리치기 위해서는 물리적인 투쟁으로 확대될 수밖에 없었고 산선 앞마당 보도블록이 무기로 경찰들에게 던져지고 쇠파이프 등으로 격전을 하게 되어 많은 부상자가 생기기도 하였다.

전두환 정권의 말기에는 최후 발악과정이었고 이에 산선을 근거지로 최소한의 저항으로 버티면서 86년 11월부터는 시내 가두투쟁으로 확대시켜 나갔다. 87년 초 2월부터 매달 종로 가두 항쟁 투쟁을 맞이하였다. 이한열 열사 장례식까지 6월 한 달을 거리에서 보내면서 항상 투쟁 계획과 준비 장소는 산선이었고 최루탄으로 얼룩진 여러 동지들은 산선 지하방이나 앞마당에서 막걸리와 소주를 먹으며 무용담을 이야기하였다.

이후 노동자 대투쟁이 전국을 휩쓸 때 서울에서는 해고자 복직 투쟁위원회가 즉각 조직되었는데 이 역시 산선을 근거지로 활동하였다.

마지막으로 내가 산선에 와서 노동운동이 무엇인지 알게 되었고 이러한 과정의 축적이 지금까지 내가 계속 서노협 조직국장으로 있게 하는 데 중요한 경험이었으며 특히 그 당시 함께 열심히 투쟁하였던 여러 동지들의 힘은 지금까지 내 가슴속에 생생하게 남아 있다.

현재 민철이와 민철이 엄마와 부족함 없이 생활하고 있는 것 역시 바로 산선에서의 활동이 없었다면 불가능했을 것이다. 민철이 엄마는 바로 산선에서 만났고 처음으로 1987년 11월 1일 민속 혼례식을 여러 동지들의 정성으로 치룰 수 있었기 때문이다. 당시 이근복 목사님은 전경련 항의 투쟁으로 감옥에 있는 상황에서 산선에서 결혼식을 갖게 된 것이 지금까지도 죄송한 마음으로 남아 있다.

또한 앞으로도 계속 잊지 못할 콩고, 망둥이, 밤톨이, 배불뚝, 개똥이, 너구리, 파리 등 여러 동지들과 이근복 목사님, 신철영 선생님, 유구영 실장, 이영우 씨 등 산선의 당시 실무를 담당하셨던 분들께 감사한 마음을 이번 계기로 전하면서 산선 35주년 창립 기념 행사를 준비한 진방주 목사님과 여러 실무자들에게 감사드린다.

앞으로도 서울 지역에서 어려운 노동 형제들의 보금자리가 되며 노동운동의 토양을 풍부히 하여 진정한 노동자가 주인 되는 우리들의 세상을 앞당기는 날까지 영등포산업선교회의 발전을 기원한다.

6장

| 좌담회 |

성문밖교회 30년,
과거, 현재 그리고 미래

성문밖교회 30년 과거, 현재 그리고 미래

□ 일   시: 2007년 7월 3일(화) 18:00~21:00

□ 장   소: 산선회관 큰사랑방

□ 참석자

　목 회 자: 이근복 목사, 박진석 목사, 신승원 목사, 손은정 목사, 임준형 전도사(5명)

　선배교우: 박점순, 윤철, 박경순, 박재홍 (3명)

　출석교우: 신미자, 송효순, 이정국, 여혜숙, 장홍근, 조영순,

　　　　　　한상근, 손효정, 설윤석, 최경순, 김지선 (11명)

사회자: 오늘은 성문밖의 과거 목회자님들과 선배들과, 현재 성문밖에 출석하고 있는 성도들과 함께 성문밖의 과거를 되짚어 보고 앞으로의 교회를 내다보는 자리입니다. 바쁘신 가운데서도 이 자리에 참석해주신 분들에게 준비한 사람으로서 감사를 드립니다.

기   도: 송효순 집사

사회자: 선배 목회자님들과 선배 교우님들의 인상 깊었던 사건과 추억에 대해서 이야기해보도록 하겠습니다. 먼저 박점순 집사님께서 말씀하시겠습니다.

노동운동과 당시의 여성 노동자들의 삶 그리고 교회의 모습에 대하여

박점순: 제가 여기 성문밖교회 오기 전에 당산동 방 세 칸짜리 아파트(지금 래미안)에서부터 산업선교회 활동을 시작했어요. 과거에는 아파트가 비싸지도 않았고, 무너질 것 같은 건물, 반지하에서 대학생들이 야학을 했는데 야학에 한자를 배워볼까 하고 왔다가 산업선교회에 빠지게 돼서 80년까지 활동을 하게 되었습니다. 뭘 배우는 때보다 노동문제에 관심을 가지면서 참 즐거웠어요.

당시 남영나이론을 다녔는데 앞서가는 회사라 임금은 적었지만 복지가 참 잘되어 있었어요. 우리 회사에는 멋쟁이들도 많았습니다. 우월한 위치에 있었던 소그룹이 있었고, 남영나이론 300명의 노동자가 산선에 소속되어 있었어요. 350명 정도가 모이면 대단했죠. 바꿔보겠다는 욕심이 들었어요. 어용노동조합을 바꾸자는 열망을 가지고 싸움을 시작했어요. 모르고 시작했는데 감옥에 갈 수도 있다는 것과 죽을 각오로 해야 한다는 생각을 의식화를 시켜서 유서도 쓰고, 굉장히 힘든 상황에서 시작을 했어요.

아무도 안하는 조용한 시기에 남영라이온에서 처음 시작했죠. 죽으면 죽으리라 하고 시작을 했는데 쫓겨나기도 하고 복직도 되고 하는 어려운 일들을 통과하며 일을 했어요. 남자라고는 목사님들 밖에 안 계신 상황에서 회사에서 남자들은 우파, 여자들은 좌파로 구분될 정도였어요. 지금도 그렇지만 둥글둥글하게 하면 되는데 괜히 싸우기도 했던 것 같아요. 무서운 전무와 공산당 어쩌고 하는 문제로 싸우기도 했어요. 모범생 같은 성격의 사람이었는데 아닌 것은 아닌 것이라고 생각하고 열정적으로 살았어요. 산선은 완전히 빨갱이 집단으로 몰렸습니다.

이근복: 지금은 산선은 성문밖교회와 얽혀 있을 때 이야기를 하는 거죠.

박점순: 힘들고 어려워서 주변의 도움을 받기 위해서 교회를 연결해야 한다는 생각에 교회를 시작하고자 하는 마음을 가지게 되었어요. 그래서 조지송 목사님이 교회를 21명이 시작하게 됩니다. 산선 회원은 많은데 예배에는 참석을 안 했어요. 당시 저야 미쳐있었으니까 예배든 뭐든 다 참석했어요. 즐거운 시간이었어요. 같은 사람이 있었고, 우리와 어울리지 않는 목사님들이 계셨어요, 대화를 할 수 있었던 것도 즐거웠어요. 그때는 목사님들이 참 어렵게 말씀하셨어요. 부자도 안 되고, 남의 것 뺏어도 안 되고, 투기도 안 되고, 남들 돈 뺏는 것도 안 되고 어렵게 되었어요. 그렇게 어려운 말씀을 많이 하셨어요.

손은정: 모두가 이야기에 참여하기 위해서 쭉 돌아가면서 이야기 해보는 것도 좋을 것 같습니다.

사회자: 그 당시 몇 년도 까지 교회에 참석하셨나요?

박점순: 인 목사님과 싸우고서, 인 목사님이 결혼한 사람은 쳐다보지를 않아서 상처받아서 좀 안 나왔습니다. 상처받기 싫어서 교회를 안 나왔어요.

사회자: 그 당시 설교주제는 어땠나요?

박점순: 설교는 참 잘하는 사람이에요. 설교는 꼭꼭 찔러서 잘하는 분들이었어요. 내가 예수처럼 살기를 강하게 주장하는 설교였어요. 변하지 말라고 강하게 말했죠. 시집도 가지 말라고 엠티까지 했어요. 시집을 가면 노동운동을 못하니까 엠티에서 눈감고 결혼 안 할 사람 손들라고까지 시켰어요.

송효순: 조지송 목사님은 결혼을 해야 한다고 말씀하셨어요.

박점순: 인명진 목사님은 선동가셨고, 조지송 목사님은 냉철하셨어요. 그때는 이 건물을 지으면서 참 기뻐했던 기억이 있어요. 우리는 첫 달 월급이 6천 원에 당시 월급이 만원도 안 되는데 만 오천 원을 헌금할 정도로 열정적으로 활동을 했어요. 여러 가지 활동을 통해서 기쁨을 많이 느꼈어요.

사회자: 가장 많았을 때 몇 명 정도 예배를 드렸나요?

송효순: 많을 때는 아래와 위가 다 찰 때도 있었어요. 성가대가 위에서 부르고 아래에서 들은 적도 있었어요.

이근복: 원풍노동자들도 있었죠. 한 200명 정도 되었죠.

사회자: 명단이 혹시 있나요?

이근복: 보안 때문에 이름은 못 남겨놨어요. 마당까지 2000명도 있었던 적도 있죠. 집회 때는 그랬어요.

사회자: 70년대 말부터 80년대 정도에까지 일인가요?

박점순: 예, 저는 그 이후에 남영나일론 스타킹 라인에서 쫓겨나고 다른 곳에 못가고 가게를 시작했어요.

이근복: 신미자 선배님 이야기를 이어서 들었으면 좋겠네요.

신미자: 저는 짧게 활동을 했어요. 먹는 공장이다 보니 최신식시설이고, 당시 복지는 잘 되었어요. 깨끗하고 월급도 많았어요. 그러다 일하는 도중 맞는 일이 있었어요. 분한 마음이

있었어요. 당시 불이익이 많았기 때문에 회사의 문제를 산업선교회의 도움을 받고 싶은 마음이 있었죠. 당시 회사에서 산업선교회로 모범생들만 뽑아서 활동을 시켜서 뽑혀서 왔어요. 목사님의 설교 중에 인권에 대한 설교에 힘을 많이 받았어요. 80년대 민주 노동조합까지 만드는 것까지 봤네요.

원래 교회를 다녔던 사람이었고, 신앙이 있었어요. 다른 교회에 다니고 있었는데 그 교회 목사님이 산업선교회 나가지 말라고 그랬어요. 그래도 여기에 할 일이 있어서 왔어요. 그 목사님께 상처를 받고 그 교회를 떠나왔어요. 여기의 목사님들은 청빈하게 사시고, 사회정의를 위해 애쓰시는 것을 봤어요. 그러다 결혼하고 교회를 떠나게 되었어요. 그게 잘못됐어요. 남편을 데리고 오라 그래도 충분히 데리고 올 수 있는 기센 여자들인데 말이에요. 80년대는 데모도 많이 하고 그런 분위기라 남편이 적응이 힘들었어요. 방황하다가 인 목사님이 호주에서 돌아오셔서 갈릴리 교회에 출석했었어요.

이근복: 지금은요?

신미자: 지금은 안 나가죠. 92년 대선 때문에, 일반교회에 적응하려고 하다가 5년을 방황을 했죠. 그래서 다시 여기로 돌아왔어요. 성문밖교회가 교회로서 선을 긋지 말고 모두를 포용하는 태도를 보였으면 좋겠어요. 일반교회와 너무 다른 이야기를 하는데 이게 좀 어우러져서 일반교회와 같은 위로도 좀 받을 수 있는 상황도 되었으면 좋겠어요. 분위기에 대해서 갈급함이 있어요. 그런 것만 된다면 너무 좋지 않을까 하는 생각이 들어요.

사회자: 분위기도 있겠지만 신미자 선배님은 전통적인 교회에서 활동을 하시다가 산선에 와서 활동을 하시다 보면 성서해석이나 그런 문제들에 적응이 힘들거나 그런 문제는 없었는지요? 그래서 그것을 어떻게 해결하셨는지요?

신미자: 삶 속에 녹아지는 말씀, 말씀이 살아서 내 삶 속에 녹아지는 것은 이 교회의 말씀이에요. 갈등도 많았어요.

이근복: 삶의 자리가 그랬기 때문에 그럴 거예요.

신미자: 목사님들이 청빈하셔서 그리고 말씀대로 사셔서 그리고 조용하시면서도 청빈하신 모습에 반하기도 했어요.

사회자: 교회에서 기억나는 사건 같은 것이 있는지요?

신미자: 갑작스런 질문이라 어렵네요.

사회자: 목회자님들 시작하시죠?

이근복: 74년도 허름한 집에 가본 적 있고, 학교 다닐 때 역사를 사랑방에서 가르친 적이 있어요. 신학교에서 노동자와 목회를 하겠다는 마음으로 갔다가 중간에 방황하고 다시 돌아왔었죠. 83년도 신앙적인 강조와 '성문밖'으로 이름을 막 바꾼 시기에 왔어요. 원풍노조 깨지고 그런 상황에서 사람들이 많이 모일 때 이곳에 왔어요. 그때는 찬양대가 참 찰했었어요. 노동가요를 찬양으로 했으니까. 기독교 노동문화를 형성한 시기였다. 찬양대가 '8시간 노동제를 위하여'라는 테이프를 만들기도 했어요. 잘 짜여진 문화제를 여름 수련회에서 하기도 했어요. 그것 때문에 시간도 많이 보냈죠.

산선 총무 때보다도 월급을 많이 받고 공장을 다닌 적이 있어요. 가구공장에서 정성껏 가구를 만들면서 산선에서 좀 더 정성껏 하지 못한 것을 반성하기도 했어요. 설교에 있어서는 이렇게 저렇게 살아야 한다는 설교를 했던 것 같은데 좀 더 이해를 했다면 위로가 필요했을 것 같다는 생각을 했어요. 현장에 있으면서 마무리 노동을 하면서 그것을 느꼈어요. 노동조합은 깨지고 상처 입고 다치는 사람들에게 무엇을 하라고 하는 설교는 안 그래도 애쓰는 사람들에게 필요했었나 하는 생각이 들었어요.

사회자: 특별히 기억에 남는 사건은 어떤 것이었나요?

이근복: 87년도에 감옥에 갔었는데 전국적 노동자의 대투쟁에서 전경련의 왜곡 발언에 대해서 민중교회 목회자와 산선목회자들이 전경련 점거를 했다가 옥살이를 했어요. 그게 참 귀한 기억이에요. 그 경험은 참 소중한 기억이에요. 들어가서 본인들을 위해서 기도를 해야 하는데 가명인 흑곰, 백곰, 개구리 등의 가명만 생각이 나서 기도하려다 당황했던 기억이 있어요.

한상근: 교회에서는 굿하는 것에 대해서 금지하지 않나요? 어린노동자를 위한 굿을 했던 기억이 많아요. 당시 위령제의 사건은 어떻게 된 것이었나요?

이근복: 마포에 사는 맞벌이 부부 자녀가 화재가 나서 죽은 사건에 대해서 여성단체들이 여기서 위령제를 했는데 장소대여 차원에서 대여했다가 거기서 그냥 의식 차원에서 한 순서가 있었는데 한겨레신문의 기자가 진혼굿으로 표현을 해서 그게 영등포 노회에서 문제가 되어서 제명을 당했어요.

문화운동에 대하여

사회자: 이어서 윤철 선배님 말씀해주세요.

윤 철: 저는 처음 이문동교회의 청년이었습니다. 83년도에 이근복 목사님 따라서 처음 왔어요. 뭔가 해야 되겠다는 생각이 들어서 연극을 시작했었어요. 연극 대본의 초안을 만들어서 3개월 동안 연극을 작업을 했어요. 인명진 목사님이 처음에 반대를 하셨어요. "너무 기능주의로 빠지면 안 된다", "노동자들을 딴따라 만들지 말라"고 반대를 하셨어요. 우려들이 많았어요. 우려들을 불식시키기 위해서 거의 매일 밤 일하고 와서 밤새다시피하고 공연을 준비해서 대단히 히트를 쳤어요.

한상근: 조명도 설치를 하고 그랬어요.

사회자: 대본이 있나요?

윤 철: 대본이 있을 겁니다. 예배시간에 공연을 올리기도 했어요. 노동자가 자기 이야기들을 펴냈기 때문에 많은 사람들이 좋아했어요. 행동성과 집단성의 문화운동의 강점들을 목사님들이 이해해서 교회에 문화운동 단체가 결성되었어요. 그때가 83년도 말쯤 되었어요. 그때 목표가 "노동자가 되자"이었어요. 사물놀이도 4개의 가락만 했어요. 1채, 2채, 3채, 굿거리만 가르쳤어요. 대단한 문화운동 프로그램들이었습니다. 다른 것을 할 수 없었기 때문에 활동가들이 많았어요. 문화팀, 노래팀, 기타반도 있었습니다. 노동자 문화운동의 센타 역할을 시작했어요. 1기가 졸업을 했고 3기까지 했어요. 여균동이나, 노찾사 멤버들도 활동했어요.

그 이후 교회학교 등이 만들어지면서 학술적인 노력들이 만들어졌다. 노친회(노동자 친목회)를 만들어서 활동했던 친구들이 함께 같이 많이 했어요. <노동자 예수>라는 대본을 써주셔서 같이 극에 올렸던 때에 이근복 목사님이 도움을 많이 주셨어요. 80년대 즉 흥극 문화, 일주일 삶에 대해서 토요일 모여서 이야기를 모아서 극을 만들었어요. 그런 내용들이 지금도 다 남아있어요. 동막 가서 수련회 했던 내용도 가지고 있어요. 1983년도가 노동자 문화운동의 시작이었다고 생각 되요.

이근복: 그 전은 소규모로 조직운동을 하던 시기였다면 당시는 문화적 선동이 좀 필요한 시기였어요.

노동운동 시기의 어려움

송효순: 그땐 선배들은 다 감옥 가는 시기였어요. 가두투쟁 조직해서 동을 뜨게 되면 곧바로 감옥 가고….

박점순: 80년대는 노동운동이기보다는 정치적인 싸움을 했던 거예요. 가면을 노동으로 했던 것이고 여기가 완전히 그런 장을 만들어냈던 거예요. 여기가 민주화의 장을 처음으로 풀어냈던 거죠. 처음은 나도 구류 20일을 살았는데 영등포 경찰서 경찰들에게 대단히 대우를 받았어요.

사회자: 왜 대우를 받았나요?

박점순: 아무도 안하는데 처음으로 시작했기 때문에 대우를 받았던 것 같아요. 죽을 수도 있고, 얼마나 삶이 힘든가 해서 대우가 참 좋았었어요. 서류 조사할 때 나만 좀 맞기도 했고요.

사회자: 맞을 짓을 했었나요?

박점순: 그냥 맞았어요. "고춧가루 물 풀어서 죽을 수도 있어"라고 말하면서 때렸어요. 그러나 이후에 잘해주었어요. 우리는 그런 문화운동 시기는 아니었고, 문화운동이 참 힘들었어요.

사회자: 문화운동의 자료들을 원본은 보관하시고, 교회에 복사본을 주시면 어떨까요?

윤　철: 출판이 되었습니다.

사회자: 복사를 해서 교회 역사자료집에 실어보는 것이 어떨까요? 이런 자료들을 성문밖이 가지고 있다는 사실 등을 게시하는 것이 좋겠네요.

송효순: 관심 갖은 분야에 따라서 시각이 달라요. 나는 조직에 관심이 있었습니다. 후배들 조직과 가르침, 선배로서 말해 주고 하는 것 등을 관심했었어요. <서울로 가는 길>이 82년도에 나와서 노동자들과 여럿이 이 책을 읽어서 제가 여러 가지 활동을 했었어요. 신철영 선생님을 따라 모임을 갔더니 2박3일을 모임을 했는데 나중에 보니 노동자 지하조직 MO가 집회를 했다고 수배가 되었더라고요. 그런데 나는 빠졌어요. 나중에 가두투쟁 하다가 잡혀서 감옥 가는 역할을 많이 했어요. 치열하게 싸웠던 것 같아요. 생리대를 포장해서 한 가방 가져갔더니 준비가 철저하다고 때렸어요. 빨간 방에 데려가겠다는 협박도 했었고, 경찰서에서는 학생들도 많이 잡혀왔어요. 대학생들은 얼차려를 많이 받더군요.

구타도 많았고, 그랬어요. 나중에 노동자 조직훈련을 많이 했어요.

사회자: 교회는 어떻게 나오게 되었나요?

송효순: 회사에서 문화팀을 만들었어요. 거기서 등산을 좋아해서 등산부를 나갔는데 일요일마다 등산을 나갔어요. 그러다 예배를 드린다고 해서 예배에 참석해야 돼서 산에 못 갔어요. 그러다 세례를 받으라고 해서 못 받는다고 그랬어요. 열심히 활동을 했어요. 예배를 안 나가 볼까? 안 나가면 어떨까 하는 생각이 들어서 예배를 빠져봤어요. 시집가지 말라는 설교도 있었지만 시집가서 남편이 돈 못 벌어도 구박하지 말라는 설교도 있었어요. 이불도 꿰매고 할 줄 알아야 한다고 이야기 많이 하셨어요. 공순이라고 못하면 안 된다는 이야기를 많이 했어요. 지금까지 그게 남아서 바가지는 긁어본 적이 없어요. 그래서 좋아했던 것 같아요.

사회자: 집안 살림살이 교육도 했었고, 피임도 가르쳤고, 실질적으로 필요한 것들을 많이 가르쳤어요.

송효순: 시집가서 공순이라고 무시당하지 말라고 여러 가지 이야기했어요.

신미자: 시집가지 말라는 이야기는 LT교육에서 리더들 상대로 주로 나왔어요.

박점순: 1기 LT가 좀 셌어요.

사회자: 얼마나 했나요?

박점순: 6개월 했어요.

사회자: 수료증 이런 거 있었습니까?

박점순: 수료증 그런 건 없었던 것 같아요.

송효순: 교육시켜서 할 만하면 시집을 가니까 그것 때문에 시집가지 말라고 주로 말했어요.

신미자: 회사의 조직에 순수한 산업선교 회원들이 가서 노동조합을 변화시켜야 하는데 그것이 롯데 같은 사례예요. 롯데는 우리가 만들었다고 할 수 있어요. 그런 것에 대한 욕심이 있었는데 민주노동조합에 대한 욕심 때문에 세를 확장하기 위한 일환으로 결혼문제 이야기가 나온 것 같아요. 그리고 또 박정희 대통령이 죽었다고 잘 죽었다고 조지송 목사님이 말씀하셔서 롯데 위원장 김순옥 씨는 상처받았기도 했어요.

박점순: 롯데는 유별나요 그때는 나는 내가 죽여야 되는데 안타깝다고 할 정도로 그랬어요.

사회자: 내부적으로 강경파와 온건파와 나뉘는 것인가요?

회 중: 그래요.

한상근: 80년 이전은 나는 잘 몰라요. 80년대 초에 여기에 와서 여자 꼬시러 여기 오지 말라는 이야기를 듣고 기분 나빠서 안 온 사람들도 많았어요. 앳되고 순진한 사람들이 많았죠. 남자들이 의리라는 부분을 좀 생각을 하잖아요. 그리고 목사님의 말씀들이 의리라는 부분과 일치가 되어서 목사님들과 대화를 하다가 진짜 인권문제 등에 대해서 배우기 위해서 왔어요. 저희 회사는 8시간 노동을 했었지만 그래도 열악한 사정이었고, 불합리함 때문에 산선에 여성들이 많음에도 불구하고 배우고 싶은 마음이 생겨서 왔어요.

이후에 희망의 집 같은 자구책 마련을 위해서 일할 때 여자 선배들이 불러서 온 사람들도 많았어요. 그런데 그 이후에 장수하지 못한 사람들이 많았죠. 남자들의 역할이 참 컸다고 생각하지만 오래활동을 하지 못했다. 90년대 초중반과 2000년대 초도 다른 모습을 발견하게 되요. 과거의 사람들과는 좀 안 맞는 부분이 있기도 합니다. 민중교회라는 개념은 잊지 않고 지켜야 하는 것 같아요.

사회자: 요즘은 가끔씩 나오시죠? 초기에 교회에 잘 나오셨지 않았나요?

한상근: 그때는 예배는 꼭꼭 참석했었어요. 차가 끊김에도 불구하고 남자들이 매번 일찍 와서 청소를 하고 했던 적이 많았어요. 청결이 우선이라 청소를 열심히 했어요.

두 가지 질문: 지금에 평가하는 긍정적인 부분과 개선해야 할 부분은?

(과거의 선배들과 현재의 교우들 모두에게)

손은정: 교회에 대한 긍정점과 개선점을 들어보는 것이 좋겠어요. 오늘 정한 주제를 다 이야기하기는 힘들 것 같고 선배들 말씀도 많이 들었으니까 이제 다른 분들 말씀도 들어보는 것이 좋겠네요.

사회자: 교회가 20년-30년을 내다보고 어떻게 해야 할 것인지? 그리고 앞으로 어떤 것을 고쳐야 할 것인지에 대해서 좀 살펴보는 것이 좋겠습니다.

박진석: 90년대에서 2000년대부터는 앞의 치열한 선배님들의 신앙의 활동들이 외적으로 나타나기보다는 내적인 문제에 대한 관심으로 옮아갔어요. 그래서 재미난 사건들이 좀 없어졌어요. 진방주 목사님이 총무와 목회를 겸했는데 노동자들이 밖에서 모임이 많아서 여기서 모일 필요가 없었어요. 그러다가 교회 내적으로는 좀 더 신앙적 관심으로 옮아

갔어요. 그 뒤 손은하 목사님이 하셨고, 전담 목사로 오상렬 목사가 왔어요. 그때 내가 총무로 산선에서 활동을 했어요.

그때 내가 이야기해서 성문밖의 신앙이란 무엇인가에 대한 토론이 이루어지고 공동체 계약문의 시초가 되었어요. 성문밖교회가 영적 공동체로서의 지향이 있어야 하며, 국내의 성문밖교회로만 끝나지 않아야 한다는 대의 아래 아시아 선교 공동체로서의 지평을 넓히기 위해 아시아 디아코니아 훈련 등을 만들어내는 계기가 되었습니다. 과연 성문밖교회 교우님들이 무엇을 할 것이냐 하는 논의 아래 생협운동을 좀 더 적극적 활동을 필요로 하게 되었고, 서로살림의 시작이 이루어지기도 했어요. 교회를 어떻게 섬길 것인가에 대한 고민들을 시작하는 시기였어요.

사회자: 성문밖교회가 나아갈 방향에 대해서는요?

박진석: 성문밖교회는 신앙공동체로 시작한 상황에서 선교공동체로의 이행이 어렵다. 신앙이 무엇인지에 대한 고민이 생겨날 수밖에 없어요. 성문밖의 교우들이 스스로의 신앙이라는 정체성에 대한 논의가 필요하지 않겠는가 하는 생각이 들어요. 한 인간에 대한 깊은 사랑에서 시작해서 신앙의 영적인 측면이 어떻게 삶 속에서 녹아질 것인가에 대한 논의가 필요하지 않은가 생각합니다.

사회자: 10년 전에도 고민을 했던 부분이며, 지금도 그런 부분이고, 성문밖교회가 지속적으로 짊어져야할 부분이 아닌가 생각합니다. 성문밖의 민중성을 유지하면서 신앙공동체성을 유지하기 위한 부분입니다. 충고할 것은요?

박진석: 좀 나중에 말하겠다. 스스로 알아야지 그걸 내가 말해서 무슨 소용인가요?

박경순: 전에 모이던 사람들을 규합해서 한번 돌려보자는 생각으로 왔어요. 지난주 예배가 끝나고 왔어요. 고향으로 돌아오는 느낌으로 왔어요.

사회자: 기대는요?

박경순: 너무 좋았고 고향에 돌아온 듯한 느낌이에요.

이근복: 학출 노동자들을 기술을 가르쳐야 하는데, 그때 박경순 씨는 뛰어난 미싱 선생이었죠.

박경순: 8시간 노동제를 위하여의 멤버이기도 합니다. 마지막 노래를 제가 했어요. 성가대도 했었어요.

윤 철: 성문밖교회가 마음의 고향으로 머물러서 될 것인가를 고민해야 할 것 같습니다. 나에게도 마음의 고향이기는 합니다. 그러나 그것으로 만족하면 안 될 것 같아요. 17년 동

안 다른 사역을 하고 있지만 민중교회가 어떤 일을 해야 할 것인지에 대한 고민들을 우리가 해 봐야 할 것입니다. 지역 민중교회들도 역시 지역에 일은 많이 하지만 신앙공동체로서의 부분은 약하지 않은가 하는 생각을 합니다. 지역은 구체적 현장인데 가볍게 만나서는 안 돼요. 지역아동센터는 신고제라서 20평만 있으면 만드는데 그런 구체적 접근이 필요하다는 생각이 들어요. 했는지 안 했는지는 모르겠지만 그 지역과의 결합이 중요해요. 시민사회단체와의 결합 역시도 지역에 있는 시민사회단체의 조사를 하고 결합을 할 수 있어야 합니다. 지역은 정치에 민감해요. 정치적 정당구조에요. 미래비전을 살펴봤는데 구체적 각론은 안 보이는 것 같아요. 구로 영등포의 현실을 제대로 분석해서 살펴보는 것이 중요합니다. 우리 지역의 민중교회들 역시 그들만의 믿음을 유지하고 사는 모습이 안타까워요.

사회자: 저희들도 했었지만 소기의 성과를 거두지 못하고 그만둔 아픈 기억이 있습니다. 다음 김지선 씨 말씀하시죠.

김지선: 성문밖교회 전에 교회는 한 두주밖에 안 다녀봤어요. 다른 사람들은 성문밖이 정치적이라고 말하지만 나는 다른 교회가 더 정치적인 것을 더 발견했어요. 오히려 성문밖에서 훨씬 더 편안했어요. 아직 좀 잘 모르지만 좋아할 만한 그리고 존경할 만한 사람들이 많아서 좋습니다.

사회자: 바라는 점은요?

김지선: 소통이 필요하다고 말하는데 우리도 소통을 위한 좀 더 실천적인 부분이 필요할 것 같아요. 계획과 꾸준한 실천이 필요하다고 생각합니다.

사회자: 교회 나온 기간이 짧음에도 불구하고 정확하게 보는 것 같아요. 소통이 힘들고 만남의 장이 없는 경향이 있죠. 그런 것을 마련하는 것이 필요할 것 같아요. 박재홍 교우 말씀하시죠.

박재홍: 이근복 목사님의 설교에 세뇌가 돼서 박경순 교우의 결혼식이 주일날 해서 결혼식에 참석 못해서 미안해서 사과하려고 왔어요. 이근복 목사님이 한 주에 한 번씩 현장에서 만난 예수라는 교재로서 공부를 했는데 삶의 문제와 성서의 관점을 어떻게 연관시킬 것인가에 대해서 딱 맞아 떨어져서 해방신학적 관점에서 공부를 했던 것 같은데 참 좋은 시간이었고 재미있었던 시간이었어요. 1주일에 한 번씩 또 다른 모임에서 성경공부를 했던 기억도 있어요. 이후에 IMF라는 상황 때문에 교회를 못 나가게 되었어요. 여기서

세례 받을 때 받은 성서가 지금도 큰 도움이 되요.

이근복: 앞으로 잘 나올 거죠?

박재홍: 장홍근 집사님 같은 분들을 다시 볼 수 있는 마음의 고향으로서 참 좋은 곳입니다.

사회자: 특별히 하는 것 없이 세월만 죽이고 있습니다.

손효정: 고신 측에서 신앙생활을 했던 경험이 있고, 이런 선배님들의 이야기는 나는 전혀 모르고 전혀 감도 오지 않아요. 단지 결혼을 해서 남편이 교회를 가자고 해서 따라 나왔습니다. 색깔은 제가 양보를 하고, 신앙은 남편이 양보를 해서 왔기 때문에 적응이 힘들었어요. 의식이 있어서 왔으면 덜 힘들었을 텐데 현재 성문밖에서 좋은 점은 솔직함이 마음에 들었어요. 기존교회의 이중적 모습을 더 느끼는 시간이 되었어요. 그러나 교회는 교회여야 하고, 신앙은 신앙다워야 하는데 여기는 단체나 조직이 아닌 교회여야 한다는 사실 때문에 힘들어요. 신앙에 대한 뜨거움이 나이가 들수록 더 관심이 가고 필요하다고 생각하거든요. 신앙에 바로 서는 것과 그런 흥분이 필요하다는 생각이 들어요. 결혼으로 인해서 신앙의 색깔이 방향전환을 했는데 다시 그 뜨거움으로 지금 들어가고 싶다는 생각이 들어요. 지금도 뜨거운 교회에 다니고 싶다는 열망이 있어요. 교회가 신앙과 믿음에 바로 서는 것이 필요하다는 생각이 들고 있습니다.

사회자: 성문밖교회의 순복음파세요.

신미자: 신앙의 뜨거움을 세계에서 배우려고 해요. 순복음도 예전에는 이단이라고 하다가 지금은 필요하다고 말해요.

사회자: 조영순 집사님 말씀하시죠.

조영순: 쭉 들으면서 열심히 못했다는 반성을 하게 되요. 여기를 그리워하는 사람들을 찾고 방문하게 만들고 찾아오는 사람들을 적응하게 만드는 역할을 해야 한다고 생각했어요. 그런데 지금 여기에 있는 사람들이 좀 바빠요. 그래서 소통도 힘들고 그래서 좀 소원해진 것이 아닌가 하는 생각이 들어요. 사람들의 연락망을 짜고 하는 것이 좀 필요하다는 생각이 드네요.

이근복: 교회가 어려운 것은 현실입니다. 대형교회야 잘 되지만 우리가 문제라고 주눅들 필요는 없어요. 무거운 분위기는 필요하지 않은 것 같아요. "지금 우리가 최선이다"라는 생각이 필요해요. 최선을 다하는 과정이라는 생각을 하고 자신에 대해서 긍정적인 생각을 가지는 것이 필요합니다. 지금 이런 상황에서 바른 신앙이 중요하고 신앙이 주는 기

뿜이 필요하다고 생각해요. 소망을 얻고 기쁨을 얻는 과정이 필요한 것이 아닌가 해요. 지금 어떻게 무엇을 해야 한다는 것보다는 교회는 시민단체가 아니기 때문에 공동체의 구성원들의 내적인 기쁨을 위한 것을 추구하는 것이 좋지 않을까요? 사실 그러다 기쁨이 넘치면 할 수 있는 일이 있지 않을까요? 지역사회운동을 이야기 하는데 여기는 좀 지역과의 상황과는 좀 힘들다. 뭘 해야 한다는 압박감을 벗는 것이 필요하고 중요하다고 생각해요. 이랜드는 영등포 산선에서 만든 노조인데 그런데 연대하는 노력들을 좀 취하는 정도를 하면 좋겠어요.

여혜숙: 나는 성문밖교회에 대단히 만족하고 있어요. "이 교회 안 다니면 교회 안 다닐 꺼다" 라고까지 말하고 다녀요. 나도 예장에 순복음 같은 교회에 고등학교 때까지 다니다가 대단히 변화를 많이 받았어요. 여기에서 집회를 하는 도중 설교는 안 하고 증언만 해도 눈물이 나서 여기를 마음의 고향으로 생각했어요. 여성운동을 하고 다른 곳에 있다가 돌아와서 여기서는 무엇을 말해도 괜찮다고 생각되는 공간이 돼서 좋았어요. 산선과 교회를 분리하라는 박진석 목사님의 말씀이 사실은 나에게는 반감으로 다가왔었어요. 그러나 그때 생각으로 신앙적인 측면에 대한 기쁨을 찾기 위한 마음이 들었어요. 손은정 목사님의 기도법 강의가 나에게 많은 도움이 되었어요. 정착을 못하는 사람들의 한마디 한마디의 요구가 우리 공동체에 우울함을 가져다주는 것 같아요. 사실 교회는 우리에게 힘을 주어야 한다는 생각이 들어요. 사람마다 요구하는 것이 다른데 다들 함께 할 수 있는 교회가 되어야 할 것 같습니다.

사회자: 여혜숙 집사님을 보면 성문밖교회의 희망을 보는 것 같아요. 주기적 간증이 필요하겠습니다.

최경순: 나는 이 자리가 교회에 대한 장단점을 허심탄회하게 이야기하는 시간이었던 시간이 었으면 좋았겠다는 생각이 들었어요. 그런데 기라성 같은 분들이 앉아계셔서 힘들었어요. 나에게 이전의 하나님은 주입식 하나님이었어요. 나는 여기에서 자유로운 하나님을 만나는 계기가 되었어요. 6년째에는 너무 자유로운 하나님인 것 같아서 힘들어요. 그러나 교회를 옮기지는 않을 거예요. 단체와 목사님을 보고 그렇게 관둘 수는 없어요. 6년을 다녔는데 교회를 관두는 사람들이 있는데 슬그머니 관두고 이유도 알지 못해요. 상황도 알지 못하고, 왕따 당하는 느낌이었어요. 일 중심으로 흘러가는 것 같아서 교인들의 필요와는 맞지 않는 것 같아요. 삶을 이야기하는 것이 힘들어요. 교회를 10년 20년을

다녀도 다들 속을 모르기 때문에 삶을 나누는 것이 힘들어요. 교회를 계속 다닐 것인데 좀 이전에 관둔 사람들이나 뭐든 다들 만나서 허심탄회하게 이야기하는 시간이 되는 것 같아요. 근래 보따리 부서를 만들었는데 어린 애들 때문에 우리는 좀 주일이 힘들어요. 사실 6년이 지나면서 교회나 모임에 대해서 매너리즘에 빠진 것도 같은데 보따리에서는 오래 같이 교회를 다닌 사람들임에도 불구하고 사실 처음 만나는 것 같은 느낌이 들어서 좋았어요. 일상적인 부분을 이야기하고 있어요. 시민사회운동은 나와 연관이 적기 때문에 나는 그런 것을 이야기하면 잘 몰라요. 신앙적 신학적인 부분을 듣는 것이 필요할 것 같아요. 교회에서 얻을 수 있는 정보는 사실은 말씀을 중심으로 그것이 삶에 적용되는 것을 좀 느껴보는 것이 필요할 것 같아요. 그런 생활 나눔이 필요할 것 같아요. 교인들이 서로 추하고 약한 모습들을 보는 것도 좀 필요할 것 같아요. 우리 부부는 교회 이야기를 하면서 한꺼번에 교회 나간 사람들을 정리해 보는 경우도 있는데 친구가 없어서 관두는 사람들이 있어요. 관둔 친구들은 사실 섭섭해요. 기도와 말씀이 적고 힘들다는 것이 사실은 좀 그래요. 그래서 좀 강화했으면 좋겠어요.

사회자: 보따리가 돌파구가 되나요?

최경순: 저에게는 좀 그래요.

손효정: 저도 집사이지만 교회를 나간 사람들의 나간 이유를 몰라요. 그런데 나간 사람들 중에 다른 교회로 옮긴 사람들을 보면 신앙적으로 균형을 못 잡아서 떠난다는 이야기를 들어요. 그런 경우에 나간 경우에도 다른 곳에도 적응을 못하는 경우가 있어요. 우리는 나간 사람들의 이유에 대해서 좀 들어봐야 할 거에요.

사회자: 오는 사람 막지 않고 가는 사람 막지 않는 원칙이 좀 잘못 되었어요. 오는 사람 붙잡고, 가는 사람 막아야 할 상황이에요.

이근복: 부서모임 어떤 내용으로 만나나요?

손은정: 그루터기는 작년 기도라는 책 올해는 그리스도인의 기본적인 훈련이라는 생명의 말씀사의 책으로 하고 있고요, 샘터는 작년 성서를 렉시오 디비나 형식으로 시작했다가 지금은 기도라는 책으로 하고 있습니다. 보따리는 찬양과 기도와 말씀으로 진행하고 있어요.

이근복: 매개가 필요해요. 삶을 나누는데 매개가 좀 정확해 다면 좀 더 관심을 가지고 할 수 있는 상황이 될 것으로 생각이 되요. 따뜻한 인간적인 얼굴을 가진 교회가 필요해요. 사

실 견뎌야 적응이 되는 교회로는 안돼요. 교회는 좀 즐거워야 한다고 생각합니다.

설윤석: 4월부터 나오기 시작했는데 빠진 날이 너무 많았어요. 지금 이 자리에 있는 것이 좀 고민스럽기도 하고 영광스럽기도 합니다. 98년도 신학학회를 하느라고 여기에 방문했다가 예장에 이런 곳이 있다는 사실이 나에게 큰 도전이었어요. 나의 운동에 있어서 큰 힘이 되어준 공간이었습니다. 예장 통합의 7,152개의 교회 가운데 하나인데 진보적 신앙으로서 자리매김하는 것이 90년대 이후 의제설정의 문제로 인해서 힘들어하는 상황이라고 생각해요. 운동에서 가장 중요한 것은 권력의 획득이라고 생각하는데 교회 안에서 진보적 신앙으로서 좀 근거들을 만드는 것이 중요하다고 생각해요. 자유로운 것이 참 좋아요.

신승원: 제가 이어서 한 말씀 드리겠습니다. 과거에 선배님들 계실 때는 영산이 성문밖이고 성문밖이 영산이었습니다. 그래서 과거에는 영산을 알게 되어서 성문밖을 알게 되었는데 이제는 성문밖을 통해서 영산을 알게 되는 경향이 있어요. 이제 성문밖이 신앙공동체를 강화시켜나가면서(모두의 열망처럼, 중요하다는 생각을 한다) 이제는 이것의 바탕에서 활동을 이어가야 한다는 생각이 들어요. 난 산선 50년이 더 중요하게 다가오기 때문에 이런 관심으로 접근하고 있어요. 현재의 다양한 욕구들을 충족시키기 위한 노력들이 있어야 할 거에요. 그래서 손은정 목사님 힘이 드실 거예요. 교회 건물을 성문밖이 좀 지어주었으면 좋겠다는 생각도 했어요.

송효순: 지난번 동문 모임 이후 동문 카페에 지난번 동문 모임이 우리의 새로운 시작이라는 글을 썼어요. 나는 새벽기도를 하고 싶다고 생각해요. 지금 나는 기도를 하면 이루어진다고 생각해요. 사실 내가 약해져서 그런 것인지 하는 생각도 들지만, 요즘 찾아오는 동문들을 보면서 지금껏 지키고 있었던 것에 대해서 잘했다는 생각이 들고 있어요. 그런데 손은정 목사님이 참 잘 하시는 게 기도 모임 같은 것이 좋은 계기가 될 수 있을 것 같아요. 새로운 30년을 위한 발판은 그것으로 가능할 것이라고 생각해요.

임준형: 제가 생각하기엔 저는 아직 신학생의 입장으로서 신학을 전공하고 공부하고 있으니까 학교에 돌아가면 하는 생각들이 교회를 객관적으로 볼 수 있는 시간들이 있습니다. 교회에 관해서 서로 이야기를 많이 하기도 합니다. 저와 같이 있는 친구들이 관심이 많아요. 이야기를 하다 보면 너희 교회가 기대했던 모습이 아니라는 말을 많이 하는데 저는 왜 그래야 하느냐 하는 질문을 해요. 예전처럼 슬로건이나 노동운동이라는 당위 아

래 모여서 운동해야만 하느냐라는 질문을 하기도 하구요. 신대원을 가는 것을 관두려고 하다가 다시 신대원을 생각하게 되면서 드는 생각이 과거에는 신 내지는 하나님이라는 용어들이 거리감이 들 정도로 멀리 갔었거든요.

그러다 다시 돌아와서 느끼는 것은 예전에 가졌던 생각에는 민중신학이나 해방신학에서 이야기하는 하나님 사실은 가장 삶의 치열하고 저열한 부분들까지 이야기해 주는 하나님이라고 생각했지만 그 하나님이 나와 무슨 상관이 있느냐 하는 생각을 하는 계기가 되었습니다. 성문밖에 와서 저는 가난한 자들의 하나님이었지만 나와 상관없던 하나님에서 그 하나님의 나와의 관계에 대해서 생각하는 소중한 계기가 되었던 것 같아요. 그래서 친구들에게 간증도 하고 그럽니다. 사실 성령 하나님이란 분이 저는 순복음이나 이런 곳에서 말씀하는 성령 하나님도 그러하고 타당하다고 생각하지만, 성령강림주일 목사님과 저의 설교에서 성령 하나님이 어떤 분이냐 하고 질문을 던졌었는데 결론은 삶의 모든 부분에 간섭하시며 살아있는 모든 것을 살아있게 만드는 것이지 않느냐는 이야기를 했습니다.

성문밖교회에 필요한 것이 무엇이냐 하는 질문을 다시 해본다면 현대신학에서도 성령 하나님에 대한 관심이 늘어나고 있고 우리 교회의 성도님들도 그런 생각을 많이 하시는 것 같은데 그런 부분들을 충족해야 하지 않겠느냐 그리고 그것을 발판으로 해서 우리가 할 수 있는 것들을 해나가는 것이 좋지 않겠느냐 하는 생각을 해봅니다.

손은정: 귀한 시간을 내주셔서 좌담회를 이어나가는 것이 대단히 중요하다고 생각합니다. 나는 목회를 하는 도중 신앙적 측면에서 서로에게 영향을 주고 있었던 것 같아요. 사실은 우리 공동체 안에서 분위기가 형성되어간다고 생각합니다. 선배님들이 과거를 추억하는 것은 공통의 경험이 중요하다고 생각하고 우리도 그것을 만드는 것이 중요하다고 생각합니다. OB가 돌아오고 있는데 이것이 또 하나의 흐름일 수 있어요. 돌아오시는 분들이 공동체에 든든한 힘이 되어 줄 것이라고 생각합니다. 연혁작업을 하면서 초기의 50명이 참여하여 같이 예배드렸던 경험이 참 중요하고 50명을 참 잘 지켜온 것 같다고 생각해요. 좀 더 우리 안에서 긍정적인 측면들을 발견하는 것이 중요하지 않은가 하는 생각을 합니다. 그것을 좀 더 촉진하는 역할을 감당하는 것이 중요하다고 생각합니다.

사회자: 1시간 초과되었습니다. 예상은 했었습니다. 오늘 시간은 좋은 시간이 되었던 것으로 생각됩니다. 저는 사회과학을 해서 그런지도 모르지만 변증법적 운동을 요구했어요. 70

년대 신앙적 요구를 바탕으로 사각지대에 있는 사람들에 대한 관심을 표출하였고, 2000년대의 우리의 신앙은 과거의 순박한 신앙에서 지금은 변화된 모습들을 찾아낸 것으로 생각됩니다. 최경순 집사님 말씀처럼 잘잘못을 따지는 것이 필요한데 우리도 출석문제를 이야기하는 것이 필요하지 않겠는가 하는 질문을 하게 됩니다. 그리고 앞일을 긍정적이게 바라볼 수 있는 계기로 생각하고 발전하는 계기가 되었으면 좋겠어요. 박진석 목사님께서 마치는 기도를 해 주시고, 오늘 좌담회는 이것으로 마치도록 하겠습니다.

기록 및 정리: 임준형 전도사

(그 길의 사람들, 2007)

7장

산업선교 40주년 기념
『영등포산업선교회 40년사』

1. 『영등포산업선교회 40년사』 글을 시작하면서

(영등포산업선교회 총무, 1995~1998)

지난 40년을 한결같이 산업선교를 할 수 있도록 인도하신 하나님께 감사드립니다.

그동안 우리 한국 사회는 많은 변화와 발전을 하였습니다. 이제 10년 후면 영등포산업선교회가 50주년을 맞게 되는 시점에서 지난날의 역사와 선교활동을 정리하여 더 나은 미래를 만들어가기 위해 '영등포산업선교회 40년사'를 내게 되었습니다.

어려웠던 시절, 여러 사정으로 인해 많은 중요한 자료들이 분실된 데다 일일이 수록되지 못한 내용들이 많이 있습니다. 그러나 자료들을 찾을 수 있는 만큼 찾아서 가능한 한 실제 활동에 가까운 기록을 하려고 노력하였습니다. 그러나 너무 부족함을 느낍니다.

그럼에도 불구하고 지금이라도 정리를 하는 것이 최선이라는 생각에 강행하였습니다. 앞으로 많은 선배들이 자료와 증언들을 보완하여 누락된 부분들을 채워 보다 나은 영등포산업선교회 역사서가 나올 수 있기를 바라는 마음입니다.

영등포산업선교회는 한국 사회 산업화 초기인 1950년대 말 산업전도로 시작하여 경제발전 도상에서의 산업현장에서 저질러지는 비인간적인 노동자들의 인권과 현실을 증언하고 함께 극복하려고 노력하였습니다. 산업전도는 하나님의 선교—산업선교—라는 개념으로 확장 발전되었으며, 산업사회의 하나님의 사랑과 정의가 구체적으로 실현되는 활동을 하게 되었고, 그 과정에서 많은 갈등과 아픔, 불신과 오해, 그로 인한 상처들이 있었습니다.

그러나 그 고난들은 노동자들이 하나님의 형상을 닮은 인간으로 스스로 회복되는 하나님의 역사이기도 했습니다. 지금 이 순간에도 이러한 하나님의 역사하심은 가슴 떨리는 감격이 아닐 수 없습니다.

이러한 하나님의 역사하심은 많은 노동자들과 산업선교 실무자들로 하여금 다른 데 눈을 돌리지 않고 순교자적인 정신으로 일하도록 하는, 그야말로 복음이었습니다. 그 순교자적 정신과 열심들은 오늘의 수많은 예수들을 만들어내는 산실이었습니다.

'영등포산업선교회 40년사'는 이 같은 지난 시절의 고난과 희망, 경험과 교훈을 되돌아봄으로서 모든 사람이 함께 나누고 섬기며 더불어 사는 좋은 세상, 다가오는 새로운 천년을 준비하는 전기로 삼고자 합니다.

'영등포산업선교회 40년사' 1부는 영등포산업선교회의 역사와 사건을 8개의 장으로 구분하여 당시 자료와 증언을 편집, 수록하였습니다. 당시 중요하다고 판단되는 자료들을 수록했으므로 자료적 가치가 있을 것으로 믿습니다.

2부는 대한예수교장로회 총회의 산업선교에 대한 선언과 입장, 한국교회의 대표적인 산업선교 신학 선언 그리고 산업선교 신학을 소개했습니다. 20여 년 전의 자료들이긴 하나 지금 보아도 실천의 지침이 될 귀한 자료들입니다.

3부는 그동안 영등포산업선교회에서 고락을 같이했던 많은 노동자들과 실무자들 중에서 연락이 된 분들의 회고담을 실었습니다. 시간이 촉박하여 더 많은 분들께 연락을 드리고 귀한 글을 싣지 못하여 아쉽습니다.

부록으로는 1957년부터 1998년 상반기까지의 각 연도별 활동일지와 영등포산업선교회 소장 자료목록을 실었습니다.

지금 영등포산업선교회는 그 어느 때보다 절박한 노동자들의 요구에 다시금 '하나님의 선교'와 복음의 손길로 응답해야 하는 현실에 직면해 있습니다. 그리하여 '영등포산업선교회 40년사'는 또 다른 시작일 뿐입니다.

이 책이 나오기까지는 영등포산업선교회에서 활동한 모든 사람들의 보이지 않는 땀과 눈물이 있었음을 기억합니다. 그리고 40년사를 위해 축하와 격려의 글, 귀한 회고의 글들을 써주신 모든 분들께 감사드립니다. 또한 책을 만드는 과정에 늘 마음으로부터 성원하고, 작고 사소한 일들을 도와 준 모든 실무자들에게도 깊은 고마움의 마음을 전합니다. 이 책의 기획과 교정 작업, 그리고 자료를 수집해준 박은주 씨와 박노숙 씨 그리고 우리를 도와 집필해준 박석분 씨에게 감사의 말씀을 드립니다.

영등포산업선교회가 어려울 때 울타리가 되어주셨던 많은 분들, 힘내라고 격려하며 도와주시던 여러 동지들, 이곳을 드나들며 해방된 미래의 꿈을 키우던 노동자, 학생, 지식인들 그리고 영등포산업선교회를 지금까지 지켜온 사랑하는 모든 산업선교 회원들에게 감사드립니다.

하나님께 이 책을 바칩니다.

2.『영등포산업선교회 40년사』차례

3. 산업선교 40주년 기념 정책토론회 순서

일시: 1998년 10월 30일(금) 오후 2시 – 6시

장소: 영등포산업선교회 회관 3층 강당

행사 일정

사회   손은하 목사

개회사   인명진 목사

특강   김용복 박사 — 기독교 미래와 산업선교의 과제

발제1   이갑용 위원장 – 민주노총조합 운동과 산업선교의 역할

발제2   이원덕 박사 – 한국 노사관계의 진단

논찬1   남구현 교수 – 노동자를 위한 한국교회의 역할

논찬2   김규복 목사 – 민중교회 노동선교의 현황과 전망

논찬3   임흥기 목사 – 에큐메니칼 운동의 현황과 산업선교

종합토론   21세기 산업선교의 정책과 과제

4. 아시아교회에서의 한·일 도시농촌선교회(URM)의 역할

인명진

(CCA-URM 위원장)

한국과 일본은 특별한 관계에 있는 나라이다. 역사적으로도 그렇고 지리적으로도 그렇다. 또 정치적으로, 경제적으로, 문화적으로 한일관계는 세계의 그 어느 나라와는 다르게 특별한 관계에 있다. 그리고 이 같은 한·일 두 나라의 관계는 아시아 여러 나라의 관계 속에서 특별한 의미를 가지고 있다. 마찬가지로 한·일 두 나라의 교회는 세계 다른 나라의 어떤 교회의 관계보다 특별한 의미를 지니고 있고, 아시아 교회 안에서의 한·일 두 교회의 역할 또한 독특하다 하겠다.

특별히 URM이라는 관점에서 볼 때 더욱 그러하다. 한·일 두 나라 교회 관계의 역사를 여러 관점에서 논의할 수 있겠지만, 70년대 이후에 두 나라 교회의 관계는 URM을 중심해서 진행되었다 해도 과언이 아닐 것이다. 그것은 이 기간 동안 URM을 중심한 한·일 두 나라 교회의 정의와 인권을 위한 협력과 공동투쟁은 가장 값지고 의미 있는 것이었으며 세계 에큐메니칼 운동에 있어서 모범적인 것이기 때문에 그렇다. 170년대 한국교회가 포악한 군사독재정권에 맞서서 민주주의를 위해서, 또 고난 받는 민중들과 함께 십자가를 지고 인권과 정의를 위해 순교자적인 투쟁을 할 때 일본교회는 우리 한국교회와 함께 고난 받기를 주저하지 않았으며 기도와 온갖 방법으로 고난 받는 한국교회를 사랑으로 돌보고 소망으로 격려하였다. 물론 고난 받는 민중들을 위한 교회의 십자가 행렬에 한국 URM이 중심적으로 앞장섰음은 더 말할 필요도 없고 그리고 일본교회와의 연대의 고리가 바로 또 일본 URM이었다.

일본교회 URM이 한국교회 URM과 어떻게 함께 고난을 나누고, 고난 받던 한국의 노동자나 도시 빈민들과 농민들의 투쟁을 지원해 왔는지 기억을 되살려 몇 가지 예를 들어보고자 한다.

1970년대 한국교회 URM은 노동자, 도시빈민, 농민 등 경제개발 과정에서 희생당하고 있던 민중들의 권리를 위해 피눈물나는 투쟁을 해왔다.

당시 정부의 철저한 통제를 받았던 한국 언론들은 민중들의 고난과 투쟁에 대해 한마디도 보도하지 못했다. 노동자들이 짐승처럼 철야를 하고 장시간 노동을 해도, 또 노동자들이 공장에서 매를 맞고 성폭행을 당하고 죽어가도 그냥 침묵만 하고 있었다. 또한 어용 노동조합의 온갖 횡포로 노동자들이 말할 수 없는 고통을 당해도 세상은 누구나 알지 못했다. 가난한 빈민들의 처절함, 농민들의 억울함도 마찬가지였다. 언론은 침묵하고 있었고 아무도 민중과 노동자들에 대한 폭압에 대해 공개적으로 거론하는 사람이 없었기 때문이다.

이때 한국 URM이 나섰다. 민중들의 억울함을 글로 써서 배포했고 기도회 등 집회를 통해 민중들의 억울한 사연들을 폭로했다. 그러나 온 사회가 정부의 통제 속에 있었던 당시 이같은 한국교회 URM의 목소리는 외로운 메아리에 불과했다. 이에 일본 URM은 세계교회에 이를 알리는 역할을 했고 결과적으로 세계적인 여론을 일으키는데 성공했으며, 한국 민중들의 투쟁에 큰 힘이 되었다.

1970~1980년대 한국의 민주화 인권운동을 지원하는 이 같은 한·일 URM의 구체적 연대가 없었던들 한국의 민주화와 민중들의 권리회복은 요원했을지도 모른다. 일본 URM은 이 역할을 훌륭히 수행한 것이다. 뿐만 아니라, 일본 URM은 한국 민중들의 투쟁에 재정적 지원은 물론 한국 URM 실무자들이 감옥에 잡혀갔을 때 위로의 편지를 보내고, 또 여러 모양의 캠페인을 조직하여 한국 정부에 항의하는 일을 줄기차게 함으로 양국 URM이 한 공동체임을 실제적으로 보여주었다. 그러므로 한·일 URM의 연대는 구호가 아닌 이처럼 실제적이요 구체적인 것이다. 함께 기도하고 함께 고통을 나누고 함께 투쟁하고 함께 십자가를 졌던 한 공동체가 한·일 URM의 역사이다.

한·일 URM의 연대를 설명할 수 있는 몇 가지 이야기를 소개하겠다. 1980년대 초 한국 URM은 공업화 과정에서 필연적으로 따라오게 될 환경문제의 심각성을 예견하고 공해문제 연구소를 조직하여 활동을 시작하였다. 아니나 다를까, 일본 공해공장을 그대로 옮겨온 온산공단에서 문제가 생겼다. 공단 주변에 사는 주민들이 이상한 피부병과 종양을 앓은 것이었다. 주민들은 온산공단의 공해 때문이라고 했고, 공단 측은 근거 없는 주장이라 했다. 물론 정부의 비호를 받은 회사 측의 주장이 우세했다. 주민들의 병이 공해 때문이라는 것을 입증해야 할 텐데 방법이 없었다. 한국에는 그럴만한 연구기관도 없었고, 있다고 하더라도 정부가 무서워 정직한 연구결과를 낼 수가 없었다. 우리들은 생각다 못하여 일본 URM에 부탁하여 온산공단 근처에 있는 흙을 한국을 방문하는 일본 사람들을 통하여 조금씩 날라다가 일본 연구소에서 분석해서 결국 온산지역 주민들의 병이 공해병임을 밝혀냈으며 이 사건은 한국의 환경운동에 획기적인 전환점을 가져다 준 중요한 계기가 되었다.

한국과 일본 URM의 협력사업 중 빼놓을 수 없는 사건은 89년 '스미다 전기회사' 노동투쟁 사건이다. 마산에 있었던 '한국 스미다 전기회사'는 일본 다국적 기업인 스미다 전기회사의 자회사로써 노동자들의 노조 활동을 심하게 탄압해 오던 중 89년 노조운동 지도자들을 집단해고하는 사태가 발생했다. 이에 한국 URM은 일본 URM에 연락하여 지원을 요청했고, 그러자 일본 URM은 한국 스미다의 여성 노동자들이 일본의 본사 앞에서 농성과 데모를 할 때 여성 노동자들과 합세하여 함께 활동하였고 그들이 일본에 체류하는 동안 온갖 뒷바라지를 다해 주었다. 이 밖에도 88년 '아세아 스와니' 및 89년 'TND' 노동자들의 일본 방문 농성 시에도 같은 도움을 주었다. 이와 같은 사건들은 참으로 기억할만한 모범적인 연대활동이며 또 에큐메니칼 운동의 모델이라 할 수 있다.

이와 같은 한·일 URM의 민주와 자유와 정의와 평등을 향한 공동투쟁과 모범적인 연대활동은 자연히 양국 URM 실무자들의 인간적인 깊은 교제와 신뢰로 발전했고, 이 같은 양국 URM 지도자들의 인간적 신뢰와 사귐은 그 이후 이들의 한일 양국 교회지도자로 일하게 되었을 때 자연히 한일 양국교회의 협력과 공고한 유대를 나타나고 있음은 참으로 귀한 일이며 이 같은 일은 한·일 양국교회에서만 볼 수 있는 자랑스러운 URM의 공헌이라 할 수 있다.

한·일 URM의 이와 같은 밀접한 관계가 87년 이후 한국 군사독재가 끝나고 한국이 민주화가 되고 노동자들의 스스로 권리를 찾을 수 있는 상황이 되었고 특히 한국이 가시적인 경제성장을 이루게 됨으로서 소강상태에 접어들게 되었다. 물론 재일 한국인들의 인권문제, 한국의 양심수 문제, 통일문제 등을 통하여 한·일 교회의 협력 사업들의 진행되기는 하였으나, 70~80년대와 같은 그런 연대활동은 없었던 것이 사실이고 정기적으로 모이던 한·일 URM 협의회도 오랫동안 중단되었었다. 그런데 최근 중단되었던 한·일 URM 모임을 다시 시작해야 된다는 논의가 한·일 URM 실무자들과 특히 CCA-URM 내에서 일어나게 되었다.

한·일 URM 모임을 다시 시작하자는 이야기는 옛날이 좋았으니 다시 만나서 과거를 회상하거나 회포를 풀자, 한·일 URM 모임의 전통을 다시 살리자라는 그런 단순한 감상적인 이유에서는 물론 아니다. 그보다는 한·일 URM 일꾼들이 다시 모일 수밖에 없는 상황과 다시 모여야 한다는 필요성을 느끼기 때문에 누가 먼저라고 할 것도 없이 그런 논의가 자연스럽게 시작된 것이다. 그리고 이와 같은 필요성은 CCA-URM 내부에서 더욱 심각하게 제기되었는데 특별히 아시아 여러 나라들의 URM의 상황을 논의하는 중 한·일 URM이 이제, 무언가 아시아의 다른 URM을 위해서 해야 할 역할과 책임이 있음을 절실히 느꼈기 때문이다.

더구나 1995년 CCA 콜롬보 총회 이후 한국 URM이 CCA-URM의 위원장을, 일본 URM 출신이 총무를 맡게 되면서부터 이 문제는 더욱 구체화되었다. 사실 CCA-URM 위원장이 일본의 다게나까 교수님이고, 초대 총무가 한국의 오재식 선생이었다. 그 후 일본의 다까미 목사가 위원장을 역임했고 야와타 씨가 지금 총무를 하고 있다. 한국에서는 권호경 목사와 안재웅 선생이 총무를 했고 지금 필자가 위원장을 맡고 있다. 이렇듯 한국과 일본은 역사적으로 CCA-URM과 관련하여 중요한 역할을 하고 있다. 한·일 각 URM은 CCA-URM을 이끌고 있는 견인차의 중심세력이고 지도적 위치에 있는 것이다. 따라서 이에 따른 책임 또한 결코 가볍지 않다.

일본과 한국은 아시아 여러 나라 가운데 경제적으로 번영을 누리는 나라이다. 그리고 이같은 우리 두 나라의 경제적 풍요는 아시아 다른 나라들의 희생 특별히 아시아 민중들의 희생 위에서 이루어진 것이다. 일본의 다국적 기업들이 아시아 여러 나라에서 얼마나 비도덕적인 일을 하였고 민중들을 억압하고 희생시켰는지.⋯ 이에 뒤질세라 한국 기업들 역시 여러 아시아 나라에서 민중들의 희생을 강요하고 있다. 부끄러운 일이다.

그러므로 특별히 한·일 양국교회가 이 문제에 대하여 책임을 느껴야 된다. 더구나 URM 입장에서는 더욱 그러하다. 바로 이 점이 우리 한·일 URM이 아시아 민중들을 위해서 가만히 앉아 있을 수 없는 이유이다. 그들에게 우리가 빚을 졌기 때문이다. 그리고 지금도 아시아 각 곳에서 고난 받는 민중들의 투쟁을 지원하는 일 이것이 그들을 향한 최소한의 속죄요, 오늘 교회들에 비하여 경제적 능력이 있는 교회들이다.

최근 URM에 대해 서구 교회들의 재정원조가 급격하게 줄고 있다. WCC나 서구 교회들에게 오랫동안 의존해 왔던 CCA-URM으로서는 지금 재정적인 위기에 처해 있는 형편이다. 이제 서구교회 대신 아시아지역의 교회가 이 일을 맡아야 하며 한국교회와 일본교회의 역할에 대한 요구가 크다. 특별히 지나간 70~80년대 외국교회의 막대한 재정적 지원을 받아 왔던 한국교회 URM은 이제 빚을 갚아야 할 때이다.

지금 아시아 여러 나라들의 URM의 재정적 위기는 심각하다. 이미 말씀 드린 대로 WCC나 서구교회는 이제 더 이상 아시아에 관심이 없다. 더구나 URM 운동에는 더더욱 그러하다. WCC는 아예 URM 사무실조차 없애 버렸는데 사회주의가 몰락한 지금 더 이상 '가난한 민중은 그들의 관심이 아닌 것으로 보인다. 세계의 교회들이 보수화되었고 자국의 경제 이해관계에 교회조차도 매몰되어 있다. 이제 불가피하게 아시아 교회 내에서 그 책임을 떠맡을 수밖에 없는 상황이 되었으며 결국 한·일 양국교회가 이 책임을 질 수밖에 없는 형편이다.

둘째로, 한·일 양국의 URM의 경험을 아시아 다른 나라의 URM들에게 나누어 주어야 할 책임이 양국 URM에 있다. 우리가 잘 아는 대로 일본은 오래 전에 산업화 과정을 경험한 나라이다. 그래서 자연히 산업화로 인하여 생기는 여러 가지 사회현상들, 특별히 노동자, 도시빈민, 농민들의 문제를 경험하였고 이 문제들에 대하여 나름대로 교회적 대처를 해온 역사를 가지고 있다. 이것이 바로 URM이다. 그런데 주지하는 바와 같이 아시아의 다른 나라들은 이제 산업화의 경험을 하고 있는 중이며 과거 한·일 두 나라가 겪었던 사회현상들과 당면하고 있다.

이제 우리 한·일 URM은 전혀 생소한 경험을 하고 있는 아시아 여러 나라 교회들에게 우리가 가지고 있는 URM의 경험을 나누어 주어야 할 책임이 있고 사실 바로 이것이 우리 한·일 URM이 아시아 전체 URM에 공헌할 수 있는 가장 값진 재산일 것이다. 또 많은 아시아 국가들은 오랜 동안 그들 국가의 배경이었던 정치적 억압과 독재 하에서 민주와 인권을 위하여 힘겨운 싸움을 시작하고 있다. 민주화 운동의 오랜 경험을 가진 한국 URM, 그리고 그 민주화 운동을 지원했던 일본 URM의 경험과 지혜를 그들이 지금 필요로 하고 있다. 아시아의 민주화와 인권을 위한 한·일 URM의 막중한 책임이 여기에 있는 것이다.

구체적으로 우리의 민주화 투쟁과 민중선교의 경험을 통해서 다른 아시아 국가의 URM 실무자들을 훈련하고 그들의 활동을 격려하며 부족한 부분을 협력하는 일을 우리 한·일 URM이 맡아야 한다. 특별히 한·일 URM의 지난날의 모범적인 연대와 협력의 경험은 앞으로 어떻게 아시아의 다른 URM들과 연대하며 일할 것인가에 대한 좋은 지침이 될 것이다.

셋째, 급변하는 세계 속에서 특별히 아시아 국가들의 당면하고 있는 경제적 위기 속에서 한·일 URM은 더욱 연대를 굳게 하여 모든 상황에 대처해 나가야 할 것이다. 세상이 급변하고 있고 따라서 교회도 변하고 있다. 나라마다 개혁이다 구조조정이다 야단이지만 교회도 예외는 아니다. 대표적인 세계 에큐메니칼 기구인 WCC가 구조조정을 진행하고 있으며 CCA 또한 구조조정 논의를 하고 있는 중이다. 그런데 주목할 것은 이 구조조정 과정에서 URM이 철저하게 배제되고 있다는 사실이다.

아는 대로 지난 40년간 URM은 WCC의 핵심적 사업이며 최고의 관심분야였고 엄청난 예산을 썼다. 세계교회 특히 서구교회들은 이의 없이 전적으로 그리고 우선순위로 지원하였었다. 그런데 이번 재구조(Restructuring) 과정에서 URM 사무실은 물론 URM이라는 이름조차 없어졌다. CCA에서도 지금 재구조가 한창 논의 중에 있지만 URM의 방향이 어떻게 될지 많은 사람들의 걱정하고 있다.

이름이 없어진다는 것은 단순한 사건이 아니다. WCC의 관심이 바뀌었다는 증거이다. 세계교회의 신학과 에큐메니칼 운동의 방향이 변했음을 의미한다. 그렇다면 정말 이제 우리 교회들이 URM을 하지 않아도 될 만큼 가난한 이들이 없어지고 민중들의 권리가 보장되고 고난이 종식되었는가? 물론 아니다. 아니 지금 민중들과 가난한 이들의 고난은 더욱 가중되고 있다. 지금이야말로 더욱 더 URM 운동에 힘써야 할 때이다. 다시 시작할 때이다. 그런데 왜 이런 일들이 일어나는 것일까. 분명히 잘못된 것이다. 그것이 대세라고 한다면 그 대세가 잘못된 것이다.

사실 기독교는 소수의 종교이다. 99마리의 양보다 한 마리 길 잃은 양을 더 중요하게 생각하는 것이 기독교이다. 다수가 그렇게 생각하니까 옳은 것이 아닌 것이다. 이런 의미에서 우리 사회 99%의 모든 사람들의 아무 문제없이 잘 살게 되었고 다만 1%의 사람들이 고난을 겪는다 하더라도 우리 교회는 그 1% 때문에 URM의 소리를 높여 외쳐야 하는 것이다. 더욱 강력하게 주장하고 항의해야 하는 것이다.

WCC가 URM의 이름을 없애고 CCA가 URM을 어떻게 할까 논의하고 있는 중에 수년 동안 중단되어버린 한·일 URM 협의회가 새삼스럽게 다시 모이게 된 것은 이런 의미에서 역사적인 일이다. 우리 한·일 URM에게는 아시아의 URM을 지켜야 할 책임이 있다. 세계 URM을 부활시킬 의무가 있다. 우리가 URM의 기득권들이어서가 아니라 URM이야말로 복음의 핵심이며, 민중들의 고난이 가중되는 지금이야말로 우리가 감당해야 할 주님의 확고한 명령이기 때문에 그렇다. 우리 한·일 URM이 더욱 굳게 연대하여 URM을 지켜나가는 일에 함께 정진해야 하리라고 믿는다.

지금 아시아의 여러 나라들은 심각한 경제 위기에 봉착해 있다. 우리 한국은 물론이고 일본도 심각한 모양이다. 물론 이 위기에서는 다른 아시아 국가들도 예외는 아니다. 아시아가 당면하고 있는 경제위기의 원인에 대한 여러 가지 분석이 있겠지만 왜 유독 아시아만 위기인가 하는 것이다. 필자가 경제 전문가는 아니지만 두 가지만은 분명히 말할 수 있을 것 같다.

하나는 아시아의 경제 위기로 아시아에 사는 사람들의 함께 같은 고난을 겪게 되었다는 사실과 아시아의 문제이니 아시아 사람들이 힘을 모아 해결해야 하고 그렇게 할 수밖에 없다는 사실이다. 흔히들 세계에 국경이 없어졌다고 말하지만, 이제 아시아는 우리 모두의 삶의 터전이다. 하나로 묶여 있다. 아시아의 다른 나라들이 어려움을 겪고 있는데 우리들 한국만, 일본만 안전할 수 있다고 생각한다면 그것은 큰 오산이다. 좋으나 싫으나 우리는 한 배를 탄 것이다. 이번 아시아의 경제 위기가 이 사실을 분명하게 보여주었다. 이제 한·일 URM은 더욱 굳게 연대하여 한국과 일본을 넘어서서 고난 받는 전체 아시아의 민중을 위하여 정의와 평화와 복음의 깃발을 높이 들어야 할 것이다.

한·일 URM은 더욱 굳게 연대하여 한국과 일본을 넘어서서 고난 받는 전체 아시아의 민중들을 위하여 정의와 평화와 복음의 깃발을 높이 들어야 할 것이다. 한·일 URM이 아시아 민중들의 고난의 십자가의 행진에 맨 앞에 서야 할 것이다. 이 일을 위하여 더욱 자주 모이고 함께 기도하고 함께 고난과 희망을 나눌 수 있기를 바란다.

5. 한·일 도시농촌선교회(URM) 성명서

한국기독교교회협의회 도시농어촌선교위원회(NCCK-URM)와 일본기독교협의회 도시농촌선교위원회(NCCJ-URM)는 1998년 8월 24일부터 26일까지 일본 크리스챤 아카데미관서 세미나 하우스에서 제4차 한일 NCC-URM 협의회를 개최하였다.

1978년, 제1차 한일 URM 협의회 개최로부터 20년, 제3차 협의회로부터 16년을 경과하여 개최한 것은 '세계화된 사회에 있어서 한일 URM 운동의 과제와 역할'이라는 주제에서도 밝힌 바와 같이 오늘날 경제의 세계화 진행에 의해 보다 넓혀진 시각으로 한일 URM 운동의 역할이 요구되어진다고 생각하기 때문이다.

우리들은 금번 협의회를 통해 도시산업선교, 농업문제, 도시빈민문제, 이주 노동자 등의 과제를 중심으로 최근 한국, 일본의 현장 경험을 공유하고 서로 배울 기회를 갖게 되었다.

WTO와 IMF 등 국제금융자본의 세계화와 인간중심의 물질 성장제일주의는 생태환경의 위기와 삶의 현장 여러 곳에서 새로운 억압과 소외를 만들고 있다. 그것은 구조적인 문제와 연결되며 민중과 연대하는 가운데서 문제의 근본적인 해결을 시도하지 않으면 안 된다는 것, 이러한 장벽을 서로의 경험 교환을 통하여 넘어설 수 있다는 것을 협의하고 힘을 얻었다.

또 지금까지의 교류 역사를 넘어서 다음 세대의 한·일 URM 만남의 자리를 마련하고자, 또 그것을 육성하기 위한 훈련 프로그램을 준비하며 미래를 향한 한일 URM 운동의 과제를 공유하는 것도 확인하였다.

또, 주제 강연과 특별강연을 통하여 아시아에서 한·일 URM 운동의 역할과 중요성을 확인하였다. 아시아 전체가 심각한 경제위기를 경험하고 있으며, 그 가운데서도 어려운 아시아 각국 민중의 처한 모습을 살펴볼 때 지금이야말로 우리들이 지금까지 계승한 한·일 URM의 연대와 협력을 살리고 URM의 사명을 아시아 각국으로 넓혀가야 할 때이다. 그것은 URM이야말로 복음의 핵심이며 하나님의 명령임을 믿기 때문이다. 그럼에도 이러한 중요성에 역행해 보이는 세계기독교 내외의 움직임을 우리는 우려하고 있다.

이제 한·일 URM은 보다 강고한 연대를 해야만 한다. 그리고 더불어 아시아 각국의 민중과 고난을 함께 나누고 더불어 희망을 나누는 우리들이어야 한다고 굳게 다짐한다.

우리들은 아래의 구체적인 고통과제를 함께 짊어지고 나갈 것임을 밝히고자 한다.

한 · 일 URM의 공동과제

1) 노동문제에 대하여: 우리는 IMF 등 국제금융자본의 횡포에 대하여 공동 대응하는 한편, 아시아에 진출한 한·일의 다국적 기업의 횡포에 대해 공동감시와 대책활동을 한다. 한국의 현대자동차 사태를 보면서 사회복지 안전망이 미비한 상태에서 아시아 여러 나라에서 진행되고 있는 일방적인 정리해고, 대량실업에 대해 공동대처 할 것이다.

우리는 이주 노동자가 겪고 있는 고통에 깊은 관심을 가지며 한 · 일 정부가 UN이 정한 '국제 이주노동자와 그 가족의 권리조약'을 조속히 비준할 것을 촉구한다.

2) 농촌문제에 대하여: 우리는 WTO 체제에 의한 농촌 파괴를 막고 식량 자급자족을 이루며, 자연과 인간이 더불어 사는 땅의 회복, 생명농업을 만들어 갈 것이다.

3) 도시빈민, 저소득 주민들에 대하여: 우리는 지난 1996년 HABITATI I에서 밝힌 가난한 민중들의 최소한의 삶에 대한 주거권의 보장과 주민자치를 위한 다양한 활동을 할 것이다.

우리는 우토로 주민의 주거권을 요구하는 운동을 지원하는 동시에 히까시 구조 40 번지의 문화생활권 보장을 촉구하며 어떠한 강제철거도 반대한다.

4) 아시아 지역의 평화, 평등의 실현을 위하여: 우리는 지난 20년 동안 한 · 일 URM 교류 경험을 토대로 인도네시아, 미얀마, 캄보디아 등 아시아 전체 URM 강화를 위해 노력할 것이다. 우리는 한국의 평화통일이 아시아의 평화와 직결됨을 중시하며 남북합의서 이행과 평화협정 체결, 군축실현(미군기지 문제)으로 자주적인 평화통일이 이루어지길 희망한다. 또한 미 · 일 정부가 협약한 '미 · 일 군사 신 안보조약'이 아시아뿐만 아니라 세계평화에 있어서 심각한 문제로 인식하며 이에 반대한다.

5) 세계교회협의회(WCC)와 아시아기독교협의회(CCA)에 대하여: 아시아 민중의 현실을 볼 때 우

리들은 URM 운동의 중요성을 재인식하며 WCC-URM의 조속한 재건을 희망한다. 아울러 아시아기독교협의회에서도 URM 위원회에 대한 지속적인 관심과 지원을 기도한다.

6) 한·일 URM 교류, 협력의 지속적인 발전을 위하여: 제5차 한·일 URM 협의회를 2000년에 한국에서 개최토록 한다. 우리는 한·일 URM 교류협의회를 통하여 노동, 농민, 도시빈민 등 분과별 모임, 활동가, 주민지도자의 교환 교육, 연구, 정보교환에 관한 지속적이고 구체적인 활동을 할 것이다.

한국기독교교회협의회 도시농어촌선교위원회 (NCCK-URM)
일본기독교협의회 도시농촌선교위원회 (NCCJ-URM)

1998년 8월 26일

8장

50주년 기념
심포지엄

1. 노동자경제공동체에서 지역생활공동체로

영등포산업선교회 협동운동사업부

1. 협동운동의 태동 및 성장(1969~1978년)

: 산업화시대에 노동자의 삶과 함께 한 산업선교, 일상교육 실시, 심각한 노동문제에
대응하여 노조건설, 협동조합운동을 통한 소비운동

〈영등포산업선교회 협동사업의 태동〉

1950년대 말부터 한국 사회는 본격적인 산업화시대로 들어섰다. 수출주도형 경제개발
속에서 저 임금, 저 곡가 정책은 수많은 농촌인구를 도시의 공장지대로 밀어 넣었고 도시에
서는 노동력이 남아돌았다. 급격한 산업화로의 변화 속에서 노동자들은 열악한 노동환경과
저임금에 따른 경제적, 문화적 빈곤문제를 겪고 있었으며 특히 노동을 천시하는 사회적 편견
속에서 스스로의 자존감마저 잃어가고 있었다.

이런 가운데 영등포산업선교회는 1958년부터 영등포지역을 중심으로 산업전도를 시작
했다. 각 공장들을 찾아가 같이 예배를 드렸으며 근로자가정과 기숙사를 방문해 질병, 결혼,
종교문제, 직장, 가정문제 등 여러 가지 개인 문제들에 대하여 상담을 했고 또, 평신도 모임을
조직해 성경공부 및 영어, 가사, 사회상식 등을 지도하였다. 그렇게 복음을 전파하고 일에 대
한 소명의식과 자부심을 가질 수 있도록 신학적으로 해석하고자 노력했다.

하지만 하루 12시간 이상의 노동에 60-70원의 커피 한 잔 값의 저임금을 받으면서 가난에
서 벗어날 수가 없고 산업재해, 경영주와의 갈등 속에서 하루하루를 불안하게 살아가는 노동
자들에게 산업선교회의 교육내용이 현실과 너무 동떨어져 있고 아무 도움이 되지 않았다. 이
들이 복음으로 잘 훈련되더라도 저임금과 열악한 노동환경이 강요되는 외부분위기속에서는
기독교인의 삶을 지속하며 살아내기가 힘든 상황이 계속되었다.

1968년. 영등포산업선교회는 기존의 개인의 변화를 추구하던 전도형태에서 벗어나, 노

동자 개인뿐 아니라 산업사회에서 일어나는 제반문제와 사건에 대해 직접 부딪치며 산업사회의 악한구조를 해결하고자 하는 '산업선교'를 시작하게 되었다. 노동자의 희생을 담보로 하는 부당한 구조에 맞서 역사 속에 하나님의 나라를 건설한다는 목표를 가지고 노동자의 인권과 권리를 위해 적극적으로 나서기 시작했다.

대표적인 사업으로는 노동자들을 교육하여 노동조합을 만들도록 하고 그들이 스스로 권리를 찾아갈 수 있도록 교육하였으며, 문제해결을 위하여 사회단체들과 연대하여 싸워나갔다. 자본과 권력의 폭력 속에서 나약한 개개인이 단결함으로써 대등하게 맞설 수 있도록 교육하였다. 직장에서는 노동조합을 통해 힘을 모을 수 있도록 하였으며 직장 밖에서는 협동조합의 형태로 스스로의 권리를 지켜나가도록 교육하였다. 이 과정에서 영등포산업선교회의 협동사업이 시작되었다.

1965년 8월 조지송 목사는 양평동교회 '한울안모임'과 함께 산업신도들의 소비조합문제를 토의하였다. 1968년 10월에는 평신도 산업선교교육 프로그램에서 '소비자 입장에서 본 협동조합'에 대해 교육을 실시했으며 협동운동의 일환으로 타이어공장 건립사업을 시도했다. 이것은 생산자 협동운동을 꾀한 것이었으며, 이와 같은 협동운동은 영등포산업선교회의 역사에서 또 하나의 굵은 줄기로서 신용협동운동, 소비협동운동으로 그 맥을 지금까지 이어오고 있다.

1) 신용협동조합

강행님 선생이 협동교육연구원에서 1개월간 공부한 뒤 수차에 걸친 회원 교육을 실시, 8월에 50여 명의 회원이 14,000여 원을 모아 신용협동조합을 설립하였다. 그 목적은 1) 신용조합이란 경제적인 조직을 통해서 산업선교를 보다 활발하게 하기 위해서, 2) 뜻밖에 어려운 재난을 당하는 근로자들에게 경제적인 도움을 주기 위해서, 3) 저임금으로 항상 목돈이 없는 근로자들에게 목돈을 소유하게 하므로 안정성 있는 생활을 누리게 하기 위해서, 4) 적은 돈을 서로 협력해서 사용함으로써 구체적인 이웃사랑을 할 수 있게 하기 위해서였다.

1969년 말 200여 명에 가까운 회원과 40만 원을 초과하는 저축고, 회원에게 목돈의 금액을 대부(주로 전세금으로 쓰임)하고 다시 그 돈을 10개월 할부로 상환하도록 하여 월 2부 이자를 받았다.

1972년에 신협법이 제정되면서 10월 30일 '영등포산업개발 신용협동조합'이란 이름으로 대한민국 신용조합 1호로서 재무부 정식인가를 받게 되었다.

1973년에는 조합원 700여 명으로 확대되었고 총자산이 1,700여만 원이 되었다. 1974년에는 주택조합사업으로 무주택근로자와 교회 인사들이 협동하여 공동주택을 건축할 것을 시도하여 실제 76년에 9세대를 건축하였다.

1976년에는 조합원이 965명. 3,550여만 원의 자금으로 연간 대부받은 인원이 2,133명이었다. 특히 이 해에는 자금의 일부를 공동구매 조합활동에 투자하여 공동구매 사업이 활발하게 진행될 수 있게 되었다.

하지만 1978년부터 영등포산업선교회에 정권의 탄압이 본격화되면서 재무부의 부당한 감사와 함께 조합원명부를 제출하라는 압박에 자진탈퇴의 형식으로 해산하게 되었다.

2) 공동구매 조합활동

소비자를 위한 상거래 질서가 확립되어 있지 못한 현실은 일하고 품값을 제대로 못 받는 노동자에게 또 다른 착취현상을 가져오고 있다. 저소득 노동자들이 상품을 구입할 때 개별적으로 가게에 찾아가기 때문에 품질과 가격 면에서 속는 경우가 많으며, 또 각자가 많은 시간을 낭비하게 된다. 이러한 손실을 방지하기 위한 수단으로 영등포산업선교회는 1976년 5월 120여 명의 노동자들이 각각 1만원씩 주식을 투자하여 생활필수품을 공동구매하기로 하고 실천에 옮겼다. 3일간의 전문가의 강의를 듣고 연구토의한 뒤, 신용조합에서는 이 운동에 참가하는 조합원에게 1만원씩을 대부해 주고, 20개월에 상환하도록 결정했다.

모든 조합원은 구매통장을 소유하고 있으며 상품을 구입할 때마다 본인 앞으로 가는 이익금이 기입된다. 그리고 누계된 이익금은 매 6개월마다 경비를 제외한 나머지 금액을 전액 현금으로 받는다. 매 상품마다 판매가격이 기재되어있고 또 이익금이 기재되어있다. 그러니까 판매가격에서 이익금을 뺀 금액이 공장에서 구매한 원가가 되는 셈이다.

1976년. 조합원수 257명, 총출자금액 2,570,000원, 총거래금액 6,252,940원, 이익금 1,228,895원.

1980년에는 조합원수가 450여 명까지 되기도 했으나 당시까지도 대부분의 이용자들이 미혼의 노동자들이었고, 이들이 필요로 하는 물품이 한계가 있었기에 실질적인 이용률이 떨어졌다. 또한 1980년 이후로 산업선교회에 대한 탄압이 극대화되면서 전반적인 협동사업이 위축되었는데 이러한 상황에서 더 이상 구매조합을 유지할 필요를 느끼지 못하고 1982년 5

월9일 총회를 거처 해산하게 되었다.

3) 주택조합사업

1974년. 무주택 근로자와 교회인사들이 협동하여 공동으로 주택을 건축하기 위해 주택조합을 조직했다. 최초 38명이 3,500만 원 상당의 대지 1,400평을 시흥 근방에 마련했다. 택지를 조합원들이 구입하면 미국경제단체에서 건축비를 융자하기로 약속했으나 한국신용조합연합회가 재정보증을 하지 못하게 되어 융자를 포기하고 각자 자체의 자금으로 건축키로 하고 대지를 개인에게 분할하는 데서 끝났다. 9세대가 건축을 완료, 입주했다.

4) 폐타이어 재생공장

1968년 생산기술자들이 중심이 된 소모임에서 적은 자금을 모아 타이어 재생공장을 설립하여 약 1천만 원 정도로 대지와 시설을 새롭게 준비하여 선교타이어 공장을 운영하였다.

〈영등포산업선교회 협동사업의 성장배경〉

1) 생활에 근거한 협동조합 활동이었다

농촌에서 올라온 노동자는 아프면 비싼 병원비를 줄 목돈이 없고, 월세에서 전세방으로 옮길 돈이 없으며, 은행의 문턱은 높고 비싼 이자를 주고 고리채를 빌릴 수 밖에 없는 상황이었다. 임금이 올라도 인플레이션으로 그 덕을 볼 수 없으며, 상인들의 농락으로 생산한 물건을 비싸게 사야 하는 현실이었다. 이때 신협을 통해 급할 때 목돈을 빌릴 수 있었고, 담보 없이 대출을 받을 수 있어 월세를 전세로 옮길 수 있었다. 가난하고 시간 없고 의지할 곳 없는 노동자들의 생활 속에서 당장의 절실한 필요에 의해 자연스럽게 협동조합을 이용하였다.

2) 조직이 갖춰져 있었다

영등포산업선교회의 가장 주요한 사업이 소모임을 통한 노동자들의 조직화, 의식화 사업이었다. 협동조합은 이들 조직화된 노동자들의 내부운동으로서 노동자들의 경제적, 생활적인 도움을 위해 만들어졌다. 당시 조직된 소모임이 100-150개 정도였고, 한 달에 평균 4,000명 이상의 노동자가 영등포산업선교회를 방문하고 있었다.

각 공장별로는 조장이 있어서 조장들이 매일 공장을 돌면서 저축할 돈을 모음으로써 은행갈 시간이 없는 사람들도 손쉽게 은행 업무를 볼 수 있었다. 이렇게 직장에서 그리고 산업선교회 내에서 이미 형성된 조직을 바탕으로 협동조합도 자연스럽게 성장하였다.

3) 사상과 조직가가 존재하였다

영등포산업선교회의 협동조합사업은 초기에 철저히 산업선교회 목회자들의 선구적인 의식에 의지하고 또 탄압에 맞서 노동자들의 권익을 지키기 위한 희생과 봉사정신에 의지하여 성장하였다. 노동자들의 자각에 우선하여 선각자의 의식과 철저한 희생이 있었고, 이를 바탕으로 노동자들의 의식이 변하고 참여와 실천이 커나갔다. 조지송 목사는 1965년부터 소비자조합을 구상하면서 협동사업의 필요성을 지속적으로 설교하였으며, 신협, 생산자타이어공장, 공동구매조합을 구상하고 주도하여 완성해냈다. 공동구매조합당시에는 현재의 할인점에 해당하는 노동자백화점까지도 전망하였었다.

2. 협동조합의 탄압기 (1978~1987)

: 대대적인 탄압기를 맞이하여 신협은 해체되고 다람쥐회로 활동, 하지만 지독한
탄압으로 노동운동에만 전념할 수밖에 없었다.

영등포산업선교회의 소그룹운동을 통한 노동자 의식화와 근로개선투쟁은 점차 군부독재의 경제개발정책에 대한 도전으로 발전하였으며 반정부적 민주화투쟁과 결합하였다. 그리하여 영등포산업선교회는 무시할 수 없는 정치세력으로 등장하였다. 이에 정부는 1972년부터 서서히 산업선교회에 대한 탄압을 시작하였다. 1972년 서울시경 수사과에서 이유를 밝히지 않은 채 강제수색을 실시했고, 1974년 인명진 목사의 구속으로 이어졌다. 1978년부터 정부는 한층 더 본격적이고 대대적인 탄압을 시작했다. 1978년 인명진 목사가 재 구속되었고, 조지송 목사가 불구속 입건되고, 호주에서 온 라벤더 선교사가 국외로 추방되었다. 언론을 통해 영등포산업선교회를 용공세력으로 몰아가면서 여론으로부터도 고립되었고 영락교회로부터의 후원도 끊어졌다. 이 때, 신용협동조합에 대한 탄압도 동시에 진행되었는데 재무부에서는 신용협동조합원의 명단을 공개할 것을 요구했고 이에 응하지 않자 곧바로 감사를 하였으며 곧바로 인가를 취소해버려서 결국 1978년 6월에 해체하게 되었다. 이에 영등포산

업선교회는 1978년 6월 19일 '다람쥐회'라는 이름으로 협동운동사업을 계속 이어나갔다. 운영위원회 중심으로 조직을 꾸리고 전체 회원수 290명, 출자금 1300만 원으로 다시 시작하였다.

1980년 들어서면서부터 시작된 전두환 정권의 탄압은 상상을 초월하는 것이었다. 노동운동을 금지하고 노동운동가는 모조리 잡아 감옥이나 삼청교육대로 보내었고 노동자들에 대한 탄압과 폭력은 견딜 수 없을 정도였다. 성명서, 소식지 한 장만 돌리려 해도 감옥을 각오해야 했고, 명단유출을 피해 이름을 부르지 못하고 곰이니, 땅콩이니, 너구리니 하는 별명으로 불러야 하던 시기였다. 영등포산업선교회 회관 앞에는 늘 사복경찰들이 진을 치고 있고, 출입을 간섭하였으며, 수시로 검문검색을 하고 행사가 있을 때에는 아예 들여보내질 않았다. 이후 87년까지 산업선교회의 실무자였던 신철영 선생이 세 번이나 구속당하고 이근복 목사를 비롯해 송효순, 이옥순, 추재숙, 박점순, 한명희, 김미순, 김금순, 김순회 등 숱한 선배들이 구속과 구류와 폭행을 당했었다. 무시무시한 시기였다. 이러한 모진탄압 하에서 산업선교회의 활동역시 위축될 수밖에 없었다. 하지만 이 시기에도 교회의 이름으로 끊임없이 소모임을 유지하고 거의 유일한 집회장소로서 노동자들이 정권에 저항하는 자리로 이용되었다.

1983년 말부터 서서히 노동운동이 다시 재개되기 시작했고, 이 시기에는 모든 역량이 노동운동을 통한 정치투쟁에 집중되는 시기였다. 노동자들이 변혁운동을 주도하는 주체세력으로서의 노동운동의 역할을 자각하고, 보다 주체적 입장에서 노동운동을 하기 시작했다. 70년대의 노조중심에서 임금 투쟁하던 단계에서 벗어나 사회개혁의 주도세력으로 변하였으며 정치투쟁으로 연결되었다. 노동자들의 삶의 개선보다는 전체적인 악 구조와 싸우는데 초점이 더 많이 맞춰진 시기였다. 78년에 비인가로 새로이 시작된 다람쥐회는 80년대에 들어와서도 왕성하게 여수신 업무를 담당하며 신협으로서의 역할을 꾸준히 하였다.

그러나 80년대 모든 역량이 노동운동에 집중되는 시기에 신협자체의 사업을 다양하게 펼치기에는 역부족이었다. 오히려 당시의 실무자는 산업선교회 내에서 여수신업무를 보면서도 일과의 상당한 시간은 산업선교회의 사무원의 역할을 하면서 보냈다. 몇 백부씩 되는 주보(소식지)를 매주 우편발송하고 산업선교회의 재정을 정리하며 구매활동, 산업선교회 행사보조 등등. 사무원이 없는 산업선교회에서 사무원의 역할을 함으로써 실질적으로 노동운동의 보조역할을 하게 되었다. 또한 84년 5월 인명진 목사 사임, 1985년 2월 조지송 목사 사임의 시기와 맞물려 영등포산업선교회를 떠나는 노동자들이 제법 있었으며 이로 인해 신협조합원도 한동안 줄어들기도 했다. 허나 꾸준하게 원칙과 초기의 정신을 지키는 선배들의 힘으로 협동조합의 불씨를 꾸준히 간직해나갔다.

〈정리〉

정권의 대대적인 탄압과 함께 합법적인 협동조합이 해체되고 산업선교회의 실무자 및 노동자들에게 직접적인 탄압이 들어오면서 일시적으로 산업선교회 활동이 위축되었고 이로 인해 협동조합도 정체기를 맞이했다. 또한 탄압에 맞서던 노동자들의 역사적인 각성과 함께 모든 역량이 노동운동으로 집중되면서 협동조합운동은 미처 피어나지 못하고 다만 그 불씨를 유지해 나갔다.

3. 협동운동의 모색기(1987~1997)

1987년 노동자대투쟁은 전체 노동운동에 지각변동을 가져왔고 노동조합이라는 노동자 대중운동이 전면화, 본격화되었다. 1988년 12월 22일 민주노조운동 세력을 총망라한 지역업종별 노동조합 전국회의(전국회의)가 만들어졌고 이어서 1990년 1월 22일 전국노동조합협의회(전노협)가 탄생하였다. 그동안 산업선교회에서 모이던 노동자단체들이 이때부터는 모두 전노협의 이름 아래 모이게 되었다. 이러한 변화된 상황 속에서 영등포산업선교회는 직접적인 노동운동보다는 외부에서 지원하는 활동으로 전환하는 한편, 노동자들을 위한 교육, 문화 활동을 벌여나갔다. 또한 그동안 전개해온 성문밖공동체운동을 더욱 강화하여 기독노동선교공동체로서의 정체성을 다져나간 시기였다.

87년 이후부터 노동자들이 산업선교회에서 빠져나가면서 신협의 활동도 한동안 정체상태가 이어졌다. 하지만 성장기 당시의 위대한 경험을 가졌던 당시의 활동가와 회원들이 남아서 지속적인 활동을 하고 있었고 새로운 협동운동으로의 방향모색을 계속해 나갔다. 정기교육프로그램을 매년 꾸준히 가동해나갔으며, 외부 노동단체들을 방문하여 신협에 대한 소개를 하였다. 1990년 7월 총회에서는 '신용적금' 상품을 새로 만들었다. 또 자판기를 운영하면서 여기서 발생하는 수익금을 구속노동자 지원으로 이용하였다. 1991년부터 다람쥐회 소식지 '협동인'을 발간하여 조합원들에게 배송하였다.

1993년 정기교육프로그램과정에서 협동조합전문가 김성오 강사를 접하였고 경제공동체 '대안'과 접촉하기 시작했다. 이후, 1994년 7월 17일 정기총회에서 경제공동체

'대안'과 통합을 결정하면서 새로운 변화의 계기를 마련하게 되었다. 새로운 실무진을 중심으로 교육프로그램을 보다 강화하여 정기적인 실무자교육, 신입조합원 교육, 일반 조합원 교육을 시행하였다. 이때부터 자산의 증가속도도 빨라지고 회원 수도 다시 증가하기 시작했다. 특히 1997년 3월, 한층 강화된 전체조합원 교육으로서 '제1차 협동학교'가 시작되었다. 1차 협동학교는 다수의 조합원이 6차에 걸쳐 성실하게 참여하였으며, 협동조합에 대한 나름의 전망을 가지는 활동가들이 배출되는 성과를 가져왔다. 1997년 11월 2차 협동학교를 진행했다. 1, 2차 협동학교를 통해 조합원 교육의 큰 틀을 마련하였으며 조금씩 조합원 참여의 움직임이 커지기 시작했다.

〈정리〉

노동자대투쟁 이후 영등포산업선교회의 노동자들이 대거 빠져나가면서 조합의 활동도 위축되었다. 하지만, 실무자와 운영위원들을 중심으로 협동조합의 발전방향에 대해 끊임없이 교육받고 논의하고 찾아다니면서 새로운 전망을 모색해 나왔다. 이러한 모색과정에서 '대안'과 통합하고 보다 강화된 교육프로그램을 통해 조금씩 새로운 가능성을 열어나갔다.

4. 협동조합의 재도약기(1998~현재)

1997년 말 IMF사태는 대한민국을 총체적인 혼란기로 몰아넣었다. 중소기업뿐 아니라 대한민국에서 몇 손가락 꼽는 대기업들도 마구잡이로 부도나고 무너지면서 실업자들이 수없이 쏟아져 나왔다. 또한 직장에서의 대량해고, 유가 폭등, 부동산폭락, 은행이자폭등, 달러화 폭등과 같은 현실 속에서 서민들은 절망에 빠진 채 노숙, 자살 등등으로 많은 가정이 해체되기까지 했다. 이러한 환경 속에서도 다람쥐회는 별다른 위기감을 느끼지 못했고 오히려 조합원과 자산이 꾸준한 증가상태를 유지했다. 시중의 금리가 두 배 이상 오를 때도 다람쥐회는 기존의 금리를 유지하여 조합원들이 안정적으로 이용할 수 있었다.

1997년 협동학교 이후 졸업생들의 소모임이 계속 연결되었는데 교육분과 홍보분과 문화분과가 활발하게 진행되었다. 1998년 2월 세 번째 협동학교는 주부를 위한 협동학교로 진행했다. 전체운영위원들과 전년도 1, 2기 협동학교졸업생들이 함께 참여하였고 잘 짜인 프로그램으로 보다 더 안정되고 유익하고 재미있게 진행되었다. 주부협동학교를 마치고나서 주부들의 소모임이 만들어져 교육현장 방문도 하고 매주 목요일 풍물교실이 진행되었는데 이러한 주부소모임은 다람쥐회가 본격적으로 협동사업을 확장시키는 데 있어 결정적인 동력이 된다.

1997년 3월부터는 영등포산업선교회 소모임으로 '밝은 공동체'가 시작되었다. 밝은 공동체는 자녀와 함께하는 주말교육 프로그램으로 제일 먼저 풍물을 배우기 시작했다. 공동체 속에서 부모와 자녀가 함께하는 이 프로그램은 청소년기를 앞둔 어린이들이 부모와 함께 건강하게 성장하도록 하자는 취지에서 진행되었는데, 이러한 밝은 공동체는 주부협동학교 소모임과 함께 영등포산업선교회 자치모임의 활성화에 큰 기폭제가 되었으며, 교육공동체의 모태가 되었고 이후 협동사업과 연결되면서 꾸준한 연결성으로 협동사업의 중심구성원으로 성장해왔다.

1999년. 주부협동학교 소모임 주부들이 우리환경과 먹거리에 대한 자료를 읽고 토론한 것을 계기로 하여 먹거리와 환경, 생협 운영에 대해 모색하는 모임을 만들었다(생협 세미나 모임). 환경/먹거리 운동의 필요성에 대해 공동으로 학습하고, 다람쥐조합원을 대상으로 선전물 게시, 비디오상영, 행사장에서의 생협 상품 단품판매를 시도한 후 1999년 10월. 이를 일상 사업으로 연결시키기 위해 다람쥐회 사무실 내에 조그마한 가판대를 만들고 相生(상생)의 한자말을 풀어서 '서로살림' 생협 준비모임을 만들었다. 다람쥐회 사업지원금 50만 원, 회원가입비 1인 1만 원으로 하고 두레전국연합회에서 물품을 공급받았다. 기본 품목은 비치하고 대부분은 주문판매로 시작하여 최초 5가구 고정구매자로 시작했다. 이러한 소규모형태로 2004년까지 운영해 오다가 2004년 6월 25일 서로살림생활협동조합 발기인대회를 열었다(신승원 총무를 대표로 선출, 생협운영위원회 구성. 다람쥐회에서 700만 원 출자— 홈페이지 오픈).

2004년 12월초. 영등포 롯데마트 뒤편에 정식매장을 개장하였다가 2005년 4월 22일 영등포산업선교회관으로 매장을 이동하였다. 이때 산업선교회의 목회자 및 실무자들이 직접 나무를 재단하고 벽을 허물고 문을 만들어 현재의 생협매장을 만들었다.

2007년 8월 11일에는 우리네한의원 옆에 서로살림생협 대림점을 추가 개설하였다.

2000년 2월부터 다람쥐회 사업의 원만한 진행과 운영위원들의 역할 강화를 위해 운영위원 중심으로 상임위원회를 만들었다. 상임위원들은 다람쥐회에 일상적으로 머물며 긴급하게 결정해야 할 일처리와 회계업무 구조에 대한 파악, 원장검토와 조합원 연락, 협동조합 운동의 확산을 위한 연대활동 및 전망수립, 조합원교육, 조합원방문, 협동운동에 대한 세미나, 운영위원회의 역할 대행 업무를 하였다.

2000년 12월 영등포산업선교회 내에 협동사업부를 신설하였고 이때부터 의료생협 준비의 의의와 역할에 대한 제안이 있었다. 2001년 7월6일 의료생협 준비위원회 수련회를 가졌고 2001년 9월 1일 영등포산업선교회관에서 서울의료생협 발기인대회를 가졌다.

2002년 9월 7일 대림동에 서울의료생협 한의원을 개원하였다. 다람쥐회에서는 천오백만 원을 출자하였다. 2003년 5월에는 우리네의원도 개설하였으나 2006년에 의료진의 공석으로 폐업하게 되었다. 2007년에는 서울의료생협에서 우리네치과를 개설하였다.

2005년부터는 다람쥐회, 의료생협, 서로살림, 밝은 공동체의 조합원들이 모두 같이하면서 지역주민들이 쉽게 접근할 수 있는 프로그램으로 생산지견학프로그램을 5월에 시작하였고 충북 '흙살림'을 방문하였다. 또 요가프로그램을 신설하여 지역주민들을 산업선교회관으로 모이게 하였다.

2006년부터는 햇살보금자리 이용자들이 다람쥐회를 이용하게끔 하였다. 신용문제 및 기타이유로 은행을 이용하기 힘든 이들에게 은행역할을 함으로써 자칫 쉽게 낭비될 수 있는 돈을 저축하도록 유도해 삶의 희망과 자립의 의지를 만들어가는 계기를 만들 수 있도록 하였다. 결과적으로 이후 1년 만에 1억 가까이 되는 돈이 저축이 되었다. 또한 2006년 3월 총회에서 햇살보금자리 이용자들의 자립을 위한 사업을 공동으로 준비하기로 결정하였으며 다람쥐회에서 매월 일정금액을 적립해왔다. 현재 고시원 건립사업을 구체적으로 계획 중에 있다.

주변의 노동단체와의 연계도 계속해왔는데, 주로 가까운 인맥을 통해 노조에 방문하면서 다람쥐회의 취지와 역할을 소개하면서 같이 활동할 것을 권고해갔다. 1998년에 남부금속노조와 연결하면서 노조원단체로 다람쥐조합에 가입하여 이용하였다. 남부금속 내에 담당자를 두어 회계업무를 보도록 하고 운영위원회에 참석하도록 하였으며 다람쥐에서 일주일에 한 번씩 방문하여 회계처리 하도록 하였다. 2001년부터는 서울건설일용노조와 연대하면서 노조원들이 다람쥐회로 많이 가입하였다. 각 단체는 매년 체육대회 때 각각의 단체명으로 팀을 만들어 행사에 참여했다.

여수신상품의 개발에도 계속 다양한 시도를 해왔는데 2006년부터는 대부 시에 보증인 없이 신용상태만으로 판단하여 대부하는 신용대부상품을 만들어 활성화된 상태이다. 자산도 꾸준하게 증가하여 2007년에는 자산이 10억을 넘겼다.

2003년부터 다람쥐회 전망과 관련해서 법적인 지위를 다시 확보하는 방법(가칭 '노동 금고')을 논의해왔다. 정권의 탄압 하에 어쩔 수 없이 비인가 기구로 30년을 지나오면서 나름의 역할은 해왔지만 법적인 권리를 행사하지 못하는데서 오는 불편함 및 불안감을 계속 가져왔다. 이제 자산도 10억을 전후하고 사업 범위도 다양해지고 있는 시기여서 법적인 지위확보에 대한 고민이 절실한 시기가 된 것이다. 우선 비슷한 단체 또는 목표로 할 만한 단체들에 대한 탐방을 계속하고 운영위원회 및 매회기 총회에서 조합원들에게 보고하면서 법적 지위에 대해 논의를 해나갔다.

2003년부터 한국노동자협동조합연합회에 참석하고, 사단법인 신나는 조합 탐방을 해서 사단법인 요건에 대한 조사를 하였다. 비인가조합인 명례방 탐방을 했으며 사단법인 사회연대금고에 대한 교육을 실시했다. 새마을금고탐방을 했으며 대부업법을 통해 합법성을 얻어내는 방법도 공부하고 논의하였다. 정식신협으로서의 인가를 받는 부분에 대해서도 다시 공부하였다. 2008년 현재까지, 아직은 신협으로서의 법적인 지위를 획득하는 것이 규모나 준비상황으로 보아 쉽지 않다는 것을 인정하고 일단 영등포산업선교회원 및 개별 협동단체조합원의 상조회로서의 지위를 유지하기로 하고 향후 꾸준히 법적인 지위에 대해 고민해 나가고자 한다.

〈정리〉

1988년부터 노동자들이 점점 떠나고 난 뒤에, 더 이상 노동자들이 중심이 되는 협동사업이 아니라 일반인 특히 주부를 중심으로 한 협동사업이 자리를 잡아오던 시기였다. 오랜 시간 동안 흔들리지 않고 초기의 정신을 지키며 꿋꿋이 유지해오던 선배들의 불씨가 영등포산업선교회 소모임(밝은공동체), 협동학교 주부소모임과 만나면서 새로운 분위기로 다시 타오르는 시기였다. 또한 한동안 신협의 틀에서만 맴돌아오던 운동이 또다시 다양한 생활의 방식으로 확산되는 시기였다. 주부가 중심이 되는 교육협동운동, 먹거리협동운동이 자리를 잡아나가면서 생활전체의 협동운동이 되었으며 소수 선각자에 의한 운동이 아닌 일반인들의 자연스런 참여에 의한 일반인의 운동이 되었다. 이러한 힘으로 의료소비자협동운동까지 만들어내었다. 신협도 조합원과 활동이 안정화되면서 자산 10억을 넘기게 되었고, 다양한 생활협동사업의 진행 중에서 신협은 자연스럽게 새로운 협동운동을 주도하는 노동금고(가칭) 형태의 전망을 가지게 되었다.

또 햇살보금자리 이용자들이 신협을 편하게 이용하게 되면서 가난한 사람들의 연대라는 최초의 의지를 다시 한 번 정립하게 되는 시기이기도 했다. 이 모든 생활사업이 자리를 잡아나가면서 그동안 영등포산업선교회와 협동운동이 추구해 오던 지역사업을 자연스럽게 진행하게 되어 지역주민 중심의 운동으로 전환하는 커다란 계기가 되었다.

〈1998~2008년 성장배경〉

1) 협동운동의 불씨와 활동가들의 결합

선배들로부터 지켜져 온 협동사업의 불씨와 협동학교에서 배출된 주부들, 밝은공동체 주부들, 또 협동조합을 전망에 둔 활동가들, 이 모두가 결합되는 시기였고 이로 인해 다시 성장하는 계기를 만들었다. 또한 이들 중에는 노동운동경험, 협동조합운동경험, 시민단체운동경험을 가진 회원들과 기타 단체들의 회원들이 있어 풍부한 경험을 나눌 수 있는 인적 자원이 되었다.

2) 주부들이 중심이 되어 주부들에게 필요한 사업으로 진행해 왔다

노동자들이 떠난 자리에서 사업의 중심이 일반인 특히 주부들로 바뀌었다. 그럼으로 인해 좀 더 주부들에게 당장 필요한 사업들이 활성화되었고, 이로 인해 주변사람, 지역사람들도 조금씩 모여들게 되었다. 주말학교와 대안교육, 가족들의 먹거리 문제, 의료보건문제를 중심으로 생활 사업이 자리 잡는 시기였다.

3) 다람쥐회의 역할―노동금고(협동금고)로서의 역할과 전망 찾음

조합원과 새로운 공동체 건설시 지원하는 금고로서의 전망을 공유해 가고 있음.

새로운 공동체와 협동조합 건설 시 다람쥐회는 같이 준비하여 사람, 자금, 경영, 사업계획 등 같이 준비해야 할 일을 같이 하였다. 또한 이사회 참여를 통해 공통의 운명체로서 적극 활동하였다. 뿐만 아니라 같이 하고 있는 공동체에게 필요한 자금 및 기타 요소를 지원함으로써 생활에 필요한 공동체의 활동이 지속 가능하도록 하며 그럼으로써 조합원의 다양한 생활이 여러 통로를 통해 해결되도록 하였다.

4) 협동조합끼리의 협동으로 시너지효과가 있었다

다람쥐회, 밝은 공동체, 의료생협, 서로살림생협은 각각의 조합원들에게 나머지 협동조합들에 대한 홍보를 계속 해나왔고, 모두가 같이 하는 행사를 지속적으로 유지하면서 조합원을 공유하고 확대시켜 나왔다. 개별조합만으로는 그 힘이 너무 미약함을 알고 가능한 서로 힘을 모음으로써 경비도 줄이고 효과도 배가시키고 영향력도 키울 수 있었다.

5) 다람쥐회 운영위원들의 활발한 활동이 있었다

협동조합 초창기부터 현재까지 다람쥐회 운영위원들은 회의에 참가하는 역할에만 머물지 않고 각종 협동사업을 진행하는 데 있어 늘 앞장서서 실행하는 조직가로서의 역할을 해왔으며, 힘든 시기에 다람쥐회의 위기상황을 지키는 마지막 보루로 그 자리를 유지해왔다. 특히 이시기부터는 여러 가지 새로운 협동사업을 만들어내면서 운영위원들이 각 협동사업에 집중적으로 투입되어 협동사업의 정신과 노하우를 전했으며, 상임위원회를 통해 실무의 공백을 메우고 신속한 업무처리를 해내었다.

6) 산업선교회의 적극적인 참여와 동조가 있었다

최초, 영등포산업선교회 선교사업의 하나로 시작된 협동사업은 탄압기를 지나면서부터는 영등포산업선교회의 하나의 자치사업으로서만 진행되고 산업선교회의 주된 활동과는 거리가 있었다. 이후 사안별로 서로 협조하거나 실무자들끼리 지원하는 정도였으며 오히려 협동조합이 영등포산업선교회로부터 독립할 것이 더 강조되던 시기를 지났다. 하지만 2000년 협동사업부가 생길 즈음부터 산업선교회에서도 협동사업을 자체사업으로 계획하였고 협동조합도 산업선교회 내부로 한층 더 다가감으로써 일체감이 커지는 시기였다.

5. 새로운 성장기(향후 5년 간 전망)
: 영등포산업선교회 협동운동의 전망 - 영등포지역에 모범적인 협동사업체를 운영함으로써 건강한 지역공동체를 만들어간다

영등포산업선교회를 거점으로 하여 지역주민들이 스스로 운영하고 이용하고 참여할 수 있는 협동사업체를 지역주민들과 함께 만들어낸다. 인접한 공간에 신용협동조합, 먹거리협

동조합, 의료생활협동조합, 교육협동조합을 만들어 유기적인 협력관계를 형성하고, 자산관리, 먹거리, 의료서비스, 교육 등 의 일상생활 속에 생명과 평화의 가치를 살림으로써 건강한 지역공동체를 만들어간다.

〈현재의 조건〉

1) 강점
가. 긴 역사와 풍부한 인적자원을 가지고 있다.
결국 가진 재산은 사람이다. 50년의 영등포산업선교회 역사와 40년의 협동조합의 역사 속에서 숱한 사람을 만나고 사귀게 되었고 고통 속에서 함께 연대한 시간으로 인해 애정과 신뢰를 바탕으로 하고 있다. 비록 지금 가까이 있지 못한 사람들도 기회가 되면 얼마든지 참석할 수 있으리라 예상되고 여러 가지 방법으로 연대할 수 있으리라 본다.
나. 자체 건물을 가지고 있다.
다. 교회가 같은 공간에 있다.
성문밖교회는 영등포산업선교회의 정서적 중심으로서 전체사업에 늘 경건성을 부여해왔다. 선배들 및 새로운 사람들을 산업선교회 건물에 모이게 하는 결정적인 역할을 하고 있으며, 또한 눈에 보이지 않게 각 협동사업을 지원해왔다. 앞으로도 성문밖교인들은 늘 협동사업의 핵심회원으로 존재할 가능성이 크다.
라. 연대하는 단체가 많다.
사업을 진행하면서 무수히 어려운 일들을 만나는데 이럴 때 대학생협, 의료생협연대, 주변교회 등과 같이 조언을 해주거나 연대해줄 수 있는 단체들이 늘 곁에 있다.

2) 약점
가. 다람쥐회가 비인가 기구로 남아있다.
영등포산업선교회원간의 상조회 정도로의 법적인 지위를 얘기할 순 있겠지만, 원활한 사업진행을 위해선 법적인 인가가 필요하다.
나. 의료생협이 거리상으로 멀다.
대림동에 있는 의료생협과 당산동에 있는 나머지 단체들이 서로 일상을 공유하고 조합원을 공유하기에는 거리가 너무 멀다.

다. 개별사업체가 경제적으로 자립하지 못하고 있다.

의료생협, 서로살림생협이 아직은 손익분기를 넘지 못하고 있고 누적된 적자를 가지고 가는 상황이다. 꾸준히 수익이 증가되고 있기에 빠른 시간 안에 손익분기를 넘길 수 있을 것으로 예상하고 있으나 더 많은 관심과 참여를 끌어내야 하는 상황이다.

라. 협동사업체구성원들의 의견집중력이 일반 사업체에 비해 부족하다.

이 부분은 협동조합 사업체가 앞으로 풀어야 할 큰 과제이기도 하다. 자산가 또는 경영자 한 사람의 의견이 결정적인 역할을 하는 일반사업체에 비해, 다수의 의견합일을 원칙으로 하는 협동조합에서 빠른 시간 내에 통일된 의사를 만들고 문제에 대한 신속한 대응책을 찾아 실천으로 연결시키는 집중력은 협동조합의 가장 큰 난관이다.

3) 주변의 위기상황

가. 개인화된 사회분위기

여럿이 뭉쳐 공동으로 문제해결을 해나가던 지난날과 달리 개인의 문제해결능력만을 중요시 여기는 현재의 풍토에서 사람들의 조직화가 쉽지 않다. 또한, 사람들 사이의 갈등과 공통의 과제를 민주적이고 효율적인 방식으로 풀어본 역사가 부족하기에 소모임 내에서도 갈등해결에 익숙지 않다.

나. 경쟁사회의 고조와 장기적인 불황으로 경제적으로 살아남기 힘든 사회가 되었다.

경쟁으로 내몰린 대부분의 사람들이 스스로의 경쟁력을 높이기 위해서라도 주변을 돌아볼 겨를이 없고 함께 문제를 고민할 여유가 없다. 지속되는 경제적 압박으로 인해 먹고사는 일 외에 다른 곳에 눈을 돌리기가 힘들어 이들의 참여를 끌어내기 쉽지 않다.

또한, 협동사업체 역시 일반 사업체와 처절하게 경쟁하게 되는 상황이 되어, 협동성보다도 사업성에 쫓기게 되는 현실을 맞이하고 있다.

다. 보수로 회기 하는 사회분위기

정권이 바뀌고 보수정당이 과반의 의석을 차지하고 있는 지금, 영등포산업선교회에 대한 주변단체의 인식은 아직도 데모 많이 하던 곳 정도로 인식하고 있고, 주변교회 및 기관에서의 후원은 상당히 줄어든 상태이다. 사단법인의 형태로 간다고 할 때 정부사업을 따내기가 쉽지 않을 수도 있다.

4) 주변의 기회 상황

가. 주변에 아파트가 많아 왕래하는 사람들이 많다.

나. 예전과 다른 형태의 소모임 문화가 활발한 시대이다.

인터넷의 발달과 함께 인터넷카페 모임이 활발해지는 것처럼 개인화된 사회구성원들이 개인적 취향에 따라 자유롭게 스스로의 모임을 만들어나가는 동호회형식의 소모임이 많아졌다. 필요에 따라 모이는 개인들의 특성에 맞추어 다양한 사업을 계획할 수도 있다.

다. 자본주의 사회에서의 혼란 속에서 대안을 찾아나서는 이들이 점점 많아지고 있다.

입시위주의 교육현장, 제대로 된 먹거리시장과 의료기관의 부재, 방치되는 아동 등등의 문제 속에서 지친 이들이 스스로 문제를 해결하고자 대안적인 공간을 찾아나서는 이들이 점점 늘고 있다.

<정리>

외부의 탄압과 맞서는 시대를 지나 이제는 우리 스스로 민주주의를 가꿔가는 시대가 왔다. 물론, 아직도 탄압은 곳곳에서 계속되고 여기에 대한 저항을 무시하고서는 협동이 가치가 없을 수 있다. 하지만, 과거에 비춰 직접적인 탄압은 상당 부분 줄어들었고 거기에 비해 우리가 협동하여 가꿔갈 수 있는 사회적 조건은 훨씬 풍부해졌다. 우리가 원하는 세상, 우리가 꿈꾸는 교육, 우리가 원하는 시장 등을 우리의 방식대로 만들어 가면서 정부 또는 그 밖의 외부환경에 대해서는 우리의 주장을 요구할 수 있을 것이다.

중요한 것은 우리가 추구하는 삶의 방식을 우리 스스로 살아보자 하는 것이다. 과거에 외부의 탄압이 가장 큰 걸림돌이었다면 지금은 우리 내부에서 민주적인 삶을 끌어올리는 것이 가장 큰 과제로 남아있다.

— 과연 외부의 탄압이 없다면 행복한 세상이 가능한가?

— 짓누르는 기업주가 없다면 우리끼리 만든 회사는 일할 맛 나는 회사로 만들 수 있는가?

— 독재적인 리더가 없이도 자립의 조건을 갖출 수 있는가?

— 민주적이고 합리적으로 논의하면서 내부의 갈등을 풀어내고 공통의 과제를 풀어낸다는 것이 단지 꿈은 아니었는가?

이제 다가오는 시간은 이 질문에 대한 검증의 시간이 될 것이다.

영등포산업선교회 협동조합은 현재까지 만들어진 신협, 의료생협, 먹거리생협, 교육공동체를 한층 더 안정시키면서 지역사회에 좀 더 깊이 뿌리내리도록 준비할 것이다. 또 공부방, 반찬가게 등등 실현가능한 또 다른 협동사업을 계속 준비해 나갈 것이다. 우리의 약점을 보완하고 위기상황을 인식하면서도, 강점을 살리고 현재 우리 앞에 있는 기회상황을 살려서 영등포지역에 우리가 꿈꾸는 건강한 지역공동체를 만들기 위해 지금의 움직임을 계속해 나갈 것이다. 이제 향후 5년 후를 전망하며 다음의 계획을 세운다.

〈협동조합의 성장기를 맞이하자〉

1) 각 협동조합과 공동체를 아우르는 조직체 건설: 현재는 영등포산업선교회 협동사업부 중심으로 개별 협동단체들이 연대하는 형태로 사업이 진행되고 있는데, 새로운 협동운동을 만들어내고 기존의 협동단체들을 포함시켜 좀 더 힘 있는 연합활동을 만들기 위해서는 협동사업 법인을 만들어 낼 필요가 있다. 방치된 아동을 위한 공부방사업, 지역만들기 사업, 마을반찬가게 등등을 아우르기 위해 사단법인을 세워 협동조합의 전반적인 사업을 여기서 풀어나갈 필요가 있다.

2) 다람쥐회의 법적인 지위 획득: 현 다람쥐회의 실질적인 업무에 비춰 정식 신협으로서의 법적인 지위를 획득하는 것이 가장 바람직하나 조합원수와 자산, 공공단체로서의 인식이 부족하며, 정부 정책적인 면에서 정식인가를 받는 것이 쉽지 않다. 이에, 현재로서는 산업선교 회원 및 개별 협동단체조합원의 상조회로서의 지위를 가지며 차후, 다방면의 신협 활동의 확대로 인한 공공의식을 강화하고 조합원을 충분히 확보하여 법적인 기반을 확보한 후에 정부로부터의 인가를 받기 위한 정책적인 노력을 하여 지역신협으로서의 법적인 지위를 획득하고자 한다. 이에 다람쥐회는 2013년까지 자산 30억, 조합원 3,000명의 목표를 가지고 간다.

3) 장기발전비전을 통한 다양한 공동체 건설: 2008년 말까지 사단법인화를 완료한 후 2009년부터는 본격적으로 가능한 사업을 시작한다. 아동공부방, 반찬가게 등등 지역공동체를 위한 가능한 모든 사업을 검토할 것이며, 정부로부터의 지원가능성도 확인해본다.

4) 교육활동을 강화한 인력양성: 현재의 협동조합이 지속적인 교육에 의한 활동가배출의 산물임을 기억하고, 협동교육체계를 잡아나간다. 매년 협동학교를 열고, 공개강좌의 횟수를 늘려

지역주민들의 참여도를 높여나간다.

　5) 각 협동조합의 규모화 경영과 자립: 2008년말 까지 개별 협동조합이 손익분기를 넘을 수 있도록 집중한다.

　6) 전문가네트워크와 자문그룹 건설

　7) 새로운 노동운동, 생활운동을 협동조합을 통해 만들어 보자

　8) 사회적 경제, 사회적 기업(육성법) 등 제도권을 활용하여 다양한 활동을 만들기

　다양한 자금루트, 다양한 시민사회, 다양한 연대와 네트워크 등.

2. 영등포산업선교회 협동사업에 대하여

박상신
(전 전국생협연합회 회장)

1. 영등포산업선교회 협동사업에 대하여

협동조합은 조합원의 요구에 의해 그 생명의 동력이 있는데, 조합원의 요구는 시대적인 사회여건의 변화, 조합원의 생활여건 변화에 따라 크게 변화된다. 한국 사회 협동조합의 경우 대개 15년을 주기로 변화되었다.

따라서 협동조합의 사활은 조합원의 요구를 능동적으로 받아들여 변화하는 조합은 지속되고, 스스로 변화하지 않는 협동조합은 도태되는 현상이 반복되고 있다. 생협의 경우 생활필수품을 저렴하게 구매하기 위한 공동구매의 요구에서 보다 안전한 먹을거리에 대한 요구로 변화되었고 앞으로는 보장된 생활에 대한 요구로 흐름이 변화될 것이다. 즉 조합원의 요구가 지금보다는 훨씬 다양해진다는 것을 의미한다. 이런 점에서 산선의 협동사업은 신용사업을 출발로 해서 교육, 의료, 먹을거리 등 다양한 분야로 발전해 온 것은 지속적인 협동운동으로 발전해 왔음을 보여주는 것으로서 그 활동의 의의가 있다.

다만 아쉬운 점은 산선 협동사업의 역사에 비해 보다 규모 있는[1] 협동조직으로 성장하지 않은 것이며, 이는 산선의 협동운동을 지속적으로 이어갈 실무조직이 튼튼하지 못한 것이 아니었을까라고 추측되고, 각각의 협동사업별로 조합원의 요구에 기초한 운영의 문제점이 없었는지 평가해 볼 필요가 있다.

2. 4개 협동사업조직에 대하여

산선의 협동사업이 '다람쥐회'를 출발로 교육의 협동사업으로서 '밝은 공동체', 안전한

---

1) 여기서 '규모'란 경제성 있는 규모를 말한 것이며.

먹을거리 협동사업으로서 '서로살림생협', 의료주권을 위한 협동사업으로서 '서울의료생협'을 탄생시킨 것은 앞서서도 말한 대로 산선 협동운동의 큰 의의를 가진다.

그런데, 각각의 협동조직이 상호 유기적 관계로 성장하지 못하고 있다고 판단된다. 필자는 그 주요원인을 지역적 유대관계에서 원인을 찾는다. 잠시 협동조합의 근본문제로 돌아가서 생각해 보면 협동조합은 '지역'적 공동유대가 핵심적인 특징이다. '몸이 멀어지면 마음도 멀어진다'는 말도 있고 '이웃사촌'이라는 말도 있다. 특히 먹을거리 분야와 의료분야는 사람들의 일상적인 생활권에서 해결되어야 하는데, 서로살림생협과 서울의료생협은 보통의 주민들의 생활권[2] 범위를 넘어서 각각 활동하고 있다고 본다. 결국 각각의 협동조직의 구성원은 서로 필요한 요구를 갖고 있음에도 불구하고 지역적 유대가 약하기 때문에 다른 선택을 할 수 밖에 없는 것이다.

따라서 산선의 협동운동 중 먹을거리 문제와 의료문제, 교육문제는 조합원의 생활에 일차적 요구로서 지역적 유대감을 떠나서는 상호 유기적인 협동을 이루기가 어렵다.

한편 신용사업을 하는 다람쥐회는 다른 분야의 협동사업보다는 상대적으로 지역적 유대가 작아도 상호 유기적 관계를 이룰 수 있으나, 필자는 다람쥐회의 향후 전망이 금융기관이 아닌 조합원의 생활금고로서의 비전을 가진다면, 이 역시 조합원 상호 간의 대면적 관계가 필수적이라는 점에서 결코 지역적 유대감을 소홀히 할 수 없다고 본다.

3. 총괄적인 견해

산선의 협동사업의 의의와 과제로서 필자는 앞에서 두 가지를 강조했다. 첫째는 협동하고자 하는 동기, 즉 '조합원의 요구'이며, 둘째는 '지역적 유대'이다. 산선이 조합원의 변화되는 요구에 맞춰 다양한 협동조직을 실현해 가고 있는 점에서는 긍정적이지만 지역적 유대 면에서 다소 약점을 가지고 있다면 이것을 해소하기 위해 어떤 방안이 필요한지를 생각해 보고 그 방안을 실천에 옮기는 과정이 필요하다.

그 방안으로서 우리네의원 내에 서로살림생협의 매장을 설치한 것은 효과적인 방안이라고 판단된다. 이제는 이외에도 어떤 방법을 실천해 볼 것인가에 더욱 마음과 생각을 모아야 할 것이다.

---

2) 필자는 대도시의 생활권을 도보로 30분 이내의 인접한 '동' 규모로 보고 있다.

이 과정에서 필자는 마지막으로 강조하고 싶은 점이 있다.

그것은 협동조합의 원칙이다. 앞서서 말한 조합원의 요구와 지역적 유대는 모두 협동조합의 원칙에 포함된 내용이다. 협동조합의 원칙이란 "협동조합은 이렇게 하는 것이 협동조합입니다. 이것을 지키지 않으면 협동조합이 아니고 이것을 잘못하는 협동조합은 파산합니다"라고 하는 '이것'이다. 다시 말해서 협동조합이라면 꼭 지켜야만 하는 '가이드라인'이며, 국제적인 협동조합연대조직인 ICA(국제협동조합연맹)은 1995년 7개의 원칙을 수정 발표했다.

필자는 산선의 협동운동이 향후 10년이 지나서 오늘과 같은 자리에서 그 활동을 평가하는 지표로서 이 원칙에 얼마나 충실하였는가를 평가의 지표로 삼기를 바란다.

참고 : 협동조합의 원칙

1) 제1원칙 : 자발적이고 개방된 조합원제도(Voluntary and Open Membership)

2) 제2원칙 : 조합원에 의한 민주적 관리(Democratic Member Control)

3) 제3원칙 : 조합원의 경제적 참여(Member Economic Participation)

4) 제4원칙 : 자율과 독립(Autonomy and Independence)

5) 제5원칙 : 교육, 훈련 및 정보제공(Education, Training and Information)

6) 제6원칙 : 협동조합 간 협동(Co-operation Among Co-operatives)

7) 제7원칙 : 지역사회에 대한 기여(Concern for Community)

3. 영등포산업선교회 노숙인 지원사업
(1998~2007)

I. 발단 및 개요

1997년 한국의 경제위기(IMF)로 많은 노동자들이 실직 노숙인으로 길거리로 나오게 되었다. 지금까지 전통적인 공장노동자들을 중심으로 활동하던 선교가, 공장 밖 노동문제도 관심을 갖게 되었고 노동복지적 사업으로 실직자, 노숙인들을 위한 재활교육, 심성 및 인성교육프로그램을 실시하며, 희망사랑방(노숙인쉼터)과 햇살보금자리 주간이용시설을 거쳐, 실직노숙인의 기본적인 서비스제공, 의료, 인권을 보호하고 자립, 자활 및 사회관계망을 형성을 지원하고자하는 목적 하에 365일 24시간 개방체제인 노숙인 상담보호센타(drop in-center)로 전환하여 선교적 사명에 최선을 다하고 있다.

1. 관심과 출발점

IMF로 한국 사회는 극심한 경제난과 대량실업 사태에 직면하게 되면서 실직노숙인들이 대량으로 발생하면서 한국교회는 이 문제를 선교적 관점에서 바라보기 시작했으며 노숙인 선교가 새롭게 시작되었다. 교회의 관심은 이 땅에서 소외되고 고난받는 이웃을 향한 주님의 사랑과 복음의 정신에 기초하고 있으며 거기서부터 출발되어진다고 할 수 있다. 극심한 경제난으로 인하여 발생하는 사회문제를 한마디로 요약한다면 결국 '가난의 문제'라고 할 수 있다. 선교적 관점에서 볼 때 성서는 가난한 자에 대해 끝없는 관심을 가지고 있다는 것을 발견할 수 있다. 교회는 가난한 자에 대한 구제활동을 사회선교의 전통으로 가져오고 있다. 가난의 문제는 개인적인 차원의 것으로 돌릴 수도 있겠으나 그 원인을 깊이 들여다보면 사회의 구조적인 면에서 기인하고 있다는 것을 발견할 수 있다. 한국 사회를 한마디로 표현해서 80

대 20의 사회라고 한다. IMF 이후부터 더욱 심화되어진 빈곤문제를 상징하는 표현이다. 그만큼 우리 사회의 불평등 구조가 심화되고 고착화되었다는 현실을 말하고 있는 것이다. 영산의 관심은 여기서부터 출발하는 것이다.

2. 실천을 위한 원칙

1) 성서적 관점: 하나님의 형상(창 1:27)으로 지음받은 인간에게는 고유한 인권이 있다. 하나님으로 부여받은 존엄성이 지켜져야 한다. 노숙인이라고 하여서 정치적, 경제적, 사회적 차별이 존재해서는 안 된다.

2) 노동의 관점(창 1:26, 2:5.15, 요 5:17): 노동은 인간의 삶의 본질이자 권리이며 의무이다. 노동이란 행위는 우리를 향한 하나님의 구체적인 부르심이다. 이 부르심은 이 땅에서 우리에게 주어진 소명과 책임을 의미한다. 노동을 통하여 인간은 자기실현의 과정으로 나아갈 수 있다. 따라서 모든 인간에게 노동의 의미는 자기존엄을 지키는 기본적인 인권이나 다름없다 할 것이다. 사회는 모든 구성원에게 노동의 권리를 보장하여야 한다.

3) 사회적 관점(눅 4:18): 사회적 약자, 사회적 소수자, 소외된 자, 가난한 자에 대한 관심과 보살핌은 모든 인간에게 주어진 책무라고 할 수 있다. 이것은 사회적 연대라는 관점에서 바라볼 수 있다. 무너진 인간의 존엄성을 회복하는 방법은 사회적 연대를 회복하는 것이다. 사회적 연대는 더 낮은 곳을 향하여 시선을 고정시키는 것이고 손을 내미는 것이다.

4) 공동체적 관점(행 2:44~46): 인간은 더불어 살아가는 공동체를 이루어 가야한다. 가난한 이웃들, 사회적 약자들과 함께 섬김과 나눔의 공동체를 이룰 수 있어야 한다.

5) 신앙적 원칙: 섬김과 나눔의 본을 보인 주님의 입장에 서야 한다. 한 시대의 정점에 다가가려는 노력보다 그 시대의 아픔에 다가가려는 자세를 지켜야 한다.

II. 전개 및 발전

1기 희망사랑방, 기쁨의 집, 쪽방상담소 등 운영기(1998년 3월~1999년 12월)

1. 연혁

1998년 3월.   2째 주일에 IMF극복 기도회 실시

1998년 3월.   희망사랑방(쉼터) 개설

1998년 5월.   두레교회와 공동으로 실직노숙인 쉼터 개소, 재활프로그램 시작

1998년 6월.   총회 사회부로부터 60만 원 지원받아 산선건물 지하 공사

1998년 7월.   노숙인 프로그램 실시, 영성수련회 실시, 노숙인 무료검진실시. 서울역
　　　　　　　집회 참석과 3차로 노숙인 입소

1998년 8월.   헌신의 자원봉사자 참여, 노숙인프로그램 3기 11명 실시, 노숙인 협동운
　　　　　　　동에 대한 강의

1998년 9월.   노숙인 15명 숙식, 공공근로 참여

1998년 10월.   실업극복운동본부에 실직자재활프로그램인 <희망교실>운영 계획안 제
　　　　　　　출, 희망교실 시작

1998년 10월.   인간관계훈련(오상열 목사), 추석맞이 행사, 실직자 거리대행진 참여

1998년 11월.   희망교실 1기 졸업

1998년 12월.   그룹홈 시작— 김종환 씨 사망으로 철수

1998년 말   쉼터정리— 1년 실험 실패

1999년 1월.   희망사랑방 재운영하기로 결정— 현대중기와 결합하여 재운영하기로 장
　　　　　　　창원 목사가 결정, 두레쉼터와 분리

1999년 1월.   기쁨의 집(실직자 자활공동체)시작

1999년 1월.   희망사랑방 쉼터 식구들과 정리해고 반대투쟁 노동운동 진영과 연대이
　　　　　　　원화. 숙식은 큰 사랑방에서 함께 진행

1999년 2월.   그룹홈 시작, 공공근로 지원받음, 취사원보조 공공근로(9시 출근, 점심,
　　　　　　　저녁), 총회 사회부로부터 장례비용 100만 원 받아 김종환 씨 장례 치름,
　　　　　　　실직가정돕기 50가정 확정 지원

1999년 3월.	문종길 씨 위암수술, 보라매병원, 인의협, 희망사랑방에서 지원
1999년 3월.	그룹홈 2팀 지원(기쁨의 집으로 명명), 당산중 폐휴지 기쁨의 집으로 연결, MBC 자활프로그램촬영(그룹홈 회의장면, 생활, 일하는 장면 등등). 희망사랑방 공공근로 8명으로 증원
1999년 4월.	희망의 손수건 판매, 기쁨의 집 조기상 씨 입소. 자원봉사자 모임 주1회, 전문상담봉사자 주1회 상담전담
1999년 5월.	1일 서울역에서 109주년 노동절 기념 고통받는 실직자와 함께 하는 기도회 참석. 삼성본관까지 거리행진
1999년 10월.	거리노숙자 주간이용시설 준비 시작
2000년.	주간편의시설 햇살보금자리 개설
2001년.	노숙자활사업(알코올프로그램)진행— "끌어안는 사랑과 나누는 사랑으로"
2001년.	영등포지역 상담소 위탁, 영등포쪽방상담소 위탁
2001년도 하반기	자활의집— 해체된 가정 재결합으로 1가구와 결혼예정 미혼자 1가구 (합 2가구)를 설치하여 관리 운영함
2002년.	햇살보금자리 상담보호센터 개소.

2. 희망사랑방

1997년 IMF 위기 후 산선 실무자들이 몇 차례에 걸쳐 토론하였고 내용은 IMF의 본질과 그 대처방안, 결론은 실업자운동으로 정하고, 실업자 조직과 투쟁 공개강좌 4차례에 걸쳐 진행하게 된다. 이후 총회 사회봉사부의 요청으로 실직노숙인 쉼터를 운영하기로 목회자회의에서 결정(장창원 목사는 원칙적으로는 반대하였지만 1년간의 실험적인 운영에 대해서는 동의함)하였다.

4월부터 두레교회에서는 쉼터를 설치, 산선은 운영과 행정, 교육담당하기로 하였고, 최소한의 쉼터인원이 30명이기 때문에 산선에도 지하를 개조하여 쉼터를 설치, 결과적으로 2군데의 쉼터를 98년 5월부터 운영하게 된다.

실무자 이혜연 씨는 주로 장창원 목사와 결합하여 범국민운동본부에 참석하고 김동균 씨는 오상열 목사와 결합하여 행정실무를 담당하였다.

희망사랑방교육은 교육부에서 담당, 희망교실을 통하여 의식화, 조직화사업을 시도하였지만 여러 조건, 실직노숙자의 특성 및 교육의 조급성, 내부의 통일성 미비로 별다른 성과가 없던 중 내부갈등이 점점 심해진다는 판단에 따라 정리하기로 결정하게 된다. 실험기간 1년도 못 채우고 98년 말일로 쉼터정리하기로 하여, 대다수의 입소자들은 타쉼터로 이동하고 몇 사람은 동대문 쪽방으로 이사하였다.

이후 1999년 1월 희망사랑방 재운영하기로 결정=현대중기와 결합하여 재운영하기로 장창원 목사가 결정하고, 이때부터 두레교회와 재정, 행정, 실무자가 완전분리되어 운영하였다.

희망사랑방 방향의 전환: 실업자운동이라는 측면보다는 자립을 위한 여러 가지 실험을 모색하게 되는데 이는 실질적인 노숙인 대책이라는 것이 전무한 시기였기 때문이다.

주된 사업으로 그룹홈과 쉼터 실무자 교육, 예장 희망의 쉼터협의회에 참석, 실업극복운동본부에 프로젝트를 신청하여 희망교실을 본격적으로 시작하였다.

1999년 6월부터 가동되기 시작한 전실노협에 적극적으로 참여하여 노숙인지원 정책적 토론에 참여하게 되었고, 1999년 10월부터 심리치유 재활프로그램을 시작하였고, 현장보호 중심의 새로운 실험으로 주간이용시설을 준비하게 된다.

실무자 1인이 행정을 처리하기도 어려운 상황에서 유기적인 결합이 안 되어 힘들었고, 또한 오상열 목사와 간사가 활동에서 분리되기 시작하면서 어려움이 시작된다.

1) 자활프로그램으로서 '희망교실'

1998년 10월. 실업극복운동본부에 실직자 재활프로그램인 '희망교실' 운영 계획안 제출, 희망교실을 열어 실직노숙인들로 하여금 자신에 대해 성찰하게 함으로써 좌절과 절망으로부터 벗어나게 하며, 실업문제에 대해 사회적, 구조적, 개인적 차원에서 바른 인식을 갖게 하였다. 구체적 사업으로 알코올 남용 및 중독예방 프로그램을 총 5개월간 24회, 춤 세라피를 통한 심리치료를 총 17주간 매 주 1회, 연극세라피를 통한 심리치료를 매 1회씩 7주간 실시했다.

이런 자활프로그램을 운영하면서 자활의 의지가 강한 입소자들을 위하여 '기쁨의 집'을 1999년 1월에 개소했다. 1999년 12월 2인 1조 1가구를 설치하여 한 분은 결혼시켜 가정을 이루고 한 분은 4,000만 원을 모아 물질적 자립으로 사회에 복귀하게 된다(자활의 집 전세기금은 지자체로 반납함).

2000년 초까지 6명이 이 집을 거쳐 삶의 현장으로 되돌아갔고 2명이 자활을 준비하고 있다(2002년까지).

2) 2001년 노숙자활사업(알코올프로그램)

사업명: "끌어안는 사랑과 나누는 사랑으로"

— 기쁨만들기, 단합대회, 알코올남용 및 중독 예방과 치료.

— 알콜 전문 남성정원 20명 입소 쉼터 운영함.

— 햇살보금자리: 쪽방상담소 및 주간편의시설 운영함.

	사업명	사업내용	정부지원금	자체평가
1999년	연극세라피 알콜남용예방	연극을 통한 인간관계훈련과 심리집단프로그램	26,120천 원	우수
2000년 1차	알콜남용예방	알콜남용예방과 중독치유	28,290천 원	보통
2000년 2차	노동교실	서울건설일용노동조합과 연계, 일용노동을 무료로 소개함	18,290천 원	미흡
2001년 1차	끌어안는 사랑과 나누는 사랑으로	심리재활프로그램	5,190천 원	우수
2001년 2차	알콜남용예방과 중독치유	알콜남용 근원을 치유하는데 전인적이고 총체적인 접근을 대상심리학(게슈탈트)으로 실행	6,790천 원	우수
2002년	햇살보금자리 드랍인센터	드랍인센터 선정 후 2개월 시범사업 진행(거리노숙인 자유이용시설/영등포역부근)		우수
2003년	햇살보금자리 드랍인센터	영등포 거리노숙인의 응급구호서비스 및 쉼터전원, 의료서비스 진행	121,581천 원	우수

3) 자활의 집(기쁨의 집)

— 2001년도 하반기에 해체된 가정 재결합으로 1가구와 결혼예정 미혼자 1가구

(합 2가구)를 설치하여 관리 운영함

— 2002년도 전반기에 자활의집 2가구 설치, 하반기 2가구 신청하고 대기 중.

4) 쪽방 상담소

한일여관과 계약을 파기사건 있었음.

1999년 11월. 최 형사 도움을 요청, 여관 남자주인과 영1동 파출소에서 3자가 대면. 남자 주인은 전에 광야교회에서 총무 일을 보던 사람으로서 광야교회 임명희 목사님이 반 대했기 때문에 계약을 파기하였다고 말하며 계약금을 돌려주겠다고 약속했음.

1999년 12월. 영3동 현대빌딩 2층과 3층을 보증금 3천만 원에 월세 100만 원에 임대.

2000년 1월. 햇살보금자리 운영 시작(4월까지 실무자의 부족과 내부시설을 갖추기 위하 여 실질적인 준비기간 이었음).

2000년 1월 4일. 보건복지부에서 쪽방지역 상담소 운영계획 발표(한겨레, 중앙)

2000년 1월 14일. 보건복지부 장관이 영등포쪽방지역 방문, 김인옥 씨와 오상열 목사가 장관 안내

2000년 3월. 영등포구청에 쪽방상담소 운영계획서 제출: 나중에 영등포구청이 쪽방상 담소를 거부하여 영등포지역 쪽방상담소가 종로구로 넘어갔음을 확인.

2000년 8월. 이기옥 씨가 도시연구소 쪽방지역 실태조사에 참여하면서 햇살보금자리 실 무자로 일하기 시작함.

2000년 9월. 공동모금회와 공동으로 쪽방지역에 농협상품권(5만 원) 150장 배분: 모금 회와 같이 일하게 된 과정에서 광야교회 이야기를 다시 들을 수 있었음.

2000년 10월. 인도주의의사실천협의회, 건강연대, 참여연대와 공동으로 영등포 쪽방지 역 의료 및 국민기초생활보장법 수급권 실태조사를 3회에 걸쳐 조사.

2000년 11월 1일.

— 새벽에 영등포 쪽방지역에 화재가 발생하여 한사람이 사망하고 방 30여 개가 전 소되었음. 최영희 국회의원(보건복지위소속)의 국정감사를 위한 자료 요청에 협조: 이 과정에서 영등포산업선교회에서 3월에 제출한 쪽방상담소 운영계획서를 거부한 근거 등을 입수하였음.

— 햇살보금자리에서 화재와 영등포구청의 태도에 대하여 보도 자료를 냄: 이후 성 명서를 발표하고 시민단체(참여연대, 경실련, 건강연대, 전실노협, 도시연구소, 인권 운동 사랑방 등)와 연대하여 대책회의 및 향후 대안을 준비: 이후 한겨레신문, 문화 방송 PD수첩, 손석희의 '시선집중', 문화방송뉴스, 세계일보, 문화방송 모닝스페셜,

인권운동사랑방, 인터넷한겨레에 관련기사 제공 및 취재 협조함.

— 2001년부터 영등포지역 쪽방상담소를 위탁받아 운영하게 되었고, 이 과정에서 지원의 절반을 광야교회에 위임하는 것으로 타협하였다.

5) 평가 및 요약

1997년 IMF 위기 후 불거진 서울역광장 노숙인 문제를 서울시가 일괄적으로 복지관과 종교단체에 위탁하며, 이 과정에서 희망사랑방으로 출발한 영산의 노숙인 지원사업은 초창기 백지 상태에서 출발하였기에 다양한 시도와 더불어 많은 혼란을 겪는 과정을 거쳤다. 우선적 해결책으로 실직노숙인에게 교육을 통한 조직화와 자생력을 가지도록 지원하는 측면에서 실업자운동을 벌였고, 희망교실, 기쁨의집을 운영하였으며, 이를 통해 자활단계에 이르는 이용자가 상당수 있었으나 자조집단으로의 역량은 시기적으로 무르익지 않았고 단순 실직노숙인에 편향된 지원이었다. 이후에 입소자를 대상으로 실시한 알콜전문쉼터로의 시도는 매우 전문적이고 적극적인 개입이 되었으나 실무자들의 소진이 심하고 전문화된 시스템 확충의 어려움 등으로 중도 포기할 수밖에 없었다. 이러한 다양한 시도와 과정들을 거쳐 노숙인의 문제의 해결을 거리에서 찾아야 함을 깨닫고 영등포지역 쪽방상담소를 통한 거리 밀착형의 지원체계로 서서히 변화하기 시작하였고, 거리노숙인에게 절실한 것은 숙식문제와 의료욕구 등임을 확인하게 된다. 이후로 쉼터중심에서 센터중심으로 옮겨가게 된다.

2기 주간편의시설로서의 햇살보금자리 태동기(2000년 1월~2002년 10월)

1998년부터 희망사랑방을 개소해 노숙인 쉼터를 운영해 왔으나 거리에 있는 노숙인들에게는 야간 상담 이외에는 아무런 대책을 제시하지 못한 채 그들을 외부위험에 방치하는 것을 안타깝게 여기다가 2000년 7월 노숙인 주간편의시설인 햇살보금자리를 개소했다.

쉼터에 적응하지 못하거나 쉼터에 입소하기를 거부하는 거리 노숙인들을 위험으로부터 보호하고 자활의 토대를 마련하기 위한 시설과 임시숙소가 필요하다는 평가를 실천에 옮긴 것이다.

다시서기지원센터의 조사에 의하면 거리 노숙인들의 70%가 쉼터 경험이 있는 사람들로 쉼터 실무자에 대한 미안함, 입소자간의 불화, 실무자와의 갈등, 쉼터 운영의 문제, 쉼터의 규제로 쉼터 생활을 기피한다고 한다.

1) 연혁

2000년 1월. 햇살보금자리개소— 내부준비 후 4월부터 안정적으로 개방(오전 10시~ 오후 5시까지)— 주된 서비스는 목욕, 세탁, 휴게실 도서비치, 장기 및 바둑, 의류지급 등이었음. 2000년 9월부터 10~15명 정도 고정이용. 햇살을 방문자 150여 분 이상. 이기옥 실장이 상근을 시작하면서 개인상담 카드 작성.

2000년 9월. 햇살의 단골 이용자의 공안폭력에 대한 인권침해사례를 지원.

2000년 11월부터 햇살 이용자 중심의 '햇살 친목회' 구성. 첫 사업으로 한강변에 '삼겹살 파티', 최일수 씨 회갑잔치.

2001년도 1월. 햇살에 정영철 실장이 출근하고 2001년도부터 햇살보금자리는 '쪽방상 담소'로 광야교회와 공동지정. 사물함, 세탁기 설치, 생필품지원.

2001년. 햇살은 영등포지역 노숙인 지원단체들과 연대체 구성을 시도했으나 무산됨.

2001년. 주간편의시설로서 한계를 느끼고 거리 노숙인들의 실질적 서비스를 위해 드롭인센터(Drop-in center)의 필요성을 적극 제기하면서 본격적인 준비.

2001년도 12월까지 근무하고 이기옥 실장이 출산휴가에 들어갔고 2002년도 1월부터 이원기 실장이 햇살에 와서 정영철 실장과 근무.

2002년 2월. 2년간의 계약이 만료되고 주변의 민원으로 인해 영등포공원으로 이사.

2002년 3월 30일. 30평 남짓 가정집으로 영등포공원 길 건너편에 전/월세를 얻어 이전개소식.

— 지역주민들에게 노숙인의 이해를 돕기 위한 「영등포떨꺼둥이신문」 창간호를 발간함. 2002년 9월. 사업계획서를 제출하여 드롭인센터로 햇살보금자리 선정.

2) 평가

쉼터에서 주간보호센터로 전향함으로써 실직, 거리노숙인과 밀착하여 다양한 상담을 통한 여러 가지 형태의 서비스가 제공되기 시작하였고, 추후 드롭인센터(24시간 개방)로 이행하는 과도기가 되었다. 편의 시설로 이행하면서 장소를 임대하는 데에 있어 주변의 민원과 일반시민들의 님비현상이 심화되었고, 지역사회에 안정적 정착을 위해 「떨꺼둥이신문」을 창간함으로써 주민과의 소통을 시도하였다.

3기 햇살보금자리 상담보호센터 초창기(2002년 11월~2004년 1월)

햇살보금자리는 처음에는 여건이 되지 않아 주간 편의시설로 있다가, 2002년 11월 18일 현 위치로 이전하면서 주야간 이용시설로 11월 20일 문을 열었고 12월 3일 개소식을 했다. 햇살보금자리의 목적은 거리 노숙인들의 현장보호체계를 마련하는 것이다. 이를 위해 거리 노숙인들에게 목욕, 세탁, 이발 등의 기초적인 편의시설을 제공하고, 지역 내 무료급식소(토마스의 집), 무료병원(요셉의원) 등과 연계 활동을 벌여 최소한으로 그들에게 필요한 서비스를 제공하려 하고 있다. 또 신체가 건강한 일부 노숙인들에게 임시숙소를 제공하고 일자리를 연계함으로써 자활의지가 고취하도록 하였다. 이런 과정을 통해 거리 노숙인들이 스스로 자신의 생활을 관리하고 청결을 유지하며 노숙인에 대한 부정적 이미지를 극복하고 쉼터에 적응하지 못한 노숙인들의 자활의지를 북돋아 자활의 토대를 마련하고자 한다.

일일평균 이용인원은 25명. 하루 숙박 가능인원은 20명, 한 달에 이용할 수 있는 기간은 10일. 한 주에 30여 명이 의료지원을 받으며, 하루 15명 정도에게 취업정보를 제공. 아침과 저녁에 제공하는 식단은 컵 라면과 밥과 김치가 제공되었다.

1) 연혁

2002년 11월 18일. 2년간의 주간편의시설의 경험을 살려 드롭인센터를 영등포시장 뒤편(현 위치)에 건물2층 40평 남짓 공간을 마련. 기존실무자 1명과 3명의 신규실무자를 채용(박진웅 간사, 남상열 간사, 한영미 간사)

— 시설은 목욕실, 세탁실, 물품창고, 휴게실, 상담실, 햇살안방(수면실), 화장실, 부대시설(건조대) 설치함.

2002년 12월. 햇살이용자와 유관단체에서 100여 명이 참여하여 햇살드롭인센터 개소식을 진행.

2003년 3월. "영등포 홈리스단체 모임" 발족하여 영등포지역에 있는 11개 단체와 월1회 모임을 통해 유기적 관계와 정보교류.

2003년 6월. 영등포 공원에서 일반인들에게 노숙인을 이해시키고 노숙인들 간에는 유대

관계를 높이기 위해 "햇살 거리만찬 및 놀이마당"을 진행.

2003년 6월 말. "햇살보금자리 상반기 평가회"를 자체적으로 진행.

2003년 9월~10월. "노숙인은 우리의 이웃입니다" 2003 영등포거리영화제를 진행.

2003년 11월. 2003년 거리한마당 행사를 진행(단돈 500원 먹거리장터, 레크레이션, 노래자랑대회).

2003년 12월 12일. 하루 평균 75명의 이용률로 인해 공간 확장의 필요성을 절감하고 그 비용을 마련하기 위해 "햇살후원한마당"을 진행.

2004년 1월부터 기존의 4명과 함께 간호사 1인과 생활지도원 1인을 추가 지원하여 기존 실무자 2명이 사임하고 4명이 신규로 채용됨(신규 실무자: 양난희 간호사, 김승우 간사, 박현우 간사, 하동우 간사).

2004년 2월. 3층을 전월세로 계약하고 2, 3층 개보수공사를 시작.

「영등포떨꺼둥이신문」을 「햇살거리신문」으로 바꾸고 현재까지 14호(4월 19일)를 격월로 발간.

2004년 3월말에 2, 3층 개보수 공사를 마치고 2004년 6월 8일 "햇살 확장 개소예배 및 지역주민 한마당"행사를 진행.

2) 거리 노숙인들에게 현장 보호서비스를 강화하기 위한 중점적인 네 가지 목적 설정

첫 번째는 종합 안내소 기능: 인권상담이나 의료기회 제공, 취업정보제공과 알선, 쉼터정보, 각종 다양한 복지 서비스 정보들을 안내.

두 번째는 무/유료이용서비스 확대: 세탁, 목욕, 생필품, 의류지원, 지하철패스지급, 비디오상영, 간식 및 식사제공, 물품보관 등등을 이용자들의 욕구에 맞게 다양한 무/유료이용 서비스를 확대.

세 번째는 다양한 숙박시설 제공: 2층에서 3층까지 시설을 확보, 개인별로 독립된 잠자리와 응급구호가 필요한 응급잠자리를 구분하여 설치 운영. 또한 이용자들의 욕구에 맞게 다양한 숙박서비스를 제공. 기간적으로 하루/보름/한달 숙박권을 발매하여 쪽방, 여인숙, 여관, 고시원 등등을 통해 실질적인 서비스를 진행.

네 번째는 중장기적인 목적으로 거리생활공동체 형성: 햇살거리신문발간(격월간-거리

노숙인들의 생활이야기와 지역주민들의 여론담기), 거리영화제(7, 8월 하절기 영등포공원에서 지역주민과 함께 영화보기), 단돈 500원 먹거리장터(거리사람들이 준비하여 지역주민들과 거리사람들이 함께 나누는 먹거리장터를 연중 4회 진행), 민속놀이, 노래자랑 등등을 통해 함께 서로의 생각을 나누고 이해함으로 더불어 살아가는 이웃임을 확인하는 자리를 만들고 이를 기반으로 지역적인 복지 네트워크를 확충하는데 중요한 의미를 담고 있다.

3) 주요사업

(1) 햇살거리신문

「햇살거리신문」은 현재 12호까지 발간되었으며, 10호까지는 「영등포떨꺼둥이신문」이라는 제목을 가지고 햇살이 날 때에 기록된 거리 노숙인들의 생활이야기를 그대로 옮겨 거리 노숙인들의 여론을 담아내기 위해 노력해 왔다. 새롭게 11호부터 「햇살거리신문」으로 제호를 변경하면서 1면에는 기획글로 시대상황에 맞는 주제를 정하여 거리 노숙인들의 여론을 담고, 2면과 3면에는 햇살보금자리(Drop-in center)에서 일어나는 여러 가지 일들을 뉴스기사 모아내는 '햇살24시뉴스'를 내고 있다. 4면에는 햇살보금자리 이용자들과 상담을 통해 나눈 잔잔한 삶의 이야기와 햇살보금자리에 후원하신 분들의 소개와 고마움을 전한다.

햇살거리신문은 격월로 1000부를 발행하였으며 300부는 우편발송으로 200부는 거리 아저씨들에게 직접 나누어주며, 나머지 500부는 햇살보금자리 지역주변과 영등포역 주민들에게 방문하여 배포하였다. 이때까지는 신문을 통해 큰 여론을 만들어낼 정도는 아니지만 신문을 읽은 독자들을 통해 꽤 좋은 반응이 있으며, 특히 거리 노숙인들에게 직접적인 자신들의 이야기를 통해 서로 간에 유대관계를 강화하고 자신의 삶을 조명해보는 데 작은 도움이 되고 있다.

(2) 햇살 거리만찬

거리생활공동체를 만들어가기 위한 일환으로 햇살보금자리를 이용하는 식구들과 함께 먹거리를 준비하여 거리 노숙인들이 생활하는 영등포공원에서 분기별로 3회 실시했다. 함께 먹거리를 나누는 모습들을 통해 거리노숙인들 간에 유대를 강화하고 드롭인센터 서비스의 접근성을 알리는 데 큰 도움이 되었다. 그리고 세 번째 실시되었던 햇살거리 만찬은 "단돈 500원 먹거리장터"를 통해 이루어졌는데 일반인과 거리 노숙인들이 300여 명이 참여해서 함께 어우러져 이웃임을 확인하는 짜릿한 순간을 만들기도 했다. 여기에서의 수익금은 겨울

나기 물품구입을 통해 거리 노숙인들에게 나누어 주기로 했다.

(3) 거리영화제

영등포 홈리스단체 모임을 통해서 제안한 "영등포 거리영화제"는 9월과 10월 두 달간 매주 1회를 통해 6회에 걸쳐 '노숙인은 우리의 이웃입니다'라는 주제를 가지고 야외영화제로 진행하였다. 평균 200여 명 정도가 참여했으며 일반인들에게는 노숙인의 이해를 돕고 거리 노숙인들 간에는 건전한 거리문화와 서로 간의 유대를 강화하는 데 작은 도움이 되었다.

(4) 영등포 홈리스단체 모임

올해 초부터 영등포지역에 있는 노숙인 서비스를 진행하고 있는 11개 단체가 매월 1회 정도 모임을 가지며 서로 간에 정보를 공유하고 도움을 나누는 느슨한 협의체 형태로 모임을 시작했다. 이 모임을 통해서 영등포지역 노숙인에 대한 고민도 함께하고 방법도 모색하는 계기가 되었다. 또한 9월과 10월에는 영등포거리영화제를 함께 연합하여 진행하면서 함께하는데 자신감을 얻기도 했다.

2003년 일일 이용현황

구분		인원	소계
편의시설 이용	이발	394	33,251
	목욕	14,921	
	세탁	5,235	
	의무	1,369	
	기타 사물함	4,152	
	기타 물품	2,854	
	기타 의류	3,138	
	기타 영화	807	
	기타 지하철패스	381	
식사인원	아침	13,965	20,905
	간식	6,940	
숙박	낮잠	6,017	15,944
	밤잠	9,927	
상담실적	주간상담	3,363	4,259
	야간상담	726	
	시설입소	170	
시설이용 인원(신규) 누계			24,018(974)

4) 평가

평균 75명 정도의 이용률을 40평 규모의 작은 공간으로 예상인원보다 배 이상 늘어난 거리 노숙인에게 서비스를 할 만한 예산부족과 실무인력 부족으로 운영에 상당한 어려움을 겪게 된다. 그래서 현재의 햇살보금자리를 확장해야 하는 필요성을 인식하고 차후에는 현재 사용하고 있는 공간 위층 전체를 사용하여 80평정도로 운영하여야 하며 드롭인 센터로 기능하기 위한 조건들이 논의되었다.

첫 번째는 의료적인 서비스를 직접적으로 드롭인센터 내에 최소한 간호사 1인을 실무자로 두어야 하며 보건소, 시립병원 및 국공립병원에 의뢰할 수 있는 권한까지 부여해야 한다는 것이다. 또한 간접적으로는 119차량으로 응급환자를 후송할 때 인근파출소를 통하지 않더라도 직접적으로 의뢰할 수 있도록 해야 한다는 것이다. 그리고 인근 정신건강센터 및 알코올 정신건강센터, 민간무료병원(요셉의원, 성가복지병원, 다일천사병원) 등과 긴밀한 협조체계를 가질 수 있도록 해야 한다.

두 번째는 사정과 쉼터전원의 기능을 드롭인센터에 넘겨야 한다.

세 번째는 아웃리치의 기능을 드롭인센터로 권한을 넘겨야 한다.

4기 햇살보금자리 상담보호센터 안정기(2004년 2월~현재까지)

1) 연혁

2004년 2월. 햇살보금자리 확장개소(동 주소 3층 확장, 총 80평): 확장개소예배 및 지역
　　주민한마당개최.

실무인원 증원(신규실무자: 양난희 간호사, 김승우 간사, 박현우 간사, 하동우 간사)

2004년 6월. 영등포지역 홈리스지원단체 모임, 전실노협주최 홈리스체육대회개최. 햇살
　　거리신문발행.

2004년 7월. 햇살수요예배(손은정 목사), MBC PD수첩 취재, 한국빈곤문제연구소 토론
　　회-주거복지, 국기법 활성화방안 등 논의.

2004년 8월. 일본오사카 홈리스단체방문. 햇살거리신문발행.

2004년 9월. 햇살상반기평가회, 가을맞이 햇살캠프, 신규 최병국 간사.

2004년 11월. 햇살 가을산행. 햇살거리신문발행.

2004년 12월. 거리에서 죽어간 노숙인 추모제, 고난받는 이들과 함께하는 성탄절 연합예배.

2005년 2월. 정요섭 목사 부임.

2005년 4월. 승합차 지원받음, 자원봉사자 감사의 날, 노숙인 문화권증진을 위한 문화행동, 신규 박철수 간사.

2005년 5월. 햇살가족수련회, 요가수련모임, 햇살수요예배, 목요영화방, 금요토론방, 신규 오상훈 간사.

2005년 8월. 마술강습진행.

2005년 10월. 햇살가을산행.

2005년 11월. 노숙인 특별자활사업 실시.

2006년 1월. 해보자모임 노숙당사자 모금운동: 파키스탄 지진피해지역 전달. 수급권자 지정을 위한 임시주거비지원사업 실시, 서울시 일자리갖기 프로젝트시행, 의료생협 한방진료자원봉사(월1회).

2006년 4월. 햇살어울림 바다여행.

2006년 8월. 건강세미나(월1회) 시작, 한국타이어 컴퓨터, TV, 세탁기 지원. 기천수련(주1회) 실시, 3층 이용자 컴퓨터5대 설치.

2006년 9월. 비정규직노동자와 함께하는 기도회 참여, 햇살 설악산등정, 광역정신보건센터 대상자교육.

2006년 10월. 서울시 일자리모범근로자 가을기차여행.

2006년 11월. 노숙인 의료 지원체계 간담회, SK텔레콤 행복김장담그기 참여, 신내동 사랑의 연탄나누기 참여,

2006년 12월. MBC나누면행복+행복행사참여, 노동부취업설명회개최, 성탄절예배, 해보자모임 자조운동, 해보자모임 고시원사업추진, 거리에서 죽어간 노숙인 추모제 가두행진.

2007년 1월. 햇살교육 세미나(월1회)실시.

2007년 5월. 햇살 한라산등정.

2007년 7월. 임시주거지원 사업 및 지역정착프로그램(다함께 요리조리) 실시.

2007년 10월. 수급권자 자원봉사교육 실시.

2007년 11월. 노숙인 의료체계개선을 위한 토론회 참여, "위풍당당 민반장" KBS방영.

2007년 12월. 태안 가의도 기름피해지역 자원봉사활동.

2008년 1월. 해보자모임 사랑의 생필품나누기.

2008년 3월. 우리들이 함께하는 삼일절기념식.

2008년 5월. 햇살남도기행수련회.

2) 주요사업

(1) 임시주거지원 사업

노숙을 탈피하여 생활의 안정을 원하는 거리 노숙인에게 상담을 통해 대상자의 상황과 욕구를 파악하여 주거할 방을 얻어 드리고 주민증 복원, 국민기초생활수급 신청, 장애진단 및 등록을 지원하여 노숙생활을 벗어나 안정된 생활 및 지역사회 정착을 가능하도록 돕는 사업.

2006년~현재 지원통계

프로그램명	2006	2007	2008(5월현재)	누계
1. 임시주거지원				
주거지원(건)	42	53	19	114
주민증복원(건)	23	24	2	49
장애인등록(건)	9	11	1	21
일반수급(명)	25	33	12	70
조건부수급(명)	10	8	3	21
차상위(명)	2	3	-	5
사례관리(건)	146	431	19	596
2. 지역사회정착				
가슴으로 이어진 가족	11회/220명	16회/145명		27회/365명
다함께 요리조리		10회/95명		10회/95명
햇살닮은사람들(자원봉사)		3회/9명		3회/9명
가을나들이(명)		1회/15명		1회/15명

주거유지율

- 주거유지: 43명(81.1%)
- 재노숙: 4명(7.5%) (일반수급 탈락 : 3명, 수급부적격 : 1명)
- 병원입원: 2명(3.8%)
- 체 포: 1명(1.9%)
- 행방불명: 3명(5.7%)

상담 및 사례관리

대상자분들에게 개별상담 및 문제해결 위한 개입은 총 431회로 대상자 53명에게 1인당 평균 8회 정도 진행하였다. 개별사례관리를 통해서 임시주거 진행이나 수급 진행과정에서 생기는 문제들에 대해 개별적으로 접근하여 해결하고 대상자들이 생활적응 및 유지할 수 있도록 지속적인 관리를 위해 노력하였다.

(2) 지역사회정착프로그램

① 가슴으로 이어진 가족— 정기적인 모임과 식사, 문화활동. 6월부터 11월 말 현재까지 매주 수요일 자조모임이 9회 진행, 7월에는 '화려한 휴가' 영화관람.

② 다함께 요리조리— 자원봉사자와 반찬 만들기. 6월말부터 12월까지 1, 3주째 목요일마다 총 10회 95명이 참석. 12월 초 김장 담그기 진행.

③ 햇살 닮은 사람들-장애우 사랑 나눔의 집 목욕봉사.

④ 가을 나들이— 10월 25일~26일 1박 2일 이천 도자기마을 펜션 방문.

임시주거지원 사업을 처음 시작한 2006년도가 노숙하시던 분들에게 주민등록 복원 및 주거지원을 통해 생활안정의 기회를 제공하였다면, 2007년 도에는 지역사회정착프로그램을 통해서 주거를 유지하고 재노숙을 방지하는 데 의의를 두었다고 생각한다.

(3) 2007년도 특별자활사업

자활사업의 목적으로 '안 찾기 저축'을 함으로서 일정금액(400만 원)을 모아서 '고시원사업'에 참여시켜 준 항구적인 주거를 확보한다는 목표를 가지고 진행하였다. 동절기는 위의 목표와 당장주거확보 목표를 병행하였다.

① 사업 참여 상황 및 참여자 급여사용 실태

가. 월별 자활사업 진행 상황

월	1월	2월	3월	4월	5월	6월	7월	8월	9월	10월	11월	12월
인원(명)	76	77	18	17	20	20	20	20	20	20	69	-

나. 월별 자활사업 참여자 급여사용처

사용처/월별	1월	2월	3월	4월	5월	6월	7월	8월	9월	10월	11월	12월
저축	30	20	18	18	18	18	18	18	18	18	-	-
주거확보	34	26	2	2	2	2	2	2	2	2	-	-
탕진	11	27	-	-	-	-	-	-	-	1	-	-
기타	2	3	-	-	-	-	-	-	-	-	-	-

② 자활사업의 운영과정의 평가

― 3월부터 탈락되는 참여자들 서울시 일자리프로젝트로의 연계하여 경제활동을 계속하게 하고자 하였음.

― 11월 동절기부터 69명으로 정원이 늘어남에 따라 올해부터 한강청소 등의 단순노무를 줄이고 병원동행업무, 지역사회봉사업무, 주간아웃리치업무에 많은 인원을 배정하여 운영.

― 탈락자 대부분은 경마도박 때문. 고시원생활로 주거비 지출하지 말고 "33만원 계속 저축해보자" 강조. [강자 프로젝트]를 진행.

(4) 아웃리치 사업

상담원의 계속교육과 담당자의 활동: 상담원들에게 응급구호, 현장보호, 생활상담, 거리생활정보 안내, 지원체계로의 연계 등 아웃리치활동의 5대 목적과 취지를 숙지하게 하고 담당자는 주중 거의 빠짐없이 상담원들과 아웃리치를 함께 하였다.

상담원 활동관리

현장관리: 거의 매일 직접 현장관리

아웃리치 활동 카페: 햇살자리

* [카페지기] 박철수 / *[운영자] 김지선 / *[현재 카페 가입회원] 19명
* 회원명단 / 햇살상담원, 햇살실무자, 아가페여성쉼터, 열린여성센타, 행복한우리집, 광역
　정신보건센타, 서울시자활지원과, 옹달샘, 비전트레이닝, 병원동행팀

(5) 병원 동행 팀과 연계활동

　병원 동행 팀의 가동 이후 아웃리치 활동이 개입하고 연계할 수 있는 활동의 범위가 훨씬
넓어졌다. 실제로 지난 1년 동안 병원 동행 팀의 활동실적 200여건의 개입사례 중에서 의뢰
환자 70%가 야간상담원들이 동행 팀에 의뢰하고 연계한 것이다.

　병원 동행 팀의 활동보고 및 평가.

　동행활동별 개입건수 ― 총 개입 건수 / 223건

동행유형	입원	입소	진료	퇴원	병문안	동행실패	환자찾기	기타
개입건수	44	17	72	9	36	20	15	10

　*의뢰된 환자의 70%가 야간상담원들이 의뢰한 것임. 2007년 265명, 2008년 195명.

　실제 진행된 것을 평가해 보면,

― 경력이 미진한 옹달샘 상담원들의 활동력과 상담수준이 눈에 띄게 향상되었다.

― 상담원들 간의 친밀도가 높아지고 상담현장에서의 협동력도 향상되었다.

― 대상자의 사례가 밀도 있게 공유되고 있다고 할 수 있다.

― 주중 2회 광역 모바일팀 2명이, 주중 1회 아가페 여성쉼터 1명도 함께 참여하는 등 영
　등포지역에서 야간상담활동을 하는 여러 기관들도 함께하게 되었다.

― 옹달샘 상담원들이 주로 일주일단위 중에 근무일수가 1일~2일밖에 되지 않아 효과적
　으로 취지를 살리는 데 한계가 있었다.

　공대위(영등포역 공공성회복을 위한 대책위원회) 활동평가

　*영등포역 작은 문화마당을 제안하여 현재까지 7회 진행됨.

2004년 일일이용현황

구분			인원	소계
편의시설 이용	이발		391	32,672
	목욕		15,886	
	세탁		4,030	
	의무		1,736	
	기타	사물함	3,382	
		물품	3,364	
		의류	3,083	
		영화	698	
		지하철패스	102	
식사인원	아침		7,081	14,989
	간식		7,908	
숙박	낮잠		7,082	
	밤잠		14,455	
상담실적	주간상담		2,212	
	야간상담		237	
	시설입소		150	
시설이용인원(신규) 누계			29,287(786)	

2005년 일일이용현황

구분		인원	소계
상담서비스	입소상담	686	10,444
	생활상담	2,145	
	취업상담	25	
	현장상담	7,395	
	시설입소	193	
편의시설 이용	응급잠자리	14,599	55,588
	목욕	23,551	
	세탁	4,512	
	이미용	431	
	기타	12,495	
식사인원	아침	3,710	13,293
	점심.간식	9,237	
	저녁	346	
의료서비스	병원의뢰	38	900
	기타	862	
시설이용인원(신규) 누계			31,674(600)

2006년 일일이용현황

구분		인원	소계
상담서비스	입소상담	577	13,924
	생활상담	3,758	
	취업상담	277	
	현장상담	9,157	
	시설입소	155	
편의시설 이용	응급잠자리	22,758	86,506
	목욕	37,529	
	세탁	9,704	
	이미용	532	
	기타	15,983	
식사인원	아침	8,642	20,515
	점심.간식	11,131	
	저녁	742	
의료서비스	병원의뢰	136	1,043
	기타	907	
시설이용인원(신규) 누계			44,729(535)

2007년 일일이용현황

구분		인원	소계
상담서비스	입소상담	529	15,599
	생활상담	3,269	
	취업상담	164	
	현장상담	11,482	
	시설입소	155	
편의시설 이용	응급잠자리	25,792	98,997
	목욕	41,128	
	세탁	12,247	
	이미용	474	
	기타	19,536	
식사인원	아침	5,038	19,065
	점심.간식	9,094	
	저녁	4,933	
의료서비스	병원의뢰	85	1,036
	기타	951	
시설이용인원(신규) 누계			49,053(389)

프로그램명	운영내용	'07년 실적	비고
기공체조	매주 수요일 오후 3시, 심신교육	회당 20명 이상 참석, 심신강화	
수요자율예배	매주 수요일 오후 2시, 인성교육	회당 20명 이상 참석, 인성강화	
이미용	매주 화요일 오후 2시, 사회성교육	회당 15명 이상 참석, 사회성 강화	
임시주거지원사업	수시, 지역주민으로 사회복귀	41명 주거지원으로 수급자 책정	
지역사회정착	매주 수, 목요일(격주) 오후	80명 참석으로 지역사회정착화 가능	

3) 평가

2004년 2월 햇살보금자리 확장개소와 더불어 역전과의 거리감과 지역주민의 님비현상이 상당부분 해소가 되고 안정적으로 이용자 서비스가 이루어지게 된다. 잦은 실무자의 이직현상도 이때부터 없어지고, 종합적 서비스가 이루어지면서 이용자들이 꾸준히 증가하고 있다. 2005년 사회복지시설로 신고가 이루어졌고, 2007년부터는 쉼터의뢰업무, 국공립병원의뢰업무, 인트라넷공유 등 드롭인센터의 역할을 찾아가면서, 거리에서 취업 및 의료서비스까지 대부분의 개입이 가능하였다. 예전의 실무자 중심의 프로그램 운영방식에서 대상자중심의 프로그램 개발 등으로 노숙인 스스로 자존감을 회복하는 길을 모색하고 있다. 한편으로는 2006년부터 현재까지 지도점검과 회계감사 등, 시설의 전반적 재정비가 요구되고 있고, 2010년까지는 제도화된 시설로 거듭나야 하는 숙제를 안고 있다.

III. 이후의 전망—선교적 과제와 전망

햇살보금자리가 담당해온 실직노숙인의 문제는 한국교회가 지속적인 관심을 가지고 접근해야 하는 중요한 문제 중의 하나라고 할 수 있으며 단순히 서비스를 제공하는 수준의 프로그램이 아니라 사회운동으로 발전해 나가야 할 것이다.

올해는 IMF이후 급속도로 불거진 실직거리노숙인 문제에 적극적으로 개입, 해결하고자 영등포산업선교회가 노숙인 쉼터 희망사랑방을 연 지 10년이 된 해다. 물론 지금은 생활시설인 희망사랑방 대신 이용시설인 햇살보금자리 상담보호센터로 바꾸어 운영하고 있지만 실직거리노숙인의 자활을 위해 운영, 지원하고 있는 점에서는 그 취지와 역할이 같다고 할 수 있다. 또한 올해는 햇살보금자리 상담보호센터의 법인인 영등포산업선교회가 이 땅에 억압받고 착취당하는 노동자들과 함께한 지 50년째 되는 아주 특별한 해이다. 희년을 맞이한 영등포산업선교회와 각 부서는 지나온 반세기를 돌아보고 "지역, 협동으로 아시아와 연대하라"는 슬로건 아래 다가올 반세기의 청사진을 계획하고 있으며 오는 11월에 50주년 기념대회를 치를 예정이다.

이러한 취지에서 노동복지부 소속의 햇살보금자리 상담보호센터 역시 지나온 10년을 돌아보고 앞으로 10년을 내다보고 있다. 지금까지 잘 해왔고 앞으로도 잘 해나갈 것이 분명하지만 밝은 미래가 공허한 구호만으로 오지 않듯이 알차고 실현 가능한 계획을 갖고 구체적인 실천 활동 속에서 햇살보금자리의 앞날은 가능할 것이다. 현재 햇살보금자리 상담보호센터는 종합안내 기능, 무/유료서비스, 응급숙박지원, 의료지원, 아웃리치, 여가프로그램, 예배공동체 등의 프로그램을 실직거리노숙인과 함께하고 있다. 그러나 지금의 지원프로그램과 계획만으로 다가오는 10년에 적극적으로 대응하기는 역부족인 것이 사실이다. 한국 사회는 870만이라는 비정규직 숫자가 말해 주듯 고용불안이 일상화된 지 오래고, 20대 80 사회가 고착화, 더 나아가 10대 90의 불평등한 분배구조가 공고히 되고 있다. 점점 심각해지는 빈부격차를 특단의 대책 없이는 줄일 수 없는 지금, 빈곤층의 확대는 이 순간에도 현재진행형이다. 실제로 햇살보금자리의 이용자 가운데 최근 들어 20대와 30대 초반의 이용자가 늘어나고 있는 것이 그 증거라 할 수 있다.

영등포산업선교회와 햇살보금자리는 빈곤계층이 점점 증가추세에 있다는 것과 그중에서도 특히 단신남성빈곤계층의 확대에 주목하고 있다. 그러면 이러한 단신남성빈곤계층의 증가추세에 있어 햇살보금자리 상담보호센터는 어떻게 대응하고 대안을 만들어나갈 것인가? 이것은 현재 단순히 서비스를 제공하는 수준의 센터 운영과 지원프로그램을 넘어 양질의 내용을 담보하는 실질적 계획과 구체적인 실천 속에서 가능할 것이다.

이를 위해 햇살보금자리는 "가난한 이웃들과 함께 한다"는 운영원칙으로 10년의 중장기적 비전을 갖고 세 가지의 구체적인 과제를 설정, 실천할 것이다.

첫째, 종합안내소 기능의 확대가 필요하다.

현재의 실직 노숙인에 국한된 안내소 기능을 뛰어넘어 극빈층, 저소득층, 차상위 계층과 함께하며 다양한 욕구를 충족할 수 있는 기능을 확대하여 더불어 사는 공동체를 이루어 가야 할 것이다.

둘째, 노인 노숙인 쉼터에 관심을 가져야 한다.

현재 햇살을 이용하시는 대부분의 연령층은 30~50대의 분들이다. 또한 60세가 넘으신 분들도 다수가 있다. 노인 노숙인분들은 지지기반이 약하고 자활의 기회가 젊은 층보다 더 힘겨워 탈 노숙하기에는 힘에 겨운 부분이 많이 있어 향후 10년 이상 지나면 노인 노숙인분들에 대한 대책이 있어야 할 것이며, 현재에도 날짜에 상관없이 편하게 이용하게 하시지만 장기적으로 햇살에서 노인 노숙인분들을 위한 서비스에 장소를 제공하는 데 노력해야 할 것이다.

셋째, 자립적인 공간 확보가 시급하다.

현재 햇살보금자리는 보증금 2,000만 원에 월 200만 원의 월세를 부담하면서 선교활동을 열심히 펼쳐나가고 있다. 그러나 2010년이면 제도화에 따른 법인 소유의 건물이 있어야 한다. 현재의 건평 80평(260㎡)보다는 좀 더 넓은 100평(330㎡) 이상 준비하여야 할 것이다.

복권기금이라든지 서울시, 국가의 위탁을 받는 것도 다양한 방법 중의 하나라고 생각하지만 영등포산업선교회의 자체 노력과 힘으로 자체법인 건물을 확장해 나가는 것이 더 좋을 듯싶다.

서울시에서는 점차 노숙인의 숫자가 줄어들 것이라고 예상하지만 과연 그렇게 될까 하는 생각이 든다. 앞서간 선진국들을 보면 양극화 심화로 인하여 더욱더 실직과 노숙인의 증가가 명명백백하다.

이에 사회에서 자신의 있는 것조차도 빼앗기고 거리로 공원으로 쫓겨날 수밖에 없는 강도 만난 우리의 이웃과 형제자매들에게 한국교회가 책임지고 힘껏 껴안고 따뜻하게 보듬어야 할 것이다.

영등포산업선교회 햇살보금자리는 지금까지 가난한 자에게 복음을, 포로 된 자에게 자유를, 갇힌 자에게 놓임을 감당하여왔듯이 지속적으로 하나님의 선교를 넓혀 나가야 할 것이다.

4. 아시아 도시농어촌선교 디아코니아 훈련원

국제연대부

1. 아시아 URM 디아코니아 훈련원 이전의 국제연대

영등포산업선교회는 90년대 이후 한국의 노동문제뿐만 아니라 국제적인 노동문제 대하여 관심을 갖고 함께 연대하며 대처하는 활동을 하였다. 특히 96년부터 시작된 노동·사회운동 실무자들에 대한 훈련이 매해 진행이 되었는데, 아쉬운 것은 그때의 자료가 거의 남아있지 않다는 것이다. 당시 조직교육을 맡은 실무자가 장창원 목사였는데, 언어소통에 어려움이 많았지만, 진실한 마음은 언어소통을 넘어서는 역사를 만들 수 있다는 것을 인도네시아 농민운동을 주도하고 있는 96년에 훈련받았던 아우구스띠아나 씨를 만나면서 알게 되었다. 이때는 한 달간 전국을 돌아다니며 훈련을 하였는데, 어지간한 투쟁현장들을 모두 방문하면서 조직화 전술 등에 대하여도 깊은 논의를 한 것으로 후일담을 통해 들었다. 인도네시아의 아우구스띠아나 씨도 이때의 훈련을 계기로 정치투쟁 위주의 운동에서 지역 주민들을 조직하는 지역농민운동 현장에 뛰어들었으며, 10년이 지난 후 세계 농민운동의 중심에서 지도력을 인정받고 있는 지도자가 되었다.

96년도에 인도네시아에서 3명, 97년도에는 버마의 기독교운동 지도자들 3명과 일본 에큐메니칼 활동가 1명이, 98년도에는 다시 인도네시아 지도자 3명이 훈련을 받았다.

2. 아시아 URM 디아코니아 훈련원

1) 훈련원 개원과 조직 구성

이러한 국제연대의 경험과 신자유주의 경제세계화에 대응하는 에큐메니칼 운동의 국제적 연대의 필요성에 부응하기 위하여, 영등포산업선교회가 2000년도에 제안하여 CCA-FMU와 함께 아시아 도시농어촌선교(URM) 디아코니아 훈련원 개설을 준비하여, 2001년 4월에 정식으로 개원하기에 이르렀다. 훈련원을 개원할 때 CCA-FMU가 매년 6,000달러를 훈련을 위해 지원하기로 하였다.

당시 조직으로 이사장에 인명진 목사, 원장에 박진석 목사, 사무국장에 황남덕 목사가 함께 실무를 맡아서 일하게 되었다. 이사로는 교계 원로와 기독교 사회운동 지도자와 학자 및 아시아 각국의 URM 운동 지도자들로 구성되었다.

훈련원의 조직은 아래와 같다.

이사장	인명진 목사 (갈릴리교회)	
서기	진희근 목사 (일산승리교회)	
원장	박진석 목사 (C3TV 사장)	
이사	김동엽 목사 (목민교회)	김용복 박사 (생명학연구원 원장)
	류태선 목사 (대한예수교장로회 사회봉사부 총무)	
	손은경 목사 (수서소망교회)	손인웅 목사 (덕수교회)
	엄영수 목사 (대광교회)	이만영 장로 (도림교회)
	이성희 목사 (연동교회)	장복문 목사 (신월제일교회)
	정태봉 목사 (묘동교회)	김영태 목사 (청북교회)
	최의팔 목사 (한국기독교교회협의회 도시농어촌선교분과 위원)	
	홍은섭 장로 (여의도제일교회)	
	Rev. Josef P. Widyatmadja (Executive Secretary, CCA-FMR, 홍콩)	
	Mr. Rajan Singh (Consultant, CNI-SBSS, 인도)	
	Mr. Chan Ka Wai (Hong Kong Christian Industrial Committee, 홍콩)	
	Mr. Oscar Francisco(Philippines Community Organizer Society, 필리핀)	
	Rev. Lee Chung-il (Chairperson, NCCJ-URM Executive Committee, 일본)	
전문위원	구춘서 박사 (전주한일신학대학)	노중기 박사 (한신대학교)
	박천웅 목사 (안산외국인노동자센터)	안하원 목사 (새날교회)
	이근복 목사 (한민족선교정책연구소장)	이인수 목사 (베다니교회)
	이홍정 목사 (CCA, 홍콩)	장윤재 박사 (이화여대)
	장홍근 박사 (한국직업능력개발원)	정무성 박사 (가톨릭대학교 사회복지학)
	한국일 박사 (장로회신학대학교)	황홍렬 박사 (장로회신학대학교)

훈련원 개원과 조직에 대한 평가

훈련원이 아시아를 위한 훈련인 만큼 아시아 URM을 대표하는 각국의 원로 활동가들을 이사로 영입한 것은 매우 좋았다. 하지만 이후 지속적인 모임을 갖기에는 한계가 있기도 하였고, 훈련 이후 각국의 대표들에게도 나름대로의 평가와 이후 조정할 부분들을 받을 수 있었다면 이름만 있는 해외 이사의 역할에 머물지 않고, 훈련에 대한 실질적인 역할을 할 수도 있었을 것이다. 이 점은 분명 실무진에게 그 책임이 있다고 할 수밖에 없다.

조직구성에서 또 한 가지 아쉬운 점을 든다면 한국기독교교회협의회의 URM과 적극적으로 논의하여 조직 구성이나 운영에 대한 협의를 하지 못한 것이다. 훈련의 내용과 국제적 조직의 위상은 에큐메니칼 이념을 충실히 따르고 있지만, 국내의 조직구성에서는 교단의 벽을 완전히 넘지 못하는 한계가 있었음을 지적할 수 있을 것이다. 그리고 훈련 내용 또한 실무자 개인에 의하여 구성되는 것보다는 기독교사회운동 진영이 포괄된 훈련위원회 등을 구성할 수 있었다면 영등포산업선교회의 벽을 넘어 한국의 기독교사회운동과 아시아 사회선교가 더욱 폭넓게 연대할 수 있는 기회를 만들 수도 있었을 것이다. 물론 여러 가지 여건과 정황상 그런 이상적인 체계를 만들기는 힘들었겠지만, 그런 체계를 만들기 위해 좀 더 노력했더라면 좋았을 것이란 아쉬움이 남는다.

2) 훈련 일정과 훈련참가단체 및 인원

개원 이후 14회에 걸쳐 인도, 필리핀, 인도네시아, 네팔, 버마, 파키스탄, 방글라데시, 대만, 홍콩, 태국, 베트남, 캄보디아, 스리랑카 등 13개국에서 총 66명의 훈련생들이 훈련을 받았다. 훈련 참가자들과 대상국은 아래의 표와 같다.

Group 1 (9~27 April 2001)	
Mr. Rajesh Jadhav	National Council of Churches in India
Rev. S. Asok Kumar	Church of South India
Ms. Roselyn Serto	Manipur Baptist Convetion
Ms. Nutan Vinay Shivtare	Bombay Industrial League for Development
Mr. Jeetendra Singh	Care Society
Group 2 (3~19 July 2001)	
Ms. Setyawati Oetama	Center For Popular Education
Mr. Jon Alden Saragih	Church Community Development Services
Ms. Marina Sinaga	Urban Rural Mission (URM) — Indonesia
Rev. Ruddy Tindage	The Evangelical Christian Church in Halmahera
Rev. John Wattimena	Kalimantan Evangelical Church (GKE)
Group 3 (9~25 October 2001)	

Mrs. S. Khristina Maraweli	Kudah Putih Sejahtera Foundation
Mr. Surung Simanjuntak	YKSPPM
Ms. Myla Joy Soriano	Capitol Grocery
Ms. Phan Wanabriboon	HomeNet Thailand
Mr. Sein Myo Win	Alpha & Omega Co. Ltd.
Group 4 (2~17 April 2002)	
Mr. Sour Choum Chan Sy	캄보디아 주민조직 활동가
Mr. Hong Chi Nguyen	베트남
Mr. Chantha Pen	캄보디아 아동인권 활동가
Mr. Chien Trinh	베트남
Group 5 (24 September~9 October 2002)	
Rev. Reynaldo B. Cortes	필리핀 NCC
Rev. Sarath J. Hettiarachchi	스리랑카 URM 목회자
Rev. Javed Masih	파키스탄 교회 지도자
Rev. Kacon Nababan	인도네시아 농촌목회자(주민조직활동가)
Mr. Finner Pardede	인도네시아 도시산업선교 지도자
Group 6 (9~23 March 2003)	
Mr. Robert S. Baidya	방글라데시 NCC
Ms. Monijinjir Byapari	북인도교회 아그라 교구 사회선교 실무자
Mr. Sahat Hutapea	인도네시아 반탄섬 산업선교 지도자
Mr. Lingga Napitupulu	인도네시아 기독교 비례대표(활동가)
Mr. D'Karlo Purba	인도네시아 지역조직가(목회자)
Group 7 (5~13 July 2003)	
Mr. Rajesh Jadhav	인도산업선교 실무자
Mr. Johny Simanjuntak	노동 인권 변호사
Ms. Phan Wanabriboon	태국 노동운동 조직가
Ms. Sane Hongthong	태국 노조 지도자
Group 8 (8~21 November 2003)	
Mr. Min-hui Chen	대만 장로교회 소속 목회자
Mr. Le Tan	베트남 에큐메니칼 지도자
Ms. Wing Sze Tong	홍콩 CIC
Group 9 (26 March~8 April 2004)	
Ms. Moumita Biswas	인도 여성노동자 인권운동단체
Ms. Arunya (Mam) Inthayoong	태국 공공노조
Ms. Premjai (Yong) Jaikla	태국 노동운동단체
Group 10 (8~24 September 2004)	

Mr. Shyam Prasad Bhusal	네팔 NCC
Ms. Tonggo Uli Y. Manurung	인도네시아 URM
Rev. Hotman Tuah Purba	인도네시아 칼리만탄 지역교회
Ms. Rosmey J. Situmorang	인도네시아 URM (지역 조직 및 교육 훈련)
Group 11 (11~24 June 2005)	
Rev. Beltran E. Pacatang	필리핀 UCCP 민다나오 주민선교센터
Mrs. Olvi Prihutami	인도네시아 URM
Ms. Novita Sutanto	인도네시아 URM
Group 12 (7~20 November 2005) — 인도네시아 교환 훈련	
Mr. Nuryana (Nung) Aditya	
Mr. Luckman bin Muhammad Yusuf	
Rev. Agustinus Purba	
Rev. Edwin Partomuan Sianipar	
Group 13 (14~28 October 2006) —	
Mr. Sarmat Sukboonjong	태국 유기농업 지원센터
Ms. Junya Buoson	태국 주민조직 센터
Ms. Nena suson	필리핀 민다나오 Concord
Mr. Sanjey	인도 VCLC
Group 14 (16~29 June 2007) -	
Ms. Tumiur Harianja	Urban Community Mission도시산업선교/이주노동자
Mr. Henry Darungo	Urban Community Mission도시산업선교/이주노동자
Ms. Netty Mewahaty Sibolon	Legal Aid Institute 법률 지원센터
Mr. Robert Pandiangan	HKBP 교회를 통해 산업선교
Mr. Andy Gaol	HKBP 농촌선교
Mr. Muhammad Taufik	아체 민주평화학교
Mr. Saharudin	아체 주민투표정보센터
Mr. Rajesh Rai	네팔 NCC
Mr. Saharsh David	NCC URM

이 훈련에 가장 적극적으로 참여한 것은 인도네시아 URM이었고, 필리핀과 인도가 꾸준히 활동가 교류를 하였다. 인도네시아의 경우 훈련 요청인원이 1~2명인데 비해서 항상 3명 이상이 꾸준히 참여하였는데, 언어가 되지 않아 해외 훈련에 참가하지 못하는 사람들을 위해 인도네시아 URM이 경비를 지원하여 통역이 가능한 활동가를 아울러 보내주는 경우가 많아, 가장 많은 교류가 있었다고 할 수 있다. 필리핀의 경우는 추천을 받아 초청을 했는데, 비자가 나오지 않아 못 온 경우도 몇 차례 있었다. 그렇지 않았다면 아마 인도네시아와 더불어 가장

교류가 많았을 것이다.

이외에도 적극적으로 훈련에 참여한 나라는 태국을 들 수 있겠다. 태국의 경우 NCC 차원에서 큰 관심을 보이지 않아, 일반 사회단체인 홈넷(Homenet)이라는 단체와 연결되어 훈련생을 받았는데, 노동운동 활동가와 농촌 지역주민 활동가를 골고루 보내고 있으며, 특히 자비로 한명을 더 보내어 훈련받도록 한 것은 훈련을 통한 결실이 있음을 말해주고 있다.

훈련일정과 훈련참가단체 및 인원에 대한 평가

훈련 일정은 초기에는 20일 정도로 진행되다가, 2003년 중반부터는 보름 정도의 일정으로 진행하였다. 초기에 한국의 사회운동과 기독교사회운동 전반을 돌아보려다 보니 백화점식으로 나열되는 프로그램이 될 수밖에 없다는 자체 평가를 통하여, 2003년 하반기부터는 세계화에 대한 대응과 대안이라는 주제를 가지고, 모델이 될 만한 곳들을 돌아보면서 서로의 의견을 나누었다.

훈련 일정은 담당 실무자가 2명뿐인 상황에서는 2주 정도면 적당하다고 볼 수 있지만, 자원봉사자 활용 등을 고려했다면 기간을 좀 더 늘여 좀 더 다양한 시도를 해볼 수도 있었을 것이다. 그리고 훈련 참가국과 단체는 CCA-FMU와 같이 하는 프로그램이었으므로 각국의 NCC를 통해서 훈련생들을 받을 수밖에 없었는데, 때로 URM이 NCC와 별개로 운영되는 나라의 경우(스리랑카, 인도네시아 등) NCC가 이 훈련에 그다지 관심이 없는 경우도 있어서, 적은 수의 참가자들을 보낸 나라에서는 훈련생들을 추천받을 다른 경로들을 파악하는 노력도 필요했는데, 실행되지 못했던 점은 반성해야 할 지점이다.

훈련이 지속되면서 훈련 참가자들을 미리 추천받는 방식에 대한 고민도 있었는데, 비정기적인 후원으로 인해 훈련이 언제 진행될 수 있을지 1년 계획이 미리 나오지 않는 상황에서 그런 시도를 하기에 부담이 있었다고 할 수 있다. 하지만 일정규모의 모금이 실시될 수 있는 상황이라면 앞으로의 훈련 때에는 1회 훈련의 배수를 추천받아 훈련생들을 뽑아야 할 것이다. 이 과정은 훈련생들 중에서 꼭 훈련을 받을 필요가 없는 사람이 온다는 문제도 있지만, 비자 관련 문제들로 인하여 참석하지 못하는 경우의 대비책 마련을 위해서도 필요하다.

그리고 대체로 1회에 4~5명의 훈련생들이 훈련을 받았는데, 여비를 제외한 한국에서 소요되는 경비는 인원에 그다지 영향 받지 않기 때문에 차량 1대로 운행할 수 있는 최대인원인

7~8명이 경비와 인원에 따른 효율성으로 가정 적당하다고 할 수 있다.

3) 아시아 URM 디아코니아 훈련의 내용

훈련원 개원 이후 초기 훈련에서는 한국의 사회선교와 사회운동 및 투쟁현장을 돌아보면서 각자의 경험을 나누는 것에 초점을 맞추어 진행되었다.

2001~2003년까지 주로 다루었던 내용과 그 일정은 아래의 표와 같다.

	일	월	화	수	목	금	토
1주		도착	오리엔테이션	산업선교의 역사	철도 노동조합	경험나누기	임진각, 인사동
			공동체 훈련	산업선교의 현황/한국 기독교운동사	파업현장 방문	민중신학	
			한국문화 비디오상영	산선 비디오 상영	경험 나누기	노동비디오 상영	
2주	성문밖교회	아시아교회와 CCA	농촌교회 및 농민운동단체 방문				
	한국노동 운동의 역사	21세기 아시아교회의 에큐메니칼 운동					
	민주노조 비디오 상영	에큐메니칼 비디오 상영					
3주	갈릴리교회	사회부, 총회	한국 이주 노동자의 실태	한국의 여성운동	훈련평가 및 평가서 제출	출발	
	이주노동자 예배	기독연대, 교회협	이주노동자와의 대화	쇼핑	수료식 / 만찬		

실무책임자가 황남덕 목사에서 이성욱 목사로 바뀌면서 '신자유주의 경제세계화에 따른 아시아 URM의 대응과 대안'이라는 주제를 가지고 진행하였다. 이전 훈련에서는 주로 대응에 초점을 맞추어 진행하였다면, 2004년 이후 프로그램은 주로 대안에 초점을 맞추어 진행하였다. 이때의 훈련 일정과 내용은 아래와 같다.

일		-주일예배 -강의: 소모임 조직화의 이론과 실제	-주일예배 -농촌현장 출발
월		-강의: 세계화와 지역화 -강의: 세계화에 대항하는 한국의 노동운동 -현장방문: 비정규-여성투쟁 사업장	-강의: FTA와 WTO가 한국농업에 끼친 영향 -강의: 한국 농업의 대응과 대안
화	도착	-강의: 이주노동자선교, -현장방문: 이주노동자선교센터 -이주노동자와 하룻밤 보내기	-현장방문: 유기농, 공동체운동, 도농직거래현장, 귀농운동
수	-오리엔테이션 인간관계훈련 -참석자 사례발표 -강의: 세계화에 대한 교회의 대응	-현장방문: 실업극복, 자활사업 -노숙인관련 단체방	
목	-강의: 세계화에 대한 영산의 대응 -참석자사례발표 -강의: 세계화일반	-강의: 세계화에 대한 대안으로서의 협동운동 -현장방문: 노동자 기업인수 지원센터 -노동자 협동조합 기업	-강의: 세계화에 대한 대안으로서의 공정무역과 아시아 URM의 연대방안 -현장방문: 아름다운 무역 -사례발표: 각국의 세계화 극복에 관한 모범적 대안사례
금	-강의: 문화를 통한 대중선전 및 조직화 -워크샵: 대중-활동가 교육의 실제	-소비자 생협, 의료생협, 대안교육 -민중교회의 지역주민 조직현장 방문	-토론: 세계화에 대항한 21세기 URM의 과제와 전망 및 연대방안 -평가 및 수료식
토	-비무장지대, 인사동		출발

　　2004년 이후 진행되었던 프로그램 중에서 특히 협동조합과 관련한 내용에는 상당히 많은 관심과 호응을 받을 수 있었고, 농촌 프로그램에서 유기농 현장과 공동체 현장은 아직 농업사회인 동남아시아의 활동가들의 상황에도 적용할 수 있는 내용들이라고 평가되었다.

훈련 내용에 대한 평가

　　그동안에 진행했던 평가를 종합해보면, 한국의 상황과 동남아시아의 상황이 많이 다르다는 것이다. 그리하여 한국의 상황을 돌아보면서 동남아시아의 상황에 적용하기에는 무척 그 거리감이 크다는 것이었다. 물론 한국의 헌신적이고, 조직되어진 사회운동, 그리고 다양한 문화운동을 통한 운동문화의 형성 등은 동남아시아 활동가들에게 많은 감동을 주기는 했지만 그들의 현실과 우리의 현실의 차이를 메울 수 있는 상상력이 서로에게 부족했던 것은 사실이다. 하지만 서로가 사례발표를 통하여 한국에서 보고, 듣는 것들을 토론하는 가운데, 자국의 상황에 어떻게 적용할 것인지에 대한 진지한 토론이 오고 가기도 했다. 특히 의료생협의 경우가 동남아시아의 상황에 적용할만한 것으로 꼽히기도 했다.

또한 소모임 조직화의 이론과 실제에 대한 강의와 대중교육 및 문화 활동을 통한 대중교육 및 조직화 이론 등은 현장 활동가들이 특별히 관심을 갖는 프로그램이기도 하였다.

자체적인 평가로는 산업선교 고유의 내용으로 프로그램과 방문현장을 짜기에는 산업선교의 역량이 많이 후퇴되었고, 다양한 프로그램을 백화점식으로 나열함으로 인하여 현장 활동가들에게 실질적으로 필요한 것으로 내용을 채우기 보다는 프로그램에 대해서 맛만 보는 선에서 그쳤다는 한계를 갖고 있다고 할 수 있다.

외부강사에 의존하는 대중교육과 조직화에 대한 방법론과 워크샵 등은 산업선교회에서도 시급히 요청되는 역량인데, 실무자들 중에서 그러한 역량을 갖춘 사람이 없다는 것은 심각한 문제로 지적되어야 할 부분이다. 앞으로 아시아 훈련뿐만 아니라 지역 활동을 위해서라도 현장 대중교육과 조직사업을 위한 참여교육 등에 대한 전문가들을 키우는 작업이 체계적이고 조직적으로 진행되어야 할 것이다.

3. 국제세미나 '아시아 평화와 URM의 역할'

2003년 10월 새벽교회의 분당 '새벽 월드평화센터' 개소를 기념하여, 영등포산업선교회와 함께 '아시아 평화와 URM의 역할'이란 주제로 국제세미나를 가졌다. 신자유주의 이후 에큐메니칼 조직 내에서 약화된 URM의 활동과 위상을 어떻게 회복할 것이며, 이를 위하여 어떻게 아시아 URM 훈련을 자리매김할 것인가에 대한 논의가 뜨겁게 진행되었다.

성명서 채택 등을 통하여 에큐메니칼 운동의 추상화와 기층 민중들로부터의 분리 등을 날카롭게 지적하기는 했지만, 1회성 이벤트로 그친 것은 비판받아야 할 지점이다. URM을 대표하는 지도력들이 모여 URM의 쇠퇴를 비판만 하는 것이 아니라 현실적인 대안을 내고, 그것이 실현되도록 하려는 의지는 있었지만, 그것을 실현할만한 재원이 부족한 것이 현실이었다. 그리고 주제의 선명성이 부족했고, 정확한 의제에 의한 토론과 후속 작업을 위한 계획 등이 세워지지 못했다.

이것은 새벽교회의 행사와 겸하여 진행되어, 교회에서 요구하는 내용과 실제 행사에 참여한 참여자들의 욕구의 차이가 컸기 때문에 발생한 측면도 있지만, 기획 단계에서부터 좀 더 치밀하게 계획하고, 이후의 효과와 지속성을 고민했다면 극복할 수 있었을 것이다.

행사에 참여한 사람은 모두 100여명 정도였지만, 마지막까지 함께 했던 참가자는 40여명이었다. 그 중에서 외국에서 참가한 사람들의 명단은 아래와 같다.

SEMINAR (5-9 October 2003) — International Seminar for Asian Peace & the URM	
Dr. Hope Sedillo Antone	CCA-FMU
Mr. Tony Waworuntu	CCA-FMU
Rev. Jeffrey F.L. Abayasekera	스리랑카 신학자 및 URM 원로
Rt. Rev. Benjamin G. Barloso	필리핀 민다나오 주교, Concord 주민조직활동
Mr. Oscar D. Francisco	필리핀 C/O 운동 원로
Rev. Nico Gara	인도네시아 URM 지도자
Rev. Cannon Dr. Hone Kaa	호주 URM 원로 및 신학자
Rev. Chong-il Lee	일본 URM 총무
Rev. Rick Manton	호주 원주민 목사
Mr. Indera Nababan	인도네시아 URM 대표
Mr. Rajan S. Singh	인도 URM 대표
Mr. Ka Wai Chan	홍콩 산업선교회
Ms. Hannah Chen	대만 여성 신학자(타이난 신학교)
Mr. Max Ediger	DAGA
Rev. Dr. Ipe Joseph	인도 NCC 총무
Ms. Sharon Rose Joy Ruiz-Duremdes	필리핀 NCC 총무
Prof. Pradit Takerngrangsarit	태국 치앙마이 파얍 대학 신학교수
Rev. Toshimasa Yamamoto	일본 NCC 총무
Mrs. Beela Mary Ipe	인도 NCC 총무 부인

4. 기타 국제 연대활동

1) 인도 VCLC 지원: 인도 VCLC 설립 배경

인도 정 중앙에 있는 인도 NCC가 있는 낙푸르(Nagpur)라는 도시에서 50km 정도 떨어진 비다르바(Vidarba)라고 하는 산업단지가 90년대부터 조성되어 급격한 산업화가 진행되면서,

그곳에도 산업선교의 필요성이 대두되었다. 이때 마침 아시아URM디아코니아훈련이 진행되면서 산업선교회와 인도 URM 간의 교류가 활발하게 진행되기 시작하였다.

영등포산업선교회는 인도의 산업선교를 지원하기 위하여 새벽교회(담임목사 이승영)에 인도 산업선교를 지원할 것을 요청하였고, 새벽교회가 흔쾌히 그 제안을 받아들여 3년간 비다르바노동복지센터(Vidarva Center for Labor Concern, VCLC)를 지원하기로 하면서 2001년도에 설립되게 되었다.

VCLC는 직업기술교육은 물론, 노동인권과 산업안전, 직장 내 성차별과 성추행 방지, 정기적인 건강검진, 산업단지 내 환경운동 및 노동자 조직과 관련한 교육 등을 실시하고 있으며, 노사 간의 갈등을 해결하기 위한 분쟁 조정의 역할도 담당하고 있다.

새벽교회의 지원으로 VCLC는 100여 평의 대지에 노동복지센터를 2층으로 건립하였고, 매년 VCLC의 인건비와 운영비를 6,000불씩 지원하였고, 2004년에 3년을 더 연장하여 2006년까지 지원하였다.

지금은 영등포산업선교회가 매년 2,400불씩 책임활동가 2명에 대한 인건비를 지원하고 있다.

2) 필리핀 민다나오 CONCORD 지원

2003(2004)년 기독교사회선교 활동가들이 필리핀의 사회선교 현장을 돌아보는 기회가 있었다. 이때 함께 다녀온 일하는 예수회 소속 정충일 목사(한벗교회)가 필리핀의 지역선교 현장 활동가 1명을 후원하겠다는 결정으로 시작되었다.

영등포산업선교회는 정충일 목사와 협의하여 이슬람과 정부 간의 무력충돌이 많은 민다나오의 지역선교를 위해 그 후원금을 쓰기로 하고, 이때부터 매달 100불씩 후원하고 있다. 2007년부터는 한벗교회에서 하던 것을 성문밖교회가 이어서 하고 있다.

앞으로는 이러한 후원이 한국의 민중교회와 필리핀의 한 지역이 자매결연을 맺고, 그 지역을 위한 현장 활동을 지원하는 것으로 한 단계 더 나아갈 수 있다면, 에큐메니칼 선교의 새로운 모델을 만들 수도 있을 것이라는 평가를 바탕으로 좀 더 많은 교회가 동참하기를 요청해놓고 있는 상황이다.

5. 영등포산업선교회 국제연대활동의 향후 방향

1) 아시아 URM 디아코니아 훈련

아시아 훈련은 그동안 사라졌던 기층 민중 현장 활동가들의 연대를 다시 이어주는 계기가 되었다. 그리고 교류가 없었던 활동가들이 이러한 교류를 통하여 서로의 경험을 나눔으로 좋은 것들은 배우고 나누는 기회가 되었다. 하지만, 훈련이 실시되는 한국의 상황과 동남아시아의 상황이 많이 달라 한국의 현장을 돌아보고 나누는 것이 동남아시아의 현실과 매우 동떨어져 있어 그 간격을 메우기는 쉽지 않은 상황이다.

앞으로의 훈련을 위해서 각국의 URM 실무지도력들이 다시 한 번 만나 훈련의 내용을 점검하고, 가능하다면 현장감이 비슷한 나라들이 한데 묶여서 훈련을 진행하는 것이 더 효율적일 것이다. 예를 들어 인도, 파키스탄, 스리랑카 방글라데시 등이 비슷한 문화권과 상황에 처해 있으므로 그쪽에서 훈련을 실시하고, 인도네시아, 필리핀, 태국 등이 또 한 그룹이 되어 훈련을 실시한다면 보다 효과적이고, 현장감 있는 훈련이 진행될 수 있을 것이다. 그리고 한국에서는 1년에 한차례 정도 핵심지도력들을 위한 훈련과 각 지역에서 실시되는 훈련을 논의하고, 평가하는 모임을 실시하는 것이 좋을 것이다.

한국은 자체적으로 훈련을 진행하기 보다는 동남아시아의 다른 나라들이 교류할 수 있도록 기금을 조성하여 훈련을 배후에서 후원하는 것으로 자리매김 하면 좋을 것이다.

2) 연대활동

아프가니스탄에서 단기선교팀에 억류와 사망 이후 한국의 해외선교에 대한 새로운 모색이 절실하게 요청되지만, 사실 에큐메니칼 정신에 입각한 해외선교의 모델을 찾기는 쉽지 않다. 이러한 때에 VCLC와 CONCORD에 대한 한국교회의 후원은 해외선교를 위한 좋은 모델로 만들 수도 있는 내용을 가지고 있다. 특히 CONCORD와 한국의 민중교회가 좀 더 많은 현장에서 긴밀하게 연결되고, 나아가 한 교회가 한 현장과 자매결연을 맺고, 직접 교류하고 함께 전망을 세워나간다면 한국교회의 해외선교의 모범적인 모델을 만들어내기에 충분한 가능성을 갖고 있다고 할 수 있다. 그러므로 앞으로 이러한 지원을 더 지속적이고, 견고하게 만들고, 더 많은 후원교회가 조직되어, 현장들이 서로 연결될 수 있도록 만드는 데 주력하여야 할 것이다.

5. 국제연대부 사업에 대한 첨언

조정현

(기독교사회선교연대회의 대표)

Ⅰ. 국제연대부 평가에 대하여

1. 국제연대

에큐메니칼 지도자들의 WCC나 CCA등 여러 에큐메니칼운동(회의)에 참여하는 것이 사실 민중 부분의 기독 활동가들 사이에서는 익숙한 일이 아니었다. 한국민중교회운동연합과 독일 지역 교회와의 연대가 20년 전에 시작이 되면서 눈을 뜨기는 했지만 일부 민중교회의 일이었고 이 연대가 우리 현장을 독일교회에 알려 현장 지원의 연대성을 갖는 상징적인 의미가 있었던 국제연대였다. 이와 병행하여 분명 URM(도시농촌선교)운동의 흐름이 강하게 세계교회와 아시아교회에 깊게 작용을 하고 영향을 끼쳤을 텐데 대부분의 활동가들은 이런 국제연대의 흐름을 놓치고 있었던 일반적인 상황에서 우리의 모습을 알리는데 중심이었던 국제연대의 일반적인 활동이 아닌 96년부터 노동과 사회운동의 실무자훈련을 아시아의 기독 활동가들과 함께 훈련을 시작했다는 것은 대단한 일이 아닐 수 없다.

2. 아시아 URM 디아코니아 훈련원

1) 2001년의 훈련원을 14회 걸쳐 13개국 66명의 훈련을 받았다는 대단한 결과를 보았다. 평가문건 그대로 NCC등 밀접한 관계없이 일을 했다는 부분과 교단의 벽을 넘지 못한 상태에서 이런 결과를 내왔다는 것이 대단한 결과 이기는 하지만 아시아교회와 운동과 연대는 하면서 국내 운동과의 연대가 소홀함을 받았다 함은 앞으로 극복해야 할 문제임이 분명하다.

2) 아시아 URM 훈련원이지만 실제 아시아교회로 부터의 재정적인 지원이 초기를 제외하고는 이어지지 못하여 구체적인 계획을 잡지 못한 점, 때로는 아시아 각국 NCC의 몰

이해와 비협조등을 넘어서 지금까지 왔지만 앞으로 이 상황은 변하지 않을 것이라 판단되기에 지금과는 다른 모색이 필요한 것 같다.

3) 훈련의 내용: 도표를 통해 깊은 내용을 알 수는 없지만 한국의 여러 분야의 운동을 소개하고, 방문하여 벤치마킹할 수 있는 기회와 상상력을 발휘할 수 있는 내용으로 만들어진 것 같다. 평가대로 대응에서 대안으로 초점이 이동되는 것은 전 보다 진일보한 평가일 수 있다. 하지만 여러 방문과 소개의 흐름이 제삼세계적 시각이 아니라 현재 한국에서 벌어지고 있는 상황에 소개(실업과 노숙, 노동운동, WTO, 생협 등)가 중심이었던 것 같아 교육생의 상상력에 촉매하는 역할도 중요하지만 프로그램 기획의 상상력도 맞춤형이 되지 못한 점이 있는 것 같아 아쉬움이 있다. 맞춤형교육을 위해 좀 더 노력을 해야 할 부분이다.

3. 국제세미나 '아시아 평화와 URM의 역할'

2003년에 있었던 이 세미나에 참석을 했었고, 훈련원이 있다는 것을 처음 알았던 시간이기도 하다. 회의의 배경과 과정 결과에 대해서는 평가할 위치에 있지 못하여 평가를 내릴 수 없고 이후 이 주제에 맞는 결과물이 성명서 외에 무엇이 있는가에 안타까움이 있다. 혹시 이 모임이 열심히 하자고 모였지만 실제는 아시아 URM 운동을 마지막으로 정리하는 모임이 되지나 않았는지 5년이 지난 지금 돌이켜 보게 된다.

4. 기타 국제적인 연대활동

인도와 필리핀의 연대활동은 우리의 국제연대가 어떻게 지속될 수 있을까의 한 모델이 될 수 있을 것이다. 다만 초기의 열정과 관심이 지나면 모든 것이 그렇지만 이제 지원금과 보고서만 왔다 갔다 하는 행정의 일로 변해간다는 것이다. 일은 잘 진행되고 있다고 평가하지만 한 달에 단 5분(인터넷송금과 보고서 받기)만 투여하는 아주 작은 일로 변한다는 데 문제가 있다. 이를 극복하기 위해서는 더 많은 작은 연대를 만들고 서로 격려하고 이 연대가 서로 간 다른 연대를 만들어 내어 사건을 만들어내지 않으면 행정적인 머무름에 있기가 쉽다.

5. 영등포산업선교회 국제연대활동의 향후 방향
1) 아시아 URM 디아코니아 훈련원

제안된 평가를 바탕으로 계획이 잘 세워지고 진행되는 것이 중요하다.

훈련원의 역할을 보다 강고히 할 필요가 있을 것이다. 지역을 묶어낸다는 것은 좋은 의도지만 그간의 훈련원 훈련프로그램을 보건대 이런 지역 묶음 훈련은 그야말로 교실 교육이 되기가 십상이다. 다른 문화와 좀 더 다양한 운동 경험의 역동성을 충격으로 받아 자국 운동을 창조적으로 풀어가는 훈련이 되어야 하기에 블록을 묶는 것은 좀 더 신중한 검토가 필요할 것이고, 지역을 묶어내고 이어 핵심지도력 훈련까지의 핵심을 만들어내는 과정의 연장교육도 생각을 해야 할 것이다.

기금조성과 훈련 후원이 짧게 기술되었지만 실제 이 일이 얼마나 중요하고 힘든 것인 가를 모두가 알고 있다. 구호가 아닌 실제의 활동이 필요하다.

2) 연대활동

VCLC와 CONCORD의 활동을 좀 더 구체화 시켜서 모델화하는 일들이 필요하다, 현장을 찾아내고 소개하고 연결하는 일이 중요한 역할이 될 것이다.

II. 제언

1. 연대는 파트너가 있다

연대는 나를 중심으로 해 갈 수 없다. 연대는 어떤 상황에서든지 대상이 있고 연대의 목적이 있다. 국제연대의 명확한 목적을 설정하고 그 목적을 위해 동의하는 연대가 되어야 할 것이다. 이는 영등포산업선교회의 역사성이 연대의 목적을 대변한다고 생각한다. 특별히 훈련원에서는 URM이라는 원칙에 충실해 주기를 바란다.

2. 연대의 틀을 넓혀야 한다

아시아 각국의 공식적인 NCC나 URM의 추천을 넘어 VCLC나 CONCORD 등과 유사한 프로그램에서 실무일꾼으로 일하는 이들을 위한 독자적인 프로그램을 만들어 시행하여야 하고, 귀국한 이주노동자 또는 예정자를 위한 활동가 교육이 제공되어야 한다.

3. 교육 후의 연대에 힘을 쏟아야 한다

교육 후 여러 여건으로 이후 활동에 대한 모니터가 취약하다. 교육 후 돌아가 활동가들에게 과제를 부과하여 이 과제를 이루어내는 후속교육이 필요하다. 과제뿐만 아니라 인터넷을 이용한 각국과 각 단체, 개인의 소식을 계속 생산해 내도록 해야 한다.

이는 가칭 아시아 URM NETWORK 같은 홈페이지를 구축해 한국의 여러 기독교계통의 인터넷신문과 연대하여 서로 간의 소통을 만들어내야 한다.

4. 국내적으로 좀 더 개방된 교육이 필요하다

같은 목적과 연대를 향해 일하는 단체들과 좀 더 긴밀한 관계를 만들어내고, 국내 훈련의 과정에 한국인 훈련생도 함께 받아 이들과 또한 연대를 나눌 수 있었으면 좋겠다.

5. 재원마련을 위한 로드맵을 만들어야 한다

가장 기초가 되지만 가장 힘든 일이다. 실제 우리가 열심히 하자는 구호를 가지고는 어림 없는 일이다. 모금은 분위기가 성숙해져야 한다. 일단 분위기를 만들어내기 위한 홍보작업들이 끊임없이 되어야 한다. 이는 훈련생들의 결과물이 지속적으로 만들어질 때 더욱 큰 효과를 발휘할 수 있다. 또한 아직까지 제삼세계를 위해 일하고 있는 소위 제일세계의 선교지원을 요청하기 위해 아시아-URM을 다시 복원하여 아시아 URM운동의 활성화와 공신력을 만들어내야 한다. 개별적인 차원이 아닌 아시아적 차원의 연대와 지원을 만들어내야 한다.

6. 신학 작업이 필요하다

현장의 부르짖음과 말씀의 응답 그리고 행동되어 다시 현장으로 순환되는 일들이 필요하다. 소리를 모아내는 일과 힘을 주고 함께 하는 말씀들이 혼합되어 새로운 세상이 열려야 한다. 영등포산업선교회는 이런 일을 위한 현장의 실무자뿐만 아니라 신학의 실무자도 함께하는 길을 모색하여야 한다.

9장

성명서 및 사명 선언문

1. 영등포산업전도
(1966년 7월)

지역사회 현황

영등포는 수도 서울 서남방에 위치한 한국 제일의 공업도시로서 총면적 206평방킬로미터로 인구 60만에 (1965년) 달하는 공업 도시이다. 각종 대소 기업체가 700여 개 달하고 있으며 각종 산업에 종사하는 인구만도 13만에 달하고 있다. 산업별 취업인구분포 상황을 보면 1차 산업이 10.3%, 2차 산업이 26.4%, 3차 산업이 62.5%, 기타 산업이 0.8%의 비율이다. 한편 교회 현황을 살펴보면 1964년 현재 12개 교파에서 86개 교회가 있는 실정이다.

목적

산업전도 활동의 목적은 산업사회 속에서 하나님의 말씀을 증거하는 일과 실천하는 일이다. 이러한 목적을 달성하기 위하여 (1) 산업에 종사하는 모든 신도들이 그리스도의 증인임을 자각하고, (2) 그의 이름 밑에서 서로 돕고 협력하여 산업사회에 봉사하며, (3) 노사간의 분쟁의 요인을 제거함으로서 산업평화를 이룩하고, (4) 국가 경제발전을 위한 노력과, (5) 가난을 추방하고 사회 불의를 정화하며 근로자들이 인간다운 삶을 보장받기 하기 위해 고난의 종이 된다.

기구

우리는 산업전도를 위한 두 기구를 갖고 있다. 교회를 중심한 위원회와 공장을 중심한 평신도연합회이다. 위원회는 목사 6명과 장로 2명으로 구성되어 있고, 연합회는 2명의 고문과 9개 부서와 26명의 임원으로 구성되어 있으며, 그 밖에 96개 공장 대표들이 있다. 각 공장에는 독립된 산업전도회가 조직되어 있으며, 5개 교회 내에도 산업전도회가 조직되어 있다.

공장 및 교회 내 활동

모든 모임은 각 공장 그룹별로 모이는 정기예배와 성경연구, 친교와 간담회, 교육강좌와 소창, 교양을 위한 요리, 미용, 꽃꽂이, 예의, 시사강좌가 있으며 이런 모임을 통해 직접 간접으로 그리스도를 증거하며 여기에서 개인적인 권고와 조직적인 활동으로 복음을 이해시키는 좋은 기회를 얻게 된다.

교육

교육목적은 산업신도들이 공장 속에서 산업전도를 위한 리더십을 갖게 하기 위한 것이며, 근로자들에게 성서, 사회, 경제, 노동운동 등 모든 분야에 걸친 교육을 실시하여 산업사회의 일원으로서 의무를 다하고 권리를 누릴 수 있게 하며, 기독교 신앙 인격을 형성하도록 한다.

우리는 3회에 걸친 교육과정에서 총 61명의 수료자를 냈다(1966년 7월 현재). 이들은 모두 현직 근로자들로서 최소한 2주일 이상 6개월의 교육을 받은 평신도들이다.

노동조합운동

우리는 노동조합 속에서 하나님의 역사하심이 나타날 수 있도록 하기 위해 그리스도인 노동조합 간부 그룹을 조직하고, 월 2회씩 모여 노동조합운동에 대하여 연구한다. 이 그룹의 명칭은 씨엠(Chain Meeting)이라고 부르며 회원은 8명이다.

조사활동

영등포 전반에 걸친 지역사회 조사와 각 기업체 내에 있는 신도조사를 하여 교인들의 분포상황과 산업전도를 위한 인적자원을 파악하는 데 노력한다. 여기에 부언해야 할 것은 공장 속에 있는 대부분의 신도들이 말 안에 숨겨준 등불처럼 감추어져 있기 때문에 신도 실태조사가 매우 어렵다는 점이다. 이러한 조사를 통하여 산업사회 속에서의 교회의 능력을 측정할 수 있으며, 따라서 교회가 산업사회와 노동조합과 더불어 협력하여 근로자들의 사회적 지위 향상을 위해 봉사할 수 있는 방법을 찾게 된다.

연중행사

두 개의 년 중 행사가 있는데 3월 노동절과 11월 감사절이다. 3월 10일 노동절 지난 첫 주일을 노동주일로 지키고 있는데, 산업신도들이 모여 연합예배와 위안 음악회를 가지며, 신앙적인 경영과 노동을 통해 하나님과 모든 인류에게 봉사하겠다는 헌신서약을 한다. 한편 11월 감사절에는 공장에서 생산되는 각종 제품을 하나님께 바치는 감사예배로 드린다.

계획과 전망

(1) 산업실무자 팀을 구성하여 공장 목회와 상담문제, 경제문제, 노동조합문제, 경영문제, 여성문제, 교육문제, 사회조사문제, 공장그룹지도문제 등 각 분야별로 사업을 추진할 것이며, 이를 위해 대학과 신학졸업자를 훈련하여 실무에 종사케 한다. (2) 기독교노동회관을 건립하고 신앙지도와 생활교육, 기술교육, 친교활동, 의료봉사, 그 밖에 근로대중을 위한 각종 봉사활동을 전개한다. (3) 종업원 50명 이상 고용한 170개 공장의 신도를 파악하고 훈련하여 산업전도 그룹활동을 할 수 있도록 모든 자료를 수집한다.

재정 후원

대부분의 사업비를 영락교회가 후원하고 있으며 여전도경기연합회, 영등포 내 일부교회, 일부 기업체 그리고 37명의 산업신도들과 약간의 경영주가 개인적으로 후원하고 있으며, 그리고 1966년부터 중앙위원회와 한국에 있는 미국인 교회에서도 후원하고 있다.

산업전도 전임실무자

조지송 목사, 선교동역자 우택인 목사, 고재식 선생, 손풍자 전도사

안내의 말씀

산업전도에 관심이 있어 좀 더 자세히 알고자 원하시는 분은 아래의 주소로 문의해 주십시오.

주소: 서울특별시 영등포구 영등포동 7가 36번지

전화: 63-7972

2. 조지송·김경락 목사 연행 사건에 대한 산선의 성명서

성명의 취지

한국도시산업선교연합회는 2월 16일 선명회 수양관에서 모인 제8회 정기총회에서 본 연합회 회원인 영등포도시산업선교회 소속 두 실무 목사 조지송(장로교), 김경락(감리교)가 경찰에 연행되어 공산당 취급의 문초(제3계)를 당한 것을 중시하여 그 경위와 우리들의 태도를 각 교단장과 크리스천 기업경영주들에게 밝혀드리며 아울러 산업선교의 올바른 이해와 적극적인 협조를 바라는 성명서를 내기로 결의하였습니다.

본 연합회는 전국 20여 지역에서 급변하는 도시화와 산업화에 대처하는 선교를 각 교단별로 담당하고 있는 실무자들의 유일한 초교파 선교연합체입니다.

본 연합회가 지향하는 산업선교의 방향과 목적은 다음과 같습니다.

1) 우리는 도시산업사회에 대한 교회의 선교적 사명을 다한다.
2) 우리는 노사문제에서 발생하는 근로자와 사용주와의 극한적인 대립을 방지하여 노사간에 평화를 도모하도록 조정하는 화해자로 산업평화에 이바지한다.
3) 우리는 근로자들의 정당한 권익보장과 인간적인 기본 권리를 그리스도의 이름으로 옹호함으로써 기업윤리 조성과 산업민주화에 헌신한다.

사건의 경위

이 같은 목적을 수행, 선교하는 가운데 지난 1월 10일 영등포도시산업선교회 에 동아염직 (사장 이봉수 장로)과 대한모방(사장 김성섭 장로) 근로자 400여명의 연명 날인으로 작성된 다음과 같은 5개 항 내용의 진정서가 들어 왔던 것 입니다.

진정 내용

1. 일요일 18시간 계속 장시간노동 폐지의 건(여자근로자인 경우 주 54시간을 초과할 수 없다). 주: 근로기법 제 42조의 위배.

2. 일요일 휴일제 실시 요망의 건. 주: 근로기준법 제45조의 위배.

3. 법적 점심시간 엄수 요망의 건. 주: 근로기준법 제44조의 위배.

4. 근로자에게 강제예배 강요를 폐지해 줄 것(차별대우금지).

조합원은 어떠한 경우에도 인종, 종교, 성별, 정당 또는 신분에 의하여 차별대우를 받지 아니한다. 주: 노동조합법 제 11조의 위배.

5. 기숙사 운영문제(사생활 간섭과 비인격적인 대우) 주: 근로기준법 제99조의 위배.

상기 진정 관계회사는 기업주가 크리스천이면서 또한 교회의 장로이므로 영등포도시산업선교연합회에서는 기업 내에서 대화를 통해 은혜스럽게 해결을 보도록 회사대표와 협의하는 중 2월 7일 대한모방 기숙사 내에서 250여 명의 사생들이 상기 진정 건에 대해 집단적인 요구를 한 사태가 벌어지자 영등포경찰서 정보과 4명이 영등포도시산업선교연합회 회관에 와서 조지송 목사를 오후 6시 반에, 김경락 목사를 7시에 강제 연행하였습니다. 영등포경찰서 정보 3계에서 상기 두 실무자는 철야심문을 당했으며 기숙사생 농성문제를 교사한 양 문초를 당했습니다. 그러나 두 실무자는 농성하려는 근로자들에게 만류하고 제지해 왔습니다. 영등포도시산업선교연합회는 이에 앞서 1972년 11월 28일과 29일 이틀간 서울시경으로부터 사무실을 강제수색 당한 일이 있으나 아직 그 이유는 밝혀지지 않고 있음.

각 교단 총회장님께 고합니다

하나님의 풍성하신 은혜가 섬기시는 교단과 산하 각 지교회 위에 충만하시기를 주님의 이름으로 빕니다. 금번 영등포도시산업선교회 두 실무자 연행 사건에 있어서 대한예수교장로회 총회 총회장과 기독교대한감리회 감독님을 위시하여 교회 지도목사님들의 지대한 관심과 적극적인 협력과 동역자에 대한 신앙동지애를 베풀어 주신 데 대하여 본 연합회는 그 사랑을 깊이 감사드리며 더욱 신앙의 용기를 얻었습니다.

본연합회는 이를 계기로 다음 두 가지 사항을 삼가 요망하는 바입니다.

1. 도시산업선교를 위한 범교회적인 지원을 요망합니다.

한국도시산업선교는 어떤 개개인의 특수전도가 아니라 농경시대가 공업시대로 바뀌어지는 시대적 요청에 의한 교회선교의 새로운 패턴인 것입니다. 그러므로 산업화되어 가는 현시점에 있어서 산업선교는 한국교회가 지닌 범교회적인 사명이라고 생각합니다. 하나님이 주신 인간의 자유와 존엄성이 산업사회 도처에서 짓밟히고 있으며 특히 크리스천 경영자들 자신도 기업윤리와 신앙 양심을 떠난 비인도적인 입장에서 기업의 이윤만을 추구하는 행위는 범교회적인 입장에서 비판해야 될 줄 사료됩니다. 선교실무자는 예수님이 했듯이 가난하고 병들고 약하고 억눌린 자들(이 시대에는 근로자)의 고충을 이해하고 저들의 존엄성을 보호하는 입장에 설 수밖에 없습니다.

이러한 비인간화되어 가는 산업사회 제반 문제를 교단과 교회에서는 어떻게 취급해야 할지 근본적인 선교정책을 수립해 주시기를 요망하는 바입니다.

2. 도시산업선교 실무자들에 대한 신분을 범교회적으로 보장하여 주시기를 요망합니다. 우리는 한국이 처한 현 상황을 충분히 이해하고 이북 공산주의와의 대화과정에서도 저들의 사상이 근로자들에게 침투하여 불행한 사태가 초래될까 누구보다 염려하고 있으며, 이는 모든 교회가 당면한 문제라고 확신하는 바입니다.

이에 산업사회 일선 선교를 담당한 우리들은 근로자들에 대한 부당한 대우와 부당노동행위로 말미암아 야기되는 근로자들의 불만이 누적될 때 수습할 수 없는 불행한 일이 일어날 것을 우려하며, 이들의 문제를 즉시 법에 보장된 규정에 따라 해결해 주는 길만이 정부와 사회에 대한 불신감을 해소하고 민주시민으로서의 긍지를 가짐으로써 안정된 사회를 이룩한다고 확신하며, 이 일에 공헌하는 길이 봄 우리 교회의 중대 사업이라고 믿어 지금까지 실무자들은 이러한 문제 해결을 위해 노력해 왔습니다.

그런데 지난 2월 9일 오후 6시 30분 영등포 두 실무자들을 경찰에서 강제 연행하여 정보 3계에서 공산주의를 돕는 자로 문초한 것은 전교회적인 입장에서 볼 때 중대한 문제가 아닐 수 없습니다. 이에 대한 전 교단적인 선교실무자들에 대한 신분보장을 적극 촉구하는 바입니다.

크리스천 경영주 제위께 고합니다.

하나님의 풍성하신 은혜가 섬기시는 교회와 맡으신 사업 위에 충만하시기를 빕니다.
금번 대한모방(사장 김성섭 장로)과 동아염직(사장 이봉수 장로)의 부당노동행위에 대한 영등포도시산업선교회와의 사건을 계기로 산업민주화를 위한 밝은 내일과 신앙양심의 자유를 위하여 고언을 드리오니 혜량하여 주시기를 바랍니다.

1. 산업 선교실무자는 가난한 자의 복음을 위탁받은 교회선교의 일선 전도자로서 경영주보다는 가난한 근로자 편에 서서 그들의 정당한 권익보장을 위하여 고난 받는 종으로서 그리스도와 함께 일하는 하나님의 종들인 것을 신앙으로 양지하여 주시기를 바랍니다.
2. 공장 종업원들에게 대한 강제 예배행위는 기독교 신앙과 예수 그리스도에게 대한 이미지를 흐리게 하는 역효과적인 결과가 되오니 어디까지나 자유롭게 믿음을 길러 주시기를 바랍니다.
3. 기독교인의 신앙과 생활은 분리될 수 없으며 더욱이 장소를 따라(교회당에서 공장으로) 변할 수는 없습니다. 공장선교에 있어서(미시오 데이) 예수그리스도가 계신 곳은 어디나(공장도) 교회와 꼭 같은 신앙의 장소임을 믿고 우리는 선교의 사명을 다하고 있습니다.
4. 제위께서는 비기독교인 기업경영주보다 훨씬 근로기준법을 잘 지킴으로써, 약하고 가난한 근로자들의 정당한 권익을 보장하는 일에 앞장서서 본을 보임으로써, 산업사회 정의에 이바지하여 주시기를 바랍니다(야고보서 5장 1-6절 말씀).
5. 산업선교 실무자는 노사문제에 있어서 억울함을 당한 근로자들의 상담요청에 의하여 그들 공장의 문제 들을 그 공장의 관리인보다도 잘 알고 있습니다. 그러나 산업선교 실무자는 언제나 산업평화를 위하여 십자가를 지고 있습니다. 그러

므로 제위께서는 경영의 합리화와 신앙의 생활화를 위하여 산업선교자들을 간섭자로 여기지 말고 진정한 조언자로 그리고 신앙의 동지로 대하여 주시기를 바랍니다.

1973년 2월 28일

한국도시산업선교연합회 회장 김영승

3. 영등포산업선교회 안내서
(1980년대 초)

이 작은 안내서가 "산업선교란 과연 어떤 일을 하는 기관인가?"를 충분히 설명할 수는 없습니다. 다만 우리 교회가 어려운 처지에서 생활하고 있는 근로자 여러분들을 이해하고 협력하려는 뜻을 부족하나마 설명하려고 했을 뿐입니다. 교회는 가난한 사람들에 대하여 막연한 동정심만을 갖고 있는 단체가 아니며 산업사회에서 기독교 복음을 선포하고 하나님의 뜻에 합당한 산업사회에 정의를 수립하기 위하여 구체적인 일을 하는 선교 단체입니다.

산업선교회는 수년 동안 선교활동을 하는 과정에서 많은 어려움을 겪으면서도 이 일을 계속해 왔습니다. 그것은 교회가 산업사회에 복음을 증거하고 정의를 실현해야 할 사명이 있다고 확신하기 때문입니다.

따라서 교회는 근로자 여러분들이 직장에서 법적으로나 인간적으로 정당한 대접을 받으며 일 할 수 있는, 자유와 정의가 공존하는 사회가 되기 위하여 기도하며 노력하겠습니다.

하나님의 축복이 근로자 여러분들에게 항상 함께 하시기를 바랍니다.

영등포산업선교위원회 위원장

산업선교회란 무엇인가?

산업선교는 신구약성경이 가르친 대로 가난한 사람들과 천대받는 사람들에 대하여 깊은 관심을 갖고 있는 교회선교 기관입니다. 특히 산업선교회에서는 근로자들의 힘겨운 노동과 여러분들이 당하는 인간적인 천대와 부당한 대우에 대하여도 많은 관심을 갖고 일하는 곳입니다.

산업선교회가 근로자들의 권익에 대하여 관심을 갖는 것은 성서가 가르친 하나님의 명령으로서 산업사회에 복음을 전파하고 정의로운 하나님의 나라를 건설하기 위한 것입니다.

성서는 산업선교를 하도록 명령하고 있습니다.

〈신약〉

주의 성령이 내게 임하셨으니 이는 가난한 자에게 복음을 전하게 하시려고 내게 기름을 부으시고 나를 보내사 포로 된 자에게 자유를, 눈 먼 자에게 다시 보게 함을 전파하며 눌린 자를 자유롭게 하고 주의 은혜의 해를 전파하게 하려 하심이라 하였더라(눅 4:18-19).

낙타가 바늘귀로 나가는 것이 부자가 하나님의 나라에 들어가는 것보다 쉬우니라 하시니(막 10:25).

〈구약〉

곤궁하고 빈한한 품군은 너희 형제든지 네 땅 성문 안에 우거하는 객이든지 그를 학대하지 말며 그 품삯을 당일에 주고 해 진 후까지 미루지 말라 이는 그가 가난하므로 그 품삯을 간절히 바람이라 그가 너를 여호와께 호소하지 않게 하라 그렇지 않으면 그것이 네게 죄가 될 것임이라(신 24:14-15절).

너는 여섯 해 동안은 너의 땅에 파종하여 그 소산을 거두고… 일곱째 날에는 쉬라 네 소와 나귀가 쉴 것이며 네 여종의 자식과 나그네가 숨을 돌리리라(출 23: 10-12).

위의 성경 말씀은 모든 부자가 다 천국에 갈 수 없는 죄인이라는 것이 아니라 부정한 방법으로 재물을 모으며 가난한 사람들을 천대해서는 안 된다는 경고의 말씀입니다.

산업선교는 언제부터 시작되었는가?

선진 공업국가에서는 벌써 수십 년 전부터 교회가 근로자들에 대하여 관심을 갖고 일해 왔으나 한국에서는 1957년부터 비로소 산업선교가 시작되었습니다.

우리 영등포산업선교회는 1958년도에 예수교장로회 총회와 영등포지역의 여러 교회 목사님들이 처음 일을 시작했습니다. 그 후부터 많은 교회들이 여러 공장지대에서 산업선교를 시작했으며 가톨릭교회에서도 1958년부터 근로자에게 복음을 전하고 권익 옹호 활동을 하고 있습니다.

1979년에 산업전도회관을 건축하였는데 이 회관은 한국교회와 근로자들의 헌금으로 대지를 마련했고, 서독 정부와 교회의 후원으로 건축되었습니다.

산업선교회관에는 어떤 시설들이 있는가?

산업선교회관은 1979년 독일 정부와 독일교회, 미국연합장로교회, 영락교회 그리고 노동자들의 헌금으로 지은 집입니다. 250평으로 된 4층 회관에는 지하층에는 강의실이 있고 1층에는 소비조합, 신용조합, 의료실, 도서실, 상담실, 탁구대가 있으며 50여 명이 함께 식사할 수 있는 식당이 있습니다.

2층에는 사무실과 40명이 모일 수 있는 회의실이 있고 음악을 감상할 수 있는 시설도 마련되어 있습니다. 또 20명 정도가 모여서 대화를 나눌 수 있는 온돌방 3개가 있는데 잠을 잘 수 있는 침구도 마련되어 있습니다.

그리고 3, 4층에는 500여 명이 모일 수 있는 대강당으로써 주로 주일 예배를 드리고 있으며, 강연회, 영화상영, 연극, 탈춤, 음악회 등 여러 가지 집회 장소로 사용하고 있습니다. 이 모든 시설은 근로자 여러분이 언제나 자유롭게 사용할 수 있도록 개방되어 있습니다.

수고하고 무거운 짐 진 자들아 다 내게로 오라 내가 너희를 쉬게 하리라(마 11:28).

정의를 강물처럼 흐르게 하여라(암 6:24).

산업선교회는 어떠한 일을 하고 있는가?

노동교회 예배

노동교회는 매주일 오전 11에 여러 회사에서 근무하는 근로자들이 모여 예배를 드립니다. 특히 목사님의 설교 말씀은 근로자들이 직장생활을 하면서 겪는 어려운 문제들을 이겨나갈 수 있는 지혜와 용기를 주고 올바른 삶의 방향을 가리키는 내용으로 하고 있으며 근로자들도 예배순서에 참여하고 있습니다. 예배시간 전에는 성경공부를 하며, 근로자들로 조직된 성가대가 있습니다.

그리고 매월 1번씩 강사를 초청하여 신앙 강좌를 하고 있습니다.

친교와 대화의 모임

산업선교회관에는 여러 회사의 근로자들이 모이고 있습니다. 친구들끼리 모여 쉬면서 정다운 이야기를 나누기도 하고 회사에서 있었던 속상한 이야기들도 같이 나누며 해결 방안을 찾기도 합니다. 이러한 모임을 통하여 같은 처지에 있는 사람들끼리 슬픈 일, 기쁜 일을 나누며 보다 밝은 내일을 위해 서로의 뜻을 모으고 있습니다.

취미 및 교양활동

힘겨운 노동조건 속에서 장시간 일하다 보면 정신건강인 교양과 정서생활에 등한해지기 쉬운 것이 근로자들의 환경입니다. 그래서 산업교회는 몇 가지 취미와 교양을 위한 활동을 하고 있습니다. 음악감상, 꽃꽂이, 기타강습, 요리강습, 노래부르기, 수예 등 여러 가지 활동을 하는데 근로자 각자의 취미에 따라 누구나 참여할 수 있습니다.

건강을 위한 활동

우리 주변에 많은 친구들이 건강 때문에 고생하는 것을 보아 왔습니다. 산업선교회는 근로자들의 건강을 위한 교육을 실시하고 있으며 특히 여성건강에 관한 시청각교육을 하고 있습니다. 의사와 약사 간호원들로 구성된 진료반이 무료로 건강 상담과 진료를 하고 있으며 치과 진료도 하고 있습니다. 여기에는 근로자들의 가족들도 진료를 받을 수 있습니다.

도서실

산업선교회관에는 근로자들의 마음의 양식이 될 만한 서적들을 준비해 놓은 도서실이 있습니다. 도서실에서는 언제든지 책을 읽을 수 있으며 독서회원은 책을 빌려갈 수도 있습니다. 또 매주일 오후에는 독후감 발표모임이 있는데 책을 읽은 후 그 책에 대한 발표를 하여 다른 친구들에게 소개하는 시간도 가집니다.

근로자의 권익 옹호활동

산업선교회는 근로자들의 권익 옹호 활동에 깊은 관심을 갖고 있습니다. 근로자들이 직장에서 당하는 억울한 문제들이 있을 때 산업선교회는 이 문제에 대하여 상담하고 해결을 위하여 협력합니다. 가령 정당한 임금을 받지 못했거나 일하다가 부상을 입고서 정당한 보상을 받지 못했을 때나 부당한 해고 또는 장시간 노동을 계속 강요당할 경우에는 최선을 다하여 근로자들의 권익을 위하여 노력합니다.

근로자들의 작은 모임들

산업선교회에는 7-8명으로 만들어진 작은 모임들이 많이 있습니다. 이 모임에서는 근로자들이 꼭 알아야 할 근로기준법, 노동조합법 그리고 여성문제, 경제문제, 사회문제, 신앙문제 등 각 분야에 대하여 강의를 듣고 이야기를 나눕니다. 이 모임에 참가하려면 가까운 친구들에게 문의하거나 산업선교회로 찾아오면 됩니다.

낙심하지 말고 꾸준히 선을 행합시다. 꾸준히 계속하노라면 거둘 때가 올 것입니다(갈 6:9).

예수의 이름으로 말미암아 모욕을 당하게 된 것을 특권으로 생각하고 기뻐하라(행 5:41).

한문공부

산업선교회에서는 근로자들이 사회생활에 필요한 한문을 가르치고 있습니다. 매주 2회씩 모이며 3개월 과정으로 마칩니다.

협동조합 운동

근로자들이 푼돈을 저축하여 모은 목돈을 모아 두었다가 경제적으로 어려운 일을 당했을 때 싼 이자로 빌려주고 돈은 1년이나 2년 동안에 푼돈으로 나누어 갚고 있으며 각자가 저축한 금액에 대하여는 이자를 배당받는 협동조합이 있습니다. 이 조합에는 누구나 한 시간의 교육을 받으면 가입할 수 있습니다. 그리고 근로자들의 생활필수품을 도매가격으로 구입하여 싼 값으로 나누어 갖는 공동구매조합도 있습니다. 여기에 가입을 원하는 사람은 교육을 받아야 합니다.

노동운동에 관한 교육

기업주에 비하면 근로자 한 사람 한 사람은 너무나도 미약한 존재입니다. 그렇기 때문에 세계 여러 나라의 자유로운 근로자들은 빵, 자유, 평화를 얻기 위하여 근로자들의 조직적인 노동조합을 만들어 근로자의 권리를 지키고 있습니다. 모든 민주 국가에서는 근로자들의 이러한 권리를 보장하기 위하여 근로자들이 자유롭게 노동조합을 조직하고 근로조건을 향상시키기 위하여 조직된 힘을 가지고 기업주와 단체적 교섭을 하거나 근로자들의 정당한 요구가 해결되지 않을 때에는 법절차에 따라 집단적으로 작업을 거부할 수 있는 법적인 보호를 하고 있습니다.

산업선교회는 근로자들에게 민주적이고 자율적인 노동조합을 할 수 있도록 하기 위하여 노동조합의 결성, 노동조합의 운영, 노조간부의 역할, 사용자와의 교섭방법 등등 여러 가지 문제에 대하여 교육을 실시합니다. 특히 기독교적인 신앙을 바탕으로 노동조합 운영을 함으로 근로자들에게 복음을 증거하고 산업사회정의와 평화를 이룩하도록 협력합니다.

산업선교의 행사들

산업선교회에서는 매년 3월 10일 노동절(근로자의 날)을 기하여 기념행사를 하고 있으며 가을에는 근로자들의 축제를 실시합니다. 또한 직장에서 억울한 일을 당한 근로자들을 위하여 기도회를 하거나 바자회를 통하여 이들을 돕기도 합니다.

산업선교회는 세계 여러 나라들이 하고 있습니다.

영등포산업선교회는 예수교장로회 총회에 속한 선교기관입니다. 교회는 근로자, 학생, 선원, 병원, 경찰, 교도소, 윤락여성, 군인 등 여러 분야에서 선교활동을 하고 있는데 그중에 근로자를 대상으로 선교하는 기관이 산업선교입니다. 이 일은 장로교뿐만 아니라 감리교나 천주교 등 여러 교파들도 하고 있습니다. 또 이 산업선교 활동은 한국뿐만 아니라 미국을 비롯한 서독, 캐나다, 불란서, 영국, 일본, 홍콩 등등 공산국가를 제외한 세계 70여 개의 여러 나라에서도 활발히 하고 있습니다.

산업선교회는 어떻게 운영되고 있나?

영등포지역의 장로교 소속인 경기노회와 서울남노회에서 파송한 10인으로 구성된 위원회가 있고 전임으로 일하는 실무자회가 있는데 모든 사업은 실무자회에 의하여 진행됩니다. 그리고 근로자들로 조직된 교회, 교육, 협동, 의료, 도서, 음악 및 조직위원 등 여러 위원회가 있어 근로자들 스스로가 자율적으로 회관을 운영하고 있습니다. 회관 운영에 필요한 재정은 장로교 여러 교회들의 후원과 교회 여성단체 그리고 외국교회들의 헌금과 근로자들의 헌금으로 운영하고 있습니다.

150 서울특별시 영등포구 당산동 171-40, 전화 633-7972, 634-5523

4. 영등포산업선교회 사명 선언문
(2010년)

고난받는 이들과 함께 하신 예수 그리스도를 좇아 노동자와 가난한 사람들이 삶의 주인이 되어 협동하며 살도록 섬기고, 아시아 민중들과 연대하여 하나님 나라를 일군다.

국제연대부

국제연대부는 세계 에큐메니칼 운동에 연대하고 아시아 도시 농어촌 선교네트워크를 형성하며, 차세대 아시아 도시농어촌 선교지도자를 훈련한다.

노동선교부

노동선교부는 실업과 고용불안에 처한 노동자들이 협동하고 연대하여 노동권과 노동의 존엄성을 지켜나가도록 교육하고 연대한다.

다람쥐회

다람쥐회는 조합원들이 경제적으로 협동하여 삶의 문제를 스스로 해결하도록 돕고, 새로운 협동운동을 지원하며 건강한 생활공동체를 만들어간다.

밝은 공동체

밝은 공동체는 지역의 아이들과 부모들이 경쟁과 소외를 극복하고 행복하게 살아갈 수 있는 기회를 제공하여 대안적 교육공동체를 만들어간다.

서로살림 소비자생활협동조합

서로살림 소비자생활협동조합은 조합원과 지역 주민과 생산자가 연계하여 협동과 나눔으로 생태적 삶을 만들어간다.

햇살보금자리 상담보호센터

햇살보금자리 상담보호센터는 상담과 자원의 연계로 노숙인의 자립과 지역정착을 지원하며 자조모임을 뒷받침한다.

5. 한국교회 산업선교 25주년 기념대회 선언
(1983년)

우리는 이 땅의 한국 기독교 선교 100년, 산업선교 25주년을 맞는 이 시점에서 오늘의 한국 교회로 성장시켜 주시고 고난의 역사 속에서 올바른 선교적 사명을 감당케 하여 주신 하나님께 감사와 찬양을 드린다.

특별히 감사한 것은 산업선교를 통해 몸 바쳐 봉사해 오는 과정에서 우리는 성서를 새롭게 보게 되고 한국적인 신학의 모색인 민중신학을 형성하게 되었으며, 오늘의 역사 속에서 하나님이 일하시고자 하는 뜻이 무엇임을 깨닫게 되었다. 애굽의 바로 전제군주의 폭정과 억압, 굶주림에서 히브리 민중의 해방을 명령하시는 하나님과 다윗 이후 이스라엘 왕권의 지배 하에 정치, 경제, 사회적으로 억압받고 수탈당하는 민중을 위해 예언을 명하시는 하나님, 로마와 헤롯의 이중적 권력 지배와 수탈에서 갈릴리 민중을 위로하시고 자유케 하시는 하나님의 아들 주 예수 그리스도를 따르도록 오늘의 한국교회를 명령하시는 하나님의 음성을 듣고 응답하게 하여 주신 하나님께 우리는 영광을 돌린다.

회고하건대 한국교회는 이조 말의 봉건질서와 가치관의 오류를 깨고, 일제의 식민 지배에서 해방을 쟁취하고, 민족분단의 아픔을 안고 통일을 위해 기도해 왔으며, 산업화 과정에서 비롯된 민중의 고난에 동참하면서 오늘에 이르렀다.

1. 우리의 산업선교 제1기(1958~1967)에는 분단의 아픔과 전쟁의 폐허 위에서 가난과 혼돈 속에 신음하는 백성을 그리스도의 복음으로 위로하고 희망을 갖게 하는 일이었다. 1958년 대한예수교장로회(통합)의 영등포 지역 사업을 시초로 하여, 1961년 기독교대한감리회의 인천 산업전도, 대한성공회의 광산 노동자 전도, 1963년 기독교장로회의 사목활동, 그 후 구세군, 기독교대한복음교회 등의 참여는 1950년대 후반에 들어 점차 산업화되는 과정에서 노동자에게 복음을 증거해야 한다는 자각과 실천이었다.

2. 이승만 정권의 부정과 부패로 비롯된 4.19 혁명과 5.16 군사쿠데타의 격변을 거쳐 제3공화국 정부가 수립되고, 경제개발 5개년 계획이 추진되었다. 공업화에 중점을 둔 이 개발계획은 한국 사회를 산업화 과정으로 몰아갔고, 이에 따라 많은 노동자들이 형성되어 왔다. 이때까지도 산업전도 활동은 노동자들에게 예수 그리스도의 복음을 전파하여 기독교인을 얻는 것을 목적으로 하여 기독교인 기업가가 경영하는 공장을 중심으로 예배와 전도를 주로 하였다. 그러나 노동자를 위한 복음 전도는 현장 노동자와 고통을 같이 나누지 않으면 안 된다는 자각을 가지고 공장에서 노동자와 함께 일하고 살면서 산업사회와 노동자의 삶을 배우는 훈련 기간을 갖게 되었다. 그리고 이 일은 개별적인 지역이나 교단 중심으로 수행하기 어려운 점을 깨닫고 연합협의회 구성의 필요를 절감하여 1964년에 한국 산업전도협의회를 형성하였다.

3. 산업선교 제2기(1968~1972)에 들어서면서 그 동안의 산업전도를 재평가하고 전도만으로는 노동조건과 환경, 노동자의 구원이 불가능함을 자각하고 '산업전도'에서 '도시산업선교'로 그 이름을 바꾸고 보다 넓은 선교의 사명을 안게 되었다 산업화에 따른 도시화, 이로인한 이농과 농촌 붕괴, 공해, 빈민지역의 확대 등 모든 문제가 한데 뒤엉킨 역사적, 정치적, 경제적, 문화적 상황 속에서 참된 인간의 삶의 구현이 예수 그리스도의 복음에 비춰 어떻게구체화될 것인가에 선교의 초점을 맞추게 되었다. 1, 2차 경제개발계획의 무리한 추진은 무수한 민중의 희생을 강요하는 것이다. 이 기간에 산업사회는 날로 비인간화되고 빈민, 노동자, 농민의 소외와 사회 불만은 커 가기만 했다. 1970년 11월 13일 평화시장 노동자인 전태일의 분신자살 사건은 이렇게 누적된 모든 사회적 모순의 폭발이었다. 이 사건으로 한국교회 산업선교 활동은 크게 자극을 받아 실무자 중심의 산업선교 활동에서 노동자를 중심으로 한활동으로 전환하게 되었다. 노동자들이 노동현장에서 당하는 문제를 스스로 인식하고 해결해 나갈 수 있도록 훈련하고 조직하는 일이 산업선교의 주 사업이 되었다.

4. 산업선교 제3기(1972~1979. 10. 26)에 들어서면서 상황은 더욱 심각해졌다. 1972년 1월 국가보위법이 제정되어 단체교섭권과 단체행동권이 크게 제한받게 되고, 1972년 10월 비상계엄령, 유신헌법이 확정되면서 산업선교는 수난기를 맞게 되었다. 이제 산업선교는 노동자들의 문제가 단지 회사와의 관계가 아니라 정치적, 사회적 문제와 밀접하게 관계되어 있음

을 깨닫게 되어, 노동자들의 짓밟혀 온 존엄성과 권리 회복을 위해서는 정치권력과 불가피하게 충돌하게 되었다. 1973년 한국 그리스도인 선언, 남산 부활절 사건, 1974년 1월 긴급조치 1호 사건 등 수 없는 사건을 통해 산업선교 실무자들은 몸을 던져 선교적 사명을 수행했다.

외채를 통한 공업화 추진의 가속화, 대기업의 부정, 특혜 등 경제성장의 불균형으로 빈부차가 심화되고, 저임금, 저곡가 정책으로 기아선상에서 헤매는 노동자, 농민의 문제가 극대화되자 동일방직사건, YH 노동자들의 신민당사 농성사건 등 수많은 노동자들의 생존권적 투쟁이 잇달아 일어났다.

한국교회 선교활동은 이러한 모든 사건의 원인이 비민주적, 억압적인 정치구조와 관계되어 있음을 발견하고, 민중들의 편에 서서, 그들과 함께 살고 죽는 민중운동의 장에서 해결의 길을 찾아야 한다는 데에 이르게 되었다.

5. 산업선교 제 4기(1980. 5. 17~현재)를 맞는 오늘의 산업선교는 제5공화국의 출범과 함께 최대의 위기에 직면했다. 유신체제 하에서도 모진 풍상을 견디고 꿋꿋하게 버티어 온 산업선교는 조직적인 탄압과 폭력, 매스컴을 통한 왜곡 선전으로 부당한 언론재판을 가해 옴으로써 일반 대중은 물론 교회 내부까지도 혼돈과 분열을 야기함으로써 선교의 침해가 극에 달하게 되었다.

1982년 콘트롤데이타사 한국 공장 철수사건, 원풍모방 노동조합사건을 통하여 정부의 노동 탄압은 극에 달했고, 그 후에 민주노동운동이 막을 내리게 된 현실에 와 있다. 정의사회 구현, 복지사회 건설이라는 제5공화국의 표방과는 역으로 대형 금융사고, 부정과 폭력사태는 더욱 만연하고, 교회의 산업선교는 물론 교회당의 불법침해, 파괴사태까지 왔다. 이제 한국의 산업선교는 이 진통을 안으면서 새로운 길, 선교의 장을 찾아야 하는 길목에 와 있다.

지난 산업선교 25년의 역사가 말해주듯이 한국교회의 도시산업선교는 해방과 분단, 정치적 격변, 산업화, 도시화 과정 등 이 땅의 고난의 역사 현장에서, 고난받는 '민중'과 함께 하면서 민중의 생존과 권익, 희망을 위해 몸 바쳐 온 신앙의 고백을 해 왔다. 바로 이 일은 이 나라의 안보와 민주주의, 내일의 역사에 기여하고자 하는 교회 나름의 외롭고 고달픈 싸움이었다.

이제 선교 100주년을 맞는 한국교회는 '가난한 이들에게 복음을, 묶인 자에게 해방을, 눈먼 자를 보게 하고, 억눌린 자에게 자유를 주시고, 하나님의 은총을 선포'하시다가 십자가를 지신 그리스도 예수를 따라 있는 모든 것을 다 바쳐 산업선교에 이바지해야 할 때라고 선언

한다. 이 길만이 민족과 국토의 통일, 민주국가 건설, 자유, 평등, 정의사회 구현이라는 시대적 사명을 감당하는 길임을 고백한다.

주여! 한국교회와 산업선교를 당신의 뜻에 합당하게 인도하소서!

6. 도시농어촌선교대회(URM) 선언문, 2007
(2007년 11월 12일, 대한예수교장로회)

한국교회의 도시농어촌 선교는 1950년 이후 한국교회 질곡의 역사와 궤를 같이하여 왔다. 법과 정의와 인권이 무시되어지고 경제성장만이 최우선의 가치로 여겨지던 암울했던 시대의 어둠을 뚫고 하나님의 정의를 실천하며 여기에 이르렀다. 오늘 우리는 도시농어촌선교의 역사를 정리하고 매듭지으며 새로운 시대를 통한 하나님의 역사를 열어가는 선교적 사명을 새로운 마음으로 감당하고자 한다.

〈산업선교〉

노동현장에서 밤낮을 가리지 않고 노동하는 노동자들, 특히 여성 노동자들을 조국 근대화를 위해 일하는 산업의 역군이라고 추켜세우며, 다른 한편으로는 장시간 노동으로 몰아가는 산업현장의 현실을 목도하면서 하나님의 선교적 실천을 요청하는 음성을 들었다. 이로부터 노동의 가치와 인권이 무시되어지는 현실 속에서 노동자들과 함께 선교적 실천을 감당하였다.

"아버지께서 일하시니 나도 일한다"(요한 5:17)는 말씀은 곧 산업선교 현장에서 이 일을 감당하는 일꾼들의 고백이었다. 이 고백의 말씀처럼 이 땅에서 고난당하는 자들, 가장 작은 자들이 머물러있는 삶의 현장에서 역사하시는 하나님은 한국교회의 산업선교를 이끌어 가시는 역동적인 힘이었다.

산업선교를 이끌어 가시는 성령의 감동을 받아 우리 선교 일꾼들은 노동형제와 자매들에게 복음을 증거 하였으며 자유와 은혜의 해를 전파해 온 것이다(누가 4:18-19).

이로 인해 그토록 강퍅하던 질곡의 역사가 변화되기 시작했다. 독재가 물러가고 민주화가 이루어졌으며 노동자의 노동현실과 인권이 개선되어진 것이다. 이러기까지 고난을 받으며, 때로는 매를 맞으며, 때로는 감옥에 갇히기를 두려워하지 않고 목숨 걸고 실천하며 눈물로 기도했던 우리의 기도가 이렇게 응답된 것이다.

어둠이 깊을수록 밤하늘의 별은 더 강한 빛을 발하는 것처럼, 실로 한국교회의 산업선교 50년 역사는 한국 사회의 변화를 추동해내는 강렬한 에너지로 작용했다. 이제 50주년을 맞이하면서 산업선교는 새로운 시대의 선교적 소명을 맞이하고 있다. 새로운 시대가 요청하는 선교적 사명 앞에 우리 하나님의 선교 일꾼들은 다음과 같이 선언한다.

첫째, 생명과 평화의 가치를 지향하는 시대정신으로 우리에게 주어진 선교적 사명을 감당해 나갈 것이다.

생명의 가치를 회복하고 노동이 가치를 회복하며, 화해와 조화를 이루며, 상생의 가치를 통한 공동체성을 회복하고, 이를 토대로 21세기 한국 사회가 나아가야 할 길 위에서 한국교회에 요청되는 선교적 역할을 충실히 감당할 것이다.

둘째, 신자유주의 세계화 시대 양극화의 현실을 살아가는 가난한 이웃들과 함께 변함없는 하나님의 복음을 전할 것이다.

급변하는 시대 여전한 어려움에 처해 있는 이 땅의 비정규직 노동형제와 자매들을 위해 우리는 하나님의 정의를 실천해 갈 것이다.

셋째. 국제 연대의 강화를 통해서 아시아적 차원으로 선교적 지평을 확대해 나갈 것이다.

과거 한국교회는 특히 도시농어촌 선교 현장은 형제교회의 도움을 입었다. 이제는 한국 교회가 그 빛을 돌려주어야 할 때이다. 이주노동자와 아시아의 고난당하는 노동현장의 이웃들과 연대하며 아시아적 차원의 생명 공동체를 이루어가는 역할을 감당할 것이다.

〈농어촌선교〉

우리는 땅속 깊은 데서 울려나오는 뭇 생명들의 탄식 소리를 들었다. 그것은 공업화 정책을 통한 조국 근대화라는 미명하에 농촌을 희생시키는 경제 정책 추진 과정에서부터 지금까지 성장 우선주의의 그늘에서 피폐해져간 농민들의 깊은 한숨이었다. 그 탄식은 생명을 회복하는 선교적 실천에 나서도록 하나님의 일꾼들을 촉구하는 하나님의 한숨이며 탄식이었다. 우리는 고난에 찬 농촌의 현장에서부터 일꾼들을 손짓해 부르시며 땅의 사람들이 감내하는 아픔을 함께 나누며 살아가는 선교적 실천을 촉구하시는 하나님과 함께 오늘 여기에 이른 것이다.

여기로부터 출발한 예장 농목은 지난 20년 동안 거리에서 사회정의와 민주화를 위해 노력하였으며, 피폐해 가는 농촌의 현장에서 농민들과 함께 삶을 살아왔다. 교회와 농민은 우리들의 삶의 자리였고, 농사와 공동체는 우리들의 터전이었으며, 역사와 시대는 우리들의 아픔이었음을 고백한다. 오늘 우리 시대를 신자유주의 경제 세계화라고 부른다. 부익부 빈익빈의 현상은 이 세대의 아픈 현실이다. 여기에 농민들의 고난과 눈물이 있으며 바로 우리의 선교적 사명이 있다. 초국적 거대 자본의 시장 개방화 압력에 떠밀려 농촌의 현실은 점점 더 힘들어지고 있다. 농촌 공동체는 빠르게 해체되어가고 있다. 농사는 수천 년 동안 이 나라와 민족의 생명을 지탱해 온 근본이다. 이제 이 생명의 근본마저 흔들리고 있는 아픈 현실을 맞이하여 한국교회는 이 시대가 던지는 선교적 소명을 깊이 인식해야만 한다. 그것은 생명의 가치가 땅에서부터 회복되는 것이고 상생을 통한 우애와 환대의 공동체성이 회복되는 것이다.

이제 우리 농목은 새로운 시대에 새로운 목회적 방향성을 가지고 하나님의 선교로서의 농촌 목회와 농촌 선교를 수행하고자 다음과 같이 선언하는 바이다.

첫째, 하나님께서 주신 농촌선교의 사명을 다시금 인식하고 농촌목회에 헌신하고자 한다.

둘째, 하나님의 선교(Missio Dei)로서의 선교적 방향성과 농촌생명신학으로서의 신학적 성찰을 통해 다원화된 세계와 농촌에서 생명살림의 목회를 수행해 나갈 것이다.

셋째, 오늘의 농촌에서 소외되고 고통당하는 이웃으로서의 농민과 이주민들 그리고 삶에서 지친 영혼들의 전인적인 구원을 위해 노력하고자 한다.

넷째, 민족과 인류의 가치인 생명과 사랑의 정신으로 새로운 농촌선교의 현장을 개척하고 예수그리스도의 정신과 사랑의 마음으로 최선을 다하고자 한다.

<대한예수교장로회 도시농어촌선교(URM) 참가자 일동>

7. 2010년 영등포산업선교회 사명 선언
(2010년 11월 25일)

"양극화를 넘어서는 신나는 노동과 협동, 우리 큰 걸음으로 성큼!"

1. 전문

대한예수교장로회 총회 70주년 기념사업으로 1957년에 결의된 공장전도는 1958년 영등포지역에서 최초로 시작되었다. 영등포산업선교회는 이때부터 지금까지 오로지 '가난한 자에게 복음을, 눌린 자에게 자유를 전하시는 주의 성령의 인도를 따라'(눅 4:18-19) 수난의 세월을 한걸음에 달려왔다.

산업선교는 산업화가 진행되던 한국 사회에서 장시간 저임금 노동에 시달리던 노동자들의 생존권과 존엄성을 세워내고 복음의 빛을 밝히시고자 했던 하나님 자신의 선교였다.

우리 교단 95차 총회에서 본 회를 선교 유적지로 지정한 것과 민주화운동기념사업회에서 기념비를 건립하도록 한 것은 시대적 사명을 감당하기 위해 애쓴 선교사역의 공적인 가치를 교회 내외적으로 천명한 것이다.

지나온 시기, 산업선교로 부름받은 종들은 시대의 사명을 감당하기 위해 있는 모든 것을 다 바쳐 일한 일꾼들이었다. 오늘 이곳에 모인 우리는 하나님의 선교인 산업선교에 헌신했던 선배들의 피와 땀과 눈물과 힘찬 맥박소리를 들으며 오늘 우리 시대의 신음소리를 통해 새로운 산업선교의 사명을 본다.

금융자본의 횡포와 경쟁질서가 낳은 사회적 양극화는 산업선교가 씨름해야 할 새로운 시대적 과제이다. 화려한 조명 뒤에 감춰진 사람들의 불안과 점증하는 자살률, 갈수록 늘어나는 가정 해체와 방황하는 아이들, 현대판 노예계약과 다름없는 파견근로와 불안고용에 시달리는 비정규노동자들, 직장을 잃고 길거리에서 헤매는 실업자들과 역 대합실을 피난처로 삼고 살아가는 홈리스들, 사람들의 편리와 투기꾼과 개발업자들의 잇속을 채우기 위해 파헤쳐지는 자연의 생명들은 하나님의 자녀들이 나타날 것(로마서 8:19)과 하나님의 은총의 해(눅 4:19)를 애타게 기다리고 있다.

이 절망의 신음 가운데서 우리는 믿음의 눈으로 새 하늘 새 땅의 비전(계 21:1)을, 새로운 산업선교의 절박성을 본다.

2. 할 일과 갈 길(출 18:20)

우리는 양극화를 넘어서기 위해서는 신나는 노동과 협동의 새로운 질서와 생활방식이 필요함을 고백한다. 신나는 노동과 협동은 불안과 초조와 긴장 속에 살아가는 현대인들에게 복음의 세계로 초대하는 관문이 될 것이다.

1) 비정규노동자들의 차별과 설움을 해소하는 것이 오늘 우리의 사명이다.

노동은 하나님의 일이며(요 5:17) 인간 삶의 기초이다. 노동자들은 삶의 기본단위를 생산하는 주체임에도 고용형태는 갈수록 비인간화되고 노동권은 무시되고 있다. 비정규노동자들의 설움은 어제오늘의 일이 아니다. 불안정고용과 비정규직 차별의 문제는 세계경제 10위권에 진입했다고 하는 자부심을 무색하게 만들고 있다.

최근 기륭전자 노동자들이 5년을 넘긴 끈질긴 투쟁 끝에 극적인 합의에 이른 것은 암울한 비정규직 노동현장에 새 희망을 불어넣은 역사적인 일이며, 포기하지 않는다면 비정규직 문제를 해결해 나갈 수 있다는 살아있는 교훈을 보여주었다. 그러나 아직도 노동자들이 땀을 흘리고 철야 맞교대를 하고 있는 노동의 현장에서는 날품을 팔고 있는 이들이 많이 있고, 부품보다 못한 취급을 받는 비정규 파견 특수고용 노동자들과 외국인 노동자들이 있다는 것을 기억하고, 산업선교는 이들이 존엄성을 회복하고 노동이 존귀하게 받아들여지는 사회문화가 되도록 연대하고 실천할 것이다.

2) 협동의 유기망으로 양극화의 벽을 넘어서는 것이 우리의 행동이다.

협동은 경쟁질서가 낳은 양극화를 넘어서게 하며 우리를 우애의 질서로 초대하는 삶의 방식이다. 지금 우리는 생산과 소비의 주체인 지역주민들이 먹거리와 교육과 의료와 문화를 건강하게 만들어 갈 수 있도록 '협동운동 공동체'를 확산시켜 나가고 있다. 생태환경의 위기는 인간을 넘어 자연과의 협동으로 나아갈 것을 요청하고 있다.

더불어 지역의 가난한 자들이 실패와 좌절의 인생이라는 낙인을 넘어서서 협동의 주체가 되도록 할 것이다. 본회가 자리하고 있는 영등포역 주변만 해도 최소 일만여 명의 가난한 이웃들이 쪽방과 고시원과 찜질방을 전전하며 자포자기와 절망 속에서 하루하루를 살아가고 있다. 이들의 신음이 그치도록 자조 자립 협동의 그물을 치는 것이 우리의 행동이 될 것이다.

3) 신앙교육과 시민교육의 장으로 재탄생하는 것이 미래와 소통하는 길이다.

오늘을 계기로 산업선교는 앞으로 자라나는 세대들에게 값진 신앙교육의 장이 될 것이며 시민들의 역사 교육장으로 우뚝 서는 계기가 될 것이다. 과거를 잊어버리면 미래의 희망도 없다는 것은 엄연한 진리이다. 본회의 지난 역사는 한국 현대사의 유산이면서 선교역사의 빛나는 전통이다. 이것을 사장시키지 않는 것이 미래와 소통하는 길이며 현재 우리의 역할임은 자명하다.

앞으로 2년 뒤인 2013년은 한국 기독교선교 130주년을 맞이하면서 세계교회협의회 10차 총회가 열린다. 이때 산업선교는 55주년을 맞이한다. 오늘의 신앙선언이 누룩처럼 번져나갈 수 있도록(마태복음 13:33), 세계교회가 인정해온 산업선교의 역사에 부끄럽지 않도록 우리는 새로운 각오로 선교의 사명에 매진할 것이다.

산업선교는 이제까지 그랬듯이 이후로도 하나님 자신의 선교임을 기억하고 하나님의 구원의 역사를 향해 눈을 든다(출애굽기 14:13). 이제 우리는 양극화를 넘어서는 신나는 노동과 협동의 세계를 향해 큰 발걸음을 성큼 내딛는다.

8. 영등포산업선교회, 한국기독교사적 제8호 지정되다
(2010년 11월)

1. 한국기독교사적 제8호 지정경과 보고

1. 영등포노회의 영등포산업선교회 총회선교유적지 지정 총회 헌의의 건이 접수되다 (2010. 4. 21).

2. 접수된 건이 역사위원회로 이첩되어 제94회기 총회 역사위원회 제94-3차 회의에서 사적지분과에 맡겨 조사하기로 하다(2010. 4. 22).

3. 서기 김덕수 목사, 사적지 분과장 윤이남 목사, 전문위원 김수진 목사가 조사 방문하다 (2010. 6. 7).

4. 제94회기 총회 역사위원회 제94-4차 회의에서 다음 조사 보고를 받다(2010. 6. 21).

> 산업선교회의 건물은 1979년 지어져 30여 년밖에 되지 않았고 건축 양식상의 특이한 점은 없으나 당시 시대적으로 하나님의 평화와 정의, 산업사회 선교에 헌신했던 무형의 가치가 충분히 인정되고 대사회적으로도 민주화운동기념 사적지로 지정되는 등 동 선교회의 활동과 역사를 공식 인정하였기에 산업선교의 발상지로서 그 가치를 인정하고 이를 한국 기독교 사적으로 지정한다면 현대사 속의 본 교단 역사를 알릴 수 있는 사적으로서의 발전적 이유가 충분하므로 부족한 역사전시 시설을 지원하기로 하고 총회에 사적지 지정을 청원하기로 하다.

5. 제95회 총회에서 역사위원회의 청원을 허락하여 산업선교회 발상지의 한국기독교사적 제8호 지정을 결의하다(2010. 9. 9).

6. 2010. 11. 25, 대한예수교장로회 총회 지정 한국기독교사적 제8호 지정식을 거행하다.

2. 한국기독교사적 제8호 영등포산업선교회 소개

한국교회는 공업화가 본격화된 1950년대 후반부터 산업사회에서 일하는 노동자들에게 관심을 기울이기 시작했다. 1950년대 초에도 공장에서 예배드리는 모임이 있었지만 본격적으로 시작된 것은 1957년 9월 대한예수교장로회(통합) 제42회 총회에서 산업선교를 결의하고 전도부 안에 '예장산업전도위원회'를 조직함으로 공식화되었고, 경기노회가 1958년 한국최대의 경공업지역이었던 영등포지역에 처음으로 산업전도를 시작함으로써 영등포산업선교가 시작되었다. 이후 산업선교는 대구, 강원도 탄광지역, 마산, 부산, 안양 등으로 번져나갔다.

처음 10여 년 동안은 '산업전도'(Evangelism)에 집중했으나, 1968년부터 장시간 저임금 노동에 시달리던 노동자들의 생존권과 존엄성을 세워내는 '산업선교'(Mission)로 전환하게 되었다.

누가복음 4:18의 '가난한 자에게 복음을, 눌린 자에게 자유를' 이 말씀이 산업선교의 성서적 기초이며, 가장 강력한 원천이 되었다. 이 결정은 아시아 여러 나라의 산업선교 실무자들과의 공동인식과 고백 하에 이루어진 선교역사의 중요한 사건이었다. 이후 산업선교는 감리교, 성공회, 가톨릭 등으로 번져나갔다.

영등포산업선교회는 조지송, 인명진 목사 등 여러 선교실무자들의 복음선교에 대한 헌신적인 열정과 계효언, 방지일, 유병관, 이정학, 차관영 목사 등의 보호와 기도 그리고 하나님의 동역자들로 훈련받은 수많은 노동자들의 수고에 의해 성장했다.

영등포산업선교회는 1964년 영등포동 8가 80번지에 회관을 개관하고, 당산동 121번지 시범 아파트 13동 6호로 이전하였다가 1978년 독일교회, 미국연합장로교회, 영락교회의 후원과 노동자들의 헌금으로 지금의 당산동 171-40번지에 선교회관 건축을 착공하였다.

한국기독교사적 제8호는 건축물의 역사나 건축양식의 가치에 의한 것이 아니라, 2010년 민주화운동기념사업회가 민주화운동사적으로 지정하였다는 시대적, 역사적 평가와 함께 본 교단이 1958년에 시작한 산업선교사역이 교회의 울타리를 넘어서 사회와 국가적 차원에서도 하나님 나라의 확산에 기여하고 있음을 나타내는 등 무형의 역사적 가치를 인정하여 2010년 9월 대한예수교장로회(통합) 제95회 총회에서 부지와 건물을 산업선교 발상지로 명명하고 한국기독교사적으로 지정하였다.

9. 2015년 영등포산업선교회 57주년 사명선언문
(2015년 4월 26일)

"양극화와 절망을 넘어서 생명 살림의 노동과 협동, 연대의 큰 걸음으로"

1. 전문

대한예수교장로회 총회 70주년 기념사업으로 1957년에 시작된 산업전도는 1958년 4월 19일 영등포지역에 처음으로 공장전도로 시작했다. 영등포산업선교회는 '가난한 자에게 복음을, 포로된 자에게 자유를, 눈 먼 자에게 다시 보게 함을 전파하며 눌린 자를 자유롭게 하고, 주의 은혜의 해를 전파하게 하신 성령님의 인도를 따라'(눅 4:18-19) 지난 57년을 한걸음에 달려왔다.

영등포산업선교회는 산업화가 진행되는 한국 사회에서 장시간 저임금 노동에 시달리던 노동자들의 생존권과 존엄성을 세워내고, 생명 복음의 빛을 비추시는 하나님의 선교를 감당해 왔다.

영등포산업선교회 57주년과 세계노동절 125주년 기념 감사예배로 모인 우리는 하나님의 선교인 도시산업선교 활동에 동참했던 선배들이 피와 땀과 눈물과 거룩한 믿음의 행진을 하며, 신앙고백의 노래를 불렀던 소리를 들었다. 2015년 오늘 우리는 노동과 생존의 현장에서 하나님을 향해 울부짖으며 부르짖는 소리들을 들으며, 생명살림의 새 하늘과 새 땅의 소망을 가지게 된다.

신자유주의가 낳은 금융자본의 횡포와 사회적 양극화 및 생명파괴는 오늘의 산업선교가 씨름해야 할 새로운 시대적 과제이다. 화려한 조명 뒤에 감춰진 수많은 사람들의 불안과 세계 최고의 자살률, 갈수록 늘어나는 가정 해체와 방황하는 아이들, 현대판 노예계약과 다름없는 파견근로와 불안고용에 시달리는 비정규노동자들, 직장을 잃고 길거리에서 헤매는 실업자들과 영등포역 대합실을 피난처로 삼고 살아가는 노숙인들, 사람들의 편리와 투기꾼과 개발업자들의 잇속을 채우기 위해 파헤쳐지는 자연의 생명들은 하나님의 자녀들이 나타날 것(롬 8:19)과 하나님의 은총의 해(눅 4:19)가 이루어질 것을 애타게 기다리고 있다.

이 절망과 애통함의 신음소리 가운데서 우리는 믿음의 눈으로 새 하늘 새 땅의(계 21:1) 하나님 나라를 꿈꾸며, 예수 그리스도의 생명을 얻게 하고 풍성케 하심(요 10:10)을 따라 생명살림의 선교적 과제를 산업선교의 사명으로 받게 되었다.

2. 오늘의 할 일과 갈 길(출 18:20)

우리는 신자유주의의 양극화와 전 지구적 생명 위기를 넘어서기 위해서는 죽음을 이기고 승리한 부활생명이신 예수 그리스도의 생명살림과 하나 되게 하시는 성령님의 인도하심에 순종하는 협동의 새로운 관계와 생활방식이 필요함을 고백한다.

생명살림에 기초한 존엄한 노동의 회복과 협동의 생활화는 억압과 차별, 불안과 소외 속에 살아가는 현대인들에게 복음의 세계로 초대하는 열린 문이 될 것이다. 이를 위해 영등포산업선교회는 다음의 4대 목표를 중심으로 앞으로 나아갈 것이다.

1) 생명살림 선교공동체 형성을 위한 영등포산업선교회

오늘의 교회는 지극히 작은 종의 모습으로 세상을 섬기신 예수 그리스도의 정신을 망각하고, 물량주의와 세속사회의 성공주의에 묻혀 교회의 정체성을 상실하고 있다. 그리하여 수많은 그리스도인들은 예수 그리스도를 믿음의 대상으로 고백하고 예배하면서도 예수 그리스도를 따라 살지 못하고 있다. 결국 한국교회는 세상의 변화와 개혁의 능력을 상실하여 방향을 잃고 표류하고 있다. 이에 우리 영등포산업선교회는 섬김의 종으로 오신 예수 그리스도를 따라 생명살림의 선교공동체를 지향하는 신앙공동체 운동에 동참하고자 한다. 이를 위해 우리는 생명살림선교운동에 동참할 신학생, 목회자 훈련을 해나가며, 생명살림의 도시 농어촌 선교현장 교회들과 상호 연대하고 지원하며 생명살림선교공동체운동을 전개할 것이다.

2) 생명을 살리는 노동선교로서 영등포산업선교회

노동은 하나님의 일이며(요 5:17) 인간 삶의 기초이다. 노동자들은 삶의 기본단위를 생산하는 주체임에도 고용형태는 갈수록 비인간화되고 노동권은 무시되고 있다. 비정규노동자들의 설움은 어제오늘의 일이 아니다. 고용불안과 비정규직 차별의 문제는 갈수록 심화되고 있다. 기륭전자, 콜트콜텍, 쌍용자동차 등 오랜 해고노동자들의 문제가 여전히 해결되지 않고 힘겨운 싸움을 계속하고 있다. 1970년 내 죽음을 헛되이 하지 말라고 외치며 죽어갔던 기독 노동자 전태일의 외침이 있었지만 45년이 지난 오늘도 기계 부품보다 못한 취급을 받는 비정규직 노동자들과 외국인 노동자들이 있다는 것을 기억하고, 노동자들의 존엄성을 회복하고 노동이 존귀하게 받아들여지는 사회문화가 되도록 연대하고 실천할 것이다. 우리는 노동생명살림을 위한 비정규노동선교센터와 심리상담 코칭센터를 통해 노동자와 그 가족들의 치유와 회복을 지원하고 상담코칭 활동가를 양성할 것이다. 포도원 농부의 말씀처럼 최저임금의 현실화와 최저임금을 넘어선 기본소득제도가 정착될 수 있도록 하는 노동생명살림운동을 전개해 나갈 것이다.

3) 지역생명살림 선교 공동체운동으로서 영등포산업선교회

예수 그리스도는 섬김을 통해 사랑을 실천하였다. 세상의 소금과 빛의 사명은(마 5:14-16) 썩어지는 밀알로서 지역사회 생명살림의 행진을 함께 이루어 나가는 것이다. 영등포산업선교회는 영등포지역 도시사회문제의 요청에 적극 참여하여 왔으며, 노숙인을 위한 햇살보금자리를 운영하고, 서로살림생협을 지원하였으며, 목요밥상을 통해 지역단체들의 연대에 산파역할을 하였다. 영등포산업선교회는 영등포지역 생명살림 공동체 형성과 생명살림 문화 형성을 위해 지역사회 제 단체(지방자치단체, 시민사회, 종교, 노동, 기업, 상인 등)들과 함께 지역사회문제 해결을 위해 연대하고 협동할 수 있도록 지원하며, 특별히 영등포지역사회의 중요문제인 노숙인, 다문화가정, 외국인 노동자문제에 적극 대처하며, 지역사회의 생명을 살리는 일에 역할을 담당해 나갈 것이다.

4) 생명살림운동을 통한 국제연대를 실천하는 영등포산업선교회

군사독재의 탄압과 어려움 속에 독일과 미국, 호주 교회와의 연대와 지원이 큰 힘이 되었음을 우리는 기억한다. 그리고 이제 우리는 어려움을 겪고 있는 아시아 교회와 선교에 대해, 우리가 받은 것처럼, 책임과 역할을 감당하려 한다. 이를 위해, 생명살림과 정의와 평화를 추구하는 아시아의 교회와 선교단체들, 노동자들과 신자유주의 발흥으로 인해 삶의 고향으로부터 뿌리 뽑힌 사람들 간의 연대와 협력을 통한 밑바닥으로부터의 아시아 도시농어촌선교

운동을 새롭게 전개해 나갈 것이다.

영등포산업선교회는 이제까지 그랬듯이 이후로도 하나님의 선교임을 기억하고, 하나님의 생명을 살리는 구원의 역사를 향해 눈을 들고(출 14:13) 60년을 넘어 100년을 향한 양극화를 넘어서는 생명살림과 협동의 세계를 향해 거룩한 행진을 계속할 것이다.

10. 생명의 하나님! 정의와 평화를 이루소서
(2015년 말)

영등포산업선교회는 예수그리스도의 생명복음을 도시산업 사회에 선포하고 실천함으로 이 땅에서 이루어지는 은혜의 하나님 나라를 소망합니다.

영등포산업선교회는 한국 사회의 산업화를 대비하고 총회 70주년 기념사업으로, 1958년 영등포지역에서 시작된 선교사업입니다.

지난 57년 동안 사회정치경제 상황의 변화에 맞추어 노동자들과 생명복음을 나누며, 노동의 인간화와 하나님의 형상을 지닌 노동자들의 소리에 응답하여 함께 즐거워하고 함께 울며, 나눔과 섬김의 공동체형성을 위해 매진하여 왔습니다.

신자유주의 시대를 맞이하여서는 차별과 고용불안에 시달리는 비정규직 노동자들의 대안 경제공동체 형성을 모색하고, 민주화를 이루어가고, 노동자들의 생명을 살리며, 지역사회를 생명과 평화의 하나님 나라를 함께 세워갑니다. 아시아교회들과 협력하여 더불어 함께하는 기쁨을 누리는 이 땅을 일구어가기 위해 일합니다.

1. 생명살림 선교훈련

말씀과 기도, 영성에 바탕을 둔 생명살림 선교훈련
생명살림 말씀공부: 직장인 말씀공부, 예수영성 기도회
생명살림 선교훈련: 현장심방 발바닥으로 읽는 성서(방학마다 3박 4일 숙박 교육), 가난한 이들과 함께 하는 예배, 노동과 생명살림 경제신학 정립

2. 노동 생명살림 선교

비정규직노동자들과 함께 하며 노동자들의 생명을 살리는 노동선교

비정규노동선교센터: 비정규노동자와 함께하는 기도회, 기독교 대책 활동 및 캠페인 섬

노동자 힐링센터: 노동자의 치유와 회복 그리고 의사소통을 위한 노동자 '품' 프로그램, 노동자 심리상담 및 활동가 양성과정

노동자 협동운동: 노동자 상호부조와 협동을 지향하는 협동금고 다람쥐회, 생산 및 소비 협동 공동체들과의 연대

3. 도시 생명살림 선교

실직 노숙인의 생명을 지키고 자립을 꿈꾸는 도시생명살림

햇살 보금자리: 노숙인 생명살림을 실천하는 일시보호시설, 일 130명 숙박과 120명 저녁 식사 제공, 일자리 사업, 임시 주거 및 임대주택 지원, 영등포역 주변 길거리 현장 상담

실직 노숙인의 자립과 자활을 꿈꾸는 현동조합 노느매기: 재활용 나눔가게 햇살나무운영, 재생유를 이용한 EM비누 생산 및 판매, 노숙인 예배 및 생활공동체 형성

4. 아시아 생명살림 선교

나눔과 섬김의 예수그리스도를 따르는 아시아 생명살림

아시아 생명살림 운동을 통한 국제연대, 교회연대, 다문화 가정, 외국인 노동자 모임 및 예배공동체 지원

5. 협력기관

서로살림 노동소비자 생활협동조합

농촌교회와의 직거래를 통한 도농연대

소모임 활동을 통한 조합의 활성화

생산지 활동을 통한 건강한 도농유대감 형성

10장

60주년 기념
심포지엄 발제와 논찬문

1. 영등포산업선교회의 힘은 어디에서 오나?

안재웅

(한국YMCA전국연맹유지재단 이사장)

영등포산업선교회 창립 60주년을 진심으로 축하한다.

영등포 산선은 세계 여러 산업선교 또는 도시농촌선교 기구들과 대오를 같이하며 60여 년의 장정을 해왔다. 그동안 많은 동지들과 기구들이 대오를 이탈했지만, 영등포 산선은 올 곧게 독보적으로 이 길을 걷고 있다. 시대의 흐름을 앞서 판단하고 향도적 역할을 하면서 독 보적인 기구로 자리매김함으로써 우리 모두가 자부심을 갖게 하는 쾌거를 이루었다.

이 모든 힘이 어디서 나온 것일까?

첫째, 믿음에서 나왔다. "아버지께서 일하시니 나도 일한다"는 성서의 말씀을 따라 열심 히 일한 결과이다. 성서공부를 통해서, 현대신학을 연구하면서, 현장을 방문하면서 힘을 얻 었기 때문이다. 참으로 바람직한 믿음의 본보기라 하겠다.

둘째, 공교회로부터 나왔다. 예장 통합 총회와 영등포노회가 적극적으로 지원한 덕 분이다. 어려움을 당할 때마다 영등포노회가 나서 방패막이 노릇을 해주었다. 참으로 놀라운 힘의 원천이 아닐 수 없다.

셋째, 인재들로부터 나왔다. 초창기 조지송 목사로부터 인명진 목사로 이어지면서 기라성 같은 인재들이 영등포 산선을 이끌어 왔다. 영등포 산선에 포진한 인재들은 노 동조합, 협동조합, 신협, 생협 등 힘 되는 기반을 구축한 덕분에 큰 지도자들을 배출하 였다. 참으로 자랑스러운 일이라 하겠다.

넷째, 세계교회의 지원으로부터 나왔다. 세계교회협의회 도시농촌선교국(WCC-URM), 아 시아기독교협의회 도시농촌선교국(CCA-URM), 독일개신교회 원조처(EZE), 호주연합교회 등이 많은 재정적인 지원을 하였다. 세계교회가 물심양면으로 도운 것이 큰 힘이 되었다. 참으로 기적 같은 일이다.

다섯째: 꾸준한 변화를 촉진한 데서 나왔다. 산업전도, 산업선교, 도시산업선교, 생명살림 선교로 이어지는 자기 혁신을 해온 힘의 덕분이다. 앞으로 불확실한 인류의 미래를 과감하게 헤치고 나갈 힘을 어떻게 구축할지 두고 볼 일이다.

힘은 밀어내는 힘과 밀어주는 힘이 있다. 촛불혁명은 밀어내는 힘의 본보기이다. 이제 선한 힘이 모여 밀어주는 힘으로 다시 뭉쳐야 하겠다.

"네 이웃을 네 몸처럼 사랑하라"는 예수님의 말씀처럼 이웃을 사랑하고, 배려하고, 섬기고, 나누고 돌볼 때 영등포 산선이 남과 북은 물론 세계적으로 모범이 될 것으로 의심치 않는다.

하나님의 은총과 축복이 모두에게 함께 하기를 바란다.

2. 노동자들과 함께 울고 웃었던 60년, 새롭게 시작될 60년, 한결같이 정성스런 마음으로

홍윤경

(영등포산업선교회 노동선교부장 / 쉼힐링센터 상임소장)

지난 60년간 영등포산업선교회(이하 "산선")가 노동자들과 함께 해 온 세월을 모두 다 알 수는 없다. 그저 전설 같은 이야기들을 전해 듣고, 빛바랜 사진에서 그 온기를 느낄 뿐이다.

엄혹했던 시절, 노동자들의 인권이 존중받지 못했던 시절, 산선은 늘 노동자들 편이었고 특히나 여성노동자들의 집이었다. 햇살보다 찬란했던 그녀들은 이곳에 모여서 공장에서의 어려움을 이야기했고, 억압에서 벗어나 하하호호 웃음꽃을 피웠고, 요리와 꽃꽂이를 배웠고, 저금을 하며 꿈을 키웠다.

무엇보다 노동자라는 자각, 노동자가 누구보다 가치 있는 존재라는 자각, 노동자들의 권리가 무엇인지에 대한 자각은 그들로 하여금 새로운 시각과 삶을 열어주었다.

그 언니들의 숨결이 아직도 가득한 이곳, 그들이 쓸고 닦으며 가슴 벅차게 가꾸어 온 이곳에는 지금도 많은 노동자들이 드나든다. 그 모양이 어떻게 변하였으며 어떤 의미를 가지고 있을지를 돌아보는 것도 60주년을 맞이하는 큰 의미가 아닐까 싶다.

지난 4월 30일에는 총회 노동주일 기념예배 및 128주년 세계노동절 축하마당이 산선 3층 강당에서 진행되었다. 이날의 주인공은 단연 2부 순서로 진행된 "노동의 봄날" 순서를 채운 노동자들이었다. 2018년 현재 누구보다 치열한 삶을 살아가고 있는 이들, 해고된 지 13년째를 맞은 KTX 승무원 해고 노동자들, 마찬가지로 정리해고 된 후 11년 동안 길거리에서 투쟁 중인 콜트콜텍 노동자들, 구미에서 408일의 고공농성을 벌여 복직했으나 노사합의 불이행으로 또 다시 75m 굴뚝에 올라 고공농성을 이어가고 있는 파인텍 노동자들, 그들의 이야기와 공연에는 눈물이 있었고, 감동이 있었고, 무엇보다 희망이 있었다.

그 후 3개월이 채 지나지 않은 지난 7월, KTX 노동자들의 타결 소식이 들렸다. 토요일이었는데 아침에 일어나 SNS를 통해 소식을 접한 나는 흐르는 눈물을 주체할 수 없었다. 뒤늦게 서울역 기자회견장으로 뛰어갔다. 기자회견은 이미 끝났지만 아직 인터뷰를 하고 있는 지부장과 몇몇 조합원들을 볼 수 있었다. 너무나도 무더웠던 그 날, 그녀들의 모습은 표현할 수 없을 만큼 눈부셨다. 그리고 한 달 후, '현장심방' 프로그램으로 기독청년들과의 간담회를 위해 산선을 찾은 3명의 KTX 조합원, 13년을 담담히 말하던 그들의 진솔한 이야기는 함께 한 기독청년들의 열정과 함께 이 공간을 가득 메우고 있었다.

필자는 개인적으로 1993년 이랜드노조를 만들기 직전, 산선에 처음 발걸음을 하게 되었다. 전년도에 노사협의회로 의기투합을 하던 우리는 회사측이 대놓고 개입을 했을 때 어떻게 해야 할지 몰랐다. 나를 포함해서 노동조합이 뭔지도 모르는 사람들이 많았고 막막하기만 했다. 그저 우리는 산선에서 정기적으로 모여 책을 읽고, 산선 주방에서 라면을 끓여 먹었다. 산선의 역사를 잘 몰랐던 20대 중반의 젊은 노동자에게 산선은 말 그대로 노동자의 집이었다. 편안하고 친근했던 이곳에서 노조 결성을 준비하게 되었고, 그 후에도 힘들 때마다 찾아왔다. 자연스럽게 <노동자학교>에 참여하게 되었고 이런저런 고민들을 나눌 수 있는 공간이 되었다. 세월이 한참 흘러 2007년, 비정규직 문제로 510일 파업을 했을 때, 모두의 주목을 받았던 100일 정도의 초기 투쟁 기간이 끝나고 지리한 파업이 이어지던 시기, 매주 한 번씩 조합원 총회를 진행한 곳도 바로 이곳이었다. 파업 장기화로 지치고 힘들었던 우리 조합원들에게는 마음의 안식처이자 든든한 버팀목이었던 것이다.

그리고 놀라운 일이 벌어졌다. 노동자로 치열하게 살아갈 때, 어려운 시기마다 친구이자 안식처가 되어주었던 산선이 나의 일터가 된 것이다. 2011년 4월이었다.

이제 나와 같이 산선에 다양한 기억을 가지고 있는 노동자들의 발자취와 함께, 최근 10년간 영등포산업선교회 노동선교 파트에서 했던 활동들을 정리해 보고자 한다. (필자는 2011년부터 일했기에 그 전 2년 정도의 시간에 대해서는 다소 부족할 수 있음을 미리 밝혀 둔다.)

1. 지금도 계속되고 있는 고난받는 노동현장 지원 활동

현장기도회

어떤 노동자가 말했다. "하나님이 내려오지 않으시니 노동자들이 자꾸만 하늘로, 하늘로 올라간다"고 말이다. 하나님을 대신해서, 아니 또 다른 예수님의 모습으로, 고난받는 현장에 찾아가서 기도를 하는 것은 모든 기독인들의 소명이다. 예수님께서는 제자들을 각 현장으로 보내셨다. 우리도 땀과 눈물이 있는 현장으로, 더 낮은 곳으로, 더 애끓는 사연이 있는 곳으로, 오늘도 발걸음을 내딛는다.

현장에서 함께 기도를 하다 보면 뭔가 뭉클한 것이 올라올 때가 있다. 비바람과 폭염, 혹한 속에서 듣는 짧은 설교에 깊은 감동을 받아 남모르게 눈물지을 때도 많다. 어두운 저녁시간, 잘 보이지 않는 악보를 보며 떠듬떠듬 따라 부르는 찬송은 어찌 그리 아름다운지, 참여한 기독인들보다 더 힘차게 투쟁 소식을 전하는 노동자들의 목소리는 얼마나 내게 힘을 주는지…. 바로 이곳이 예수님이 계신 곳이 아닌가 느낄 때가 많다.

왜인지는 알 수 없으나 농성장에서 만난 노동자들 중 신앙인은 별로 없다. 그런데 조금 친해진 후에는 "전엔 교회에 열심히 다녔어요. 요즘은 못 가지만… 사실 저희 삼촌이 목사님이세요" 등의 얘기를 심심치 않게 듣게 된다. 어떻게 보면 치열한 투쟁현장에서는 신앙생활조차 사치로 느껴졌을지 모른다. 하지만 신앙심이 있는지 없는지는 별로 중요하지 않다. 벼랑 끝으로 내몰린 노동자들에게 "찾아가는 기도회"는 한줄기 빛일 수 있다. 때로 따뜻하게, 때로 묵직하게, 때로 신선하게, 노동자들의 마음에 자리매김하고 있다는 것을 느낄 수 있다.

2011년부터 지금까지 현장과 함께하고자 하는 기독인들이 매주 지속적으로 기도회를 했던 사업장은 재능교육, 동양시멘트(현재는 삼표시멘트), 쌍용자동차였고, 이들 사업장은 모두 해결이 되어 기도회가 마무리되었다. (매주는 아니라도 간헐적으로 현장기도회를 했던 사업장은 물론 거의 모든 투쟁사업장이다.) 현재는 파인텍 노동자들과 함께 하는 기도회를 매주 화요일에 하고 있다. 매주 기도회를 한다는 건 쉽지 않은 일이다. 여러 기독단체와 기독인들이 함께 힘을 모았기에 가능한 일이었고, 이는 자연스럽게 노동자들과의 친밀감 확대, 일상적 연대, 다른 기독인들의 연대와 실천을 확장시키는 효과를 거두고 있다.

가장 최근, 쌍용자동차 해고노동자들과 함께 한 마지막 기도회는 참으로 인상적이었다. 그렇게 많은 노동자와 가족이 희생을 당한 속에서 얻은 복직 약속이었는데, 그렇게 죽음을 막아보고자 애를 썼는데, 또 다시 무너지는 약속 앞에 30번째 희생자가 생기고야 말았다. 울분을 토하며 5년 만에 차려진 대한문 앞 분향소, 갈 때마다 눈물이 났다. 기독인들도 "쌍용자동차 문제 해결을 위한 기독교 연석회의"로 모여서 매주 목요일마다 기도회를 하고 있었다. 그 날은 마침 "연석회의" 전체 주관이었고 내가 사회를 보고 있었다. 당일 낮에 처음으로 사장이 대한문 분향소에 찾아와 분향을 했고, 교섭이 진행 중에 있었다. 참석자들 모두 떨리는 마음으로 좋은 소식을 기대하며 기도하고 있었다. 마침내 기도회가 끝나기 전에 잠정합의 소식이 들려왔다. 목이 메어서 목소리가 흔들렸다. 그 순간, 함께 했던 노동자들의 눈망울, 함께 기도하던 기독인들의 벅찬 표정을 잊을 수 없다.

모든 사업장에서 정기적인 기도회를 할 순 없지만 간헐적인 기도회도 끊임없이 이어졌다. 비록 적은 인원이 모일 때도 있고, 투쟁을 강력하게 외치는 노동자 집회보다 그 소리는 작을지언정 울림이 있는 시간이 되어왔다. 콜트콜텍, KTX, 유성기업, 하이디스, 현대자동차 비정규직, 기아자동차 비정규직, 삼성전자서비스, 통신사 비정규직(LG유플러스, SK브로드밴드), 케이블방송 비정규직, 기륭전자 등 수 없이 많은 사업장에서 진행되었다.

긴급한 투쟁 현장에도 기도회가 빠지지 않는다. 갑작스런 상황이라 앰프가 들어가지 못할 때, 고공농성장에 밥과 물품이 올라가지 못할 때, 어떤 상황이든 어렵고 막힐 때, 기도와 목사님들의 출동은 때로 생명줄과 같다.

고난 받는 노동현장에 대한 지원과 지지, 각종 대책위원회 참여

세상이 달라졌다고 하지만 여전히 노동자들의 길거리생활은 계속되고 있으며 새로운 투쟁사업장도 계속 발생하고 있다. 기업의 입장에서는 아직 비정규직 양산과 정리해고는 만만한 일이며, 노조는 배척해야 할 대상인 것이다. 노동자들의 기본적인 인권을 외치며 60년을 달려온 산선의 입장에서는 아직 해야 할 일이 산적한 것이다. 적폐청산을 외치며 출범한 새 정권에서도 이러한 상황은 지속되고 있다.

나도 투쟁사업장의 중심에 있어 보았지만 투쟁사업장 노동자로 몸도 마음도 지쳐 있을 때, 찾아오는 누군가는 언제나 반갑다. 특별히 우리 편이 확실할 것 같은 사람(예컨대 옆 사업장 노동자)이 아니라 보다 객관적인 입장에 있다고 여겨지는 사람(예를 들어 종교인, 문화인 등)이라면 더욱 힘이 된다.

따라서 각종 대책위원회에 참여하는 것만으로도 도움이 된다고 믿는다. 기독교적인 연대란, 옆에 있어 주고, 약한 모습까지 있는 그대로 받아주고, 끝까지 따뜻한 눈빛으로 지켜보아 주는 것이 아닐까?

노동문제 상담 및 전문가 연계

임금체불, 산재 등 개별적 노동문제에 어려움을 겪고 있는 노동자들이 찾아갈 곳은 점점 많아지고 있다. 서울에도 서울노동권익센터를 비롯하여 지자체 지원을 받으면서 무료노동

상담 등을 진행하는 센터들이 아홉 군데나 된다. 민주노총과 산별 연맹들도 기본적인 노동법률서비스를 제공하고 있다. 하지만 신앙적인 이유로, 혹은 기타 편한 공간이라는 이유로, 또는 정보가 부족한 가운데 누군가의 소개로, 산선을 찾아오시는 분들이 있다. 조직적 지원을 받지 못하는 이런 개별 노동자들, 어쩌면 사각지대에 놓여있는 노동자들을 환대하고 도움을 주는 것이 산선 고유의 역할이라고 생각한다.

노동 상담을 주로 하시는 분의 이야기를 들어보면 본인은 노동자 권리 구제나 법률문제에 대해 상담을 해 주는 사람인데 많은 분들이 내적 어려움을 하소연하면서 "내 얘기 좀 들어줘"를 반복하는 것이 가장 힘든 점 중에 하나라고 한다. 어찌 그렇지 않겠는가? 외적 어려움 때문에 찾아오는 노동자의 상당수는 내적 어려움도 가지고 있을 것이다. 그걸 토로하고 얘기할 수 있는 곳이 어디 많겠는가?

산선은 이런 노동자들을 위한 1차 상담소의 역할을 하고 있고 앞으로도 해나가야 한다고 생각한다. 먼저 노동자들의 이야기를 충분히 듣고, 가장 필요한 도움이 무엇인지를 판단한다. 법률 지원이 절실하면 자문위원 등 법률전문가를 연결해주고, 교육이나 자조모임이 필요하면 그런 쪽으로, 심리상담이나 치유 프로그램이 우선이라고 생각되면 또 그쪽으로 연결한다. 이렇듯 단 한 사람의 노동자를 위해 현재 가지고 있는 자원과 네트워크를 최대한 활용하기 위해 노력해 왔고, 앞으로 더욱 확대할 것이다.

〈비정규노동선교센터〉 설립

이러한 사업들을 원활하게 하기 위해 2011년 11월에 설립한 것이 〈비정규노동선교센터〉다. 비정규직 문제가 한국 사회 가장 큰 핵심 문제가 된 시점에서 비정규직 노동문제에 집중하겠다는 의지의 표현이었다. 그 이후 비정규노동선교센터는 자치단체 지원센터/민간단체들과 협력하면서 선교단체이면서 비정규직 문제를 핵심으로 내 건 독보적인 단체로서 그 역할을 묵묵히 감당해 왔다. 때로는 노동단체로서의 역할을, 때로는 선교단체로서의 역할을 해 왔던 것이다.

2. 노동자들의 마음에 집중한 심리치유상담활동

노동자 "품" … 시작 배경과 참가자들의 육성

신자유주의 물결 속에서 많은 노동자들이 부당한 정리해고, 노조탄압, 비정규직 문제를 안고 투쟁에 내 몰리고 있는 상황에서 노동자들의 마음 건강은 심각하게 침해받고 있었다. 무엇보다 자신을 돌볼 마음의 여유도, 그럴 수 있는 기회도 없었다. 그런 노동자들이 스스로를 발견하고 돌보며, 자신을 이해하고 받아주는 것이 우선 필요했다.

이처럼 상처 받은 장기투쟁사업장 노동자, 해고자뿐만 아니라 일터에서 소외감을 느끼거나 감정적인 문제로 어려움을 느끼는 모든 노동자, 그리고 이러한 노동자들을 지원하고자 하는 노동단체(사회단체) 활동가들을 위해 만든 치유/회복/의사소통 프로그램이 노동자 "품"이다.

낡은 시설이지만 따뜻한 사랑방을 최대한 꾸미고, 최고의 간식을 준비하고, 베테랑 강사들을 섭외했다. 하지만 노동자들을 불러 모으고 참여시키는 것이 가장 어려웠다. '내 마음 돌봄'이라는 것이 생소하기도 했고, 왠지 나약한 사람들이나 하는 것처럼 느껴지거나 불필요하게 나를 드러내야 할 것 같아서 거부하기도 했다. 하지만 프로그램이 진행되자 조용하고 잔잔하게 노동자들에게 퍼져나갔고, 이제는 안착이 되었다.

백말이 무슨 소용일까, 프로그램에 참여했던 이들의 육성을 들어보자.

'나'를 새롭게 발견하고…
— 내 감정을 드러내 본적이 별로 없었다는 걸 알게 되었다.
— 내가 이렇게 여러 사람 앞에서 내 얘기를 할 수 있었다는 것 자체가 기적이다. 전에는 자기 얘기 하라고 하면 도망가 버리곤 했었다.
— 내가 몰랐던 나의 모습, 태도를 조금은 확인할 수 있었다.
— 어색함이 자유로움으로 바뀌고 있어서 스스로 놀라고 있다.

'소통'과 '존중'을 몸으로 배웠다.
— 상대방의 눈을 바라보고 경청할 수 있었다.
— 서로 존중받는 느낌이다. 이렇게만 말하면 서로 얼굴 붉힐 일이 없을 것 같다.
— 상대가 왜 화가 났는지 생각하게 되었다. 소통이 굉장히 필요하다는 것을 느끼고 있다. 다양성을 인정하고 돌아보는 계기가 되었다.
— 동지들과 싸우고 난 후 상대방을 좀 더 생각하게 되었다.

— 한 번씩 더 생각하게 된다. 답답해서 먼저 말하곤 했었는데 이젠 조금 기다려준다.

'나' 스스로를 위로하고 자신감을 얻었으며…

— 어렸을 때부터 대인기피증이 있었고 상처도 많이 받았다. 그런데 이 프로그램 하면서 많이 극복된 듯하다.

— 나를 위로하고 위안 받고 하니 힘이 난다.

갈등과 문제를 풀어가는 법을 알게 되었다~!!

— 다른 사람에 대한 포기, 배척, 무관심적 태도에서 좀 더 이해하고 수용하려는 자세가 만들어지면서 마음이 편해졌다.

— '지도자'와 '리더십'에 대한 고민을 깊게 해 볼 수 있었다.

— 사람과의 관계를 잘 맺어가는 법, 갈등과 문제를 풀어가는 법을 조금은 알게 된 것 같다.

— 배워서 바로 현장에서 활용(교육)할 수 있어서 좋았다.

"지금 이 순간이 (어제 그리지 못했던) 가장 기뻤던 순간이다"

노동자 품 5기 마지막 1박2일 수련회 시간이었다. 가장 기뻤던 순간과 슬펐던 순간을 그림 또는 글로 표현하고 나누는 시간에 유일하게 기뻤던 순간을 빈 칸으로 두었던 노동자가 있었다. 어떤 마음인지가 느껴져 가슴이 아팠다. 다음 날 모든 순서를 마치고 수료식을 진행했다. 수료 소감을 나누는 자리에서 그 노동자가 말했다. "어제 가장 기뻤던 순간을 그리지 못했다. 그러나 이제는 그릴 수 있다. 지금 이 순간이다." 갑자기 코끝이 찡해 왔다. 한 노동자의 삶을 새롭게 만든 품 5기는 수료 후 5년이 지났으나 지금도 월 1회 후속모임을 하고 있다 (현재까지 54번의 후속모임 진행). 단순한 친목모임이 아니라 배웠던 것을 복습하고, 강사 없이도 각자가 삶에서 적용했던 부분을 나누며 서로에게서 배운다.

"경청만 했더니 2명이 노동조합에 가입했어요."

노동자 품 7기 두 번째 시간 주제는 경청이었다. 이 시간에는 아무런 말이나 질문, 판단도 없이 상대방의 얘기를 온전하게 경청하는 실습을 했다. 일주일 후 한 노동자가 앞으로 와서 들뜬 목소리로 말했다. "선생님! 제가 지난주에 경청만 했더니 2명이 노동조합에 가입했어요." "어머! 정말요? 그냥 경청만 했는데요?" 그 옆에 있던 내가 더 놀라서 되물었다. 과연 일주일 사이에 무슨 일이 일어난 것일까?

중급 / 고급 / 강사양성 과정 노동자 "품 플러스"

초급이라고 할 수 있는 6-10회기 노동자 품에 참여했던 분들에게서 중급, 고급, 강사과정에 대한 요구가 많이 있었다. 특히 지방에는 이러한 프로그램과 강사가 거의 전무한지라 스스로 익혀서 현장에서 확산시키려는 노조나 연맹 간부들이 꽤 있었다. 그들을 위해 중급, 고급, 진행자 과정인 "품 플러스"를 진행했다. 품 플러스 1기의 경우 꼬박 이틀을 쉬지 않고 하는 1박2일 과정을 한 달에 한 번씩 네 차례 진행했는데 지방에서 새벽 첫 차를 타고 와서 프로그램에 참여하고 다시 마지막 밤차를 타고 내려가는 강행군을 빠지지 않고 한 멤버가 서너 명 있었다. 다음은 품 플러스 1기 수료생의 평가서에서 발췌한 것이다.

— 누군가 나를 귀히 여겨준다는 것, 스스로 고귀해짐을 느꼈다.
— 나 자신을 이토록 존중하고 바라보았던 적이 있었나 하는 마음이 올라왔다.
— 이기심과 오만에 찬 자신을 발견하게 되었다.
— 못마땅했던 식구와 주변 사람들에 대한 마음이 변하게 되었다.
— 내 이야기하기 바빴던 평소 태도를 되돌아보게 해 주었다.
— 상대에 대한 존중감, 가능성을 보게 하고 몸과 마음으로 실천하게 하였다.
— 상대방 입장에서 이해하려는 노력을 하고 온 마음과 정성을 다해 수용하게 되었다.

다음은 품 플러스 1기 수료생에 대한 심층 인터뷰 중에서 발췌한 것이다.

— 노조 활동가들 중에 똑똑하고 훌륭한 사람은 많지만 다른 사람의 말을 잘 들어주고 다른 의견을 존중해주는 사람은 별로 없다. 최근에는 노조에서도 인성교육을 하기는 하나 대부분 단발성으로 그치는 아쉬움이 있다. 그저 수련회 때 딱딱하지 않고 재미있게 할 수 있는 프로그램이나 쉬어가는 프로그램으로만 활용하려는 경향도 있다. 최소한의 연속성을 가지고, 부차적인 교육이 아닌 핵심 교육으로 자리매김을 해야 한다고 생각한다.

— 나를 들여다볼 시간과 여유가 없는 노동자들에게 먼저 나를 돌아볼 수 있도록 돕고, 의사소통 방식을 개선하여 신뢰가 돈독해 질 수 있도록 하는 것이 시급한 교육이라고 본다.

감정노동자를 위한 치유 프로그램

'감정노동'의 심각성과 이로 인한 노동자들의 어려움이 사회적으로 이슈화되기 시작하면서 감정노동자를 위한 프로그램을 실시하는 단체들이 꽤 생겼다. 이 중 노원노동복지센터의 요청으로 감정노동자들을 위한 치유프로그램을 2016년부터 2018년까지 3년간 진행했다. 이 프로그램에 참여한 이들의 육성도 전달해 본다.

— 자신을 위로하고 치유의 과정을 거쳐 내일을 행복하게 살아가는 마음을 되찾게 되었다.
— 지치고 또 지쳤던 시기, 감정의 감각을 잃어가고 있을 때 참여하게 되었는데 감정의 느낌을 알아차리게 되었다.
— 붙들고 연연했던 것들로부터 한 발짝 멀어져 바라볼 수 있게 되었던 부분이 제일 좋았다.
— 나의 마음 알아차리고 다른 사람의 마음도 알아주게 되었다.
— 나에 대해 그리고 주변에 대해 유연해지게 되었다.

어떤 참가자는 2년 연속으로 같은 프로그램을 신청하여 참가하였다. 작년 프로그램에서 다소 변화는 있지만 70% 정도는 같은 내용으로 진행한다는 안내를 했음에도 불구하고 다음과 같은 메시지를 보내고 참여하여 전체 프로그램에 활력을 불어넣어 주었다.

— 선생님! 저 프로그램 신청했습니다.
— 모든 강의가 다 의미 있고 좋았기에 같은 내용이어도 괜찮으니 혹시 재수강하는 것에 대한 부담은 안 가지셨으면 좋겠어요.^^
— 1년이라는 시간이 지났으니 같은 내용을 통해서도 그동안 저에겐 어떤 변화가 있었고 얼마만큼 성장했는지 저 스스로를 점검해보는 좋은 시간이 될 거 같아요.

공장 안에서 진행된 같은 사업장 노동자들의 치유 프로그램

이 글의 후반 7번에서 언급하는 '통통톡' 프로그램 개발팀과 공동으로 진행한 프로그램인데 정리해고 투쟁에서 승리하여 현장복귀 후 깊어진 갈등상황에 놓인 노동자들을 대상으로 했다. 오랜 시간을 함께 해 온 같은 사업장 노동자들이 갈등상황에 처했을 때 어떻게 풀어나갈 수 있을지 영감을 준 인상 깊은 사례이다. 노동자들의 진솔하고도 짠내 나는 속내를 만날 수 있어서 감동스러웠다. 다음은 프로그램 종료 후 산별노조 소식지에 실린 글에서 발췌했다.

— 조합원 서로의 마음도 알고, 서로를 이해하는 방법도 알아갈 수 있는 시간이었습니다.
— 앞으로도 조직생활에서 갈등과 스트레스를 피해갈 순 없겠지만, 갈등을 예방하고 갈등과 불만이 있어도 서로 현명하게 대처하는 방법을 알게 된 것 같습니다.

노동자 개인심리상담 지원

이러한 집단 프로그램을 진행하다 보면 추가적인 개인상담이 필요한 사람들이 보였다. 처음엔 어렵사리 상담기금을 마련하여 멀리 연결을 하기도 했다. 그러다 아예 2층 사랑2방을 상담실로 꾸미고 객원 상담사 선생님들을 모셔서 개인심리상담을 지원하고 있다. 지금은 통통톡 상담실 역할과 서울시 감정노동자 상담치유 거점이 되어 사랑1방도 모임방 겸 상담실로 사용하고 있다.

사실 개인 심리상담은 나로 하여금 오늘의 활동을 할 수 있게 만들어준 힘이다. 장기투쟁기간에도 겉으로는 늘 웃음을 잃지 않았던 나이지만 투쟁사업장의 간부인지라 드러낼 수 없었고, 드러내기 싫었고, 가족에게도 얘기하지 않고 꼭꼭 싸매 두었던 상처는 나도 모르게 속에서 곪아가고 있었다. 마침 그 때, 투쟁사업장 노동자라서 무료로 받게 된 개인상담은 놀랍고 새로운 경험을 안겨주었다. 처음으로 상처를 꺼내어 보았고, 한 발 떨어져서 볼 수 있었으며 고름을 터뜨려 짜 내자 어느 정도는 치유되는 경험을 한 것이다. 예상치 못했던 이 경험은 내게 새로운 활동을 할 수 있는 용기를 주었다.

<쉼힐링센터> 설립

이러한 프로그램을 진행하다가 노동자들의 심리치유 상담사업에 좀 더 집중하기 위해 만든 것이 <쉼힐링센터>다. 2016년 1월에 출발하여 올해 3월 "서울시 비영리민간단체"로 등록

한 쉼힐링센터는 말 그대로 노동자들의 몸과 맘이 지쳐있을 때 기댈 곳이 되어주고, 노동자 치유상담사업의 허브가 되고자 한다.

3. 노동자들이 편하게 드나들고 잠시 쉬어갈 수 있는 공간으로서의 역할

어떤 노동자들에게도 열린 "노동자의 집"

선배들의 이야기를 들어보면, 노동자들이 모일 곳이 없었을 때, 목소리를 크게 외칠 곳이 없었을 때, 산선이 거의 유일한 장소였던 시절이 있었다고 한다. 둥지가 된다는 것은 얼마나 귀하고 또 필요한 일인가.

나 또한 93년에는 라면을 끓여먹고 모임을 하면서 이곳에 정을 붙였다. 97년에는 회사에서 노조를 없애려고 했을 때 투쟁을 결의하고 선포하는 장소가 되었다. 00년에는 비정규직 투쟁을 할 때 기독교 단체들에게 도움을 청하는 통로가 되어 주었다. 07~08년에는 일주일마다 진행된 조합원 총회의 터전이었다. 우리 얘기를 맘 놓고 할 수 있는 공간은 여전히 많지 않았다.

2011년 이곳에 일하러 왔을 때 제일 처음 만난 것이 보조출연자노조였다. 당시 월례 조합원모임을 매우 좁은 노조사무실에서 하고 있다기에 '큰사랑방'에서 할 것을 제안했고, 그때부터 1년 정도 월례모임을 '큰사랑방'에서 진행했다. 그러면서 월례모임 때 조합원 교육도 같이 실시하게 되었는데, 위원장님과 함께 기획하여 내가 직접 진행하거나 강사를 초빙하기도 했던 조합원 교육은 보람도 있었고 기쁨도 있었다. KBS교향악단 노동자들도 찾아왔다. 몇 번의 모임과 조합원교육을 진행했다.

14년 12월부터 15년 3월까지는 통신사 비정규직(LG U+, SK 브로드밴드) 노동자들의 숙소(a.k.a 호텔)였다. 대기업의 이름을 달고 가가호호 방문하여 서비스를 제공하는 노동자들이었지만 간접고용에다 처우는 열악하기 짝이 없었다. 노조 결성 후 얼마 되지 않아 힘겨운 투쟁을 했던 그 겨울, 지방의 노동자들이 돌아가면서 상경투쟁을 했는데 일부는 농성장에서 노숙을 했지만 일부는 하루종일 추위에 떨었던 몸을 녹일 숙소가 필요했다. 낡은 건물이지만 보일러는 빵빵하게 잘 돌아갔다. 큰사랑방과 사랑3방 등에서 50명이 넘는 인원이 칼잠을 자기도 했다. 복도에서 만날 때마다 불편하지 않냐고 물어보면 손사래를 치면서 다음과 같이 말하곤 했다.

— 다른 곳에 비하면 여기는 호텔이에요. 바닥도 따뜻하고 샤워실에 온수도 잘 나오는걸요.

최근에도 누군가의 사무실, 샤워실이자 빨래터이며 정기적인 회의실이 되고 있다.

— 자본과 권력에겐 두려움이고 노동자에겐 힘이 되었던 도시산업선교회

자본은 기업에 도산(도시산업선교회)이 침투하면 그 기업은 도산된다고 언론에서 떠들었다. 60-70년대는 종교를 끼고서야 서슬 퍼런 군부독재와 투쟁할 수 있었다. 종교를 끼지 않으면 지하조직으로 활동할 수밖에 없었다.

(중략)

2018년,

나는 도시산업선교회를 사랑한다.

추운 날, 여의도 건물 안에 들어가 씻을 때 들킬까 봐 불안했다.

항상 조마조마하면서 씻었다.

그런데 도시산업선교회 실무자가 열쇠를 준다. 언제 어느 때라도 들어와서 일 할 수 있는 사무실 공간도 생겼다. 새벽에 씻고 빨래하고, 이곳이 천국이다. 어느 날 밥을 해 먹으려고 1층 주방에서 달그락거렸다. 인기척 소리에 뒤돌아보니 생협 실무자가 흠칫 놀란 나를 보며 "괜찮아요. 내 집처럼 편하게 쓰세요." 잔잔한 감동이었다.

도시산업선교회는 투쟁을 통한 사랑을 가르쳐 주는 곳이다. 이곳은 억눌린 자. 소외받은 자들의 투쟁의 교회가 아니라 사랑의 교회였다.

시간이 지나도록 많은 상처에도 불구하고 정신적 자존감을 찾게 해 준

도시산업선교회가 60주년을 맞는단다.

이제는 노동해방이 아니라 인간해방의 길을 생각한다.

투쟁도 사랑 속에서 나오는 힘!

그 힘 받아

나

절대 포기하지 않는다.

쓰러지지 않는다.

4. 노동계와 기독교계의 가교 역할과 교회 내 노동문제 인식 확산 활동

기독교계 내에서 노동문제 하면 예나 지금이나 산선이다. 또 노동계 내에서도 기독교계에 연대와 협력을 요청하려 하면 그 또한 산선이다. 그러나 막중한 책임감을 온 몸으로 느끼며 애를 쓸 때마다 한계 또한 온 몸으로 느낀다. 가교 역할이란 단순히 연결만 하는 것은 아니다. 또한 기사련(기독교사회선교연대회의) 노동선교위원장이나 비정규직대책 한국교회연대 위원, NCCK 정의평화위원 등의 역할을 감당한다고 되는 것도 아니다. 한계를 어떻게 극복할 것인가, 이 과제에 대해서는 뒷부분에서 다시 논하고자 한다.

지금까지 대다수 교회들은 노동문제에 관심을 가지지 못했던 것이 사실이다. 하지만 교인의 대다수는 노동자이며, 그 반이 비정규직인 것은 사회 전반이나 교회 내에나 마찬가지일 것이다. 일단 노동문제에는 어떤 것들이 있는지 아는 것이 시작이다. 그다음으로 노동의 문제를 교회가 함께 고민해야 할 주요 과제로 설정하고 실천방안까지 찾아보는 것이 필요하다.

산선은 그 동안 교회 내 노동문제 인식 확대를 위해 여러 방면에서 노력해 왔다. 물론 충분치는 않지만 그런 노력들이 밑바탕이 되어서 '총회노동주일'의 날짜도 변경되었고(3월 둘째 주에서 5.1. 노동절 직전 주일로 변경됨) 노동주일 기념예배도 매년 드리고 있다.

노동문제, 특히 비정규직 문제에 대한 세미나와 토론회 등도 수차례 진행했다. 비정규노동선교 핸드북『나중에 온 이 사람에게도』도 공들여 발간했다. 그러나 아직 지교회로 퍼져나가지 못했으며 이는 매우 어려운 과제로서 역시 뒷부분에서 다시 논하겠다.

5. 기독청년을 위한 훈련 프로그램과 교육 활동

현장심방

산선의 대표적인 프로그램으로 벌써 10년이 되었다. "발바닥으로 읽는 성서"라는 부제가 달린 현장심방은 초기에는 아시아 활동가들과 함께 또는 아시아 활동가들만을 위한 프로그램을 진행하기도 하고 2박3일로 운영된 적도 있으나 지금은 여름/겨울 방학 때마다 15명 이내의 기독청년들을 모아 3박4일로 진행하는 것이 정착되었다. 이번 여름이 20기였으니 연인원 200여 명이 다녀간 셈이다. 큰 홍보를 하지 않아도 주로 참여했던 사람이 친구나 후배, 동생을 보내는 등 입소문과 소개로 매번 인원을 채우고 있다. 아침 8시부터 밤 11시 너머까지

(마지막 날은 새벽까지) 빡센 일정으로 진행이 되지만 3번 4번 반복해서 참여하는 사람까지 있을 정도로 호응이 좋고 임팩트가 있는 프로그램이다. 여기서도 그 수료자들의 육성을 들어보자.

— 우리들의 투쟁이 너무나 강력해져서 절대 무시할 수 없는 힘이 되었으면 좋겠다.
— 노동자는 블루칼라가 아니라 일하는 모든 인간임을 잊지 말아야겠다.
— 노동조합 운동하는 모습 속에서 예상치 못했던 지혜와 용기를 발견했다.
— 사회적 연대는 예수님의 또 다른 모습이다.
— 결과적으로 답보다는 더 많은 질문을 안고 왔다. 대신 머리가 아니라 가슴으로 질문하게 되었다. 뿐만 아니라 먼저 질문하며 고민했던 신앙 선배들을 만났고, 앞으로 함께 고민해갈 소중한 친구들도 만났다. 기대 이상의 뜻깊은 경험이었다.

기독 청년학생을 대상으로 한 강의, 간담회, 협력사업

지난 8년간 여러 가지 의미 있는 일들이 많았지만 수많은 기독청년들을 만났던 것이 가장 가슴을 뛰게 만들었던 일 중 하나였다.

구체적으로는 장신대, 감신대, 총신대, 한동대, IVF 세계관학교, IVF 산돌학교(대안대학), EYCK, KSCF, 한기연 등의 단체에 가서 강의를 하거나 함께 협력하여 사업을 진행했다. 그중 IVF 산돌학교 청년들의 육성을 옮겨본다.

— 지금도 여전히 더 나은 세상을 위해 투쟁의 역사가 쓰이고 있음을 기억하며 용기를 가지겠습니다.
— 아르바이트부터 시작해서 비정규직까지 다양한 일들을 했었어요. 그러면서 노동의 문제가 일부의 정치적 문제가 아닌, 우리 모두의 생존의 문제임을 조금이나마 경험할 수 있었어요. 앞으로 제가 어느 곳에서 어떤 모습으로 일하고 있든지 스스로와 모든 함께 일하는 노동자들을 위해서 싸워가고 싶어요.
— '노동'이라는 것에 새로운 관점과 시야를 갖게 되었습니다.
— 노동은 저희 어머니, 아버지의 문제임과 동시에 곧 있으면 저의 문제가 될 텐데 더욱 관심을 가지고 공부해야겠단 생각이 들었고, 약자의 편이신 하나님을 믿는 사람으로서

본인들의 목소리를 좀 들어 달라 울부짖고 있는 노동자 분들의 목소리에 귀 기울이고 알리는 데에도 힘쓰겠습니다.

— 인간이 살아가면서 '노동'을 안다는 것은 가장 숭고하고 존중받아 마땅한 것인데 한국 사회 안에서 비정규직 노동자가 겪는 차별과 불안감, 비정규직이라는 이유로 각종 혜택의 사각지대에 놓인 것이 현실인 것 같습니다. 그러나 외면하면서, 살기 바쁘고 힘들어서, 나도 살아야했기에 아픈 현실을 무시하며 살아왔던 것 같네요. 그 모습이 부끄럽습니다.

— 사회에서 고통 받는 약자들을 위해, 무엇을 어떻게 해 줄 수 있는지는 계속 고민하고 알아가야겠지만, 뭐라도 해야겠다. 사람을 사람답게 살게 하는 데 뭐라도 해야겠다는 생각을 하고 있습니다.

— 세상이 한 순간에 바뀌지는 않고, 심지어 그 길에 대해 부정적으로 말하는 사람들도 있지만…, 이 시대의 약자와 함께 하고 싸워 가는 모습을 응원합니다~!!".

6. 타 노동단체들과의 연대 협력 활동

전국 각지에서 노동자들을 사랑하는 마음으로 헌신적으로 활동하는 노동단체 활동가들을 만나면 배우는 것이 많다. 어떤 문제로 고민이 있을 때 번뜩이는 영감을 얻기도 한다. 다양한 정보와 사업 방향 및 방식에 대한 나눔, 공동협력사업은 덤이다.

한비네(한국 비정규직 노동단체 네트워크) / 비없세(비정규직 없는 세상만들기 네트워크) / 서로넷(서울 노동인권복지 네트워크)에 가입하여 정기회의, 워크숍 등에 참여하며 교류하고 있다. 그 안에서는 독보적인 노동선교단체로서의 경험이 다른 이들에게도 많은 도전이 되는 것을 느낀다.

순수하게 노동자들만의 힘으로 2년여를 준비하여 기적적으로 작년에 개소한 비정규노동자의 집 '꿀잠'은 산선의 현대판 모습이다. 가까운 영등포에 있기에 더욱 더 친근하게 교류하고 있다. 각자의 역할을 더 잘 할 수 있도록 시너지를 주고받으면서 협력할 필요가 많은 곳이다.

영등포공동행동, 영등포노동인권사업단 등 지역의 노동단체들과 함께 공동사업도 꾸준히 해 오고 있다. 모래알처럼 흩어진 서울 노동자들의 경우 한 개 단체의 힘만으로는 모으기 어려운 것이 실정이다. 앞으로도 힘을 모아서 시너지를 낼 수 있는 사업들을 구상하고 진행해야 한다고 본다.

7. 노동자 치유상담사업의 확대, 연결과 재생산을 위한 활동

노동자 치유 프로그램을 처음 시작하고, 이후 보다 본격적인 치유사업을 준비할 때부터 네트워크를 결성하고자 했고 산선은 그 밑받침이 되고자 했다.

사회활동가와 노동자 심리치유 네트워크 <통통톡>은 2015년 준비모임을 시작할 때부터 산선이 주도적인 역할을 했다. 1년을 준비하여 2016년 7월 1일 출범하였는데 이후 현재까지 사무국을 맡고 있다.

<통통톡>의 수많은 사업을 다 열거하기는 힘들지만 올해 하반기에 진행하고 있는 공공운수노조와 민주노총 상근활동가 전원에 대한 마음건강검진사업은 꿈같은 일이 아닐 수 없다. 노동자 마음돌봄 사업을 조직적으로 추진하고 정례화를 논한다는 것은 불과 3-4년 전만해도 상상하기 힘든 일이었다. 통통톡이 생기고 조금씩 인식 변화를 시키면서 오늘에 이르렀다는 생각에 가슴이 너무나도 벅차다. 이제 앞으로 구슬을 잘 꿰어나갈 수 있도록 신중에 신중을 기하고 있다. 작년부터 1년 이상 진행된 노동상담연구모임과 최근에 시작된(혹은 곧 시작될) 인턴쉽 과정(상담사/치유활동가 양성) 또한 매우 뜻깊은 프로젝트가 될 것이다.

작년부터 진행하고 있는 서울시 서남권 감정노동자 치유상담사업 <마음과 성장> 컨소시엄 활동 또한 앞으로 산선이 해 나갈 사업방향을 분명히 보여준다고 하겠다.

또 다른 60년을 위한 과제

그렇다면 앞으로는 어떤 활동에 주력해야 할까?

물론 지금까지 해 왔던 활동들이 모두 필요하고 의미 있는 일들이기에 이를 계승하고 발전시켜야 하는 것은 두 말 할 여지가 없다. 하지만 무엇에 집중해야 할지를 고민하고 결정하는 것은 중요한 부분이다.

선택과 집중을 하는 데 있어서 중요한 고려요소 중 하나는 (가칭)영등포노동종합센터(이하 "노동센터")의 설립이다. 회관 재건축과 함께 연동하여 재건축 후 이곳에 설립될 예정이다.

같은 공간에 두 개의 노동자를 위한 단체가 존재하게 된다면 역할분담과 협력관계를 어떻게 가져가느냐가 매우 중요할 것이다. 어떻게 하느냐에 따라 굉장한 시너지를 낼 수도 있고, 반대로 별 의미 없는 활동에 시간을 낭비할 수도 있기 때문이다.

현재 서울에 있는 지자체 지원 노동센터(대부분 근로자복지센터 혹은 노동복지센터라는 이름을 쓰고 있다)들의 사업은 주요하게는 노동상담 및 법률지원/ 각종교육사업/ 청소년노동인권교육/ 실태조사/ 시민홍보 및 캠페인/ 문화사업/ 연대사업 등이며 미조직 노동자 조직화 등의 사업이 추가되고 있는 상황이다.

그렇다면 산선은 어떤 역할을 감당해야 할까?

1. 기독교계와 노동계를 잇는 다리 역할 강화 및 전국적 네트워크 구축

아직 노동계에서는 종교계의 도움을 절실히 바라고 있다. 바라기는 기독교계 내에서도 각 단체 간의 역할분담이 잘 되면 좋겠다. 이것이 위에서 말한 한계를 극복하는 첫 번째 과제다.

노동 의제를 기독교계에 알리고 참여와 연대를 독려하는 연결고리 역할도 계속되어야 한다. NCCK(한국기독교교회협의회), 타 교단들과의 에큐메니컬적 협력이 잘 이루어져서 노동이라는 주제가 교회 내에서 보다 직접적으로 다루어지고, 예배와 성경공부 속에서 이야기되도록 하는 것이 두 번째 과제이다.

나아가서 전국의 교회가 지역의 노동자들에게 문을 활짝 열고 노동자들의 문제를 함께 이야기하고, 노동자 마음치유사업에 일조했으면 하는 바람이다. 이를 위해서는 먼저 노동자들의 실태를 잘 알아야 하므로 먼저 지역 노동자들의 삶의 이야기를 나누는 장이 곳곳에서 마련되면 좋겠다는 생각이다. 그러한 교회들의 네트워크를 만드는 것이 보다 장기적인 세 번째 과제이다.

한 발 더 나아간다면 아예 기독교적인 가치를 실현하는 노동정책을 생산해내는 것은 어떨까? 새로운 패러다임과 새로운 형태를 가진 조직이나 공동체를 꿈꾸어 볼 수도 있다는 생각이다.

2. 기독청년 훈련 프로그램의 확대/발전과 기독교활동가 양성

10년이 된 "발바닥으로 읽는 성서–현장심방"은 이미 산선의 대표적인 브랜드로 정착이 되었으므로 더욱 확대 발전시키는 것이 필요하다.

15명 이내라는 인원을 늘려야 한다는 의견도 있지만 밀도 있는 탐방과 토론을 위해서는 소규모가 적합하다는 생각이다. 다만 현재 여름, 겨울 각 1회로 진행하는 것의 횟수를 늘린다든지, 홍보를 강화하여 보다 다양한 청년들이 참여할 수 있도록 한다든지, 교회의 청년부와 연계한다든지, 후속 교육과 세미나 등을 정기적으로 한다든지 등의 방식으로 확대시키는 것은 매우 바람직하다고 생각하며, 이를 시행할 수 있는 내부적인 기반부터 확대되기를 희망한다.

현장심방은 삶의 모양과 진로에 대해 고민하고 있는 기독청년들에게 조금은 특별한 경험과 새로운 관점을 제공한다. 그리고 그들 중 몇 명은 이곳의 영향으로 진로를 결정하기도 한다. 현재 산선에서 일하고 있는 몇 명의 활동가들이 그렇고, 지역 노동인권센터의 사무국장 혹은 시민사회단체의 활동가가 되기도 했다.

기독교 활동가를 양성한다는 측면에서 매우 고무적인 일인데, 이들이 지속적으로 재충전할 수 있고, 고비마다 함께 고민하며 길을 개척해 갈 수 있는 시스템이 만들어졌으면 하는 바람이다.

3. 직접적인 투쟁현장 지원

지자체의 지원을 받는 센터는 직접적으로 투쟁 현장을 지원하는 것이 쉽지 않다. 반면에 기독교 정신을 바탕에 깔고 선교활동을 하는 산선은 훨씬 자유롭고 깊숙하게 투쟁사업장 연대를 할 수 있다. 노동단체만큼의 힘을 가지지는 않지만 종교단체가 가지는 이점과 역할이 분명히 있다. 어떤 모양, 어떤 포지션을 가져야 하는지에 대해서는 사실 늘 고민이다. 다른 실무자들은 더 고민이 많은 것 같다. 단순히 기도만 해서도 안 되고, 실제적인 투쟁에 도움이 되면서도, 일상적인 관계를 뛰어넘는 그 무엇이 있었으면 하는 바람이다. 그래서 시작한 것이 치유사업이기도 하다.

4. 사각지대에 놓인 노동자들의 1차 상담소로서의 역할과 연결의 구심

노동조합도 없고, 의논할 동료도 찾기 힘들고, 영세한 사업장에 근무하기에 권리 주장 한 번 하기 어려운 노동자들, 이렇게 사각지대에 놓인 노동자들이 편하게 찾아올 수 있는 곳, 길 가다가 잠시 들어와서 쉴 수 있는 곳, 때로는 하소연도 할 수 있는 곳, 그런 '노동자의 집'을 꿈꾼다. 전문가가 상주하지는 않아도 연계하고 연결할 수 있는 허브와 같은 곳이 산선이 나아갈 방향이라고 생각한다.

5. 쉼힐링센터가 감당하고 있는 노동자 심리치유상담사업의 강화 및 확대

2011년부터 꾸준히 펼쳐 왔던 노동자 심리치유사업이 지속성과 연계성을 가지면서 점차 확대되어 온 것은 산선에서 활동해 오면서 가장 보람을 느끼는 일이다.

이중 일부 사업은 노동센터에서 감당할 수 있겠지만(현재도 많은 노동복지센터에서 심리치유 프로그램을 실시하고 있다) 현재 통통톡이 하고 있듯이 이러한 단체들을 연결하는 네트워크 사업은 산선이 풍부한 경험을 바탕으로 잘 할 수 있는 영역이라고 생각한다.

이제 출범 2년을 조금 넘긴 통통톡에 대한 기대와 해야 할 일들은 무궁무진하다. 올해 하반기에 폭발적으로 늘어난 사업들을 보아도 알 수 있고, 새로운 활동가들을 길러내기 위한 인턴십의 시작, 상담사뿐만 아니라 종합적인 치유활동가를 양성하는 과정을 같이 시작한 것, 노동상담연구모임, 프로그램 운영팀 등 다양한 역할을 하는 실제적이고도 내실 있는 사업들이 활발히 이루어지고 있는 것을 보아도 알 수 있다. 이런 통통톡이 더욱 날개를 달고 활동 영역을 넓혀서 보다 많은 노동자와 사회활동가들의 마음치유사업을 펼칠 수 있도록 산선이 그 밑거름으로서의 역할을 잘 감당하기를 기대한다.

산선에서 지난 8년이 어떻게 흘러갔는지 모르겠다. 그간 개인적으로, 노동선교 분야에서, 또 산선 전체적으로 많은 변화와 성장이 있었지만 지난 8년을 관통하는 공통된 단어가 있다. 바로 '정성스런 마음'이다.

산선은 20대의 젊은 나에게 새로운 세상을 볼 수 있게 해 준 곳이었기에 여기서 일하는 것이 오랫동안 망설여졌다. 내가 무엇을 할 수 있을까, 과연 어떤 활동으로 이 존경스런 역사에 부끄럽지 않은 일들을 할 수 있을까, 1년 6개월을 고민하다가 여전히 자신감은 없지만 조심스럽게 실무자로 발을 디뎠다. 그리고 한 달 만에 기륭전자 노동자들과 함께 '노동자 품'을 시작하면서, 그들이 마실 컵에 한 명 한 명 이름을 붙이면서 다짐했다. 잘 할지는 모르겠지만, 무엇을 하든 누구에게 하든 정성을 다 하겠노라고⋯ 그리고 어떤 일을 하든 그 다짐을 기억했고 실천하기 위해 노력했다. 그 다짐은 성과의 질이나 양과는 상관없이 내게 많은 감동과 깨달음을 주었다. 그리고 여기까지 왔다.

산선 60주년을 맞아 이제 다시 스스로에게 묻는다. "지금까지 정성을 다 해 왔는가?" 부끄럽고 감사하게도 답은 "그렇다"이다. 실수나 착오도 많았다. 누군가에게는 상처도 주었을 것이다. 그러나 이제 다시 새로운 길을 가고자 할 때, 정성을 다 해 온 마음만은 소중히 가지고 가고 싶다. 어리석어 보일지도 모른다. 바보들의 행진일 수도 있다. 앞으로 얼마나 지속될지도 알 수 없다. 다만 산선을 찾는 노동자 한 명, 함께 일하는 실무자 한 명, 지역에서 마음을 나누는 그 누군가 한 명에게 정성을 다하는 마음만은 끝까지 부여잡고 가고자 한다.

3. 치유와 통로, 더 치열한 연대와 실천을 위하여

유흥희

(금속노조 서울남부지회 기륭전자분회)

역사 속의 영등포산업선교회

"도산이 들어가면 도산(倒産)한다"

영등포산업선교회를 도시산업선교회의 준말 도산으로 불리는 것을 들은 것이 첫 인연이라면 인연이다. 구로공단 노동자들에게 도산은 '야학'으로 기억된다. 노동야학이 노동역사교실이 되고 그 과정에서 각성과 각오가 노동자의 인생과 노동의 현장에서 '용기'를 만들었다.

공단의 역사를 공부하면서 산선과 연관된 이야기가 있다. 동국실업의 문 모 위원장의 이야기다. 공부를 잘했지만 집안이 가난해 중학교를 졸업하고 구로공단에 취직을 한다는 이야기는 참으로 흔한 이야기다. 문 위원장도 그 흔한 한 사람의 가난한 여성 노동자가 되어 봉제공장에 입사를 했다. 하지만 가슴 속에는 고등학생 대학생이 되는 꿈을 포기하지 않았다. 그래서 산업체 학교를 찾았지만 불행히도 입사한 곳에서는 없었다. 그래서 실망과 고민을 하면서 검정고시 야학을 수소문했는데 어느 날 퇴근길에 선전 전단 한 장을 주웠다. 도시산업선교회에서 야학교실을 한다는 선전물이었다. 문 위원장은 그 선전물에서 '도시산업선교회'라는 말에 꽂혔다. 80년대 초 티브이와 신문은 도시산업선교회를 도산으로 부르면서 도산이 회사에 들어오면 회사가 도산한다는 다큐 뉴스 선동을 쏟아붓고 있었다. 그래서 도산 즉 산선은 그 자체로 당시 세상에서 가장 불온한 존재, 노골적인 빨갱이였다. 그래서 잠입을 결심했다. 당시 간첩을 신고하면 천만 원인가 삼천만 원인가 했는데 빨갱이 소굴 도산에 잠입하여 빨갱이 증거를 포착 신고하여 그 포상금으로 고등학교 대학교를 가겠다는 심사였다. 그리고 그 결과는 6개월 뒤인가 동국실업에서 노조를 만들고 몇 년 뒤에 노조 위원장을 한다. 빨갱이 잡으러 갔다가 빨갱이 된 비극적인 이야기를 웃으면서 들은 기억이 있다.

독재정권의 엄혹했던 시절, 1970-80년대 노동자들의 인권이 존중받지 못했던 시절에 영등포산업선교회는 여성 노동자들의 인권과 체불임금 등 노동자들의 권리를 찾기 위한 투쟁(방림방적, 대한모방, 해태제과 등)에 적극적으로 지지하고, 연대하는 노동자들의 든든한 벗이자 울타리가 되어주었다고 책 속에서, 선배들의 입담으로 전해 들었던 산선을 구체적으로 만난 것은 2005년 기륭전자에 파견노동자로 입사해 투쟁을 하는 과정이었다.

그 전에는 구로에서 잠시 을지로 인쇄골목으로 옮겨 인쇄 지역노조 활동을 했다. 그러다 다시 돌아 온 구로공단은 굴뚝형 공장이 아파트형 공장으로 변했고, 가리봉역과 구로공단역은 세계화에 발맞춘다면서 가산디지털단지역과 구로디지털단지라는 이름으로 바뀌었다. 산업도 봉제와 전기전자는 공장이전을 하거나 영세화 소규모화 된 채로 남아있었다. 그 자리에 최첨단 IT산업단지가 들어서고, 물류 창고들이 즐비하게 들어섰다. 하지만, 그 속에서 일하는 사람들의 현실은 비참 그 자체였다. 비정규직이 아니고서는 취업을 할 수 없는 구조였고, 평생고용은커녕 미래마저 꿈꿀 수 없는 지독한 고용불안과 최저임금 속에서 살아가는 끔찍한 현실이었다. 무엇보다도 같은 일을 하는 사람들끼리 경쟁을 시키며 등급을 나누는 것이 바로 노예같은 비정규직 제도였다(정규직은 1등 노동자, 계약직은 2등 노동자, 파견직은 3등 노동자). 그런 끔찍한 비정규직을 없애보겠다고 불법파견에 맞서 천일투쟁을 벌였다.

기륭전자분회가 만난 산업선교회

2008년 두 번의 고공농성과 전 조합원 무기한 단식투쟁을 통해 조성된 '더 이상 비정규직은 안 된다. 사람을 살려야 한다'는 사회적 공감은 단비와 같은 종교계의 손내밈이었다. 그 속에서 영등포산업선교회는 손은정 목사님과 교인들이 함께 촛불기도회를 열며, "너무 늦게 와서 미안하다. 많은 힘이 되지는 못하겠지만 늘 지켜보며 응원하겠다"며 조합원들에게 힘을 실어주셨다.

이렇게 시작된 인연은 2009년부터는 '발바닥으로 읽는 성서' 현장심방으로, 2011년에는 노동자들의 몸과 마음에 기운을 불어넣고, 장기간 투쟁에 지쳐 말 한마디에 서로 상처를 주고받기도 했던 우리들의 슬픔과 아픔을 치유하고 소통하는 과정을 담은 "노동자 품"을 통한 만남으로 이어졌다.

사랑을 실천하는 첫 걸음 "현장심방"

현장심방의 좋은 점은 비정규직 문제와 투쟁사업장의 문제를 소통하는 계기를 만들어 준 점이다. 2009년 시작된 "발바닥으로 읽는 성서" 현장심방은 신학생들과 기독청년들이 비정규노동의 문제 등으로 투쟁하는 노동자들을 만나 소통하는 자리이다. 무엇보다 젊은 청년들이 비정규직 문제와 투쟁사업장 문제에 관심이 있다는 것 자체가 고마웠다. 경쟁사회에서 살아남기 위해 점수 쌓기에 바쁜 세상에 소외된 이웃에게 관심을 가지고, 사회의 약자에게 관심을 가지고 있다는 것 자체가 진정한 사랑을 실천하는 첫 걸음이다.

조금씩 감정들을 끄집어낼 수 있었던 "노동자 품 1기"

2010년 기륭투쟁이 마무리되고 2년 6개월의 유예기간 동안 조합원들이 상근을 결의했다. 그 시간 우린 긴 투쟁기간에 정신없이 달려왔던 마음들을 돌아보고, 그간에 애정과 애증 사이를 맴돌던 마음의 상처들을 보듬을 시간을 갖기로 했다. 첫 시작은 다들 억지로 했다. 필요성이 인정되는 사람이 있기도 했고, 왜 우리가 이걸 받아야 하나? 정신병자 취급받는 것 같아서 불편하다고 이야기하는 사람들도 있었지만, 설득도 하고 강압도 하고 조합 회의에서 하루 일정으로 잡아서 하는 걸로 하면서 시작했다. 처음엔 자신을 드러내는 게 싫어서 마음을 숨기기도 하고 슬쩍 아픈 이야기를 하지 않고 피해가려고 하는 부분도 있었지만, 몸으로 이야기하고, 노래로 이야기하고, 그림으로 이야기하는 과정에서 조금씩 얽히고 설 켰던 감정들을 끄집어내기도 했고, 자신의 장점을 발견하기도 했고, 감정을 표현하는 방법을 조금씩 배웠다.

잡은 손 놓지 않고, 함께 맞는 비가 될 산업선교회

초기에 시대의 어둠을 건너는 첫 디딤돌로 아침을 열었던 산선이 이제는 어둠을 버틴 이들의 저녁을 위로하는 산선이 되었다. 그 과정의 한 줄기가 기륭전자 투쟁이 '비없세'(비정규직 없는 세상만들기 네트워크)로, '비없세'가 희망버스로, 그 흐름이 꿀잠과 직장 갑질 119로 이어지는 역사의 한 동맥이라 생각한다.

제목대로 '노동자들과 함께 울고 웃었던 60년, 새롭게 시작될 60년, 한결같이 정성스런 마음으로' 새로운 산선이 시작된다. 이 새로운 걸음에 대한 우리의 바람은 이렇다.

첫째로 연대와 위로의 힘을 유지해 달라는 것이다. 산선을 통해 우리 노동자들은 도움을 받는 존재에서 도움을 주고받으며 함께 하는 동반의 주체로 거듭났다. 많은 이들은 이런 과정에서 감동보다 종종 허무와 허망을 낳는 결과에 실망할지 모르지만 투쟁하는 노동자 당사자들은 그 순간이 전체 투쟁의 중심이자 의지처이다.

두 번째로 산선을 통해 비정규직 등 노동자 민중의 생존과 투쟁의 문제에 '치열하고 능동적'으로 사회적 힘을 만들 수 있는 기독교 내의 통로가 되면 좋겠다. 우리 사회에서 기독교는 종종 개독교가 된다. 이 과정에서 산선의 존재는 어쩌면 지옥 속에서 발견한 천국의 통로, 대사막 속의 맑은 옹달샘이다.

세 번째로 노동자들에게 투쟁은 상처이기도 하지만 각성과 새로움에 대한 힘이기도 하다. 노동자 품에 참여하면서 상처를 치유하는 의도의 고마움과 '투쟁이 곧 상처'의 과정이라는 슬픔이 교차했다. 새로운 세상으로 낡은 껍질을 깨는 과정이 병적 증상이고 치유만 필요한 것인지 속상하기도 했다는 말이다. 산선이 아픈 이들에게는 휴식이지만 또 다른 이들에게 연대와 실천 속에 더 적극적 삶을 개척하는 단련의 장이 되기를 바라본다.

4. 영등포산업선교회 협동조합운동의 평가와 과제

배재석

(서로살림농도생활협동조합 이사)

기독교인의 선교는 크게 보면 하나님의 뜻이 이 땅에 실현되도록 노력하는 것이라고 본다. 그렇다면 산업선교란 무엇인가? 급변하는 산업사회의 상황과 조건 속에서 고통받는 민중(노동자, 농민, 서민과 약자들)의 삶에 교회가 응답하는 일이라고 그동안 영등포산업선교회와 우리는 고백하고 실천해 왔다. 이 과정에서 하나님의 뜻이 구체적인 산업사회의 현장속에서 어떻게 실현되어야 하는가를 끊임없이 질문하는 것이 필요했다. 우리나라의 압축적인 경제성장과 산업고도화의 상황 속에서 소외되고 고통받는 사회적 약자들과 함께 하며, 때로는 치열하게 싸우고, 때로는 협동하고 지혜를 모으고, 울고 웃으며 지낸 시간이 어느덧 60년이 되었다.

60여 년 동안 우리 사회는 참으로 많이 변화했다. 군부독재시대에는 장시간 노동과 저임금에 기반한 압축적인 경제성장이 있었고, 1980년대 중반 이후 그간 억눌렸던 민중들의 투쟁이 폭발하면서 사회 각 부분에서 민주주의를 쟁취했다. 1997년 말, IMF 외환위기를 기점으로 신자유주의의 시대가 본격화되었으며, 2000년대 이후에는, 지속적인 산업의 고도화로 인한 고용 없는 성장과 저출산, 고령화 사회로의 빠른 변화로 소득의 양극화, 청년실업과 고용위기의 시대로 숨 가쁘게 산업사회는 변화하고 있다.

이러한 한국 사회, 산업구조 등의 급격한 변화에 발맞추어 영등포산업선교회 또한 여러가지 선교와 실천방식의 변화를 통해 고통받는 민중들의 삶에 응답하려고 노력해 왔다. 그 산업선교의 여러 실천 중에서 이 글에서는 협동조합의 방식으로 이러한 산업사회의 변화에 발맞추어 실천하려고 했던 그간의 과정을 돌아보고 앞으로의 전망과 과제를 찾아보는 데 초점을 맞추어 보려고 한다.

1. 산업선교활동의 두 개의 축, 노동조합활동을 통한 권리 찾기와 스스로의 삶을 조직하는 자조활동으로서의 협동조합

협동조합운동은 스스로 자신의 삶과 생산방식, 경제, 소비생활을 설계하고 협동하는 방식으로 성립된다. A.F. 레이들로 보고서의 협동조합의 본질에 대한 기록을 살펴보면 "상부상조, 약자의 연대, 수익과 손실의 공정한 분배, 자조, 문제를 가진 사람들의 결합, 자본에 대한 인간의 우선, 착취 없는 사회, 유토피아의 추구, 등의 다양한 생각과 개념을 집대성한 것에 기초한 활동을 한다", "사회적으로 바람직함과 동시에 모든 참여자에게 이익을 주는 서비스나 경제제도를 보장하기 위해 민주주의의 자조의 토대위에서 공동으로 협동하고자 하는 크고 작은 사람들의 모임"이라는 글이 적혀 있다.

영등포산업선교회는 대한예수교장로회총회(통합)가 총회 70주년 기념사업으로 산업화시대에 맞는 새로운 선교실천으로서 1957년 4월 12일 총회 산업전도위원회를 조직함으로써 시작되었다. 초기에는 장시간노동과 저임금, 산업재해에 시달리는 노동자들과 공장 내 예배, 성경공부, 신우회 등의 활동을 전개했으나 노동자들의 열악한 현실과 동떨어진 선교활동에 한계가 있었다.

이에 1968년부터 산업선교회는 기존의 개인의 영혼구원을 통한 변화를 추구하던 전도형태를 넘어서서 노동자 개인의 인간다운 삶을 가로막는 산업사회의 경제구조를 개혁하여 노동의 인간화와 산업민주주의를 이루고자 하는 의미에서 산업전도를 산업선교로 수정하고 '도시산업선교'를 시작하게 되었다.

이러한 산업선교활동은 직장 내에서는 노동조합 조직과 교육 등을 통한 인간다운 삶을 위한 권리 찾기 운동으로 나타났고, 직장 밖에서는 스스로 자신의 삶을 조직해 나가는 자조활동으로서의 협동조합운동으로 모아지게 되었다.

노동자들의 희생을 담보로 한 왜곡된 개발독재 경제성장 산업사회에서 하나님의 형상을 지닌 노동하는 인간으로써 인간다운 삶을 회복하기 위해서는 직장 내에서의 장시간노동과 저임금 노동의 해결을 위한 투쟁도 중요했으나 직장 밖에서의 노동자들의 소비, 경제생활의 훈련과 교육도 매우 중요했다.

이에 노동자 스스로의 협동조합운동의 필요성과 중요성에 대한 다양한 모임으로 교육하게 되었고, 그 첫 시작으로 1969년 8월 11일 40여 명의 회원이 14,000여 원을 모아 신용협동조합을 발족하였다. 생산협동조합으로 폐타이어 재생공장을 1968년에 시작하여 3년여 운영하기도 하였고, 주택협동조합을 통해 공동주택 건설을 시도하기도 하였다.

1972년 '영등포산업개발 신용협동조합'을 설립하여 영등포산업선교회 협동조합운동의 중심적 역할을 감당하게 되었다. 이 신용협동조합이 토대가 되어 1976년에는 공동구매조합도 시작하였다. 공동구매조합은 노동자들의 소비생활에서의 또 다른 착취에 맞서는 생활필수품 소비의 협동운동이었다. 소비생활의 시간낭비, 높은 가격을 공동구매라는 협동을 통해 적정가격으로 소비하고 그 이익을 조합원들에게 나누어 주는 방식이었다.

이러한 공동구매 조합활동은 1980년에는 조합원이 450여 명이 되었으나 당시의 대부분의 이용자들이 미혼 노동자들이었고, 이들이 필요로 하는 물품이 한계가 있었기에 실질적인 이용률이 떨어졌다. 또한 1980년 이후로 산업선교회에 대한 탄압이 극대화되면서 전반적인 협동사업이 위축되었는데, 이러한 상황에서 더 이상 구매조합을 유지하기가 힘들어 1982년 해산하게 되었다.

한편, 1969년 시작된 신용협동조합 운동은 1972년 유신 이후 산업선교회에 대한 탄압이 시작되고 1978년경에는 본격적이고 대대적인 탄압이 시작되어 '영등포산업개발 신용협동조합'은 재무부로부터 6월 17일 인가취소 명령을 받게 되었다. 이에 그간의 신용협동조합은 해산을 하고, 바로 이어 6월 19일 창립총회를 통해 비인가 신용협동조합 '다람쥐회'를 시작하고 신용협동조합운동을 이어가게 되었다.

1970년대 말부터 1980년대 중반까지의 협동조합활동은 정권의 탄압 속에서 대중적인 협동운동으로서 발전하지 못하고 노동조합활동과 산업선교회원의 상호부조활동으로서의 보조적인 활동에 머무르며 현상을 유지하는 정도였다고 볼 수 있다.

2. 산업사회의 변화에 따른 다양한 협동운동의 모색과 시도

1987년 6.10 민주화 운동과 7-9월 노동자대투쟁 이후 노동자 대중운동이 활성화되면서 그동안 정권의 탄압으로 산업선교회로 모이던 노동자들이 지역노동운동과 전국노동조합협의회 및 민주노총을 중심으로 활동하게 되었다.

이러한 변화된 상황 속에서 영등포산업선교회는 직접적인 노동운동보다는 노동조합활동을 지원하는 사업에 치중하게 되었다. 이에 노동자들의 생활상의 경제적 문제를 해결하는 통로로서의 협동조합운동의 중요성은 더욱 커지게 되었다. 특히 그간 끈질기게 이어져 온 신용협동조합 '다람쥐회'의 경제적인 상호부조와 협동운동은 지역의 소규모 공장노동자들에게는 여전히 참여하기에 충분한 활동이었다.

이렇게 다람쥐회를 중심으로 이어 오던 협동조합운동은 1997년 말 IMF 외환위기로 인한 경제위기, 기업부도, 대량해고 사태로 인한 실직과 가정해체 등의 암울한 시기에 그 위력을 발휘하기도 하였다. 시중금리가 2배 이상 오를 때에도 다람쥐회는 기존의 금리를 유지함으로 조합원들이 안정적으로 이용할 수 있었다.

한편 자본은 IMF 경제위기를 틈 타 경영위기의 해법으로 노동자에게 고통을 전담시키는 정리해고와 고용유연화 등의 공세를 지속적으로 강화하였다. 이러한 상황에서 노동자를 비롯한 경제적 약자들은 실직과 상시적인 고용불안에 시달리는 시대가 되었다. 이때 산업선교회는 노동자들과 약자들의 협동운동을 다양한 부문으로 확대하는 방향으로 활동하게 된다.

1997년 주말학교를 시작하였고 주말학교는 '주부를 위한 협동학교'로 이어졌다. 주부협동학교를 마치고 나서 지역주부들이 중심이 되어 '밝은 공동체' 등 소모임을 조직하였다. 이러한 주부소모임은 다람쥐회가 본격적으로 협동사업을 확장시키는 데 결정적인 동력이 되었다.

1999년 10월 주부협동학교에 참여했던 주부들이 모여 먹거리와 환경, 생협운영을 모색하는 모임을 시작하였다. 초기에는 산업선교회, 다람쥐회 회원을 중심으로 소규모 생활용품을 주문판매로 운영하였다. 이후 2004년 6월25일 서로살림생활협동조합 발기인대회를 열어 정식매장을 오픈하였다. 2010년 10월에는 정식법인으로 서로살림소비자생활협동조합을 창립하였다.

2000년 12월 영등포산업선교회는 협동사업의 활성화를 위해 협동사업부를 신설하였다. 그리고 2000년부터 계획하고 준비하던 의료생활 협동조합을 2002년 6월 29일 '서울의료소비자생활협동조합' 창립총회를 통해 만들었다. 이후 한의원과 치과를 중심으로 운영해 오고 있고, 2013년 3월에는 사회적 협동조합으로 전환하여 활동하고 있다.

2006년부터는 영등포역 노숙인 선교사업으로 운영해 온 '햇살보금자리'의 이용자들이 다람쥐회를 이용하도록 하였다. 신용문제 및 기타 이유로 은행을 이용하기 힘든 이들에게 은행역할을 함으로써, 저축운동을 통해 삶의 희망과 자립의 의지를 만들어 나가고 있는 것이다.

특히, 산업선교회는 IMF 외환위기로 촉발된 민중들의 삶의 위기에 대한 응답으로 시작한 노숙인 일시보호센터 햇살보금자리를 한 차원 발전시켜 '노느매기협동조합'을 2013년 6월에 만들었다. 이것은 노숙인 선교를 단순히 주거, 일자리의 일시적인 해결문제가 아니라 노숙인 스스로 주체가 되어 관계, 소통, 협동하는 조합원으로 회복시키는 것이 진정한 문제의 해결이라는 접근방식이었다.

이렇게 노느매기 협동조합은 조합원들이 밥을 먹더라도 수동적인 급식의 방식이 아니라 함께 만들어 먹고, 함께 의사 결정하여 활동하는 등의 방식으로 협동하며 재활용가게인 '햇살나무'를 운영하고 있다.

3. 협동조합운동의 경영위기에 대한 대응

1990년대 후반과 2000년대에 몰아닥친 경제위기와 고용불안의 시대는 한국 사회가 1970-80년대의 단기간 고속 압축성장 이후 필연적으로 올 수밖에 없는 시대였다. 산업선교회는 이 시기를 적극적인 협동운동으로 돌파하고자 다양한 협동운동의 모색과 시작을 통해 전진을 이루었다. 아울러 서로살림 소비자생활협동조합, 서울 의료소비생활협동조합 등의 부채와 경영위기, 비인가 신용협동조합인 다람쥐회의 합법화를 위한 자산 확장정책으로 인한 투자자산의 부실 등이 문제점으로 대두하기 시작했다.

협동조합 운영 주체들의 부채와 경영위기에 대한 위기인식의 차이, 위기극복방안의 이견과 논쟁으로 인해 내부분열이 일어났다. 이로 인해 다람쥐회의 운영책임을 맡았던 상당수 핵심 활동가들이 물러나고 서울 의료소비생활협동조합으로 이동하게 되었다. 이때부터 의료생협은 거리적으로나 심리적으로 산업선교회와 멀어지게 되었다. 또한 서로살림생협의 계속적인 부채와 누적적자는 파산의 위험까지도 생각해야 하는 상황이었다.

협동조합은 운동성도 중요하지만 사업성도 갖추어야 하는 사업체이다. 따라서 이 시기의 협동운동의 방향은 각 협동조합의 경영부실을 해결하는 경영정상화에 초점을 맞추는 활동이 중심이 될 수밖에 없었다.

먼저 신용협동조합 다람쥐회는 새로운 운영위원을 선출하고 확장정책의 폐기와 자산의 안정화와 내실에 중심을 두고 운영하기 시작하였다. 장기연체자관리, 자산 안정화를 위한 대손충당금 확보, 대출상담과 대부 심사기준의 강화 등을 통해 재무안전성 확보를 위한 활동을 진행하고, 장기적으로는 출자금을 기반으로 하는 사업체로의 전환을 위한 출자운동을 통해 상당한 경영정상화의 성과를 거두게 되었다.

서로살림생협의 부채와 누적적자로 인한 계속적인 경영위기에 대한 해결방안은 감리교에 속해 있던 '농도생협'과의 통합으로 정해졌다. 여러 이견이 있었으나 서로살림생협 당산 매장의 상권한계로 인한 저조한 매출실적으로는 단기간에 독자적으로 경영위기를 타개하기 어렵다는 것에 인식을 같이하였다. 지역매장을 가진 서로살림생협과 전국적인 생산자와 단체매출을 확보하고 있는 농도생협이 상호보완적으로 장점을 결합하는 방식의 통합을 통해 경영위기를 해결해 보자는 계획이었다. 2015년 3월, 두 생협의 통합을 통해 탄생한 서로살림농도생협은 지난 4년여간 그간의 부채와 누적적자 상당 부분을 사업을 통해 해결한 상태이다.

4. 산업선교회 협동운동의 평가와 향후 과제

그간의 산업선교회 협동조합운동을 평가해 보면, 시기별로 한국 사회와 산업의 변화에 발맞추어 노동자와 사회적 약자들의 연대와 협동을 통해 생활의 어려움과 필요를 해결하는 데 많은 기여를 하였다. 노동자들의 삶과 노동운동이 열악한 시기에는 노동자들이 대거 산업선교회로 몰려 왔고, 노동자생활의 제반문제를 스스로 해결할 수 있도록 선구적인 리더십과 소조직 운동으로 협동운동을 지도하였다.

사회 전반적으로 노동운동이 활성화되고 노동자들이 산업선교회에서 지역노동단체 등으로 빠져나간 시기에는 새로운 협동운동을 모색하고 교육하는 등의 활동을 이어갔으며, IMF 외환위기 이후 고용불안과 경제위기의 시기에는 그간의 활동가들의 경험과 소규모 공장의 노동자와 지역의 주부, 일반인들의 생활상의 요구와 결합하여 먹을거리, 의료, 교육, 빈곤문제 등의 여러 부문에서 협동운동을 분화 발전시켰다.

다만, 산업선교회가 60년을 맞이하면서 그간의 협동운동을 평가하고 새로운 협동 운동을 시작해야하는 현재, 몇 가지 지점에 대해서 생각해 볼 필요가 있다.

— 산업선교회의 선구적 리더십이 대중들의 절박한 요구의 해결이라는 협동운동에 잘 접목되고, 적절하게 결합되고 대중화의 길을 걸어 왔는가?

— 일반대중들이 협동조합의 진정한 주체로 성장하는 데 제대로 된 역할을 하였는가?

— 각각의 협동조합들은 서로 연대와 협력이 원활하였는가?

— 변화된 산업사회 속에서 그때그때 당위성이 아니라, 조합원 대중들의 절실한 요구가 중심이 되어 만들어진 협동운동이었는가?

— 협동사업의 과정에 조합원들의 참여와 헌신, 책임성은 충분히 조직되었는가?

— 원칙적인 사업방향과 목표를 달성할 수 있는 실무력은 충분히 확보되었는가?

— 협동운동 과정 속에서 성장한 리더십과 활동가들은 얼마나 조직 속에 남아있는가?

질문은 언제나 해답을 내포하고 있다. 산업선교회의 협동조합은 일반적인 협동조합과는 다른 선교적 가치에 입각한 협동조합으로서 그동안 헌신적인 활동을 해 왔다. 다만 향후의 협동운동은 앞서 열거된 질문에 대한 답을 찾아가는 과정이어야 한다. 대중의 절실한 요구가 중심이 되는, 대중 속에서 함께 생활하는 활동가들이 지속적으로 훈련되고 양성되는, 운동성을 현실화시킬 수 있는 경영능력과 실무력이 뒷받침 되는, 지역단체(지역의 협동조합, 시민단체, 관공서, 중소상인 등)와의 연대를 통해 협동조합생태계를 만들어가는 그러한 과정이어야 하지 않을까?

협동조합들은 서로 연대하고 함께 일해야 하지만 한편으로는 각자의 답을 스스로 찾아가야 하는 것도 엄연한 현실이다. 현재 각각의 협동조합이 처해 있는 현실적인 당면문제와 사회의 변화를 예측하고 능동적으로 적응하는 중장기적 전망을 동시에 찾아야 한다. 그런 의미에서 신용협동조합 '다람쥐회', 소비자생활협동조합 '서로살림농도생협', 노숙인 자활을 위한 '노느매기협동조합'의 각각의 평가와 향후 과제를 별도의 자료로 첨부한다.

※ 이 글의 많은 부분은 기존의 '영등포산업선교회 협동조합운동' 자료와 영등포산업선교회 50주년 심포지엄자료의 '협동운동사업부' 발표 자료를 참고하였다.

5. 다람쥐회 40년 - 가난한 사람들의 따뜻한 은행

진형탁
(다람쥐회 운영위원)

1969년 8월. 노동자 40여 명이 푼돈을 모아 신용협동조합을 만들면서부터 시작된 영등포 산업선교회의 협동운동은 이제 50년이 되었고, '다람쥐회'라는 이름으로 활동해 온 지도 40 년이 되었다. '가난한 노동자들의 신용금고'를 표방하면서 조합원들의 저축을 돕고 급할 때 편하게 대부받을 수 있도록 하여 경제공동체를 성장시켜왔으며 또한, 조합원 교육과 소식지 발간을 통해 협동조합의 문화를 만들어왔다. 군사정부의 탄압과 IMF 등의 경제위기가 있었 지만 조합원들의 탄탄한 협동으로 힘든 시기를 헤쳐 나왔다.

2000년대로 넘어오면서부터 다람쥐회는 개인에 대한 여수신업무를 넘어 영등포지역 내 에 다양한 공동체를 만들어내기 시작했다. 친환경 먹거리를 공급하는 '서로살림생활협동조 합', 주민들이 운영하는 병원 '서울의료생활협동조합', 부모와 자녀가 함께 만드는 교육모임 '밝은 공동체'를 만들고 지원했다. 주민들과 함께 식사할 수 있는 '공동식당'과 '반찬가게'도 운영했다. 노숙인들의 자립 지원을 위해 노숙인 저축사업을 운영하여 노숙인들의 매입임대 주택입주를 도왔다. 공동신문도 만들고 정기적인 교육활동과 체육대회도 진행했다.

다람쥐회는 사회적 자산으로서의 역할뿐 아니라 조직활동의 중심으로서 영등포지역 협 동운동의 생태계를 확장했다. 70, 80년대 노동자들의 경제공동체운동이 2000년대에 들어와 서 지역주민, 특히 주부들을 중심으로 한 생활경제공동체로 성장해 나왔으며 이 과정에서 다 람쥐회의 재정규모도 동시에 커져서 2011년 연말에는 자산이 24억5천만 원으로 증가했다.

이렇듯 외형상으로 성장하던 다람쥐회는 2012년 총회 전후로 새로운 변화를 맞이했다. 자산규모와 활동영역은 커졌지만 상대적으로 내부관리에 미숙하고 소홀하였던 부분을 재평 가하면서 내부관리에 집중했다.

이 시기에는 서로살림생협과 서울의료생협 등 타 협동조합에 단체대부를 많이 하고 있었 는데 서로살림생협의 경영상황이 안 좋아서 다람쥐회에도 영향이 전파되지 않을까 하는 우려가 퍼지기도 했다. 조합원 장기연체금액도 쉽게 해결되지 않았다. 또한, 자산성장시기에 자금의 순발력 있는 관리를 위해 동일한 신협운동을 해오던 무지개저축조합에 다람쥐회의 자산을 예탁했는데, 한 단체에 너무 큰 금액을 맡기면서 위기관리에 허점을 만들었다는 내부 평가가 나왔다. 이러한 사업평가와 점검이 진행되는 동안 조직내부의 갈등이 커졌고 결국 오랜 기간 주도적으로 활동해 오던 다수의 활동가 및 운영위원들이 다람쥐회를 떠나게 되었다.

2012년 총회를 거치며 새롭게 운영위원회가 꾸려졌고, 조합에 대한 재정비가 진행되었다. 연대사업 등 외부적인 조직활동은 최소화하고 조합원중심의 관리에 집중했다. 대부규정과 예탁규정을 수정하여 꼼꼼하고 안정적인 관리구조를 만들어 나왔으며, 경비도 절약해서 해마다 2천만 원에서 3천만 원 정도의 대손적립금을 축적하여 위기상황에 대한 대비를 하며, 무지개저축조합 예탁금도 매년 일정액을 회수하여 줄여나갔다.

하지만, 2016년. 무지개저축조합에 예탁한 다람쥐회 자금이 무지개저축조합의 자금난으로 인해 회수가 지연되었다. 다람쥐회는 긴급확대운영위원회를 모으고 대책위원회를 만들어서 상황을 공유하였고 간담회. 확대회의를 통해 대책을 논의했다. 무지개저축조합 대표와 면담하여 법적인 공증서류를 받고 고정적인 상환을 약속받았으나 긴 시간이 걸릴 듯 하기에, 자금순환의 부담을 지고 가게 되었다. 다람쥐회 대책위원회는 발전위원회로 전환하여 이참에 단기적인 문제해결 뿐 아니라 장기적인 전망을 세우기 위해 1년여에 걸쳐 현 상태의 위기를 공유하고 해법을 고안하여 향 후 방향에 대한 계획을 함께 세우는 중에 있다.

1. 현 시점의 과제 점검

1) 무지개저축조합 예탁금 및 장기연체대부금 회수

무지개저축조합 예탁금과 조합원장기연체금액의 회수를 위해 실무자, 운영위원 및 활동 조합원들이 노력 중이다. 불건전자산의 비중을 계속 줄이고 건전자산을 늘려나가도록 하고 있으며 대손충당금도 지속적으로 적립하고 있다.

2) 자산규모 감소에 의한 수익구조 악화

안정된 자산운용을 위해 적정수준까지 자산규모를 줄이고 개인의 대부한도를 줄이다 보니 어쩔 수 없이 수익은 줄어들고 있는 상황으로, 수익구조를 유지할 수 있는 방안이 필요한 시점이다.

3) 법적인 구조 및 장기적인 전망 부재

오래된 과제인 법적인 구조 확보를 위해 꾸준히 논의는 해왔지만 구체적인 방향은 정리하지 못한 상황이다. 또한, 위기상황임에도 불구하고 아직은 조합원들과 함께 통일된 전망을 공유하지 못하고 있다.

이러한 현안을 타개하고 새로운 전망을 만들어 나가기 위해 2017년 이후 아래의 목표로 활동하고 있다.

2. 다람쥐회 발전을 위한 활동목표

1) 출자운동을 통한 자산 확대 및 자산구조 변경

출자금을 기반으로 한 구조전환을 통해 자산을 안정화시키고 수익성을 높이며 법적인지위도 안정시켜야 한다.

2) 후원을 통한 재원충당

수익성을 단기간 내에 올리기가 현실적으로 힘든 상태에서 당장의 손실을 보상하고 장기적으로 안정적인 운영구조를 만들기 위해 100명의 후원자를 모집하고 있다.

3) 조합의 장기전망 계획 수립

다람쥐회 발전위원회를 모집하고, 학습과 회의를 통해 의견을 모으며 전망을 세우는 중에 있다. 법적인 지위를 검토하고. 현시점에서의 다람쥐회의 사회적 가치를 고민하여 향후 10년의 전망을 세우려 한다. 지역에서의 다람쥐회 역할 및 위상을 정립하여 영등포지역 협동운동생태계를 성장시키는 데에도 일조하고자 한다.

힘든 시기를 극복하는 힘은 결국 조합원들이 스스로 모여서 협동할 때 생길 것이다. 다람쥐회는 한결같이 인간적인 공동체를 지향하고 실천해 왔다. 아무도 배제되지 않고 누구도 고립되지 않는 공간을 꿈꿔왔으며, 스스로 협동하여 어려움을 극복하고 민주적인 운영으로 생활 속의 민주주의를 성장시켜 왔다.

앞으로 다람쥐회는 묵은 미숙함을 털어내고 약한 부분들을 다져가며 더 큰 미래를 위해 꾸준히 성장해 가려 한다. 마지막으로 다람쥐회가 새로운 시대에 어울리면서도 오래된 가치를 잘 키워가는 가난한 사람들의 따뜻한 은행이 되도록, 조합원들과 지역주민들의 지속적인 애정과 참여를 부탁하고 싶다.

6. 사회적 협동조합
– 노느매기의 활동평가와 과제

노느매기 실무자팀

1. 서론 : 문제의식들

영등포산업선교회가 60주년을 맞이한 지금, 노숙인 선교를 시작한 지도 20년이 흘렀다. 그 20년이라 함은 또 다른 의미로 사람들의 모든 일상을 파괴해버린 IMF라는 이름의 극심한 난국이 시작된 지 20년이란 의미이기도 하다. 영등포산업선교회는 소위 IMF 경제위기를 통해 사회적 현상이라 불릴 만큼 많은 사람이 거리로 쏟아져 나왔을 당시, 시대적인 요청에 따라 '햇살보금자리'라는 드롭인센터(Dropin-center)를 열어 그 요청에 응답하였다. 그때부터 지금까지 햇살보금자리를 통해 영등포지역의 많은 노숙인들이 삶을 다시 시작할 수 있었고, 이 사회에서 존재하지만 존재하지 않는 '유령'이 아니라, 한 명의 실재하는 '인간'으로서 살아갈 용기와 희망을 얻고 있다.

노느매기는 이러한 사역의 연장선에 서 있다. 1997년 당시의 국가, 정치적 위기는 빠르게 해소되어 나갔지만 그때 거리로 쏟아져 나온 사람들의 위기는 아직 현재진행형이다. 아직도 거리에서 이슬을 맞으며 자거나 사회적인 '낙오자'로 낙인찍혀 이전의 상태를 회복하지 못하고 전전하는 사람도 있는가 하면 누구에게도 기억되지 않고 홀연히 세상을 등지는 일들도 일어나고 있다. 노느매기 협동조합은 이러한 현상에 대해 고민한 영등포산업선교회의 깊은 고민의 결실이다.

많은 노숙인 연구의 결과가 말해주듯, 노숙사회로 진입하는 원인은 어떤 몇몇 이유로 환원되지 않는다. 다시 말해 노숙인이 계속해서 일정한 수를 유지하며, 한 번 내몰린 사람들은 관계나 삶이 재생되지 못하고 더 깊은 수렁으로 빠지게 되는 이유는 단순히 그 문제의 원인이 '길거리에서의 생활' 때문만이 아니다. 개인이나 사회 어느 한쪽으로 환원되는 것도 아니며, 어린 시절의 불우함이나 사회생활 중 겪은 실패 등으로 수렴되지도 않는다. 고로, 주거의 문제를 해결하는 것만으로 그 사람들의 문제가 온전히 해결되는 게 아닌 것이다. 노숙인 연구에서도 "초기에 고용문제, 가족해체, 성장기 환경을 노숙의 원인으로 강조하였다면, 노숙 발생에 관한 다양한 경로가 작용하고 있음"[1]을 시사하는 연구가 늘어나고 있다. 즉, 이러한 연구 결과와 더불어 노숙인 사역의 경험으로 비추어 보건대 노숙인 발생의 원인이 다양함에 따라, 이를 해결하는 경로 역시 일자리 재고용이라든지 주거문제의 해결 등 단편적이고 일시적인 해결로 이 사역이 완전할 수 없음을 알게 되었다.

2. 돌아보기: 협동조합 노느매기를 만들며

이에 노느매기는 노숙인이 가지고 있는 문제를 주거(住居)나 일자리에 국한하는 것을 넘어 그들의 크고 작게 '단절된' 관계를 회복하기 위해 꾀하였으며, 동시에 서비스를 제공받는 대상자라는 수동적인 '노숙인'이라는 주체가 아니라 스스로 서서 의사결정하고 자신의 삶을 꾸려나갈 힘을 갖는 '협동하는 조합원'으로 변환시켜 나갔다. 밥을 먹더라도 급식의 방식이 아니라, 함께 도와 만들어 먹었고, 프로그램도 실무자가 단독으로 기획하지 않고, 스스로 하고 싶은 것들을 조합원들이 함께 협의하여 만들어냈다. 그 과정에서 실무자는 서비스를 제공하는 사람이 아니라 퍼실리테이터(Facilitator), 곧 활동을 촉진하고 조력하는 사람으로서 위치하게 되었다. 자립하면서도 서로를 돌볼 수 있는 공동체적인 문화를 만들기 위해 달려온 시간이었다.

2013년도 시작된 노느매기 협동조합은 활발한 협동과 나눔의 활동을 전개해 왔다. 재활용가게인 햇살나무를 함께 운영하며, 그 수익금으로 2명의 일자리와 활동들을 지원하였다.

특히 기증받은 폐식용유로 조합원들이 함께 만들고 판매하는 EM비누(다기능비누, 천연세안비누, 천연제품 등)는 다년간 시행착오를 통해 쌓은 노하우로 마을 장터의 인기상품이 되었을 뿐 아니라 전국 각지에서 주문판매를 하는 노느매기 대표상품이 되었다. 또한 구청에서 마을텃밭을 신청하여, 농작물을 가꾸고, 2014년 8월은 김제에 농촌봉사활동을 다녀온 것을 시작으로, 농사를 지을 수 있는 능력과 여건을 키워나갔다. 하여 2018년에 본격적으로 파주 파평면에 있는 땅에서 콩과 옥수수, 무, 배추 등을 경작하여 이후 자립할 수 있는 수익모델로까지 발전시켜나갈 채비를 하게 되었다. 그리고 조합원들 간의 관계를 북돋우는 자조모임

---

1) 구인회·정근식·신명호 편저, 『한국의 노숙인』(2012, 서울대학교출판문화원), 9.

도 꾸준히 이어 나갔다. 영화관람, 인문학특강, 마을축제참여, 골목장터, 영어동화 읽기, 낭독극 프로젝트 등을 통해 조합원들 간의 유대를 강화시켜 나가는 소모임 활동 또한 활발히 진행했다.

3. 내다보기 : 노느매기 전망하기

그리하여 노느매기는 5년이라는 짧은 시간에도 불구하고 마을기업, 협동조합을 지나 올 해는 사회적 협동조합을 세워 사업을 정착 및 확장시켜 왔고, 처음에 꿈꾸었던 자립, 자활의 협동공동체를 향해 달려올 수 있었다. 특히 영등포산업선교회 60주년을 맞은 올 2018년에는 사회적 협동조합을 창립하여 새로운 사업들을 해나가기 위해 준비하고 있다.[2]

#1 수익성을 내고 자립의 거점이 되는 파주 활동(농사, 양봉)

가장 노느매기가 향후 10년을 바라보며 주력해야 할 사업은 파주에서의 농사와 양봉사업 이 자리 잡는 것이다. 이전까지 우리가 마을 텃밭들을 통해서 얻은 경험들로 파주 농사를 본 격화하여 수익을 내고 일자리를 창출할 수 있는 구조를 만들어야 한다. 또한 양봉을 시작할 수 있는 시스템을 구축하는 것도 필요하다. 아울러 이런 활동이 잘 이루어질 수 있도록 일도

---

2) 사회적 협동조합 노느매기의 창립 취지를 밝히는 아래 글을 먼저 인용한다. "1997년 IMF로 인해 야기된 노숙의 문제는 2018년 현재까지도 풀지 못하고 있는 우리 사회의 고질적인 문제이다. 노숙의 문제는 그 한 사람의 문제 를 넘어, 냉혹한 경쟁사회가 만들어낸 사회적 산물이다. 사회에서 떨어져 나온 노숙인의 문제는 파편적이고 불안 정한 일자리, 취약한 주거, 신용불량, 관계의 파괴, 고독사 등의 문제를 안고 있다. 그것은 냉혹한 경제구조와 경쟁의 사회 환경이 만들어낸 한 덩어리의 파생물이다. 특히 관계의 단절은 일자리, 주거와 문화, 일상생활, 죽음 에 이르기까지 모든 면에서 가장 심각한 문제이다. 그리고 그 문제는 고시원과 쪽방의 주거취약계층과 1인 가구 로 확대 재생산되어, 점점 더 큰 사회문제화되고 있다. 오늘날 가난한 사람들은 모든 관계가 끊어진 가장 외로운 섬과 같은 삶의 환경으로 내몰리게 된다." "사회적협동조합 노느매기는 이러한 노숙과 고시원 쪽방, 임대주택 등의 1인 가구 주거취약계층의 문제의 해결은 결국 좀 더 따뜻한 사회적 경제와 관계망 아래 공동체적 일자리 조직으로 함께 만들어가는 것에서부터 출발해야 한다고 생각한다." "사회적협동조합 노느매기는 노숙인, 1인 가 구 및 주거취약계층이 중심이 되어 이웃과 마을과 연대하면서, 모두가 자립하고 사회의 당당한 구성원으로 존중 받고 관계 맺으며, 행복하게 살아가는 사회를 꿈꾼다. 이러한 대안을 가장 잘 실현할 수 있는 틀이 바로 사회적협 동조합임을 확신하였다. 그리고 이를 위해서는 첫째 취약계층에게 협동조합 방식의 평등하고 안정적인 일자리로 자립의 희망을 줄 수 있어야 하고, 둘째 이웃사촌의 관계가 살아있는 공동체적인 커뮤니티가 살아있는 주거문화 가 필요하며, 마지막으로 함께하는 서로 돌봄의 관계망, 넓게는 지역사회 체계가 함께 필요하다. 그리고 그것은 함께 연대하고 협동하는 당사자들과 이웃들 간의 협력 속에서 가능하다." "이에 사회적 협동조합 노느매기는 취 약계층이 이웃과 함께 모여, 취약계층의 사회적 일자리 창출과 주거 및 사회서비스를 제공하여 경제적 자립기반 마련과 조합원의 삶의 질 및 생활향상을 목적으로 하며 경제적 취약계층의 연대를 통한 자립, 자활의 기반을 조성하 고, 지역의 자원 순환과 나눔의 사회적 경제활동 및 새로운 관계 맺음을 통한 공동체 회복을 이루어 가고자 한다."

하고, 쉴 수도 있는 노느매기의 공간을 마련하는 것도 필요하겠다. 이 공간에서는 사업을 집중적으로 논의하고 실행해나갈 수 있는 공간이기도 하고, 도시 생활을 잠시 벗어나 쉴 수도 있는 공간이기도 하다. 그래서 파주를 농사와 양봉사업의 거점으로, 영등포 햇살나무 매장을 도시 내 판매의 허브로 연결하는 유통망을 확립할 수 있어야겠다.

#2 대안적인 주거문화를 실현할 수 있는 공동주택

조합원들의 경제적인 수익창출뿐 아니라, 온전한 삶을 돕는 노느매기의 역할도 중요하다. 그리고 마지막으로 조합원들이 완벽하게 자립하도록 돕는 커뮤니티, 공동주거의 상상이 실현될 실험들이 필요하다. 함께 대안적인 주거문화를 실현할 수 있는 공동주거공간을 확보한다. 하여 주거의 공간이면서 동시에 일자리교육의 플랫폼, 온전한 자립을 돕는 생활지도, 심리 상담 등을 하는 배움센터, 생활학교의 터전을 마련하는 것을 목표로 한다.

4. 결론 : 다시, 꿈을 꾼다

노느매기는 최근에 조합원들이 다시 한자리에 모여 밥상을 차려 먹으며 지금까지의 걸어온 걸음들을 다시 돌아보고, 꿈을 향해 박차고 나갈 재도약의 시간을 꿈꿨다. 5년간 협동조합에 열심히 함께했던 사람들은, 모두 노숙을 탈출했다. 2017년에는 조합원 중 한 사람이 신불자의 신분을 정리하고 자유의 몸이 되는 기쁜 일이 있었는가 하면, 또 한 사람은 서울 생활을 정리하고 올해 고향에서의 자립을 해냈다.

협동조합 노느매기라는 나무 아래 많은 것을 할 수 있었고 우리들의 생각과 삶과 관계도 조금씩 변화되고 성장해왔다. 지금은 당연한 것들이 그때 우리가 간절히 꿈꾸었던 것들이었고 시간이 지나면서 우리는 그것을 잊어버리고 당연하고 무감각하게 받아들이고 있었다.

지난 5년 전의 꿈들이 지금 우리에게 당연한 현실이 되었듯이 지금 우리가 꾸는 꿈들은 5년 후 우리에게 당연한 현실이 될 것이다. 우리에게 맞는 일자리와 더불어 행복하게 살아갈 수 있는 주거 환경과 공동체에 대한 꿈을 꾸며 그 꿈을 담아낼 사회적 협동조합 노느매기를 시작했기 때문이다. 농사와 양봉, 집수리 및 열관리 자격증을 준비하며 노숙인 및 주거취약계층의 안정적인 일자리와 주거 등의 실질적인 삶의 질 향상과 행복을 위해 당사자들이 중심이 된 협동공동체 만들기를 다시 한 번 꿈을 꾼다.

7. 영등포산업선교회 '협동조합운동'을 바라보며

송경용

(나눔과미래 이사장)

1. 영등포산선의 60주년을 생각하면서 떠오르는 성경 구절입니다.

네 마음을 다하고 목숨을 다하고 뜻을 다하여 주 너의 하나님을 사랑하라 하셨으니 이것이 첫째 되는 계명이요, 둘째도 그와 같으니 네 이웃을 네 자신 같이 사랑하라 하셨으니 이 두 계명이 온 율법과 선지자의 강령이니라(마 22:37-40).

60년의 사랑과 헌신에 존경과 감사의 인사를 드립니다.

2. 군대 있을 때(80년대 초) '도시산업선교'가 얼마나 용공이고 좌경이며 불순한지를 반복해서 교육받아야 했고, 그 교재를 동료 병사들에게 배포해야 했던 적이 있습니다. 한편에서는 원진, 콘트롤데이타 노동자들을 지원하다가 두들겨 맞으며 군대에 끌려 들어오는 후배들을 보면서 또 다른 한편으로는 이런 교육을 받거나 교재를 나누어야 했으니 참으로 힘든 시절이었습니다. 군대 내에서 대표적인 용공/좌경/불순 단체로 교육을 했어야 할 만큼 '도시산업선교(회)'의 영향력이 컸던 시기이기도 했지요.

3. '영등포산선'은 우리나라 노동운동과 민주화 운동의 못자리였을 뿐만 아니라 협동조합 운동의 선구자였습니다. 60년대, 70년대, 80년대, 90년대의 엄혹했던 시절에, 이념운동과 계급이론에 기반을 둔 정파운동, 노동현장에서의 투쟁 노선이 지배하던 시절에 노동자들, 가난한 사람들의 생활문제를 고민하고 협동조합 방식으로 실천한 것은 우리 역사에 길이 기록될 선구적 활동이었음을 누구도 부인하지 못할 것입니다. 이는 1930년대 노동자들이 중심이 되어 펼쳐졌다가 일제의 탄압과 해방 이후의 이념갈등, 6.25 전쟁, 박정희 시대의 강압적 관제

화로 사라졌던 협동조합 운동의 맥을 잇는 활동이었다고 평가할 만합니다.

4. 특히 노동자들, 가난한 사람들의 현실적 필요와 자발적 의지에 의해 노동자, 주민 중심의 다양한 협동조합(노동자 협동조합, 신협, 소비자 협동조합 등)을 설립/운영한 것은 최근 각종 법과 제도와 지원정책 하에서 일어나고 있는 각종의 사회적 경제 운동에도 많은 시사를 던져주고 있다고 평가합니다.

5. 그러나 자체 평가문에서는 협동조합 운동의 '지속가능성'에 대한 현실적 장치와 대안들(교육, 재생산, 경제적 기업으로서 경영 능력 등), 협동조합 운동 자체에 대한 비전과 이론적/실천적인 탐구 활동, 선교기구로서 '영등포산선'과 세속적인 기업 활동으로서의 '협동조합'의 관계설정이 어떠했는지가 명확하게 드러나고 있지 않습니다.

노동운동에 개입하고 지원하는 것과 경제조직(기업)을 운영한다는 것은 이론적 기반이나 선교기구로서 가지고 있는 영성에 비추어 같은 활동이라고 할 수 있으나 실제 현실에서는 하늘과 땅 만큼이나 거리가 먼 일입니다.

6. 외국의 역사를 보아도(노동/복지/협동조합운동을 막론하고) 영성과 전문성의 대립과 그에 따른 분화는 흔히 볼 수 있습니다. 논쟁하고 대립하고 화해하고 또 분열하면서 각자의 정체성과 역할을 정립해나가는 것이 구체적 사회현실에 개입해온 기독교 사회운동의 역사의 한 단면이라고 할 수 있습니다. 이 과정을 거치면서 서로에 대한 차이를 인식하게 되고 서로를 존중하는 법을 배우게 되나 어느 시기가 오면 결정을 해야 합니다. 단순하게 표현해서 영성과 전문성의 분화가 서로를 살리는 길이 될 때가 더 많습니다. 특히 영성을 강조하는 교회나 종교인들이 전문성을 존중하고 지원자, 보호자, 영적 안내자로서 자신의 역할을 규정해야 합니다. 기술적으로 영성을 가진 사람이 전문성도 가질 수 있으나 그럴 때에도 철저하게 전문성에게 실질적인 권한과 책임을 양도하고 전문가들에게 부족한 큰 방향과 그림을 그려주고 안내하는 역할을 해야 합니다. 그러기 위해 교회나 선교기구는 경제조직인 협동조합을 직접 운영하기보다는 영성이 바탕이 된 전문가들을 기르는 일과 그 시스템이 지속 가능하도록 만드는 일에 진력을 다해야 하는 것이 첫 번째 과제라고 할 수 있을 것입니다.

일본 협동조합의 아버지라고 불리는 가가와 목사가 그랬으며 몬드라곤 설립자인 호세 마리아 신부가 그랬습니다. 그들은 그리스도인으로서 이웃사랑 정신과 사회적인 책임으로 협동조합을 설립했고 협동조합이 노동자, 주민들 스스로의 힘으로 굴러갈 수 있도록 영성이 바탕이 된 전문가들을 길러낼 수 있는 전문적인 교육과 훈련 시스템을 만들어내는 일에 가장 큰 에너지를 쏟아부었습니다.

7. 호세마리아 신부는 협동조합 운동은 이익을 내지 못하면 실패하는 것이고, 최종 목적은 사람에 관한 일이라는 신념으로 전문 경영자들을 길러냈고 교육의 중요성을 강조했습니다. (교육에 참여하지 않는 자는 협동조합원이 될 자격이 없다고도 했지요).

8. 협동조합 운동에서 제일 어려운 일이 협동이라는 말이 있습니다. 협동을 이루어내기 위해서는 교육/훈련, 경영에 필요한 정교한 시스템이 필요합니다.

9. 영등포산선이 협동조합 운동을 통해 이루어온 성과와 시사를 요약하면,
첫째, 가장 어려운 사람들의 현실적 요구와 필요, 의지에 의해 시작되고 운영되어왔다는 것.
둘째, 교회, 선교활동이 세상과 어떻게 관계를 맺고 어떻게 개입할 수 있는지에 대한 모범을 보여주었다는 것.
셋째, 시대와 상황의 변화에 능동적으로 대응했다는 것.

10. 영등포산선은 단순히 하나의 선교기구가 아니라 시대의 상징이었고 구심이었습니다. 그 어려운 시절에 선구적인 협동조합운동의 모범을 보여준 것 또한 경제적인 성패여부와 관계없이 크게 평가되고 기록될 역사임이 분명합니다. 영등포산선의 협동조합 운동이 시대의 상황과 흐름에 맞추어 재도약하기를 기원합니다.

8. 노숙인 돌봄과 섬김

최병국

(영등포산업선교회 햇살보금자리 실장)

현재 진행 중인 선교사업 소개 및 실천적 과제

1. 햇살보금자리 일시보호시설을 통한 긴급구호

1) 노숙인 일시보호사업

햇살보금자리는 거리 노숙인들의 응급보호 및 숙식을 제공하고, 다양한 상담활동으로 사회복지서비스 연계를 통한 재활, 자활의 기반을 마련함을 목표로 한다. 제공하는 서비스는 아래와 같다.

숙식제공 등 응급보호

거리상담활동: 희망지원센터를 통한 현장응급 보호 및 노숙인 시설 및 병원 연계 활동, 동절기 하절기 취약시간 특별보호활동을 진행한다.

취업지원: 공공일자리 상담 및 취업지원, 취로사업을 통한 노숙인 주거획득 및 지역사회 정착을 지원한다.

임시주거지원사업: 노숙인에게 초기 주거지를 확보하고, 주거생필품지원, 주민등록 복원 및 장애등록을 통해 지역사회 안정적 정착 및 사례관리를 통한 지역지원체계를 마련한다.

임대주택사례관리사업: LH공사와 주거복지재단을 통해 매입임대주택 운영기관으로 등록되어 서남권 7개 자치구 매입임대주택을 햇살보금자리가 임대하여 거리 노숙인에게 제공하여 저렴하고 깨끗한 주거마련을 통해 지역사회에 완전히 정착함을 목표로 한다.

프로그램사업: 햇살자활캠프, 햇살축구단, LH공사 협업을 통한 탁구활동, 노숙인 자격증취득 지원프로그램을 통하여 노숙인 자립 자활에 실질적 성과를 목표로 한다.

지원내용	2014년(명)	2015년(명)	2016년(명)	2017년(명)
숙식제공 등 응급보호	20,200	59,510	49,151	47,393
거리상담활동	6,885	6,693	10,969	11,727
취업지원	578	592	600	624
임시주거지원사업	33	33	39	112
임대주택사례관리	104	104	108	111
프로그램사업	262	130	300	320

2) 노숙인 당사자 활동지원

사업 초기에는 희망사랑방 개소를 시작으로 실직노동자의 권리를 회복하기 위한 교육, 집회참석 등의 실무자와 실직노숙인 연대활동 진행했다.

2006년 서울시 특별자활근로 참여로 기초생활보장수준의 소득을 기반으로 한 '병원동행 팀', '해보자 모임', '일용노동자 저축방'을 진행했다. 요약하면 '노-노 케어'로 표현되는 새로운 시도는 거리노숙인 대책에 상담보호센터를 통한 노숙인 보호사업을 넘어 일자리사업과 임대주택사업 등을 연계하여 노숙인이 노숙인을 돕는다는 운동의 일환으로 햇살이용자들이 당사자모임을 통해 자립하는 방안을 고민하였고, 그 결과 2010년 해보자모임 창립총회를 선언하였다. 산업선교회와 다람쥐회의 적극적 지원 하에 한때 100명 이상의 노숙인 회원을 모집하였으나 햇살보금자리와 결별하는 과정을 겪었다.

사회복지영역과 지자체 위탁사업으로서의 한계를 극복하고자 했던 긍정적인 부분들은 2011년 김건호 목사가 센터장으로 부임한 후에 다양한 노숙인 교육프로그램을 통해 진척되었고, 오랜 준비 과정을 거쳐 2013년 예비마을기업을 등록하며 노느매기 창립총회를 개최하기에 이른다.

3) 노숙인 보호와 자립을 위한 실천적과제

희망지원센터: 영등포역에 있는 상담소로, 초기노숙인 혹은 거리 노숙인에게 보호와 다양한 상담을 통해 연계하는 종합안내소 역할을 한다. 현재 옹달샘 드롭인센터와 공동운영 중이며, 옹달샘에서 시설운영을 맡고 햇살보금자리와 함께 상담을 진행하고 있다. 센터에는 2명의 상담 계약직이 상담소와 응급대피소에서 교대로 근무하고 있으며, 특별대책기간 중에는 24시간 운영한다.

거리아웃리치: 주간 1인, 야간 2인 1조로 365일 활동하고 있다. 활동하는 시간은 주간은
09:00~17:00, 야간 20:00~23:00, 심야는 23:30 ~익일 05:00까지이다.

공공일자리: 특별자활근로를 중심으로 연600여 명 지원하고 있다.

임시주거지원: 연40명 주거지원을 통한 수급권획득 또는 지역사회 정착을 지원한다.

의료지원: 노숙인 의료급여증 발급을 도와주며, 월1회 갱신할 수 있다. 국공립병원 무료진
료가 가능하며 직접 연계해주고 있다.

자립자활사업: 인문학 과정, 힐링프로그램, 자격증취득지원, 체육활동 등을 통한 자립과 자
활을 돕는 사업을 운영 중이다.

2. 안정적 노숙인센터 운영을 위한 활동

1) 실무자 역량강화

실무자의 전문성을 강화하고 역량강화를 위한 교육프로그램으로 직원 연월차 사용, 사회
복지사업법에 의한 사회복지종사자 보수교육, 인권교육, 성희롱예방교육 필수. 각종 직능협
회 해외연수 프로그램을 통한 실무자 역량강화를 지원하고 있다.

2) 자원봉사조직

영등포구 자원봉사센터에 인증기관으로 등록하여 자원봉사자들을 받고 있으며, 지역 미
용학원과 연계한 이미용봉사, 서울의료사협과 연계하여 한방무료진료, 과천교회 청년부 노
숙인봉사팀과의 연대사업 및 법인과 연계하여 지역교회와 공동사업 진행 중에 있다.

3) 지역네트워크 및 관계 개선

지역 노숙인 지원단체간: 서울노숙인 시설협회 이사시설, 예장노숙인복지회 회원, 전국
노숙인시설협회 회원, 영등포구사회보장협의체 홈리스분과 위원, 서울시사회복지사협회 단
체회원으로 단체간 네트워크를 강화하고 있다.

지역 주민과의 관계: 쪽방주민 전수조사를 통한 쪽방상담소 개소. 상담보호센터 개소 후
떨거둥이 신문을 발행하고, 공공일자리를 통한 지역환경보호사업을 진행하여 지역주민과의
관계를 쌓아가고 있다.

지역교회 및 시민단체와의 관계: 영등포노회 및 소속교회와 연계 급식사업 진행, 노숙인 복지와 인권을 실천하는 사람들(노실사) 연대 거리문화프로그램 진행, 홈리스 행동과 함께하는 거리행진, 영등포역 공공성 회복을 위한 대책위 활동을 하고 있다.

지역 공공기관과의 관계: 영등포2동 주민센터 및 구청사회복지과 자활보호팀, 영등포역 및 영등포역지구대, 영등포구청 보건소, 영등포소방서, 한강성심병원 등 지역 기관과의 연대, 협력 체제를 구축하고 있다.

4) 재정 등 후원자 조직

2000년 초기 주간보호센터 개소 이후 월세 임대시설을 유지하기 위해 산업선교회 실무자 및 햇살실무자가 함께 보증금을 마련하여 2002년 현재 장소에 센터를 시작하였다.

후원자 조직: 산업선교회와 노동복지부장(현 햇살보금자리 센터장)이 영등포노회 및 지역 유관 단체를 통한 후원구조를 가지고 모금하였으며, 성문밖교회 교인의 적극적 참여도 있었다. 2014년 산업선교회와 회계 분리 후 CMS모금 시작하였고, 햇살보금자리 자체 기부금영수증도 발급하였다. 2015년 홈페이지를 개설한 후 이를 통한 홍보도 지속하고 있다.

5) 운영위원회 조직과 역할

초기에는 운영위원회의 법인총무 위원장이 시설운영 전반적 관리 및 시설운영규정을 결정하였다. 현 운영위원회는 사회복지사업법의 적용을 받고 그 제한 범위 안에서 결정이 가능하다.

3. 노숙인 정책을 어떻게 발전시켜 왔는가?

1) 노숙인 현장 실천단체간의 세미나 및 연구
직능협회의 대표자가 참여, 시설운영 및 거리노숙인 대책 개선 및 발전방향을 공유하였다.

2) 대학 등과의 협력을 통한 정책연구
장신대 도시빈민선교 동아리 암하레츠의 학생들이 빈곤운동과 연계한 거리노숙인 보호활동, 달맞이방 봉사를 하였다.

3) 서울시 및 보건복지부와의 노숙인 정책 연구 및 토론과 정책반영

서울시 자활지원과, 노숙인 다시서기 지원센터가 정책의 수립 및 보호대책을 진행하였다. 경과는 아래와 같다.

— 2005년 지방자치제 노숙인 시설 등록
— 2005년 특별자활근로사업, 상담보호센터 입소의뢰 및 병원의뢰 권한
— 2006년 서울시 일자리갖기 사업, 모금회 기획사업 임시주거 지원사업 시행
— 2007년 LH공사 단신매입임대주택시범사업
— 2009년 쪽방비닐하우스 매입임대사업
— 2012년 노숙인등 자립과 지원에 관한 법 제정
   (노숙인 보호대책에서 사회복지사업법으로 변경)
   주거취약계층매입임대사업
— 2013년 노숙인법 시행 지자체 시설등록신고
   전국동시 거리노숙인 전수조사 실시, 사회복지사 호봉제실시
   보건복지부 시설평가지표개발을 통한 시설평가
   노숙인 의료급여 발급
   자활시설, 재활시설, 요양시설 외 노숙인 종합지원센터
   일시보호시설, 쪽방상담소등 이용시설 구분

4. 현재 과제, 중장기적 과제 그리고 최종 목표

하나. 일시보호 기능강화를 통한 거리노숙인 보호와 이에 따른 서비스의 질적인 향상이 필요하다.

둘. 임대주택, 지원주택 등 주거지원을 통한 자립을 지원하는 방안이 필요하다.

셋. 사회서비스 공공성 강화를 위한 법안 마련이 시급하다.

II. 햇살보금자리의 발전(2008년부터)

2008년 7월	(사)서울노숙인시설협회 정요섭 목사 이사 및 교육위원장으로 위촉 서울광역정신보건센터 무료상담
2008년 8월	말복특별급식, 해보자모임 촛불집회참석
2008년 9월	예장노숙인복지회 노숙인 인권세미나 및 예배 소방장비 연기감지기 설치, 시립동부병원 무료건강검진 단신매입임대주택 입주시작(50호), 추석맞이 송편빚기 임시주거지원사업 반찬만들기
2008년 10월	산업선교회50주년기념사업, 산업선교회실무자수련회(양평)
2008년 11월	햇살가을수련회(양평), 영등포거리결핵검진 창동염광교회, 신양교회 후원품 전달, 임시주거지원사업 지역정착프로그램(충남 왜목마을)
2008년 12월	성탄절거리연합예배, 한강성심병원 사회봉사단 급식봉사
2009년 1월	당사자 병문안 봉사활동, 거리노숙인 침낭배분
2009년 3월	햇살보금자리 자활캠프(대천)
2009년 4월	전국드롭인센터 족구대회(대청댐), 영등포거리결핵검진
2009년 6월	산업선교회 실무자 상반기평가회, 임시주거지원사업 지역정착프로그램(강원도)
2009년 7월	단신매입임대주택 입주자 예배 및 반상회
2009년 8월	말복특별급식, 예장노숙인복지회 실무자 캄보디아연수
2009년 9월	자활캠프(청송주왕산), 해보자모임 사랑의 밤길걷기행사
2009년 10월	다람쥐회 체육대회 햇살참여
2009년 11월	박현우 실장 사임, 후임 최병국 실장
2009년 12월	쪽방비닐하우스 매입임대 32가구 LH와 계약, 시설소방훈련실시, 거리성탄예배진행, 한강성심병원 사회봉사단 급식봉사, 시구합동 시설지도점검실시

2010년 1월 정요섭 목사 사임, 박수진 목사 부임, 실무자 업무분장
박철수 현장지원팀장, 임태우 운영팀장 임명

2010년 3월 서울의생 무료한방진료, 신성훈 퇴사, 김충호 입사

2010년 4월 영등포거리결핵검진, 햇살봄수련회(속초), 햇살운영위원회

2010년 5월 햇살 이불세탁 및 교체, 햇살소식지발송

2010년 6월 임시주거지원사업 요리조리 생활지원프로그램,
시설종사자 인권교육 워크샵

2010년 7월 서울시노숙인일자리 장애인작업장 취업설명회,
임시주거지원사업 워크샵,
임대주택입주자 고 조모씨 세례(고성기 목사 집례)

2010년 8월 말복급식행사, NCCK 홈리스지원 교회의 역할 간담회,
박철수 노동복지부장 임명, 서울시 노숙인시설평가실시

2010년 10월 시립동부병원 무료진료 자원봉사, 햇살가을수련회(강화도),
영등포거리결핵검진, 다람쥐회 체육대회참여, costco빵후원

2010년 11월 거리상담방 동절기발대식, G20기간 거리특별대책반 활동,
동절기급식실시, 산업선교회 제막식참여

2010년 12월 동절기대책 서울시 임시주거 지원사업 확대,
사회복지사 보수교육실시, 거리성탄예배(손은정 총무)
한강성심병사회봉사단, 안진회계법인 급식봉사

2011년 1월 박철수 부장 사임, 배준호 입사

2011년 2월 박수진 목사 사임, 진형탁 부장 위임
2010년 사업결과보고, 후원금영수증발송 및 2010년 연말정산,
2010년 모금회지원사업 결과보고, 서노협 이사회, 동절기결과보고,
설명절 행사

2011년 3월 햇살홈페이지업데이트 및 소식지발송, 시설대청소,
공익근무요원신청 및 자원봉사자조직, 예노협워크샵참석,
2010겨울철난방비결과보고, 2011년 기능보강비 신청,
서울의생 한방진료봉사, (주)에듀 협약식

2011년 4월 가스안전점검, 전기안전점검, 햇살봄수련회(거제), 정화조 청소,
영등포거리결핵검진. 전국홈리스연대실 무자워크샵,

홈리스법 국회통과

2011년 5월 　황인철 정년퇴임, 김다니엘 입사, 이불세탁 및 교체,
　　　　　　　전홈련주거복지컨퍼런스, 서노협신규 실무자교육(김다니엘)

2011년 6월 　시설종사자 워크샵 참여, 상반기평가회, 아웃리치상담원 모임진행, 진형
　　　　　　　탁 부장 사임, 김건호 센터장 위임, 산업선교회정책수련회

2011년 7월 　홈리스법재정관련 TF간담회, 병원동행팀개소식, 햇살수요예배
　　　　　　　서울역노숙인퇴거조치관련 기자회견, 기능보강사업 에어컨 2대 설치

　　　　　　　서노협시설종사자 토론회, 트라우마교육 워크샵(김다니엘),
2011년 8월 　도시연구소 비주거시설 실태조사(도시연구소 서종균 박사),
　　　　　　　전국홈리스전수조사, 말복행사

2011년 9월 　서노협총회실시, 햇살보금자리운영위원회, 사회복지의날 기념식
　　　　　　　추석급식제공 및 윷놀이행사, 햇살실무자수련회(정선)
　　　　　　　재능교육기도회참석,
　　　　　　　임시주거지원워크샵, 다람쥐체육대회참석, 병무청담당자교육

2011년 10월 유혜정 퇴사, 이광재 입사, 햇살가을수련회(강원도 정선),
　　　　　　　영등포역결핵검진, 김건호 목사 안수식

2011년 11월 동절기저녁급식실시, 전홈련사회적기업 실무자교육,
　　　　　　　국민은행 차량지원당첨,
　　　　　　　배준호 간사 총신대학원합격, 부랑인복지세미나,
　　　　　　　영사협워크샵(김건호, 임태우), AVP교육(최병국, 이광재),
　　　　　　　햇살소식지발송, 동절기아웃리치발대식,
　　　　　　　야간상담원증원 및 응급구호방 운영, 비정규직개원예배참석,
　　　　　　　한국교회봉사단회의참석, SK김장김치행사, 시설이불빨래,
　　　　　　　소방교육, 기능보강사업 사물함교체

　　　　　　　전국노숙인전수조사실시, 예노회총회,
2011년 12월 서노협종사자워크샵(김건호, 김다니엘), 산선실무자정책수련회,
　　　　　　　사회복지사보수교육실시, 직장인건강검진실시,
　　　　　　　동짓날한강성심병원급식봉사, 성탄기념햇살예배 및 선물증정,
　　　　　　　대안은행 사회적기업 준비회의참석, 허영만 작가 노숙인깔판지원

　　　　　　　2011년 사업결과보고 및 2011년 후원금영수증발송
2012년 1월 　2011년 연말정산, 2011년 모금회 지원사업 결과보고,
　　　　　　　서울노숙인시설협회이사회, 설날특별급식 동절기대책보고,

2012년 2월	배준호 퇴사, 이광재 생활지도원, 사랑누리교회 거리급식봉사
2012년 3월	박상호 임시주거 지원사업 입사, 햇살홈페이지업데이트 및 소식지발송, 시설대청소, 공익근무요원신청 및 자원봉사자조직, 예노회 워크샵, 2011년 겨울철난방비결과보고, 2012년 기능보강비신청
2012년 4월	가스안전점검, 전기안전점검, 봄 수련회(양평), 정화조 청소 영등포역 결핵검진
2012년 5월	시설 이불세탁 및 교체, 전홈연주거복지컨퍼런스 서노협실무자교육 서울시노숙인체육대회(목동운동장), 서로살림 샌드위치자원봉사
2012년 6월	서울시 노숙인권리장전 공표, 과천교회 청년부 시설도배 자원봉사, 실무자정책수련회(화천), 노숙인 자격증취득프로그램 진행(운전면허 13명 취득) 노숙인 신용회복프로그램, 노숙인 복지시설 종사자 인권교육(실무자전원) 구로정신보건센터 알콜대상자 상담 및 교육, 햇살보금자리 축구팀 정기활동 노숙인 취업설명회 개최, 병무청 사회복무요원 운영기관 교육(김충호), 기능보강사업 샤워실공사, 임시주거 지원사업 반찬만들기
2012년 7월	매입임대주택사례관리사업 김동국 입사, 박정선 야간당직, 폭염대책 주간 거리상담활동 강화, 무더위쉼터운영 및 응급구호활동, 시설 이용자 실무자 간담회 개최, 시설이용자 여수세계박람회 참가, 달맞이방 운영(자원봉사자, 상담원이 거리노숙인 대상으로 목욕, 세탁, 의류를 지원하는 쉼터), 영등포구 시설지도점검, 필리핀선교단체 기관견학
2012년 8월	말복삼계탕 급식행사, 알콜중독자 사례관리사업 유관기관 업무협약체결, 예장노숙인 실무자 수련회, 햇살 공익요원 구청장표창 수여(이성제) ,노숙인 인식개선사업 참여, 문학작품출품(대상), 노숙인밴드참여, 스마트폰지원사업등,서울노숙인시설협회 총회개최(김건호 센터장 이사위촉) 신내성애교회 무료급식 자원봉사, 매입임대주택입주자모임(총94호) 영등포역 서울희망지원센터 운영 인수인계(햇살보금자리, 옹달샘 공동운영)

2012년 9월	서울노숙인시설협회 총회개최(서정화 협회장 취임), 추석맞이 특식 및 행사, 햇살실무자수련회, 영사협 워크샵, 영등포마을공동체네트워크참석, 기능보강사업 햇살 현관, 창틀, 보일러 교체
2012년 10월	햇살가을수련회(경주시장과의 만남), 영등포역결핵검진, 다람쥐회체육대회, 서로살림마을축제참석, 마을공동체복지일꾼아카데미(박상호) 임대주택입주자나들이(속리산), 웨스트조선 시설청소자원봉사
2012년 11월	동절기저녁급식실시, 사회복지사 보수교육실시, 동절기아웃리치발대식, 야간상담원증원 및 응급구호방 운영, SK김장김치행사, 서강교회청년부 체육활동, 영등포노숙인축구대회 우승
2012년 12월	소방훈련, 거리성탄예배, 이든해윰 자원봉사, 햇살이용자 건강강좌, 불이학교 시설견학, 웅진코웨이 시설청소자원봉사
2013년 1월	노숙인협동조합 창립준비 교육활동, 과천교회 청년부 햇살봉사단활동, 동절기 응급쪽방 운영
2013년 2월	설명절 특식 및 행사,
2013년 3월	서울시공공근로사업 일자리지원, 임대주택 교회결연사업, 햇살사무실공사, 햇살수요예배, 햇살 행복한 우리집 실무자 연대워크샵
2013년 4월	햇살봄수련회(삼척), 거리노숙인 결핵검진, 서노협종사자워크샵, 이성제 입사
2013년 5월	서울시자활체육대회(목동운동장), 우리마을프로젝트 요리강좌
2013년 6월	노느매기협동조합 창립총회, 산업선교회 정책수련회(강화도), 언약교회 도시락급식제공, 예노회 체육대회 참석, 노숙인복지법 시행에 의거 영등포구 시설 신고증발급
2013년 7월	노느매기 재활용비누제작, 주거복지컨퍼런스(대전) 이성제 퇴사, 박상호 생활지도원 입사
2013년 8월	말복행사(은강교회), 주먹밥 거리급식지원, 노느매기 문래동텃밭작업, 임대주택입주자 요리사관학교 수강, 구로알콜센터 중독치유교육
2013년 9월	영등포구복지서비스박람회 참석, 서울시노숙인시설 평가회실시, 노숙인야구관람(목동), 추석특별급식 및 공동차례상
2013년 10월	햇살가을수련회 MBTI교육(안면도), 영등포자활축구대회 우승, 복지부 프로그램 협동조합강좌, 서울의생 건강교육강좌, 영사협 시화전 참여

2013년 11월	동절기 거리노숙인 대책반 발대식 및 재개발지역 아웃리치, 햇살축구단 현장견학(임진각), 임대주택 입주자 김장 및 반찬만들기, 서로살림 마을축제참석, 노숙인 농구관람(잠실), 생활지원사업 살림의 지혜 강좌, 민들레문학특강 수료 및 입상
2013년 12월	복지부프로그램 자격증취득 지원사업(10명 참여, 에너지관리사 1명 합격), 노숙인 금융생활컨설팅강좌, 삼성물산 구호품전달, 성탄기념예배(이든해움 자원봉사), 한강성심병원 급식자원봉사

6기 - 노숙인법제화 그 이후(2014년~2017년)

2014년 3월	햇살 희망나무 연대 실무자워크샵(산정호수), 영농사업단설명회
2014년 4월	복지부프로그램 반찬만들기, 임시주거지원사업, 신성혜 입사 신용회복사업교육, 거리노숙인 결핵검진, 사망노숙인 장례집전
2014년 6월	햇살봄수련회(광릉수목원), 노느매기협동조합 교육,
2014년 7월	중복특식 은강교회 자원봉사, 주먹밥 거리급식지원, 서울시거리노숙인 전수조사
2014년 8월	우리마을프로젝트 텃밭활동, 임시주거지원사업 뮤지컬관람, 말복특식, 예노회체육대회(한영교회)
2014년 9월	시설종사자 의무교육실시, 노느매기 청계산 등반대회, 추석행사, 시설무료급식소 계약
2014년 10월	복지부프로그램 민들레문학특강, 영등포구 자활축구대회, 서울시자활체육대회 축구 4강진출
2014년 11월	서울김장문화제참여(시청광장), 과천교회 영화상영, 호주선교단체 기관방문, 임대주택사례관리사업(104호) , 이여진 입사
2014년 12월	이든해움 급식봉사, 성탄기념예배, 과천교회 성탄행사자원봉사, 하나은행 김장행사, 한강성심병원 급식봉사, 산업선교회 실무자송년회, 노느매기햇살 후원의 밤
2015년 1월	서노협총회
2015년 2월	민들레문학상 시상식, 설명절 윷놀이대회, 서울의생 한방진료, 매입임대입주자총회, 과천교회 임대주택 도배봉사, 영남중학교 반찬수령
2015년 3월	노숙인자서전 출판, 월드비전교회급식봉사, 노느매기 밥상나눔

2015년	4월	김건호 목사 노느매기협동조합 법인이전, 우성영 목사 부임, 영도교회급식봉사
2015년	5월	마사회 렛츠런 기부금전달식, 임시주거 영화관람, 예노회체육대회(한영교회), 햇살,노느매기 실무자워크샵, 과천교회 영화상영
2015년	7월	폭염대책 주말개방 및 영화상영, 복날급식봉사(은강교회, 한국노총), 신목중학교급식봉사, 행복한울타리 김치후원, 기독공보 햇살노느매기 취재
2015년	10월	임대주택 7개자치구운영(108호), 서울시자활체육대회, 영등포자활축구대회, 도림교회급식봉사(월 1회)
2015년	11월	도박중독치유센터 연합 거리캠페인, 결핵예방교육
2015년	12월	한강성심병원자원봉사, 과천교회 자원봉사자의 날, 이든해윰 성탄행사
2016년	1월	서노협총회(여재훈회장), 광암교회, 동일교회 급식봉사
2016년	3월	임시주거지원사업 좌은진 입사, 방초교회급식봉사, 서노협 정책워크샵
2016년	4월	햇살실무자워크샵(평창), 거리결핵검진, 은강교회 주먹밥봉사, 홍익교회 급식봉사(월 1회), 서울의생 한방진료(월1회), 실무자인권교육
2016년	5월	산업선교회실무자수련회, 임대주택자치모임, 노숙인취업박람회
2016년	6월	서노협실무자워크샵(이광재), 햇살자활캠프(속초, 쉼프로그램 김상만 목사), 과천교회 영화상영, 유타(독일) 자원봉사, 목양교회 주먹밥봉사, 서울시자활체육대회, 예노회체육대회(한영교회), LH협업사업 축구탁구 활동
2016년	7월	숭실고 관현악단 봉사, 한강성심병원 시설팀 전기배선공사 자원봉사, 서노협시설장워크샵
2016년	8월	은강교회 말복급식봉사, 홍익교회 시설청소, siwa 후원품지급,구로알콜중독센터 유관기관회의
2016년	9월	추석명절음식나눔, 한터교회 떡나눔, LH협업사업 축구대회, 영등포구사회복지대회, 서노협정책위 TF회의
2016년	10월	한독가나 연합 급식봉사, 홍익교회 게시판꾸미기 자원봉사,
2016년	11월	임대주택 김장행사, 가을단풍놀이(이천), 아웃리치상담원사례회의(월1회), 영등포구 어울림한마당

2016년 12월	예장총회장 거리성탄예배, 강서교회, 시온성교회, LA한인교회, 과천교회, 이든해윰, 한강성심병원 급식봉사 및 성탄행사, 신일교회 쌀기증, 산업선교회 실무자송년회, 햇살보금자리 LH주거복지대상(탁구대구입)
2017년 1월	예노회정기총회(부산동래교회), 과천교회 도배봉사, 서노협이사회, 광암교회 급식봉사, 보라매병원, 마사회, 상인연합회 설맞이 선물전달, 산업선교회 전체실무자모임
2017년 2월	서노협총회, 전노협총회
2017년 3월	임대주택입주자총회, 서노협이사회, 도림교회 후원품전달, 영등포구보건소 건강상담, 매입임대입주자총회(111호)
2017년 4월	신용회복사업교육, 사회복무요원담당자교육, 홍익교회 도배봉사, 서울시 시설장간담회, 태국목회자 기관방문, 실무자워크샵(춘천)
2017년 5월	서울시 취업박람회참석, 햇살남도기행(여수), 과천교회와 함께하는 탁구대회
2017년 6월	서울시사회복지시설교육, 서울시자활체육대회
2017년 7월	주거복지워크샵, SH컨퍼런스, 서울시정신보건 통합사례회의(월 1회), 하늘교회 초복급식, 실무자탁구동아리활동
2017년 8월	장신대현장실천, 과천교회 폭염주간아웃리치 자원봉사
2017년 9월	영등포구 사회복지대회, 지원주택토론회, 서사협실무자단체연수
2017년 10월	주거복지위워크샵, 영등포자활축구대회, 서노협실무자워크샵
2017년 11월	영등포구어울림한마당, 주거복지컨퍼런스, 아웃리치상담원워크샵(산청), 동절기특별대책발대식, LH협업탁구대회, 소방시설작동기능검사, 도림교회 봉사단 상장수여, 서울시 무연고사망자교육
2017년 12월	일자리담당자워크샵, 사회복지정보시스템 교육, 성탄예배 및 과천교회 자원봉사, 예노회 내복 나눔행사, 임대주택입주자모임, 산업선교회실무자송년회

9. 바보들의 행진에 동행하며

최일도

(다일공동체 대표)

영등포산업선교회 60주년을 온 맘 다해 축하드립니다. 여러 모양으로 가난한 이들의 벗이 되어 소외된 이웃들을 예수님처럼 섬겨온 걸음걸음에 깊은 신뢰와 존경과 감사의 마음을 담아 응원의 박수를 보냅니다.

영등포산업선교회의 걸음걸음은 발표 자료에 표현하신 대로 "바보들의 행진"이라 할 수 있습니다. 바보들의 행진이라는 표현을 듣는 순간 저는 마음이 먹먹해지며 눈물이 핑 돌았습니다. 청계천에서 가난한 직공들을 위해 삶을 모두 바친 전태일 열사가 1960년대에 만들었던 모임의 이름 "바보회"가 떠올랐고 묵묵히 십자가를 지고 골고다의 길을 오르셨던 주님의 모습도 떠올랐습니다.

가난한 이들의 벗이 되고 자기 자신이 참 가난을 살아내는 삶, 세상 사람들이 보기에는 이해되지 않고 바보로만 보이는 삶이 예수가 살아간 삶이고 60년간 영등포산업선교회가 걸어온 길입니다. 21세기를 복지의 시대라고 합니다. 정부 예산 중 가장 큰 부분이 복지예산이고 보편적 복지라는 슬로건이 일반화된 시대입니다. 그러나 우리 곁에는 여전히 가난하고 외롭고 고통 받는 벗들이 있습니다. 발표 자료에 적시하셨듯이 870만의 비정규직 숫자, 10대 90의 불평등한 분배구조의 고착, 젊은 20대 30대 빈곤층의 확대 등을 볼 때, 우리 사회의 가난과 고통의 문제가 여전히 뿌리 깊이 자리 잡고 있음을 보여줍니다. 빈곤계층 문제에 집중하고 이들의 신음을 듣기 위해 집중하는 귀와 함께 고난을 받으며 뛰는 손과 발에 격한 애정과 박수를 보내고 싶습니다.

종합안내소 기능의 확대와 더불어 그들의 다양한 욕구를 충족할 수 있는 공동체 설립과 자립적 공간 확보를 계획하는 방향에도 적극적으로 동의합니다. 그러나 그 실현방법 중에 몇 가지 제안하고 싶은 내용들을 보태고자 합니다.

어떤 형태로든 가난한 이들을 돕고자하는 많은 이들의 마음을 모으는 과정을 거쳐나가길 부탁드립니다. 국가의 지원이나 특정 단체의 지원으로 이 모든 문제가 해결되지 않을 거라 생각하고 그렇게 큰 지원으로만 이루어진 문제해결에는 지속적으로 가난한 이들과 연대하여 꾸준히 사역을 이어나가는 힘이 부족하지 않을까 생각이 듭니다. 영등포산업선교회가 여러 개인들과 단체들의 마음을 함께 모아가는 작업이 꼭 필요하다고 생각합니다. 후원회원을 모은다는 것은 그저 가난한 이들을 도울 수 있는 물질적 자원을 모은다는 것 이상의 의미가 있습니다. 뜻과 정성을 모으는 과정을 통해 가난한 이들을 향한 이슈를 확대해가고 사랑이 오가는 과정을 만들 수 있다고 생각합니다.

두 번째 제안 드리고 싶은 것은 영등포산업선교회 모든 구성원들이 공동체를 이뤄가기 위한 내적 영성의 점검과 훈련과 회복이 반드시 있어야 합니다. 가난한 이와 함께 지내는 것은 영적인 일입니다. 어느 정도 현장에서 가난한 이들을 돕다 보면 거의 모든 사람이 내적인 고갈, 영적인 목마름에 직면하게 됩니다. 이 영적 고갈을 극복하고 영적으로 정신적으로 회복되는 영성회복의 시스템이 반드시 준비되어 있어야 합니다.

마지막으로 제안 드리고 싶은 것은 이미 발표에서 제안하셨듯이 시설 케어에서 커뮤니티 케어로 나아가고자 하신다는 내용에 첨언하고 싶은 내용입니다. 가난한 이들을 공동체 안에서 품어주고 그들과 하나의 공동체를 이뤄가는 과정에 대해 이야기 나누고 싶습니다. 가난한 이들을 공동체 안에서 돕기 위해서는 그들을 품어줄 공동체의 코어그룹이 형성되어야 한다는 것입니다. 가난한 이들을 돌보기 전에 내가 먼저 하나님 앞에서 가난한 이라는 깨달음과 겸허한 마음을 가지게 되는 과정은 코어 그룹이 함께 공동체를 형성해가면서 자기 자신을 들여다보는 훈련을 통해서 이루어지는 것 같습니다. 공동체 안에서 온전한 공동체를 경험한 코어그룹의 힘이 있을 때 공동체를 통한 케어가 이루어지리라 생각합니다.

거룩한 걸음, 바보들의 행진이 주님 오실 때까지 이어지길 소망합니다. 저와 다일공동체도 영등포산업선교회와 같은 길을 걷고 있습니다. 바보가 되어 가난한 이가 되어 가난한 이들과 한 몸, 한 공동체가 되어 걸어가는 이 걸음을 계속 꾸준히 여러분과 함께 걷겠습니다. 이 바보들의 행진에 벗이 있어 참 행복합니다. 60년을 한마음으로 바보가 되어 가난한 이들과 더불어 살아오신 자랑스러운 영등포산업선교회의 걸음걸음에 힘찬 박수를 보내 드리오며 작은 자와의 동행이 더욱 아름다운 세상을 만들어가는 신앙의 몸부림이길 바랍니다.

10. 아시아 생명살림, 다시 길을 묻다

양명득

(호주선교동역자, 국제연대국 국장)

1. 산업선교의 에큐메니칼 성격

영등포산업선교회는 그 시작부터 국제적인 연대 속에 태어났다. 다음과 같은 기록이『영등포산업선교회 40년사』에 나와 있다. "본격적으로 산업전도가 시작된 것은 1957년 4월 12일, 헨리 존스 목사의 권유를 받은 후 예장총회 전도부위원회가 총회 전도부 안에 '예장산업전도위원회'를 두도록 결의하고 동년 9월 총회에서 이를 인준하면서였다"(39쪽). 존스 목사는 산업전도 지도위원으로 동남아시아 기독교교회협의회에 사역하고 있던 미국장로교 선교사였던 것이다.

그 다음해인 1958년 설립된 영등포산업선교회도 국내외 에큐메니칼 연대 속에서 선교활동을 시작하였고, 1965년에는 호주에서 리차드 우튼 선교사가 파송됨으로 호주교회와의 돈독한 관계도 이어지게 되었다.

초기 조지송 목사와 인명진 목사의 보고서와 기록을 보면 아시아교회협의회와 미국교회, 독일교회 그리고 호주교회와 많은 교류와 연대를 하였고, 적지 않은 서신과 인적교류를 그들과 주고받은 것을 알 수 있다.

초창기에 당면하였던 시국 현실은 국내의 노동 상황과 영등포산업선교회의 노동운동을 알리므로 노동자와 실무자를 보호하려는 목적과, 재정적인 지원 그리고 인적지원을 이끌어내야 하는 중요한 과제가 있었다.

미국장로교회는 함부만 선교사 파송을 비롯하여 재정적 지원을 수년간 하였고, 호주장로교회 그리고 후에는 호주연합교회는 인명진 목사의 봉급을 10여 년 동안 지원하는 동시에 선교동역자를 순차적으로 파송하였고, 독일교회는 영등포산업선교회 회관건축을 지원하였고, 아시아교회협의회는 다양한 산업선교 훈련과 프로그램을 지원하여 아시아교회에 영등포산업선교회의 존재를 부각시키기도 하였다.

한 글에서 인명진 목사는 다음과 같이 적고 있다. "영등포산업선교회가 공헌한 한국의 교회 역사에서뿐 아니라 노동운동 역사, 민주화운동 역사, 인권운동 역사는 호주교회와의 협력 속에서 이룩한 성과였고 그러므로 한국의 현대사와 한국교회 속에서 영등포산업선교회의 공헌이 있었다고 한다면 그 공은 마땅히 호주교회와 함께 나누어야 할 것이다"(한국교회와 호주교회 이야기, 194).

비단 호주교회뿐만 아니라 아시아교회협의회, 미국장로교회, 독일교회 등은 영등포산업 선교회의 중요한 후원자 그리고 동반자였던 것이다.

2. 국제 연대의 다양성

영등포산업선교회는 90년대에 들어서면서 한국의 노동문제를 넘어서 국제적인 노동문 제 대하여 관심을 갖고 함께 연대하며 대응하는 활동을 시작하였다. 아시아와 남태평양 지역 에서 운영되던 한국의 다국적기업의 노동착취에 저항하며 아시아노동자들과 투쟁하기도 하 였고, 인도 낙푸르에 노동복지센터를 설립하기도 하였고, 필리핀 민다나오의 지역조직가를 지원하기도 하는 등 과거의 후원을 받는 단체에서 지원을 하는 단체로 전환되기 시작한 것이 다. 그 활동 가운데 주목할 만한 것이 '아시아 도시농촌선교 디아코니아 훈련원'(이하 아시아 훈련원) 개원이었다. 당시 아시아 훈련원의 목적은 다음과 같다.

"국제연대의 경험과 신자유주의 경제세계화에 대응하는 에큐메니칼 운동의 국제적 연대 의 필요성에 부응하기 위하여, (중략) 2001년 4월에 정식으로 개원하였다"(50주년 희년 심포 지엄 자료집, 61).

훈련원 이사회에는 한국교계 원로와 기독교 사회운동 지도자와 학자 및 아시아 각국의 URM 운동 지도자들을 영입되었으며, 활발한 프로그램을 진행되기 시작하였다. 개원 이후 총 14회에 걸쳐 인도, 필리핀, 인도네시아, 네팔, 버마, 파키스탄, 방글라데시, 대만, 홍콩, 태 국, 베트남, 캄보디아, 스리랑카 등 13개국에서 총 66명의 훈련생들이 훈련을 받았는데, 한국 의 사회선교와 사회운동 및 투쟁현장을 돌아보면서 각자의 경험을 나누며 본국으로 돌아가 어떤 대응과 대안을 가져올지 토론하였다.

해외로부터 지원을 받기만 하였던 영등포산업선교회가 어느덧 성장하여 아시아의 노동과 농촌단체들을 지원하고 연대한 것은 소중한 노력이었다고 할 수 있다. 그러나 아시아훈련원은 2007년 이래로 더 이상 활동을 하지 못하고 있다. 영등포산업선교회 50주년기념 심포지엄 시 발제된 내용에 그 아시아 훈련원의 한계성을 언급하고 있는 바 아시아 기층 민중 현장 활동가들의 현장이 한국 상황과는 많이 다르다는 점과, 국내 노동과 농촌운동과의 연대가 소홀한 점 그리고 이 프로그램을 유지시키기에 영등포산업선교회와 실무자의 역량과 전문성 부족을 지적하고 있다.

영등포산업선교회 50주년 희년 심포지엄에서 논찬을 맡았던 기독교사회선교연대회의 조정현의 제안을 기초삼아 아시아 훈련원의 연속성을 위하여 영등포산업선교회는 다각도로 상상력을 이어 왔지만 재원 마련의 실패, 실무자의 교체로 인한 연속성 부족, 아시아 전체 URM의 소강 등으로 현재까지 재개원 되지 못하고 있다.

한편 영등포산업선교회에는 개인별 혹은 단체별 해외 방문자들이 꾸준히 이어져 왔다. 한국교회를 견학하고 배우려는 해외교회들 중 한국의 대형교회뿐만 아니라, 작지만 민중들을 위해 일하는 선교단체를 방문할 때 영등포산업선교회는 빠지지 않았다. 일본, 태국, 대만, 미얀마, 필리핀 등에서 노동과 도시농촌선교에 관련되는 교회 단체들이 방문하고 있고, 독일에서는 젊은 인턴들을 보내어 몇 개월씩 영등포산업선교회의 사역을 배우기도 하고, 호주에서 선교동역자들이 부임하여 계속 협력하고 있다.

3. 다문화 선교 – 또 다른 이름의 국제 연대

영등포산업선교회는 영등포노회에 속하여 있다. 영등포노회는 영등포구, 구로구, 강서구, 양천구, 광명시 지역 등을 망라하고 있는데, 그중 영등포구는 현재 서울시에서 외국인이 가장 많이 사는 자치구로(전 구민의 17.5%, 6만 6952명 — 2015년) 특히 대림동, 구로동, 가리봉동에 집중되어 있다. 다문화 지역에 위치하고 있는 영등포산업선교회에 외국인 노동자와 이주민 가정과의 인권과 연대라는 새로운 과제로 등장하고 있다.

2017년, 대림동을 무대로 촬영된 <청년경찰>이라는 영화가 개봉이 되어 전국에 상영됨으로 인기가 올라가고 있었다. 이민자에 대한 그 영화의 편견성과 차별성을 본 본 선교회 진방주 총무는 즉시 항의하였고, 그 내용이 동포신문에 실리므로 중국 동포사회에 큰 경각심을 불러일으키었다. 그리고 동포대표들과 몇 차례의 모임을 통하여 그 영화가 불러올 부정성을 경고

하고 단체행동에 나서기도 하였다. 이주민 노동자와 가정은 이 사회 변두리의 소외되고 힘없는 사람들로 영등포산업선교회가 지금 함께해야 할 이웃이기 때문이다.

영등포노회 안의 '다문화선교위원회'는 2016년 영등포산업선교회의 주도로 구성되었다. 외국인 선교나 다문화 예배를 드리는 교회들을 중심으로 위원회가 구성되었으며, 다문화 선교 세미나 등 친교와 교육 사업을 진행하여 왔다. 그중에 특별했던 사업은 2017년 세계선교협의회 선교프로젝트로 채택이 되었고, 그 재정으로 다문화 선교세미나와 다문화 마을 만들기를 진행하여 다문화 선교 인식개선과 다문화 목회 지도자 교육을 시도하였다.

앞으로 회관이 재건축되고 공간이 현대화되면 법무부에서 위탁하여 진행하는 외국인을 위한 사회통합지원프로그램이나 다문화 교육을 지역사회의 선주민과 이주민을 위하여 동시에 진행하기를 제안한다.

또한 영등포노회의 다문화선교위원회가 계속하여 그 역할을 감당할 수 있도록 노회와 협력하여 다문화 교회와 지도자들을 지원하고 교육하는 사역을 계속하여야 하겠다.

4. 앞으로의 과제

영등포산업선교회에 있어서 국제연대 강화와 에큐메니컬 운동 참여는 선택이 아니라 필수이다. 특히 국내의 도시농촌선교 교회들과의 연대는 물론 60-70년대 한국의 노동운동 상황과 같은 아시아의 URM 운동에 적극 연대하며 지원해야 하는 소명이 있다. 이것은 비단 아시아의 열악한 환경에 처해 있는 노동자와 선교단체들만을 위한 것이 아니라, 영등포산업선교회의 존재와 미래의 발전을 위하여서도 꼭 강화되어야 할 선교내용이라 하겠다.

이 일을 위하여 영등포산업선교회의 각 부서 실무자들이 국내와 해외의 관련 에큐메니칼 운동과 프로그램에 적극적으로 참여할 수 있도록 격려와 재정 지원이 필요하다. 2018년 초 노동선교부의 홍윤경 부장이 대만의 한 노동 단체의 초청을 받아 그들과 연대하며 노동운동 경험을 나누었듯이, 노숙인 선교, 노느매기 사역, 지역협동조합 운동의 실무자들도 적극적으로 아시아의 파트너들과 관계를 맺으며 공유할 때 영등포산업선교회 사역의 내용도 좀 더 다양해지고 의미가 깊어진다 하겠다. 실제로 1990년대에는 영산의 실무자들과 노동단체 대표들이 한 팀이 되어 독일의 자동차공장과 호주의 석유화학단지 등 노동현장을 방문하여 연수하기도 하였는데, 이러한 연대를 통하여 선교의 에큐메니칼성을 지속하여야 하겠다.

또한 2019년 재건축이 완료되어 회관 건물 내에 게스트 룸이 완비되면 해외의 관심 있는 청년들과 교회 단체들이 목적을 가지고 방문할 수 있도록 유익한 프로그램을 개발하여 교류하는 것도 중요한 업무 중 하나일 것이다. 동시에 영등포산업선교회가 출판한 각종 자료들을 영문으로 번역 출판하여 해외의 단체들과 공유하는 작업과, 60주년 역사화보집에 실린 사진 자료로 사이버 전시관을 디자인하여 세계 어디서나 산업선교의 역사를 보며 교류할 수 있도록 준비하여야 하겠다.

다문화 선교와 난민선교는 국제 연대의 또 다른 내용으로 점차로 떠오르고 있는 영역이다. 영등포노회와 다문화 단체들과 긴밀하게 연계하며 지역사회의 외국인 노동자와 결혼이민자가정의 인권과 이주배경 청소년들을 위하여 재건축된 회관을 적극 활용하기를 제안한다. 회관 내에 노동역사관을 조성한다고 할 때 이주노동자 부분도 참여하게 하여 관심을 높이는 것도 한 가지 방안이라고 할 수 있다.

아시아교회협의회 총무로 영등포산업선교회를 오랫동안 후원하였던 안재웅 목사는 다음과 같은 의미 있는 격려사를 60주년 기념 예식에서 하였다.

아시아와 세계교회에 있어서 산업선교는 한때 큰 유행처럼 성장했지만 현재는 거의 유일하게 한국의 영등포산업선교회만 계속하여 활동을 이어가고 있다. (중략) 거기에는 여러 가지 이유가 있겠지만 그중에 하나는 역시 세계 교회들의 연대와 지원이었다. 에큐메니칼 네트워크가 이곳의 힘이었고, 그 힘으로 지금까지 산업선교의 사역이 계속되고 있는 것이다. 동시에 아이러니컬하게도 영등포산업선교회의 존재는 지금 아시아교회와 세계교회의 산업선교 지표와 희망이 되었다는 것이다. 지역적으로뿐만 아니라 세계적으로도 그 존재의 중요성을 가지고 있다는 사실이고, 그 책임을 무겁게 받아들여야 한다. (영등포산업선교회 60주년기념 역사화보집 출판예식 격려사, 2018년 11월 3일)

"앞으로 영등포산업선교회의 국제연대는 어떤 모습일까?"

"아시아 도시농촌선교 디아코니아 훈련원이 어떤 방법으로 재개되어야 할까?"

"영등포산업선교회만이 공헌할 수 있는 국제연대와 다문화 선교의 내용과 실제는 무엇일까?

이상은 창립 60주년을 맞이하는 길목에서 '다시 길을 묻는' 필자의 질문이다.

〈참고 도서〉

영등포산업선교회 편,『아시아노동자와 노동현장보고』, 1994.
영등포산업선교회 편집부,『영등포산업선교회 50주년 희년 역사심포지엄 자료집』, 2008.
40년사 기획위원회,『영등포산업선교회 40년사』, 1998.
양명득 편,『한국교회와 호주교회 이야기』, 한장사, 2012.

11. 영등포산업선교회의 선교교육훈련과 선교목회

(영등포산업선교회 총무, 1990-1994, 2014-2019)

    영등포산업선교회는 1957년 총회의 산업전도위원회가 출범한 후 첫 번째 지구산업전도회로써 총회의 결정으로 경기노회[1]에서 영등포지구 산업전도위원회를 조직하였다.[2] 산업전도위원회에는 한강 남쪽에 있었던 교회 즉 영등포지구 교회를 목회하는 목회자들로 구성되었다. 처음에는 지역교회 목회자들이 지역사회에 있는 공장을 나누어 분담하였다. 각 공장을 중심으로 예배와 성경공부 및 기숙사 심방을 하는 것이 중요한 사역이었다.[3] 이러한 일의 실무를 위하여 강경구 전도사가 여전도회 전국연합회의 파송으로 부임했다. 이는 지교회 목회자들이 지교회 목회를 넘어 공업지역에 바탕을 둔 지역사회의 공장과 노동자의 특수한 상황을 선교과제로 삼고 이에 대한 선교적 접근을 한 지역선교의 최초적 시도라 볼 수 있다.

    이러한 사역은 총회가 1964년 영락교회의 후원으로 조지송 목사를 영등포지구 산업전도 전임목사로 파송하게 됨으로 새로운 전환을 맞는다. 기존의 지역 목회자 중심에서 나아가 지역교회와 지역 목회자들의 후원과 협력 속에 전임 실무자 중심의 선교로 전환 되었고, 1972년에는 다시 실무자 중심에서 노동자 소모임 중심으로 전환 되었다. 1987년 이후에는 대중

---

1) 경기노회는 1958년 11월 18일 승동교회에서 분립식을 하였다. 강북지역은 그대로 경기노회를 그대로 살리고, 강남지역은 '한남노회'로 부르기로 했다.

2) 1958년 4월 19일 영등포지구산업전도회 창립(위원장 : 계효언 목사(명수대교회), 강경구 전도사. 1962년 영등포산업전도위원회 조직: 위원장 계효언 목사(명수대교회), 부위원장 방지일 목사(영등포교회), 총무 이정학 목사(양평동교회), 서기 박조준 목사(영은교회), 회계 정석복 장로(영락교회, 대동모방 상무), 전도부장 정영삼 목사(영문교회), 봉사부장 이춘학 장로(영등포교회, 반도상공 사장).

3) 양남동 일대: 박조준 목사, 김남숙 전도사; 문래동 일대: 정영삼 목사, 유변관 목사; 당산동 일대: 김하정 목사; 영등포동 일대: 방지일 목사; 양평동 일대: 이정학 목사; 대림, 구로동 일대: 양세록 목사; 노량진, 본동, 흑석동일대: 계효언 목사.
공장 내 예배와 성경공부 지도하는 일 = 박조준 목사: 동아염직, 대한모직, 대동모방에서 예배와 성경공부 인도; 방지일 목사: 대동모방에서 예배인도; 김남숙 전도사:고려산업 북성화학에서 예배인도; 강경구 전도사: 한영방직과 삼공제지에서 예배인도; 신봉회(여자 산업신도 조직) 예배는 구역 내 목사들이 인도함. (1962년 영등포산업전도위원회 보고 및 청원서에서.)

적이고 공개적인 학교식 방식을 도입하여 다양한 교실을 개설하였고, 1997년 IMF 이후에는 노숙인선교와 협동공동체운동을 활발히 전개하는 가운데 협동학교를 추진하였다. 2011년을 넘어서는 비정규 노동과 심리치유 상담을 위한 노동자 "품"교육 등으로 선교교육훈련의 새로운 장을 열어 나가고 있다.

지난 60년 동안 영등포도시산업선교회는 지역 교회와 목회자들과 협력하며 선교교육훈련과 선교목회를 다음과 같은 범주에서 실천하였다.

1. 교역자 선교교육훈련: 산업사회 속에서 선교와 목회 및 교회의 역할과 책임을 협의하며 선교사명을 감당하였다.

2. 노동자 선교교육훈련: 노동자 훈련은 3가지 차원에서 실시하였다.

1) 평신도 노동자 선교교육훈련을 통해 산업선교 일선(교회와 공장)에서 활동할 일꾼을 양성하였다.

2) 일반노동자 선교교육훈련을 통해 노동자들의 의식을 발전시키고 자기를 발견하도록 하였다.

3) 노동조합 간부훈련을 통해 노동자들이 노동조합을 통해 권익을 보장받고, 조직적인 노동조합 운동에 협력하였다.

3. 협동조합 선교교육 및 실천: 생산과 소비생활 과정에서 협동하는 사람으로서의 존재를 자각하게하고 협동조합운동 실천을 통해 새로운 노동자 협동운동 및 지역 생명살림 공동체형성을 위한 협동조합운동을 모색하였다.

4. 신학생 및 기독청년 선교교육훈련: 다음세대 육성과 훈련을 통한 새로운 지도력 개발을 하였다.

가. 선교교육훈련의 변화와 발전

1. 교역자 선교교육훈련

가) 지역별 교역자를 위한 산업전도 연구회를 개최하고 해당지역에 지구위원회 혹은 준비위원회를 조직하였다. 초창기에는 지교회를 목회하는 교역자들이 중심이 되어 산업전도 연구회를 조직하고, 총회 산업전도위원회를 중심으로 지구 산업전도위원회와 협력하여 지

역목회자들에게 산업사회에 대한 이해와 산업 사회 속에서의 교회의 역할 등에 대해 논의하고 강연을 통해 인식의 폭을 넓혀 나가도록 하였다.

1) 1958년 11월부터 1959년 3월까지 미 연합장로교 존 지 램지장로(미국노동조합 조직부장, 와싱톤 내쇼날 장로교회 장로)와 오철호 전도사가 인천, 영등포, 대전, 광주, 대구, 부산, 마산, 제주도 등에서 교역자 평신도를 위한 산업전도 연구회 개최

2) 1963년 9월 진주지구 산업전도위원회 조직

3) 1963년 9월 대구기독교문화회관에서 실무자연구회 및 지구연구회 개최

4) 1963년 11월 영등포지구에서 헨리 존스 목사 모시고 교직자 및 평신도산업전도연구회

5) 1964년 4-5월 헨리 존스목사 내한하여 각 지구위원회 순회

6) 1965년 제1회 전국산업전도 지도자연구회를 영등포에서 개최

7) 1966년 전국산업전도실무자협의회: 제9차 인천 대성 목재, 10차 대전제일교회, 11차 대한기독서회, 12차 성공회 성 베다관에서 예장, 기장, 감리, 성공회 등 실무자들이 모여 교회와 산업서회의 문제 토의함

8) 1966년 비율빈 산업전도 목사 리차드, 포딕 목사가 산업전도 실무자에게 비율빈 산업전도상황에 대하여 영락교회에서 특강을 가짐.

9) 1966년 세계기독교협의회(WCC) 산업전도 담당간사 파울, 뢰푸러박사를 맞이하여 산업전도의 세계적 동향에 대하여 강의 및 좌담회를 가짐.

10) 1966년 본회의 산업전도사업을 시찰하기 위하여 아래의 여러분들이 산업지구 및 지구위원회를 탐방함. 총무는 부산, 대구지역 안내, 간사는 영등포, 인천, 대전지구 안내함.

예) 파울, 뢰푸러 박사(세계기독교협의회의 산업전도국 간사) 4일간

죠지, 타드 목사(미연합장로교 선교본부 산업전도국 총무) 9일간

리촤드, 포딕 목사(비율빈교회 전도국 총무) 5일간

삼릿, 왕상 전도사(태국교회 도시와 산업사회국 간사) 15일간

부라이스, 리틀 목사(태국교회 산업전도 선교사) 12일간

데일, 케이서 목사(비율빈 산업전도 선교사) 7일간

11) 울산공업센터지구 산업전도 실천계획과 목적으로 공장지구연구회를 울산제일교회에서 회집

12) 호주장로교 우택인 목사(영등포지구 담당)가 1996년부터 영등포산업선교회에서 일

을 하고, 태국, 대만, 일본, 홍콩 등지의 산업전도 사업을 소개함.

13) 중앙위원 및 지구실무자 연구회를 강원도 장성중앙교회에서 회합을 가짐

나) 교역자 산업전도연구회: 산업전도위원 및 지역 목회자들이 모여 산업사회 속에서 교회의 할 일등 강연회를 하였다.

  1) 1968년 11월 25일 (3회째)

     주제 : 현대도시에서의 교회의 할 일

     강사 : 화이트 목사(연세대학)

  2) 도시산업지구 목회자 연구회 : 1969년 4월 29-30일

     강사 및 제목

     주요한 선생 : 한국경제성장에 있어서 이익분배의 문제점

     윤진우 선생 : 도시계획 및 지역개방책

     김현상 선생 : 현대도시와 새로운 목회의 자세

     부라이덴 슈타인 박사 : 지역사회 공동체 안에서의 교회의 역할

     참가인원 : 23명(장로교, 감리교, 침례교, 순복음교회)

  3) 교회지도자 연구회

     1972년에는 산업사회에 대한 이해와 노동자에 대한 이해를 위해 교회의 목사, 장로, 전도사 등 지도자를 대상으로 노사문제, 노동문제, 경제문제, 선교문제 등 강의와 토론 등 연구회를 실시하였다.

     위와 같은 교역자 훈련 형태는 70년대를 넘어서면서 전임 실무자 훈련을 중심으로 변화 되었고, 총회 전도부(이후 국내선교부)의 총회산업선교정책세미나 및 정책협의회로 변화되어 실천하였고, 예장민중교회목회자협의회 차원에서 목회자 훈련이 실천되었다.

다) 산업선교 전임 실무자 선교교육훈련

1972년 4월 산업선교 실무자훈련 보고서에는 "정진동 목사와 인명진 전도사가 훈련을 받고, 이화여대 학생 3명이 산업선교에 관한 연구를 하였다"고 나온다. 훈련을 받은 인명진 전도사는 영등포산업선교회에서 일을 시작하였고, 정진동 목사는1972년 청주에서 충북노

회의 도시산업선교회를 시작하였다.[4] 그 이후 훈련을 받은 고애신 전도사는 1977년 2월 구미산업선교회 실무자로 활동을 시작하였다.[5]

한편 1969년 10월, 당시 노동문제에 관심을 갖고 실천해 오던 신구교단체(가톨릭노동청년회, 가톨릭노동장년회, 카톨릭 전국평신도사도직협의회, 기독교도시산업선교위원회, 영등포도시산업선교위원회, 크리스챤 아카데미한국노사협의회)가 연합으로 공동활동을 할 것을 논의하고, 이후 월 1회 모임을 하던 중 기독청년노동자 전태일의 분신사건을 계기로 1971년 1월에 "한국산업문제협의회"를 조직하고, 9월에 "크리스챤 사회행동협의체"로 개편하고, 개신교 6개 단체(영등포도시산업선교위원회, 기독교도시산업선교위원회, 크리스챤 아카데미, 대한 YWCA 대학생협의회, 대한 YMCA 연맹, 한국기독학생 총연맹)와 천주교 4개 단체(가톨릭노동청년회, 가톨릭노동장년회, 대한 가톨릭학생총연합회, 안양근로자회관)가 결합하여 도시선교전문가들을 위한 교육훈련을 실시하였으며, 수도권도시선교위원회를 조직하여 활동하다가, 유신헌법 이후 1973년에 "에큐메니칼 현대선교협의체"로 개칭하고, '수도권도시선교회'도 "수도권특수지역선교위원회"로 개칭하고 1975년에는 "한국도시산업선교연합회"와 발전적으로 통합하여 "한국교회사회선교협의회"로 조직하였다가 내부 문제로 해산하고, 1976년에 "한국교회사회선교협의체"로 재결속하였다. 이후 1989년 가톨릭과 분리하여 개신교만의 "한국기독교사회운동연합"이 조직될 때까지 활동을 전개하였다. 이 과정에서 전임 실무자 훈련도 공동으로 실시하였다.

1980년대를 넘어서면서 한국교회사회선교협의회 차원의 연합적인 훈련의 정체 속에 도시산업선교 실무자 훈련은 각 교단으로 이전되어 민중교회 목회자 훈련으로 전환되었다가 2002년까지 진행되고 이후 중단되었다. 영등포산업선교회는 2017년에 자체 실무자 훈련을 새롭게 시작하였다. 한편 일반 지역교회 교역자 훈련은 총회 도시산업선교위원회의 산업선교정책 세미나 및 총회 사회부의 지역사회선교 목회자 훈련으로 전환되었다.

---

4) 충북노회는 1974년에 청주산업선교회를 해산하고 실무자의 지원을 중단하였다. 정진동 목사는 1978년에 기독교장로회로 이적하였다가 독립하여 청주도시산업선교회를 지속하였다.

5) 경찰은 산업선교회 활동에 대한 사찰은 강화하고, 고애신 전도사가 출석하는 구미영락교회에 나가는 노동자들을 조사하고 그들에게 사표를 강요하였다. 탄압으로 교회출석이 어려워진 노동자 교우들은 53명 이었다. 결국 교회도 고애신 전도사의 교회출석을 금지시켰다. 1979년 이후 고애신 전도사, 전점석 등이 대공분실 조사를 받게 되었고, YH사건과 부마항쟁 이후 구미산업선교회는 중단되었다.

1) 산업선교실무자 및 노동목회자 선교교육훈련[6]

영등포산업선교 실무자 훈련은 조지송 목사가 한국교회사회선교협의회의 도시산업선교 실무자 훈련의 책임을 맡게 되면서 초교파적인 도시산업선교 실무자 훈련이 되었다. 그러나 1980년 폭압적인 전두환 군사독재가 출범하면서 더 이상의 초교파적인 훈련이 어렵게 되어 예장 통합을 중심으로 진행되었다. 1984년 이근복, 손은하 전도사가 영등포산업선교 실무 목회자로서 노동훈련을 하며 훈련을 받았고, 1985년에 김규복, 박진석, 안기성, 유재무 전도사가 2기로 훈련을 받았으며, 1986년 강우경, 진방주 전도사가 3기로 훈련을 받고, 1987년 4기로 김정은, 서덕석, 안하원, 오규만, 정태효, 최주상 전도사가 훈련을 받았고, 이후 2002년까지 매년 민중교회 목회자훈련을 위한 노동목회훈련이 진행되었다. 1기인 이근복, 손은하 전도사는 조지송 목사와 인명진 목사의 사임으로 영등포산업선교회의 실무자로 역할을 감당하기 시작하였고, 2기부터 훈련받은 목회자들은 전국으로 흩어져 민중교회를 개척(서울 성수, 구로, 대전, 대구, 군포안양, 수원, 부산, 군산, 전주, 광주 등)하였고, 1985년 이후 지역교회 및 노회와 협력하여 지역 노동 상담소를 만들어나갔다.

이렇게 훈련받은 목회자들은 1985년 노동선교협의회를 결성하였고, 1987년 7-9월 노동자 대 투쟁 이후 노동교회들의 정체성에 대한 논의 이후 목회자 중심의 "예장 노동목회자연합"으로 변경하였다. 이후 이 조직은 노동목회훈련을 받지 않고 같은 형태의 지역민중교회 목회를 하는 목회자들과도 함께하면서 1988년 11월에는 예장 통합 안에서 노동선교, 도시빈민선교, 농민선교에 참여하는 목회자들이 모여 "예장민중교회목회자협의회"를 조직하였다.

2) 목회자 사회선교훈련

목회자 사회선교훈련은 총회 사회부가 중심이 되어 사회봉사를 위한 목회자 훈련을 실시하였다. 1979년부터 1991년까지 24차에 걸쳐 약 500명이 수료하였고, 지역별로 사회봉사훈련을 받은 목회자들이 중심이 되어 지역사회선교협의회를 조직하여 지역을 중심으로 사회봉사선교 활동을 하였다.

---

6) 산업선교훈련 지침 중에서 "1) 노동자의 언어로 말하고 종교적 언어를 사용하지 말라. 3) 책상에 앉아 있지 말고 거리에 나서라. 4) 머리로 일하지 말고 몸으로 일하라. 6) 노동자의 고통을 머리로 분석하지 말고 가슴으로 느끼라. 8) 노동은 하나님께 드리는 고귀한 제물이며 이웃에 봉사하는 사랑의 실천이다. 10) 적극적인 자세로 총력을 다해 일하라. 11) 노동체험은(6개월-1년) 산업선교 일꾼의 기본 훈련이다."

2. 노동자 선교교육훈련

영등포산업선교회의 노동자 선교교육훈련은 1960년대 실무자 중심에서 평신도 중심으로 그 활동이 변화하였고, 1968-1972년의 기간에는 주로 한국노총 및 섬유노동조합과 협력하여 산업 선교활동을 하였다. 그러나 10월 유신 이후, 즉 1972년 이후 소그룹 활동을 통한 노동자 훈련으로 중심이 이동하였다. 노동자 훈련은 3가지 차원에서 실시되었다.

1) 평신도 노동자훈련을 통해 산업선교 일선에서 활동할 일꾼을 양성하였다.

(1) 지역별 평신도를 위한 산업전도 연구회를 개최하고 지교회 산업전도회 및 공장별 산업 전도회를 조직하고 교육하였다.

― 도림장로교회 산업전도회 창립: 1964년 8월 28일 22명이 모여 창립하였다.

― 양평동교회 산업전도회 발족: 1965년 5월 23일 13명의 산업신도 모여 조직

― 영남교회 산업전도회: 1965년 7월 17일 오후 7시 30분, 종업원 16명 교회제직 15명 총 31명 모여 창립총회

이외에도 영서교회, 시흥교회 등이 야학과 산업전도회를 조직하여 활동하였으며, 초창기에는 영등포교회가 중심이 되어 노동주일 연합예배와 추수감사주일 연합예배 및 강연회가 성황리에 진행되었다.

(2) 평신도 산업전도연구회

소그룹 중심의 노동자 훈련에는, 공장별로 그룹을 만들어 활동하는 경우가 많았다. 1968년 10월에서 11월까지 약 2개월간의 기록을 보면 70회에 걸쳐 2,565명이 모여서 신앙과 생활에 대한 강좌, 좌담, 예배 등등의 각종 모임이 있었다. 이 공장별 그룹 활동을 토대로 평신도 산업전도 교육이 진행되었다.

예 1) 1965년 산업전도교육
일시: 1965년 11월 1일 ~ 12월 11일
매일 저녁 7시 30분 – 9시30분
참석인원: 12명의 강사 교육생 52명

교육내용 : 기독교의 본질, 산업전도의 이론과 실제, 성서의 노동관, 외국의 산업전도, 개인 전도방법, 교회의 선교적 사명, 교회의 사회적 책임, 공업사회의 경제윤리, 노동조합론, 산업구조, 인구실태, 기업실태, 임금론, 평신도의 사명, 산업사회학, 청지기관

예 2) 제3회 산업전도교육

일시 : 1966년 6월13-27일

1주 개강예배: 계효언 목사(산업전도영등포지구 위원장)

기독교의 본질: 방지일 목사(영등포교회)

외국의 산업전도: 어라복 목사(산업전도중앙위원회 총무(선교사)

산업전도의 이론과 실제: 조지송 목사(영등포산업전도 실무 목사)

한국교회사: 임의주 간사(산업전도중앙위원회 간사)

청지기론: 조지송 목사

교회의 사회적 책임: 김치복 목사(인천산업전도 실무목사)

평신도의 사명: 조지송 목사

개인전도의 실제방법: 김용백 총무(영등포평신도산업전도회 총무)

성서의 노동관 : 배창민 목사(기독교장로회산업전도목사)

2주 한국경제와 산업구조: 김동혁 회장 (영등포평신도산업전도회 회장)

한국의 인구실태: 조지송 목사

한국의 노동운동: 조지송 목사

기독교와 노동운동: 조승혁 목사 (인천산업전도회 실무목사)

임금론: 나문섭 선생 (대한노총 교육부차장)

노사협의: 나문섭 선생

사회보장제도: 이승순 의사 (영등포시민의원 원장)

산업사회학: 조지송 목사

그룹활동: 조지송 목사

종강예배, 산업전도활동, 간담회 (수료생 일동)

예 3) 제8회 평신도 산업전도교육

일시: 1968년 10월 28일 ~ 11월 2일,

참석인원: 정규등록자 14명과 청강생 10명 참석

윤리적 입장에서 본 생산자와 소비자: 이귀선

노동자 입장에서 본 근로기준법: 표응삼

사회적 입장에서 본 개인과 집단: 김중기

기독교 입장에서 본 노동조합운동: 오명걸

성서적 입장에서 본 노동과 보수: 박창환

소비자 입장에서 본 협동조합: 박희섭

1972년 3월 사업보고서를 보면 평신도교육을 18회째 13명이 수료하였고, 19회 교육은 5월 중에 실시할 예정이라 보고하고 있다. 각 기업체별로 활동하고 있는 산업선교그룹은 80여 차례 모임을 통해 연인원 700여 명이 만나 신앙생활을 비롯한 사회, 경제, 문화면에서 노동자들의 세계와 관련 있는 문제들을 연구토의 했다고 보고하고 있다. 평신도 산업전도연합회 형태는 이후 각 공장별 산업선교 그룹모임으로 발전하였다.

(3) 파이오니어 모임

각 공장별 산업선교 그룹 모임의 대표들 모임인 파이오니어 모임이 매월 1회씩 모여 경험을 교환하고 토론을 하였다. 또한 1972년 3월 사업보고서를 보면 파이오니어 모임을 2월 28일 했는데, "근로자들의 지위향상을 위해 파이오니어들이 해야 할 일"에 대해 이야기를 듣고 같이 대답을 했다고 보고하고 있다.

이상과 같은 평신도산업선교교육은 1972년-1973년을 넘어서면서 세 가지교육으로 발전하였다.

1) 산업인 평신도훈련을 통해 산업선교 일선에서 활동할 일꾼을 양성하고,

2) 일반노동자훈련을 통해 근로자들의 의식을 발전시키고 자기를 발견케 하는데 도움을 주고,

3) 노동조합간부훈련을 통해 근로자들이 노동조합을 통해 스스로의 권익을 보장받고 정

당 대우를 위해 조직적인 노동운동을 하는 데 도움을 주기 위해 협력하고 있다.
(평신도훈련 5회 62명, 노조간부훈련 1회 53명, 일반근로자 훈련 수시로 실시, 1972년 사업보고서)

2-1) 산업인 평신도훈련을 통해 산업선교 일선에서 활동할 일꾼을 양성

영등포산업선교회는 초기에 선교목회 차원에서는 영등포지역 지교회 목회자들이 영등포지역사회에 있는 공장을 지구별로 분담하여 영등포 공장지역사회 목회를 실천하였다. 이후에 전담 실무자가 배치되면서 전담 실무자 중심으로 공장별 모임이 조직되고 지교회별 산업전도부가 조직되어 공장 및 교회별 예배와 상담 및 교육이 진행되었다. 이는 후에 평신도산업전도연합회로 조직이 확대되고 평신도산업전도연합회가 중심이 되어 노동자 선교교육훈련이 진행되었다.

이후 평신도를 중심으로 엑소더스 성경공부 모임이 진행되다가, 영등포 노동교회로 발전하고 이는 또 다시 성문밖교회로 개명하여 영등포산업선교회 활동 속에 새롭게 신앙을 가지게 된 사람들을 중심으로 예배 및 성경공부 등을 통해 선교적 목회가 이루어졌다. 이후 산업선교회 활동과 교회 중심의 신앙생활 간에 이해와 요구가 다르게 나타나고 목회적 요구에 부응하여 교회목회 전담 목회자를 청빙하게 되었고, 현재는 산업선교회와 분리 독립하여 지교회로 노회에 가입하게 되었다. 영등포산업선교회는 기독신앙을 가진 직장인들에 대한 새로운 관심을 갖고 새로운 모색을 하고 있다.

(가) 엑소더스 모임

1) 1974년: 매주 월요일 7시30분~10시 노동자신앙인들의 모임:15명 내외의 노동자들이 모여 성서연구를 하며 기도하는 시간을 가지며, 신앙과 노동생활의 갈등을 조화시켜나갔고, 기독교신앙을 현대산업사회에서 어떻게 적용시켜야 하는가에 대한 대화를 나누었다.

2) 1975년: 매주 월요일 7시30분~9시30분, 참석: 회원 30여 명, 생활 속에서 성서를 읽고 그리스도를 만나는 가운데 노동생활과 성서를 연결시키려는 노력을 하였다.

3) 1976년: 매주 월요일 오전 9시 30분, 오후 3시 30분, 저녁 7시 30분, 참가인원 100여 명, 복음서에 나타난 예수의 생활을 공부하고 노동자들의 요구에 따라 예배를

드리는 노동교회를 준비할 계획을 가졌다.

(나) 영등포노동교회의 출범

1) 1977년 노동교회 창립: 3월 13일 노동주일에 영등포노동교회 창립, 매주일 노동자들이 중심이 되어 예배, 회집 수 : 매주 50여 명

2) 1978년: 매주 40~50여 명 노동자 예배드리고 일주일에 3회씩 성서연구모임을 하였고 30여 명이 참가하였다.

3) 1979년: 매주 일요일 70-80여 명이 모여 예배를 드리고 친교를 나누었다.

(다) 성문밖교회로의 새로운 출발

1983년 영등포노동교회를 성문밖교회로 이름을 변경하여 새롭게 출발하였고 이후의 활동은 성문밖교회 이름으로 구역학교를 새롭게 시작하였고, 성문밖교회가 중심이 되어 산업전도부 연합모임을 전개하다가 서울기독노동자연맹을 결성한 이후 한국기독노동자 총연맹을 결성하여 활동하였다. 한편 1994년부터 영등포산업선교회는 성문밖교회를 중심으로 제1, 2 노동청년회와 영등포노회 산하 산업전도부 및 영등포노회 청년회 연합회, 영등포노회 사회선교협의회와 직장인 청년 성서학교를 개설하는 등 새로운 시도를 하였다. 1995년 말에 오상렬 목사가 성문밖교회 목회전담 전임목사로 부임하였다(이후 손은정 목사, 고성기 목사, 김희룡 목사 부임).

(라) 성문밖교회의 영등포산업선교회와의 분리 독립(2002년)

2002년에 성문밖교회를 분리 독립하여 영등포노회 지교회로 가입하고 독자적인 신앙공동체로서 활동을 하고 있다.

(마) 영등포산업선교회 실무자 기도회 및 노동자 현장 기도회

교회가 분립한 이후에 영등포산업선교회의 선교목회는 투쟁사업장 및 해고된 노동자들이 농성하는 노동자들의 천막이 있는 거리에서 기도회가 드려지면서 선교적 목회가 실천되었다. 거리와 농성장에서의 기도회와 예배는 기존교회 예배당 중심의 기도회와 예배와는 다른 거리와 공장, 곧 노동자들의 삶의 한복판에서 말씀이 선포되고, 간구를 드리며 찬양하는 새로운 예배형태가 이루어지고 있다. 두세 사람이 모여 간구하고 찬양하는 속에 함께하시는 하나님을 믿으며 광야와 공장에서 거리에서 하나님의 도우심을 바라고, 크신 사랑을 통해 위로하시고 치유하시는 하나님을 경험하게 되는 새로운 예배형태이자 선교목회의 새로운 형태이다.

2-2) 일반노동자 선교교육훈련을 통해 노동자들의 의식을 발전시키고 자기를 발견케 하였다.

1971년 12월 23일 국가보위에 관한 특별조치법이 선포되고, 노동3권중 단체교섭권과 단체행동권을 제한하는 조치가 취해졌다. 1972년 10월 17일에는 계엄을 선포하고 국회를 해산한 후 유신헌법을 제정하여 군사독재체제를 강화 하였다. 이런 상황 속에 노동조합 지도자들은 산업선교와의 관계를 멀리하게 되었다. 결국 산업선교회는 취미 교양중심의 노동자 소그룹 활동이 중심이 되었다.

1973년에는 매 모임마다 7-8명씩 모이는 소그룹에서 노동자들의 생활과 직접관계가 있는 문제를 중심으로 종교, 사회, 경제, 교양, 가정, 취미, 건강, 친교, 음악 등 여러 가지 분야에 걸쳐 대화를 갖고 자율적인 활동을 하였다. 프로그램 경비는 각 그룹이 독자적으로 만들어 활동하고 산업선교 실무자들은 노동자들이 하고자 하는 일에 협력할 뿐이었다. 총 70여 개 그룹이 활동하였다.

1975년에는 80개의 그룹이 활동하였고, 연간 1,662회의 모임이 있었으며, 연 1만6,544명이 모였다. 모든 그룹은 월 2회 이상 정기모임을 하였고, 교양 노동법, 사회, 경제, 종교 등 30여 종의 과정이 있었다. 그룹 활동에는 올바른 의식을 가진 노동자가 되도록 하는 데 목적이 있었다.

1979년에는 각 그룹이 월 3~4회씩 정기 모임을 하고 자기 일터에서 일어나는 여러 가지 문제들과 노동문제, 사회 정치문제, 여성문제, 가정문제 등등 여러 가지 문제에 대해 토론하고 노동자들이 해야 할 문제를 발견하고, 행동하는 일을 하였다. 당시 1979년에 100여 개의 그룹이 있었고, 5,200여 회의 모임을 가졌고, 연 참여인원은 62,400명이었다.

한편 1973년부터 각 그룹의 대표들 모임인 파이오니어 모임이 진행되었다. 이들은 매월 1회 모이면서 주야간 노동하는 노동자들을 위해 같은 모임을 오후 3시와 7시로 나누어 두 번 모였다. 이 모임에서는 한 시간은 특강을 듣고 나머지 한 시간은 식사를 하면서 친교를 하였다. 파이오니어 모임의 목적은 1) 그룹을 강화하고, 2) 경험을 교환하며, 3) 리더십을 양성하는 것이었다. 이를 통해 자기 일에 대한 재검토와 확신을 얻고 협동의식을 개발하여 같이 살아가는 방법을 체득하게 하였다.

1975년에는 연 9회의 모임을 하였고, 80개 그룹 대표 152명이 참가하였다. 1976년에는 연

36회의 모임이 있었고, 총 참가인원은 1800명이었다. 또한 그룹 활동을 도울 실무자(노동자 중에서)를 선정하고 그를 위해 각 그룹이 매월 700원씩(원하는 그룹만) 내기도 하였다.

5.18 광주민중항쟁 이후 등장한 전두환 군사독재정권의 폭압적인 탄압으로 노동운동을 비롯한 모든 민주화 운동이 위축되었다. 노동조합운동이 전면 금지되고 산업선교 활동이 위축된 가운데 성문밖교회로의 전환 이후, 1983년부터 "구역학교"란 이름으로 야간학교 활동이 시작되었다.

이미 1975년에 한문야학을 실시하였고(새문안교회 대학생회 등이 협력), 그 이후에도 신문 한문반, 역사교실, 노동법 교실 등을 열었는데, 구역학교에서는 대학생들이 노동자들에게 국어, 한문, 사회, 역사, 생활 영어 등을 가르쳤다. 이 구역학교 활동은 구로 영등포지역 야학 운동에 활기를 불어넣었다. 이때 참여했던 교사들은 교사를 하기 전에 반드시 공장 활동을 했으며 철학, 경제학, 노동운동사 등을 공부하였다. 영등포산업선교회는 구역학교와 함께 기타반, 풍물반 등 문화반 활동을 전개하였다.

특별히 영등포산업선교회는 1984년 각 교회 산업전도부 및 영등포 구로지역의 민중교회 노동자들과 연합하여 한국기독노동자연맹을 결성하고, 내부적으로는 영등포노동자평의회를 조직하여 활동을 하였다.

1987년 7-9월 노동자 대투쟁 이후 영등포산업선교회는 구역학교에서 시사교양교실, 노동법교실 및 교양문화교육활동을 위한 "푸른공동체" 교실로 발전하였다.

1988년 이후에는 학교식 교육방식을 도입하여 "노동자 학교", "노동조합교실", "시사교양교실", "노동자 역사교실", "노동자 경제교실" 등을 개설하여 노동조합 지도력 개발을 위한 교육훈련을 하고 이후 후속 모임을 통해 노동조합 결성 및 노동조합 지도력 육성을 하고 각 사업장별 모임을 조직하며 교육훈련을 강화하였다. 한편 소규모 및 미조직사업장 노동자들을 위한 교양문화 활동인 "푸른 공동체"를 지속적으로 실시하여 다양한 취미소모임을 조직하여 활동을 넓혀 나갔다. 노동자학교는 1996년 7기까지 진행되고 중단되었고, 노동자들과 함께하는 다양한 교육과정은 더 이상 개발되지 못하였다.

당시 노동자학교의 과정을 보면 아래와 같다. 입학식과 수료식이 있고, 정규과정과 특강 그리고 수련회가 있었다. 정규과정은 변화하는 세계와 한국 사회/ 한국 정치, 경제구조의 이해/ 한국 민중운동사 및 노동운동사/ 노동자의 사상과 철학/ 노동자와 통일/ 산업별 노동조합에 대한 이해 등/ 노동조합 교육활동 어떻게 할 것인가?/ 노동자의 건강과 산업안전 보건활동

등으로 구성되어 있었다.

1997년부터는 새로운 기획 속에 "전망이 있는 노동교실"을 새롭게 신설하여 교육훈련 사업을 전개 하다가 중단하게 되며 영등포산업선교회의 노동자 교육은 약화 되었고, 주말문화학교로 밝은 공동체 등 지역 주부들과 함께하는 방향으로 전환 되었다. 1997년 이후 2000년 대를 넘어서서 노숙인과 실업자문제 및 협동운동에 중심을 두고 활동을 하였다.

2009년 이후 비정규 노동문제에 대해 새롭게 관심을 기울이게 되었고, 2011년 비정규 노동선교센터를 개원하였다. 신자유주의 경제의 최대 피해자인 비정규노동문제를 중심으로 새롭게 노동문제를 접근하게 되었다.

2011년부터 비정규 노동과 장기 파업으로 인하여 심리적 갈등을 격고 있는 노동자들과 함께하는 노동자 "품"교육을 시작하고, 현재까지 노동자 "품"교육은 영등포 지역차원, 단위노동조합 방문 교육, 서울지역 노동복지회 및 민주노총과의 협력 속에 계속 진행하고 있다.

2013년에는 노동자를 위한 깨어 있는 대화로서 "온전함에 이르는 대화" 과정을 개설하였고, 2014년에는 노동자 "품" 강사양성 과정 " 품 플러스 1기"를 시작 하며, 노동자 "품" 교육은 현재도 계속 되고 있다.

2-3) 노동조합 간부훈련을 통해 노동자들이 노동조합을 통해 권익을 보장받고 조직적인 노동조합운동을 하는 데 협력하였다.

노동조합과의 관계는 평신도산업선교연구위원회 주최로 노동조합 대표와 경영자 측 대표들이 한 자리에 모여서 강의와 토의를 가지는 연구회로부터 시작 하였다.

제1회 노사문제 세미나는 1969년 6월 19-20일에 "기업발전과 노사협의"라는 주제로 70명이 참석하였는데, 기업발전과 임금결정(박영기 교수, 서강대 산업문제연구소장), 노사협의제도 비교연구(오명걸 목사, 인천산업선교 노사문제연구원) 등을 강의하고 토론하였다.

제2회 노사문제 연구회는 1969년 10월 22-23일 하였고, 노동조합에서는 분회장 지회장급이, 회사 측에서는 과장급 이상 30여 명이 참석하였다. 이때에는 최저임금제도가 노사 간에 주는 영향, 노사 간의 공동이익을 위한 제언, 한국노동법의 실행력과 그 문제점, 노사 간의 평화를 위한 제언 등이 발표되고 토론하였다.

1970년 2월에는 노동조합 간부들과 연구회를 하며, 경인지구 노동조합간부 20명과 노동청, 노총, 생산성본부 대표들과 "70년대를 향한 노동정책과 노동운동연구"를 하였고, 4월

9~11에는 노동조합의 법적인 보호, 노조의 역할, 노조의 조직과 운영에 대해 1년 동안 3회를 실시하였다. 1972년 1월에도 노동정책 토론회를 하였고, 영등포 내의 노동조합 간부 30명이 모여서 노동관계법 연구를 하였다.

1972년 이후에는 소그룹모임이 발전되면서 각 사업장별 민주노동조합 건설운동으로 발전하였고, 군사 독재 하에서 민주노동조합 사수투쟁의 선봉장 역할을 감당하였다. 이러한 흐름은 전두환 군사독재 정권에 의해 많은 민주노동조합 간부들이 삼청교육대로 끌려가면서, 또한 공개적이고 합법적인 노동조합운동이 차단되면서 초토화되었다.

1987년 이후 합법적인 노동조합운동이 확대되면서 영등포산업선교회도 노동조합운동을 지원하는 차원에서 노동조합교실 및 노동자학교 졸업생을 중심으로 노동조합 간부교실을 진행하였다. 1990년 이후 노동조합의 전국 조직체로서 전국노동조합협의회가 조직될 때까지는 서울 노동조합 협의회와 협력하여 민주노조 간부 육성을 위한 노동자학교 및 민주노조 역량강화를 위한 수련회 등을 하였고, 주로 노동조합에서 쟁점이 되는 문제를 중심으로 토론하고 교육을 하였다. 노동조합 역량강화를 위한 소모임 활성화를 어떻게 할 것인가? 경영혁신운동의 문제 및 노동자 공동결정제도에 참여하는 노동이사제 문제 및 산업별 노동조합을 어떻게 결성할 것인가? 노동조합운동의 향방은 어떻게 가져갈 것인가? 노동조합운동의 당면 과제와 전망은 무엇인가라는 주제를 강연과 토론을 통해 발전시켜 나갔다.

1993년 6월 26-28일에 2박 3일로 실시된 자동차업종 노동운동 정책역량강화를 위한 간부 교육은 아래와 같다. ① 세계자동차산업의 구조개편과 한국자동차산업의 전망, ② 자본의 유연화 전략과 일본적 생산방식 ― 도요티즘을 중심으로, ③ 자본의 새로운 노무관리 전략과 노동조합의 대응방향, ④ 종합토의 ― 향후 과제와 공동 대응방향, ⑤ 인간관계훈련, ⑥ 영상교육, ⑦ 체육대회 등으로 진행되었다.

1995년 민주노총결성 이후에는 영등포산업선교회의 노동조합관계는 약화되었다.

1997년을 넘어서면서 노숙인과 실업자문제 및 협동운동에 중심을 두고 활동을 하다가 2009년 이후 비정규 노동문제에 대해 새롭게 관심을 기울이게 되었고, 2011년 비정규 노동선교센터를 개원하면서 신자유주의 경제의 최대 피해자인 비정규노동문제를 중심으로 새롭게 접근하게 되었다.

한편 2011년 이후 "노동자 품" 교육이 계속 진행되던 과정 속에 2014년에는 노동자 "품" 강사양성 과정 "품 플러스 1기"를 시작하였다. 2015년도에는 노동자를 위한 깨어 있는 대화

"온전함에 이르는 대화" 심화 과정과 강사 양성과정을 실시하였다.

2016년에는 노동자 심리상담센터로써 "쉼 힐링센터"를 개소하고 사회활동가와 노동자 심리치유 네트워크인 "통통톡"을 출범시켰으며, 치유프로그램인 "누구에게나 엄마가 필요하다" 진행자 워크숍 및 진행훈련을 하였다.

2017년에는 연세대학교 상담코칭센터와 상호협력(MOU)을 체결하였고, 서울시 감정노동 상담치유 서남권(강서구, 양천구, 구로구, 영등포구, 금천구, 동작구, 관악구) 거점센터로 지정을 받았다. 쉼힐링센터와 통통톡을 중심으로 민주노총 및 공공운수노조, 철도노조 등과 상근집행간부에 대한 심리검사 및 상담활동을 통해 노동조합간부로서의 역량을 강화시키는 활동을 전개하고 있다.

2018년도에는 쉼힐링센터가 서울시 비영리민간단체로 필증이 교부되어 감정노동자와 사회활동가 및 노동조합활동가들의 심리치유 활동을 위한 전문 단체로 발돋움하고 있다.

3. 협동조합 교육 및 실천: 생산과 소비생활 과정에서 협동하는 사람으로서의 존재를 자각케 하고 협동조합실천을 통해 새로운 공동체를 모색하였다.

노동자들의 생활 속에서의 협동을 위한 협동조합운동이 적극 모색 되었다. 생산협동조합으로서 폐타이어 재생 공장인 "선교타이어" 운영시도를 하였고, 1969년 8월 11일에는 40여명이 모여 신용협동조합을 발족하였고, 1972년에는 재무부인가 1호로 영등포산업개발 신용협동조합이 설립되었다. 이후 1974년에는 주택협동조합을 시도하였고, 1976년에는 공동 구매조합도 시작 하였다. 신용조합은 정부의 탄압으로 인가가 취소되어 해산한 후 미인가 신용협동조합인 다람쥐회를 결성하여 오늘에 이르고 있다.

한편 1987년 이후 노동조합활동이 활발하게 전개되면서 노동자 협동운동의 새로운 전기를 열어나가고자 경제민주화 모임인 "대안"과 합병하여 노동자 협동운동의 활성화를 시도하였다. 그 일환으로 노동자 협동조합학교를 1994년에 개설하고 노동자협동운동의 새로운 활로를 모색하였다. 이를 바탕으로 1997년부터 협동학교가 시작되었고, 협동학교 수료자를 중심으로 하여 1999년에 서로살림소비생활 협동조합을 창립하고, 2002년에는 서울 의료생협을 창립하여 협동공동체를 모색하였다. 2009년에는 협동운동 네트워크인 "생활협동공동체협의회"를 중심으로 협동운동을 활성화해 나갔다. 그러나 방만한 경영으로 인한 재정비시기를 맞이하고 있다. 2013년에는 노숙인들의 자립자활을 위한 협동조합 노느매기가 창립되었고, 2018년에는 사회적 협동조합 노느매기로 발전되었다.

4. 신학생 및 기독청년 훈련: 다음세대 육성과 훈련을 통한 새로운 지도력 개발

1) 기독학생노동문제연구회
    (1) 1957년 9월부터 기독학생 노동문제연구회를 개최하여 전국 5개 도시의 11개 단과대학에서 선출한 기독대학생 14명을 중심으로 교육훈련을 하였다.
    (2) 1959년 7월에는 제2회 기독청년 대학생 노동문제연구회 개최: 전국 7개 도시 14개 단과대학 대표 17명(남13명, 여 4명)을 한 달 동안 영등포새마을 교육관에서 합숙하며 기독교인 실업가 수명의 후원으로 영등포구의 5개 공장에 출근하여 노동을 체험하게 하고 산업전도의 실제면을 연구하게 하여 지도자를 양성
    (3) 1964년 1월: 제7회 기독청년대학생 노동문제연구회: 영등포지구에서 개최
    (4) 1964년 7월 장로회신학대학에서 제2회 실무자 산업전도연구회 전국대회 개최
    (5) 1965년 제8회 기독청년대학생 노동문제연구회: 영등포지구에서 개최

2) 대학생들의 야학 참여
    1976년에는 야간한문학교를 새문안교회 대학생회와 충현교회 대학생회 연인원 50여 명의 봉사를 통해 4회 실시하여 100여 명이 수료하였다. 문래동 성공회, 도림교회, 시흥교회 등이 장소를 제공하고, 1일 2시간씩 주 5일간 실시하여 10주간 진행하였다. 또한 새문안교회 대학생회 회원 2명이 지도하여 노래를 위한 모임을 가졌다. 한문학교는 이후 노동자 야학으로 발전하였다. 1984년에 새롭게 시작한 구역학교에 참여하는 교사들은 공장활동을 체험케 한 후 교사로 참여하여야 했다.

3) 신학생 노동현장 선교교육훈련
    1990년을 맞이하면서 신학생 노동현장 훈련을 3박 4일로 진행하였다. 1994년에 실시한 신학생 노동현장훈련은 3박 4일로 진행하였다. 개회예배에 이어 산업선교 역사와

증언이 이루어졌고, 노동현실과 산업선교, 노동자 현실과 생활 증언, 한국 산업사회와 교회의 역할, 산재 직업병 노동자 증언, 변화하는 세계와 교회의 사명, 총회의 선교정책과 산업선교, 산업선교 및 노동현장 방문, 평가회 등으로 진행 되었다.

4) 신학생과 기독청년을 위한 현장 심방— 발바닥으로 읽는 성서

2010년부터 신학생 기독청년 훈련 프로그램으로 "현장 심방— 발바닥으로 읽는 성서"를 실시하고 있다. 매년 2월과 8월에 두 차례 실시하여 노동자들의 삶의 현실에 대한 이해와 투쟁사업장 방문, 산업선교의 역사와 노숙인의 현실 등을 이해하고 교회의 선교적 과제를 함께 찾아 나가는 방식으로 20기까지(2018년 8월) 진행되고 있다.

(2) 지난 60년의 선교교육훈련을 돌아보며

영등포 도시산업선교회는 지난 60년 동안 시대의 변화와 흐름에 따라 선교교육훈련을 변화시켜 왔다. 초창기에는 교역자와 기독교인을 중심으로 공장과 교회에서 실천되었다. 점차 기독교인 노동자중심에서 일반노동자 교육훈련으로 중심이 이동 되었다. 이상을 종합해 보면 아래와 같이 평가할 수 있겠다.

1) 지역교회 교역자 선교교육훈련이 지속되지 못하였다.

도시산업선교회가 지역교회와 함께 하기 위해서는 지속적인 지역교회 목회자들과 상호 소통하며 변화하는 도시 산업사회 속에서 바람직한 교회 형성과 선교를 위해 지속적인 선교교육 훈련이 이루어져야 하였다.

2) 영등포지구 평신도 연합회로 활동이 발전하면서 지교회와 공장의 평신도 연합회 활동이 지속적으로 이루어지지 못하고, 공장별 소모임으로 전환되면서 기독신앙을 가진 직장인 노동자들에 대한 지속적인 모임으로 발전하지 못하였다.

3) 노동자 소모임이 지속적으로 발전되지 못하였다. 물론 정치 상황과 노동조합운동의 변화 발전에 따라 공장별 소모임의 형태와 내용이 변화되었지만, 지속적인 관계가 이루어지지 못하였다.

4) 선교실무자 훈련이 지속되지 못하였다. 사회 환경과 교회 환경의 변화에 다른 지속적인 선교실무자 훈련이 이루어지고 이를 지원하기 위한 구조가 총회나 노회 및 지역, 산업선교회차원에서 논의 되고 조직적으로 뒷받침되지 못하였다.

5) 신학생 및 기독청년을 위한 훈련이 지속되지 못하였다.

이상을 종합해 보면 정치상황의 변화에 따라 수세적인 입장에서 현상 유지하기가 어려웠다는 점은 있었으나, 1990년대를 넘어서면서 영등포산업선교회 총무 및 실무자들의 빈번한 자리 이동으로 중장기적인 정책이 세워지고 실천되지 못한 점이 있다.

사회정치상황과 교회의 변화에 조응하여 오늘날 꼭 필요한 선교로써 도시산업선교의 중요성을 재인식하고, 도시화와 산업화로 인해 발생하는 문제를 해결하기 위한 선교적 과제를 찾고 실천할 뿐만 아니라, 도시산업사회 속에서 도시 지역공동체 형성을 위한 노력이 경주되어야 한다. 또한 기독직장인 노동자들이 일터에서 신앙과 삶 가운데 갈등하는 문제들을 풀어나갈 수 있는 점을 찾아내고 함께 해결점을 찾을 수 있도록 시도하여야 한다. 더 나아가 바람직한 기업문화 및 협력적인 노사관계는 어떻게 이루어 나갈 수 있는가를 질문하면서 지속적인 대화와 상생을 위한 노/사/민/정 대화가 효과적이고 실천적으로 이루어져야 하겠다.

특별히 급변하는 4차 산업혁명과 시장경제의 전쟁 속에서 노동시장과 고용구조의 급속한 변화에 발맞추어 노동의 소외를 극복하기 위한 대안을 마련하는 일뿐만 아니라 일자리 안정을 위한 발전적인 모색도 적극 이루어져야 할 것이다.

인공지능시대를 맞이하여 급변하는 상황 속에서 선교적 대응을 창조적으로 실천할 선교실천 전문 일꾼을 훈련하고 배출할 선교교육훈련이야말로 시급한 과제라 할 수 있다.

12. 영등포산업선교회의 미래를 위하여

이근복

(영등포산업선교회 총무, 1984-1990)

영등포산업선교회의 창립 60주년은 한국교회 역사에서뿐만 아니라 한국노동운동사에서 대단히 소중한 사건입니다. 한국교회가 우리나라의 개화와 교육, 의료 등에 기여한 구한말 선교 초기, 민족독립운동에 적극 참여한 일제시대를 거쳐 1958년 이후 군사독재정권 시절, 경제성장의 희생양으로 전락한 노동자들의 권리의식이 산업선교를 통하여 고양되었으며, 영등포산업선교회가 우리나라 민주노동운동의 밑거름이 되었기 때문입니다.

지금은 과학기술이 혁명적으로 전개되는 시대이고, 촛불혁명으로 정권은 교체되었지만 사회변혁, 특히 노동사회의 혁신이 지지부진한 국면에서 영등포산업선교회는 새로운 노동자선교를 통하여 한국교회의 미래를 열고, 노동의 가치가 존중받도록 하며, 우리 사회를 혁신하는 과제를 안고 있는 노동운동을 지원하는 창의적인 길을 새롭게 탐구해야 하는 까닭입니다.

앞으로 영등포산업선교회가 60주년을 넘어 교회뿐만 아니라 여전히 힘겨운 노동자들에게 힘과 기쁨이 되고, 창의적인 배움터로 튼실하게 나아가길 바라는 마음을 담아 견해를 밝힙니다.

1. 발제문에서 배운 점

1) 그동안 알려지지 않는 초기의 역사를 잘 볼 수 있었습니다.

2) 영등포산업선교회를 시대의 흐름대로 정리하지 않고, 내용적으로 분류하여 보다 분명하게 알 수 있었습니다. 특히 초기 교육내용의 진행자와 내용을 세밀하게 알 수 있었고, 선교의 흐름이 어떻게 바뀌는지 인식할 수 있었습니다.

3) 교육을 네 가지(교역자 훈련, 노동자 훈련, 노동조합간부 훈련)로 분류하여 정리함으로

앞으로 시대가 요구하는 교육으로서 정체성을 확보하는 데 큰 도움이 될 것입니다.

4) 노동자 훈련에서 소그룹활동을 통한 노동자 훈련의 가치를 잘 지적하고 있습니다.

2. 발제문에서 보완할 점

1) 선교와 교육훈련에 대한 평가가 부족합니다. 평가의 기준을 정하여 이에 따라 일관성 있게 반성적 성찰을 할 때, 혁신의 길을 찾을 수 있습니다.

2) 발제문은 평면적인 서술을 넘어서야 하는데, 발제문이 교육프로그램을 소개하는 선에 서 그치고 있는 아쉬움이 있습니다.

전임 실무자 중심의 선교로 전환 되어가는 계기가 되었고, 1972년을 넘어서면서는 실무자 중심 에서 노동자 소모임 중심으로 전환되는 계기가 되었다. 1987년 이후에는 대중적이고 공개적인 학교식 방식을 도입하여 다양한 교실을 개설하였고, 1997년 IMF 이후에는 노숙인선교와 협동 공동체운동을 활발히 전개하였고, 2011년을 넘어서는 비정규 노동과 심리치유 상담에 새로운 장을 열어 나가고 있다(P1).

그런데 중요한 것은 이런 변화를 가져온 내적, 외적 요인은 명확하게 밝히지 않으면, 그 의미를 포착할 수 없습니다.

3) 교육내용과 선교방식의 전환동기와 맥을 잡을 수 있는 내용이 없습니다.

이는 영등포산업선교회의 정체성과 관계된 것인데, 왜 그런 변화를 하였는지에 대한 분 석이 없습니다. 먼저 소그룹을 통한 교육의 가치를 설명하지만, 어떤 계기에서 왜 그런 방식 으로 전환했는지는 분명하게 밝히지 않습니다.

영등포산업선교회의 선교활동은 1960년대 실무자 중심에서 평신도 중심으로 활동이 변화하였 고, 1968-1972년의 기간에는 주로 한국노총 및 섬유노동조합과 협력하여 산업선교 활동을 하였 다. 그러나 10월 유신 이후 즉 1972년 이후 소그룹 활동을 통한 노동자 훈련으로 중심이 이동하 였다. (P.4)

1972년 이후에는 소그룹모임이 발전되면서 각 사업장별 민주노동조합 건설운동으로 발전하였고, 군사독재 하에서 민주노동조합 사수투쟁의 선봉장 역할을 감당하였다. (P.9)

또 상담·치유라는 내용으로 활동을 많이 바꾸지만, 이렇게 전환한 동기와 입장에 대한 해명이 없습니다. 이는 앞으로 영등포산업선교회의 전망을 이끌어 내는 데 필요합니다.

2016년에는 노동자 심리상담센터로써 "쉼 힐링센터"를 개소하고 사회활동가와 노동자 심리치유 네트워크인 "통통톡"을 출범시켰으며, 치유프로그램인 "누구에게나 엄마가 필요하다" 진행자 워크샵 및 진행훈련을 하였다.

2017년에는 연세대학교 상담코칭센터와 상호협력(MOU)을 체결하였고, 서울시 감정노동 상담치유 서남권(강서구, 양천구, 구로구, 영등포구, 금천구, 동작구, 관악구) 거점센터로 지정을 받았다. 쉼힐링센터와 통통톡을 중심으로 민주노총 및 공공운수노조, 철도노조 등과 상근집행간부에 대한 심리검사 및 상담활동을 통해 노동조합간부로서의 역량을 강화시키는 활동을 전개하고 있다.

2018년도에는 쉼힐링센터가 서울시 비영리민간단체로 필증이 교부 되어 감정노동자와 사회활동가 및 노동조합활동가들의 심리치유 활동을 위한 전문 단체로 발돋움하고 있다.(P.10)

4) 한국교회(예장 통합총회)가 그 시대에 산업선교를 시작하게 된 동기에 대하여 분석하지 않고 있습니다. 더구나 산업전도에서 산업선교로 질적 전환을 하게 된 입장과 정책의 변화요인을 규명하지 않아서 산업선교와 본격적인 노동운동의 전개에 참여하게 된 관계를 알 수 없습니다.

5) 탄압이 극심했던 엄혹한 시대에 성문밖교회가 신앙공동체 이상으로 산업선교에서 어떤 역할을 했는지에 대한 해명이 요구됩니다. 이는 산업선교가 아닌 민중교회를 설립한 의도와 깊은 관련이 있습니다.

3. 제언

영등포산업선교회는 우리나라뿐만 아니라 세계 어느 나라에서도 찾을 수 없는 역사적인 노동선교 기관입니다. 또 세계가 주목했던 한국교회의 민중신학의 형성에도 기여하였습니다.

60주년을 맞이한 자랑스러운 영등포산업선교회가 앞으로 교회갱신과 한국신학의 발전, 민주노동운동을 통한 사회혁신에서 의미 있는 역할을 감당하기 위해서는 무엇보다 시대의 변화를 바르게 읽고 끊임없이 새롭게 세워가야 합니다.

영등포산업선교회가 노동운동의 발전에 활발하게 기여하면, 공정한 사회를 세우는 데 크게 기여할 수 있습니다. 가장 풀기 어려운 교육문제는 우리 사회가 노동을 존중하지 못하면 풀 수 없으며, 국가의 운명이 걸린 저 출산 문제도 노동운동을 통한 비정규직 해소와 좋은 일자리 마련에서 실마리가 있습니다. 심각한 양극화의 해소와 복지확대 등 많은 현안도 산업선교와 노동운동을 통하여 비로소 해답을 찾을 수 있습니다. 더 나아가 노동자인문학교실을 개설하여 노동운동의 창발적인 지도력을 세우며, 이를 통하여 한국노동운동의 혁신과 도약을 위한 토대를 마련하길 바랍니다.

영등포산업선교회는 신망 받는 교회선교기관으로서 현재의 민주노동운동이 급진적이고 파괴적이라는 부정적인 인식을 불식시키는 역할을 감당하는 동시에 오히려 노동운동이 기업과 사회가 건강하게 발전하는 데 결정적으로 중요하다는 사실로 국민들을 설득하는 역할을 적극 수행하길 바랍니다. 또 저개발 국가를 바르게 세우는 데 기여할 수 있는 선교기관의 모델인 만큼, 우선 아시아교회와 노동자선교를 나누며 긴밀하게 동행할 수 있길 바랍니다.

영등포산업선교회가 나라와 교회가 새 길을 열어갈 수 있도록 창조적인 대안과 전망을 마련할 수 있기를 바랍니다.

11장

현 영등포산업선교회
실무자 글 모음

1. '해고 노동자' 곁에 머물게 될 줄이야

송기훈
(영등포산업선교회 노동선교부 실무자)

낯섦

학창시절에 정부 과천청사 근처로 등교하면서 데모하는 아저씨들을 많이 볼 수 있었다. 어디서 구름떼같이 잔뜩 몰려와서는 시끄러운 노래를 하루 내내 틀어놓는 통에 정신이 하나도 없었다. 머리에 띠 두른 아저씨들의 화난 모습 말고 기억나는 것은 들려오던 노래의 몇 소절 "너와 나~ 너와 나~ ○○ 노동자"라는 부분이었는데, 훗날 〈철의 노동자〉라는 민중가요의 일부라는 사실을 알게 되었을 때, 살짝 반가워 미소를 지었던 기억이 난다.

반가움

영등포산업선교회. 이름부터 생소하다. '영등포'라는 지역은 근처에도 가본 적이 없었고, '산업'은 경험한 적 없으며 '선교'라는 말만 조금 알아들을 것 같다. 신학대학원의 필수 프로그램으로 교회 기관들 중 하나를 골라 탐방하고 실습해야 한다기에 추천을 받아 영등포산업선교회를 선택했다. 하지만 어색한 느낌이 드는 것을 감출 수 없었다. 영등포산업선교회는 과거 민주화운동, 노동운동을 했다는 곳이라던데 그때만 해도 그런 운동들이 무엇을 의미하는지 제대로 들어본 적이 없었다.

그렇게 영등포산업선교회가 주최하는 '현장심방-발바닥으로 읽는 성서'라는 프로그램에 참여하게 되었다. 낡은 건물에서 며칠간 먹고 자면서, 이곳이 정녕 머리에 띠를 두른 괴수들이 사는 곳이 맞는가? 라는 질문이 들었다. 덩치와 목소리가 큰 아저씨들은 온데간데없고, 여성 실무자들이 분위기를 주도하며, 시종일관 웃음소리가 멈추지 않는 곳이었기 때문이다.

무서워서 피해만 다니던 농성 현장, 투쟁 현장, 시위 현장도 "심방"을 다녀왔다. 농성장 천막에 계시던 분들의 이야기를 듣고, 간단히 끼니를 때우는 데 사용하는 낡아빠진 조리도구, 주전자를 본다. 저 한쪽 구석에 보드게임도 있고, 책과 슬리퍼도 있다. 수건도 걸려 있고 두루마리 휴지도 있다. 매서운 겨울바람에 바람을 막으려 쳐놓은 비닐이 펄럭거리지만, 그 안에서 함께하는 사람들이 있기에 조금은 따뜻했다.

'아 무서운 사람들이 아니구나. 다행이다.'

반갑다. 이 느낌은 무엇일까? 예전에 잠시 미국에 있는 한 노숙인 센터에서 인턴으로 일할 때 나를 챙겨주던 다정한 흑인 할아버지와 그 센터의 친구들이 생각난다. 편견과 선입견으로 가득 차 이 세상을 경계하던 나에게 먼저 내밀어 줬던 그들의 손길을 떠올렸다. 영등포산업선교회는 그렇게 내가 쳐놓은 '영등포-산업-선교회-노동운동'이라는 두터운 경계를 뚫고 넘어오는 환대와 반가움의 손길이 되어주었다.

균열

반가웠던 산업선교회와의 만남을 뒤로하고 제주도에 있는 교회에서 사역을 시작했다. 2년간 전임 교역자로 사역하면서 많은 일을 했다. 새벽기도 인도부터 형광등 교체까지, 교회 사역의 알파와 오메가를 해냈다. 하지만 별일 없을 것 같은 나의 조용한 세상에 금이 가기 시작했다.

진도 팽목항에서 제주항으로 오던 배가 침몰했다는 소식이었다.

알고 보니 단순한 사고가 아니었다. 전원 구조되었다는 소식에 안심하고 돌아갔지만 연이어 드러나는 사실과 감춰지는 진실 사이의 괴리를 마주해야만 했다.

제주항이 보이는 가까운 바다로 나가서 하염없이 서 있었다. 언론의 오보들과 실태조사를 외면하는 정부도 끔찍했지만, 특별히 한국의 교회들은 이 총체적인 고통 앞에서 어쩔 줄을 모르는 것 같았다. 며칠 지나지 않아 결국 "침몰을 통해 하나님이 말씀하신다"라는 익히 들어오던 방식의 설교가 결국 한 대형교회의 강단에서 흘러나왔다. 교회의 수준은 딱 그만큼이었다. 교회가 할 수 있는 일이 뭘까? 교회는 이렇게 제자리만 지키고 있으면 되는 것인가? 세상과 교회는 왜 이렇게 나뉘어 있는가?

대한민국의 일상은 균열이 났고, 그리스도의 몸은 산산이 부서진 것 같았다. 교회가 조금은 더 현실 세계와 밀접해질 수 없을까? 교회들은 '세상'이라 부르는 저 일반 세계와 친해질 수 없을까? 온갖 질문들이 균열된 마음의 틈으로 쏟아져 들어왔다.

아픔

제주에서의 사역을 마치게 될 무렵, 영등포산업선교회에서 일해 보는 것이 어떠냐는 제안을 받았다. 반가운 소식이었다. 조금은 더 교회와 세상(?)의 접점에 가까이 갈 수 있지 않을까 하는 생각이 들었다.

1958년에 시작한 영등포산업선교회는 당시 사회변혁 운동이 정권에 의해 탄압받던 시절 교회라는 이름으로 압제에 맞서 든든한 버팀목이 되던 곳이었다. 당시 도시에는 수많은 공단이 생겨나고 인력들이 대거 도시로 찾아 들어왔다. 저임금 고강도의 노동을 견디며 가족이 잘되기를 바라던 수많은 노동자의 땀과 눈물이 있었다는 것도 알게 되었다. 처음에 영등포산업선교회의 노동선교는 공장에 모인 수많은 사람들을 '전도'하여 교회로 데려가기 위해 출발했다. 하지만 노동자들이 처한 현실들, 그들의 이야기를 듣고 마주하면서 그 방향은 달라지기 시작했다. 노동자들에게 노동법을 가르치고, 공장에서 학대받는 이야기들을 들어주고, 모임을 꾸려주는 곳이 되었다. 그것이 훗날 얼마나 큰 사회적인 힘을 가질지 모른 채 그렇게 영등포산업선교회는 산업선교의 요람이 되었던 것이다. 당시 공장에서 일했던 사람들, 여공들의 수기를 찾아보면 정말 눈물 없이는 보기 힘든 내용들이 많다. 그들에게 영등포산업선교회는 말 그대로 교회가 되어주었다.

하지만 시절은 바뀌고 누구나 잘산다는 대한민국이 되었다. 풍요의 시대에 태어난 나는 어려울 것 없이 자랐다. 공장은 이미 도시를 벗어나 지역으로 흩어지고 있었고, 서비스 노동이 주요한 자리를 차지하게 되었다. 노동자의 권리와 이익을 대변하는 노동단체들이 생겨나기까지도 많은 우여곡절이 있었다고 하지만, 풍요의 시대에 부족함을 외치는 그들은 나에게는 늘 낯선 이들이었다. 내가 부족하지 않은 이상, 내가 아프지 않은 이상에야 남의 고통은 아무런 느낌도 주지 않기 때문이다. 그런 나에게 영등포산업선교회라는 존재는 아픔이 되었다. 도시의 슬픈 역사는 나에게 아픔이 되어 지난날의 무지함을 찔러댔다.

현장

지역 교회의 일과 기관 교회의 일은 또 달랐다. 주말보다는 평일에 주로 일을 하게 되었고, 현장을 조금 가깝게 마주할 수 있었다. 지역 노동단체들과 협력도 해야 했고, 해고 노동자들이나 위기에 있는 노동현장에 함께해야 했다. 그뿐 아니라 산업선교회와 여러 측면으로 연결된 교회의 일, 사람의 일도 하다 보니 몸이 둘이라도 부족할 지경이었다. 그나마 지역 교회에서 일할 땐 교회 예배 처소가 주된 활동 공간이었지만, 여기서는 그 공간이 전국으로 확대되는 기분이었다. 새로운 일에 이리 치이고 저리 치이다 보니, 살아오면서 강하게 다듬어질 필요가 없었던 온실 속 화초 같은 성정에 작은 생채기들이 나기 시작했다.

특별히 '투쟁'이라는 단어는 가장 아픈 상처다. 불의에 맞선다는 말을 입으로 내뱉기는 참 쉽다. 하지만 현장은 그렇지 않았다. 예전엔 길거리에서 구호를 외치고 시위만 해도 백골단과 구사대에 의해 몽둥이로 진압되던 시절이 있었다. 하지만 지금의 현장은 법이라는 형식이 주는 그림자, 노동자의 권리를 보장하는 데 목적을 두지 않는 기업들의 오만함 그리고 나를 포함한 수많은 사람이 보내는 차가운 시선들이 길거리에 나앉은 노동자들을 둘러싸는 크고 강한 장벽이다. 본사 빌딩 앞에서, 길거리에서 아무리 기도회를 하고 소리를 쳐봐도 들려오는 메아리조차 없을 때가 많았다. 누군가는 목소리를 내서 싸워야 하는 일에 쉬이 지칠 때가 많았다. 매일 벽을 대하는 일이었다.

많지는 않지만, 기도회나 집회로 투쟁과 농성 현장에 나갈 일이 종종 생긴다. 때로는 찬 바닥에 궁둥이를 붙이고 앉아 있어야 하고, 어느 날엔 땡볕에 종일 서 있어야 했다. 앞에서는 사람들이 광고탑에 올라가 있고, 굴뚝 위에 올라가 있고, 밥을 굶고, 바닥을 기어서 행진하고 있었다. 나는 그런 현실을 바라보고만 있었고, 누군가는 살아가고 있었다.

'발바닥으로 읽는 성서'라고 했던가, 이제야 성서를 발로 읽는다는 표현을 어렴풋이 이해하게 되었다. 고통의 얼굴을 마주하니 성경이 새롭게 보였다. '부자가 된 야곱'으로만 알고 있던 이야기는, 평생 형의 발목을 잡는 자로 낙인찍혔지만 형과 동등한 자식의 권리를 찾기 위해 투쟁했던 한 노동자의 이야기로 새롭게 보이기 시작했다. 마치 노조(노동조합)라는 저주받은 이름(발뒤꿈치를 잡는 자)을 달고 살아가는 노동자들, 일할 권리(장자의 권리, 자녀들이 누릴 동등한 권리)마저 박탈당한 야곱이지만, 그 힘센 형(자본가, 사측)을 상대로 어떻게든 자기도 아들이라고 외치던 야곱의 간절함이 느껴졌다. 그 처절한 야곱이 자신의 인생에서 도망쳐 나와 돌베개를 베고 농성할 때 꾸었던 하늘에 이어진 사닥다리의 꿈은, 굴뚝 농성을 하고 있는 이들이 꾸는 꿈처럼 느껴졌다.

현장을 마주하는 것은 너무 힘든 일이다. 투쟁을 반복하는 것은 나약한 나에겐 고통이다. 약간의 우울증세도 덤으로 찾아왔다. 하지만 상처가 아문 틈으로 뽀얀 새 살이 나오듯 생명의 신비를 동시에 느낄 수도 있었다.

우연

내가 이곳에서 일하게 될 줄이야. 어떻게 영등포산업선교회에서 일하게 되었는지를 스스로 돌아볼 때면 구레네 사람 시몬의 이야기를 떠올리곤 한다. 골고다 언덕을 오르던 예수의 십자가를 우연히 지게 된 사람, 십자가의 길을 마지막까지 함께해준 사람이 바로 구레네 사람 시몬이다. 그 후 그가 어떻게 되었는지 정확히는 알 수 없지만, 로마서 마지막 장에 바울이 문안한 사람 중에 구레네 사람 시몬의 아들 루포의 이름이 나오는 것을 보아, 시몬과 그의 가족이 그 이후에 예수를 따른 것은 아닌지 추측할 따름이다. 어쨌든 나는 이곳에서 시몬이 우연히 지게 된 십자가를 본다. 이곳의 역사도, 노동도, 노동운동도 전혀 모르던 철부지가 우연히 역사가 지고 간 십자가의 길들을 며칠 걷고 난 뒤의 인생은 분명히 달라졌기 때문이다.

노동의 문제를 다 아는 것도 아니고, 우리에게 닥친 너무나도 다양한 노동의 문제에 대해 어떻게 적절하게 대응할지도 모른다. 여전히 기초 노동법 강좌를 들으러 다니는 실상이다. 산업선교회가 시작되던 때, 정부의 탄압을 받으며 활동하던 때, 도시산업선교회가 들어오면 공장이 '도산'한다며 미움을 사던 때, 그 이후의 시간들이 있다. 매 순간 노동의 문제는 위치와 내용을 달리하며 변한다. 하지만 노동을 하는 사람은 변함이 없다. 여전히 우리는 노동하며 살아야 한다.

교회에는 수많은 노동자가 있다. 두 렙돈을 겨우 바쳐내는 가난한 과부의 헌금으로 교회는 이루어진다. 하지만 교회는 우연히 돈을 줍듯이 그런 헌금들을 받으며, 노동에 대해서, 사람들이 하는 일에 대해서, 고통에 대해서는 철저하게 입을 닫고 있다. 교회에는 회사 사장님도 있으니 말조심해야 한다면서. 그러는 사이에 오늘도 누군가는 처절한 현실을 겪어내며 살고 있다. 누군가는 절벽의 끝에서, 외면의 끝자락에서 떨어지고 있다.

안전함

영등포산업선교회에 자주 오시는 해고 노동자 한 분이 계신다. 10년이 넘도록 농성 천막을 오가다 보니 씻을 곳, 맘 편하게 잠시 머물 곳조차 없으신 분이다. 농성 천막 10년은 실로 어마어마한 짓눌림의 세월이다. 잠시 농성 천막에 누워 있던 적이 있는데, 사람들의 발자국 소리가 너무 무섭게 들렸다. 내 머리 위로 발자국이 지나가면 나를 짓밟으러 오는 것만 같았다. 그런 소리를 10년 내내 듣고 살았을 것이다. 그분은 당신보다 만만치 않게 낡아빠진(30년 넘은) 영등포산업선교회 건물에 오신다. 샤워를 하시고 빨래를 하시고 식사도 가끔 하신다. 그러면서도 항상 미안해하시며, 뭐라도 도움이 되고자 물도 떠다 놓으시고 설거지도 해주신다. 하루는 그렇게 불편하게 쓰지 마시라고, 산업선교회는 당신 같은 분들의 것이라고 말씀드렸다. 그 말에 위로를 받으셨는지 볼 때마다 그 말씀을 계속하신다.

농성장에 주로 계시다 보니, 이것저것 도움이 필요한 일들이 생긴다. 그럴 때마다 나에게 종종 부탁하시는데 귀찮게 느껴질 때가 많은 것도 사실이다. 하지만 툴툴대면서도 해드리고 나면, 마음 한편이 가벼워진다. 이분에게 이곳은 안전한 공간이다. 앞으로도 산업선교회가 해고된 사람들, 노동자의 권리를 잃어버린 사람들이 언제고 올 수 있는 도피성 같은 곳, 고향 같은 곳이 되었으면 좋겠다.

하나님이 천사의 모습을 하고 오셨다면 나에게는 그분의 모습으로 오셨음이 틀림없다. 나를 귀찮게 하면서 계속해서 내가 살아있게 하신다. 그 작은 마음 놓치지 않게, 한 사람 귀하게 여길 줄 알게 마음을 바꿔주신다.

하나님의 집에서 그렇게 당신과 나는 안전히 머물 수 있다.

2. '스스로' 서기 위해 '함께' 일하다

김윤동
(협동조합 노느매기 청년 활동가)

사회적협동조합 노느매기는 자주적, 자립적, 자치적인 협동조합 활동을 통하여 구성원의 복리증진과 상부상조 및 지역사회의 균형 있는 발전에 기여하기 위하여 둘 이상 유형의 조합원들이 모여 취약계층의 직업교육 및 사회적 일자리 창출과 주거, 사회서비스를 제공하여 경제적 자립기반 마련과 조합원의 삶의 질 및 생활향상을 목적으로 한다.

위 문장은 사회적협동조합 노느매기(www.nnmg.co.kr) 정관 제1조 2항에 명기되어 있는 '조합의 목적'이다. "사회적협동조합 노느매기는"에 이어지는 세 단어 "자주-자립-자치"에는 '스스로 자(自)'가 공통으로 들어가 있다. 자주를 '남의 도움이나 간섭을 받지 않고 스스로 자기 일을 처리하는 것', 자립을 '남에게 의지하거나 종속되지 않고 스스로의 힘으로 섬', 자치를 '자기의 일을 스스로 처리함'이라 정의할 때, 사회적협동조합 노느매기 그리고 거기 소속된 모든 이들은 '자기 스스로'라는 이름에 최우선 가치를 둔다고 볼 수 있다. 이는 노숙과 노숙인으로 일컬어지는 사회적 이슈와 더 나아가 우리 주변에 편만해 있는 빈곤에 대한 문제 설정을 처음부터 다시 하자는 의지가 담겨 있다.

1997년 외환위기 이후 급증한 한국의 노숙인 문제는 그에 관한 연구와 세간의 주목 그리고 각계각층의 정책적 지원과 온정적 손길이 적지 않게 이어져 온 분야다. 누구나 이 문제에 대해 물어보면 응당 해결에 동의하고 고개를 끄덕인다는 의미다. 하지만, 처음 문제가 발생한 당시로부터 2019년까지 20년이라는 긴 시간이 지나왔지만, 이 문제에 대한 접근 방식은 정부나 일부 복지 '주체들'(subjects)이 취약계층을 '대상'(object)으로 진행하는 일시적·단기적 형태의 물질적 지원 중심의 '서비스'에 상당 부분 할애되고 있다. 물론 정부나 지자체 그리고 사회복지기관이 노숙인에 대해 긴급한 물적·공간적 지원을 넘어 심리적 상담, 건강서비스 지원 등 다각도로 빈곤을 해결하려는 의지는 있지만, 그 한계는 분명하다.

빈곤을 대하는 새로운 방식

이는 비단 노숙인 문제뿐 아니라 모든 형태의 빈곤 문제들을 대하는 방식에서 드러난다. 빈곤의 주체를 둘러싼 다층적인 지배 구조와 그들이 놓여 있는 다중적인 사회적 배제의 상태를 근본적으로 성찰하고 해결해 나가기보다는 '위하면서 은폐하는' 방식으로, 표면적으로는 문제를 해결한 것처럼 보이지만 썩어가는 속살에 주목하기보다 마지못해 피부 바깥으로 터져 나온 고름을 닦아 내는 데 집중하는 방식으로 접근해 왔다. 그 결과 빈곤이 점진적으로 해결되고 있다기보다 '우리 눈에 보이지 않게 되는 것' 즉 '빈곤의 비가시화'가 진행 중이다. 기차역이나 어떤 공간에서 노숙인을 보호시설로 수용시키면 노숙인은 우리 시야에서는 지워진다. 이처럼 일시적이고 표면적인 욕구를 해결하면 빈곤은 지워진 것처럼 보이지만, 실제로는 해결되지 않고 다른 빈곤으로 전이되거나 해결된 것으로 잠정적 합의된 상태, 해결'당한' 상태가 돼버리기 일쑤다. 노느매기는 이 점을 주목했다.

다음은 사회적협동조합을 설립하기 이전, 2013년 마을기업 및 협동조합 법인으로 시작한 노느매기 정관의 일부인데, 그 문제의식이 잘 나타나 있다.

노숙의 문제는 그 한 사람의 문제를 넘어, 냉혹한 경쟁사회가 만들어낸 사회적 산물이다. 사회에서 떨어져 나온 노숙인의 문제는 파편적이고 불안정한 일자리, 취약한 주거, 신용불량, 관계의 파괴, 고독사 등의 문제를 안고 있다, 그것은 냉혹한 경제구조와 경쟁의 사회 환경이 만들어낸 한 덩어리의 파생물이다. 특히 관계의 단절은 일자리, 주거와 문화, 일상생활, 죽음에 이르기까지 모든 면에서 가장 심각한 문제이다. 그리고 그 문제는 고시원과 쪽방의 주거취약계층과 1인 가구로 확대 재생산되어, 점점 더 큰 사회 문제화되고 있다. 오늘날 가난한 사람들은 모든 관계가 끊어진 가장 외로운 섬과 같은 삶의 환경으로 내몰리게 된다.

빈곤은 단지 생계유지 비용이 적은 상태만을 일컫는 것이 아니다. 자본이 단순히 화폐로 환원되지 않듯이 현대 자본주의 사회에서 '자본'이 없다는 것은 단순히 '돈'이 없는 상태를 의미하지 않는다. 아시아 출신 최초의 노벨경제학상 수상자이자 복지경제학 및 발전경제학의 대가인 아마르티아 센(Amartya Sen)에 따르면, 빈곤의 정의 및 측정은 소득 수준을 넘어 개인의 역량이 기준이 되어야 한다. 역량이란 한 개인이 달성할 수 있는 기능들을 선택할 수 있는 자유, 즉 "이 사람은 무엇을 할 수 있고 무엇이 될 수 있는가?"와 관련된 실질적 자유이자 선택하고 행동할 수 있는 기회의 집합이라 할 수 있다.

그리하여 빈곤은 '인간의 기본적인 역량이 박탈당한 상태'로서 새롭게 규정된다. 물론 불충분한 소득, 일정하지 않은 일자리가 빈곤한 삶을 초래하는 강력한 원인임을 부정하진 않지만, 소득과 일자리의 창출 외에도 '역량 박탈'에 영향을 주는 다양한 요소들을 고려해야 한다는 것이 빈곤에 대한 새로운 문제의식의 요체이다. 이처럼 빈곤을 개인의 기본적인 역량이 박탈당한 상태로서 정의한다면, 지금 우리 사회가 겪는 빈곤이란 단순히 배고픈 상태, 생계비용이 없는 상태가 아니라, 소득과 자산과 소비 그리고 교육과 주거의 불평등이 상호작용하면서 서로를 강화하는 하나의 불평등 중첩 구조('다중격차') 속에서 사회로부터 다층적으로 소외된 '사회적 배제' 상태에 놓여 있는 것이 핵심적인 문제라 할 수 있다.

한데, 오늘날 한국의 사회복지 서비스와 정책은 안정적인 주거가 확보되지 않은 취약 계층들에 대하여 제대로 대응하고 있다고 볼 수 있을까? 일시적으로 그들을 극한의 상황으로부터 보호하고, 일시적인 공공 일자리를 만들어 고용 불안정으로부터 구제하는 것, 육체적·정신적인 건강 복지를 증진하고, 자치단체 소유의 임대주택을 저가에 공급하는 것으로 이어지고 있다는 점에서 외관상으로는 빈곤 문제 해결에 초점을 맞추어 체계적으로 잘 작동하는 것처럼 보인다. 하지만, 이런 사회복지 지원 서비스는 다차원적으로 구조화되고 고착되고 있는 새로운 빈곤 문제들을 대응하는 것에는 상당히 힘이 부쳐 보인다.

이런 문제의식을 바탕으로 노느매기가 묻고자 했던 '주거 빈곤'은 단순히 주거 공간의 공백 문제에 한정하여 살펴야 할 것이 아니라, 기본적인 역량 박탈과 다른 차원의 불평등이 공존하면서 하나의 체계를 이루는 사회적 배제의 최종적인 '현상'으로 파악해야 하는 것이다. 그렇기에 노느매기는 이에 대해 다음과 같은 문제의식으로 그 대답을 실제로 진행하고 있다('협동조합 노느매기' 정관 중 부분).

노숙인이 완전히 자립하고 사회의 당당한 구성원으로 살 수 있기 위해서는 첫째 자립할 수 있는 희망을 주어야 하고, 둘째 자립할 수 있는 일자리와 함께 자신의 삶을 책임지고 유지할 수 있는 생활 능력이 필요하며, 셋째 그 생활을 유지할 수 있게 하는 경제적 지원이나 체제, 넓게는 지역사회 체계가 함께 필요하다. 그리고 그것은 함께 연대하고 협동하는 힘 속에서 가능하다.

생각만 해오던 일을 실제로 시작하다

그런데 노숙과 주거 빈곤에 새로운 방식으로 접근해야 한다는 생각은 누구나 가지고 있다. 노숙과 빈곤 문제에서 자활과 자립이 핵심적이고 근본적인 처방이라는 데 이의를 제기하는 사람은 단 한 사람도 없다. 노숙인에 관한 수십 년간의 연구들도 그 점을 지적해 왔다. 하지만, 중요한 것은 아이디어에 그치던 일들을 노느매기는 실제로 시작했다는 점이다. 모두가 불가능하고 어려운 길이라고 여겼던 그 일을 실제 모델로 시작했고, 여전히 미약하고 어렵지만 지금도 계속해서 걸어가고 있다는 것이다.

2013년 마을기업·협동조합 형태로 영등포산업선교회 내 재활용매장 '햇살나무' 운영과 EM다기능비누, 천연제품 제작 및 판매로 시작한 노느매기는 작년 2018년 더욱 힘찬 발걸음을 내딛기 위해 사회적 협동조합 법인을 인가받았다. 그리고 네 가지 사업단·자원재생순환사업단, 영농사업단, 집수리사업단, 급식사업단을 중심으로 사업을 진행하고 있다. 영농사업은 그 간헐적으로 농활도 하고, 문래동 등 일부 도심 텃밭에서 소꿉놀이처럼 재배하다가 작년에 본격적으로 파주에 땅을 빌려 작물을 심었다. 적은 양이었지만 서리태 콩을 재배하여 아주 실한 수확을 얻었고, 배추와 무를 심어 김장을 하여 나눠 먹었다.

자원재생순환사업은 기존에 해 오던 EM다기능비누사업을 계속해서 이어나가고 있고, 재활용 나눔 가게였던 '햇살나무' 매장을 '반값매장'으로 재단장하였다. 집수리사업은 에너지열관리기능사 자격증, 도배 자격증 공부를 조합원들이 함께 진행하며 몇몇은 시험에 합격하고, 또 다른 이들은 시험에 재도전하며 사업에 시동을 걸고 있고, 급식사업단은 올 봄에 본격적으로 햇살보금자리 드롭인 센터와 연계하여 한 명의 일자리를 창출해냈다. 그 외에도 관계를 회복하고 서로 돌보는 공동체적인 커뮤니티를 복원하고 형성하기 위한 작은 모임들과 밥상 모임을 주기적으로 실시하고 있다.

거창한 문제의식과 문제제기에 비해서는 아직 모든 사업들이 걸음마 단계이며 한 치 앞이 보이지 않는 안개 속 같다. 엎친 데 덮친 격으로 작년에는 노느매기를 정신적으로나 실질적으로 이끌어오던 김건호 목사님(노느매기 이사장)까지 하늘의 부르심을 받았다. 그럼에도 노느매기는 이름 그대로 '하나를 여럿의 몫으로 갈라 나누는 것'을 계속하며 지금도 이어가고 있다.

에필로그: '함께'

문자적으로만 생각해본다면, 자활과 자립을 실현하기 위해 '노느매기'(나눠먹기)를 한다는 것은 형용모순이다. 남의 도움을 받지 않고 스스로 서기, 남의 간섭을 받지 않고 자기 일을 처리하기 등 '자기 삶의 주인이 되기'라는 명제는 타인의 자리를 내 안에 내주지 않겠다는 주장이기도 하다. 하지만 우리는 이미 이 언어의 한계를 넘어, 우리가 사는 실제 삶이 서로 나눠먹어야지만 스스로 서는 것이 가능하다는 사실을 경험을 통해 알고 있다. 더불어, 외딴섬처럼 내몰린 사람들, 집을 잃고 내몰린 사람들의 이야기가 남의 이야기가 아니라 곧 평범하게 살고 있다고 믿는 '나'의 이야기임을 깨달아야 한다. 아직은 너무나 서툴고 미약한 걸음들이지만 '작은 나무'들의 작은 걸음들이 모여 숲이 될 때까지 이 행진을 멈추지 않을 것이다.

3. 경제적 약자를 위한 따뜻한 금융 '다람쥐회'

정광숙
(영등포산업선교회 다람쥐회 실무자)

다람쥐회 50년, 1969년~2019년

1969년 영등포산업선교회(이하 '영등포산선')에 속한 노동자 40여 명이 약 14,000원을 모아 경제적 자조모임을 시작하였다. 1년 뒤인 1970년에 40명의 회원은 500여 명이 되었고, 1972년 신협 법이 제정되는 가운데 '영등포산업개발신용협동조합'으로 대한민국 최초의 신협이 되었다.

시골에서 맨몸으로 올라와 공장에 다니며 가족의 생계를 꾸려야 했던 가난한 노동자들은, 시중 은행에서 하찮게 여기며 받아주지 않던 적은 돈을 영등포산선 신협에 맡기며 소박한 행복을 꿈꾸었다. 신협은 전세자금 대부와 생필품 공동구매 등을 하며 활발한 활동을 펼쳤다. 그러나 박정희 정부는 영등포산선의 노동자 인권과 자조 자립 교육을 용공 빨갱이로 매도하였다. 급기야 1978년에는 특별감사로 조합원 명부 제출을 요구하며 탄압을 해왔다. 이로 인해서 최초의 신협이었던 영등포산업개발신용협동조합은 부득이 해산하게 되었다.

그러나 그루터기는 남아서 다시 노동자들이 경제적 자조모임을 꾸렸다. 해산된 신협의 작은 후신이라고 할 수 있는데, 그 이름을 '다람쥐회'라고 지었다. 생활경제공동체로서 함께 조금씩 출자를 하였다. 정부의 탄압에도 굴하지 않고 다시 오뚝이처럼 일어선 노동자 회원들과 협동운동에 비전을 품은 청년들이 합세하여 생필품 공동구매 사업도 하다가 서로살림생활협동조합(2004년)을 세웠고, 부모와 자녀가 함께하는 주말교육공동체 밝은 공동체(1997년)의 토대를 놓았으며, 대림동에 의료생협(2002년)을 만드는 일에 주도적으로 참여하였다. 지금은 사업체가 독립하여 각각의 특성에 맞게 지역에서 자리 잡아가고 있다.

현재 다람쥐회는 900여 명이 이용하고 있다. 요즘은 예전과 달리 스마트뱅킹도 있고 전자상거래가 활발해져서 누구라도 쉽게 금융거래가 가능한 것처럼 보인다. 그러나 정상적인 노동계약을 맺지 못한 비정규직 노동자, 하루 벌어 하루 먹고사는 일용직 노동자, 경제적 위기를 맞아 거리로 내몰렸으나 자립과 자활의 의지를 지닌 노숙인과 같은 경제적 약자들에게 시중 은행의 문턱은 여전히 높기만 하다.

이런 상황에서 다람쥐회는 비정규직 노동자, 일용직 노동자, 노숙인을 비롯하여 우리 사회 경제적 약자들이 수시로 편하게 드나드는 사랑방 같은 곳이다. 다람쥐회는 오늘도 변함없이 영등포산선 1층, 가장 따뜻한 안쪽 자리 3평 정도 되는 조그만 공간에서 회원들을 만나고 있다. 나는 여기서 실무를 맡은 지 5년이 되었다. 그간 내가 만난 다람쥐회 회원들 이야기를 들어 보겠는가?

"발 사이즈가 얼마예요?"

우리 회원들 중 노숙인들이 오실 때면, 어떤 분은 지독한 냄새를 풍기고, 어떤 분은 만취해서 내 돈 달라고 소리부터 지른다. 이런 모습에 짜증이 나고 그래서 무표정으로 대할 때가 많았다. 그런데 그분들을 늘 부드러운 미소로 맞이하고 환대하는 목사님이 있었다. 우리 산업선교회 노숙인 사역을 하셨던 고 김건호 목사이다. 작년 10월에 소천하여 지금은 만날 수 없지만, 그분의 자취는 곳곳에 남아있다.

몇 년 전에 생전의 김 목사께 어떻게 그럴 수 있는지 물었다. 그러자 목사님은 그분들에게서 하나님이 보인다고 하셨다. 나는 그 이후로 이분들에게 마음을 열고, 날씨 얘기도 하며 부드럽게 대하게 되었다. 그러니 내 마음도 편하고 좋았다. 그분들도 나를 편하게 생각하는 게 보였다.

어느 여름 날, 노숙인 한 분이 유리문을 열고 들어오셨다.

"아유 더워. 더위 죽겠네."

"오시느라 꽤 더우시죠? 저는 가만히 앉아 있어서 그렇게 더운지 몰랐네요."

인사를 건네며 에어컨을 강하게 켜드렸다.

"발 사이즈가 얼마예요?"

"왜 발 사이즈를 물어보세요?"

갑작스런 질문에 의아해서 도로 여쭈었다.

"요즘 길에서 리어카로 신발을 팔고 있는데 안 팔려서 많이 버려요 맞으면 하나 주려고요."

"저는 괜찮아요."

"사이즈가 얼마예요? 다음에 올 때 줄게요. 신용불량자라 은행 이용 못하는데 여기를 이용할 수 있어서 고마워서 그래요."

계속 거절하면 길에서 파는 신발이라 싫어서 그러나보다 오해하실까 봐 "230 신어요." 하니, 다음에 올 때 하나 갖다 주겠다며 나가셨다. 그러고서 까맣게 잊고 있었는데 어느 날 정말로 운동화 세 켤레를 들고 오셨다.

"맞으면 신어요. 고무가 좀 떨어졌는데 본드로 붙이면 돼요."

"네, 잘 신을게요. 고맙습니다."

신발을 받고도 아무것도 드리지 못해 다음에 오시면 시원한 음료라도 드려야지 하는데 아직 안 오신다. 신발이 잘 안 팔려 장사를 접으셨나 걱정이 되지만, 마음으로 응원하며 기다리고 있다.

"안녕하세요? 다람쥐회입니다."

뚜르르르 뚜르르르 뚜르르르.

"안녕하세요? 다람쥐회입니다."

"대부를 좀 받고 싶은데 가능할까요."

"조합원님 성함이 어떻게 되시죠?"

"네, 제 이름은 ○○○입니다. 아들이 대학에 갔는데 모아놓은 돈은 없고 해서 다람쥐회에서 대부를 받아서 입학금을 내고 조금씩 갚으려고요."

"네, 그럼 사무실로 한 번 방문해 주시겠어요? 대부 신청서를 작성하셔야 해서요. 그리고 심사는 한 달에 한 번 있는 운영위원회 회의를 거쳐 결정이 됩니다. 시간이 언제가 좋으신가요?"

은행 이용이 편해졌다고 하지만 어려운 분들에게는 여전히 신용 대부가 쉽지 않다. 대부분은 성실히 갚지만 연락을 받지 않거나 상환이 늦게 이루어져서 어려움을 겪기도 한다. 정말 형편이 어려워서 못 갚는 분들은 지속적으로 연락하며 형편이 나아지길 기다린다. 그러나 연락이 끊긴 경우는 집을 찾아가서 사정을 듣고 상환의 중요성을 이야기하고 어떻게 할지에 대해 얘기하는 경우도 있다.

지방에 살고 있는 ○○○ 조합원은 2010년에 500만 원을 빌린 뒤 조금씩 갚다가 어렵다며 몇 년간 전혀 못 갚고 있었다. 연락마저 끊겨 다람쥐회 회장이 주소만 들고 직접 찾아 나섰다. 문을 두드리니 한 남자분이 나왔다.

"실례합니다. 여기에 ○○○ 씨가 살고 있나요?"

"그런 사람 없습니다. 그러니 가세요. 안 가면 경찰에 신고할 겁니다."

그분은 문을 꽝 닫고 들어가 버렸다. 회장님은 저녁이 되면 오겠지 생각하며 집 앞에서 계속 기다려도 오지 않아서 그 조합원을 잘 알고 지내는 다른 조합원에게 전화를 걸었다.

"지금 ○○○ 씨 만나러 집 앞에 와 있는데 아무리 기다려도 안 오고 내 전화는 안 받으니 연락을 좀 해주면 좋겠어."

"알겠어요. 제가 전화해서 얘기할게요."

얼마 후에 그분에게서 연락이 와서 만나 새벽 3시까지 삶의 애환을 듣고 나서, 어렵지만 조금씩이라도 상환해 달라고 부탁하며 격려하고 돌아왔다. 그 후로도 연락이 잘 되진 않았는데, 그래도 꾸준히 연락을 하고 문자를 보내며 우리의 상황을 얘기하고 안부를 물었다. 그러던 중 2017년에 한꺼번에 전액 상환하겠다는 연락이 왔다.

"정말 어려울 때 이용하게 해줘서 고마웠고 기다려줘서 고마웠습니다. 제 사정이 어려우니 연락도 피하고 그랬네요. 지금 조금 사정이 나아졌어요. 잔액과 계좌번호 알려주세요."

그러면서 다른 조합원들의 출자금으로 도움을 받았다며 얼마간의 목돈을 출자하시면서 다른 어려운 조합원들도 도움을 잘 받으면 좋겠다고 덧붙였다. 이런 경우, 오랫동안 연체하는 회원들의 사정을 마음 들여 듣고 기다리며 꾸준히 찾아가고 독려하는 회장님을 비롯한 운영위원들의 노고가 새삼 고맙고 보람도 느낀다.

이렇듯 다람쥐회는 경제적인 형편이 어려워 대부를 해갔지만 중간에 힘이 떨어져 상환이 지체되고 힘들어질 때, 조합원의 상황이 나아지기를 기도하며 기다린다. 우리는 조합원들이 어려우면 기도하고 기다리는 영등포산업선교회 협동조합 다람쥐회이다.

좋은 일만 있었으랴

50년 역사에 좋은 일만 있었을까. 협동 운동을 키워보려고 무리하게 하다 부실해졌고 만회하려고 하니 쉽지가 않았다. 그 과정에서 서로 마음이 달라 첨예하게 대립하기도 했다. 지금은 많이 회복했으나 그 여파는 지금도 이어져서 조합 운영에 난관이 많았다. 그럴 때마다 애정을 가진 조합원들이 나서서 대책위원회를 꾸려 마음과 힘을 모으고 발전위원회를 만들어 토론하며 극복해오고 있다. 사실 최근에도 다시 운영상의 어려움이 닥쳐서 운영위원들이 머리를 싸매고 고심을 하던 중이었다.

올해 1월에는 영등포산선 초대 총무이자 제1호 신협과 다람쥐회를 만든 조지송 목사께서 소천하셨다. 다람쥐회에 어려운 일이 있을 때마다 달려가서 하소연도 하고 상의도 드렸던 분이다. 몇 년간 다람쥐회가 어렵다는 이야기를 들으신 목사님은 다람쥐회 활성화를 위해 써 달라며 기금을 남기셨다.

가난하고 소외된 노동자들과 함께하시며 검소하고 청렴하게 살아오신 목사님에게는 정말 큰 액수이다. 늘 개인이 아닌 모두의 이익을 위해 뭘 할지를 생각하고 움직이신 분, 그게 협동조합의 기본정신이라 살아생전 말씀하셨던 목사님은 다람쥐회가 어려운 상황에 놓인 것을 아시고 선뜻 기금을 내어놓고 가셨다.

하나님이 일하시니 우리도 일한다

땅이 혼돈하고 공허하며 흑암이 깊음 위에 있을 때 하나님은 새로운 피조물을 창조하셨다고 한다. 우리 앞에는 늘 어려움과 혼돈과 갈등이 있었다. 그러나 다람쥐회의 지난 50년 역사를 돌이켜 보니, 그때마다 하나님의 창조 능력이 우리 가운데 있었고 함께 머리를 맞대고 마음을 모아서 협동하며 지금까지 일해 왔다.

다람쥐회에는 협동하는 세상, 가난한 자와 몸이 아픈 사람과 건강한 사람과 부요한 사람이 함께 서로 돕고 나누는 세상에 대한 비전과 믿음이 있다. 우리의 눈과 손과 발이 두 개씩인 이유는, 협동하도록 지으신 그분의 놀라운 뜻이 담겨 있기 때문이라는 사실을 오늘 되새긴다.

하나님이 일하시니 우리도 일한다.

4. 외로웠던 삶을 기리며

김충호
(영등포산업선교회 햇살보금자리 실무자)

햇살보금자리는 노숙인 지원 시설로 영등포산업선교회 산하 기관이다. 이곳에서 일하며 인연이 닿은 노숙인들의 삶을 기억하며, 햇살보금자리의 의미를 되새겨 본다.

돈을 빌려주던 S씨

2010년 3월, 햇살보금자리에 처음 출근하는 날 사무실 문 앞자리에 시선의 초점이 흐릿한 노숙인이 앉아 있었다. 그는 이따금 움찔거리며 주변을 경계하듯이 눈을 이리저리 굴리며 오랜 시간 앉아 있었다. 매일 같은 자리, 같은 자세로 앉아 있던 그는 햇살보금자리에 출석 도장을 찍듯이 그저 왔다가 저녁이면 돌아갔다. 그를 본 지 어느 정도 세월이 지났을 때, 그를 '담당'하게 됐다.

S씨는 10대 때 그의 지적장애를 감당하지 못한 부모에게 버림받아 거리 노숙을 시작했다. 거리 노숙을 하고 있던 S씨를 발견했던 사회복지사의 말에 의하면, 그는 쓰레기더미 안에서 잠을 잤고 보기에도 부패 상태가 심한 음식을 손으로 집어 먹었다고 한다. 햇살보금자리 실무자를 통해 '발견'된 S씨는 정신병원으로 인계되었고 상태가 호전되어 햇살보금자리로 되돌아온 것이었다.

이후 S씨는 햇살보금자리 임시주거지원사업(고시원 및 쪽방 월세 지원)을 통해 기초생활수급을 받게 되었고 고시원에서 한동안 생활했다. 기초생활수급을 받아 매일 같이 슈퍼에 가서 군것질하고 햇살보금자리에 앉아서 시간을 보내는 S씨가 지적장애가 있다는 것을 파악한 주변 노숙인이 그에게서 돈을 빌려 가 갚지 않는 일들이 자주 발생했다. "돈을 절대로 빌려주지 말라"고 아무리 말려도, S씨는 "언젠가는 갚을 것"이라며 오히려 나를 안심시켰다.

그런 그가 햇살보금자리에서 제공하는 무료급식을 드시다가 정수기에서 물을 마시고 제

11장_ 현 영등포산업선교회 실무자 글 모음 663

자리로 돌아가는 중에 쓰러졌다. 당직 근무자가 황급히 자동심장충격기(AED)와 인공호흡을 실시했고 119 구조대원이 도착하여 입안에 있는 음식물을 제거하고 다시 인공호흡을 실시했다. 이내 근처 병원으로 이송되었고 심근경색으로 추정된다는 이야기를 듣곤 가족과 친지 등의 연락처를 수소문하였으나 쉽게 알아낼 수는 없었다.

다음날 해당 병원을 통해 S씨가 뇌사 상태이며 장기기증센터에서 그의 가족을 찾고 있다는 이야기를 전달받았다. 그리고는 몇 시간 안 되어 장기기증센터는 그의 아버지와 연락이 닿았다. 아버지는 '30년 전에 버리다시피 하였고 형편도 마땅치 않아 장례를 치러줄 여력이 없다'고 했다. 그리고 '아들의 장기기증은 동의하며 장례는 참석하지 않을 것이고 장기기증센터에서 해달라'는 뜻을 전했다.

30년 전에 가족에게 버림받았던 S씨가 죽어서까지 버림받는 것 같아 마음이 쓰렸다. 그렇게 S씨는 외롭게 이 세상을 떠났다.

운동에도, 일에도 열정적이던 J씨

열정 가득한 축구단 동료 J씨 햇살보금자리에서는 매주 목요일마다 축구 프로그램을 진행한다. 왕년에 공 좀 차보셨다는 분들도 있고 축구는 처음 해보지만 혼자 지내는 것보다는 함께 어울리고 싶은 분 등 각자 다른 동기로 같이 공을 차며 논다. 실력에 상관없이 재미있고 건강도 챙기는 시간을 보내자는 취지로 처음 시작했던 축구 프로그램을 어느덧 6년째 진행하고 있다.

J씨는 축구 프로그램이 가장 왕성하게 진행하던 때 함께했다. 그는 넓은 운동장을 쉼 없이 뛰어다니고 공을 소유했을 때는 지체 없이 앞으로 멀리 차는 것을 좋아했다. 그가 축구 프로그램에 적극적으로 참여한 이유는 체력도 기르고 다이어트를 하기 위해서였다. 축구를 하기 전에 팔굽혀펴기와 철봉 체조로 몸을 예열할 정도로 운동에 열정이 있는 분이었다.

그런 열의라면 무슨 일인들 못할까. J씨가 성실하게 축구시합을 하는 모습을 본 햇살보금자리 일자리 담당자가 특별자활근로를 권하여 일을 시작하게 되었다. 예상대로 결근 없이 성실하게 활동하였고 다른 분이 결근할 경우 대신 근로를 해주기까지 했다. 이를 통해 일에 대한 자신감이 붙으셨는지 휴무 때에는 영화나 드라마의 보조출연자(엑스트라) 알바를 하러 지방에 자주 내려가셨다.

그러던 어느 날 J씨는 채식을 하겠다고 선언하셨다. 그래서 축구 활동 후 같이 식사하기에 어려움이 많았다. J씨가 가장 좋아했던 음식은 어묵 국으로 무료급식을 드실 때, 어묵을 한가득 쌓아놓고 흐뭇한 미소를 지으셨는데… 식단 조절과 운동 때문인지 점점 야위어갔다.

노숙인 분들 중에는 하루 세끼를 챙겨 먹기 위해 급식소를 부지런히 돌아다니는 분도 있지만, 하루에 한 끼만 드시는 분도 있다. 당연히 영양 불균형으로 고생하는 분들도 적지 않다. 그래서 J씨에게 일주일에 한 끼 정도는 육류를 챙겨 드시라고 했으나, 채식을 하며 당신 삶이 눈에 띄게 좋아졌다며 거부하셨다.

영양과 관련하여 대화한 지 얼마 안 되어 시설에서 밤잠을 주무시고 아침에 일어나는 시간에 급하게 가슴이 안 좋다고 하시며 119를 불러 달라고 하셨다. 급하게 119 호출을 하여 병원에 입원하였고, 일주일 뒤 후천면역결핍증(AIDS)으로 사망했다는 소식을 들었다.

그는 무연고 사망자로 분류가 되어 (사)나눔과나눔에 도움을 받아 무연고 1일 장례를 진행했다. 별다른 영정사진이 없어 축구 유니폼을 입고 있는 J씨의 사진을 확대하였다. 조문객은 축구단 동료 외에 없었다.

문을 열어주지 않는 폐쇄적인 M씨

M씨는 햇살보금자리에서 운영하는 매입임대주택 반지하에서 거주하고 있었다. 사례관리(Case management)를 위해 그의 초기상담일지(Intake)를 확인해보았는데 이름과 주민번호 외에는 별다른 내용이 없었다. 당시 상담자에게 여쭤보니 완강하게 "다른 내용은 말하고 싶지 않다"고 했다는 것이다.

그는 일을 하며 기초생활수급을 받는 조건부 수급자였다. 아침에 일찍 나가서 수급 일을 하고 집으로 돌아와 종일 텔레비전만 보는 것이 무료하여 야간에 전단지 돌리는 일도 겸하고 있었다.

M씨는 핸드폰이 없어 집 전화가 유일한 연락 수단이었는데 연락이 잘 닿지 않아 불편했다. 어느 날 월세가 미납되어 연락했지만 전화를 받지 않았다. 며칠 동안 아침 이르게도 전화하고, 저녁 늦게도 연락을 취했으나 연락이 닿지 않았다. 하는 수없이 직접 찾아가 문을 두드렸다. 같은 건물에 사는 입주민이 그를 본 지 꽤 된 것 같다는 말도 듣고 불안한 생각이 들어 관리자 보조키로 조심스레 문을 열었다.

M씨가 문 앞에 있었다. 가만히 서 있었다. 그러고는 "남의 집 문을 왜 함부로 여냐"고 역정을 냈다. 이래저래 불안한 마음에 실례를 무릅쓰고 문을 열게 되었다고 말씀드리며 밀린 월세를 내달라고 하니, 밀린지 몰랐다며 내겠다고 하셨다.

다음 날 실제로 월세를 납부하시고는 몇 달 안 되어 보증금 인상을 통해 월세 임대를 전세 임대로 전환하셨다. 그러시고는 이제는 월세 낼 일 없으니 되도록 본인 집에 오지 말라고 하셨다. 하지만 얼마 안 되어 건물 정화조 비용을 걷게 되면서 M씨 집 문을 두드리게 되었다. 지난 만남 때 '다음에 방문을 하면 문을 열어달라'고 부탁을 해놔서 그런지 '비교적' 금방 문을 열어주셨다. M씨에게 정화조 요금을 내야 한다고 말씀드리니 "전세로 전환했는데 왜 또 비용이 발생하느냐"며 역정을 내셨다. 차근차근 설명해 드리자 못마땅한 표정을 지으며 해당 비용을 주셨다.

서울에 폭우가 내렸던 어느 추석, 햇살보금자리에서 운영하는 매입임대주택 반지하가 모두 침수되었다. 반지하 집을 돌며 상황을 파악하며 M씨 집을 들르게 되었다. M씨 집 복도부터 물이 발목까지 차 있었고 문은 열려 있었다. 침수로 인해 갈라진 바닥과 어떻게든 피해를 줄이고자 물이 닿지 않는 곳에 쌓아둔 가전제품 사이에 M씨는 누워 자고 있었다. M씨를 깨워 해당 구청에서 지원이 가능한 부분과 햇살보금자리에서 지원이 가능한 부분을 설명했다. M씨 성격상 역정을 내시겠거니 하고 생각하고 있었는데, 풀이 죽은 표정으로 "알겠다"고 하실 뿐이었다. 피해 복구 뒤에 만난 M씨는 이전과 조금 달랐다. 조용한 성격과 전화를 안 받는 것은 같았으나 역정을 내지는 않았다. 3년 뒤, 관리자 보조키를 다시 사용해 M씨의 집에 들어가야 했을 때는 응급조치할 기회도 없었다.

거리에서 고함을 지르던 N씨

N씨는 영등포역 대합실에서 노숙하는 노숙인이었다. 그는 볼 때마다 음주 중이었고 계속해서 괴상한 웃음소리를 냈다. 갑자기 고함을 내질러 거리 노숙인과 주변 행인에게 빈축을 샀다. 거리 상담을 하는 아웃리치 상담원들도 쉽게 접근할 수 없는 분이어서 멀찌감치 떨어져 위급상황 유무만 파악하는 정도였다. 그런 N씨가 음주를 하지 않고 멀쩡한 상태로 상담을 요청해왔다.

N씨는 스스로 알코올 의존증으로 노숙을 시작했다고 했다. 그는 본인의 의지와 상관없이

염전으로 끌려가 한동안 일을 했고 염전 현장이 너무 추워 발이 동상에 걸려 발가락 두 개를 절단하게 되었다. 발가락 절단 후에야 염전 일에서 해방이 되었고, 그 후로 상경하여 영등포에서 노숙을 시작하게 된 것이다. 그는 돈에는 관심이 없었고, 단지 방에서 생활하고 싶다고 했다.

거리에서 본 N씨는 감정 기복이 크고 이상한 웃음소리를 계속 냈기에, 혼자서 주거생활이 가능한 상황인지 고민이 되었다. 일단 정확한 개입을 위해 정신건강증진센터 의뢰를 고려했고, 안정적인 상담 장소가 필요할 것으로 보여 영등포 쪽방으로 임시주거지원을 진행했다. 정신건강증진센터를 통해 환청, 환시, 환각, 우울증, 조증이 있는 정신분열증 진단을 받은 그는 진단을 근거로 기초생활수급을 신청할 수 있었다. 정신건강증진센터는 N씨가 자해와 타해가 우려된다는 소견도 덧붙여, 사례관리를 진행하기로 결정했다. 하지만 우려와 달리 N씨는 정신과 약도 잘 먹고 주변 노숙인과도 조금씩 관계가 좋아졌다. 다만 주변 행인들의 폭행으로 얼굴에 멍이 들어 한동안 치료를 받았다.

N씨의 쪽방을 방문할 때마다 누워서 콧노래 부르는 모습을 자주 보았다. 다른 방과 달리 항상 텔레비전은 늘 꺼져 있었고, 짐이라곤 약봉지와 수건 한 장이 담긴 가방이 전부였다. 소박하게 살던 N씨는 어느 날 쪽방에 누워 있는 상태로 죽음을 맞았다. 심장마비였다. 영정사진은 따로 없었고, 조문객으로 사회복지사와 아웃리치 상담원 외에는 없었다.

5. 쉼힐링센터, 노동자의 마음속으로

홍윤경
(영등포산업선교회 노동선교부 부장)

영등포산업선교회(이하 '영등포산선')는 1958년 설립 이후 지속적으로 노동자들과 함께해 왔다. 때로는 어용노조 민주화 투쟁으로, 때로는 8시간 노동제 쟁취 투쟁으로, 때로는 노동자들의 주체적인 자각을 일깨우는 교육으로, 그리고 다양한 소모임과 교양문화교실, 생필품 등의 공동구매, 노동자 금고와 공동주택조합 등의 협동운동으로 함께해 왔다. 그밖에도 투쟁 사업장 연대, 심리 치유에 이르기까지 노동자들의 삶과 관련한 모든 부분을 지원하고 그 곁이 되었다.

노동자들의 생존권을 지키고, 권리를 증진하기 위해 필요한 것들은 시대에 맞게 변화해 왔기에 영등포산선의 활동 방향도 함께 변화하였다. 노동자 권리에 대한 자각과 외침, 자주 조직 결성, 민주 노조 건설, 인식 개선 교육, 노조 간부 교육, 의사소통 프로그램 등이 그것이다. 그리고 이러한 시대적 요구와 역할에 부응하기 위해 새로운 센터들을 설립해서 활동했다.

상처받은 이들을 돌보는 쉼힐링센터

2011년 설립한 비정규노동선교센터는 기독청년학생과 신학생 교육 훈련, 기독교계와 노동계의 가교 역할, 기독교계 내 노동자 문제에 대한 인식 확산, 선교적 측면에서 투쟁 사업장 지원 및 지지자로서 역할을 감당해 왔다. 그리고 2016년 설립한 쉼힐링센터는 지치고 상처받은 노동자들과 사회활동가들의 마음을 돌보는 데 주력했다.

쉼힐링센터 일이 정말 소중하고 필요하다고 느끼는 것은 나 자신이 노조 간부와 사회선교단체 실무자로 25년 넘게 일하면서 소진의 경험이 많기 때문이다. 활동가로서 일하는 오랜 기간, 나 자신이나 내 가족을 돌보는 것이 사치처럼 느껴지거나 이기적이라는 생각이 있었다. 활동가는 헌신적이어야 하고, 자신의 것을 챙기면 안 된다는 조금은 편향된 인식에서 비롯된 것이다. 그러나 이제는 분명히 안다. 활동가가 먼저 자신의 몸과 마음을 돌볼 수 있어야만 진정으로 다른 사람들을 돌볼 수 있다는 사실을.

불평등하고 억압적인 사회구조를 개선하고 상대적으로 열악한 상황에 놓여 있는 노동자들의 권리 구제를 위해 앞장서 싸우는 노동자, 사회적 상처를 치유하고 좀 더 건강한 사회를 만들기 위해 애쓰는 사회활동가, 이들은 이제까지 스스로의 마음을 돌보는 데 너무나 인색했다. 이제는 그 사실을 인정하고 새로운 패러다임을 만들어야 한다. 물론 우리 앞 세대의 많은 분들이 헌신적으로 투쟁하고 활동하면서 사회를 조금씩 변화시켜 온 것을 부정하지 않는다. 그분들의 열정을 존경하고 존중한다. 하지만 활동의 지속성을 담보하고, 삶과 연결되는 활동을 하려면 분명 변화가 필요하다.

쉼힐링센터는 그렇게 시작되었다. 노동자들과 함께 이런저런 집단 프로그램을 하다가 좀 더 확대할 필요를 느꼈고, 대상자의 확대, 치유 영역의 확대뿐 아니라 다른 단체들과 힘을 합쳐 더 큰 네트워크를 만들었다. 이것이 바로 '사회 활동가와 노동자 심리치유 네트워크 통통통'(이하 '통통통')이며 현재 11개 단체가 함께하고 있는데, 그중에서 쉼힐링센터가 사무국 역할을 맡고 있다.

쉼힐링센터가 해 온 일들

쉼힐링센터가 최근 진행해 온 사업들을 소개하면서 그 의미를 되새기고자 한다. (다음의 사업들은 쉼힐링센터 단독으로 진행한 것도 있고, 통통통 등 타 단체들과 공동 혹은 협력으로 진행한 것도 있다.)

집단치유 혹은 자기성찰 프로그램

살다 보면 가장 힘든 문제는 관계에서 오는 것 같다. 사랑하는 가족, 친한 친구, 직장 동료, 이웃 등 모든 관계에서 다양한 종류의 좌절을 겪는다. 특히나 사회 변혁의 현장, 투쟁의 현장에서 겪는 어려움들은 참 미묘하고 복잡다단하다. 따라서 나는 어떤 사람인지, 내면의 진정한 욕구가 무엇인지, 타인들은 얼마나 어떻게 다른지를 인식하고, 지혜롭고 효과적인 의사소통을 할 수 있도록 안내하는 것은 매우 필요한 일이다.

영등포산선은 2011년부터 '노동자 품'이라는 이름으로 이런 프로그램을 운영했다. 다양한 노동자와 활동가들이 이 프로그램을 거쳐 갔다. 장기 투쟁 사업장 노동자, 노조 간부 혹은 활동가, 감정 노동자, 보조출연 노동자, 시민사회단체 활동가 등이다. 프로그램 장소도 영등포산선 안의 큰 사랑방뿐 아니라 때로 공장 안에 들어가서, 때로 1박 2일로 공기 좋은 곳으로 나가서 운영하였으며, 주관 단체도 때로 지역 노동단체나 서울시 힐링 프로젝트, 혹은 통통톡과 연계해서 다양한 모양과 형태를 띠어 왔다.

나아가 '노동자 품'을 수료했거나 현장에서 노동자 교육이나 상담을 진행하는 촉진자들이 지속적으로 자신을 성찰하고 체화하여 다른 사람들을 도울 수 있도록 하는 심화 과정, 강사 양성 과정, 전문가 과정도 '노동자 품 플러스' '봄빛워크숍'이라는 이름으로 꾸준히 진행해 왔다. 이런 프로그램들은 보통 주 1회씩 6-8회 정도를 진행하지만 상황에 따라 격주로, 혹은 주말에 몰아서 하거나 1박 2일씩 여러 번을 하기도 했다. 이처럼 반드시 이래야 한다는 틀 없이, 맞춤형으로 프로그램을 진행해 왔다.

복잡하고 정신없이 살아가는 세상에서 나의 내면을 알아차리고, 타인의 다름을 충분히 존중한다는 것은 쉬운 일이 아니다. 한두 번 프로그램을 한다고 금방 달라지기는 힘들다. 그러나 관점의 변화, 변화의 계기를 마련한다는 것은 이후 삶의 질을 통째로 바꿀 정도로 중요한 일이다.

감정 노동자들을 위한 상담치유 사업

감정 노동자들이 겪는 심리적 어려움에 대해서는 많이 알려져 있다. 서울시는 '서울시감정노동종사자 권리지원센터'를 설립하여 감정 노동자들을 위한 다양한 지원 사업을 하고 있는데 그중 하나가 심리상담 치유사업이다. 쉼힐링센터는 이 사업 중 서울 서남권역 사업단(컨소시엄 '마음과 성장')의 대표 단체로 3년째 활동 중이다. 이 사업을 통해 많은 감정 노동자에게 무료로 개인 상담과 집단치유 프로그램을 제공할 수 있게 되어 큰 보람을 느낀다. 다음은 한 참가자의 소감이다.

"매일 밤 울며 잠들고 죽고 싶다는 생각이 끊이지 않았는데, 이곳을 찾고 나서 조금씩 위안을 얻기 시작했고, 죽고 싶다는 생각이 희미해지는 걸 느꼈습니다. 선생님이 저에게 '그래도 괜찮다'라는 마법의 주문을 건네주셨고, 제가 저 스스로에게 '누구라도 그랬을 것'이라는 위안을 합니다."

정기적인 마음건강검진사업

'마음건강검진'이라는 말은 아직 생소하다. 하지만 정기적으로 신체 건강검진을 하듯이 마음 건강도 정기적으로 검진하여 자기의 상태를 알고 필요한 경우 돌봄과 치유를 받아야 한다. 작년(2018년)에 민주노총과 공공운수노조 상근자를 대상으로 이 사업을 진행했는데 정말 필요한 사업임을 절감했다. 마음건강검진의 1차적 목표는 진단이 아니라 나를 깊이 들여다보는 것이다. 이는 돌봄과 치유의 가장 좋은 출발점이다.

프로젝트 사업

하고 싶은 일은 많지만 사업비는 절대적으로 부족하다. 지자체 등에서 마음 돌봄에 대한 프로젝트 사업이 늘어나고 있는 것은 반가운 일이다. 작년 하반기에는 서울시와 민관 협치 사업으로 청년비정규직 통합치유 프로그램을 진행했다. 만 39세 이하 청년들 중에서 비정규직, 사회활동가, IT노동자들에게 개인 상담, 집단 상담, 숙박힐링 프로그램 등을 제공하고, 상담자들에게도 '노동의 현실', '사회활동에 대한 이해', '노동자 상담의 현재' 등 상담 역량 강화 교육을 하는 사업이었다.

사업 진행 초기에 그간 관계를 맺어왔던 청년 모임, IT노동자 커뮤니티, 시민사회단체 등에 구글신청서를 돌려 개인 상담 신청을 받았다. 예산상 80명 정도를 모집해야 하는데 이틀 만에 50명, 5일 만에 100여 명이 모여서 조기 마감되었다. 상담받기를 꺼리는 문화와 바쁜 연말이었던 점을 고려할 때 청년 노동자들에게 이러한 프로그램이 얼마나 절실했는지 확인할 수 있었다. 사업을 진행하면서 일회성으로 끝난다는 점이 아쉬웠다. 참여한 청년들도 그 부분을 제일 아쉬워했다. 이런 사업을 지속적으로 진행할 수 있는 여건 마련이 꼭 필요하다. 참여자의 육성을 한번 옮겨본다.

"항상 고통스러웠던 문제도, 별일 아니라고 생각했던 문제도, 상담을 통해 다루고 새롭게 발견하는 과정이 정말 소중했다. 나 자신에 대한 대화가 끝나지 않도록 계속해서 상담을 받고 싶다. 마음은 의식주다. 마음은 생필품이다. 마음 돌봄이 자살 예방이다."

노동자를 이해하는 상담자와 마음치유활동가 양성

힐링, 치유에 대한 인식이 확산되면서 많은 상담자가 양산되고 있다. 하지만 노동자들의 처지를 이해하고, 투쟁과 활동을 지지하며, 그들의 용어에 친숙한 상담자는 많지 않다. 이런 의미에서 사회 활동 경험이 있는 상담자 양성이 절실한 일이었다. 또한 현장에서 뿌리내리면서 상담 치유 사업을 기획하고 연결하는 '마음치유활동가'도 필요하다. 쉼힐링센터는 통통톡과 함께 이러한 상담자와 활동가를 양성하는 인턴십 과정을 운영하면서 그러한 일에 앞장서고 있다.

개인 상담 지원

집단 프로그램은 여러 명이 함께하기에 느낄 수 있는 놀라운 역동이 있다. 반면 개인 상담은 1:1 구조가 가진 힘이 있다. 그 누구에게도 털어놓지 못했던 이야기를 상담자에게는 털어놓게 되고, 이는 말할 수 없는 자유함과 홀가분함을 가져다준다. 이야기를 하는 과정에서 스스로 답을 찾기도 한다. 상담자는 다만, 좋은 안내자가 될 뿐이다. 다른 모든 부분에서는 의지를 발휘하여 잘 해내지만 내 마음에는 무딘 노동자들에게 또 다른 영역에서 힘을 불어넣는 것, 그것이 상담이고 그것이 치유이다.

이쯤에서 이런 질문을 할 수 있다. 왜 영등포산선이 이 일을 해야 하는가? 노동자들을 위한 수많은 선교적 과제가 있는데 과연 이것이 가장 중요할까? 우리가 사는 세상은 말은 나무 하나 듣는 이는 부족하다. 그렇다면 지금 우리의 선교는 경청과 공감이 아닐까? 아름다운 저항을 하는 이들과 함께할 뿐 아니라 그들과 같은 모습으로 옆에 있어 주는 것, 눈물 흘리는 자 옆에 함께 있을 뿐 아니라 그가 미처 표현하지 못하는 내면의 이야기를 수용하고 지지하는 것, 이것이 기독교 정신이고 선교적 과제라고 생각한다.

"윤경 샘이 있어서 정말 다행이에요. 이런 얘기를 의논할 믿을 만한 사람이 있다는 것이 얼마나 소중하게 느껴지는지요." 최근 한 사회활동가가 동료의 개인 상담을 의뢰하면서 나에게 한 말이다. 겉으로는 강해 보이는, 투쟁하는 노동자들과 사회활동가들도 마음이 힘겨워서 도움 받고 싶을 때가 있다. 하지만 대부분 드러내기 쉽지 않고, 어디를 찾아가야 나를 이해해줄지 모르는 경우도 많다. 이럴 때 안내해 줄 누군가가 절실히 필요하다. 쉼힐링센터는 그 역할을 조금씩 감당해 가는 중이다.

6. 서로 살리고 함께 행복해지는 생협 운동

박경순
(서로살림 농도생협 실무자)

다르게 살아가는 사람들

인간은 참 묘한 동물이다. 돈이 세상의 전부라고 생각하여 돈이라면 무슨 짓이든, 심지어 사람을 죽이는 일까지도 서슴없이 저지르지만, 다른 한편으론 신념을 위해서 이름 없이 일생을 바치고 목숨을 내어놓기까지 한다.

그런데 여기, 세상의 잣대와는 거리가 먼 사람들이 있다.

목사이면서 농사를 짓고 그것도 모자라 유기농쌀라면을 트럭에 싣고 전국을 떠돌며 장사하는 분이 있다. 이밖에도 기독교환경운동, 학교강의, 목회활동 등 몸이 열 개라도 부족한 분이다. 바로 서로살림 농도생협 이사장이다. 또 배재석 국장은 12년 동안 책읽기 모임에 단 한 번도 빠진 적이 없는 분이다! 휴일과 밤낮 없이 우리의 3-4배 넘게 일하면서도 최저생계비 수준의 월급은 모든 직원이 똑같이 받도록 애써 주셨다. 다만, 노동 강도가 세고 힘든 배송 담당 목사만 20만 원 더 줄 따름이다. 회계 업무는 물론 매장 일까지 몸 사리지 않고 자기 일처럼 하는 정지수 간사는 또 어떻고! 요즘 같이 척박한 세상에 이런 분들이 어디 있을까. 이렇듯 희귀한 사람들이 함께 모여 일하는 곳이 바로 서로살림 농도생협이다.

우리 서로살림농도생협의 쌀라면은 우리나라 유기농 쌀 생산자들의 판로 개척을 위해 OEM(주문자 상표 부착 생산) 방식으로 1년에 두 번 1,800상자를 생산한다. 스프도 채식 스프로 만드니까 먹고 나면 속이 더부룩하지 않고 편하며 '뿌셔뿌셔'처럼 간식으로 먹어도 맛이 있다. 이 유기농 쌀라면 생산과 판매는 농촌과 도시 모두에게 이로운 일이다.

생산자 이야기를 해볼까?

음성에서 사과농장을 하는 정하종 님은 수확한 사과를 오래 보관하기 위한 저온창고를 지을 수 있게 재정지원을 하겠다는 이사님의 호의를 거절한 분이다. 제철에 나온 사과를 자연 상태에 가깝게 먹는 게 좋다는 것이다. 과수원에서 자라는 풀을 제거하는 제초제와 과일의 크기를 키우는 호르몬제인 비대제, 사과의 색을 강제로 붉게 만드는 착색제를 사용하지 않으며, 통상적인 농약 사용량의 3분의 1 수준으로 사과를 재배하시는 분이다. 아울러 10년 이상 사과분양을 할 수 있도록 애쓰시는 분으로, 우리 생협의 자랑이기도 하다.

우리나라에서 거의 유일한 유기농 복숭아 생산자 배재현 님은 도시에 살다가 시골로 이주하신 분이다. 힘들게 유기농으로 농사를 지어도 생계가 해결이 안 돼 투잡으로 밤새워 일하러 다니시기도 한다. 참 안타까운 현실이다.

지난여름에는 생산지 기행으로 평촌요구르트 생산지인 홍성을 다녀왔다. 매장에서 요구르트를 소개하면서 정말 맛있는 제품이라거나 아니면 믿을 수 있는 좋은 생협 제품이라며 권하곤 했다. 그러다 직접 생산지를 방문해 보니 생산자 부부가 간디학교 출신의 너무 젊은 분들이어서 놀랐고, 축사가 너무 깨끗해서 또 놀랐다. 게다가 유기농 요구르트 한 가지만 생산하는 집념에 반했고, 사료도 유기농만 먹여서 감동을 받았다.

해마다 생산지 기행을 가는데 그때마다 생산자들의 신념과 자부심이 놀라웠고, 항상 기대 이상으로 따뜻한 감동을 받은 기억이 있다. 너무 많아서 일일이 열거하기가 어려울 정도이다.

생협 운동을 해야 하는 이유

인류가 생긴 이래 더 편리하고 더 풍요롭기를 원했고 더 많이 가지려고 무던히 애를 썼다. 그 결과로 인간 사회가 발전하고 삶이 행복해지고 편안해진 측면도 분명 있을 것이다. 그러나 사회가 발전하면 할수록 인간은 분리되고, 정신은 빈약해지고, 분노가 쌓여 흉악 범죄로 이어지기도 했다.

요즘 아이들이 사춘기를 심하게 겪는 것도 항생제 투성이인 고기를 너무 많이 먹은 탓이라는 이야기가 있는데, 쉽게 무시할 수만은 없을 것 같다. 실제로 내가 아는 분 중에 '행복중심 생협 연합회' 사업팀장이 있는데 이분은 두 자녀의 성장기 동안 무항생제 생협 고기만 먹였는데, 둘 다 사춘기를 겪지 않고 지나갔다고 한다.

생협을 해야 하는 이유는 밤을 새워 얘기해도 모자라지 않을까 한다. 그런데 무엇보다 이 지면을 통해 마음속에 품어온 꼭 하고 싶은 이야기가 있다. 농사짓는 사람들에게 최저생계비를 주자는 것이다. 정말 시골이 좋아서 농사지으며 살고 싶은 사람들에게 생계를 보장해줌으로써, 농약과 제초제를 많이 쓰면서 인위적으로 생산물을 더 많이 내려고 하지 않아도 되는 여건을 만들자는 얘기이다. 시골에서 농사를 짓는 사람들에게 한 달에 40만 원 정도의 생계비가 주어진다면 도시에서 직업이 없는 이들이나 세상의 빠른 속도를 따라가기 힘든 저 같은 사람들이, 또 자연을 사랑하는 젊은이들이 시골에 내려가 살고 싶어 하지 않을까? 너무 이상적인 이야기인가?

내가 조합원들에게 가장 많이 하는 이야기가 있다. "생협은 장사가 아니고 운동"이라는 말이다. 보기에 조금 못나고 흠이 있다고 사지 않으면 고스란히 농민들에게 반품해야 하는데 그럴 수는 없는 일이다. 땅을 살려 보겠다고, 신념을 가지고 내 식구가 먹는 것과 똑같이 농사짓는 농민들을 위해 조금씩 양보하고 조금 손해 보는 마음으로 참여하는 것이 결국에는 우리 모두를 위하는 일 아닐까. 보기에 좋으라고 각종 약품을 처리한 농산물이 우리 몸에 좋을 리 없다.

서로살림 농도생협의 시작은 영등포산업선교회의 다람쥐회와 긴밀히 연결되어 있다. 다람쥐회 회원들과 실무자들이 우리 몸과 환경을 생각하며 농민들에게도 보탬이 되고자 원대한 꿈을 가지고 우리밀 밀가루, 재생휴지, 친환경비누 등을 만들었다. 이 제품들을 다람쥐회 사무실 한편에 놓고 다람쥐회를 드나드는 회원들 위주로 판매한 것이 시작이었다. 그러다가 다람쥐회에서 대출을 받아 산업선교회 안에 서로살림소비자협동조합을 차리게 된다. 그러나 실무자들이 헌신적으로 일하고 산업선교회 전 총무께서 1년간 월급의 일부를 쏟아 부었음에도 많은 빚을 지고 문을 닫을 지경에 이르렀다. 이때 아현동에 있던 우리와 비슷한 농도생협과의 합병을 통해 조합원들의 추가 출자와 헌신으로 서로살림 농도생협으로 거듭나 지금에 이르게 되었다.

물론 지금도 하루하루 힘들고 어렵지만 우리의 취지를 이해하고 동참하는 조합원들이 조금씩이나마 늘어나도록 노력하고 교육하는 것이 우리의 임무일 것이다. 이는 하나님이 보시기에도 좋은 일일 것이다. 지금까지 생협 운동이 이어질 수 있도록 동참하고 헌신해주신 모든 분들, 그리고 산업선교회의 모든 실무진들, 각 교회의 생협운동에 뜻을 같이 하시는 성도님들의 수고와 섬김도 기억하고 있다. 항상 감사할 뿐이다.

우리가 추구하는 행복

못 다한 이야기는 '행복중심 조합원 선언문'으로 대신하면서 이제 이 글을 맺을까 한다.

우리가 추구하는 행복은 소박하면서도 원대하다.
깨끗한 물, 맑은 공기, 생명이 살아 숨 쉬는 자연 속에서 사는 것이 행복이다.
스스로 존중하고 자립을 추구하며 평등사회를 만드는 것이 행복이다.
서로 배려하고 더불어 사는 삶이 행복이다.
이 행복이 나로부터 이웃으로, 지역에서 지역으로,
현재에서 미래로 이어가는 행복중심이 되고자 한다.
우리는 약속한다.
'친환경적이며 지속 가능한 생산을 위하여 협동소비의 힘을 확대한다.
생활 속의 문제를 해결하고 더 많은 민주주의가 가능한 지역공동체를 만든다. 사회적 약자들과
연대를 통해 다양성이 존중되는 사회를 만든다.'
그 세상을 함께하는 우리가 이루어 낼 것이다.

인생의 가장 어두운 터널을 지나는 동안 나의 기도 제목이 있었다. '멋있는 사람들이 있는 곳에서 함께 살게 해주십시오.'이었다. 그 기도를 들어주신 하나님께 감사한다.

7. 콘크리트로 가둘 수 없는 새로운 꿈
: 영등포산업선교회관 리모델링 이야기

최성은

(영등포산업선교회 노동선교부 실무자)

영등포산업선교회가 보관하고 있는 '1964년 사업보고서'에는 다음과 같은 기록이 있다.

1964년 사업목표: 사무실 문제를 해결한다. 사무실 한 칸을 전세로 얻어서 모든 사무를 그곳에서 보기 위하여 우선은 책상 3개, 의자 5개, 서류함 1개를 구입한다. 우선은 이 사무실에서 도서, 상담, 회의, 좌담 등을 겸하여 사용한다. ('영등포지구 산업전도 보고서', 1964년 3월 4일, 조지송)

이렇게 시작된 영등포산업선교회의 사무실은 영등포동 8가 80번지, 양평동 2가 29번지, 영등포동 7가 70번지, 당산시범아파트 13동 6호 등을 거쳐 지금의 자리인 당산동 171-40에 42년 전 터를 잡았다. 현재의 회관은 1978년 10월 23일 착공하여, 1979년 7월에 개관된 건물이다. 다음의 내용이 담긴 동판은 지금도 현관 입구에 전시되어 있다.

이 회관은 독일정부와 독일교회, 미국연합장로교회, 영락교회 그리고 노동자들의 헌금으로 지은 집입니다.

당시 회관을 추억하는 산선 선배들의 공통된 기억은 모든 것이 '최신'인 건물이었다는 것이다. 그 선배들의 기억 몇 개를 옮겨본다.

1층 현관에는 탁구대가 있어서 차례를 기다리며 웃고 즐기며 탁구를 정말 열심히 쳤어.
내가 고등학생일 때 산선 2층 큰 사랑방에서 광주 민중항쟁 비디오를 몰래 보면서 의식이란 것이 생겼던 것 같아. 그때 그 비디오를 보면서 너무 큰 충격을 받았지.

큰 사랑방에 음악감상 공간이 있었는데, 전축 관리자가 나였어. 그때 목사님들 말고 나만 듣고 싶은 음악을 골라 틀 수 있었어. 음악을 들으면서 그 방에 있을 때 얼마나 행복했는지 몰라.

우리는 밤마다 노동을 이야기하고 자본을 이야기했지. 지하 방에서는 커피를 함께 나누어 마시며 함께 학습도 했어.

2013년 1월 1일 필자는 실무자로 산선에서 일을 시작했다. 회관에 대한 나의 첫인상은 '최신'과는 거리가 먼 칙칙한 건물이었다. 그만큼 시간이 흐른 것이다. 불을 켜도 뭔가 희미했고, 여기저기 성한 곳이 별로 없었다. 겨울이 절정인 1월에 출근해 사무실에 앉았는데 사방 벽에서 찬바람이 들어오고 발이 너무 시려워 바닥에 이불을 깔고 일한 기억도 있다. 추워서 전기포트를 켜고, 전기 판넬을 동시에 켜면 차단기가 떨어졌고, 그래서 따뜻한 물을 마시려면 먼저 전기장판을 꺼야만 했다. 사랑 1, 2, 3방에서 동시에 전기 판넬을 켜도 차단기가 떨어졌다.

수많은 사람들이 드나들었을 지하는 이제 습기와 결로를 이겨내지 못하고 곰팡이 냄새가 가득해 창고가 아니고서는 사용하기 어려운 상황이 되었고, 해마다 겨울이 되면 얼었던 배관이 녹으며 터져서 3층 남자화장실에서 2층 여자화장실로 물이 폭포처럼 쏟아지기도 했다.

재건축 혹은 리모델링이 필요했던 것이다. 지난 시간 이 공간에서 울려 퍼진 함성과 흔적들은 잘 보관하며, 이 공간이 이용자들에게 더 편안하고 유용한 공간으로 새로워질 수 있기를 바라는 모두의 바람과 간절한 기도가 모아졌다. 그리고 드디어 회관이 리모델링 될 수 있는 있는 길이 열리게 되었다!

2018년 3월, 서울시에서 영등포산업선교회관 리모델링을 위한 특별교부금 10억을 지원하기로 결정한 것이다. 하지만 공공소유 건물이 아닌, 민간건물에 공공자금을 투입한 유례가 없어서 이를 집행해야 하는 영등포구에서는 어떻게 해야 할지 고민이 많았다. 2018년 한 해 동안 우리는 영등포구가 움직여주기를 기다렸다. 구에서는 1년간 이 비용을 어떤 방식으로 집행해야 하는지, 이 사업이 공익을 위한 사업인지, 예산 투입이나 재정 투자가 가능한지 등의 질문에 별도 자문을 받고, 법령질의도 하면서 해결을 모색하였다.

2019년 5월까지 사업의 타당성을 검토하는 길고 긴 시간이 지났고, 2019년 5월 드디어 건물사용 협약(1차)을 맺게 되었다. 영등포산업선교회관을 리모델링하고 3-4층에는 '영등포구 노동자 종합지원센터'를 조성하기로 결정한 것이다. 그리고 금방이라도 공사가 시작 될 것 같았지만, 그 후로도 우리는 여러 고비와 지난한 협상의 시간을 가져야 했다.

회관의 소유주만 보아도, 대개의 교회가 그러하듯 건물이 총회 유지재단에 속하여 있다는 사실을 영등포구가 이해하는 데만도 적지 않은 시간이 걸렸다. 구에서는 하나를 결정하거나 변경하게 될 때면 조례나 감사 또는 과업변경처럼 오랜 행정절차를 거쳐야 했고, 우리는 우리 나름대로 작은 것 하나라도 실무자들의 의견, 부서와 부서와의 의견, 산업선교위원회와 건축위원회의 의견 그리고 오랫동안 이 공간에서 추억을 쌓은 선배들의 의견을 듣고 조율하는데 많은 시간과 의견 조정의 어려움을 겪었다. 이러한 애로사항과 더딘 진행 속에, 설계는 무려 7번이나 연장되었고, 무상임대 기간 산정에 대한 의견 차이로 리모델링 추진이 잠정 중단되는 일도 있었다. 이러한 기나긴 과정을 거쳐 어렵게 오늘에 다다랐다.

2020년 8월 초, 현재까지 확정된 내용은 총공사비 중 13억 5천만 원은 영등포구에서, 2억 원은 노회에서 지원을 받고 부족한 기금은 교회나 실무자들 그리고 영등포산업선교회를 아끼는 동지들에게서 모금하여 회관 리모델링을 진행하기로 했다. 지하에는 역사전시관을 조성하여 영등포산업선교회의 지난 60여 년의 걸음을 조명하고, 1층은 사회적 경제 공간으로 협동조합 매장과 지역의 모든 이들에게 열려있는 공간으로 조성하려고 한다. 2층은 사무실과 회의실 등, 3층은 성문밖교회의 주일 예배공간으로, 그리고 주중에는 영등포구 노동자 종합지원센터로 운영되고, 4층은 그 센터의 사무공간이 된다.

영등포산업선교회 초대 총무 조지송 목사께서 회관 세운 것을 후회했다는 이야기를 손은정 총무께 종종 들은 적이 있다. 복음의 역동성과 현장의 운동성이 화석화되지는 않을까 걱정하셨던 것으로 생각이 된다. 그 역시 우리가 마음에 새겨야 할 큰 교훈이다. 더불어 우리는 이 회관에 콘크리트 구조물로는 다 담아낼 수 없는 많은 이야기가 지난 42년 동안 쌓였음을 알고 있다.

추운 겨울 한뎃잠을 잘 수밖에 없던 투쟁하는 노동자들이 비좁은 회관 공간에서 칼같이 각을 잡아 잘 때, 그래도 따뜻한 보일러에 몸을 녹이고, 더운 물로 씻을 수 있는 이 공간이 호텔 같다며 이 건물을 칭찬할 때 우리는 콘크리트를 넘어 현장에서 그들과 함께 숨을 쉬는 것 같았다. 벽지는 다 낡아 들렸고, 벽 너머의 옆방 소리가 들리는 작은 공간이지만, 마주 앉은 이와 함께 내면의 아픔과 슬픔을 진솔하게 털어놓을 수 있는 포근하고 안전한 공간이 바로 여기라고 한 노동자의 증언을 통해 우리는 이 콘크리트 구조물을 벗어날 수 있었다. 거리를 벗어나 지역사회의 당당한 구성원으로 자활을 꿈꾸는 주거 취약계층의 꿈을 가지고 만들어지는 EM비누의 작업공간에서 우리는 이 시대 산업선교의 현장을 건물 넘어 만나게 되었다.

현재 리모델링 예상 일정은 다음과 같다. 2020년 9월경에 영등포구 노동자종합지원센터 위탁 공모 공고가 나갈 것이고, 이 시기에 설계도 완성될 것이다. 그러면 9월에서 10월 사이에 공모입찰 방식으로 시공 업체를 선정해야 한다. 리모델링 공사는 11월부터 내년 2월까지 4개월 여 동안 진행될 것 같다. 그리고 2021년 3-4월 봄에는 새 회관이 개관되어 입주할 수 있지 않을까.

42년 전 가난하고 녹록치 않은 삶에 힘들었던 노동자들이 번듯한 최신 시설이었던 산업선교회관을 누릴 마땅한 주인이었듯이, 이 공간이 비록 또 다시 현대화되고 새로워지더라도 변하지 않는 이 공간의 주인들과 함께 우리는 새로운 꿈과 소망을 빚어갈 것이다.

부록

영등포산업선교회
발행 도서 및 관련 도서

영등포산업선교회 발행 도서

1. 인명진, 『구치소에서 온 편지』, 영등포도시산업선교위원회, 1980.
2. 순점순, 『8시간 노동을 위하여』, 풀빛, 1984.
3. 송효순, 『서울로 가는 길』, 형성사, 1988.
4. 이옥순, 『나 이제 주인되어』, 녹두, 1990.
5. 이근복, 『현장에서 만난 예수』, 나눔사, 1990.
6. 영등포산업선교회 편, 『노동자학교』, 서울, 1993.
7. 영등포산업선교회 편, 『자동차업종 노동운동 정책역량 강화를 위한 간부교육』, 서울, 1993.
8. 영등포산업선교회 편, 『아시아의 노동자와 노동현장 보고』, 서울, 1994.
9. 40년사 기획위원회, 『영등포산업선교회 40년사』, 예감, 1998.
10. 영등포산업선교회 협동사업부 편, 『노동자경제공동체에서 지역생활공동체로』, 서울, 2008.
11. 영등포산업선교회 편, 『나중에 온 이 사람에게도』, 한장사, 2013.
12. 영등포산업선교회 편, 『인명진을 말한다』, 동연, 2016.
13. 영등포산업선교회 편역, 『호주장로교 한국선교역사』, 동연, 2017.
14. 양명득 편, 『영등포산업선교회 역사화보집』, 동연, 2018.
15. 양명득 편역, 『호주선교사 찰스 맥라렌』, 동연, 2019.
16. 김명배 엮음, 『영등포산업선교회 자료집 1~8집』, 영등포산업선교회/숭실대, 2020.

산업선교 관련 도서

1. 오철호, 『산업전도 수첩』, 산업전도위원회, 1965.
2. 한국기독교장로회 총회, 『도시산업선교』, 서울, 1971.
3. 한국기독교교회협의회 편, 『산업선교를 왜 문제시하는가?』, 서울, 1978.
4. 한국기독교교회협의회 편, 『산업선교 신학선언』, 서울, 1978.
5. 한국기독교교회협의회 편, 『산업선교신학정립협의회 보고서』, 서울, 1978.
6. 한국기독교산업문제연구원, 『도시산업화와 교회의 사명』, 서울, 1978.
7. 조승혁, 『노동자와 함께』, 기독교대한감리회 도시산업선교중앙위원회. 1978.
8. 한국기독교사회문제연구원 편, 『가난한 자들과 함께 하는 교회』, 서울, 1980.
9. 총회 산업선교위원회 편, 『교회와 도시산업선교』, 서울, 1981.
10. 조승혁, 『도시산업선교의 인식』, 민중사, 1981.
11. 한국기독교교회협의회 편, 『노동현장과 증언』, 풀빛, 1984.
12. 인명진, 『노동법문답풀이』, 늘벗, 1990.
13. 김명술, 『한국기독교 도시산업선교의 계보』, 연세대 석사학위 논문, 1995.
14. 박진석, 『노동자교육프로그램에 나타난 사회행동의 속성과 그 변화-Y산업선교회 사례를 중심으로』,

숭실대학교, 1999.

15. 박천응, 『가난한 자에게 복음을』, 일하는 예수회, 2004.
16. 황홍렬, 『한국 민중교회 선교역사와 민중 선교론』, 한들출판사, 2004.
17. 조승혁, 『이런 세상에 예수님의 몸이 되어』, 서울: 정암문화사, 2005.
18. 이정훈, 『산업선교신학과 민중선교』, 호남신학대학교 석사논문, 2006.
19. 성문밖 30주년 역사자료편찬위원회, 『그 길의 사람들』, 서울, 2007.
20. 총회 국내선교부 편, 『내 아버지께서 일하시니 나도 일한다』, 서울, 2007.
21. 인명진, 『성문밖 사람들 이야기』, 대한기독교서회, 2013.
22. 장숙경, 『산업선교, 그리고 70년대 노동운동』, 선인, 2013.
23. 성문밖 40년사 편집팀 편, 『그 길의 사람들2』, 서울, 2017.
24. 진방주, 『한국기독교 협동조합운동 연구─영등포산업선교회 협동운동 "다람쥐회" 사례를 중심으로』, 한일장신대 석사논문, 2017.
25. 노느매기 서포터즈, 『약함의 학교(김건호 목사 생애사)』, 노느매기 협동조합, 2019.
26. 황인성, 한국 URM(Urban Rural Missioin)운동이 한국 선교신학에 미치는 영향에 관한 연구, 장신대 박사논문, 2020.

영등포산업선교회 정기/비정기 간행물

1. 영등포산업선교회 편, 「산업전도」, 서울, 1964 창간호.
2. 영등포 평신도산업전도연합회, 「산업전도 뉴스」, 서울, 1965 창간호.
3. YDP-UIM, Lay Worker, Seoul, 1969 창간호.
4. 영등포산업선교회, 「노동자신문」, 서울, 1985.
5. 영등포산업선교회, 「산업선교」, 서울, 1987 창간호.
6. 영등포산업선교회 다람쥐회 편, 「협동인」, 서울, 1991 창간호.
7. 영등포산업선교회 노동자교실, 「해방들불」, 서울, 1992 창간호.
8. 영등포산업선교회 편, 「노동교실」, 서울, 1995.
9. 영등포산업선교회 다람쥐회 편, 「햇귀」, 서울, 1999.
10. 영등포산업선교회 편, 「노동과 창조」, 서울, 1999.
11. YDP-UIM, Korean UIM, Seoul, 2001.
12. 햇살보금자리 편, 「영등포 떨꺼둥이 신문」, 서울, 2002 창간호.
13. 영등포산업선교회 편, 「응답」, 서울, 2009 창간호.
14. 영등포산업선교회 편, 「노동과 협동」, 서울, 2011 창간호.
15. 유구영을 생각하는 모임, 『노동열사 유구영』, 서울, 2016.
16. 이한열 기념관, 『2019 다섯 번째 보고 싶은 얼굴(조지송, 이옥순)』, 서울, 2019.
17. 햇살보금자리 편, 「행복한 소식」, 서울, 2020-1.
18. 영등포산업선교회 편, 「나중에 온 이 사람에게도」, 서울, 2020 창간호